克拉玛依年鉴

KELAMAYI YEARBOOK

2022

克拉玛依市委史志办（市档案馆） 编

图书在版编目（CIP）数据

克拉玛依年鉴．2022 / 克拉玛依市委史志办（市档案馆）编．—北京：方志出版社，2022.12
ISBN 978-7-5144-5637-0

Ⅰ．①克… Ⅱ．①中… Ⅲ．①克拉玛依－2022－年鉴 Ⅳ．①Z524.53

中国版本图书馆 CIP 数据核字（2023）第 110384 号

责任编辑：张　颢
责任校对：刘玉霞
责任印制：梅中英
出 版 者：方志出版社
地　　址：北京市朝阳区潘家园东里 9 号（国家方志馆 4 层）
邮　　编：100021
网　　址：http://www.zgfzcb.cn
发　　行：方志出版社图书营销中心（010-67110500）
印　　刷：山东黄氏印务有限公司
开　　本：889 毫米 ×1194 毫米　1/16
印　　张：37.25
字　　数：851 千字
版　　次：2022 年 12 月第 1 版
印　　次：2022 年 12 月第 1 次印刷
定　　价：248.00 元

《克拉玛依年鉴（2022）》编纂委员会

主　任：石　岗

副主任：许学巍　阿合买提·巴拉提

委　员：蒋德平　郝海军　姜　惟　王多俊　吕永庆　李显坤　朱　洪　芦治国　梁武军

陈　飞　张振俊　邢德文　李新华　唐　勇　孙运玉　尹文忠　王咏剑　唐跃培

于鹏飞　刘旭捷　高　彬　李　云　曾宪新　骆富强　李忠新　秦玉明　王新民

乔万军　常　洪　廖　帆　李国强　祁崇淮　孙志刚　苏　伟　何　江　马　军

赵　谧　张国军　李　军　王朝晖　石　勇　郭建辉　李　忠　马　骏　蒋斌华

李　彦　蔡国标　吴建华　叶尔布拉提·热加甫　赵　晖　欧阳华　胡　林

张新江　刘　水　杨述军　王　炜　侯建平　曹俊梅　赵文芳　马顺宇　杜　毅

曹　震　宋彩虹　陈建革　罗定杰　张红艳　付梅莉　史胜波　王世朝　王晓佳

郝兴国　安熠哲　闫兴福

《克拉玛依年鉴（2022）》编辑部

主　　编：许学巍　阿合买提·巴拉提

副 主 编：尹文忠　刘保宏　闫永志　刘新慧　牟建平　王占东

执行副主编：陈　鹏　赵孝勤　龙　燕

编　　辑：张　静　苏晓龙　邹　峰　邬国贤　余　钰　梁笑迎　贺丹妮　李　江

编辑说明

一、《克拉玛依年鉴》是以马克思列宁主义、毛泽东思想、邓小平理论、“三个代表”重要思想、科学发展观、习近平新时代中国特色社会主义思想为指导，坚持辩证唯物主义和历史唯物主义的立场、观点和方法，在中共克拉玛依市委员会领导下，由市人民政府主办、克拉玛依市委史志办（市档案馆）承编的年度资料性文献，旨在全面、系统、真实地记载克拉玛依区域内经济社会发展基本情况，为克拉玛依经济建设、政治建设、文化建设、社会建设和生态文明建设服务。《克拉玛依年鉴》创办于 1998 年，以年为周期，逐年出版，《克拉玛依年鉴（2022）》为第 25 卷。

二、《克拉玛依年鉴（2022）》设有专记、大事记、市情概览、中共克拉玛依市委员会、市人民代表大会、市人民政府、政协克拉玛依市委员会、纪检监察、民主党派·工商联、群众团体、法治、千亿产业集群建设、油气勘探开发、油气生产保障、油气田工程技术服务、炼化销售、地方企业、信息化建设、金融、旅游业、商贸服务、农业农村、经贸合作、城乡建设、交通运输、生态环境、经济管理、教育、科技、文化·体育、卫生健康、社会生活、社会保障、安全生产与应急管理、市辖区、驻市新疆生产建设兵团团场、人物·荣誉、附录等 38 个类目。全书共有条目 2100 余条，使用图片 220 余幅。

三、《克拉玛依年鉴（2022）》采用分类编辑法，类目、分目、条目组成框架结构的主体部分。在部分分目中，增加二级分目的层次。全书条目标题统一用黑体加【 】表示，个别包含多方面资料的条目则在段首加插楷体标题提示，方便读者查阅。

四、《克拉玛依年鉴（2022）》所用稿件均经过撰稿单位审核，所使用国民经济和社会发展统计资料均按克拉玛依市统计局统计公报口径。

五、《克拉玛依年鉴（2022）》中，中国石油天然气集团公司、中国石油天然气股份有限责任公司、中国石油新疆油田分公司、中国石油西部钻探工程公司、中国石油独山子石化分公司、中国石油克拉玛依石化分公司、中国石油集团工程设计有限责任公司新疆石油工程设计有限公司、中国石油工程建设公司新疆石油工程建设有限责任公司在第一次出现时用全称，其余简称集团公司、股份公司、新疆油田公司（或油田公司）、西部钻探公司（或西部钻探）、独山子石化公司（或独石化）、克拉玛依石化公司（或克石化）、新疆石油设计公司、新疆油建公司，新疆维吾尔自治区简称自治区；中共克拉玛依市委员会简称市委、克拉玛依市人民政府简称市政府。

六、《克拉玛依年鉴（2022）》配备双重检索系统，书前有详细目录，书后配有索引。索引按照汉语拼音字母顺序排列，索引范围详及类目、分目、条目、表格、人物。

克拉玛依市行政区划图

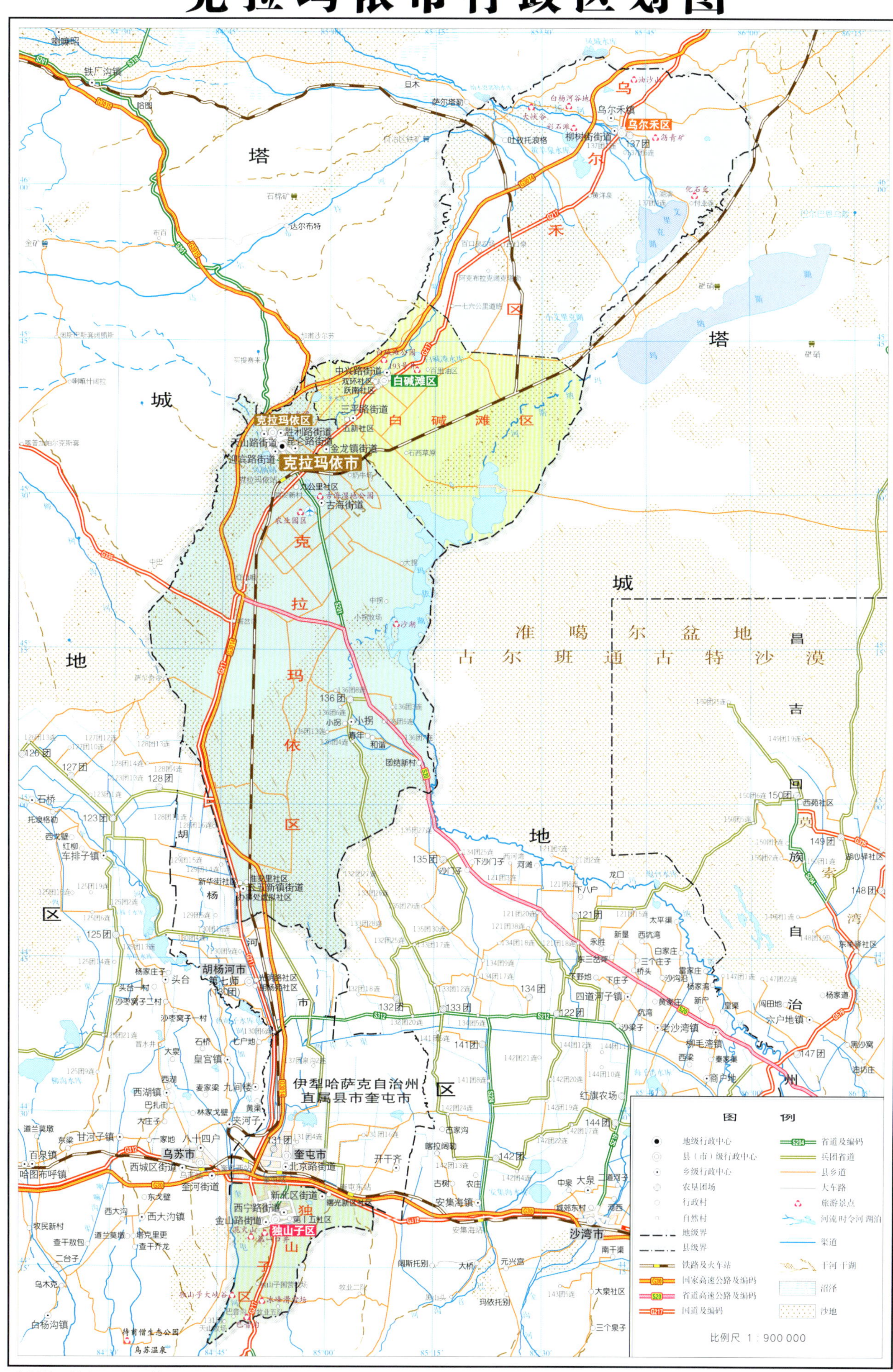

审图号：新S(2023)016号

新疆维吾尔自治区第二测绘院编制

成就 2021

- 实现地区生产总值（GDP）1072.1 亿元，较上年增长 5.2%（按不变价计算）
- 规模以上工业企业实现营业收入 1801.6 亿元，增长 28.6%
- 外贸进出口额 3.19 亿美元，较上年增长 62.3%；其中出口 2.65 亿美元，增长 60.1%
- 城镇居民人均可支配收入 51736 元，增长 10.2%；农民人均可支配收入 34043 元，增长 8.5%
- 科技型中小企业 100 家，较上年增长 16.3%；高新技术企业 83 家，较上年增长 15.3%
- 环境空气质量稳定达到国家二级标准，全年优良天数 332 天，优良率 91.0%

（崔文娟 摄）

克拉玛依名片

- 全国文明城市
- 全国优秀旅游城市
- 全国优秀创新城市
- 全国“双拥”模范城
- 全国法治政府建设示范市
- 全国民族团结进步示范市
- 国家园林城市
- 国家环境保护模范城市
- 国家卫生城市
- 国家智慧城市建设首批试点城市
- 中国最安全城市
- 中国人居环境范例奖

新局面·这五年里

2021 年 9 月 25 日，中国共产党克拉玛依市第十二次代表大会召开。5 年来，市十一届委员会坚持以习近平新时代中国特色社会主义思想为指导，完整准确贯彻新时代党的治疆方略，团结带领全市各族人民，砥砺奋进、攻坚克难，保持了社会大局和谐稳定和经济持续健康发展，开创了克拉玛依各项事业的新局面：全市各级党组织和广大党员干部旗帜鲜明讲政治，凝心聚力展现新风貌；树牢法治思维，稳定红利释放新动能；城市科学转型升级迈出坚实步伐，经济实力跃上新台阶，全市地区生产总值由 2016 年的 639 亿元增长至 2020 年的 886.9 亿元；城乡品质不断提升，城乡面貌发生新变化；人民生活水平持续改善，民生福祉实现新提升。

2017 年 6 月 19 日，克拉玛依市举行万人集体升国旗活动　　（江池　摄）

2017 年以来，克拉玛依市累计选派 3000 多人次开展“访惠聚”驻村（社区）工作。图为 2017 年儿童节，古南社区的依布拉依木·爱沙江收到崭新的书包，开心拥抱工作队队员

（市“访惠聚”办公室　供图）

2018 年，作为自治区“最多跑一次”改革试点市，全年公布“最多跑一次”事项 1065 项，达到群众或企业所办事项的 85% 以上，在全疆率先实现自治区党委的改革设定目标

（闵勇　摄）

2019 年，克拉玛依市开展“不忘初心·牢记使命”主题教育，推进“我为群众办实事”实践活动，积极解决民生难题。10 月，克拉玛依火车站停车场改造完成，新增 900 多个车位

（彭召勇　摄）

五年来，克拉玛依市两次蝉联得全国文明城市称号，获得“全国社区建设示范区”“自治区优秀平安市”“全国双拥模范城”称号，成功创建“全国民族团结进步示范市”（江池　摄）

2021 年 11 月 15 日，乌尔禾区查干草村入围“中国美丽休闲乡村”，图为“西部乌镇”景区，该景区的一半面积由查干草村村民的宅基地打造而成 （高宇飞 摄）

2017 年 11 月，新疆油田公司在准噶尔盆地玛湖地区发现 10 亿吨级油藏。2019 年 1 月 8 日，“玛湖大发现”获得国家科技进步一等奖 （吴小川 摄）

2017 年 5 月，红山社区居民热合木·木木孜与于振海结为亲戚，两个家庭三代人其乐融融 （市“访惠聚”办公室 供图）

新认识·党史学习

2021 年，克拉玛依市委认真贯彻落实习近平总书记在党史学习教育动员大会上的重要讲话精神，把党史学习教育同贯彻落实第三次中央新疆工作座谈会重要指示批示精神、同贯彻落实新时代党的治疆方略、同做好中心工作有机结合起来，把党史学习教育同总结经验、观照现实、推动工作结合起来，推出一批为民便民惠民的实招硬招，实施一批直接造福于民的项目工程，推动“我为群众办实事”实践活动全面落地。通过加强基础设施建设，强化政策保障，推进医养结合；全心全意办好人民满意的教育；解决好各族群众急难愁盼的要事；广泛开展党员志愿服务等系列工作，让老百姓享受到实实在在的成果。

5 月 25 日，新疆“百万党员学党史　学习达人挑战赛”克拉玛依市分赛区复赛在市图书馆举行。一位选手现场讲述家乡红色故事　（戴旭虎　摄）

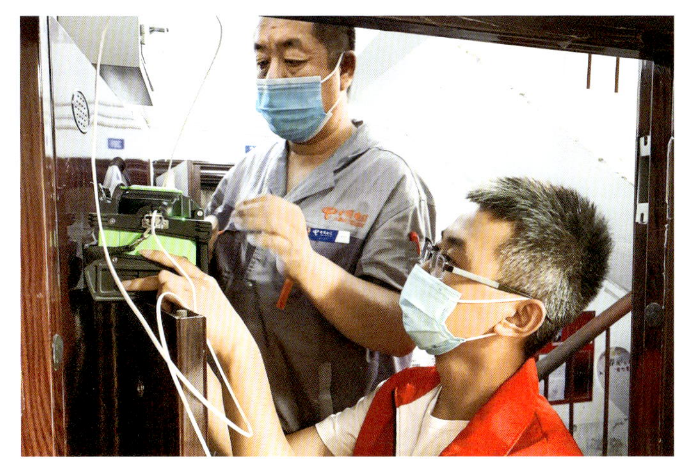

7月7日，白碱滩区（克拉玛依高新区）芙蓉社区“芙蓉花”志愿者服务队员为独居老人安装天翼智能看家系统。该社区自2020年年底开始启动“开门询单、群众点单、实践站派单、志愿接单、社会评单”的“五单”志愿服务工作法，依托社区“两委两中心一站”，组建了4支志愿服务队伍，共招募359名文明实践志愿者，先后共收集“百姓微心愿”点单77个，已办结72个，每月服务群众近60人

3月11日，市区新华书城党史教育学习专架前，《习近平新时代中国特色社会主义思想学习问答》《中国共产党简史》等党史学习系列教材已陆续上架，为全市党组织开展学习教育提供权威性资料

（闵勇　摄）

新风貌·文明创建

2021 年，克拉玛依市第四次获得全国文明城市称号。2011 年，克拉玛依市第一次获此荣誉，之后的 2014 年、2017 年两次成功蝉联这一殊荣。

克拉玛依市把创建工作与“我为群众办实事”实践活动深度结合，从增收致富、扩大就业、养老服务、强化政策保障等方面入手，加强城市管理、提升城市承载能力和服务质量。全年提供就业岗位 16082 个，实现就业 3426 人；实施城区停车工程，新增车位 20028 个；新增 17 个社区养老服务中心（站点）；提高困难老年人兜底保障水平，贯彻落实高龄老年人普惠福利政策；提高城乡低保标准、分散供养的城乡特困人员保障标准、完全不能自理者标准；完成全民健康体检 25.73 万人。

11 月 2 日，一名环卫工工作之余在市区准噶尔路附近一家商店内的户外劳动者服务站休息

（努尔买买提·艾山　摄）

2 月 27 日，红旗民主社区志愿者队伍整理辖区内的非机动车（张珏　摄）

2 月 21 日，白碱滩区（克拉玛依高新区）友好社区组织辖区青少年开展“爱护家园环境 · 做文明创城小主人”实践活动，15 名青少年参加活动（阿依古扎力 · 阿布都热西提　摄）

新台阶·经济繁荣

2021 年，克拉玛依市坚定“一主多元”产业发展方向，着力在找准、破解制约全市经济发展的关键问题上下功夫，各项事业取得新突破、新进展，实现“十四五”良好开局。驻市石油企业累计生产原油 1370 万吨、开采天然气 42.6 亿立方米，油气当量再创历史新高，加工原油 1299.6 万，增长 3.3%，完成钻井进尺 594 万米，增长 30.5%；着力推动千亿产业集群发展，累计开发项目 121 个，投资 218.2 亿元，建成投产 14 个，千亿产业集群实现产值 1580 亿元，增长 6%；全年实现信息产业增加值 7.4 亿元、金融产业增加值 30 亿元；实现招商引资到位资金 280.8 亿元，增长 76%；实现外贸进出口额 3.2 亿美元，增长 62.3%，利用外资 776 万美元。

2021 年，克拉玛依市实现地区生产总值 1072.1 亿元，增长 5.2%，经济总量迈入千亿元大关。

10 月 1 日，丝路臻选直购中心开业，全疆 14 个地州上千种特色商品集中亮相　　（戴旭虎　摄）

新疆油田远程技术决策中心（RDC）于 2021 年 9 月正式投入使用　　（裘新农　摄）

2021 年 10 月，克拉玛依（上海）招商引资推介会在沪成功举办

（高小军　摄）

6 月 24 日，在乌尔禾区“西部乌镇”项目收益发放大会上，各族村民收获满满、幸福感十足

（努尔买买提 · 艾山　摄）

新气象·政治引领

2021年，克拉玛依持续巩固“不忘初心、牢记使命”主题教育成果，扎实开展党史学习教育，将学习教育融入保民生、促发展的各项工作中，全力落实自治区党委确定的10项惠民工程，“我为群众办实事”成效显著。实施8个方面34条共计80项改革任务，深化商事制度改革，推进政务服务质量“三减一优”（减时限、减材料、减环节、优化办事流程）“减证便民”（减少证件方便群众）等专项行动，推进绿色金融改革创新试验区、小微企业金融服务示范区建设，获批财政部2021年深化民营和小微企业金融服务试点城市。全面推进政务公开，严格规范行政执法行为，法治政府建设持续加强。强化党风廉政建设，驰而不息正风肃纪，持续治理形式主义、官僚主义和不作为不担当问题，多措并举激励干部干事创业，营造风清气正、务实高效的政务环境。

6月10日，在白碱滩区（克拉玛依高新区）举行的“光荣在党50年”纪念章颁发仪式上，老党员沙地别克·哈帕斯亲吻纪念章（朱爱梅 摄）

2021年7月，市公安局开展大数据平台应用培训（王祥 摄）

9 月 25 日上午，中国共产党克拉玛依市第十二次代表大会在市群艺馆主报告厅开幕　　（戴旭虎　摄）

7 月 1 日，克拉玛依市四套班子领导集中观看庆祝中国共产党成立 100 周年大会直播盛况　　（闵勇　摄）

2021 年，克拉玛依深入推进文化润疆工作，实施“东风工程”“农家书屋”等文化惠民工程；加强优秀文艺作品创作生产引导，推进文学、艺术、体育、科普、哲学社会科学等事业繁荣发展；文化文旅产业加快发展，独库公路博物馆、乌尔禾国际自驾房车露营地等项目建成投用，黑油山和独山子大峡谷景区成功创建国家 4A 级旅游景区；推进“红色基因代代传”工程，依托红色教育基地，让历史发声、让文物说话；推进“民族团结一家亲”和民族团结联谊活动，全市 2.2 万名干部职工与 2.3 万名各族群众结对认亲，创造性开展民族团结“细胞工程”交朋友、结对子活动。

2021 年 1 月 19 日，克拉玛依市被国家民族事务委员会命名为“全国民族团结进步示范市”。

9 月 30 日，新建油田公司风城作业区的百名石油工人在中国诗歌秋晚暨 2021 首届克拉玛依诗会上表演大合唱《我为祖国献石油》　　（闵勇　摄）

9 月 8 日，独库公路博物馆被中国公路学会授予“全国公路科普教育基地（2021—2025 年）”称号（崔文娟　摄）

6 月 19 日，中央宣传部新命名 111 个全国爱国主义教育示范基地，其中新疆有 6 个，克拉玛依博物馆名列其中。图为 6 月 23 日，游客在克拉玛依博物馆参观

（崔文娟　摄）

新提升·社会和谐

2021 年，克拉玛依市持续加大民生投入，全力补齐民生短板，各族群众的幸福感、获得感、安全感显著增强。基本民生有效保障：全年发布就业岗位 20931 个，实现城镇新增就业 2718 人，创业带动就业 1837 人，“零就业家庭”动态为零，城镇调查失业率控制在 5.5% 以内。全面落实各类惠民惠企政策：为企业减负 2.6 亿元，发放失业补助金 2423 万元。推进“双减”工作，全市义务教育学校落实课后服务全覆盖；自治区级区域医疗中心建设启动。医疗保障制度改革持续深化：城乡居民基本医疗保险门诊待遇逐步提高，全民参保计划基本养老保险参保率保持在 95% 以上。老旧小区改造、古海生态公园建成 10 千米绿色漫步道建设、5G 基站建设、文化惠民活动、实现“网上办”“掌上办”“自助办”服务事项等 10 件民生实事圆满完成。

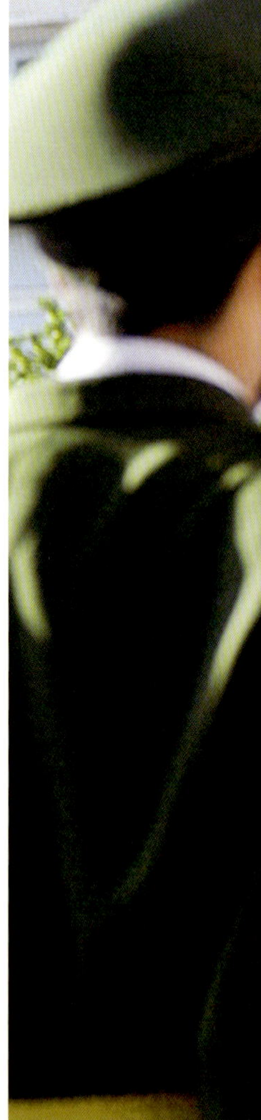

3 月 26 日，在克拉玛依大学城，学生正在接种新冠疫苗　（戴旭虎　摄）

3 月 29 日，克拉玛依区迎宾街道润福社区为老年人开设的“暖心食堂”配餐服务“开张”，为辖区 60 岁以上老年人提供三餐服务　　　　（蒋剑　摄）

6 月 2 日，克拉玛依市第三中学国旗护卫队的队员收到天安门国旗护卫队的回信倍感振奋。学生们表示，回信坚定了他们继续守护国旗的信念。这是当日清晨，第三中学国旗护卫队队员们在进行当天的升国旗仪式

（戴旭虎　摄）

新变化·生态良好

2021 年，克拉玛依市坚持“绿水青山就是金山银山、山水林田湖草沙冰是生命共同体”的理念，建设良好生态：启动国家生态文明建设示范区创建、编制“十四五”生态环境保护规划、出台首部环境地方性法规《克拉玛依市大气污染防治条例》、完成全市“三线一单”（生态保护红线、环境质量底线、资源利用上线和生态环境准入清单）编制。全年新增绿化面积 8794 亩，人工造林 4000 亩；环境空气质量平均优良天数比例 91%。

2 月 7 日，位于古尔班通古特沙漠腹地的新疆油田公司采气一厂克拉美丽采气作业区，一只野生狐狸跟随在采气工身后，一同“巡检”（张睿　摄）

8 月 8 日，市民在刚建成的城南带状公园步道散步（闵勇　摄）

7 月 8 日，一只鹅喉羚伫立在戈壁滩，眺望不远处的城市（闵勇　摄）

专 记

大事记

市情概览

中共克拉玛依市委员会

市人民代表大会

市人民政府

政协克拉玛依市委员会

纪检监察

民主党派・工商联

群众团体

法 治

千亿产业集群建设

油气勘探开发

油气生产保障

油气田工程技术服务

炼化销售

地方企业

信息化建设

金　融

旅游业

商贸服务

农业农村

交通运输

生态环境

经济管理

教　育

科　技

文化 · 体育

卫生健康

社会生活

社会保障

安全生产与应急管理

市辖区

驻市新疆生产建设兵团团场

人物·荣誉

附　录

索 引

稳定发展书写崭新篇章

——克拉玛依市第十一次党代会以来的发展综述

克拉玛依市第十一次党代会以来的5年，面对错综复杂的严峻形势和艰巨繁重的工作任务，在自治区党委的坚强领导下，十一届市委坚持以习近平新时代中国特色社会主义思想为指导，完整准确贯彻新时代党的治疆方略，团结带领全市各族人民，砥砺奋进、攻坚克难，保持社会大局和谐稳定和经济持续健康发展，开创克拉玛依各项事业的新局面。

一、稳定红利释放新动能

克拉玛依市高举社会主义法治旗帜，聚焦总目标、打好“组合拳”，以法治思维和法治方式统领维护稳定各项工作。随着民族团结进步教育活动的不断深入开展和逐步深化，中华民族共同体意识在克拉玛依越铸越牢。

社会大局保持和谐稳定。扫黑除恶专项行动有序开展，政法教育整顿取得了明显成效。克拉玛依市连续入围“全国最安全城市”排行榜，获得“全国法治政府建设示范市”“全国双拥模范城”“全国社区治理服务创新实验区”“自治区优秀平安市”等系列荣誉称号，连续3年被评为国家信访“三无”县（市、区）。

文化润疆工作扎实推进。中华民族共同体意识不断增强，意识形态领域正本清源，正气不断上扬、人心更加凝聚，各族人民群众安全感明显增强。“民族团结一家亲”和民族团结联谊活动丰富多彩，自2017年以来，克拉玛依市累计开展各类民族团结联谊活动25万余场次，380万余人次参加活动。民族团结“细胞工程”交朋友、结对子活动蓬勃开展，2.55万名党员干部与2.58万户各族群众结对认亲，已结成“细胞工程”对子6万余对，大力开展帮扶活动，为各族群众办各类实事好事13万余件。扎实开展民族团结进步创建活动，2021年，成功创建“全国民族团结进步示范市”。

二、经济实力跃上新台阶

克拉玛依市坚持底线思维、立足新发展阶段、贯彻新发展理念、构建新发展格局，三大攻坚战取得全面胜利，高质量发展基础进一步夯实。不断挖掘传统产业新动能，探索产业优化升级的新路径，聚力打造4个千亿产业集群，最大限度地延伸产业链，把资源优势转化为经济优势。

5年来，全市地区生产总值由2016年的639亿元增长至2020年的886.9亿元，年均增长4.9%。全社会固定资产投资增长了一倍，其中地方固定资产投资增长176.8%。一般公共预算收入一度突破百亿元大关。

石油石化企业提质增效。原油产量实现5连升，由2016年的1113万吨增长至2020年的1320万吨，累计生产天然气164.7亿立方米。新疆油田公司“凹陷区砾岩油藏勘探理论技术与玛湖特大型油田发现”项目获得国家科学技术进步奖一等奖，“一种岩石脆性的测井方法和装置”获得国家专利金奖，展现玛湖和吉木萨尔页岩油两个10亿吨级原油增储上产大场面。独山子石化公司乙烯产量稳居全国前列。克拉玛依石化公司建成百万吨级高档润滑油生产基地。西部钻探公司累计完成钻井进尺2515万米，年均增长10.8%。炼油化工、工程技术服务、装备制造等特色产业集群加快发展，一批重点项目落地投产，全市规模以上工业增加值年均增长4.8%，总量连年位居全疆前列。

产业结构进一步优化。现代农业实现快速发展，农产品加工产值由2016年的12.8亿元增长至2020年的21.6亿元，年均增长17.2%。文旅、金融、信息等多元产业发展步入快车道，世界魔鬼城成功创建国家AAAAA级旅游景区，独库公路成为全国知名品牌、中国第一网红公路。金融业加快发展，主板上市企业达到4家。云计算产业园区到北上广互联网国际关口局的数据专用通道顺利建成，成为西北第一家。三次产业占比由2016年的0.6∶78.5∶20.9，改善为2020年的2.0∶67.4∶30.6，经济高质量发展的动能更加强劲。

三大攻坚战成效显著。严守政府债务风险红线，全力化解政府隐性债务。坚决打击违法违规金融活动，不断加强薄弱环节监管制度建设，建设合法投资理财机构正面清单，守住不发生系统性金融风险的底线。落实喀什“一市两县”对口协作扶贫任务。牢固树立绿水青山就是金山银山的理念，高质量打好蓝天、碧水、净土保卫战。2020年，全市空气质量优良率为88.5%，全市饮用水水源地水质达标率100%，成功创建国家节水型城市。全市城市生活垃圾无害化处理率100%，城市污水处理率95.7%，土壤质量处于清洁（安全）级。

三、发展活力得到新增强

过去5年来，克拉玛依坚持把改革开放作为破解城市转型发展难题的关键举措，主动融入自治区对外开放整体布局，围绕核心区建设重点，积极发展开放性经济，丰富对外开放载体、扩展开放空间，推进国际产能合作，提升对外开放层次、加强科技文化交流。

党政机构改革全面完成。“放管服”“最多跑一次”“基层一张表”、企业投资项目承诺制等自治区党委常委确定的重点改革试点任务加快推进，商事制度改革受到国务院通报表扬，群众办事、企业投资、基层办公更加高效便利，全市营商环境得到极大改善。国资监管体制机制逐步完善，驻市央企办社会职能移交基本完成。户籍制度、综合行政执法、电力体制等一系列改革纵深推进。

对外开放力度不断扩大。“复兴号”列车开通运营，克拉玛依正式进入环乌鲁木齐“2.5小时交通圈”。飞往北京、上海、深圳、乌鲁木齐等城市的26条自治区外航线密集开通，与克拉玛依市通航的城市达到25个，民航客运量五年增长543%。机场口岸实现临时对外开放，成为全疆首个开通对俄客运航线的“非口岸城市”，对外辐射能力不断增强。企业“走出去”参与丝绸之路经济带核心区建设成效显著，全市外经收入连年位列全疆首位。

城市影响力持续提升。主动搭建合作交流平台，与5

个国际城市缔结为友好城市。成功举办丝绸之路经济带新疆·克拉玛依论坛、中国（克拉玛依）国际石油天然气及石化技术装备展等展会活动，城市知名度和影响力不断提升。积极支持辖区兵团改革发展，推进兵地双方在维护稳定、疫情防控、城市管理、社会事业、人才交流等各领域进一步深度融合。

科技创新供给能力显著增强。坚持创新驱动发展，区域创新联盟、产学研创新联盟相继成立，国家高新区升格工作取得重大进展。先进科技联合研究院和丝绸之路创新发展研究院组建运行，全疆首家、西北第二个知识产权保护中心——中国（克拉玛依）知识产权保护中心获批设立，创新创业氛围深入人心，产业技术创新成果丰硕。

四、城乡面貌发生新变化

克拉玛依市以习近平生态文明思想为指导，以人民对美好生活的向往为目标，积极推进新型城镇化建设，打造生活空间宜居适度、生态空间山清水秀，城市功能不断完善。

城乡品质不断提升。五年累计完成基础设施投资 239.2 亿元，工程教育基地、新疆第二医学院、文体中心等一批利民工程相继建成投用。出台全疆首部地方大气污染防治条例，全市年均空气质量优良天数保持在 320 天以上，环境空气质量位居全疆前列。城区新增绿地面积 1.9 万亩，完成人工造林 4.9 万亩，城市建成区绿化覆盖率达到 43.72%。投资 42.1 亿元实施“四供”系统维修改造工程，更换系统管线 574 公里，惠及 145 个小区 14 万户居民群众。

城市管理更加精准高效。建成“一市四区”城市管理信息化平台系统。农村人居环境持续改善，美丽乡村建设绘出新画卷。积极推进北疆区域应急救援中心及安防产业园建设，开展全覆盖、拉网式安全生产大排查、大整治工作，坚决守住了安全生产的红线底线。五年来，克拉玛依市蝉联“国家卫生城市”，连续被评为“自治区安全生产目标管理考核先进单位”，牢牢守护住了“全国文明城市”这块“金字招牌”。

五、民生福祉实现新提升

坚持以人民为中心的发展思想，一张蓝图绘到底，一般公共预算支出 80% 以上用于民生领域。

就业局势长期稳定。“十三五”期间，全市累计发布就业岗位 6.6 万个，城镇创业就业超过 2 万人，新增创业 2509 人，创业带动就业 6792 人，“零就业家庭”动态为零，城镇调查失业率控制在 4% 以内。以创业带动就业，新建首个创业实训基地，独山子小微企业创业孵化基地获批“国家级创业孵化示范基地”。

教育事业蓬勃发展。基础教育转型发展成果显著，全面实现学前 3 年免费教育，入选“普通高中新课程新教材实施国家级示范区”。市文博院（展览馆）、独山子区展览馆成为自治区级关心下一代党史国史教育基地。中国石油大学（北京）克拉玛依校区得到教育部 17 所高校全面援助，首届毕业生受到习近平总书记的回信勉励，两届毕业生共有 322 人选择留疆工作生活。新疆第二医学院成功转设为自治区第二所综合类本科医学院校。克拉玛依职业技术学院入选全国百强职业院校，产教融合发展和“双高”建设取得积极进展。

医疗保障制度不断健全。医药卫生体制改革深入推进，医疗资源布局更加合理，中西医结合医院、康复医院、妇幼保健院、精神康复中心、第三人民医院（乌尔禾医院）相继组建，传染病医院开工建设，中心医院迁建工程进入最后冲刺阶段，获批建设“自治区区域医疗中心”。基层医疗资源持续优化，“医联体”“医共体”、家庭医生签约模式巩固推进，全民免费健康体检“应检尽检”，居民期望寿命超过 81 岁，位列全疆健康城市建设排名首位。

2019年11月1日，克拉玛依市第三人民医院在乌尔禾区揭牌。乌尔禾区医疗事业有了里程碑式的发展，从此结束没有医院的历史

（乌尔禾区供图）

社会保障体系日益完善。各种社会保险扩面任务完成率100%，企业退休人员养老待遇实现连年增长。截至2020年，克拉玛依市基本养老保险参保率达98%以上，城乡居民大病保险起付线降低至21000元，政策范围内报销比例从50%提高到60%。疫情防控工作取得阶段性成效，累计投入防疫资金7.9亿元，全人群疫苗覆盖率达85%以上，12岁以上人群疫苗覆盖率达96%以上，公共卫生防护网正逐步织密织牢。社会养老、福利、救助、慈善等事业取得稳步发展，困难人群救助实现全覆盖，残疾人就业渠道不断拓宽，黑油山养老公寓等一批新概念养老公寓建成运营。

六、政治生态呈现新气象

全面贯彻新时代党的建设总要求，扎实开展“不忘初心、牢记使命”主题教育、党史学习教育。坚持党管干部原则，着力建强领导班子和干部队伍，重用提任的市委管理干部中，有街道（乡镇）、“访惠聚”驻村、驻村管寺、内地工作组等岗位经历的占63%，40岁以下的市委管理干部比例提高5%。

干部队伍活力不断增强。坚持实施人才强市战略，出台“1+10”人才政策，重点实施系列人才工程，全市六类人才队伍总量达到15.1万人。深入推进街道体制机制改革，在全疆率先推行社区工作者职业化建设，建立158个实体化党群服务中心（站点），基层治理效能显著提升。“三有”非公有制企业、社会组织党组织覆盖率在全疆率先达到100%，覆盖质量持续提升。

基层组织建设加强。坚持以全国城市基层党建示范市建设为契机，不断推进城市基层党建工作晋位晋级。抓党建促乡村振兴工作稳步实施，村集体经济收入位居全疆前列。累计择优选派1878名驻村（社区）干部扎实开展“访惠聚”驻村（社区）工作，群众工作格局持续优化，党在基层的执政根基更加牢固。

党风廉政建设和反腐败斗争深入推进。严格落实中央八项规定及其实施细则精神，全面推进社区（村）“小微权力”运行制约监督。建成市廉政教育馆，推进党员干部廉政教育、警示教育全覆盖。始终保持惩治腐败高压态势，形成有力震慑，党风政风持续向好，人民群众对全面从严治党总体满意度达到99.45%，营造出了风清气正的良好政治生态。

奋斗百年路 启航新征程

——克拉玛依市党史学习教育专记

2021年，中国共产党成立一百周年之际，在全党开展党史学习教育，是党中央立足党的百年历史新起点作出的重大战略决策。克拉玛依市认真贯彻落实习近平总书记在党史学习教育动员大会重要讲话精神，对开展党史学习教育高度重视，按照党中央决策部署和自治区党委统一安排，精心组织实施，有力有序推进。全市各级党组织和广大党员干部认真学习、踊跃参与，人民群众热烈响应、热情支持，增加历史自信、增进团结统一、增强斗争精神，为建设新时代中国特色社会主义新疆贡献克拉玛依力量。

一、聚焦主题、紧扣主线，组织广大党员干部经受一次政治意识的强化淬炼

严格按照党中央、自治区党委安排部署，坚持把党史学习教育作为贯穿全年的重大政治任务、摆在突出位置，以高度的政治自觉履行主体责任，强组织、建机制，引导党员干部不断提高党性认识。

全面从严治党，加强作风建设。坚持党要管党、全面从严治党，持之以恒推进党史总结、学习、教育、宣传，大力弘扬伟大建党精神，促进学党史、悟思想、办实事、开新局。夯实基层基础，努力推动各领域党建全面加强、全面过硬，力争在全疆率先实现基层治理体系和治理能力现代化。认真贯彻中央八项规定及其实施细则，整治“四风”，落实为基层减负各项规定，脚踏实地、真抓实干，推进克拉玛依各项工作取得实实在在成效。每周开展全员集中学习或支部集中讨论，定期开展专题培训、专题研讨座谈、专题宣讲、专题组织生活会等，定时定期检查通报。

加强组织领导，健全工作机制。召开市委常委会10次，传达学习、研究部署党史学习教育。调整业务骨干43名，成立党史学习教育领导小组，制定克拉玛依市《党史学习教育实施方案》等文件40余份，建立执行工作机制11项。组建党史学习教育巡回指导组5支，对87家市直单位和各区开展全覆盖巡回指导4轮348次，参加各单位党史学习教育专题会议356次，通过实地检查、走访调查、查看资料等方式，提出指导意见458条，各单位全部整改完毕。

开展组织生活，提高党性认识。坚持规定动作和自选动作相结合，强化组织领导、明确目标任务、精心制定方案，高标准、高质量开展组织生活。一场场充满“辣味”的专题组织生活会，让党史学习教育的过程成为“排毒治病”“补钙壮骨”的党性教育过程，见证党员干部政治自觉、思想自觉和行动自觉不断提升。以中央政治局专题民主生活会为标杆，对标对表自治区党委专题民主生活会，认真开好专题民主生活会，切实将党史学习教育专题民主生活会开出高质量、新气象。

二、以上率下、高位推进，引导广大党员干部开展一次百年党史的全面学习

采取中心组学习、读书班、各级党校（行政学院）组织专题培训、基层党组织“三会一课”、主题党日、线上线下学习相结合等多种形式开展党史学习教育，抓好专题学习、抓好专题培训、抓好特殊群体，推动党史学习教育入脑入心。

抓好专题学习。市委理论学习中心组围绕党史开展专题研讨4次，带动各区、各部门、各单位党委（党组）围绕党史专题，开展理论学习中心组学习和各类研讨6546次。市委举办专题读书班2期，采取“专题学习＋专家辅导＋集体研讨＋现场教学”模式，聆听专家辅导授课，开展现场实践教学，带动各区、各部门、各单位组织召开读书班167期，做到学有所思、学有所悟、学有所得。

抓好专题培训。各级党校开展“万名党员进党校”党史专题培训，举办培训班146期，培训1.5万余人次。各区、各部门、各单位发挥职能作用，组织各级党组织融合行业特色广泛开展“党课开讲啦”活动，覆盖率100%。各基层党支部实施“一月一主题”计划，运用“四微”（微朗读、微故事、微党课、微分享）学用活动开展主题党日3000余场次。其中，市委党校精品课程《开天辟地——中国共产党诞生》入选全国“精品党课”，在中央组织部全国党员干部现代远程教育直播频道“精品党课”栏目中展播；市文体旅游局在AAAA级景区克拉玛依河举办“奋斗百年路·启航新征程”庆祝建党100周年党课公开课，以“党课＋快闪＋红歌联唱＋朗诵”形式，吸引市民近千人踊跃参与。

抓好特殊群体。全市5984名“两新”组织党员突出多维度深学，把灵活学习形式与提升能力水平相结合，采取强化集中学、强化分散学、线上线下学、参观体验学等多种方式，组织“唱红歌、诵经典”等活动，让党史学习教育成为推动非公企业和社会组织高质量发展的红色引擎。离退休党员退岗“不退学”，全市22209名离退休党员发挥党史教育“教科书”作用，向广大青少年广泛宣讲党史故事，涌现陈关根、“老兵宣讲团”等先进个人和组织，吸引青年人学习百年党史、传承红色基因。农牧民党员深学“接地气”，140名农牧民党员把党史学习地点延伸到庭前院内、田间地头，把党史学习教育成效转化为推动农业生产、拓宽村民致富道路、加快乡村振兴的动力。流动党员“离乡不离党”，307名流动党员广泛运用“互联网＋”“党建＋”“结对帮学＋”等形式，学到实处、学出成效。

三、围绕中心、服务大局，带领广大党员干部探索一次为民办实事的有力实践

把学习党史同总结经验、观照现实、推动工作结合起来，将学习成效转化为工作成效，全面落实自治区党委“10+10”工作清单，结合实际确立完成“我为群众办实事”实践活动“10+14”任务清单（10项惠民工程＋14件为民实事）。建立党员“双报到”为民办事模式，推进新时代文明实践志愿服务队伍建设，形成“党员带群众”“一群带一城”示范效应。

确定任务清单，全力以赴为民办实事。在深入调研、广

2021年5月11日，市人防办组织开展“我为群众办实事”党史学习教育实践活动。图为结亲干部向结对亲戚宣传防震减灾知识　（张艺　摄）

泛征求民意基础上，结合实际，确立并完成“我为群众办实事”实践活动“10+14”任务清单。例如，扩大就业工程中，提供就业岗位16082个，实现就业3426人。养老服务工程中，新增社区养老服务站点20个，建设社区食堂、助餐点9家，为老年人提供就餐服务1.6万余人次；落实高龄老年人普惠福利政策，为25949名老年人发放特殊生活补贴2155.38万元；按每人500元标准为1691名80周岁以上老年人进行免费体检。城区停车工程中，新增城区道路车位5634个，小区内车位13594个，火车站前广场车位800个。教育提升工程中，新建幼儿园4所、小学项目1所，确保适龄儿童“应入尽入”“应上尽上”；31所中小学提供课后托管服务，9371名学生申请参加，1291名教师参与管理，减免55名家庭经济困难学生课后托管服务费13900元。建设完成“市民15分钟健身圈”全民健身点位190个，其中134个点位配备社会体育指导员。完成全民健康体检25.73万人，完成率100%。深化政务服务改革，“一件事一次办”总计办理21185件。对38个老旧小区进行改造，解决5万余户居民水、电、气、暖等设施老化失修、楼体路面破损、环境脏乱差、社区服务不便等问题，完善解决民生问题的体制机制，增强人民群众获得感、幸福感、安全感。

开展志愿服务，发挥党员先锋模范作用。探索“红细胞”党员“双报到”为民办实事模式，39076名党员到居住地社区和联点社区报到，认领志愿服务岗位，成立党员志愿服务队1422个，完成群众“微心愿”6079条、“微诉求”2759件、“微服务”5.32万件，确定“微治理”共驻共建项目500余个，办实事好事10万余件。

四、强化宣传，守正创新，引领广大党员干部群众经历一次革命精神的深刻洗礼

坚持丰富宣传载体，创新方式方法，营造浓厚宣传氛围，建立三级宣讲体系，开展分众化、全覆盖、面对面宣讲，用好各类红色资源，广泛开展党史、新中国史、改革开放史、社会主义发展史宣传教育，普及党史知识，推动党史学习教育深入群众、深入基层、深入人心。

统筹各类媒体，探索传播渠道。统筹各级各类媒体开设党史学习教育专题专栏，利用手机客户端等新媒体平台，开展党史学习教育集纳式宣传报道。全年全市各级各类媒体刊发党史学习教育宣传报道12833篇（条），在中央主流媒体刊播全市党史学习教育各类宣传报道667篇（条），《新疆日报》采用报道专题稿件98篇。其中，《克拉玛依：石油精神代代传》专题报道在中央电视台新闻频道展播，《克拉玛依锻造宜居宜业魅力城》《克拉玛依石油城变身宜居宜业生态城》《“西部乌镇”克拉玛依乡村新景》在《人民日报》刊发。利用广播、电视、报纸和手机端开设党史学习教育专栏，5个电视频道、2套广播频率全天循环播出，让党史知识和创新理论“飞入寻常百姓家”；利用微信公众号首页置顶方式，发布主题教育应知应会知识，确保信息随时呈现；开展党史学习教育各类作品征集活动，调动社会各界干部群众广泛参与、积极投入；印发党史学习教育宣传海报和上门宣讲口袋折页；利用出租车顶灯、户外LED屏等传播媒介加大社会氛围营造。

打造体系机制，开展专题宣讲。用好中央宣讲团和自治区宣讲团来克宣讲成果，组建党史学习教育宣讲分团，下设基层宣讲备课专班，在分管行业领域、联点街道、联点社区、联点企业、联点学校等地，开展面对面、互动式座谈宣讲。打造“区、街道（乡）、社区（村）”三级宣讲体系和宣讲工作机制，各区、各部门、各单位主要负责人在本部门、本单位、联点企业、联点社区进行宣讲，开展宣讲2.39万场，受众63万人次，做到行业领域

全覆盖。发放口袋书18万户，达到全覆盖。

依托红色资源，创新宣传方式。制作一批“线上”红色教育视频，组织拍摄《党史小知识竞答》专题系列微视频15部，在“红色小油泡”等新媒体平台进行系列展播，累计播放量达2.3万次；制作红色资源融媒体《他放100部红色电影为党庆生》《致敬老党员》《克拉玛依有私人展览馆，里面的故事把人看哭了》等。用好“线下”本地红色资源，依托克拉玛依展览（博物）馆、独库公路博物馆等丰富的革命文物资源，开展“回顾来时路，启航新征程”流动博物馆展览进企业、学校、社区活动；面向社会广泛开展百年党史见证物征集活动，20万余人次参与；举办以“唱响克拉玛依之歌”为主题的庆祝克拉玛依66岁生日活动；推出大型艺术党课《油城往事》舞剧，观众10万余人次；在世界魔鬼城举办“黑色石油，红色血脉”中国诗歌秋晚暨2021首届克拉玛依诗会；举办“新时代石油精神主题研讨会”，设立7处场馆遗址作为首批教学点位，1万余人次参观学习。

新的赶考之路赋予新的时代责任，新的奋斗征程呼唤新的使命担当。克拉玛依市将认真总结党史学习教育经验，建立常态化、长效化制度机制，不断巩固拓展党史学习教育成果，以史为鉴，奋勇前行，以优异成绩迎接党的二十大胜利召开。

民族团结之花绽放油城

——克拉玛依市创建“全国民族团结进步示范市”专记

2021年1月19日，克拉玛依市被国家民族事务委员会命名为“全国民族团结进步示范市”。克拉玛依市委、市政府始终坚持以习近平新时代中国特色社会主义思想为指导，以铸牢中华民族共同体意识为主线，认真贯彻党的十九届五中、六中全会，中央民族工作会议，第三次中央新疆工作座谈会精神，完整准确贯彻新时代党的治疆方略，牢牢扭住社会稳定和长治久安总目标，促进各民族广泛交往、全面交流、深度交融，在全社会形成中华民族一家亲、同心共筑中国梦的浓厚氛围。

一、坚持政治引领，深入开展民族团结进步宣传教育

克拉玛依市坚持以社会主义核心价值观为引领，把铸牢中华民族共同体意识作为新时代党的民族工作的“纲”，深入开展民族团结进步宣传教育。

政治引领，确保民族团结工作始终沿着正确方向推进。全面加强党对民族工作的全面领导，强化市委、市政府主体责任，把民族团结作为“生命线”工程、基础性工程，成立由市委书记任组长的民族团结进步创建工作领导小组，领导小组各部门单位配备专（兼）职工作人员，构筑起党政主导、部门协同、社会参与的工作格局。同时，将民族团结工作经费纳入政府年度财政预算，向全市每个社区（村）拨付民族团结专项经费5万元，使资金分配、力量投入向基层单位倾斜，确保民族团结工作稳步推进。

搭建平台，将党的民族政策和民族团结教育纳入国民教育、干部教育、社会教育全过程。通过市委党校开展培训班85期，覆盖学员4000余名；将爱国主义教育、公民道德教

育、法治宣传教育和精神文明建设纳入乡规民约、居民公约和克拉玛依市文明城市建设；发挥各级民族团结教育基地、党群服务中心民族团结资源，邀请民族团结先进典型亲自讲等宣传方式，大力开展“民族团结一家亲·最美石榴籽”“我给亲戚送党报”等系列活动，为结对亲戚赠送党报5000余份，赠送书籍500余本；充分发挥结亲干部职工、“访惠聚”驻村工作队作用，深化民族团结进步教育，让民族团结的声音传遍千家万户。

持之以恒，开展民族团结进步教育月活动。从以月促年到贯穿全年，在全市广泛开展“石榴籽·一家亲”民族团结知识抢答赛、民族团结摄影展、“民族团结一家亲”书法展、民族团结事迹报告、民族团结趣味运动会、线上美食比赛、手工比赛、绘画比赛、同唱爱国歌曲等各族群众喜闻乐见的活动，增进各族群众情感交流。

继承发展，加强中华民族优秀传统文化教育。广泛开展“我们的中国梦——文化进万家”文化惠民活动，紧紧围绕“我们的节日”，开展中华民俗文化系列、水节系列、中华经典诵读、京剧传唱等大型文体活动，各族干部群众在春节写福字、元宵节包汤圆、清明节扫墓、端午节包粽子、“你到我家品月饼、我到你家做馓子”等活动，坚定中华民族文化自信，建设各民族共有精神家园。

选树典型，挖掘社会各界各单位中涌现的民族团结进步模范人物。在《中央民族报》刊发《新疆克拉玛依：让中华民族共同体意识深入人心》专稿，范智慧、纳赛尔·热依木、肉孜汗·艾买提、岳润民、陈志兰获得自治区第八次民族团结进步模范个人称号；国家税务总局克拉玛依市税务局、新疆广陆工程建设有限公司、中国石油新疆油田分公司重油开发公司获得自治区第八次民族团结进步模范集体称号，选派全国民族团结进步模范个人黎建东参加2021年全国少数民族参观团，选树自治区级“民族团结一家亲”和民族团结联谊活动先进个人146名、自治区级“民族团结一家亲”和民族团结联谊活动先进集体32个。

二、搭建多种平台，促进各民族交往交流交融

坚持在广泛交往、全面交流、深度交融上下功夫，积极构建各民族相互嵌入式的社会结构和社区环境，广泛开展形式多样的联谊活动，推动形成密不可分的命运共同体。

结对认亲实现“两个全覆盖”。按照“党政事业干部与基层群众结对认亲，企业完成内部结对认亲”原则，实现干部职工走访全覆盖、所有少数民族群众都有干部走访“两个全覆盖”，让克拉玛依全市党政机关、企事业单位各领域2.2万余名干部职工与2.3万余户基层群众结对认亲，真正实现每一个少数民族家庭都有汉族亲戚，每一名党员干部（含企业管理人员）都有少数民族亲戚。教育系统深入开展“三进

2021年5月7日，东风教育社区开展以“民族团结之花·百花齐放”为主题的插花活动　（努尔买买提·艾山　摄）

两联一交友”（进班级、进宿舍、进食堂，联系学生、联系家长，与学生交朋友）活动。

联谊活动促进交往交流。以“民族团结一家亲，同心共筑中国梦”为主题，党政机关、企事业单位每2个月、学校每周组织开展1次民族团结联谊活动。全市各部门单位，充分结合“五一”劳动节、端午节、开斋节、国庆节等重要节日、重大纪念日，结合党建、团建和精神文明创建等，广泛开展形式多样的文化联谊活动，各族干部群众在“同唱一首歌”“同跳一支舞”“同照全家福”中增进了解，加深感情。第三次中央新疆工作座谈会以来，全市开展各类联谊活动2.2万余场次，各族干部群众参加人数34万余人次。

真情帮扶走进群众心中。全市结亲干部紧紧围绕“五项重点任务”，用足用活“六个载体”，深入基层与各族群众开展走访见面交流，建立“六个解决一点”机制，大力开展“四同四送”“四就（救）、帮扶”活动，及时解决各族群众遇到的实际困难，把民族团结做到各族群众的心坎里。走访见面各族群众45万余户次，捐款90余万元，累计开展就医、就学、就业、发展生产等好人好事2.1万余件。

“细胞工程”不断稳步推进。延伸拓展油田开发建设结“技术对子”“语言对子”“帮扶对子”传统，在机关企事业单位各族干部职工之间、各族群众之间、各族学生之间，广泛开展民族团结“结对子·交朋友”活动，结成对子6万余对，其中师徒对子3.8万余对，店铺对子0.6万余对，邻里对子1.6万余对，不断夯实各族干部群众团结友爱根基。

嵌入式社会结构融合发展。采取政府引导、政策扶持方式，推进商品房、保障房、二手房各民族互嵌式居住，促进各族群众以邻为伴、交流互学。克拉玛依市239个住宅小区均为各民族共同居住的嵌入式居住小区，奠定各族群众共居、共学、共事、共乐的社会基础。开展信息化平台和便民服务站建设，深化户籍制度改革，使少数民族流动人口在家门口享受计划生育、劳动保障、户籍迁入、身份证办理等服务，推动少数民族流动人口在克拉玛依市落户，更好地融入城市生活，成为共促民族团结、共建美好家园的新生力量。

三、强化示范引领，推动示范市创建工作提质扩面

按照人文化、实体化、大众化要求，根据不同受众对象，在国家民族团结进步示范市创建“七进”基础上，将创建工作延伸到新兴组织、景区（场馆）和窗口单位，做到创建工作全市联动、全域覆盖、全员参与、共建联创。

全市联动，压实主体责任。2021年2月，根据克拉玛依市绩效办印发《关于申报2021年度绩效考核项目的工作提示》要求，按照《全国民族团结进步示范州（地、市、盟）测评指标（试行）》《新疆维吾尔自治区民族团结进步模范区创建条例》《自治区民族团结进步示范州（地、市）测评指标（试行）》规定，市、区两级创建办继续将民族团结进步示范市创建工作纳入年底绩效考核管理，并进一步明确2021年度示范市创建工作（绩效）考核覆盖范围和考核方案。

全域覆盖，开展“互观互学”。坚持抓基层、强基础，将创建工作重心下沉到社区、乡村、学校、企业等基层单位，在资源分配、力量投入等方面给予倾斜。组织全市各单位开展跨领域、跨行业、跨部门间的“互观互学”活动238场次，通过查问题、找亮点，拓宽创建思路、补齐工作短板，推动全市民族团结进步创建工作再上新台阶。

全员参与，搭建多种平台。将示范创建衍生至社会最小组织，在市、区两级示范点大力开展示范科室、示范岗、示范车间、示范班组、示范楼栋、示范单元、示范班级等微创活动，延伸工作内涵、拓展创建思路，引导各族干部群众参与

到创建工作中来，实现由“要我创”到“我要创”的转变。全市命名示范岗位1514个、示范科室1861个、示范班组860个、示范楼栋1121个、示范单元576个、示范大院77个。将全国民族团结进步示范市创建工作与民族团结“细胞工程”相结合，各部门单位将推进民族团结“好师徒”“好战士”“好师生”“好邻里”等评选表彰情况纳入创建指标，使民族团结进步融入社会各细胞。

共建联创，实现以点带面。坚持油地、兵地、军地共建，推动跨区域、跨部门、跨行业的共建联创和协同创建，打造一批示范带、示范长廊、示范群，形成以点串线、以线连片、以片带面的示范创建格局。乌尔禾区和克拉玛依区油南红光社区获第九批全国民族团结进步示范区示范单位称号，白碱滩区、乌尔禾镇等6家单位获2021年度自治区级民族团结进步示范区示范单位称号。19家单位获得市级民族团结进步示范单位命名，2家单位获得市级民族团结进步教育基地命名。全市现有国家级民族团结进步示范区（单位）4个、自治区级7个、市级民族团结进步示范区示范单位170个、区级民族团结进步示范区示范单位352个，市、区两级民族团结进步教育基地24个。全市各级各类示范区示范单位总数达522个，创成各级示范区示范单位的覆盖率不断提高。

四、增进民生福祉，夯实民族团结进步物质基础

坚持把在发展中保障和改善民生作为维护民族团结的重要着力点，持续加大民生投入力度，各族群众的获得感、幸福感、安全感不断增强。

保持就业创业持续稳定。坚持把就业作为最大的民生，不断完善就业创业政策体系，着力解决结构性就业矛盾，加大政策支持和就业培训力度，出台一系列人才配套政策，统筹做好高等院校毕业生和困难群众就业帮扶，全力促进和稳定就业。截至2021年9月，发布就业岗位16082个，城镇新增就业2444人，实现高校毕业生本地就业2949人，转移就业人员实现转岗496人，“零就业家庭”动态为零，城镇调查失业率4%以内。

做好农村富余劳动力转移就业人员安置融入工作。截至2021年9月，累计推动5048名转移就业人员实现就业，近80%转移就业人员年收入达到4万元（含社保）。有序推进住房保障、配偶随迁、子女就学、户籍落户工作，解决614对夫妻住房保障、188名配偶一方随迁、435名子女入园入学（学龄前124人，小学、初中311人）问题，24对夫妻和6名未婚人员在克拉玛依市购买住房，7户20人在克拉玛依户籍落户，增强转移就业人员及其家属对克拉玛依的认同感、幸福感、获得感和安全感，主动融入城市意识显著提升。

用足用好民族发展政策。2021年，克拉玛依市积极向自治区申请中央财政衔接推进乡村振兴补助资金510万元，分别用于克拉玛依区小拐乡畜牧养殖品种改良和乌尔禾区乌尔禾镇人畜牧分离棚圈建设项目，不断提高农牧民收入水平，让党的民族政策惠及各族群众。积极打造少数民族特色村镇项目建设，传承和弘扬少数民族优秀传统文化，改善少数民族群众生产生活条件，传承保护少数民族传统文化，解决少数民族群众在生产生活中遇到的困难和问题。克拉玛依区小拐乡小拐村被命名为第三批“中国少数民族特色村寨”。大力开展民贸民品优惠政策宣传工作，印制《克拉玛依市民贸民品政策解读》宣传册8000册，主动上门发放，将更多优惠政策惠及相关企业。

助力打好脱贫攻坚战。以高度的政治责任感，扎实做好对喀什地区喀什市、疏勒县、泽普县的协作扶贫工作。坚决扛起协作扶贫主体责任，在资金支持、人才支援、产业合作、劳务协作、就业帮扶方面精准发力，投入扶贫资金7134.2万元，完成扶贫项目162个，培

训当地技术人员 14452 人次。

五、推进法治建设，提升民族事务治理体系和治理能力现代化水平

坚持民族事务治理法治化，以创建全国法治政府建设示范市推进市域社会治理创新为抓手，提高运用法治思维和法治方式维护民族团结的能力，切实在法治轨道上统筹力量、平衡利益、调节关系、规范行为，筑牢民族团结的法治基础。

强化法治宣传教育。将民族团结进步创建与争创全国法治政府建设示范市工作、党史学习教育相结合，着力提升各族干部群众法治观念，切实增强各族干部群众依法办事、知史爱党爱国的意识。全面贯彻落实党的民族政策，将《中华人民共和国民族区域自治法》《新疆维吾尔自治区民族团结进步工作条例》《新疆维吾尔自治区民族团结进步模范区创建条例》等法律条例作为依法治理民族事务的根本遵循，促进各民族平等、团结、互助、和谐的良好关系。

依法治理民族事务。坚持在法治轨道上开展民族工作，确保各族公民在法律面前人人平等。对各种渗透颠覆破坏活动、暴力恐怖活动、民族分裂活动、宗教极端活动，予以严密防范、坚决打击。全面落实《中国公民民族成份登记管理办法》《新疆维吾尔自治区公民民族成份登记管理实施细则》，依法保障各族公民合法权益。

1 月

7 日，克拉玛依市云计算产业园区国际互联网数据专用通道正式开通。这是西北地区开通的第一条专用通道。

10 日，第四届“克拉玛依——为中国编剧原创加油”颁奖活动以云视频形式在北京与克拉玛依同步举行。

11 日，市委召开经济工作会议，总结全市 2020 年经济工作，安排部署 2021 年经济工作。

15 日，克拉玛依市与上海临港集团签署战略合作协议，共同在克拉玛依市打造“一带一路”企业服务基地。

19 日，克拉玛依市被国家民委命名为“全国民族团结进步示范市”，新疆油田公司被命名为“全国民族团结进步示范企业”。

是月，克拉玛依市人民医院（中医医院）连续两届蝉联“全国文明单位”荣誉称号。

是月，克拉玛依区公安分局胜利路派出所被评为自治区级“枫桥式公安派出所”。

是月，中国石油大学（北京）克拉玛依校区 2021 年招生工作正式启动，拟招收全日制普通本科生 1700 人，招生计划同比增长 41.7%。

是月，克拉玛依市在危险化学品、非煤矿山、建筑、危货运输这四类高危行业企业启动为期一年的新“安责险”改革试点工作。“安责险”是指在高危行业实施的安全生产责任保险，是一种带有公益性质的强制性商业保险。

2 月

2 日，教育部官网正式发布克拉玛依厚博学院转设为新疆第二医学院消息。转设后的新疆第二医学院成为自治区直属的独立设置的公办普通本科院校，是自治区继新疆医科大学后的第二所本科医学类院校。

1 月 23 日至 2 月 7 日，克拉玛依日报社和“团乐”社区团购联合推出首届“年货直播节”。

7 日，克拉玛依区小拐乡和谐村荣获第八批“全国民主法治示范村（社区）”称号。

10 日，克拉玛依市与新疆能源集团签订《克拉玛依市人民政府新疆能源集团战略合作框架协议》。

22 日，中国人民政治协商会议克拉玛依市第八届委员会第五次会议开幕。

23 日，克拉玛依市第十四届人民代表大会第六次会议开幕。

26 日，克拉玛依市与新疆中泰集团签署战略合作协议。

是月，克拉玛依市中心医院成功获批设立国家级博士后科研工作站，实现了克拉玛依市地方单位设国家级博士后科研工作站零的突破。

3 月

1 日，克拉玛依市召开党史学习教育动员会议。

是日，克拉玛依市全市巡察工作会议暨十一届市委第十轮巡察动员部署会召开。标志着第十轮巡察工作正式启动。

是日，克拉玛依市不动产登记正式推出异地委托见证服务，并完成首次异地委托见证服务。

5 日，克拉玛依市召开金融工作座谈会。

7 日，克拉玛依市贯穿全年的“万名党员进党校”培训活动启动仪式暨第一期党史专题培训示范班开班。

是日，克拉玛依市召开民营企业家座谈会。河南商会、餐饮协会、永升建设、贝肯能源、天利石化等 33 家商业协会、企业代表参会。

8 日，克拉玛依市新时代“访惠聚”驻村工作会议召开。

9 日，中国地质大学（北京）副教授邢立达等中外古生物学家宣布，在新疆克拉玛依市乌尔禾区发现世界上最小的剑龙类恐龙足迹，长度仅 5.7 厘米。

9 日至 10 日，上海市副市长彭沉雷率上海市代表团一行到克拉玛依，就近年来上海市对口支援克拉玛依市相关工作开展情况进行考察调研，并看望慰问上海援疆干部人才。

10 日，中共克拉玛依市第十一届委员会第十轮巡察完成首批进驻。3 个巡察组完成对市中级人民法院、市委宣传部、市医疗保障局、市辖 4 个区人民法院 7 个单位的首批进驻。

12 日，自治区北疆区域安全生产应急救援中心在新疆油田公司正式揭牌成立。

15 日，克拉玛依市召开全面推行林长制工作动员部署会暨全民义务植树工作推进会。会议通报《克拉玛依市林长 1 号行动令》，对全市启动并全面推行林长制各项重点工作进行安排部署。

是日，克拉玛依市召开全市政法队伍教育整顿动员部署会，贯彻落实全国、自治区动员部署会议精神。

17 日，新疆交通建设集团股份有限公司、克拉玛依市云计算产业投资开发有限公司战略投资红有软件股份公司合作签约仪式在克拉玛依市举行。

是日，经新疆人大工作理论研究会组织专家评审通过，克拉玛依市人大常委会申报的“市域社会治理现代化地方立法研究”课题项目立项并成为自治区人大年度重点课题，这也是全疆唯一一个获得自治区重点支持的地州市项目。

22 日，克拉玛依中绅能源有限公司新能源、新材料产业园项目奠基仪式在克拉玛依高新技术产业开发区（白碱滩区）。该项目由深圳兆华投资开发有限公司投资兴建，预计总投资 10 亿元。

是日，克拉玛依市召开深化国企改革暨国资国企党建工作座谈会。

是日，由克拉玛依市业余体校培养输送的速度滑冰运动员田芮宁代表新疆在 2020—2021 赛季全国速度滑冰锦标赛上获得女子 500 米和女子短距离全能两项冠军。

25 日，克拉玛依市在克拉玛依区数字经济产业园举行 2021 年重点项目集中开工暨数字产业项目入园仪式。

26 日，克拉玛依市全面启动新冠疫苗接种工作，为全市 18 周岁以上人群免费接种新冠疫苗。

27 日，克拉玛依市召开重点项目和招商引资交流会。

29 日，克拉玛依市知识产权保护中心和中国西安知识产权保护中心在西安签订合作协议。

是月，克拉玛依市全面完成宅基地和集体建设用地使用权确权登记发证工作。全市共有农村集体土地 643 宗，应登记 558 宗、实际已登记发证 558 宗（其中农村宅基地 555 宗、集体建设用地 3 宗），登记 100%。

是月，中国石油大学（北京）克拉玛依校区石油学院教授李军、市中心医院医学专家朱敏入选 2020 年度享受国务院政府特殊津贴人员名单。

是月，国务院国资委发布 2020 年 100 个国有企业数字化转型典型案例，《新疆油田油气生产物联网建设及应用研究》项目入选，这是新疆唯一一个入选案例。

是月，克拉玛依市地方企业——新疆金牛能源物联网科技股份公司《物联网设备远程智能运维系统》项目成功入选工信部公布的2020—2021年度集成创新与融合应用类项目名单。

是月，克拉玛依市首家辖区外党群服务站——市政府驻上海联络处党群服务站投用。

是月，克拉玛依市春耕备耕工作有序展开。

是月，《克拉玛依机场总体规划（2020年版）》获得民航新疆管理局批复。规划中，克拉玛依机场定位为国内支线机场、中型机场，兼顾通用航空的使用，近远期规划飞行区指标均为4E。

4月

1日，《克拉玛依市大气污染防治条例》正式实施。这是克拉玛依市出台的第五部地方实体性法规。

是日，克拉玛依市调整失业保险金领取标准，每人每月在现行基础上每档上调206元。调整后，克拉玛依市符合条件失业人员失业保险金月标准为1503元。

2日，克拉玛依市人民政府颁布实施《关于修改〈克拉玛依市人民政府规则制定程序〉的决定》。

4日，克拉玛依市与携程集团签署战略合作框架协议。双方将在城市旅游品牌营销、智慧旅游、旅游产品开发推广、民宿产业升级等方面进行深度合作。

7日，克拉玛依市2021年中青年干部培训班开班。

8日，2021年亚洲开发银行贷款新疆城市综合发展项目克拉玛依市市政环境卫生车辆交付使用仪式在克拉玛依区融汇环卫公司车队举行，共有12辆多功能洗扫车交付使用，使克拉玛依市机械化洗扫车由2辆增至14辆。

是日，克拉玛依市召开平安建设暨市域社会治理现代化工作推进会。

9日，在哈萨克斯坦阿拉木图市举行的亚洲区奥运会摔跤资格赛中，在国家队效力的克拉玛依籍古典式摔跤运动员瓦里汗·赛里克荣获60公斤级亚军，获得参加东京奥运会入场券。瓦里汗·赛里克成为克拉玛依市代表国家参加夏季奥运会第一人。

13日，克拉玛依市十四届人民代表大会常务委员会第三十五次会议审议通过《克拉玛依市人大常委会关于进一步优化营商环境的决定》。

14日，由本土企业红团一公里网络科技公司运营的克拉玛依市首家“线上预售下单、线下配送到家”社区惠民电商新零售综合服务平台启用。

17日，2021年北疆春季房·车展暨“克拉玛依之春”风筝节活动在市会展中心开幕。

18日，克拉玛依市召开安全生产工作会议。

20日，市文化馆“侨胞之家”、杨鸣山艺术馆“侨胞之家”、独山子区创意空间“侨胞之家”、银河路街道园林阳光社区“侨胞之家”4个自治区级“侨胞之家”正式挂牌。

是日，由市工信局主办的克拉玛依中小企业银河培训班在克拉玛依党校培训中心开班。

23日，2021年克拉玛依市全民阅读活动启动仪式在市图书馆举行。

26日，《克拉玛依市级创业孵化基地认定和管理办法》（简称办法）正式颁布实施。办法规定，凡是申请并被认定为市级创业孵化基地并对入驻创业实体提供有效管理服务的，可以享受每年最高50万元的创业引导资金补贴、最高不超过100万元的房屋租金补贴。该办法由市人社局联合市财政局共同颁布。

是月，2020年度自治区科学技术奖评比结果揭晓，克拉玛依市共有20项科技成果获奖，获奖成果以石油石化技术、智能油田建设为主。

5月

1日，北疆四地五师体育舞蹈邀请赛及联谊活动在市羽毛球馆举行。来自北疆各地州及兵团的16支代表队近500名舞蹈艺术家和爱好者以优美舞姿集体庆祝五一国际劳动节。活动由市文体旅游局主办、市国际标准舞体育舞蹈协会承办。

2日，650辆“哈啰”共享单车正式入驻克拉玛依市，这是继“摩拜”共享单车退出之后，克拉玛依市重新引入的一款共享单车。

4日，克拉玛依市与中植企业集团签署战略合作协议，双方将围绕产业投资基金、通用航空、畜牧养殖和环保产业进行合作。

6日，《克拉玛依市无偿献血管理办法》正式实施。

7日，中共克拉玛依市石油工程行业党委成立。

8日，在克拉玛依市召开的第一次“河（湖）长+检察长”联席会议上，“克拉玛依市人民检察院河（湖）长+检察长公益诉讼联络点”正式揭牌。克拉玛依市人民检察院与市河（湖）长办公室共同签署《关于建立“河（湖）长+检察长”协作配合工作机制的实施意见》，标志着“河（湖）长+检察长”工作机制正式建立并启动。

12日，克拉玛依市与上海均和集团有限公司签署战略合作框架协议，在混合所有制大宗商品贸易平台项目、多元化合作项目、产业招商与载体运营、旅游平台上市投资等领域开展合作。

是日，克拉玛依市第六次归侨侨眷代表大会召开。79名归侨侨眷代表全市5000名侨胞参加会议。

16日，克拉玛依市举行第三十一次全国助残日系列活动启动仪式。市残联向27名听力残疾人免费配发数字助听器，市慈善总会油泉志愿者团队向15名重度肢体残疾人捐赠电动轮椅。

是日，克拉玛依市举办“2021中国旅游日系列活动”启动仪式。

是日，2020“荒野之声”第二届原创歌曲颁奖晚会在市群艺馆举行。

是日，克拉玛依市第二人民医院（康复医院）联合克拉玛依区残联、城西古北社区成立市第二人民医院（康复医院）古北康复站，这是克拉玛依市首个社区康复站，填补克拉玛依市社区康复服务设施建设空白。

21日，“健康中国”MMC（国家标准化代谢性疾病管理中心）西部行活动暨市人民医院（中西医结合医院）国家标准化代谢管理中心揭牌仪式在市人民医院举行。仪式采用“线下举办+线上直播”方式举行。

是日，市第十届KBA篮球联赛暨第三十一届中老年篮球比赛在市体育馆开赛。

是日，克拉玛依市乌尔禾区人民法院旅游巡回法庭在世界魔鬼城景区内正式挂牌成立。

22日，克拉玛依市2021年科技活动周正式启动。

22日至23日，红色儿童剧《小麻雀》连续演出两场后落幕。

25日，克拉玛依市与浪潮云信息技术股份公司签署战略合作框架协议。

是月，克拉玛依市通过中央文明办复查考核，确认继续保留全国文明城市荣誉称号。这是克拉玛依市第四次蝉联全国文明城市称号。

是月，克拉玛依市20家大中型商场超市出现可免费领取环保购物袋的“云袋”售货机。

是月，在工信部发布的2020年企业上云经典案例遴选结果公示中，克拉玛依红有软件股份公司的“红有云服务管理平台”和新疆七色花信息科技有限公司的“新疆畜牧云综合服务平台”入选，克拉玛依市成为全疆唯一有项目入选的城市。

是月，克拉玛依机场改扩建项目中首个项目——机场新建消防救援站开工建设。该工程的总规划用地为6912.28平方米，总建筑面积为3487.02平方米，总投资为1498万元。

6 月

1 日，以“荒野之旅 时尚之都”为主题的 2021 年克拉玛依文化旅游直航地宣传推介会落下帷幕。此次推介会由市文化体育广播电视和旅游局主办，同程集团承办，在苏州、西安和成都三地举行。

2 日，克拉玛依市乡村振兴局挂牌成立。

是日，克拉玛依市第三中学国旗护卫队收到天安门国旗护卫队回信。

3 日，克拉玛依市城市综合服务中心与中国石油大学（北京）克拉玛依校区、克拉玛依天地图网格科技有限公司签订战略合作框架协议，在“智慧城管”领域开展合作。

4 日，克拉玛依与阿勒泰地区签订《阿勒泰行政公署、克拉玛依市人民政府关于加强区域文化旅游互联合作协议》，在全域旅游领域开展合作。

5 日，克拉玛依市在独山子区举行“六五”环境日暨环境保护宣传教育月系列活动启动仪式。

6 日，2021 年克拉玛依市地方立法培训班在中国政法大学开班。

6 日至 7 日，克拉玛依市共有 2553 名考生参加全国高考。

8 日，克拉玛依市与国家开发银行新疆分行共同签署《“十四五”全面深化合作开发性金融合作备忘录》。

11 日，2021 年第四届华为新疆区域人才联盟双选会在克拉玛依大学城举办。本次双选会由市云计算产业园区管委会、华为技术有限公司主办，中国石油大学（北京）克拉玛依校区、新疆第二医学院、克拉玛依职业技术学院协办，共吸引全疆各地 60 家优质企业到场招聘，共提供岗位 1000 余个。

是日，投资 30 亿元的猛狮光储 220 千伏光伏升压汇集站项目在乌尔禾区开工。该项目位于 G217 国道东侧 10 千米处。

12 日，克拉玛依市“2021 年文化和自然遗产日暨第九届新疆非物质文化遗产周”系列宣传活动启动。

15 日，新疆第二医学院举行首届毕业生暨 2021 年毕业生毕业典礼，共有 739 名毕业生参加。

16 日，市商务局创办的“克拉玛依市民营企业服务平台”——“民企直通车”正式在微信上线运行。

16 日至 18 日，由克拉玛依市总工会、市卫健委联合举办的卫生系统技能竞赛落下帷幕。

17 日至 19 日，克拉玛依市与浙江吉利新能源商用车集团有限公司签署战略合作框架协议。

18 日，“新时代‘石油精神’在克拉玛依的传承与践行”研讨会在中国石油大学（北京）举行。

19 日，克拉玛依市与浙江吉利新能源商用车集团有限公司签署战略合作框架协议，吉利集团拟在克拉玛依市设立商用车、油田特种车辆及相关新能源装备西北研发及制造基地。

是日，克拉玛依博物馆被中宣部命名为全国爱国主义教育示范基地。

22 日，中国石油独山子石化公司乙烯装置操作工薛魁被授予“中华技能大奖”荣誉称号。该奖项由人力资源和社会保障部设立，是中国政府对技术工人技术、技能水平的最高奖项，薛魁是新疆首位获此荣誉的技术工人。

23 日，克拉玛依市克拉玛依区政府与天玺国际商业保理有限公司签订《克拉玛依市智慧油服产业基地项目投资合作协议》，智慧油服产业基地项目总投资 3000 万元，分 3 年投入。

25 日，克拉玛依市庆祝中国共产党成立 100 周年暨“两优一先”表彰大会在市机关 1 号楼举行。

是日，“智慧城管、贴心服务”城市管理信息化微论坛在克拉玛依市举办。微论坛由市城市综合服务中心、中国石油大学（北京）克拉玛依校区和克拉玛依天地图网格科技有限公司共同举办。

26日，自治区文化和旅游厅发布公告，克拉玛依市黑油山景区被确定为国家AAAA级景区。

29日，庆祝中国共产党成立100周年克拉玛依市文艺创作和文化活动“七个一”启动仪式在市文化馆举行。

是日，克拉玛依市风城水库至三坪水库输水管道工程正式通水。2011年，新疆油田公司提出该项目；2019年，自治区水利厅审批通过工程初步设计；2020年3月28日，项目正式开工，全长85.10千米，总投资18.09亿元，冬季引水量5550～6050万立方米，年输水量可达1.32亿立方米。

是日，克拉玛依市乌尔禾区与携程集团旗下丽呈酒店集团签署战略合作协议。这是携程集团在克拉玛依市签署的首个落地项目。

是日，克拉玛依新渝铜业有限公司在克拉玛依市白碱滩区（克拉玛依高新区）完成企业注册。这是总部设在重庆中国最大民营电线电缆制造商之一南方阻燃电线电缆有限公司在克拉玛依市投资建立的一家全新公司。

是月，克拉玛依市印发经过修订完善的《克拉玛依市促进就业奖补办法》。

是月，克拉玛依市退休人员养老金再次上调，人均每月增加213元，1月至6月增加额已补发到位。

是月，克拉玛依市发布《克拉玛依市统筹招商引资项目落地的若干意见（试行）》，明确各区产业发展定位和方向，提升各区主导产业辐射带动能力和差异化发展水平。

是月，克拉玛依市调整住房公积金缴存基数。调整后，职工月住房公积金缴存基数最低不得低于自治区人民政府公布的最低工资标准1900元，最高不得高于市统计部门发布的平均工资的3倍28153元。

是月，根据财政部《关于下达2021年度普惠金融发展专项资金的通知》，克拉玛依市成功入选2021年度财政支持深化民营和小微企业金融服务综合改革试点城市，获得中央财政奖补资金5000万元。

是月，克拉玛依市发布《“三线一单”生态环境分区管控方案》。“三线一单”指生态保护红线、环境质量底线、资源利用上线和生态环境准入清单，克拉玛依市历经两年多完成该方案的编制。

是月，克拉玛依市被中国围棋协会授予“全国围棋之乡”荣誉称号。

是月，克拉玛依市9个项目获自治区文艺创作扶持和奖励资金。克拉玛依市共向自治区择优推荐5类41件优秀作品，最终8件入选创作扶持项目，1件入选奖励项目，获得扶持经费87.5万元，奖励经费15万元，共计102.5万元。

是月，“石榴籽·一家亲”克拉玛依市2021年民族团结趣味运动会在市体育馆举行。来自全市48支团体代表队和60支个人代表队的600名各族运动员，在4个团体项目、4个个人项目中同场竞技交流。

7月

4日，每年冬季封闭的独库公路全线通车。

5日，第八届新疆创新创业大赛（克拉玛依赛区）暨第六届克拉玛依创新创业大赛启动。

8日，“新疆礼物”地州行系列活动——“新疆礼物”品牌说明会在克拉玛依市举行，克拉玛依市共有13种地产商品入选“新疆礼物”。

是日，中国共产党克拉玛依市第十一届委员会第十二次全体会议举行。

10日至11日，“我要上全运”第十四届运动会群众比赛羽毛球项目新疆维吾尔自治区选拔赛暨“克市羽协杯”双打排名赛在克拉玛依市开赛。

11日，“健康城市之冬病夏治”系列活动启动在市中西医结合医院（市人民医院）举行。

12日，《克拉玛依市行政处罚“四张清单”指导意见》开始实施，标志着克拉玛依市在全疆率先推行行政处罚“四张清单”制度。

13日，克拉玛依市食品药品检验所收到自治区市场监督管理局颁发的检验检测机构资质认定证书，通过实验室资质认定。

15日，位于克拉玛依市独山子区东湖动物园的野生动物救护中心挂牌成立。这是克拉玛依市首家陆生野生动物救助中心。

20日，克拉玛依黑油山景区面向全国游客实施免门票优惠政策。

25日至26日，克拉玛依市2021年基层党建和“访惠聚”驻村工作第二次推进会在克拉玛依区召开。

27日至30日，第一届克拉玛依“科力杯”全国少儿围棋公开赛在克拉玛依市举行。

是月，克拉玛依市农业种质资源普查工作启动，计划利用3年时间在全市范围内组织开展农业种质资源普查。

8月

2日，代表国家队参赛的克拉玛依籍古典式摔跤运动员瓦里汗·赛里克在第32届东京奥运会上摘得铜牌。

8日，新疆油田公司首口以录取水井压裂缝资料为目的的取芯井——MaJ02井结束近300米取芯任务，实现国内首次大规模录取水力压裂缝资料目标。

19日，自治区工业和信息化厅公布首批6家2021年新疆数字经济示范园区名单，克拉玛依云计算产业园区入选。

23日，克拉玛依市与自治区同步举办2021年全国节能宣传周活动启动仪式。

25至27日，在自治区总工会主办的第七届全国职工技能大赛新疆区选拔赛决赛中，克拉玛依市选手朱磊、马兴国、付强3人包揽焊工项目前三名。

28日，克拉玛依市图书馆正式上线“信用借还”服务，借书无需押金。凡是芝麻信用分达到550分、持克拉玛依市本地身份证的市民，均可享受“信用借还”服务。

31日，克拉玛依市新的社会阶层人士联谊会正式成立。

是月，克拉玛依市乌尔禾区乌尔禾镇查干草村入选国家级乡村旅游重点村。至此，乌尔禾镇两个村均获此殊荣。

是月，克拉玛依市乌尔禾区哈克村村规民约被评为自治区第二届优秀村规民约和居民公约。

是月，克拉玛依市人力资源和社会保障部门组织开展为期3个月的“职等你来 就业同行”百日千万网络招聘专项行动结束。活动期间，全市各级公共就业服务机构举办各类线上、线下招聘会41场次，收集、发布606家企业提供的6425个岗位需求信息，共有5583人次参与活动，投递简历2252份，达成意向就业300余人。

9月

1日，《克拉玛依市区人民代表大会常务委员会街道工作委员会工作条例》施行。此条例于6月24日由市第十四届人民代表大会常务委员会第三十六此会议审议通过，于7月28日经新疆维吾尔自治区第十三届人民代表大会常务委员会第二十七次会议批准。

是日，克拉玛依市“慈善一日捐”活动在市残疾人综合服务中心正式启动。

是日，克拉玛依市调整住房公积金提取政策。自9月1日起，对购买、建造、翻修、大修自住住房提取公积金的申请日期应符合以下规定：提取有效期限原则上为上述购建房可申请之日起2年内，最长不得超过5年。

是日，克拉玛依市非营运小型、微型载客汽车二手车交易登记“跨省通办”措施正式实施。

2日，克拉玛依市白碱滩区、独山子区、白碱滩区金龙镇街道、乌尔禾区乌尔禾镇、克拉玛依区天山路街道油南红光社区、独山子石化公司炼油厂6

家单位被命名为2021年自治区民族团结进步示范区示范单位。

3日，自治区文化和旅游厅发布公告，克拉玛依市独山子大峡谷景区为国家AAAA级旅游景区。

4日至16日，克拉玛依市“永远跟党走”民间文艺作品展在市文化馆一楼展厅开展。

6日，克拉玛依市乌尔禾区哈克村入选农业农村部公布的第二批“全国乡村治理示范村镇”名单。

7日，《克拉玛依市国民经济和社会发展第十四个五年规划和2035年远景目标纲要》公开发布。该纲要于2月25日由克拉玛依市第十四届人民代表大会第六次会议审议通过。

8日，克拉玛依市独山子区独库公路博物馆被中国公路学会授予“全国公路科普教育基地（2021—2025）”称号。

9日，克拉玛依市举行第十批上海市中期轮换援疆干部人才欢迎座谈会。本批援克干部人才共15人，为教育、医疗卫生和企业管理三类专业技术人才。

10日，克拉玛依市克拉玛依区金龙湖环湖步道全线贯通。环湖步道项目包括宽7米、长6.13千米的环湖步道及4个停车场。

是日，克拉玛依开放大学举行揭牌仪式，克拉玛依社区教育服务指导中心和克拉玛依老年开放大学同时揭牌成立。

11日，克拉玛依市2021年“全国科普日”系列活动在市科技馆启动。

13日，根据新疆开放大学统一安排，完成克拉玛依开放大学揭牌工作，同时挂牌成立克拉玛依社区教育服务指导中心和克拉玛依老年开放大学。2月，根据克拉玛依市人民政府《关于同意克拉玛依广播电视大学更名为克拉玛依开放大学的批复》，克拉玛依广播电视大学正式更名为克拉玛依开放大学。

25日，中国共产党克拉玛依市第十二次代表大会在市群艺馆召开。大会以《完整准确贯彻新时代党的治疆方略为在全疆率先基本实现社会主义现代化而不懈奋斗》为题全面总结了克拉玛依市第十一次党代会以来的工作和基本经验，科学分析了面临的形势和机遇，明确提出了今后五年的目标任务、工作重点和关键措施，全面部署了稳定发展的各项任务，描绘了克拉玛依未来发展的宏伟蓝图。

26日至28日，在乌鲁木齐举行的全国乡村振兴职业技能大赛中，克拉玛依市代表队获得中式面点师（馕制作）项目团体赛铜奖。

9月27日至10月1日，克拉玛依市人民政府向市场投放储备肉。共投放羊肉154吨、牛肉98吨、猪肉140吨。

30日，浪潮集团公司智算中心暨浪潮云克拉玛依公司在克拉玛依市云计算产业园区举行落地揭牌仪式，标志着克拉玛依在加快建造新一代人工智能算力基础设施方面迈出关键一步。

是日，自治区文联授予克拉玛依市“新疆石油文化之城”称号。

是日，“黑色石油，红色血脉”中国诗歌秋晚暨2021首届克拉玛依诗会在国家AAAAA级景区世界魔鬼城内成功举办。

是月，在由中国美术家协会、重庆市文化和旅游发展委员会、长春市文化广播电视和旅游局联合举办的“时代之光——第五届中国油画展”活动中，克拉玛依市青年油画家张娟创作的油画作品《红色旋律》入选。

是月，克拉玛依胜利高原机械有限公司被市科技局备案为克拉玛依市首家“科技小巨人”企业。

10月

15日，克拉玛依市第八小学科学教师纪兰琴发明的“活扣悬挂吊环装置”被国家知识产权局授予专利权。

19日，在国家卫健委公布的2021年全国示范性老年友好型社区名单中，克拉玛依市独山子区西宁路街道第十一社区入选。

20 日，由克拉玛依市和上海市合作建设的“丝路心选·我从新疆来”供应链平台项目启动仪式在上海市举行。其核心内容是由克拉玛依市招商引资企业——新疆丝路心选网络科技有限公司依托上海发网供应链管理有限公司的仓配、渠道等资源优势，实现向销售末端推广销售克拉玛依市乃至新疆名优土特产品。

22 日至 24 日，克拉玛依市第十二届职业技能竞赛在中国石油大学（北京）克拉玛依校区举行。

22 日至 29 日，在全国第十一届残疾人运动会暨第八届特殊奥林匹克运动会上，克拉玛依市代表新疆队参赛的 10 名残疾人运动员，在轮滑、乒乓球、田径 3 个项目上取得 7 金 5 银 12 铜。

25 日，克拉玛依市第一小学、实验小学和第八小学入选中国围棋协会公布的第一批全国围棋特色学校（幼儿园）名单。

27 日，独山子区司法局金山路司法所被司法部授予“全国模范司法所”荣誉称号，克拉玛依区司法局五五新镇司法所所长朱子峰、独山子区司法局金山路司法所所长宋海落被司法部授予“全国司法所模范个人”荣誉称号。

29 日，中国石油大学（北京）克拉玛依校区举办 2022 届比毕业生秋季校园双选会，共吸引自治区企事业单位 40 余家参会，提供涉及能源、制造、互联网、金融等行业超过 1000 个岗位。

是日，乌尔禾区乌尔禾镇哈克村获得“第二批全国乡村治理示范村镇”荣誉称号。

31 日，幸福航空在克拉玛依市开通克拉玛依—阿勒泰、克拉玛依—博乐两天往返航线。

是月，克拉玛依市符合条件的困难群体已全部纳入城乡居民养老保险范围，实现代缴率、发放率均为 100%。截至 10 月，克拉玛依市已有 105 名年满 60 岁贫困人员享受城乡居民养老保险待遇，为 2272 人次 16 岁至 60 岁贫困人员落实财政代缴城乡居民养老保险待遇。

是月，克拉玛依市开展秋季义务植树活动，共计约 1.75 万人参加，共植树 1400 余亩，种植各类乔、灌木 13.8 万株。

是月，《克拉玛依市涉旅投诉先行赔付快速处理实施办法》发布。

11 月

1 日，在第六届“创客中国”中小企业创新创业大赛全国总决赛上，克拉玛依市选送的“球化纳米高纯氧化镁”项目获得创客组三等奖，这是克拉玛依市企业已获得的创新创业类比赛最高奖项。

1 日至 15 日，克拉玛依市开展 2021 年人口变动情况抽样调查。全市 89 个村近 3600 户居民接受调查员上门调查。

2 日，在人力资源和社会保障部公布的第五批国家级“充分就业社区”名单中，克拉玛依市克拉玛依区银河路街道通讯社区入选，成为全市首个国家级“充分就业社区”。

3 日，克拉玛依市召开党建引领基层治理工作推进会。会议以视频形式召开，设一个主会场，各区、各街道（乡镇）设分会场。

4 日，克拉玛依市克拉玛依区冷链食品集中监管仓正式启用。该监管仓拥有完善的冷库仓储区、卸货区及工作人员专区，对冷链食品消杀检测程序更加规范、严格。该监管仓投用后，与宇飞冷链食品集中监管仓共同运行，保障克拉玛依区居民所需，同时辐射白碱滩区和乌尔禾区市场需求

5 日，乌尔禾区乌尔禾镇查干草村被中宣部、司法部、全国普法办评选为“全国依法治理创建活动先进单位”。

8 日，庆祝中国共产党成立 100 周年“大美新疆·魅力克拉玛依”美术书法摄影作品上海展，在上海自贸区源深艺术空间开展。

10日，《克拉玛依市病媒生物预防控制管理办法》施行。

11日至12日，克拉玛依市人民政府与上海科委共同启动2021沪克科技合作线上对接活动。克拉玛依市辖各区、云计算产业园区与上海市长宁区、普陀区、宝山区、青浦区科委及上海科学院进行对接。

12日，克拉玛依市医保信息平台正式接入国家医疗保障信息平台运行。

15日，农业农村部发布公示，在全国范围内推介254个乡村为2021年“中国美丽休闲乡村”，克拉玛依市乌尔禾区乌尔禾镇查干草村入选。

16日，克拉玛依市慈善总会联合中国石油大学（北京）克拉玛依校区，举行慈善助学资金发放仪式。共向石油大学（北京）克拉玛依校区151名学生发放助学金15万元。

19日，克拉玛依市召开新闻发布会，就《克拉玛依市城镇职工基本医疗保险实施办法（试行）》，即克拉玛依市职工基本医疗保险调整情况进行说明。

是日，在首届新型智慧城市建设峰会上，克拉玛依市基层减负“一张表”信息管理系统获得第一届新型智慧城市创新应用大赛二等奖，入选“2021年中国新型智慧城市百佳案例”。

22日，克拉玛依市独山子区人民政府同宁波合盛集团有限公司签署投资协议，总投资超过10亿元的“25万吨/年乙烯焦油悬浮床加氢全转化项目”“4万吨/年锂离子电池负极材料包覆沥青项目”落地克拉玛依。

26日，中国共产党克拉玛依市第十二届委员会第二次全体会议召开，会议审议通过《中国共产党克拉玛依市委员会关于认真学习宣传贯彻落实党的十九届六中全会精神的意见》。

是日，由自治区科技厅、克拉玛依市与中科院新疆分院联合发起建设的丝绸之路创新发展研究院揭牌成立。

27日，新疆维吾尔自治区第十三届人民代表大会常务委员会第三十次会议审查批准《克拉玛依市养犬管理条例》。

29日，克拉玛依市“城市印象·行摄四季”主题摄影展在市文化馆美术馆展厅开幕。

30日，克拉玛依市召开市域社会治理现代化试点工作推进会。

是月，克拉玛依市克拉玛依区、乌尔禾区入选第三批自治区全域旅游示范区名单。

是月，克拉玛依市中心医院妇产科入选2021年国家临床重点专科建设单位名单。

是月，2021年自治区创业创新大赛在克拉玛依市结束。克拉玛依市参选的“废有色金属加工分拣项目”获得创新组一等奖，另有1项获得创业组二等奖、2项获得创新组三等奖、1项获得创业组三等奖。

是月，克拉玛依市自然资源局首次发布克拉玛依市集体建设用地及农用地基准地价。

12月

1日，克拉玛依市民政局正式开启婚姻登记“全市通办”工作机制，克拉玛依市被自治区确定为第二批婚姻登记“全市通办”试点地区。

是日，克拉玛依市乌尔禾区人民政府与江苏晶品新能源科技有限公司在新疆设立的分公司晶品控股有限公司签署合作协议。该公司将在乌尔禾区建设晶品硅基新材料产业园。

3日，克拉玛依市召开新闻发布会，就《克拉玛依市加大重点产业扶持力度　推动经济高质量发展若干政策（试行）》进行解读说明。

8日，克拉玛依市12家非国有博物馆被市文体旅游局命名为全市首批民间博物馆并授予牌匾。

9日，克拉玛依市第十三中学被评为自治区2019—2020年度全国“青少年维权岗”单位。

是日，知识产权保护中心司法保护平台揭牌仪式、乌鲁木齐知识产权法庭（克拉玛依）巡回审判点揭牌仪式暨知识产权协同保护合作协议签约仪式在克拉玛依市知识产权保护中心一并举行。

是日，克拉玛依市富城能源集团有限公司、广盛实业投资有限公司与西帕集团签订的《中俄哈生物质能源化工跨境合作区项目合作框架协议》，丝绸之路创新发展研究院与西帕集团签订的战略合作协议，中国国际工程咨询有限公司对外经济合作业务部（后评价中心）与西帕集团签订的战略合作协议。

14日，克拉玛依市召开市委民族工作会议暨2021年民族团结进步表彰大会。会议对荣获自治区第八次民族团结进步模范集体和模范个人、自治区“民族团结一家亲”和民族团结联谊活动先进集体和先进个人、自治区民族团结进步示范单位部分代表进行表彰。

15日，在北京召开的平安中国建设表彰大会上，克拉玛依区被命名为2017—2020年度“平安中国建设示范县（市、区、旗）”。

17日，克拉玛依市与新疆大学签订战略合作框架协议以及共建“煤油共炼大型研究平台”合作协议。

是日，克拉玛依市先能科创重油开发有限公司重质油悬浮床加氢解构全转化项目在2021“SCIP+”绿色化学化工创新创业大赛决赛中获得一等奖。

22日，自治区城市运行管理服务平台与国家平台联网运行。这标志着，已提前接入国家平台的克拉玛依成为全疆首个与国家、自治区平台三级联网运行城市。

25日，克拉玛依市人民政府与算丰科技（北京）有限公司、克拉玛依碳和网络科技有限公司签订三方战略合作框架协议。算丰科技、克拉玛依油城数据公司、克拉玛依算力智能科技公司共同成立合资公司——新疆西部算力科技有限公司。

是月，“克拉玛依油田”入选国家第五批工业遗产名单。成为新疆唯一入选的国家工业遗产，其核心物项为：办公楼、一号井、沥青丘及纪念碑、黑油山地窖、贝乌40型钻机、岩芯标定记录本等档案资料。

是月，克拉玛依市创建国家生态文明建设示范区标杆区域——古海生态示范区规划建设正式启动。

市情概览

自然地理

【位置境域】 克拉玛依市地处新疆维吾尔自治区北部，准噶尔盆地西北边缘，加依尔山南麓之间。位于北纬45° 18′ 33″ ～ 46° 04′ 00″,东经84° 34′ 37″ ～ 86° 01′ 19″。东与塔城地区沙湾市、和布克赛尔蒙古自治县相邻，南与塔城地区乌苏市接壤，西与塔城地区托里县、和布克赛尔蒙古自治县相连，北与塔城地区和布克赛尔蒙古自治县毗邻，伊犁哈萨克自治州奎屯市将市辖独山子区隔开，形成飞地。市区距自治区首府乌鲁木齐市公路里程313千米，飞机航程280千米。境域东西最大距离110.3千米，南北最大距离240.3千米，总面积7735.2平方千米。其中陆地7549.6平方千米，占总面积的97.6%；水域184.3平方千米，占总面积的2.4%。

【地形地貌】 克拉玛依市地处准噶尔盆地西北边缘，加依尔山南麓，轮廓形状呈斜条状，南北长，东西窄，地势西北高，东南低。地形多为广阔平坦的戈壁滩，独山子区以南属天山山麓，克拉玛依区、白碱滩区、乌尔禾区，西北属山地，其余属准噶尔盆地范畴。地貌细分为湖积平原、冲积平原、湖积、冲积平原上的沙丘、风蚀桌状平原等类型。克拉玛依西北缘由构造剥蚀低山及丘陵地形组成，地面荒漠，覆盖薄层残积碎石，洪积扇坡降1/30 ～ 1/70，地表覆盖砾质洪积物；独山子以南为天山北麓低山地带，地表有薄层（山麓为厚层）黄土状母质覆盖，洪积——冲积扇宽度约30千米，坡降1/70左右，顺坡面较平坦，母质为洪——冲积物，土层薄；湖积平原在克拉玛依分布最广，多分布在东部，轻微风蚀，有风蚀洼地，薄层泥炭被吹蚀，

4月18日，两位市民在西郊的小红山春游。克拉玛依小红山区域是以雅丹地貌为主的一处地质奇观，是一座天然的地质公园

（田国建　摄）

有零星半固定、固定丛草沙丘滩；冲积平原主要分布在伊犁哈萨克自治州奎屯市至克拉玛依区前山涝坝之间，湖积、冲积平原主要分布在奎屯河及玛纳斯河河间平原北部，北抵小拐一带；风蚀桌状平原主要分布在乌尔禾的东北部。境内最高点位于独山子境内，巴音沟西侧山上，海拔约1335米，最高山峰独山子山海拔1283.4米；最低点位于白碱滩区北面芦苇地，海拔259米。

【气候特点】 克拉玛依市属温带大陆性气候，寒暑差异悬殊，干旱少雨，春秋多风，蒸发量大，冻土深。四季中，冬夏两季漫长，春秋两季为过渡期，换季不明显。

【水文】 克拉玛依市境内无独立水系流域河道，境内河道均为过境或跨境河道。境内河道属玛纳斯河、奎屯河、白杨河三大流域。其中玛纳斯河流域面积5211平方千米，境内流域面积占0.02%；奎屯河流域面积1945平方千米，境内流域面积占0.01%；白杨河流域面积2116平方千米，境内流域面积占1.03%；境内最大河流为入境河流白杨河，发源于准噶尔盆地西北缘谢米尔斯台依山区，海拔2000~2600米，河流由北向南流入克拉玛依市，年均流量7.7立方米/秒，经乌尔禾城区注入艾里克湖，属内陆河流，河流全长160千米，流经克拉玛依境内60千米，是克拉玛依市重要的地表水源；奎屯河是天山北麓乌鲁木齐以西第二条大河，全长70多千米，河流发源于天山山脉，年径流量为6.38亿立方米，是独山子区第一水源地；玛纳斯河发源于北天山中段依连哈比尔尕山乌代肯尼河的43号冰川，全长420千米，是准噶尔内陆区冰川规模最大的一条河流，在克拉玛依市过境长度约100千米，过境河流为玛纳斯河的下游河段。地下水资源量约为2.59亿立方米，主要分布在境内北部和南部，独山子区、乌尔禾区和克拉玛依区小拐乡区域，年可利用量1.40亿立方米，有可利用养殖水面30平方千米，主要分布在境内乌尔禾区。

【土壤】 克拉玛依市境域内土壤分为10个土类、22个亚类、5个土属、7个土种。其中草甸土主要分布在河滩、低河阶、湖积平原、冲积扇缘等地区；盐化草甸土主要分布在克拉玛依市新农场周围、百口泉以东、乌尔禾西北、小拐东及一三〇团西南一带；林灌草甸土主要分布在白碱滩以东及艾兰诺尔、百口泉以北、白杨河河谷、小拐以北的玛纳斯河旁；湖积灰土主要分布在克拉玛依市石化园区西南及新疆油田分公司供水公司农场北面；沼泽土处于地势低洼的平地，根据腐殖质累积状况和潜育程度，克拉玛依地区的沼泽土划为草甸沼泽土亚类，主要分布在干涸的艾里克湖和克拉苏河滩地内；固定风沙土分布在农八师一三六团西北；半固定风沙土主要分布在农七师一二九团至小拐乡的广大地区，克拉玛依市新农场及白碱滩以东也有零星分布；龟裂土分布在前山涝坝至红山嘴以北一带。

【植被】 克拉玛依域内大部分地区为戈壁荒漠，气候具有干旱、少雨、多风、温差大等特征，植被一般比较稀少、矮小，多属能耐干旱、抗风沙、抗盐碱的藜科类植被。有梭梭、沙枣、骆驼刺、苦豆子、柽柳等常见植物230余种。克拉玛依植被较好的地区是白杨河流域，河流两岸的河滩地带生长着大片胡杨林和多枝柽柳。在小拐、大拐、乌尔禾等地区，因地势低、土质细、经常积水，生长着大片芦苇、芨芨草等。独山子地区由于地处天山北麓，降水较多，气候较湿润，从山上到山下，植被呈垂直分布景象，山的最下层为荒漠植被类型，山上生长着阔叶树，海拔1500米处有高大挺拔的云杉林。克拉玛依植被类型划分为：森林、灌丛、草甸、荒漠、栽培植被

6月24日，在市区南郊的古海生态公园，两只白鹭在宽阔的浅水区嬉戏（闵勇 摄）

及无植被地段。植被覆盖率基本稳定在14%左右。

【动物】 克拉玛依市主要野生动物有鹅喉羚（黄羊）、野兔、野猪、盘羊、狐狸、蜥蜴、野鸡、天鹅、麻雀等28种。

【矿藏资源】 克拉玛依市境内已探明地下矿藏有石油、天然气、煤、天然沥青、油砂、湖盐、芒硝、高岭土、建筑用凝灰岩、粘土、白垩、砂石、砖瓦用黏土、地下水等。其中石油、天然气矿藏储量最多。

建置区划

【建置沿革】

中华人民共和国成立前 自汉代开始，新疆地区正式成为中国版图的一部分。汉神爵二年（前60年），西汉政府在乌垒城（今新疆轮台）建立西域都护府，统辖天山南北广大地区，今克拉玛依市境归其统辖。隋代，市境为少数民族政权西突厥铁勒等部之地。唐初，市境为西突厥五咄陆部胡禄屋等部游牧之地。唐显庆二年（657年），唐朝平定西突厥汗国，在其地设盐泊都督府（地址在今克拉玛依市区附近），归安西大都护府治下的昆陵都护府管辖。唐长安二年（702年），归北庭都护府管辖。南宋建炎四年（1130年），辽宗室耶律大石率部西迁叶密立（今额敏县），今克拉玛依辖境为其领地。南宋绍兴二年（1132年）西辽建立后属西辽。南宋嘉定十一年（1218年），成吉思汗击灭西辽政权，今市辖境为蒙古汗国辖地。成吉思汗分封诸子时，今克拉玛依地区为窝阔台封地。南宋淳祐十一年（1251年），蒙哥汗即位后，设别失八里行尚书省，今克拉玛依一带归其管辖。元至大二年（1309年），今克拉玛依一带属察合台汗国。明代，瓦剌蒙古土尔扈特部在此游牧，明崇祯元年（1628年），土尔扈特部西迁后，属准噶尔部游牧地。清乾隆二十年（1755年），清朝平定准噶尔部，重新统一新疆。清乾隆帝重新统一新疆后，于乾隆二十七年（1762年），设伊犁将军，克拉玛依为伊犁将军下节制下的塔尔巴哈台参赞大臣管辖。清乾隆四十三年（1778年），清政府在玛纳斯河流域设绥来县（今玛纳斯县），属迪化直隶州管辖，辖区包括今克拉玛依百口泉、夏子街、大拐、中拐、小拐等地区。清光绪十二年（1886年），库尔喀喇乌苏直隶厅设立，仍辖今市境南部一带，属镇迪道管辖。清光绪十四年（1888年），塔尔巴哈台直隶厅成立，辖区包括今市境北部地区。市境东部大拐、中拐、小拐一带则仍属绥来辖区，归迪化府管理。民国2年（1913年），塔尔巴哈台、库尔喀喇乌苏直隶厅改置为县，仍分辖市境南、北二部。民国5年（1916年），裁撤塔尔巴哈台参赞大臣，设塔城道〔20世纪20年代初改称第五行政区。民国29年（1940年）改称塔城专区〕，下辖塔城、乌苏、沙湾县，今克拉玛依市境归其管辖。其后，市境分属沙湾县、乌苏县（今沙湾市、乌苏市）、克烈半县（今托里县）、和丰县（今和布克赛尔蒙古自治县）管辖。

中华人民共和国成立后1955年2月，为适应乌苏县独山子石油工业发展需要，新疆省自治区人民委员会批准成立独山子矿区行政工作委员会。1956年，依据自治区人民委员会《关于工矿区政权设置的决定》，成立县级建制的独山子镇，行政工作委员会改为镇人民委员会，直辖于自治区人民委员会。今市境其余各地当时仍为邻县管辖区：乌尔禾一带属和布克赛尔蒙古自治县，大拐、中拐、小拐属沙湾县，黑油山、白碱滩一带属托里县，五五新镇、共青镇一带属乌苏县。1956年，克拉玛依油田进入大规模开发和建设时期，石油工业的迅速发展和油田人口的不断增加，使一个新兴的石油工业城市初具雏形。1957年1月24日，新疆维吾尔自治区人民委员会第14次会议决定设立克拉玛依市，并报请国务院批准。1958年5月29日，国务院批准设立克拉玛依市（县级市），从塔城专区所属托里县、乌苏县、沙弯县和和布克赛尔蒙古自治县划出相连部分，作为克拉玛依市的行政区划，包括克拉玛依、独山子、六十户、乌尔禾、百口泉、红山嘴、前山涝坝、白碱滩、小拐、中拐、大拐等地，受自治区人民委员会直接领导。1958年6月17日，自治区人民委员会决定撤销独山子镇，克拉玛依市下设独山子区和乌尔禾区，并在克拉玛依、大拐、中拐、小拐设立3个街道办事处。1982年，克拉玛依市由县级市升格为设区的地级市，下设4个区：独山子区、克拉玛依区、白碱滩区、乌尔禾区。1984年，克拉玛依市改为自治区直辖的不设区的县级市，下设街道办事处、乡和独山子镇。1990年1月8日，克拉玛依市恢复为设区的地级市，下辖4个区：克拉玛依区、独山子区、白碱滩区、乌尔禾区，2个乡：乌尔禾乡、小拐乡，6个街道办事处：天山路、胜利路、金龙镇、五五新镇、三平镇、百口泉。2017年1月，经自治区人民政府同意，克拉玛依石油化工工业园区（白碱滩区）更名为克拉玛依高新技术产业开发区（白碱滩区）。

【地名由来】“克拉玛依”系维吾尔语和哈萨克语中“黑油”的音译，得名于市区东北角一群天然沥青丘黑油山，克拉玛依市是全国唯一以石油命名的城市。原名青石峡（今克拉玛依市区黑油山及其附近区域），最早标有这一名称及其地理位置的是清光绪三十二年（1906年）刊行的《旧刊新疆舆图》；1951年黑油山石油地质勘查后，根据维吾尔语和哈萨克语，音译为“克拉玛依”“喀热玛依”或“喀拉玛依”，正式行文中多使用“黑油山”；1956年，将“黑油山”油田按照维吾尔语音译习惯正式改称为“克拉玛依”油田；1956年，新华社发布消息，宣布“克拉玛依地区是个很有希望的大油田”，引起巨大轰动，此后“克拉玛依”即作为固定地名被沿用至今。

【行政区划】 2021年，克拉玛依市下辖克拉玛依、独山子、白碱滩、乌尔禾4区，共有14个街道、106个社区，1乡1镇（小拐乡、乌尔禾镇）、5个行政村。

【人口、民族、宗教】 2021年，克拉玛依市有汉、维吾尔、哈萨克、回、蒙古等39个民族，年末全市常住人口（含辖区内兵团人口）49.03万人。目前有佛教、伊斯兰教、天主教、基督教4个宗教，有依法登记的宗教活动场所5处，均为伊斯兰教清真寺；宗教教职人员7人，均为伊斯兰教教职人员，其中回族4人，占比57.1%；维吾尔族2人，占比28.6%；哈萨克族1人，占比14.3%；宗教团体1个，为克拉玛依市伊斯兰教协会。

（常晓旭　张启鹏）

经济社会发展

【概况】 2021年，克拉玛依市实现地区生产总值1072.1亿元，增长5.2%，经济总量迈入千亿大关，取得历史性突破。全市规上工业实现增加值702.6亿元，增长5%。完成一般公共预算收入89.1亿元，增长12.4%。实现全社会固定资产投资380.5亿元，增长0.4%。实现社会消费品零售总额113.3亿元，增长18.5%。居民消费价格指数上涨2.1%。实现城镇居民人均可支配收入51736元，增长10.2%；农牧民人均可支配收入34043元，增长8.5%。

【产业发展迈上新台阶】 2021年，克拉玛依市驻市中央石油石化企业稳产上产，累计生产原油1370万吨、开采天然气42.6亿立方米，分别增长3.8%、17.3%，油气当量再创历史新高；加工原油1299.6万吨，增长3.3%；完成钻井进尺594万米，增长30.5%。地方油田工程技术服务企业加快发展，汇翔激光产品研发设计中心入选国家级工业设计中心。

石油石化产业集群扩容增量 2021年，克拉玛依市按照“延链、补链、拓链、强链”的原则，以驻市中央石油石化企业为龙头，推动千亿产业集群发展，累计开发项目121个，投资218.2亿元，建成投产14个。全市千亿产业集群实现产值1580亿元，增长6%。独山子石化6万吨/年溶聚丁苯橡胶、富城能源天然气储气设施等项目有序推进，金源精细10万吨/年烷基化、龙鹏科盛高精度全息三维地震采集、美瑞科石油装备制造、天利石化3万吨/年双环戊二烯等项目顺利投产。全面落实“双碳”战略和能耗“双控”政策，建立能耗“双控”和新能源配置规则，启动“源网荷储”一体化项目申报，为产业集群项目落地创造能耗空间。

文旅产业加快发展 2021年，克拉玛依市独库公路博物馆、乌尔禾国际自驾房车露营地等项目建成投用，黑油山和独山子大峡谷景区成功创建国家AAAA级旅游景区，独山子老炼油厂、克拉玛依油田入选国家工业遗产，乌尔禾查干草村成功创建全国乡村旅游重点村，克拉玛依区、乌尔禾区获批自治区全域旅游示范区。以石油精神和文脉资源为核心的研学产业加快发展，研学之城“五个一”核心布局初具规模。《北纬45.6》《雪劫》《爷俩》等5部影视剧在克拉玛依市拍摄。全年累计接待游客1120.5万人次，实现旅游收入71.4亿元，分别增长61.1%和94.2%。

数字经济势头强劲 2021年，克拉玛依市中国石油、中国移动、华为公司等数据中心提质升级项目建成投用，云计算产业园区被评为新疆数字经济示范园区，“红有云服务管理平台”“新疆畜牧云综合服务平台”入选国家企业上云典型案例，海康威视、浪潮云等企业落户克拉玛依市。全年实现信息产业增加值7.4亿元，增长13.8%。

金融服务能力明显增强 2021年，克拉玛依市全力推动信贷业务扩面降费，引导政策性银行、地方法人银行支持重大项目融资38.2亿元。新增绿色信贷25.6亿元，增长58.5%，全疆综合评分位居第一位。为20个项目提供产业专项资金贴息2.5亿元，撬动银行贷款24.3亿元，带动企业投资63.1亿元。获批国家深化民营和小微企业金融服务试点城市，普惠小微企业贷款33.8亿元，增长16.1%。创新风险补偿资金合作模式，信用贷款规模增长10.7亿元。全年实现金融产业增加值30亿元，增长6%。

农业产业提质增效 2021年，克拉玛依市全面实施乡村振兴战略，市区两级乡村振兴局挂牌成立。设施农业、规模化标准化养殖等乡村振兴产业快速发展，全市种植蔬菜7700亩，千祥牧业2万头生猪、牛

之家肉牛规模养殖场加快建设，绿成公司奶牛场二期项目建成投用。全市畜禽肉产量8256吨，禽蛋产量2441吨，分别增长25.8%、49.7%，农畜产品保供能力稳步提升。绿成公司入选国家农业产业化重点龙头企业，红果实生物、瑞恒畜牧入选自治区农业产业化重点龙头企业。深化农村集体产权制度改革，实施村集体经济培育工程，村集体经营性收入5480万元，增长110%。

7月7日，武汉当代科技产业集团、新疆西帕科技产业集团一行到克拉玛依市，就双方加强合作事宜进行座谈交流

（非尔代维斯·热夏提　摄）

【投资招商实现新突破】 2021年，克拉玛依市项目建设有序推进，年内701个新建、续建项目全部开工，供热老旧管网改造、辉煌世纪综合楼、江苏天合光能等483个项目建成投用。成立全市重大项目推进专班，专人协调、专人盯办、集中攻关，克拉玛依医学基地、南方阻燃电缆等项目有序推进。招商引资实现突破，制定招商引资考核奖励办法、以商招商管理办法等系列政策，项目洽谈数增长34.3%。河南工业技术研究院1.2万吨/年高性能碳纤维及装备制造产业基地、芯团科技产业园、碳和水冷数据中心、海润科技10万吨润滑剂等项目成功落地，全年实现招商引资到位资金280.8亿元，增长76%。其中，区外到位资金增长134.7%，增速位居全疆第二位，总量由全疆第13位上升至第7位。

【经济发展积蓄新动能】 2021年，克拉玛依市把科技创新驱动和扩大开放作为推动经济发展质量变革、效率变革重要引擎。科技创新能力稳步提升，丝绸之路创新发展研究院成立，中科院大学中亚学院项目纳入自治区丝绸之路经济带核心区建设项目库，沪克、川克科技合作持续深化，丝绸之路创新区域合作机制基本形成，科技创新基础更加扎实。安耐吉循环分离项目进入中试阶段，四氢糠醇乙醚项目开工建设，科技成果转化效果明显。新疆鑫拓“球化纳米高纯氧化镁项目”荣获创客中国中小企业创新创业大赛三等奖。金牛能源“物联网设备远程智能运维系统”入选工信部新型信息消费示范项目。全市28家企业通过国家高新技术企业认定，1家企业获得“科技小巨人”称号，20个项目获得自治区科学技术奖，3项专利获得中国专利奖，22项专利获得自治区专利奖。对外开放厚积成势。积极参与丝绸之路经济带核心区建设，建立重点储备项目库，建立企业对口联系机制和外商投资服务机制，助力宏兴公司等本地企业高水平“走出去”发展。全年实现外贸进出口额3.2亿美元，增长62.3%，利用外资776万美元，全疆排名第四。航空枢纽加快建设，乌尔禾通航机场完成校飞，克拉玛依机场改扩建项目前期工作稳步推进，综合交通枢纽提升工程主体完工，航空产业基金组建工作全面启动。合理优化航线布局，全年进出港旅客40.4

万人次，增长12.8%。区域合作持续深化，全力支持兵团第八师一三六团设立建制镇，首届新疆名优特农产品展销会暨旅游资源推介会、北疆特色产品展销会、北疆春季房车展等特色展会成功举办，丝路臻选直购中心顺利开业，全疆特色商品在克拉玛依集中展销。

【发展环境形成新优势】 2021年，克拉玛依市持续深化“放管服”改革。在全疆首推行政执法“四张清单”，推进包容审慎精准监管，工程建设项目审批时限压缩至80个工作日以内，政务服务事项办理时限平均压缩57%以上，即办事项比例达40%。商事制度改革典型经验做法获得国务院表扬激励。常态化开展“千人入千企”活动，累计解决企业困难问题近千个，金融支持各类市场主体超过171.7亿元，全市在册企业、个体工商户实现双增长，企业活跃度达81%，位居全疆首位。年内124家企业实现“小升规”,超过“十三五”时期的总和。要素改革实现突破。全面推行非居民用水超定额累进制度，优化调整集中供热天然气销售价格，稳妥处理电网资产历史遗留问题，实现企业用电同网同价，降低企业生产要素成本取得突破性进展。规范建设用地市场管理，优化调整城镇标定地价、农用地基准地价和集体建设用地基准地价，以先租后让、弹性出让等方式供应工业用地，降低企业初始用地成本近8000万元。国企改革蹄疾步稳，市城投公司、国投公司与上海均和集团、深圳启润公司等7家企业合资合作进展顺利。扎实推动国有资本布局优化与结构调整，组建国有资本投资运营公司，完成市属国有企业股权划转工作，国企改革三年行动重点任务完成率达95%，考核评为优秀等级。全市国有企业实现营业收入149.4亿元，增长27.8%；上缴税费6.7亿元，增长153.6%；实现净利润9.4亿元，增长188.7%。

【城市建设取得新进展】 2021年，克拉玛依市统筹推进城市规划建设。市、区两级国土空间总体规划编制工作有序推进，创新划定油气生产区，高水平谋划城南商务旅游区、金龙湖、大漠公园等重点区域规划设计。完成1.8万宗涉油土地历史遗留问题清理清查，为城市可持续发展预留了土地空间。城市品质不断提升，城市更新行动扎实推进，52个老旧小区完成改造，22个“四供”项目维修有序实施。建设各类保障性住房866套，逐步解决新市民无房人群周转性住房需求。迎宾路、胜利路等127条市政道路路灯提亮工程增量节电，新增停车位1.1万个，增设花箱、景观小品88处，城市环境更加美化。生态环境持续改善，全年新增绿化面积8794亩，人工造林4000亩。环境空气质量平均优良天数比例达91%，$PM_{2.5}$平均浓度23微克/立方米，同比下降11.5%。开展井电双控攻坚行动，依规处理沙湾越界耕地问题，退地减水工作取得阶段性进展。城市矿产示范基地通过国家终审。碳达峰、碳中和纳入全市发展规划整体布局，实施克拉玛依市大气污染防治条例，“三线一单”落地应用，重点行业企业参与全国碳排放权交易，绿色低碳发展持续推进。

【民生福祉得到新提升】 2021年，克拉玛依市加大民生投入，补齐民生短板。全年发布就业岗位20931个，实现城镇新增就业2718人，创业带动就业1837人，“零就业家庭”动态为零，城镇调查失业率控制在5.5%以内。馕制作项目获全国乡村振兴职业技能大赛团体铜奖，独库旅游创业园获全国创业就业优秀展示项目。落实各类惠民惠企政策，为企业减负2.6亿元，发放失业补助金2423万元。医疗保障制度改革持续深化，城乡居民基本医疗保险门诊待遇逐步提高，全民参保计划基本养老保险参保率保持在95%以上。社会事业全面进步，全市义务教育学校落实课后服务全覆盖。在习近平总书记给中国石油大学（北京）克拉玛依校区毕业生回信精神的感召鼓舞下，224名毕业生选择留疆就业。新疆第二医学院首批739名学生顺利毕业。克拉玛依职业技术学院“双高”建设纳入自治区职业教育“十四五”规划。市广播电视大学转型为克拉玛依开放大学。自治区级区域医疗中心建设全面启动，组建国家级胸痛中心、卒中中心和北疆肿瘤专业联盟，发热门诊、中心血站综合楼、疾控中心实验室等重点民生项目加快建设，上海同济医院、四川华西医院等对口帮扶工作深入推进，成功获批1个国家级临床重点专科建设单位。民生实事取得实效，大学生创业实训（创业孵化）基地、便民活禽屠宰点、5所幼儿园建成投用，克拉玛依医学基地部分投用，西南科技小学完成主体建设，实施71个老旧小区改造项目，古海生态公园建成10千米绿色漫步道，新建晨晚练点190个、5G基站236座，开展文化惠民活动386场，95%以上的政务服务事项实现“网上办”“掌上办”“自助办”，93项政务服务事项实现“全市通办”，83项政务服务事项实现“跨省通办”。

10月19日，独山子区绿岛佳苑小区改造工程收尾（帕孜古丽　摄）

中共克拉玛依市委员会

综　述

【概况】 2021 年，中共克拉玛依市委员会内设工作部门 14 个，下设直属事业单位 5 个。

（雷悦）

【决策督查】 2021 年，市委办公室在认真贯彻落实党中央、自治区党委重大决策部署和市委工作要求的基础上，进一步完善了市委督查“137”工作机制，即：每日梳理自治区党委主要领导重要批示、上级党委重要文件和会议要求，根据市委主要领导要求，每日向相关市领导和市直部门下发工作提示或督查通知督促落实；每 3 天分析梳理、补充完善《自治区党委常委会会议有关议定事项在克拉玛依市贯彻落实情况》《党中央、自治区党委文件在克拉玛依市贯彻落实情况》《自治区党委视频会议精神在克拉玛依市贯彻落实情况》《市委决策会议定事项落实情况大表》等督查大表；每周跟进汇总相关单位、部门办理推进情况，常态化推动党委重大决策部署在全市各级各部门不折不扣落实落地。全年累计编写供市委参阅的各类汇报材料 50 余份；累计督办工作任务 862 项。不定期开展习近平总书记关于新疆工作重要讲话和指示精神，贯彻落实情况“回头看”工作，组织相关部门单位逐一梳理印证，逐项深化落实，确保了习近平总书记重要讲话和指示批示精神在克拉玛依市件件有学习、件件有部署、件件有落实、件件有成效、件件有结果、件件有报告。

（黄旭东）

【督查督办】 2021 年，市委办公室坚持围绕自治区党委“3+1”工作部署，以市委领导批示为依据，紧紧围绕贯彻落实新时代党的治疆方略、特别是社会稳定和长治久安总目标，常态化疫情防控、安全生产和经济高质量发展工作，保障和改善民生，巩固发展民族团结、铸牢中华民族共同体意识，促进宗教和睦和谐、推动宗教与社会主义社会相适应，维护意识形态领域安全等自治区党委、市委重点督办事项，积极加强纵向、横向沟通协调，进一步强化督查力度，全年累计办理自治区党委督办事项 50 余件，向自治区党委上报全市兵地融合发展、安全生产、民族团结、文化润疆、丝绸之路经济带核心区建设、红色资源挖掘保护和管理运用、劳动产业带动就业等工作专项报告 50 余份。全年累计下发工作提示、督查通知 70 余期，跟进市委督办事项 500 余件。在做好重点督办工作的同时，有序组织开展专项督查督办工作。重点时期，每日督查督办“3+1”重点工作推进情况，共形成专项报告 25 期；“七一”“十一”期间，每周督办梳理汇总“3+1”重点工作推进情况，共形成专项报告 5 期，为市委主要领导掌握全市工作推进情况提供支撑。同时，每周梳理汇总《自治区党委督查通知在克拉玛依市贯彻落实情况》《市委主要领导批示件落实情况大表》《市委主要领导工作安排和要求落实情况大表》，每周向市委领导反馈市委重点工作推进情况。

（黄旭东）

【基层减负专项清理】 2021年，市委办公室统筹推进“精文减会”、督查检查考核、“一票否决”创建活动、评比达标表彰等基层减负各方面工作。根据自治区党委“2021年度较2020年度发文开会数量只减不增”的要求，全市全年计划制发文件980份、召开会议300场。为保持“精文减会”的刚性约束，严格执行年度发文开会计划，进一步落实了源头管理，完善了负面清单，坚持每月对账、按季清账、动态监测，确保数量较上年只减不增。参照自治区减负办做法加大末梢验证力度，将各区的统战、教育、民政3家单位作为市级“精文减会”监测点，每月梳理汇总收到的文件和参加会议情况，末梢验证其市级部门为基层减负相关措施的落实情况，发现问题迅速采取必要措施及时纠正。对全市各级各部门2021年拟开展的12项督查检查考核事项进行了全面规范；对全市各级各部门“一票否决”考核项目、创建表彰活动以及微信、QQ等工作群及政务App进行了全面清理整顿，基层干部关于减负工作明显有感，普遍感觉到时间更多、信心更强、干劲儿更足。在严格落实基层减负各项举措的基础上，全市还积极创新系列工作举措，得到了自治区减负办的肯定并在全疆范围推广；同时《新疆日报》《克拉玛依日报》相继刊登市基层减负经验做法，引起了热烈反响。

（黄旭东）

【庆祝中国共产党成立100周年宣教活动】 2021年，克拉玛依市严格按照党中央部署和自治区党委安排，把握“党的盛典、人民的节日”基调定位，细化各类方案，精心组织实施中国共产党成立100周年系列庆祝活动。《人民日报》图文整版刊发《克拉玛依锻造宜居宜业魅力城》，中央电视台播出5分钟专题报道《克拉玛依：石油精神代代传》，宣传克拉玛依市发展成就。统筹克拉玛依市主要新闻媒体开设“奋斗百年路　启航新征程”专栏，策划推出100个精编版面的《红色力量——庆祝建党100周年大型主题特刊》，制作播出《永远跟党走》系列专题片。统筹组织建党100周年文艺创作和文化活动43项，举办“七个一”（一系列主题展览、一场电视诗会、一套有声书、一台舞剧、一组微电影、一套图书、一系列群众性活动）活动；组织克拉玛依市“永远跟党走”群众性主题宣传教育活动，开展宣讲2.68万场次、覆盖群众超41万人次。发放自治区“永远跟党走”党史学习教育群众

七一前夕，克拉玛依市举办庆祝中国共产党成立100周年主题诗会，以“永远跟党走　奋进新时代”为主题，用诗歌朗诵的形式回顾党的伟大成就和光辉历程　（努尔买买提·艾山　摄）

读本”39万余册。制作并在机场、景点等布置党史学习教育宣传折页和海报3000份。举办“永远跟党走”美术、书法、摄影展览和电视诗会，出版《荒原筑梦——城市工匠纪实文学》系列图书，推出《柳梭沟的春天》《父辈的丰碑》有声书，复演原创舞剧《油城往事》32场次，组织拍摄的微电影《升国旗，唱国歌》获得第八届“根亲中国”华语电影短片大赛优秀作品奖，组织举办“黑色石油，红色血脉”诗歌秋晚、“我们的中国梦”——文化进万家、百日广场暨社区（村）文艺展演等一系列群众性活动共400多场次，参与群众超30万人次，超200万网友关注。

（刘志强）

【党史学习教育】 2021年，克拉玛依市坚持把开展党史学习教育作为重大政治任务，紧扣学习贯彻习近平新时代中国特色社会主义思想这条主线，按照学史明理、学史增信、学史崇德、学史力行要求，围绕学党史、悟思想、办实事、开新局，突出以上率下、注重领导带头，突出学习深度、强化思想武装，突出实际效果、创新形式载体，推动学习教育扎实深入开展。成立以市委主要领导为组长的领导小组，组建5个专项小组，制定制度11项，规范业务流程和工作标准。制定细化工作方案40余项，督促指导各单位500余次、召开各级党组织专题会议95场次。在中央及自治区主要新闻媒体刊发报道810篇（条），克拉玛依市在《新疆日报》上稿量位居全疆前列，《光明日报》刊发《新疆克拉玛依：让急难事变成暖心事》，报道克拉玛依市党史学习教育“我为群众办实事”实践活动成效。通过宣传折页海报、展板、景观小品等多途径做好社会面氛围营造。向自治区报送简报、信息、专报817篇，中央采用3篇、自治区采用100余篇。市委班子示范带动各级党组织学习教育，各级党委（党组）开展学习研讨6546场次，参加学习党员干部1万余人次；组织全市584名县处级以上领导干部参加自治区党史学习教育专题培训班，举办各级“读书班”169期，开展“万名党员进党校”专题培训100余场次；开发特色载体，用好自治区可视化教材，搭建“四大平台”（以各级党校为主要阵地的党史学习“大学校”、以黑油山干部教育培训基地为主要平台的“大基地”、以各级党群服务中心为主要载体的党史学习“大中心”、以各具特色活动载体为主的党史学习“大舞台”），丰富学习内容和方式，组织全市各级各单位在重要时间节点开展具有自身特色的学习活动；成立由市委主要领导任分团长的克拉玛依市宣讲分团，市、区、街道（乡镇）、社区（村）四级联动组建宣讲队伍87支，宣讲近2.4万场次，覆盖干部群众近63万人次；推动实事清单化管理，坚持群众利益无小事，确定“我为群众办实事”“党员志愿服务”任务清单，着力办好群众

3月1日上午，克拉玛依市召开党史学习教育动员会议（闫勇　摄）

关心事、忧心事、烦心事。全市各级各单位做实事好事超10万件，形成464项“我为群众办实事”长效机制。

（刘志强）

【人大建议和政协提案办理】 2021年，市委办公室共收到人大建议6件、政协提案16件，涉及领域主要包括维护社会稳定、意识形态、疫情防控、安全生产、高质量发展、医疗教育、人才培育、精神文明建设等方面。按照工作要求，全面加强与承办单位在“办前”“办中”和“办后”的联系，及时督办建议、提案办理的具体情况。截至10月底，相关人大建议、政协提案全部办理完毕，办复率100%，代表和委员对办理结果均表示满意。

（黄旭东）

【信息报送】 2021年，市委办公室全年共收集各类信息5000余条，向自治区党委信息室上报信息1000余篇，被自治区党委办公厅采用48篇，多篇信息得到自治区党委领导的批示和好评。严格落实重大紧急信息15分钟内电话报告，30分钟内文字上报，最迟不得超过2小时的规定要求，全年向自治区党委上报重大紧急信息5条，无信息延误情况。全年向中办信息综合室上报信息12篇，被中央办公厅采用2篇。全年累计向自治区党委报送全市节日期间社会稳定、安全生产、假日经济和假日旅游工作情况信息19条。

（彭超）

重要会议

【中国共产党克拉玛依市第十二次代表大会】 2021年9月23—27日，中国共产党克拉玛依市第十二次代表大会召开。本次大会应到代表380名，实到代表356名，自治区党委换届指导组到现场指导。大会报告以《完整准确贯彻新时代党的治疆方略为在全疆率先基本实现社会主义现代化而不懈奋斗》为题，全面总结了第十一次党代会以来工作情况和基本经验，分析面临形势和机遇，提出今后五年奋斗目标，部署稳定发展各项任务。大会通过了《中国共产党克拉玛依市第十二次代表大会关于中国共产党克拉玛依市第十一届委员会报告的决议》，明确指出：坚持以习近平新时代中国特色社会主义思想为指导，完整准确贯彻新时代党的治疆方略，牢牢扭住社会稳定和长治久安总目标，坚决落实自治区党委各项安排部署，动员全市广大党员和干部群众，团结一心、凝心聚力，在新的起点上激扬油城梦想、提升油城气质、展现油城担当，加快推进克拉玛依科学转型升级，为在全疆率先基本实现社会主义现代化而不懈奋斗。大会强调要统筹疫情防控和经济社会发展、统筹发展和安全，坚持“一主多元”发展思路，加快城市转型升级和经济高质量发展步伐，努力将克拉玛依打造成为改革开放新高地、创新发展新引擎、区

9月25日，在克拉玛依市第十二次党代会上，代表们围绕党代会报告展开讨论　　（闵勇　摄）

域经济增长极，推动克拉玛依在全疆率先基本实现社会主义现代化，建设成为具有国际影响力石油城市。市委十二届一次全会和市纪委十二届一次全会分别选举产生新一届市委常委班子和市纪委常委班子。

（曾海洲　李玉）

【市委十一届十二次全体会议】 2021年7月8日，市委第十一届委员会第十二次全体会议召开，传达学习习近平总书记在庆祝中国共产党成立100周年大会上讲话精神，传达学习自治区党委九届十二次全会精神，总结市委上半年工作，安排部署下半年重点任务，审议通过有关干部任免事项，审议通过《中国共产党克拉玛依市第十一届委员会第十二次全体会议关于深入学习贯彻习近平总书记在庆祝中国共产党成立100周年大会上的重要讲话精神扎实推进克拉玛依社会稳定和长治久安的决议》。

（曾海洲　李玉）

【市委十一届十三次全体会议】 2021年8月6日，市委第十一届委员会第十三次全体会议召开，审议通过《关于召开中国共产党克拉玛依市第十二次代表大会的决议》，就做好第十二次党代会筹备工作进行安排部署。

（曾海洲　李玉）

【市委十一届十四次全体会议】 2021年9月7日，市委第十一届委员会第十四次全体会议召开，确定《克拉玛依市出席新疆维吾尔自治区第十次党代会代表候选人预备人选名单》。

（曾海洲　李玉）

【市委十一届十五次全体会议】 2021年9月17日，市委第十一届委员会第十五次全体会议召开，会议听取市第十二次党代会筹备情况，审议通过中国共产党克拉玛依市第十一届委员会工作报告（讨论稿）和市第十一届纪律检查委员会工作报告（讨论稿），决定提交市第十二次党代会审议，审定《市第十二次党代会代表名单》《克拉玛依市党费收缴、使用和管理情况的报告（草案）》，表决通过《中国共产党克拉玛依市第十一届委员会第十五次全体会议公报》，对召开市第十二次党代会作出具体部署。

（曾海洲　李玉）

【市委十二届二次全体会议】 2021年11月26日，市委第十二届委员会第二次全体会议召开，会议学习贯彻党的十九届六中全会精神，特别是习近平总书记重要报告、重要说明、重要讲话和决议精神，贯彻落实自治区党委十届二次全体会议精神，听取讨论市委常委会2021年工作报告和党建工作报告，审议通过《中共克拉玛依市委员会关于认真学习宣传贯彻落实党的十九届六中全会精神的意见》。

（曾海洲　李玉）

【市委常委会会议】 2021年，中共克拉玛依市第十一届委员会共召开常委会会议47次。

1月8日，十一届市委第232次常委会召开。会议传达学习习近平总书记有关讲话，中央、自治区有关会议和文件精神，审议通过2021年全市经济发展预期目标、市委关于自治区党委第四巡视组意识形态专项检查反馈意见整改方案。

1月16日，十一届市委第233次常委会召开。会议传达学习习近平总书记有关讲话和指示精神，传达学习中央、自治区有关文件要求神，通报自治区纪委有关案件审查调查情况。

1月19日，十一届市委第234次常委会召开。会议传达学习习近平总书记有关重要论述精神，传达学习中央、自治区有关会议和文件精神，审议通过全市巩固深化“不忘初心、牢记使命”主题教育成果常态化工作方案、新疆第二医学院机构编制建议方案等文件，听取自治区党委第四巡视组巡视反馈问题整改工作情况、市十四届人民政府第七次全体会议相关事宜汇报，研究有关人事议题，安排部署克拉玛依市两会筹备、“冬季攻势”及春节前安全稳定、节日保供、关爱慰问等工作。

1月29日，十一届市委第235次常委会召开。会议传达学习习近平总书记在十九届中央纪委五次全会等会议上的讲话，传达学习中央、自治区有关会议和文件精神，通报自治区党委关于熊跃伟、陈科萍、薛宏舜、张建彬、李旭升、潘瑞、刘钢7人职务任免的决定，审议通过给予有关人员处分的请示，审议并原则通过丝绸之路创新发展研究院组建方案，听取市十四届人大六次会议、市政协八届五次会议相关事宜，研究有关人事议题。

2月8日，十一届市委第236次常委会召开。会议传达学习习近平总书记有关讲话，中央、自治区有关会议和文件精神，听取市人大常委会、市政府、市政协常委会、市纪委工作报告，审议通过市“十四五”规划和2035年远景目标纲要、2020年计划执行与2021年计划草案的报告、关于调整职工医疗保险有关政策的意见，听取农村及乡村振兴、全面依法治市、重点投资项目计划、2021年服务民生十件实事工作情况汇报，就相关工作进行强调部署。

2月18日，十一届市委第237次常委会召开。会议传达学习习近平总书记有关讲话，中央、自治区有关会议和文件精神，审议通过克拉玛依市以商招商若干措施、招商引资任务分解及考核办法、关于新时代加快完善社会主义市场经济体制的实施方案、推进经济高质量发展项目建设工作方案、成立市换届领导小组的通知，听取市中级人民法院、市人民检察院工作报告，听取了部分自治区党委第四巡视组巡视反馈问题的整改落实情况汇报，研究讨论新冠感染定点救治医院建设的建议，安排部署相关工作。

2月27日，十一届市委第238次常委会召开。会议传达学习习近平总书记在党史学习教育动员大会上、在全国脱贫攻坚总结表彰大会上的讲话精神，传达学习中央、自治区有关会议和文件精神，审议通过给予有关人员处分的请示，审议通过市党史学习教育领导小组组成人员、全国五一劳动奖和全国工人先锋号推荐名单、新时代“访惠聚”驻村工作实施方案、党建引领产业发展实施方案、市区乡镇领导班子换届工作方案、党群服务中心（站点）标准化规范化建设的指导意见，研究落实全面从严治党主体责任，安排部署克拉玛依市党史学习教育等工作。

3月12日，十一届市委第239次常委会召开。会议传达学习习近平总书记有关讲话，中央、自治区有关会议和文件精神，审议通过市常委会2021年工作要点、自治区党委巡视克拉玛依市委反馈意见整改进展情况的报告、丝绸之路创新发展研究院组建方案等事项，通报了自治区党委关于杜勇、周小三职务任免的决定，研究有关人事议题，听取新疆第二医学院过渡期建设管理相关问题的报告。

3月23日，十一届市委第240次常委会召开。会议传达学习习近平总书记有关讲话，中央、自治区有关会议和文件精神，审议通过市委管理领导班子和领导干部2020年绩效考核情况、关于设立市红十字会党组的建议、党的建设工作领导小组2021年工作要点、2021年推动经济社会高质量发展分工方案、加强财源建设工作方案、生态环境保护责任清单，宣读了自治区党委关于张疆华等3人的职务任免通知，通报并同意给予有关人员开除党籍、开除公职的处分意见，研究了有关人事议题。

3月26日，十一届市委第241次常委会召开。会议传达学习习近平总书记有关讲话精神和自治区党委有关会议精神，宣读自治区党委关于余兴国的任职通知，就相关工作进行安排部署。

4月11日，十一届市委第

242次常委会召开。会议传达学习习近平总书记有关讲话，中央、自治区有关会议和文件精神，宣读自治区党委关于肖健、袁新洋2人任职决定，审议通过市委全面深化改革委员会2021年工作要点，通报自治区党委有关处分决定，研究有关人事议题，会议还研究审议其他事项。

4月15日，十一届市委第243次常委（扩大）会议召开。会议传达学习国务院安委办《关于近期重大及典型事故情况的通报》和自治区安全生产工作会议精神，专题就全市安全生产工作进行再安排再部署再强调。

4月19日，十一届市委第244次常委会召开。会议专题传达学习自治区党委书记陈全国指示精神，就维护稳定、疫情防控、安全生产和推动高质量发展重点工作进行再安排再部署。

4月27日，十一届市委第245次常委会召开。会议传达学习习近平总书记有关讲话，中央、自治区有关会议和文件精神，审议通过市国有资本布局优化与结构调整方案、市国企改革三年行动实施方案、庆祝中国共产党成立100周年活动工作方案、“我为群众办实事”实践活动、的实施方案、大漠生态绿地整治收储方案、深化投融资体制改革实施方案、清洁能源产业发展指导意见，听取2021年一季度经济运行情况、乡村振兴工作开展情况、魔鬼城景区经营权移交工作情况、食品药品安全监督管理工作汇报，就相关工作进行了安排部署。

5月4日，十一届市委第246次常委（扩大）会议召开。会议专题就贯彻落实自治区党委要求，全力抓好近期维护稳定、疫情防控、安全生产重点工作落实进行再安排再部署。

5月10日，十一届市委第247次常委会召开。会议传达学习习近平总书记有关讲话，中央、自治区有关会议和文件精神，审议通过克拉玛依市关于自治区“两优一先”表彰拟推荐名单、2021年市绩效考核工作方案、市党建引领基层社会治理现代化指导意见、市抓党建促乡村振兴实施方案、关于营造更好发展环境支持民营企业改革发展的若干措施、市贯彻落实药品安全党政同责实施方案、市扶助残疾人办法，研究有关人事议题，就相关工作进行安排部署。

5月12日，十一届市委第248次常委会召开。会议传达学习习近平总书记有关回信，中央、自治区有关会议和文件精神，宣读了自治区党委组织部干部任免职文件，听取了中央第六巡视组巡视反馈问题举一反三整改推进情况、政法队伍教育整顿工作情况、基层减负工作情况汇报，研究有关人事议题，就相关工作进行安排部署。

5月30日，十一届市委第249次常委会召开。会议传达学习习近平总书记有关讲话和重要指示精神，传达学习中央、自治区有关会议和文件精神，审议通过“永远跟党走”群众性主题宣传教育活动细化措施，研究有关人事议题，通报市2020年度干部选拔任用工作“一报告两评议”民主评议结果。

6月3日，十一届市委第250次常委会议召开。会议学习《中国共产党简史》，传达学习习近平总书记有关讲话精神，传达学习中央、自治区有关会议和文件精神，研究有关人事议题。

6月23日，十一届市委第251次常委会召开。会议学习《中国共产党简史》《习近平新时代中国特色社会主义思想学习问答》，传达学习习近平总书记有关重要讲话、回信、贺信和重要指示批示精神，传达学习中央、自治区有关会议和文件精神，宣读了自治区党委关于肖健、陈科的任免通知；审议通过给予有关人员处分的请示、市“两优一先”拟表彰名单、全市社区（村）“两委”换届选举工作的通知、“四史”宣传教育实施方案、农业综合开发区产业发展布局方案、关于逐步理顺天然气价格的意见，听取了市委第九轮巡察工作情况汇报，研究了市委常委分工，研究有关人事议题，会议还审议通过了其他事项。

6月27日，十一届市委第252次常委会召开。会议学习《中国共产党简史》《习近平新时代中国特色社会主义思想学习问答》；传达学习习近平总书记有关讲话，中央、自治区有关会议和文件精神，审议通过给予有关人员处分的请示，安排部署有关工作。

7月3日，十一届市委第253次常委会召开。会议传达学习习近平总书记在庆祝中国共产党成立100周年大会上的重要讲话精神，传达学习中央、自治区有关会议和文件精神，审议通过有关整改方案、调整机关事业单位工作人员考核优秀奖金兑现标准的建议，研究有关人事议题。

7月6日，十一届市委第254次常委会召开。会议传达学习习近平总书记有关讲话和重要指示批示，中央、自治区有关文件精神，传达学习自治区党委九届十二次全会精神，审议通过市委十一届十二次全会相关材料、贸易高质量发展实施意见、各区召开党代会第一次请示有关事宜，听取上半年全面从严治党情况报告、基层党建工作情况报告，研究决定成立市千亿产业集群落地工作领导小组办公室临时委员会，就相关工作进行安排部署。

7月13日，十一届市委第255次常委（扩大）会议召开。会议传达学习习近平总书记有关讲话和重要指示批示，中央、自治区有关会议和文件精神，审议通过市委、市政府领导班子工作总结、推进独山子产业园区合作发展方案、支持产业发展专项资金管理暂行办法，安排部署有关工作。

7月19日，十一届市委第256次常委（扩大）会议召开。会议观看专题警示教育片，就严肃换届纪律开展集体谈话，审议通过了给予有关人员处分的请示，听取上半年经济运行情况，安排部署经济高质量发展工作，就近期维护稳定、疫情防控、安全生产、全国文明城市创建、旅游工作进行强调安排。

7月25日，十一届市委第257次常委会召开。会议传达学习了党中央和自治区党委有关换届政策精神，审议通过各区“两委”委员候选人预备人选有关事宜、市产业发展专项资金落实工作汇报，听取进一步做好基层“三保”工作方案、市清理规范公务员工资津贴补贴工作方案，安排落实相关工作。

8月6日，十一届市委第258次常委会召开。会议传达学习习近平总书记有关讲话、贺信、回信和重要指示批示精神，传达学习中央、自治区有关文件精神，审议通过关于召开中国共产党克拉玛依市第十二次代表大会的有关事宜、加强基层治理体系和治理能力现代化建设的细化分解方案，会议还研究了其他事项。

8月15日，十一届市委第259次常委会召开。会议传达学习习近平总书记有关致辞和回信精神，传达学习中央、自治区有关会议和文件精神，研究部署换届工作有关事宜。

8月18日，十一届市委第260次常委会召开。会议传达学习习近平总书记有关重要讲话，中央、自治区有关会议和文件精神，审议通过了各区人大、政府、政协、法检院、监委换届人事安排有关事宜，就相关工作进行安排部署。

8月24日，十一届市委第261次常委会召开。会议传达学习习近平总书记有关回信、贺信精神，传达学习中央、自治区有关会议和文件精神，审议通过克拉玛依市出席自治区第十次党代会代表候选人初步人选名单，通报市第十二次党代会筹备情况，就相关工作进行安排部署。

9月7日，十一届市委第262次常委会召开。会议传达学习习近平总书记有关讲话、回信、致辞和重要指示批示精神，传达学习中央、自治区有关会议和文件精神，通报了自治区党委关于同意召开市第十二次代表大会的批复，审议通过市委十一届十四次全会有关事宜、教师节表彰决定，讨论了市第十一届委员会工作报告（讨论稿）和市第十一届纪委工作报告（讨论稿）。

9月9日，十一届市委第263次常委会召开。会议传达学习中央、自治区有关文件精神，审议通过了十二届市委委员、候补委员、纪委委员候选人初步人选建议名单。

9月14日，十一届市委第264次常委会召开。会议传达学习习近平总书记有关讲话和致辞、回信、贺信精神，传达学习中央、自治区有关文件精神，宣读自治区党委关于常锋英、刘波涛、蒋兴国、马元等职务任免通知，讨论通过十二届委员会委员、候补委员、常委、书记、副书记候选人预备人选名单和十二届纪律检查委员会委员、常委、书记、副书记候选人预备人选名单。

9月17日，十一届市委第265次常委会召开。会议传达学习习近平总书记有关讲话和贺信精神，审议通过市第十二次党代会代表名单和克拉玛依职业技术学院有关请示，听取市第十二次党代会筹备情况汇报，研究通过市委十一届十五次全会议有关事宜、市第十二次党代会有关事宜和文件材料，讨论通过了市第十一届委员会工作报告（讨论稿）和市第十一届纪委工作报告（讨论稿）。

9月26日，十一届市委第266次常委会召开。会议传达学习习近平总书记有关讲话、致辞、贺信和重要指示批示，中央、自治区有关文件精神，审议通过克拉玛依市党政干部防范和惩治统计造假、弄虚造假责任制实施细则，就相关工作进行安排部署。

10月8日，十二届市委第1次常委会召开。会议传达学习习近平总书记有关讲话，中央、自治区有关会议和文件精神，审议通过全面加强“一把手”和领导班子监督的实施意见、加强直属机关部门机关纪委建设的实施意见，研究讨论十二届市委常委分工，就相关工作进行安排部署。

10月12日，十二届市委第2次常委会召开。会议传达学习习近平总书记关于粮食领域的系列重要讲话精神、自治区党委关于涉粮问题专项巡视有关要求，听取克拉玛依市涉粮问题专项巡察和粮食购销领域专项整治工作情况汇报，审议通过市深化新时代教育督导体制机制改革实施方案，就相关工作进行了安排部署。

10月26日，十二届市委第3次常委（扩大）会议召开。会议传达学习习近平总书记有关重要讲话，中央、自治区有关文件精神，传达学习自治区第十次党代会精神并安排部署全市学习宣传贯彻落实工作。

10月27日，十二届市委第4次常委会召开。会议专题传达学习陈全国在自治区第十次党代会上的报告，就相关工作进行了安排部署。

11月3日，十二届市委第5次常委（扩大）会议召开。会议传达学习习近平总书记有关讲话和重要致辞、贺信精神，再次传达学习了自治区第十次党代会精神，就相关工作进行了安排部署。

11月15日，十二届市委第7次常委（扩大）会议召开。会议传达学习党的十九届六中全会精神特别是习近平总书记重要讲话精神，积极讨论发言并安排部署全市学习宣传贯彻落实工作。会议审议通过了2022年主要经济指标安排建议、坚决遏制“两高”项目盲目发展工作方案、能耗指标管控实施办法（试行）、推进绿电产业示范园区建设实施方案，听取了地下水超采专项整治工作汇报、中国石油大学（北京）克拉玛依校区资产移交情况、关于进一步深化税收征管改革推进税费信息资源共享的实施方案（试行）、推进气象事业高质量发展实施方案，会议还审议通过了其他事项。

11月25日，十二届市委第8次常委会召开。会议再次传达学习党的十九届六中全会精神特别是《中共中央关于党的百年奋斗重大成就和历史经验的决议》，审议通过市委十二届二次全会有关材料、学习宣传六中全会精神有关工作方案和培训方案、关于市十五届人大会、九届政协换届有关问题的请示，就相关工作进行安排部署。

12月5日，十二届市委第9次常委会召开。会议传达学习习近平总书记有关讲话、致辞、贺信和重要指示批示精神，传达学习中央、自治区有关会议和文件精神，宣读了自治区党委关于潘瑞、许学巍、童中华、赵文泉、马生斌5人任免职的通知，研究确定了市委常委分工，研究加强市委常委会班子自身建设，听取市委巡察工作、推动全面从严治党工作和深化学校思政课改革创新工作情况汇报，研究有关人事议题。

12月13日，十二届市委第10次常委会召开。会议传达学习习近平总书记在中央经济工作会议上的讲话精神和有关重要贺信、致辞精神，传达学习中央、自治区有关文件精神，审议通过市第十五届人大代表候选人初步建议人选名单、市政协第九届委员会委员初步人选名单、市委市政府领导班子2021年度工作总结、克拉玛依市民族工作高质量发展实施方案、关于召开市社科联第二次代表大会的请示、关于进一步加强地方政府债务管理有关通知和降低市本级政府债务风险等级工作方案、2022年招商引资目标任务分配意见，听取市十五届人大一次会议、市政协九届一次全会筹备情况汇报、依法治市工作汇报，研究有关人事议题，就相关工作进行了安排部署。

12月21日，十二届市委第11次常委会召开。会议传达学习习近平总书记有关讲话，中央、自治区有关文件精神，宣读自治区党委关于西尔艾力·外力任职的通知，听取市“十四五”时期市域社会治理现代化工作规划有关情况汇报，安排部署相关工作。

12月23日，十二届市委第12次常委会召开。会议审议通过市第十五届人民代表大会代表候选人初步人选名单、政协克拉玛依市第九届委员会委员人选建议名单，研究讨论市委经济工作会议相关事宜，就相关工作进行安排部署。

12月27日，十二届市委第13次常委（扩大）会议召开。会议传达学习了党史学习教育总结会议精神、特别是习近平总书记指示精神，传达学习中央、自治区有关会议和文件精神，就做好近期社会稳定、常态化疫情防控、安全生产和经济高质量发展等重点工作进行了安排部署。宣读自治区党委关于徐天昊、钱志福、杨平、谭永强、段体华、古鸿飞、多里坤·吐鲁洪、石刚8人任免职的通知，审议通过市创建国家生态文明建设示范区工作实施方案，审议通过关于市人大常委会、政府、政协、监察委员会、法院、检察院换届人事安排问题的请示，研究有关人事议题，安排部署相关工作。

（金永斌　曾海洲）

【市委经济工作会议】 2021年1月11日，市委经济工作会议召开，学习贯彻中央经济工作会议和自治区党委经济工作会议精神，总结全市2020年经济工作，安排部署2021年经济工作，加快推动克拉玛依经济社会高质量转型升级步伐，确保“十四五”开好局、起好步，推动克拉玛依市在全疆率先基本实现社会主义现代化。市委副书记、市长王刚主持会议，市委书记赵文泉作讲话。

（曾海洲）

【全面依法治市工作会议】 2021年2月8日，市委依法治市工作会议召开，传达学习中央全面依法治国工作会议和自治区党委全面依法治疆工作会议精神，安排部署克拉玛依市贯彻落实工作。市委书记赵文泉作讲话。

（曾海洲）

【农村工作会议、市河（湖）长工作会议】 2021年2月8日，市委召开农村工作会议和市河（湖）长工作会议。安排我市2021年乡村振兴战略重点工作；传达学习自治区总河（湖）长第3号令，通报克拉玛依市贯彻落实自治区总河湖长第3号令解决水资源管理突出问题实施方案。市委书记赵文泉作讲话。

（曾海洲）

【项目建设暨招商引资动员部署会】 2021年2月20日，克拉玛依市2021年项目建设暨招商引资动员部署会召开，宣读《推进经济高质量发展项目建设工作方案》《2021年招商引资目标任务分解方案及考核办法》，明确全年招商引资到位资金目标增长50%，达到240亿元。

（曾海洲）

【"访惠聚"驻村工作会议】 2021年3月8日，克拉玛依市新时代"访惠聚"驻村工作会议召开，总结表彰2018—2020年度"访惠聚"驻村工作先进集体、先进个人、优秀组织单位，对进一步开展好新时代"访惠聚"驻村工作进行安排部署。市委副书记、市长石岗主持会议。市委书记赵文泉作动员部署讲话。

（曾海洲）

【全面推行林长制工作动员部署暨全民义务植树工作推进会】 2021年3月15日，市委书记赵文泉主持召开克拉玛依市全面推行林长制工作动员部署会暨全民义务植树工作推进会召开，通报《克拉玛依市林长1号行动令》，就启动并全面推行林长制的重点工作和任务进行工作安排。

（曾海洲）

【庆祝中国共产党成立100周年暨"两优一先"表彰大会】 2021年6月25日，克拉玛依市召开庆祝中国共产党成立100周年暨"两优一先"表彰大会，表彰了一批苦干实干、倾力奉献的优秀共产党员、优秀党务工作者和先进基层党组织。市委书记赵文泉出席会议并讲话，号召全市各级党组织和广大党员干部以永不懈怠的精神状态和一往无前的奋斗姿态，开启新征程，奋进新时代，推动克拉玛依各项事业再上新台阶。

（曾海洲）

【贯彻新发展理念推动高质量发展会议】 2021年10月11—13日，克拉玛依市召开贯彻新发展理念推动高质量发展现场会，市四大班子领导、各区党政主要领导、市属有关部门负责人先后现场观摩了四个区高质量发展的重点项目和亮点工作，13日下午在乌尔禾区召开交流总结会议，四个区围绕高质量发展推进情况作书面交流，市委书记赵文泉作总结讲话，强调要围绕在全疆率先基本实现社会主义现代化目标，把产业发展、城市建设和旅游有机结合起来，以产业发展、城市建设和旅游的"三个

6月25日上午，克拉玛依市庆祝中国共产党成立100周年暨"两优一先"表彰大会在市机关1号楼举行 （闵勇　摄）

高质量”全力推动高质量发展取得新突破，助推克拉玛依加快经济社会转型升级步伐。市委副书记、市长石岗主持总结会。

（曾海洲）

【民族工作会议暨2021年民族团结进步表彰大会】 2021年12月14日，克拉玛依市委民族工作会议暨2021年民族团结进步表彰大会召开，对荣获自治区第八次民族团结进步模范集体和模范个人、自治区“民族团结一家亲”和民族团结联谊活动先进集体和先进个人、自治区民族团结进步示范区示范单位部分代表进行了表彰。市委书记赵文泉出席会议并讲话，强调要以习近平总书记关于加强和改进民族工作的重要思想为指导，牢牢把握铸牢中华民族共同体意识这条主线，坚决贯彻落实自治区党委安排部署，不断开创克拉玛依新时代民族工作高质量发展的新局面。市委副书记、市长石岗主持会议。

（曾海洲）

【人才工作会议】 2021年12月14日，市委人才工作会议召开，市委书记赵文泉在讲话中指出克拉玛依市人才工作的目标任务是，紧紧围绕在全疆率先基本实现社会主义现代化，深入实施新时代人才强市战略，到2025年实现人才资源总量稳步增长、人才队伍素质总体提升、人才区域分布更趋合理、人才使用效能更好发挥、人才发展平台更加多元、人才政策体系更加完善、人才项目设计更加精准、人才发展环境持续改善，初步构建“人才逐梦之城”；到2030年拥有一支数量充足、结构合理、素质优良的高素质人才队伍，人才发展体制机制改革取得突破，人才自主培养能力显著提升，全面构建“人才逐梦之城”；到2035年成为全疆重要人才集聚区、创新高地、“丝绸之路经济带”沿线国家和地区人才重要交汇地。市委副书记、市长石岗主持会议。

（曾海洲）

【2021年度党委（党组）书记抓基层党建工作述职评议考核会议】 2021年12月21日，克拉玛依市2021年度党委（党组）书记抓基层党建工作述职评议考核会议召开，市辖4个区委书记和市委教育工委、市国资委党委、市公安局党委、市发改委党组负责同志向大会进行了抓党建工作述职，自治区党委组织部副部长、编办主任，兼兵团组织部副部长林炜作点评讲话，市委书记赵文泉主持会议并作总结讲话。

（曾海洲）

【克拉玛依市干部大会】 2021年12月21日，市委召开全市干部大会，自治区年度（绩效）考核组对市领导班子和领导干部进行2021年度（绩效）考核。

（李玉）

【创建国家生态文明建设示范区动员大会】 2021年12月24日，克拉玛依市召开创建国家生态文明建设示范区动员大会，市委常委、副市长彭守创宣读了《克拉玛依市创建国家生态文明建设示范区工作方案》，市委书记主持会议并作动员讲话，强调要优化能源消费结构，突出生态保护和污染防治，科学布局生产生活生态空间，践行绿色生活理念和生活方式，加快构建现代环境治理体系，统筹推进创建工作，确保2023年36项建设指标全面达标，2024年3月如期申报，力争一举成功授牌命名。

【2022年招商引资工作安排部署会】 2021年12月31日，克拉玛依市召开招商引资工作安排部署会，总结全市2021年招商情况，对2022年招商工作进行安排部署，市委常委余兴国通报《克拉玛依市2022招商引资到位资金目标任务分配方案》，市委副书记袁罡宣读市委市政府《关于表彰2021年度克拉玛依市招商引资先进集体的决定》，克拉玛依区、

乌尔禾区、市国资委 3 个单位作交流发言。市委书记赵文泉出席会议并讲话，市委副书记、市长石岗主持会议。

深化改革

【概况】 2021 年，克拉玛依市按照中央和自治区部署，实施 8 个方面 34 条共计 80 项改革任务，其中包含自治区党委安排交由克拉玛依市承接落实 18 项重要改革任务和 3 项牵头重大改革试点任务。全年共组织召开深化改革委员会会议 9 次，审定重大改革事项、改革方案等，协调推进相关工作，确保各项改革举措落到实处。

（孙婷）

【商事制度改革】 2021 年，克拉玛依市以市场主体需求为导向，深化商事制度改革，促进有效市场与有为政府有机结合。截至年末，全市在册市场主体实现双增长（个体工商户和企业在册市场主体增长），企业活跃度位居全疆第一。“商事制度改革”典型经验做法获得国务院通报表扬，成为新疆唯一受表扬的地级市，为构建服务型政府提供“克拉玛依样本”。

（孙婷）

【政务服务改革】 2021 年，克拉玛依市推进政务服务质量“三减一优”（减时限、减材料、减环节、优化办事流程）、“减证便民”（减少证件方便群众）等专项行动，规范政务服务事项条件、材料、流程、时限等，全年累计公布五批共 2490 项“最多跑一次”政务服务事项目录，取消证明事项 131 个，群众和企业办理时限平均压缩 55%，申请材料平均压减 8%，即办事项比例达 39%。在全疆率先出台《领导干部干预行政执法的记录、通报和责任追究规定（试行）》《行政执法机关内部人员干预、插手行政执法的记录、通报和责任追究规定（试行）》，防止和杜绝“人情案”“关系案”发生。由克拉玛依市起草的《“最多跑一次”工作规范》《政务服务事项编码规则》《电子档案归档管理标准》3 个系列标准，已经自治区标准化委员会审定并作为全疆地方标准发布。

（孙婷）

【绿色金融改革】 2021 年，克拉玛依市推进绿色金融改革创新试验区、小微企业金融服务示范区建设，成功获批财政部 2021 年深化民营和小微企业金融服务试点城市。小微企业金融服务示范区和绿色金融改革创新试验区联动持续发力，截至年末，全市新增绿色信贷 22 亿元，增长 17.4 亿元，全疆综合评分第一。在传统产业升级、引入绿色产业和改善生态环境等方面，形成特色鲜明、可复制发展经验。

（孙婷）

【数字城市建设】 2021 年，克拉玛依市完善数字化基础设施建设，全面实施 5G 组网、建设千兆光纤网络、布局立体

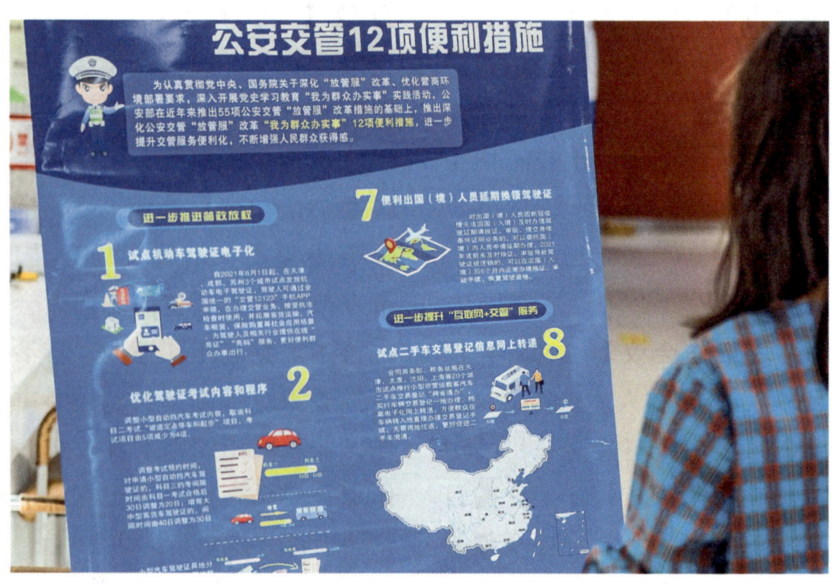

5月25日，办事群众在市机关2号楼政务大厅了解公安部近日推出的12项便民措施 （田国建 摄）

通信体系，已初步形成天上卫星、地面无线、地下光缆立体通信网络体系。在打造数字政府、发展数字经济、构建数字社会、壮大数字丝路方面用力，已建成自治区灾备中心、华为云服务数据中心、中国石油（克拉玛依）数据中心、中国移动（新疆）数据中心4个大型数据中心；开通手术室5G移动基站，联合北京积水潭医院完成全国第二例、全疆第一例利用5G技术开展多中心联合远程机器人手术；开发建设全市统一的基层减负“一张表”综合信息采集系统，促进社区内人、事、物之间信息互联互通、交换共享和业务协同，服务案例荣获全国第一届新型智慧城市创新应用大赛二等奖，入选“2021年中国新型智慧城市百佳案例”。

（孙婷）

【文化润疆引领示范区创建】 2021年，克拉玛依推动文化润疆引领示范区创建。依托克拉玛依独特北疆地域优势、红色文化基因、石油精神内涵和工业文明标识体系、现代化城市建设水平，打造文化润疆精品工程“研学游”，将克拉玛依文旅资源系统集成、协同开发，赋予旅游产业文化内涵。以古海街道行政范围为主体，分别布局房车之都、古海艺术城、中亚学院、现代农业园区、航空产业园，以及商贸物流区、未来规划居住区、大健康产业园等，打造文化润疆引领示范区体验式、沉浸式实体平台——古海生态示范区，深化文化体制改革，优化文化人才发展环境，开展对外文化交流与合作。截至年末，克拉玛依市已连续四届蝉联全国文明城市，并成功创建“新疆石油文化之城”，全市12所中小学幼儿园被评为“自治区基础教育精品课程建设基地”，一号井和独库公路博物馆被自治区命名为建党百年典型红色旅游景区。

（孙婷）

【决策咨询】 2021年，市委政策研究室（改革办）围绕市委、市政府中心工作，研究分析国内外经济形势和政策，搜集、整理、分析国内外和自治区理论研究动态、典型经验和经济社会发展信息，为领导决策提供参考；组织参与疫情防控、社会经济发展重大问题调研，开展有关政策体系和产业研究，推动政策、措施制修订工作，全年共完成9期《政研参考》编报工作。

（孙婷）

群众工作

【概况】 2021年，克拉玛依市全年解决群众困难诉求8000余件，慰问群众13782户、金额121.81万余元。

（李翔　丁赛　宋镇江）

【健全制度】 2021年，克拉玛依市制定《克拉玛依市群众工作规范》，对群众工作各项重点工作、重点任务进行全面梳理，确定7个方面38项重点工作，对每一项工作都从“工作内容、责任主体及职责、工作标准及要求、工作效果、工作流程”5个方面进行规范，构建横向涵盖相关部门单位，纵向延伸到市、区、街道（乡镇）、社区（村）四级，分工明确、协调统一、系统完备的群众工作标准体系。

（郑加福　杨阳）

【四就（救）帮扶】 2021年，克拉玛依市开展就业帮扶工作，帮助实现就业93人；解决低保救助33户96人，救助困境儿童13户19人，累计发放各类救助资金73.81万元；协调解决29名子女入学转学；开通医院救治绿色通道3次。截至年末，全市累计解决四就（救）、帮扶问题275件。

（郑加福　杨阳）

【开展“和群众在一起”活动】 2021年，克拉玛依市发挥18支服务队和229支服务小分队作用，深入基层解决民生问题和群众困难诉求；按照服务群众月报机制，各服务队、小分

7月21日，东彩社区工作人员和安装工人正一起安装便民座椅

（王旭　摄）

队每月将服务群众情况汇总形成小结，报送市委群众工作服务中心掌握。截至年底，服务队深入基层服务群众共计出动15830场次，走访入户56253户次，开展政策宣传、受理救助、提供心理辅导，解决配偶随迁就业、子女入学入托、低保户入户关爱、法律援助等问题15127个，受益群众12.9万人次。

（郑加福　王轶杰）

党组织建设

【概况】　截至2021年底，克拉玛依全市共有基层党组织3317个，其中基层党委280个、党总支130个、党支部2907个。共有党员64200名，其中有离退休、内退职工党22980名，少数民族党员7759名，女党员22678名，具有大专及以上文化程度的党员43245名，35岁及以下党员10873名，农牧民党员168名，非公有制经济单位在岗职工党员4951名，入党申请人、入党积极分子、发展对象的比例为7∶2∶1。2021年度，全市发展党员2730名，其中女性1181名，少数民族371名，35岁及以下2031名，大专及以上文化程度2203名，生产工作一线2292名。

（赵杰明）

【组织体系建设】　2021年，克拉玛依市委组织部提出加强党委（党组）建设的10条具体措施，督促党委（党组）抓好落实。截至年末，先后成立市红十字会党组，增加市发改委、市工信局等9家单位党组成员职数，强化党组领导作用发挥。督促各党委（党组）对照市委工作规则，修订完善自身工作规则并报市委备案。

（刘小攀）

【党建引领产业发展】　2021年，克拉玛依市围绕市委“一主多元”产业体系，系统谋划11个“党建＋产业”主攻方向，各领域党建协同发展，深入一线解难题500余个、开展交流推进活动300余次。组织召开市委党的建设工作领导小组会议暨党建引领产业发展推进会，市委书记带头讲授党建引领产业发展党课，各区、各相关部门单位党委（党组）书记围绕市委重要规划部署、党建如何推动产业发展等内容，开展“书记讲党课”120余场次。全年组织开展党建引领产业发展交流研讨活动18场次，通过抓党建、强组织、聚人才，探索形成“千人入千企”“支部建在产业链上”“产业发展大讲堂”“产才融合发展”等11个党建引领产业发展品牌，把党组织优势转化为推动产业发展优势。

（梁剑伟）

【党建引领基层治理】　2021年，克拉玛依市加快推进社会治理体系和治理能力现代化。5月，印发《克拉玛依市党建引领基层社会治理现代化的实施意见》《克拉玛依市党建引领基层社会治理现代化实施方案》，推动“五治”（政治强引领、法治强保障、德治强教化、自治强活力、智治强支撑）融合治理模式。8月，印发《克拉玛依市关于加强基层治理体系和治理能力现代化建设的实施方案》，细化分解工作任务，形成克拉玛依市“1+2+N”基层治理工作布局〔“1”是《克拉玛依市党建引领基层社会治理现代化的实施意见》，“2”是《克拉玛依市党建引领基层社会治理现代化实施方案》《克拉玛依市关于加强基层治理体系和治理能力现代化建设的实施方案》，“N”是《克拉玛依市新时代“红细胞”工程积分管理办法》《关于加强各级党群服务中心（站点）标准化规范化建设的指导意见》《克拉玛依市推进五社联动机制建设工作方案》《关于深化社区（村）级组织“星级化”创建工作的通知》等配套文件〕。11月3日，召开党建引领基层治理工作推进会；12月16日，召开克拉玛依市抓党建促乡村振兴暨驻村帮扶工作推进会。截至年末，克拉玛依区小拐乡小拐村荣获全国宜居乡村称号，和谐村荣获全国民主法治示范村称号；乌尔禾区乌尔禾镇哈克村荣获全国民主法治示范村、全国乡村治理示范村称号，查干草村荣获全国民主法治示范村、中国美丽休闲乡村称号。

（严博　刘朕语）

【项目化推进城市基层党建】 2021年，克拉玛依市持续推进项目化管理方法，推动城市基层党建示范市建设。3月，印发《关于做好2021年度城市基层党建项目的实施方案》，确立“街乡吹哨、部门报到”“物（业）社（区）党建联建”等21个城市基层党建项目。在项目推进过程中，市委组织部坚持全周期、工程性、闭环式管理，项目评审指导组每季度对项目开展指导，下发推进城市基层党建项目情况的通报，推动城市基层党建工作重点难点问题解决。12月30日，组织召开克拉玛依市2021年城市基层党建项目评审会，对项目进行集中评审。克拉玛依区推广试行党建引领社区网格化治理，将单元网格按照“规模适度、就近管理”原则进行合并优化，完善提升网格管理机制，合理配置网格力量，提高网格服务群众能力；聚焦居民痛点难点问题，打造由社区网格多元化矛盾调解小组—社区多元化矛盾调节工作站—街道多元化矛盾调节所—区多元化矛盾调节中心四级联动网格化调解品牌。独山子区推广运用“街乡吹哨、部门报到”机制，印发《关于赋予街道“五项权力”的实施方案》，提升街道在辖区“话语权”，街道可调度单位280家、职能部门71个，基层指挥调度平台全年共调度问题1071件，办结1032件，问题受理率100%，结案率96.36%，群众满意率88.63%，营造简易问题马上就办、专业问题派单交办、复杂问题一事一办治理生态。白碱滩区（克拉玛依高新区）以“融合党建”品牌为

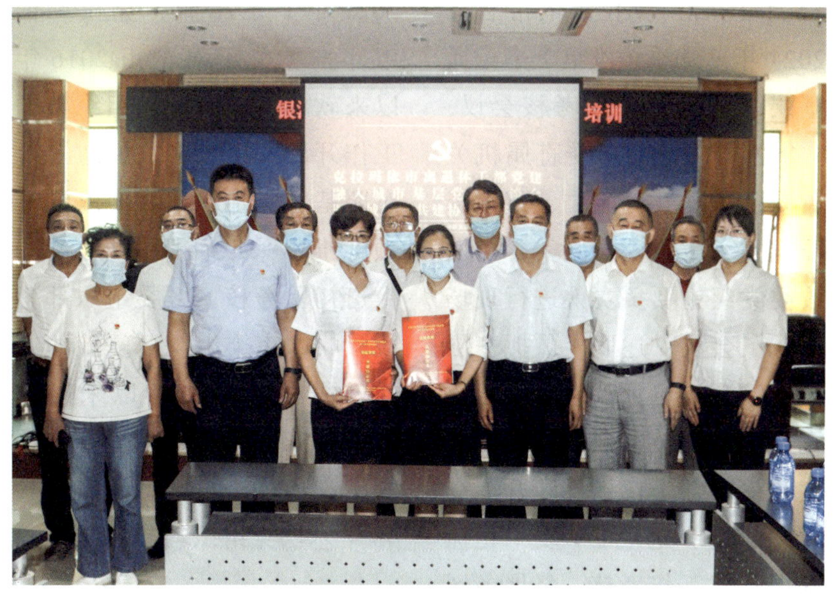

8月19日，克拉玛依市委老干部局召开离退休干部党建融入城市基层党建座谈会，园林阳光社区的离退休干部（临时）党支部正式成立

（市老干部局　供图）

主线，在全市率先建立两新组织党组织孵化基地16个，与32个两新组织精准建立孵化关系，创新推出的《“星火计划”激发两新组织活力》入选全国“献礼建党百年”基层党建与民生发展优秀案例，克拉玛依市三达新技术股份有限公司党支部获得“自治区先进基层党组织”荣誉称号。乌尔禾区围绕“党建+全域旅游”品牌布局，依托“世界魔鬼城”景区、“西部乌镇”项目、“国际房车露营公园”项目等资源禀赋，强化城乡融合，盘活农村资源，壮大村集体经济。全年共接待游客263.5万人次，旅游收入15.53亿元，并成功创建为自治区全域旅游示范区。

（李雷　尼格尔·吐尔逊）

【基层党建考核】 2021年12月21日，克拉玛依市召开2021年度党委（党组）书记抓基层党建述职评议考核会议，4个区委书记和市委直属机关工委、市委教育工委、市国资委党委、市公安局党委、市发改委党组主要负责人进行现场述职。会议对述职人员抓基层党建情况进行评议考核，强化党委（党组）书记履行管党治党政治责任。指导各区开展乡镇（街道）党（工）委书记抓基层党建工作考核，督促各区落实点评意见整改方案。

（周一达　姜成炜）

【“红细胞”党组织和党员“双报到”】 2021年4月，克拉玛依市印发《克拉玛依市新时代“红细胞”工程积分管理办法》，按照“双向报到、双向服务、双向积分”原则，在职党员回居住地社区和单位联点社区报到，认领服务岗位，按照每年积分不少于8分标准进行积分，每半年对市、区两级行政机关、街道（乡镇）、事业单位、国有企业、两新组织等基层党组织积分情况提醒一次，督促基层党组织和在职党员参与志愿服务。年终考核一次，将积分情况纳入各单位年度（绩效）考核、单位党组织抓基层党建述职评议考核、党员评优选先等，形成正向激励效应。

（姜成炜　包延年）

【整顿软弱涣散基层党组织】 2021年1月28日，克拉玛依市印发《关于对全市2016年以来软弱涣散基层党组织整顿工作开展“回头看”的通知》，对照基层党组织建设要求和整顿标准，采取社区自检自查、街道初验考核、区委组织部考核验收、市委组织部复验的方式，逐一对2016年以来确定的43个软弱涣散基层党组织整顿成效开展“回头看”，经检验，43个基层党组织均整顿到位。

（包延年）

【党员教育管理】 2021年，克拉玛依市加大在高校、非公有制经济组织和社会组织等重点领域和青年农牧民、高知识群体等重点群体中发展党员力度。印发《2021—2025年克拉玛依市发展党员工作规划》，加强对发展党员工作的宏观指导。研究制定《克拉玛依市巩固深化“不忘初心、牢记使命”主题教育成果的工作方案》，推动建立9项长效机制，建立任务清单，压实工作责任。通过《自治区2019—2023年党员教育培训规划》中期评估。分层分类举办各类党员集中培训班，培训基层党组织书记、班子成员、党员19737人次。发挥各级党校教育培训主阵地作用，开展“万名党员进党校”活动，组织党员参与各级党史学习教育培训班，组织培训146期，培训1.5万余人。完成党员教育视联网建设，利用党员教育视联网开展党的十九届六中全会精神、习近平总书记“七一”重要讲话精神、自治区第十次党代会精神等专题远程培训6期，培训党员干部群众1.06万余人次。组织开展“四个一百”和“四微”（百年历程·微朗读，百年回响·微党课，百年记忆·微故事，百年初心·微分享）学用活动，举办“百年历程·微朗读”万名党员读党史活动2.2万余场次，10余类不同主题的“百年记忆·微故事”党史故事会，

“百年回响·微党课”支部书记讲党课6400余场次，“百年历程·微朗读”万名党员读党史2.2万余场次，“百年初心·微分享”展播1.5万余场次。围绕党史学习教育摄制红色电影、党员教育电视片和优秀党课等党史学习教育资源23部，其中《从油城记忆到戈壁传奇》《开天辟地——中国共产党诞生》《黑油山往事》等12部作品在中组部全国党员干部现代远程教育平台播出。组织开展走访慰问工作，慰问生活困难党员176人，新中国成立前老党员、老干部147人，因公殉职党员干部家属18户，自治区级及以上优秀共产党员等荣誉获得者64人。

（翁渭强　王亮得）

【社区（村）干部培训】 2021年，克拉玛依市分级分类对街道（乡镇）党政领导班子、社区（村）“两委”班子及工作人员开展培训。1月18—22日，举办农村后备力量培训，本次培训为期5天，克拉玛依区、乌尔禾区共40名农村后备力量参加培训。9月28—30日，举办街道（乡镇）党政正职、组织部副部长党建工作专题培训，培训45人。10月8—31日，举办新任社区（村）党组织书记、主任培训，共组织100名新任社区（村）党组织书记、居（村）委会主任、妇联主席等干部前往上海市学习党建引领基层治理工作创新模式和实践经验。10月8日—11月6日，举办社区工作人员培训，共组织150名街道党政班子成员和社区“两委”班子成员参加培训。11月7—16日，举办农村党建工作培训，克拉玛依区、乌尔禾区共40名农村干部参加培训。

（包延年）

【推行“全岗通”工作机制】 2021年12月，克拉玛依市印发《关于在社区（村）推行“全岗通”工作机制的实施意见》，在全市具备条件的社区（村）打造社区“全科社工”专业化队伍，推行“一专多能、一窗办理、全岗都通”的“全岗通”工作机制。将“全岗通”业务掌握情况、群众满意度与社区工作人员绩效挂钩，在推进过程中培养、储备、选拔后备人才，促进形成“技能通、服务通、治理通”社区治理新格局，提升社区（村）工作人员综合素质和服务能力，打通服务群众“最后一公里”。

（李雷）

【两新组织党建】 2021年，克拉玛依市印发《中共克拉玛依市委员会非公有制经济组织和社会组织工作委员会工作规则》《中共克拉玛依市委员会非公有制经济组织和社会组织工作委员会委员单位职责》，坚持谁主管谁负责、管业务管党建相结合，在民政、工商联、司法、人社、文体等10家部门成立行业（综合）党委，初步形成统一归口、条块结合、责任明晰、齐抓共管工作格局。推进“两个全覆盖”，实现非公有制企业党的工作覆盖率100%、有党员的非公有制企业党组织覆盖率100%、从业人员10名以上的非公有制企业党员覆盖率100%、农牧民集中就业的“三有”非公有制企业党组织单独组建率100%、工青妇组织应建尽建率100%。选派专（兼）职党建工作指导员991名、党建特派员21名、派驻党员660名，全覆盖8个行业领域、4个区、13个街道、3156家非公有制企业、493家社会组织开展党建工作指导。印发《克拉玛依市非公有制经济组织和社会组织党建人才管理暂行办法》，从优秀两新组织党组织书记、党务工作者、党建指导员中选聘77名党建人才，初步建立核心人才、骨干人才、基本人才3个梯队的两新组织党务人才队伍。

（杨越婷）

【庆祝建党100周年系列活动】 2021年，克拉玛依市制定《克拉玛依市各级党组织庆祝建党100周年活动方案》，指导各级党组织集中开展11类100项重要活动。组织开展中央“两优一先”、自治区抗击新冠肺炎疫情、自治区脱贫攻坚、自治区“两优一先”和市级“两优一先”表彰5轮次推荐工作，推荐先进基层党组织193个、优秀共产党员324名、优秀党务工作者160名。克拉玛依区胜利路街道长征社区党委荣获“全国先进基层党组织”称号，成为克拉玛依市首个获得国家级党内荣誉的基层党组织。全市20个先进基层党组织、24名优秀共产党员、9名优秀党务工作者获得自治区表彰。组织召开克拉玛依市庆祝中国共产党成立100周年暨“两优一先”表彰大会，组织开展市四套领导班子“党旗映天山”主题党日活动，向2762名符合条件的党员颁发“光荣在党50年”纪念章。推行“党旗映天山”主题党日制度，分10个类别制定2021年各领域党支部主题党日计划，组织全市各级党组织以党支部为单位在6—7月集中开展“党旗映天山”主题党日活动。

（刘俊）

干部队伍建设

【概况】 2021年，克拉玛依市围绕“一个重心”（换届工作），推进“双一流”（一流的领导班子、一流的干部队伍）建设。制定《克拉玛依市领导班子和领导干部政治素质考察办法（试行）》，结合换届考察、年度（绩效）考核、日常考察和任职考察，常态化识别领导班子和领导干部政治素质。围绕新疆工作总目标、城市转型升级和经济高质量发展，将一批懂经济、会管理的领导干部调整充实到工信、发改、商务等经济部门。印发《关于进一步规范市辖各区街道领导班子职数的通知》，规范设置街道领导班子设置，从全市范围内统筹配备街道（乡镇）党政正职18名。健全领导班子和领导干部日常分析研判机制，全面梳理分析、逐一督促整改领导班子分工运行问题190余条，把考核识别评价干部工作落在平时。开展市属国有企业专项调研，起草《克拉玛依市国有企业领导人管理规定》《市属国有企业领导人员职数设置方案》，为健全市属国有企业法人治理体系，完善队伍管理打好基础。实施年轻干部“墩苗培育”四项工程，加强市、区干部双向任职（挂职）、企地任职（挂职）、南疆挂职、兵地干部挂职配置性交流、培养性交流，跨地区、跨领域交流任职干部50余人。建立市、区科级干部信息库，统筹管理1600余名科级干部，常态化梳理科级干部空岗率。制定印发《克拉玛依市直部门科级干部选拔任用工作实施办法（试行）》《克拉玛依市辖区科级干部选拔任用工作实施办法（试行）》，编制《克拉玛依市科级干部选拔任用工作指导手册》，规范科级干部管理权限和程序，统筹加强市、区两级科级干部队伍建设，初步形成全市干部梯队良性循环工作局面。2021年，共调整处级干部179人次，其中提拔（含晋升职级）处级干部63人，有“访惠聚”驻村、驻村管寺、维稳或群众工作一线经历干部占提拔（含晋升职级）处级干部总数的82.5%。

（马海林）

【干部考核】 2021年，克拉玛依市制定《2021年市绩效考核暨市委管理领导班子和领导干部年度考核工作方案》，完成市委管理的领导班子和领导干部2020年度（绩效）考核工作，会同市纪委机关、市委办公室等31家绩效考核主体责任单位对45项绩效考核指标进行考核。考核定等“优秀”班子33个，“优秀”领导干部164人，“不称职”1人，“不确定等次”3人。精心组织2020年度公务员考核工作，牵头组织全市72家公务员（参公）单位开展公务员年度考核工作，督促指导各单位按照相关要求成立考核委员会。全市共有4642名公务员（参公人员）参加考核，最终获得“优秀”等次1147人；各区科级领导干部获得“优秀”

等次183人，一般干部获得“优秀”等次678人；“访惠聚”驻村干部、南疆支教干部、社区“两委”班子成员等获得“优秀”等次173人。称职等次共计3402人，基本称职等次8人，不称职等次13人，不确定等次62人，未参加考核6人，另有10人暂未确定考核结果。

（彭韬　焦世晖）

【干部日常监督】 2021年，克拉玛依市落实领导干部个人有关事项报告制度。累计查核领导干部个人有关事项报告332人，填报一致率为94.88%。严格对标对表中组部的反馈意见，聚焦四个方面的共性问题和反馈全市的一个具体问题，坚持问题导向，真改实改、标本兼治，对1名领导干部查核认定处理情况进行重新认定，全面检视强化整改落实，进一步健全工作机制，精细精准科学地做好填报、录入、查核、认定、处理等工作，确保问题全部整改落实到位。持续做好“12380”举报受理核查工作。高度重视自治区调度检查反馈问题，在全市通报有关问题情况。畅通“12380”电话、信访、网络和短信“四位一体”举报受理平台，安排专人值守，确保举报渠道全天24小时畅通。规范做好举报受理查核处理工作，深入分析举报反映问题所涉及法律规定、政策依据，精准运用直接调查了解、函询本人、留存待查、转办等方式做好举报查核处理，做到“事事有回音、件件有落实”。坚持按照聚焦权力集中、资金密集、资产聚集的重点部门、重点人员以及审计全覆盖的原则，加大任中审计力度，增强经济责任审计的针对性。2021年共对10名领导干部开展经济责任审计，统筹实施1名领导干部自然资源资产离任审计，实施离任交接项目18个。强化因私出国（境）监督管理。严格按照应备尽备的工作要求，做好新增人员登记备案，定期自查干部登记备案信息库。选人用人工作监督稳步推进。结合巡察开展选人用人工作专项检查。2021年结合市委巡察共对8家单位开展选人用人专项检查。开展选人用人工作集中自查。印发《关于开展选人用人工作自查的通知》，在全市范围内开展选人用人工作自查，根据自查情况，印发工作提示，要求相关单位对超职数配备干部、落实党政领导干部任职回避制度不到位等问题进行整改。有效运用“一报告两评议”成果。对76家市属单位开展干部选拔任用工作“一报告两评议”。针对评议分值偏低的5家单位和2名认可度偏低的新提拔干部，要求单位党委（党组）对评议结果进行分析，并对2名新提拔干部进行了谈话提醒。有力有序做好市委巡察工作。做好巡察“后半篇”文章，全覆盖组织开展巡察整改情况自查，1～9轮巡察共反馈问题1112条，各单位制定整改措施1738条，有关党组织建设、选人用人、干部队伍建设等市委组织部负责督促整改的390个问题均整改完成。

（陈武魁　刘振）

【干部教育培训】 2021年，克拉玛依市印发《关于调整市委干部教育培训工作领导小组组成人员及成员单位职责分工的通知》，制定《2021年克拉玛依市干部教育培训项目计划》，从培训项目管理、班次和学员管理等方面提出明确要求，全年累计开展培训项目121个，培训学员1.3万余人次。完成上级调训58人次，其中地厅级领导干部6人次，县处级干部46人次，乡科级干部8人次。开展党的十九届五中全会和第三次中央新疆工作座谈会精神系统培训，全市累计培训干部3.58万余人次。按照“基地+教学点”模式，建设黑油山干部教育培训（党员教育示范）基地，初步形成5天以内课程体系，开发完成专有理论课程3门，初步打造完成覆盖全市全域9个现场教学点，全年累计为全市近万名党员干部提供党性教育。2021年度上海资金支持克拉玛依培训项目26个，培训 864 人次；邀请上海医疗、教育领域专家 33 人次到克拉玛依授课；到上海跟班学习 75 人次；举办双休日专题讲座 11 场次，共有 1700 人次收看。

（冯瑞喜　张龙）

【干部人事档案】 2021 年，克拉玛依市对原有干部人事档案系统进行升级，将 2501 卷数字档案数据由老系统迁移至新系统，对部分功能进行优化和完善。6 月，完成第一阶段共 2503 卷干部人事档案的数字化建设，安排专人对已完成数字化的档案进行新增材料扫描入库，截至年底共完成 782 人次、1938 份、5631 页新增材料的电子库录入。强化档案内容建设，加强材料收集主动性和对移交材料内容审核，确保移交材料的及时性和准确性，全年共接收归档材料 29750 份。及时转递档案，全年共接收档案 372 卷，转出档案 83 卷。严格落实查借阅管理制度，全年共提供查阅档案 3707 卷，复印材料 2317 份、3545 页。

（李作强）

公务员管理

【概况】 2021 年，克拉玛依市完成 2020 年 87 名公务员招录工作，完成 2021 年面向社会公开招录公务员、选调生的笔试、资格审查、面试、体能测试、体检和考察工作，考察合格 89 人，其中公开招录 85 人、选调生 4 人。

（李倩　郭润牛）

【支教选派】 2021 年，克拉玛依市完成第三批 156 名支教干部 2020 年度考核工作，7 名支教干部荣获“自治区优秀支教干部”荣誉称号，完成第四批 68 名新招录公务员赴南疆支教选派工作。

（李倩　郭润牛）

【行政执法类职位管理】 2021 年，克拉玛依市委组织部完成市生态环境保护综合行政执法队伍组建和职数核定工作，将各区环境监察大队人员整体转隶至市生态环境局。制定《克拉玛依市行政执法类职位设置方案》，将市场监管、生态环境保护等 6 支综合行政执法队伍涉及的 39 个单位列入行政执法类职位管理范围。

（李倩　郭润牛）

【参公单位管理】 2021 年，克拉玛依市根据全市行政机关及参公单位综合管理类、六大行政执法领域职位分类情况和参照管理机关（单位）申报情况，修改完善第二批 130 个机关（单位）职级职数设置报批备案方案。完成 116 个需重新认定的参照管理单位申报资料报送和会审工作。完成市、区两级维稳指挥中心，市公安局网络信息处置中心参照管理单位申报工作。

（李倩　郭润牛）

人才选用

【概况】 2021 年，克拉玛依市对原有人才政策体系进行升级优化，建立健全以《贯彻落实中央人才工作会议精神实施方案方案》《“十四五”人才发展规划》《关于推进克拉玛依“才聚油城”重点人才工程的实施意见》及相关配套政策为重点的人才政策体系。打造“心有疆山·以克为家”线上引才平台，建立人才工作联络站 5 个，全市全年共引进大学本科以上学历或中级以上职称人员 1816 人，较 2020 年增长 20.1%，其中从疆外引才 706 人，较 2020 年增长 10.1%，引进硕士研究生和副高级职称以上人才 219 人，通过“一事一议”认定引进高层次人才 35 名，其中医疗、教育重点领域达到 97.1%。

（崔伟　李少佳）

【柔性引才】 2021 年，克拉玛依市加强人才共享共用，全年通过特聘专家、外来挂职等方式柔性引进专家人才 35 人，主要集中在石油石化、医疗卫生、科技、文化旅游等领域。

（崔伟　李少佳）

【人才培育】 2021年，克拉玛依市紧扣科技创新和产业发展，加大人才培养力度，全年推动57人入选国家和自治区人才工程，申报率和入选率均有较大提升。组织相关行业部门制定国企人才队伍建设、市非公有制经济组织和社会组织党建人才队伍建设、农业科技人才服务乡村振兴等实施方案，破解行业领域人才工作难题。

（崔伟　李少佳）

【人才发展平台建设】 2021年，克拉玛依市建好各类人才发展平台，特别是加强自治区级以上人才发展平台建设。2020年10月以来，全市先后建立自治区级院士专家工作站1个、国家级博士后科研工作站1家（市中心医院）、自治区级企业技术中心5家、自治区级工程研究中心2家（筹建期）、自治区级技能大师工作室1家。

（崔伟　李少佳）

【优化人才发展环境】 2021年，克拉玛依市优化人才发展环境，打造全市四级人才服务体系，建立126个区、街、社“一站式”服务平台（油城悦来驿站），落实人才服务专员126人，为人才提供“一对一”精准服务。会同各区委组织部梳理制定“油城聚才驿站”服务清单，建立“统筹协调功能＋基础服务功能＋拓展服务功能＋特色服务功能”功能模块，并将全市高层次、急需紧缺人才名册按照属地原则推送至各站点，全面启动全市人才服务站点运行工作。

（崔伟　李少佳）

【干部人才援疆工作】 2021年，克拉玛依市把握上海干部人才援疆以及新疆、科技部、深圳市、中科院共建“丝绸之路创新驱动发展试验区”四方协议，川克科技合作等契机，提出在北京、上海等内地发达城市打造人才离岸孵化器创新思路，探索人才共享共用机制。推动援疆党政干部工作“项目化”和援疆干部人才“帮带提升”，建立定期回访机制并3次赴上海和中央援派单位回访，强化援疆干部人才作用发挥。

（崔伟　李少佳）

“访惠聚”驻村工作

【政策宣讲】 2021年，克拉玛依市深入学习贯彻党的十九届五中、六中全会和第三次中央新疆工作座谈会精神，扎实推进党史学习教育和“我为群众办实事”实践活动。全年累计开展党史学习教育5201场次、举办宣讲活动800余场次、专题研讨1689次，累计参与人数达93.48万人次。

（李翔　丁赛　宋镇江）

【干部培训】 2021年，克拉玛依市持续开展全覆盖培训，聚焦党史学习教育、政策理论、“访惠聚”驻村相关工作，组织“专家大讲堂”12期9600余人次参加，从根本上解决新派驻干部“不熟悉社区情况、不会做群众工作”的问题。

（李翔　丁赛　宋镇江）

11月15日，克拉玛依市在科技馆举办“访惠聚”“岗位大练兵　技能大比武”决赛

（李浩然　摄）

【“四微”工作法】 2021年，克拉玛依市推行认领群众“微心愿”、解决民生“微诉求”、提升为民“微服务”、深化基层“微治理”的“四微”工作法，全年解决群众急难愁盼问题7548件、金额1102.27万元、受益25.54万人次。

（李翔 丁赛 宋镇江）

【服务群众】 2021年，克拉玛依市全年常态化入户走访81.18万户次、247.52万人次，开展法治宣讲5540场次、67220人次，调解社会矛盾纠纷2965件。开展各类民族团结教育活动1468场次，参加23.8万余人次，组织社区学校（农牧民夜校）宣讲2957场次15.63万人次，国家通用语言文字培训1964场次2.9万人次。

（李翔 丁赛 宋镇江）

【服务乡村振兴】 2021年，克拉玛依市全市驻村工作队以“星级化”创建统领村级各项事务，以项目化方式推进各项工作，全年累计落实项目199个、投资额1553.92万元，培育新型经营主体85个、创业致富带头人14人，发展庭院经济238户、收益214.16万元，转移就业1350人，开展实用技术和劳动技能培训179场次、4012人次。

【干部轮换】 2021年，克拉玛依市完成2批次542名驻村干部轮换工作，全年为驻村干部解决困难94件、走访慰问驻村干部家属1642次。驻村工作队协助培养入党积极分子624人、发展党员508人、储备培养村级后备力量875人。

（李翔 丁赛 宋镇江）

宣传工作

【理论教育】 2021年，克拉玛依市各级党委（党组）理论学习中心组深入学习党的十九届六中全会精神、习近平总书记关于党的历史的重要论述和“七一”重要讲话精神、第三次中央新疆工作座谈会精神特别是习近平总书记重要讲话精神，学好用好《习近平谈治国理政》第一至三卷、习近平总书记《论中国共产党历史》、《中国共产党简史》等著作，常态化开展《新疆的若干历史问题》等新疆工作系列白皮书、《简明新疆地方史》等书籍的学习，全年开展专题学习4000多次。打造“润疆讲堂”中心组理论学习品牌，开办讲堂2期。常态化开展“习近平新时代中国特色社会主义思想进万家”活动，编发“永远跟党走”系列群众性读本4期（72万余册）、全市学习教辅资料4期（4000余册），推动学习辅导资料汇编向主题化、专题化发展。聚焦庆祝中国共产党成立100周年，开展社会主义核心价值观教育，开展好党的基本理论、基本路线、基本方略的宣传教育，开展理想信念教育、形势政策、爱国主义教育，开展好党史、新中国史、改革开放史和社会主义发展史宣传教育，开展中国特色社会主义和中国梦教育。

（赵成刚）

【宣传表彰】 2021年，克拉玛依市在“新疆访惠聚”微信平台刊发稿件238条，上稿量首次跃居全疆第三;在自治区“驻村我和你”抖音平台发布视频62条，上稿量全疆第一；在自治区“访惠聚”驻村工作信息专报、简报刊发单条、综合信息24篇，同比增长229%；选树“5个100”典型11个，同比增长57%；在中央级、自治区级媒体平台刊发外宣信息稿件上千条，同比增长64%；在各类市级媒体上稿3000余条。乌尔禾区哈克村获评第二批全国乡村治理示范村，村规民约获评自治区第二届优秀村规民约。全市共有3个村荣获全国民主法治示范村。

（李翔 丁赛 宋镇江）

【主题宣讲】 2021年，克拉玛依市推进“习近平新时代中国特色社会主义思想进万家”主题宣讲，开展重大主题宣讲活动，围绕党的十九届五中、六中全会精神，第三次中央新疆工作座谈会精神，党史学习教育，习近平总书记“七一”重要讲话精神，自治区第十次党代会和市第十二次党代会精神等，累计开展宣讲活动4.2万场次、覆盖群众超83万人次。建立完善三级宣讲队伍体系，成立克拉玛依市玫瑰花宣讲团和13个玫瑰花宣讲分团，形成玫瑰花宣讲团、分团、队三级宣讲队伍体系。发挥典型示范作用，打造克拉玛依展览馆等8个“玫瑰花宣讲”特色示范点，克拉玛依市16件宣讲作品和7名宣讲名嘴在自治区基层理论宣讲“三个一百”评选活动中获奖。举办克拉玛依市“永远跟党走”第二届宣讲大赛，通过以赛促训的方式提升基层宣讲工作水平和能力。学好用好“学习强国”学习平台，全市各级党组织依托“学习强国”学习平台持续加强党员干部理论武装，全年上稿98篇，其中全国平台采用29篇，在“强国征文”活动中，克拉玛依市3篇稿件获得一等奖，其中《只有荒凉的沙漠，没有荒凉的人生》在“学习强国”学习平台阅读量突破千万次。

（孙祺）

【对内宣传】 2021年，克拉玛依市重点围绕习近平新时代中国特色社会主义思想，党的十九届五中、六中全会精神，中央民族工作会议和第三次中央新疆工作座谈会精神等重大主题宣传任务，深入做好系列报道，统筹安排克拉玛依市各级各类媒体开设“在习近平新时代中国特色社会主义思想指引下”等专栏专题，在重要版面、重点时段、首页首屏等集中刊播主题报道。截至12月底，累计刊播各类主题信息5.7万余条（次）。做好市第十二次党代会主题宣传，推出《奋进年华——庆祝中国共产党克拉玛依市第十二次代表大会胜利召开特刊》《奋斗绘出新画卷》专刊和专题片，举办《顽强奋进这五年》大型主题成就图片巡展。做好创建全国文明城市、“民族团结一家亲”“访惠聚”驻村工作、社会主义核心价值观、生态文明建设、“五城一区”等系列宣传报道，全年累计刊播各类宣传稿件2.5万篇（次）。

（胡秀萍）

【对外宣传】 2021年，克拉玛依市构建大外宣工作格局，取得突破性成就。10月11日，《人民日报》04版刊发《新疆克拉玛依——创新驱动支撑转型升级》综述文章，并首次配发人民日报评论员文章《谋创新就是谋未来》，填补人民日报有关克拉玛依的评论类文章空白。完成第三次中央新疆工作座谈会一周年中央媒体采访团、央视记者团、《再见爱人》摄制组等国内外媒体记者团队23批100余人次采访任务。“黑色石油，红色血脉”诗歌秋晚、G219再发车仪式和“家乡推介大赛”等活动，在中央电视台、新华网等10余个媒体平台发布。截至12月底，克拉玛依市在中央和自治区主流媒体共刊播各类主题宣传报道2896篇（次），其中在《新疆日报》刊发报道379篇（头版38条），创历年新高。

（胡秀萍）

【精神文明创建】 2021年，克拉玛依市围绕学习宣传贯彻第三次中央新疆工作座谈会精神，做好常态化创建全国文明城市和拓展新时代文明实践中心建设。落实《新时代公民道德建设实施纲要》，推进社会公德、职业道德、家庭美德、个人品德建设日常化，王峰、黎建东、郭旭光3人被评为自治区第七届道德模范。结合全国文明城市整改提升要求，深化全国文明城市各项创建任务，通过中央文明办复查并保留全国文明城市称号；推进文明村镇、文明单位、文明校园、文明家庭动态管理工作，乌尔禾区乌尔禾镇哈克村被评为克拉玛依市文明村镇，克拉玛依市中级人民法院等318个单位被评为克拉玛依市文明单位，中国石油大学（北京）克拉玛依校区等42所学校被评为克拉玛依市文明校园。推进新时代文明实践中心拓展建设，构建“实践中心、实践所、实践站”三级服务阵地，全年建成投用4个新时代文明实践中心、15个实践所、112个实践站；开展志愿服务工作，全市注册志愿者8.6万人，志愿服务组织636个。在疫情防控工作中，全市志愿者在防护宣传、政策解读、专业医护、便民服务、疫情消杀、社区排查等方面发挥重要作用。

（谢宾）

【繁荣文化事业和文化产业】 2021年，克拉玛依市坚持以社会主义先进文化为引领，推进文化润疆工程，实施“东风工程”“农家书屋”“农村电影放映”等文化惠民工程，深化“我们的中国梦”——文化进万家、百日广场暨社区（村）文艺展演等文化惠民活动，全年赠书报刊30余万册，放映影片120场次，发放春联年画9100套。加强优秀文艺作品创作生产引导，组织开展自治区文艺扶持激励、国家文化产业发展项目库和自治区文化产业发展专项资金申报工作，9个项目获得2021年度自治区文艺扶持激励资金102.4万元。发挥文化产业集聚效应，建成北疆最大的2个标准化室内摄影棚，吸引《丈量新疆》直播活动和《手铐》等多部影视剧在克拉玛依市拍摄。

（龙君）

【扫黄打非专项行动】 2021年，克拉玛依市围绕营造中国共产党成立100周年和谐文化环境，以净化出版物市场、清除网上有害信息、保护知识产权为主线，开展“扫黄打非”专项工作。聚焦重点问题，紧盯首要任务，制定下发全年工作要点，严厉打击涉政、涉民族宗教非法有害出版传播活动，全年组织“扫黄打非”工作推进会3场次、现场会1场次，开展线上培训10场次，查办案件6起。推进“扫黄打非”进基层站点标准化、规范化建设，克拉玛依区油南红光社区、白碱滩区振兴社区、独山子区第十九社区获得自治区第四批“扫黄打非”进基层示范点称号。开展“护苗2021”专项行动，在45家中小学设立“护苗”工作站。加强新闻出版、电影行业安全监管工作，压实主体责任，强化安全措施。组织影视企业、新闻出版单位、国有文艺院团等做好社会经济效益评价考核。督促各区各单位持续推进软件正版化。

（龙君）

统战工作

【无党派人士】 2021年，克拉玛依市共有无党派人士563人，其中副厅级干部2人、正处级干部2人、副处级干部15人。截至年末，在职383人，其中62人担任市级人大代表与政协委员、95人担任区级人大代表与政协委员。

（张启鹏）

【党外知识分子情况】 党外知识分子工作的重点是国家机关和国有企事业单位中具有高级职称的党外知识分子，学术带头人或者重要业务骨干中的党外知识分子，担任国家机关、高等学校、科研院所、大中型国有企业中层以上领导职务的党外知识分子，其他有成就、有影响的党外知识分子。2021年，市属人员中具有高级职称人员221人，中级职称人员2007人，从事行政管理人员近千人。油田公司中党外知识分子2563人。

（张启鹏）

【非公有制经济情况】 截至2021年底，克拉玛依市共有非公企业8363家，从业人员约10万余人；个体工商户20282户，从业人员6万余人。地方规模以上企业（市经济委认定）数量达370家，产值过亿元以上企业达102家。市工商联会员980家，直属会员226家。在非公企业中共成立369个党组织（其中党委22个、党总支22个、党支部325个），单独成立党组织的非公企业158家，党员4352名，党的工作覆盖率达100%。

（张启鹏）

【留学人员联谊会】 2021年，克拉玛依市有留学人员（在国外留学半年以上的）2000余人，已入会94人，主要以医疗卫生机构、教育机构、科研院所和经济界企业界人士为主。其中博士7人、硕士57人，具有中高级以上技术职称66人，占总人数的70.2%。年龄结构以中青年为主。现任会长朱敏（博士后、医学专家）。

（张启鹏）

【新的社会阶层人士】 2021年，克拉玛依市新的社会阶层人士主要包括民营企业和外商投资企业管理技术人员、中介组织和社会组织从业人员、自由职业人员、新媒体从业人员等，纳入新的社会阶层人士数据库共约3300人。8月31日，成立新的社会阶层人士联谊会，新联会首届会员200名，会员代表100名，选举会长1名、副会长6名、秘书长1名、副秘书长2名、常务理事19名及理事60名。

（张启鹏）

【侨胞侨眷】 2021年，克拉玛依市有归侨侨眷及其他侨属身份4531人。其中：汉族占65.7%，维吾尔族占19.1%，哈萨克族占8.9%，俄罗斯族占1.7%，其他民族占4.6%。全市在海外侨胞及留学生1676人，遍布世界约61个国家和地区，主要集中在北美、中亚地区和澳大利亚等国家。

（张启鹏）

【党外人士工作】 2021年，克拉玛依市推动党外人士参政议政，共有252人担任市、区两级人大代表，248人担任市、区两级政协委员。全市有县处级以上党外干部25名、科级干部231名。其中厅级干部2名（副市长、市政协副主席），市政府部门领导3名，区级人大常委会领导2名、区级政协1名。全年看望和慰问无党派人士和民主党派人士44人次。组织4次党外人士学习座谈及赠书（党史等）活动。制定印发《克拉玛依市加强新时代党外知识分子思想政治工作和无党派代表人士队伍建设的分工方案》，加强党外知识分子和无党派代表人士管理工作。建立完善历年来无党派人士数据库，梳理录入信息500多条，新认定无党派人士36名。建立党外人士服务中心，收集符合新的社会阶层人士特征信息3000多条，成立克拉玛依市新的社会阶层联谊会；指导各区成立区级新联会。开办新的社会阶层人士统战工作理论培训班和市区两级新联会集体培训。组织9名新联会理事前往江苏、上海等省市进行考察学习。制定《关于贯彻〈中共中央关于加强民营经济统战工作意见〉的实施方案》，加强民营经济人士思想政治工作；深入全市商协会调研了解企业困难和对政府意见建议，参与全市千人入千企活动，为企业排忧解难。

（张启鹏）

【台办工作】 2021年，克拉玛依市学习贯彻习近平总书记关于对台工作重要论述，抓好惠台措施落实，深化两岸经济合作和文化往来，加强对全市台胞、台属、台企关爱服务。回应在克台胞台企诉求。建立在克台胞台属人员台账，摸清基本情况，加强与在克台胞台属联系，定期走访慰问在克拉玛依市定居、常住台胞。

（张启鹏）

【侨务侨联工作】 2021年，克拉玛依市成功举办“庆祝中国共产党成立100周年——我眼中的世界——首届克拉玛依华人华侨摄影展”，开展“庆祝中国共产党成立100周年——侨爱心工程·公益捐赠”活动。依托自治区级“侨胞之家”，“文化交流基地”等活动阵地，举办“庆祝中国共产党成立100周年暨金华社区‘侨胞之家’

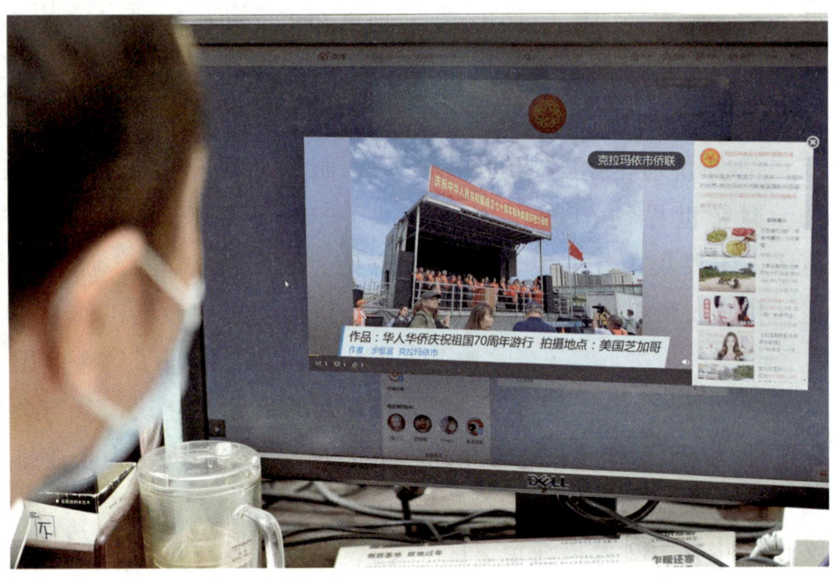

2月，市侨联为献礼中国共产党成立100周年组织主办的“我眼中的世界，克拉玛依市侨联首届摄影作品展”在线上开展　　（李浩然　摄）

授牌文艺晚会”“庆祝中国共产党成立100周年·我为您骄傲暨双环社区‘侨胞之家’授牌文艺晚会”在内交流论坛、专题讲座、各类展览、艺术品展陈、市民手工作品交流展示、歌舞排练及汇演等20余场次。召开克拉玛依市第六次归侨侨眷代表大会，向归侨侨眷代表汇报五届侨代会以来工作开展情况及取得成绩，选举产生市第六届侨代会主席、专职副主席及秘书长、副主席、常委及委员。对全市侨情数据库进行梳理统计并分类登记造册。推荐20余名政治素质高、参政议政能力强侨界人士参与到市区两级政协委员、人大代表候选人工作中；加强对归侨侨眷入户走访工作，开展政策宣讲、信息核查、困难帮扶等，全年走访慰问困难归侨侨眷和重点人士眷属91户，发放慰问款物4.98万元。重点对克拉玛依区、白碱滩区、独山子区部分街道、社区进行基层走访和工作调研16次，指导基层改进提高侨务工作水平和成效；以“侨胞之家”“文化交流基地”创建为抓手，探索基层侨联组织建设工作新模式、新机制，截至年末，已挂牌自治区级“侨胞之家”6个，创建2个“中国侨联文化交流基地”，争取上级部门项目资金14.7万元。

（张启鹏）

网信管理

【网络宣传】 2021年6月14日至9月5日，联合市委教育工委、市公安局等有关单位，在全市互联网企业（网站）、14所大专院校、初高中及部分街道社区开展专题宣讲30场次，累计参训人数超过1万人。配合自治区“万人说新疆”系列精品短视频拍摄组拍摄2部短视频《万人说新疆｜克拉玛依棉农吐尔逊：最喜欢看着采棉机“下蛋”》和《万人说新疆｜种棉高手伊力江：每亩产量能达500公斤》，先后在新华网客户端发布，并分别获得256.7万和263.8万次播放量。其中视频《万人说新疆｜克拉玛依棉农吐尔逊：最喜欢看着采棉机“下蛋”》被环球网抖音账号（2880万粉丝）和快手账号（935.7万粉丝）转载，共获赞2.8万，播放量200余万次。

（成文星）

【网络安全】 2021年10月11—17日，克拉玛依市开展网络安全宣传周活动，举办校园日、电信日、法治日、金融日、青少年日、个人信息保护日六个主题日活动，并开展网络安全进社区、进企业、进机关、进校园等宣传普及活动。共张贴海报2000余张、发放折页3000余张，发放精心设计制作宣传抽纸1000余盒、书签1000余个，利用新媒体宣传平台展网络安全宣传，发布网络安全相关知识文章和视频共计113篇次，累计浏览量6万余次。11月6日，联合市教育局举办全市首届中学生网络安全大赛，共3所中学100余人参赛。

（成文星）

【互联网党建】2021年，克拉玛依全市互联网领域党建工作指导员全年累计深入企业（网站）联系走访1370次，协调解决困难诉求82个，组织开展学习教育宣传活动1395场（包含线上线下），覆盖相关从业人员7000余人。5月17日，召开克拉玛依市互联网领域庆祝建党100周年表彰大会暨党务工作者培训班，共表彰14名优秀互联网领域党建工作指导员。10月13—23日，组织全市互联网领域优秀党建指导员、互联网企业党组织书记、各区委网信办党建专干以及属地网络名人共50人，在上海交通大学开展为期10天的“2021年克拉玛依市互联网领域党务工作者培训班”。

（成文星）

【网络社会建设】2021年，克拉玛依市组织全市网络名人队伍打卡乌尔禾区，拍摄旅游宣介类短视频10余部；参与“网络中国节”和“庆祝克拉玛依66岁生日”等网络正能量活动12次，相关视频累计点赞量达50万次。

（成文星）

【信息化发展规划编制】2021年，克拉玛依市“十四五”信息化发展规划编撰完成。规划构建“1+1+1+4+N”新型智慧城市体系，即：1套5G基础设施，1个城市大脑底座，1个智慧城市运营中心，4个领域（城市治理、民生服务、数字经济、生态宜居）和N个城市智慧化应用。11月，“基于新基建“IPv6+”的校园网升级改造项目”申报为国家IPv6技术创新和融合应用试点项目。

（成文星）

机构编制管理

【党政机构改革】2021年，克拉玛依市按照“现有力量不减、人员不变，只能加强、不能削弱”原则，克服编制资源紧缺困难，统筹调配10名事业编制、3名机关工勤编制，充实乡村振兴机构，经报请自治区党委编委同意，完成市、区两级乡村振兴机构挂牌设置。完成生态环境领域综合行政执法改革，按照减少执法层级、整合执法队伍、提高执法效率原则，整合市、区两级5支环境监察队伍共41名事业编制，组建生态环境保护综合行政执法支队，提升执法效率和监管水平，破除“多头多层”执法难题。统筹完成各区法院内设机构改革，响应中央深入推进司法体制改革要求，制定印发市辖各区基层法院“三定”规定，内设机构精简为5～8个，设置审判业务机构3～6个，非审判业务机构2个，促进审判力量向司法办案一线倾斜。完成食品药品环境犯罪侦查机构组建，成立市公安局食品药品环境犯罪侦查分局，统筹各区公安分局增加打击食品药品环境领域违法犯罪职能，提升公安系统专业侦查能力。

（马梦寻）

【优化开发区结构布局】2021年，克拉玛依市落实自治区党委和市委经济社会发展各项工作部署，组织制定《克拉玛依市规范开发区管理机构促进开发区创新发展的实施方案》，规范设置高新技术产业开发区、云计算产业园区2个自治区级开发区，成立独山子产业园区管理委员会、乌尔禾百口泉产业园区管理委员会，实现“一区一园”全覆盖，为形成“一城四园”发展新格局奠定基础。完善开发区管理模式和运行机制，创新提出“领导机构＋管理机构＋运营机构”发展模式，为全市“一主多元”产业体系建设建言献策。

（马梦寻）

【事业单位改革试点】2021年，克拉玛依市多次前往自治区请示汇报事业单位改革相关工作，明确改革方向和具体路径，倒排改革工期，制定时间表、路线图，确保与自治区改革步调一致。调研事业单位设置需求，摸清改革底数，分析存在问题，反复研究论证，明确内设机构、编制、领导职数设置标准，研究制定改革实施方案，经编委会审议通过后报自治区审批。创新探索事业单位机构、职能、权限、责任法定化，明晰政事权限，完善事业单位治理体系。规范设立、撤销、合并、变更程序，拟定《克拉玛依市事业单位机构编制管理暂行规定》等配套制度，做好改革组织实施前期准备工作，为推动事业单位功能再造、系统重组、结构优化奠定制度基础。

（马梦寻）

【解决机构编制历史遗留问题】 2021年，克拉玛依市以解决企业移交后历史遗留问题为重点，组织成立专班对卫健委、公立医院、日报社进行实地调研，逐一攻克难题，完成独山子人民医院和日报社机构编制方案制定实施，在加强公立医院和日报社党的领导，理顺管理体制，明确隶属关系，优化机构编制资源配置，助力公立医院及日报社高质量发展等方面奠定基础。

（马梦寻）

【教育领域编制保障】 2021年，克拉玛依市推动厚博学院转设为自治区人民政府直属公办本科院校，制定新疆第二医学院机构编制方案、办理事业单位法人证书；完成克拉玛依广播电视大学更名工作，明晰地方开放大学管理体系，解决高校思政课教师配备不足问题，调研了解克拉玛依职业技术学院机构编制需求，创新高校编制管理，加强普惠性、基础性、兜底性民生领域机构编制保障。

（马梦寻）

【服务区域经济发展】 2021年，克拉玛依市组建完成市知识产权保护中心，向自治区争取将机构规格设置为副处级，核定事业编制20名，为申报国家级知识产权保护平台提供基础。5月，国家知识产权局批复同意克拉玛依市成立新疆首个、西北地区第二个知识产权保护中心。推动丝绸之路发展研究院组建运行，推进中科院科教资源与地方资源整合和共享，创新提出丝绸之路创新发展研究院设置模式为不纳入机构编制管理法人单位。完成国有文艺院团改革，深入各区开展调研，健全国有文艺院团机构设置。

（马梦寻）

【机构编制法定化建设】 2021年，克拉玛依市贯彻落实《“三定”规定制定和实施办法》《机构编制报告制度实施办法》等法规制度，研究制定《克拉玛依市机构编制审批制度》《部门职责分工协调办法》等工作制度，严格机构编制审批权限，用制度规范部门职责分工协调，规范机构编制管理。贯彻落实《机构编制监督检查工作办法》，组织制定“三定”规定履行情况考核方案及其实施细则，加强与纪检监察、组织、审计等部门协调联动，采取日常调研、工作督导、问题核查等方式开展考核工作，强化机构编制管理刚性约束。研究制定《机关事业单位编外聘用人员管理办法》，清理完成市本级临时人员编制1124名，减轻政府财政压力。

（马梦寻）

【机构编制实名制管理】 2021年，克拉玛依市建立市本级82家单位机构编制实名制动态管理台账，完成机构编制实名制管理信息季报工作，完成市、区两级16412名编外人员统计工作。推进全疆第二次全口径、全范围机构编制核查工作，梳理全市机构编制历史沿革，完善各部门、各单位机构编制台账及实有人员信息，做好数据比对，实现机构清、编制清、领导职数清、实有人员清。

（马梦寻）

【事业单位法人登记管理】 2021年，克拉玛依市全年共组织办理27家党政群机关统一社会信用代码赋码，47家事业单位法人证书变更登记，完成市本级86家事业单位法人年度报告公示,公示率100%。坚持“一户一档”原则,组织完成109卷事业单位法人登记档案标准化归档,建立电子目录索引,提高数据使用效率。采取听取工作汇报、现场查阅资料等形式对市辖区进行实地检查,提升登记管理服务水平。

（马梦寻）

机关党建

【概况】 2021年,市委直属机关工委直接管辖83个单位的438个基层党组织,其中党委52个、党总支18个,党支部369个。党员总数4443人,其中女性党员1441人,少数民族党员587人。自党史学习教育启动以来,市直机关工委根据上级统一部署,结合自身实际,迅速响应、精心谋划,立足党建工作实际,发挥职能优势,推动“我为群众办实事”实践活动扎实开展,确保党史学习教育走深走实、取得实效。围绕《论中国共产党历史》《中国共产党简史》等书籍和习近平总书记“七一”重要讲话精神,以党员领导干部带头“领学＋研讨”,一般党员“阅读＋分享”方式,读原著、学原文、悟原理,做到学有所悟学有所获。组织开展“百万党员学党史”党史学习达人挑战赛,组织市直机关60余个部门3000多名党员干部赴干部党性教育（党员教育示范）基地开展党史学习教育。将党史学习教育纳入市直机关2期基层党组织书记、党务工作者和5期党员学习培训课程,累计353人参加培训。开展“我为群众办实事”活动,制定为民服务清单,解决基层困难事、群众烦心事,确保党史学习教育落实落地。

（肖云海）

【政治机关建设】 2021年,市委直属机关工委组织市直机关各级党组织和党员干部深入学习习近平总书记关于党的建设工作重要论述,特别是关于树立政治机关意识、加强中央和国家机关党的政治建设重要论述的核心要义,做到学习跟进、认识跟进、行动跟进。7月,组织召开机关党建工作推进会,就市直机关各部门贯彻落实党中央、自治区党委和市委决策部署作出安排。

（肖云海）

【学习贯彻习近平新时代中国特色社会主义思想】 2021年,市委直属机关工委联合市委宣传部举办“市直机关理论学习中心组秘书培训班”,对市发改委、市邮政管理局等3家单位开展理论学习中心组巡听旁听,发挥理论学习中心组“关键少数”示范带动作用。全年,市直机关各部门党员领导干部通过集体研讨、座谈交流、专题调研等多种形式,分专题进行集中学习研讨603次,党委（党组）书记、党支部书记带头讲党课538次,各党支部开展政治理论学习6000余次。

（肖云海）

【党建服务大局】 2021年,市委直属机关工委定期组织市直机关党员干部核酸检测,共开展检测25轮次,累计检测人员5万余人;动员组织市直机关党员干部职工带头接种新冠感染疫苗,累计开展接种活动5轮次,累计接种人员7000余人,实现应接种尽接种。以党组织为单位,组织党员干部职工参与“我为文明添光彩”志愿服务活动,开展文明交通志愿引导、社区环境卫生大清理等活动,全年累计参与5000余人次。

（肖云海）

【管党治党责任落实】 2021年,市委直属机关工委通过常态化指导督促与定期指导督促相结合方式,对市直机关83个部门党建工作开展全覆盖指导,现场查阅资料3900余份、测试325人、问卷调查325份、提出整改意见234条,下发整改通知83份,各部门党组（党委）书记亲自领受任务,认真开展党建工作“回头看”,对照反馈问题列出整改清单,建立整改台账，逐项抓好整改落实。组织召开市直机关2020年度基层党组织书记抓党建述职评议会议，对83家部门（单位）党组织书记逐一提供书面反馈意见，强化各部门党组（党委）抓机关党建主体责任意识，推进机关党建工作责任制完善优化。

（肖云海）

【正风肃纪】 2021年，市委直属机关工委印发《关于加强克拉玛依市直属机关部门机关纪委建设的实施意见》《市直部门机关纪委运用"第一种形态"指导手册》，指导机关纪委做好党员干部日常监督。坚持实事求是、依规依纪依法，把好事实证据、定性处理和程序手续三大关口，全年审结派驻纪检监察组移送案件26件，建议给予党纪政务处分26人，审核把关案件1件，审核备案案卷24件。落实纪检监察干部全员培训要求，以党内法规为重点，坚持开展"一月一练"，通过书面测试、网络答题、现场竞赛等形式，抓好机关纪委书记、党支部纪检委员培训教育，对80名市直机关纪检干部开展为期3天专题培训。

（肖云海）

【基层党组织建设】 2021年，市委直属机关工委指导市直机关基层党组织严格按照《中国共产党党和国家机关基层组织工作条例》要求，审批基层组织机构设置调整57个，审批基层党组织换届选举18个，基层党组织委员班子增补调整28个，基层党组织名称变更2个。指导各级党组织按工作程序推进发展党员工作，共发展新党员224人（其中两新组织发展党员17名）。指导督促各行业主管部门有序完成两新组织党组织隶属关系调整和党员关系转接工作，审批3家单位成立机关党委，成立行业综合党委7个。印发《关于破解"两张皮"问题、推动市直机关党建和业务工作深度融合的实施意见》《关于加强克拉玛依市直机关各部门机关党委自身建设的实施意见》，明确细化部门党组（党委）和机关党委抓党建工作责任，推动机关党建任务落实。组织56名部门机关党委专职副书记及党务工作者赴上海复旦大学开展机关党建业务（党史学习教育）专题学习，提高部门机关党委分类指导统筹推进机关和社会组织党建工作能力水平。制定下发2021年"党旗映天山"主题党日工作安排，规范市直机关"党旗映天山"主题党日活动。结合市直机关党建工作特点制定《市直机关2021年机关党建工作指导督促清单》《市直机关理论学习中心组工具包》《市直机关基层党务工作指导工具包》。做好149枚市直机关"光荣在党50年"纪念章颁发工作。使用留存党费1.6万元，走访慰问生活困难党员、老党员、老干部、因公殉职党员干部家属、获得党内功勋荣誉表彰党员。使用留存党费近10万元

6月26日，在市直机关"两优一先"表彰大会暨"奋进百年路　启航新征程"开放式主题党日活动上，市直机关党员表演"红梅礼赞"微朗诵

（市直机关工委　供图）

慰问奋战在一线的人民警察。

（肖云海）

【党建示范引领】 2021年，市委直属机关工委完成市委第十二次党代会和克拉玛依市出席自治区第十次党代会代表人员考察推荐工作和克拉玛依区人大代表选举工作，推选市第十二次党代会代表204名、出席自治区第十次党代会代表23名、克拉玛依区人大代表5名。组织召开市直机关庆祝建党100周年表彰大会，表彰市直机关级优秀共产党员、优秀党务工作者及先进党组织共98名（个），各基层党组织表彰先进、培树典型325名。选树市直机关19个党建工作实绩突出、基础扎实部门开展机关党建示范点建设，通过召开创建动员会、现场推进会和成果观摩会等方式，打造一批特色亮点鲜明、带动示范作用好的机关党建示范点。截至年末，16家单位已经完成建设，累计投入资金85.98万元。

（肖云海）

党校工作

【培训教学】 2021年，中共克拉玛依市委员会党校（市行政学院）全年共举办县处级和科级领导干部学习贯彻“党的十九届四中全会精神”集中培训、支部书记示范班、中青年干部培训班、党员培训班等各类培训班127个，培训人数8353人次；教师前往市属、油田企业等单位宣讲105场次，听众7892人次；向各区委党校、市总工会、新疆油田公司、消防支队等送教91场次，受众逾6500人；安排“党史、国史红色文献”展厅讲解80批次，3300余人次。

（罗海青）

【“万名党员进党校”培训活动】 2021年3月7日，中共克拉玛依市委员会党校（市行政学院）启动“万名党员进党校”培训活动。截至年末，市委党校共举办各类党史学习培训班85期，培训6085人次；4个区分校开设党史类培训班175个，培训19020人次。市委党校选派骨干教师前往市属、油田公司等单位及各区委党校开展党史学习主题宣讲、送教约50场次，听众逾4000人次；全年安排“党史、国史红色文献”展厅讲解75批次，接待3082人次。

（罗海青）

【教学模式】 培训工作重点突出、目标明确，坚持“实际、实用、实效”的原则，根据受众人员的需求采取不同的教育模式：紧紧围绕乡镇、街道基层党建现状分析、党支部建设、党建实务等重点工作为主线，开展18个专题内容的学习。培训内容注重理论和实践相结合，既有政策、理论的高度，又有实践操作的指导意义，“上通天线、下接地气”，为基层党组织书记分析了工作方法，理清了工作思路；围绕做好群众工作必备的政策理论知识和实践能力，通过综治视联网会议系统，以设立主、分课堂的形式，实现市委党校与各街道社区培训的同步开展；遵循中青年干部应具备的知识结构要求，紧扣新形势和当前重点、热点问题，突出党的理论和党性教育、形势和市情教育和素质能力提升培训，采取情景模拟、结构化研讨、四微活动等多种教学方式，取得了良好的培训效果。

（罗海青）

【石油精神党性教育】 2021年5月11日，市委党校挂牌设立克拉玛依石油精神干部党性教育（党员教育示范）基地。基地以克拉玛依半个多世纪以来的油田开发和城市发展为主线，以“石油精神”在克拉玛依传承和践行为主题，以干部党性教育为核心，按照“基地+教学点”模式，初步形成主题鲜明、内容丰富党性教育课程体系。6月18日，在中国石油大学（北京）举行举办新时代“石油精神”在克拉玛依传承与践行研讨会。6月25日，克拉玛依市领导班子主题党日在石油精神干部党性教育基地举办。设计“创业艰难 新疆石油工业的早期发展”等8个主题篇章，开发《克拉玛依石油精神及其当代价值》等3堂专题课程，以新老石油人关于石油精神传承为主线的1堂访谈教学以及“四微”互动教学课程；梳理20多个现场教学点，完成“现场教学点+微党课”“现场教学点+石油知识科普”“现场教学点+微朗诵”等多种模式8个现场教学点打造。

（童成莲）

【专题调研开发】 2021年，市委党校自治区级课题结项1个，市级重点课题立项2个；一般课题立项1个，校级新专题研发62个。围绕《克拉玛依城市基层党建引领基层治理的实践与思考——基于打造城市基层党建学院视角的实践探讨》和《克拉玛依石油精神及当代价值》两个重点课题，成立专题调研组进行调研。

（王春红）

【克拉玛依学刊】 2021年，市委党校主办的《克拉玛依学刊》共收稿2100篇，合格1900篇，初审文章1900篇，发专家外审500篇，编辑150篇，刊发63篇。其中基金项目类文章27篇〔其中国家级14篇、省部级8篇、高（党）校级5篇〕；副教授及教授（含第二作者）22篇，博士（独著或第一作者）5篇，本地作者稿3篇（含本校作者稿2篇），约稿9篇。

（张泽红）

【师资队伍建设】 2021年，市委党校以党校办学质量评估工作为契机，从人才培养、师资队伍建设方面推进相关工作。上半年拟定下发了《市委党校青年教师培养办法》，下半年人事处、科研处联合举办青年教师培养发展论坛，将人才培养工作逐步做实做细。2021年度引进1名管理专业研究生，1名法学研究生；完成8名2013年后入职人员的专业技术岗位职级专项评审工作，5名副高级职称申报人员中2人通过自治区评审。

（蒋珂玮）

【党建工作】 2021年，市委党校以《市委党校党史学习教育方案》贯穿全年，以“七个一”系列活动为抓手，举办党史宣讲大赛等各类特色活动，坚持每月开展党史学习教育系列专题讲座，每月召集支部工作例会，特色开展“堡垒工程”，着力解决基层党支部支委能力不足、支委作用发挥不均衡等问题。积极打造克拉玛依石油精神干部党性教育（党员教育示范）基地，6月18日在中国石油大学（北京）成功举办“石油精神在克拉玛依的传承与践行”主题研讨会，取得较大影响力。

（朱紫君）

【基础设施建设】 截至2021年底，市委党校迁建项目完成综合教学楼、行政楼、图书楼、学员中心、报告厅、体育馆6个单体主体施工，外配套完成给排水、消防、绿化、供热管线安装工作。市委党校迁建项目于2019年9月27日完成设计招标，2020年4月9日完成监理招标，2020年5月18日完成EPC总承包招标，2020年7月1日开始施工。

（葛世平）

党史地方志编研

【《中国共产党克拉玛依历史大事记（2008—2018）》编纂出版】 2021年，市委史志办（市档案馆）编纂的《中国共产党克拉玛依历史大事记（2008—2018）》（以下简称《大事记》）于6月15日正式出版发行。《大事记》全书30万字，运用图片120张，以编年体为主，记事本末体为辅，按大事发生时间，逐年、逐月、逐日分条记述，客观记述从2008年1月1日到2018年12月31日期间，中国共产党在克拉玛依市范围内主要活动和重大历史事件。

（张静）

【《匠心筑梦·最美奋斗者——克拉玛依劳模风采录（2002—2020）》编纂出版】 2021年，市委史志办（市档案馆）与市总工会合作编撰出版《匠心筑梦·最美奋斗者——克拉玛依劳模风采录》（以下简称《劳模风采录》）。《劳模风采录》是克拉玛依英模人物书籍第四卷，于2021年启动编纂，记载2002年至2020年间，克拉玛依市各行业领域工作者获得国家级、省部级、市级劳模资料，记录杰出先进人物故事，宣传时代楷模和先进典型，展示劳模风采。全书共收录350余位各级劳模信息、典型事迹和动人故事，形成28万字卷帙，选用400余张图片，10月初正式出版印刷后，截至年末发放1350余册。

（张静）

【区级党史大事记指导推进】 2021年，市委史志办（市档案馆）以现场调研、座谈会、电话联系等方式调研指导各区党史简史编撰工作，全年开展现场调研4次、座谈会6次、电话指导30余次，审核市辖各区简史稿10本次、近200万字，指导帮助《中国共产党白碱滩区历史大事记（1955—2018）》进入出版社三审三校阶段，《中共乌尔禾区历史大事记（1950—2018）》完成专家评审，《中国共产党独山子区历史大事记（1938—2018）》完成初稿。

（张静）

【《克拉玛依红色故事》启动编撰】 2021年，市委史志办（市档案馆）根据《克拉玛依市委办公室关于转发〈中共克拉玛依市委员会史志办2019—2022年党史工作规划〉的通知》要求，于9月启动《克拉玛依红色故事》（暂定名）编撰工作。从百年党史四个历史时期选取克拉玛依涉及“四重”（重大事件、重要会议、重要文件、重要人物）+“1”（红色爱国主义教育基地）红色故事，进行系统整理和深度挖掘，打造党性教育和爱国主义教育读物。截至年末，完成策划方案、大纲制定以及项目预算申报。

（张静）

【《新华社报道中的克拉玛依》整理编辑】 2021年，市委史志办（市档案馆）整理编辑从新华社购买的近两百份20世纪五六十年代报道克拉玛依油田勘探开发、炼油化工、城市建设及职工生活等方面图文资料，筛选出图片132张、文字44份，分为勘探、开发、炼油和保障4部分，展现克拉玛依油田勘探开发早期石油工人战严寒、斗酷暑工作场景，以时间先后为序整理编辑成《新华报道中的克拉玛依》图册资料。

（张静）

【“记录小康工程”资料整理】 2021年，市委史志办（市档案馆）落实关于“记录小康工程”克拉玛依平台工作安排，完成《克拉玛依市全面建成小康社会大事记（1958—2018）》资料搜集上传任务，为市辖各单位大事记编写提供业务指导。其中《克拉玛依市全面建成小康社会大事记》6万余字，以时间轴为脉络，将1958年建市以来，市、区各领域关键点、标志性事件、典型人物进行串联记录形式，记录城市乡村、各行各业历史变化。

（张静）

【《小拐乡志》编纂指导】 2021年，市委史志办（市档案馆）指导《小拐乡志》于9月完成初稿编纂，12月底完成对《小拐乡志》全稿审核并出具审核意见，截至年末确定会议流程，遴选参会人员，组织市本级以及市辖各区参与评审并要求提供书面发言材料，指导克拉玛依区和小拐乡完成评审工作。

（张静）

【《乌尔禾镇志》编纂指导】 2021年，市委史志办（市档案馆）对《乌尔禾镇志》开展编纂指导及申报中国名镇志指导工作，志稿成稿期间加强与乌尔禾区、乌尔禾镇协调沟通，给予指导，提出意见和建议。评审过程中，撰写评审会发言材料，协调自治区地方志编委会邀请自治区专家参与评审，组织市本级及市辖四区史志专业人员审阅志稿并报送书面审核意见。鉴于疫情防控要求，协调自治区地方志编委会将《乌尔禾镇志》评审会改成线上评审，11 月召开线上评审会，将所有评审意见电子版报送至自治区，由自治区地方志编委会出具审核意见，通过评审。

（张静）

【《克拉玛依年鉴（2020）》获第八届全国地方志优秀成果（年鉴类）一等年鉴】 2021 年 12 月 31 日，中国地方志指导小组、中国地方志学会发布《关于对第八届全国地方志优秀成果（年鉴类）的通报表扬》文件，《克拉玛依玛依年鉴（2020）》获得第八届全国地方志优秀成果（年鉴类）一等年鉴。《克拉玛依年鉴（2020）》是 2020 年全疆 14 部地州市年鉴中唯一且首部实现当年编纂、当年印刷出版的年鉴，该卷年鉴共 85 万字，设专记、大事记、克拉玛依概览、中共克拉玛依市委员会、油气勘探开发、脱贫攻坚、市辖区建设等 35 个类目，2000 余个条目，收录 300 余幅图片。第八届全国地方志优秀成果（年鉴类）评审范围是公开出版的 2020 年卷各级各类年鉴，在各地各部门评选推荐基础上，经专家小组评审与第八届全国地方志优秀成果（年鉴类）评审活动领导小组办公室复审、领导小组终审，在全国公开出版省、市、县三级综合年鉴、专业年鉴、军事年鉴中确定特等年鉴 78 部，一等年鉴 119 部，二等年鉴 136 部，三等年鉴 113 部。这是克拉玛依年鉴自创刊以来首次获得此项荣誉。

（张静）

2021年，《克拉玛依年鉴（2020卷）》成为全疆唯一一部实现了当年编纂当年出版印刷的年鉴，荣获全国地方志优秀成果一等奖，标志《克拉玛依年鉴》编纂质量已迈入全国先进行列　（龙燕　摄）

【《克拉玛依年鉴（2021）》参评全国精品年鉴】 2021 年，根据自治区地方志编委会统一推荐，《克拉玛依年鉴（2021）》和《阿克苏年鉴（2021）》作为新疆年鉴代表，参加全国精品年鉴工程评选。市委史志办（市档案馆）围绕致力打造克拉玛依的精品年鉴目标，对标往届精品年鉴，在结构设计、内容编纂、图片应用上不断创新，对经济部分各类目的设置进行创新编排，凸显石油工业在地区国民经济中的重要地位使“油味”十足的克拉玛依产业特色得到充分彰显。内容上，着力捕捉年度重、特、大、要事件，对重大事件记述做到有点有面、点面结合，图片编排上，强调卷前彩页的专题性和可视性，以及随文附图的史料性。编委会科学制定年鉴编纂推进大表，在确保编纂质量的前提下，加快文字编辑和图片编辑加工工作进度。截至 12 月，《克拉玛依年鉴（2021）》已顺利进入中指组第七轮评审。

（张静）

【市辖区年鉴编纂指导】 2021年1月，市委史志办（市档案馆）为确保市辖区年鉴编纂工作有序推进，制定下发《关于加快各区年鉴编纂工作进度的通知》，要求各区制定并上报区年鉴年度编纂计划推进表，按照推进表开展工作；至1月底，市辖四区2021年卷年鉴大纲修订审核工作全部完成，市辖四区2021年卷年鉴编纂工作在全疆率先全面启动。11月，制定并下发《关于规范各区年鉴评审流程的通知》，明确从2022年起以市、区5家年鉴编纂单位集中召开评审会的方式对市辖四区年鉴开展评审工作。全年市委史志办结合市辖四区年鉴编纂工作进展情况，提供全程业务指导服务。截至年末，市辖四区年鉴均按要求完成编纂工作，其中乌尔禾区、克拉玛依区、独山子区年鉴稿报送出版社，白碱滩区年鉴稿进入“三审三校”流程。

（张静）

【业务培训暨学术交流研讨会】 2021年9月16日，克拉玛依市委史志办（市档案馆）主办，市党史地方志学会、市档案学承办举行史志档案业务培训暨学术交流会。会议邀请自治区地方志编委会通志处处长杨志虎参加并进行业务培训，市、区两级史志、档案工作人员近30人参加。杨志虎结合工作经历，从立身、立德、立业3个方面，就如何编纂高质量地方志书进行培训讲解。研讨会收到克拉玛依市、区两级史志（档案）干部撰写的28篇论文。《地县综合年鉴图片专题编辑浅议》《全宗卷在档案依法治理中的价值研究与应用》等部分论文在研讨会上进行分享交流。

（张静）

市人民代表大会

综 述

【概况】 2021年，克拉玛依市十四届人民代表大会召开第六次会议，共收集建议、批评和意见123件。全年共举行常委会会议7次，党组会议104次，主任会议68次；开展执法检查9次，考察调研17次；修订地方性法规1部，制定地方性法规1部。

（曹钰辉）

【代表构成】 截至2021年12月31日，克拉玛依市十四届人民代表大会实有代表226名，缺额26名。其中少数民族代表54人，女性68人。

（曹钰辉）

【人事任免】 2021年，克拉玛依市人大常委会共任免（辞）人大常委会机关和“一府一委两院”工作人员72人次，其中市人大常委会13人次，市人民政府23人次，市监察委员会9人次，市中级人民法院15人次，市人民检察院12人次。

（曹钰辉）

重要会议

【市十四届人大六次会议】 2021年2月23至25日，市十四届人大六次会议在克拉玛依召开，共有193名市人大代表出席，出席市政协八届五次会议的政协委员通过视频方式列席相关会议。会议听取和审议市人大常委会、市人民政府、市中级人民法院和市人民检察院工作报告。审议克拉玛依市2020年国民经济和社会发展计划执行情况及2021年国民经济和社会发展计划草案的报告、克拉玛依市2020年预算执行情况和2021年预算草案的报告。审查批准了《克拉玛依市国民经济和社会发展第十四个五年规划和2035年远景目标纲要》。会议审查批准各项工作报告，通过各项决议。会议选举石岗为克拉玛依市人

2月25日，市十四届人大六次会议上，代表举手表决各项决议

（戴旭虎　摄）

民政府市长，薛宏舜、张建彬为克拉玛依市第十四届人民代表大会常务委员会副主任，李红（女）、余文彬为克拉玛依市第十四届人民代表大会常务委员会委员。会议通过克拉玛依市第十四届人民代表大会财政经济委员会主任委员名单，主任委员张虎。会议通过克拉玛依市第十四届人民代表大会城乡建设环境与资源保护委员会主任委员名单，主任委员买买提·尤里瓦斯（维吾尔族）。

大会共收到议案1件，大会议案审查委员会对议案进行审查，确定将《关于打造研学之城》确定为市十四届人大六次会议议案。大会收到代表对全市各方面工作提出建议、批评和意见123件，其中由议案转为建议、批评和意见24件，会后交市人民政府及有关部门办理，并负责答复代表。

（曹钰辉）

【市十四届人大常委会会议】 2021年，克拉玛依市第十四届人民代表大会常务委员会共举行常委会会议7次。

第三十四次会议　1月29日，市十四届人大常委会举行第三十四次会议。会议听取和表决市人大常委会代表资格审查委员会关于对补选的克拉玛依市第十四届人民代表大会代表资格审查报告；听取关于市人大常委会工作报告（草案）起草情况说明；审议和表决市人大常委会工作报告（草案）；听取关于克拉玛依市第十四届人民代表大会第六次会议主席团和秘书长等名单草案说明；审议和表决克拉玛依市第十四届人民代表大会第六次会议有关事项；审议和表决关于召开克拉玛依市第十四届人民代表大会第六次会议决定（草案）；审议和表决克拉玛依市第十四届人民代表大会第六次会议议程（草案）；审议和表决克拉玛依市第十四届人民代表大会第六次会议主席团和秘书长名单（草案）；审议和表决克拉玛依市第十四届人民代表大会第六次会议主席团常务主席名单（草案）；审议和表决克拉玛依市第十四届人民代表大会第六次会议副秘书长名单（草案）；审议和表决克拉玛依市第十四届人民代表大会第六次会议各代表团召集人名单（草案）。会议通过人事任免事项。

第三十五次会议　4月13日，市十四届人大常委会举行第三十五次会议。会议举办法制讲座；会议审议《克拉玛依市人大常委会关于进一步优化营商环境的决定（草案）》；听取和审议市人民政府关于《克拉玛依市大气污染防治条例》贯彻实施准备工作情况报告；审议备案审查工作情况报告（书面）；审议《克拉玛依市养犬管理条例》立法后评估报告（书面）；听取和表决市人大常委会代表资格审查委员会关于克拉玛依市第十四届人民代表大会个别代表资格审查报告。会议通过人事任免事项。

第三十六次会议　6月24日，市十四届人大常委会举行第三十六次会议。会议举办法制讲座；会议听取和审议市人民政府关于2021年第一批新增地方政府债务限额及市级预算调整方案（草案）议案；听取市人大财政经济委员会关于2021年第一批新增地方政府债务限额及市级预算调整方案的议案审查结果报告；听取和审议市人民政府关于2020年克拉玛依市级决算草案报告；听取市人大财政经济委员会关于2020年克拉玛依市级决算草案审查结果报告；听取和审议市人民政府关于2020年度市级预算执行和其他财政收支审计工作报告；听取和审议市人民政府关于2020年环境状况和环保目标完成情况报告；审议并表决市人大法制委员会关于《克拉玛依市区人民代表大会常务委员会街道工作委员会工作条例（草案）》；听取和审议市人民政府关于《克拉玛依市养犬管理条例》贯彻实施情况报告；听取市人大常委会执法检查组关于《克拉玛依市养犬管理条例》贯彻实施情况执法检查报告。会议围绕开展《克拉玛依市养犬管理条例》贯彻实施情况进行专题询问。会议通过人事任免事项。

第三十七次会议　8月30至31日，市十四届人大常委会举行第三十七次会议。会议举办专题讲座；会议听取和审议市人民政府关于2021年上半年国民经济和社会发展计划执行情况报告；听取和审议市人民政府关于2021年重点工程建设项目进展情况报告；听取市人大常委会重点项目视察组关于2021年重点工程建设项目进展情况视察报告；听取和审议市人民政府关于2021年上半年预算执行情况报告；审议市人民政府关于行政事业类国有资产管理情况报告（书面）；听取和审议市人民政府关于优化营商环境工作情况报告；审议市人大财政经济委员会关于优化营商环境工作调研报告（书面）；听取和审议市人民政府关于宗教工作情况专项报告；听取和审议市人民政府《关于克拉玛依市“七五”普法决议贯彻落实和“八五”普法规划情况的报告》；听取市人大常委会《关于在全市公民中开展第八个五年法治宣传教育的决议（草案）》起草说明；审议并表决《克拉玛依市人大常委会关于在全市公民中开展第八个五年法治宣传教育的决议（草案）》；听取和审议市人民检察院开展检察公益诉讼工作情况报告；听取市人大常委会关于《克拉玛依市人大常委会关于加强检察公益诉讼工作的决定（草案）》说明；审议并表决《克拉玛依市人大常委会关于加强检察公益诉讼工作的决定（草案）》。会议围绕优化营商环境进行专题询问。会议开展任后干部述职和满意度测评。

第三十八次会议　9月29日，市十四届人大常委会举行第三十八次会议。会议听取和审议市中级人民法院关于诉讼服务中心建设工作情况报告。会议围绕人民法院诉讼服务中心建设进行专题询问。会议通过人事任免事项。

第三十九次会议　10月28日，市十四届人大常委会举行第三十九次会议。会议学习传达中央人大工作会议精神；听取和审议市人民政府关于提请审议批准克拉玛依市2021年第二批新增地方政府债务限额议案；听取市人大常委会财政经济工作委员会关于提请审议批准克拉玛依市2021年第二批新增地方政府债务限额议案审查报告；听取和审议市人民政府关于市十四届人大六次会议议案办理情况报告；审议关于市十四届人大六次会议代表建议批评和意见办理情况报告（书面）；审议《克拉玛依市养犬管理条例（修订草案）》。会议开展任后干部述职和满意度测评。会议通过人事任免事项。

第四十次会议　12月23日，市十四届人大常委会举行第四十次会议。会议举办专题讲座；会议听取和审议市人民政府关于2021年本级财政预算调整情况报告；听取和审议市人民政府关于2020年度市级预算执行和其他财政收支审计查出问题整改情况报告；听取和审议市人民政府关于国有资产管理情况年度综合报告；听取市人大常委会关于对克拉玛依市第十四届人民代表大会个别代表资格审查报告；听取市人大常委会财政经济工作委员会关于2021年克拉玛依市本级财政预算调整情况审查报告；审议《克拉玛依市城市绿化条例（草案）》（一审）；表决通过市十四届代表资格审查委员会组成人员名单。会议通过人事任免事项。

（曹钰辉）

执法检查

【贯彻实施《克拉玛依市养犬管理条例》情况执法检查】　4月21—25日，为全面了解全市贯彻实施《克拉玛依市养犬管理条例》情况，为2021年修订《克拉玛依市养犬管理条例》收集意见和建议，市人大常委会城建环资工委组织部分常委会组成人员和人大代表对全市贯彻实施《克拉玛依市养犬管理条例》情况进行执法检查。检查组分别听取市政府和各区政府工作情况汇报，实地查看各区犬只登记、免疫场所，抽查独山子区流浪犬收容场所，在各区分别与社区工作人员和养犬与非养犬居民代表进行4次座谈，征求相关意见和建议。

（曹钰辉）

【配合自治区人大开展固废污染防治情况执法检查】 6月8—9日，根据全国人大常委会办公厅《关于全国人大常委会固体废物污染环境防治法执法检查有关安排的通知》要求，克拉玛依市人大常委会配合自治区人大常委会做好以“依法监督固废污染防治，助力高质量发展”为主题的2021年天山环保行在克拉玛依市执法检查，自治区人大常委会执法检查组对克拉玛依市固废污染防治情况进行执法检查。执法检查组先后前往独山子区、白碱滩区，对辖区4个企业和1个居民区进行现场检查，详细了解企业固废处理情况以及居民区生活垃圾分类情况。通过此次执法检查，推进市政府及其相关部门依法开展固废污染防治。

（曹钰辉）

【贯彻实施《自治区物业管理条例》情况执法检查】 4月6—7日，市人大常委会城建环资工委配合自治区人大常委会执法检查组就贯彻实施《自治区物业管理条例》情况对克拉玛依市开展执法检查。城建环资工委多次就检查点位与市住建局沟通，对检查相关事宜向自治区人大常委会执法检查组汇报，并按照有关要求制定执法检查方案。自治区人大常委会执法检查组听取克拉玛依市关于贯彻实施《自治区物业管理条例》情况报告，并采取现场走访和座谈交流相结合方式，对克拉玛依区和白碱滩区6个社区进行现场走访，与居民代表和有关物业管理部门座谈交流。

（曹钰辉）

考察调研

【行政事业性国有资产管理情况调研】 5月7—14日，市人大常委会财经工委牵头邀请部分委员及相关部门负责人组成调研组，前往市农业农村局、市交通局、市广播电视台、市公共就业管理局、市中心医院等12家单位，通过听取报告、实地查看、座谈交流等方式开展调研，并根据调研情况汇总各类材料，针对调研中发现问题反复讨论，提出相关意见建议，形成《行政事业性国有资产管理情况调研报告》并印发政府，督促相关部门做好资产规范管理，同时在年底常委会上听取市人民政府关于国有资产管理情况年度综合报告。

（曹钰辉）

【优化营商环境专题调研和专题询问】 6月22至7月底，市人大常委会财经工委牵头组织4个调研组分别赴4个区就优化营商环境开展调研，通过实地查看、听取汇报、问卷调查、查阅资料、召开座谈会、走访企业等形式，了解、掌握全市优化营商环境工作相关情况。此次调研走访市属单位10家、区属单位27家、街道4个、

7月14日，市人大常委会调研组在克拉玛依区开展优化营商环境调研

（市人大常委会　供图）

商会协会10家、各类企业22家。通过与小马聚力合作发放调查问卷，线上线下共回收3100余份调查问卷并形成调查分析报告。8月31日，在市十四届人大常委会第37次会议期间，开展优化营商环境专题询问，市人大代表根据调研过程中发现的最为突出、最具有代表性9个问题进行询问。市人民政府有关职能部门结合实际工作提出解决方案。市人大常委会财经工委针对询问中涉及问题，根据相关单位和部门答复情况开展跟踪及监督工作。

（曹钰辉）

【对口联系部门（单位）“十四五”专项规划编制工作进展情况调研】 2021年3月25日，为了解对口联系部门（单位）“十四五”专项规划编制工作进展情况，确保各重点专项规划和一般专项规划能够与全市国民经济和社会发展第十四个五年规划和2035年远景目标纲要实现有机对接，市人大常委会社会建设委员会向相关部门（单位）发出通知，通过线上方式调研了解相关部门（单位）“十四五”专项规划编制进展情况。

（曹钰辉）

【科技创新、成果转化及知识产权保护情况调研】 2021年年初，市人大常委会教科文卫委员会先后组织有关部门赴四川、陕西两地就科技创新、科教产业发展、知识产权保护等方面进行考察，通过学习借鉴四川各地市在科技创新近远期发展规划、政策配套、服务跟进、吸引人才和资金流入等方面成功经验，并撰写考察报告提出7个方面意见建议供市委决策参考；通过考察了解西安市知识产权保护对城市产业发展影响，科技创新成果转化、知识产权保护以及产业链形成情况，撰写考察报告，提出加强克拉玛依市高价值专利培育和布局，把构建知识产权治理新格局作为实现新型产业链布局重要载体，鼓励有条件企业打造有影响力品牌，增强石油石化企业核心竞争力等意见和建议。

（曹钰辉）

【2021年重点工程建设项目专项视察】 2021年8月10—13日，市人大常委会组织部分常委会组成人员和人大代表对全市2021年重点工程建设项目进展情况进行专项视察。视察组在实地查看市综合交通枢纽——长途客运站建设工程、医学基地建设工程、中心医院独立发热门诊建设工程、供水主管网及配套系统建设工程等10个续建和新建工程建设项目后，听取市人民政府情况汇报，反馈实地考察发现问题。在市十四届人大常委会第三十七次会议上，视察组报告专项视察情况，提出存在问题和相关意见建议。

（曹钰辉）

议案建议办理

【人大代表议案建议概况】 2021年，市十四届人大六次会议期间，各级人大代表依法履行宪法和法律赋予职责，依照法定程序建言献策，就关注和改善民生、加强城市基础设施建设、发展科技、教育和卫生事业等方面提出建议、批评和意见（以下简称建议）123件（其中，经议案审查委员会审查，议案改作建议的24件）。在这些建议中，经济方面21件，占17%；教科文卫方面29件，占23.6%；城建环资方面54件，占43.9%；社会建设方面18件，占14.6%；法制方面1件，占0.9%。

（曹钰辉）

【建议交办】 2021年，市人大常委会根据代表提出的123件建议内容，交市委办公室督办6件，交市人大常委会法制工作委员会牵头办理1件，交市人民政府办公室督办116件，截至9月，代表在大会期间所提建议基本办理完毕，办结率100%。

（曹钰辉）

【已解决建议】 2021年，市人大代表所提建议承办单位采纳解决85件，占建议总数的69.1%。

《关于进一步加强乌尔禾

区乡村振兴工作的建议》由康军、查心刚等10名代表提出。针对该建议，市政府和市农业农村局采取相应工作部署：建立健全贯彻落实“五级书记”抓乡村振兴工作机制，成立由市委书记、市长双任组长的乡村振兴工作领导小组，组建产业振兴等12个专项组，制定出台《克拉玛依市贯彻落实中央和自治区党委2021年一号文件实施方案》等8个工作推进方案；组织驻市央企及各区、各乡镇召开座谈会，统筹政府、企业、社会各类资源和力量，助力乡村振兴；制定《克拉玛依市抓党建促乡村振兴实施方案》等，逐步完善支持实施乡村振兴战略政策和投入体系。推进农村土地确权颁证工作全面完成，乌尔禾区完成4156.18亩家庭承包地确权颁证工作，惠及农户244户，颁证率100%，群众满意率100%；发展壮大村集体经济，2020年乌尔禾区各村集体经营性收入达3000余万元，实现利润580多万元，连续两年实现分红。强化政策和资金支持，申报自治区乡村振兴示范点；强化投入保障，设立乡村振兴资金，2021年第一批乡村振兴资金到位，安排300万元重点支持乌尔禾区重大项目前期费用；健全完善乡村振兴项目库，组织乌尔禾区按照自治区要求申报乡村振兴项目，全年乌尔禾区申报产业发展项目和乡村建设项目20个，总投资12.19亿元。

《关于在克拉玛依市建设中小学农业劳动教育实践基地的建议》由于凡、惠军平等10名代表提出。针对该建议，市教育局答复：市教育局正在研究制定《关于全面加强大中小学劳动教育的实施方案》，以统筹劳动教育资源，建立课程完善、资源丰富、形式多样、机制健全劳动教育体系，将劳动教育与德、智、体、美相结合，与行为习惯养成相结合，校内劳动与校外劳动相结合，培养学生积极劳动态度和良好劳动习惯，丰富学生劳动知识，提高学生劳动技能，提升学生劳动素养，形成学校、家庭、社会普遍重视、共同参与和多方联动劳动教育新格局；市教育局将持续推进中小学劳动教育，引导全市中小学校强化劳动实践教育，提高劳动实践基地建设管理水平，加强学校劳动教育实践教室（场所）和校外劳动教育实践基地建设；坚持“政府主导、社会参与、区域统筹”原则，研制中小学劳动教育实践基地建设指南，市、区统筹规划配置中小学（含中等职业学校）劳动教育资源，满足区域学生劳动教育实践需要；各区、校利用现有综合实践基地、研学实践基地、青少年校外活动场所、职业院校和普通高等学校劳动实践场所，建立健全开放共享机制；利用全市现有农业资源，将普林温室、林海公园等作为学农实践基地，确认一批厂矿企业作为学工实践基地，认定一批城乡社区、福利院、医院等事业单位、社会机构、公共场所作为服务性劳动基地。

《关于建议出台〈关于加强检察公益诉讼工作的决定〉的建议》由王玉多代表提出。针对该建议，市人大常委会法制工作委员会和市人民检察院共同研究，并答复：2021年7月下旬，在对全市检察机关公益诉讼工作调研基础上，法工委组织起草《克拉玛依市人民代表大会常务委员会关于加强检察公益诉讼工作的决定（草案）》（简称《决定（草案）》）初稿，并多次进行讨论修改；8月中旬，法工委将《决定（草案）》初稿送市委、市政府有关部门和市人民检察院征求意见和建议；根据反馈意见和建议，法工委经修改完善，形成《决定（草案）》修改稿；法工委将《决定（草案）》修改稿报请法制委员会征求意见后，形成《决定（草案）》审议稿。2021年8月30日，《决定》由市第十四届人民代表大会常务委员会第三十七次会议审议通过；9月2日，发布公告，自公布之日起施行。

（曹钰辉）

【正在解决和计划解决建议】 2021年，市人大代表所提建议承办单位列入计划或正在逐步解决的18件，占建议总数的14.6%。其中有代表性建议如下：

《关于城市公交健康发展与队伍稳定的建议》 由王国薇、热汗古丽·肉孜查等10名代表提出。针对该建议，市交通局答复如下：克拉玛依市已结合行业实际，陆续出台关于城市公共交通经营服务等方面规范性文件，规范城市公交运营服务；后期将根据公交经营情况，结合现有公交规划，对城市公交发展开展调研，逐步研究城市公交发展相关政策，持续推进城市公共交通发展；根据《城市公共汽车和电车客运管理规定》有关内容，市交通局将配合市国资委、市财政局等部门，建立运营企业运营成本核算制度和补偿、补贴制度；《克拉玛依中心城区公共交通发展规划》于2019年通过规划委员会评审，属于中长期发展规划，不适宜重新编制；后期将统筹考虑城市发展和社会公众基本出行需求，会同有关部门组织修订城市公共汽车线网规划；由于市汽车运输公司属于国有企业，且公交事业具有公益性属性，市交通局将配合市国资委共同协调公交车辆报废更新事宜，将继续督促市汽车运输公司合理调度配置公交车辆，提高运营服务质量；市交通局将配合市国资委、市人社局督促市汽车运输公司优化公司组织机构，加大市场化用工改革力度，缓解公交驾驶员供需不足问题；将按照市政府要求，配合市国资委督促市汽车运输公司妥善处理油田公司劳务输出职工管理问题，维护职工队伍稳定。

《关于外来民营企业家子女享同等入学入园教育政策的建议》 由李宁代表提出。针对该建议，市教育局答复如下：近年来，随着户籍政策放开、全面二孩政策、进城务工人员子女以及高新区适龄儿童少年流入主城区（克拉玛依区）等原因，在克拉玛依区幼儿园学位总数量未增加情况下，存在幼儿园学位紧张现象，基于学位资源不足实际，参照北京、上海等大城市公办幼儿园学位紧张情况解决办法，克拉玛依市教育局统筹协调，各区教育局结合实际，分别制定学前教育招生方案，总体原则是优先解决本市户籍人员子女入学，有空余学位再解决非本市户籍人员子女；针对公办幼儿园入园难问题，市教育局协调各区教育局向本级区政府汇报，加大对公办幼儿园投入力度。截至年末，克拉玛依区相继新建平安（已投入使用）、西南科技、森香水岸、鼎泰、风云、佳福6所幼儿园，其中西南科技、森香水岸、鼎泰、风云等4所幼儿园于9月投入使用。

《关于拓宽殡葬服务窗口收费渠道的建议》 由张国军代表提出。针对该建议，市民政局多次联系市财政局、工商银行等部门就增加微信、支付宝等收费渠道业务及审批程序进行对接，并答复：经财政部门反馈，按照自治区深化“放管服”工作相关要求，克拉玛依市已于2019年在全市教育系统率先开展“非税收入电子化”试点工作既在非税开票系统多渠道收费，经过一年试用，将在全市非税收入相关部门推广“非税收入电子化”，按照财政部门此项工作推进安排，市民政局已将相关电子设备调试到位，并参加市财政局举办“非税收入电子化”培训。截至年末，市财政局已经将全市“非税收入电子化”相关报告上报自治区财政厅，等自治区财政厅批复后开始执行，以实现殡葬非税收入微信支付解决群众付款不便问题。

（曹钰辉）

【暂无法解决和无法采纳建议】 2021年，市人大代表所提建议暂时无法解决，承办党委拟在工作和研究中参考的20件，占建议总数的16.3%。此类建议中如《关于进一步加强政府引导产业基金投资工作的建议》《关于优化调整克拉玛依市区公交路线的建议》或不符合政策，或条件不成熟暂时难以解决。各承办单位均通过调查研究，也实事求是地向代表作解释和说明。

（曹钰辉）

重要会议

【市政府常务会议】 2021年，克拉玛依市人民政府共召开常务会议14次。

1月15日，市十四届人民政府第40次常务会议召开。会议审议市十四届人民政府第七次全体会议方案、政府工作报告、克拉玛依市国民经济和社会发展第十四个五年规划及2035年远景目标纲要、克拉玛依市国民经济和社会发展2020年计划执行情况和2021年计划（草案）的报告和克拉玛依市2020年预算执行情况和2021年预算（草案）报告。

1月28日，市十四届人民政府第41次常务会议召开。会议审议克拉玛依市2021年服务民生十件实事、克拉玛依市迎接建党100周年重点项目计划、克拉玛依市贯彻落实新发展理念切实推动能源高质量发展的工作方案、克拉玛依市老旧小区改造工作实施方案、克拉玛依市贯彻落实《自治区关于强化知识产权保护的实施意见》的实施方案、2021年市本级部门预算安排的报告、关于自治区督办安全生产问题隐患的整改方案。

2月9日，市十四届人民政府第42次常务会议召开。会议传达自治区陈全国书记重要讲话精神，听取近期自治区视频会议情况通报，审议克拉玛依市政府督查工作规则（试行）、克拉玛依市无偿献血管理办法、拟取消百口泉地下水等5处饮用水水源保护区相关情况报告、关于新时代加快完善社会主义市场经济体制实施方案、克拉玛依市关于推进经济高质量发展项目建设工作方案。

3月12日，市十四届人民政府第43次常务会议召开。会议组织学习党史学习教育领导小组印发《关于认真学习贯彻习近平总书记在党史学习教育动员大会上的重要讲话的通知》精神、自治区党史学习教育动员会议精神、自治区党委印发《关于在全区开展党史学习教育的实施方案》通知、《习近平新时代中国特色社会主义思想学习问答》部分章节内容，听取近期国家、自治区视频会议情况通报，审议克拉玛依市人民政府与浙江正泰新能源开发有限公司战略合作框架协议、2021年克拉玛依市推动经济社会高质量发展分工方案、克拉玛依市人民政府与中矿联合投资集团有限公司战略合作协议、克拉玛依市人民政府与浪潮集团有限公司战略合作框架协议、关于加强财源建设工作方案、克拉玛依有关部门生态环境保护责任清单。

4月19日，市十四届人民政府第44次常务会议召开。会议听取近期各副市长参加自治区视频会议情况通报，审议克拉玛依市2021年市本级第一批基本建设投资计划安排、克拉玛依市国有资本布局与结构调整专项规划方案、克拉玛依市国企改革三年行动实施方案、关于加快推动企业“小升规、规上市”工作方案、克拉玛依市贯彻落实《关于构建现代环境治理体系的实施意见》的实施方案、关于大漠国际生态旅游发展有限公司生态绿地收储工作的建议、克拉玛依市人民政府2021年行政立法工作计划、关于魔鬼城景区经营权移交有关工作建议、克拉玛依市人民政府与上海均和集团有限公司战略框架合作协议、克拉玛依市人民政府与上海科学院科技合作战略框架协议、克拉玛依市人民政府与中核能源科技有限公司关于共同推动绿色氢能产业发展的合作协议、克拉玛依市人民政府与中材节能股份有限公司猛狮新能源科技（河南）股份有限公司电力源网荷储一体化和多能互补示范项目建设合作框架协议、克拉玛依市人民政府与中冶建工集团有限公司、清华大学建筑设计研究院有限公司合作框架协议、克拉玛依市人民政府与携程集团战略合作框架协议。

5月6日，市十四届人民政府第45次常务会议召开。会议听取近期各副市长参加自治区视频会议情况通报、市信访局2021年信访包案化解情况，审议克拉玛依市关于营造更好发展环境支持民营企业改革发展的若干措施、关于解决克拉玛依市融媒体中心（暂定名）服务用房的方案、克拉玛依市贯彻落实药品安全党政同责实施方案、关于克拉玛依市中职学校办学整改工作的建议、克拉玛依市扶助残疾人办法（修订）以及关于提高重度残疾人护理补贴和困难残疾人生活补贴的建议、克拉玛依市人民政府与中植企业集团战略合作协议、克拉玛依市人民政府与国电投清洁能源有限公司风光氢储一体化清洁能源示范基地合作开发框架协议。

5月31日，市十四届人民政府第46次常务会议召开。会议审议克拉玛依市人民政府与国家计算机网络与信息安全管理中心战略合作协议、克拉玛依市人民政府与国家开发银行新疆分行“十四五”全面深化合作开发性金融合作备忘录、市政府投资建设项目代建中心相关资产调拨转出有关问题报告、克拉玛依市区级技工学校建设方案、农业综合开发区产业发展布局方案、关于解决融媒体中心服务用房方案，听取近期各副市长参加国家、自治区视频会议情况通报。

6月24日，市十四届人民政府第47次常务会议召开，审议市政府行政规范性文件清理工作情况报告，克拉玛依市人民政府与浙江吉利新能源商用车集团有限公司战略合作协议，关于推进克拉玛依贸易高质量发展实施方案，关于明确各职级差旅费执行标准报告，关于2020年克拉玛依市级决算草案报告，关于克拉玛依市城镇标定地价、农用地及集体建设用地基准地价成果报告，克拉玛依市“三线一单”生态环境分区管控方案和生态环境准入清单。

7月5日，市十四届人民政府第48次常务会议召开。会议审议克拉玛依市人民政府与昆仑银行股份有限公司“十四五”全面深化合作开发性金融合作协议，克拉玛依市支持产业发展专项资金管理暂行办法，关于推动独山子区产业园区合作发展建议，关于克拉玛依市城镇标定地价、农用地及集体建设用地基准地价成果报告，关于调整克拉玛依市困难群众救助标准的建议。

8月8日，市十四届人民政府第49次常务会议召开。会议听取各区产业园区工作情况汇报，审议克拉玛依市人民政府与西安美术学院战略合作协议、克拉玛依市人民政府与颐高集团有限公司战略合作协议、关于加快推进克拉玛依市快递业高质量发展指导意见、关于北疆区域应急救援中心及安防产业园建设项目情况报告。

9月10日，市十四届人民政府第50次常务会议召开。会议听取市、区两级“千人入千企”工作情况汇报，听取市财政局、市农业农村局（市乡村振兴局）、乌尔禾区政府就财政衔接资金支出和乡村振兴有关项目实施进度相对滞后问题的检查，审议克拉玛依市人民政府与中国电子系统技术有限公司战略合作协议、克拉玛依市支持八师石河子市 136 团拟设立建制镇框架协议书补充条款、“互联网＋健康克拉玛依”项目合作框架协议、克拉玛依市医疗卫生机构布局调整建议、克拉玛依市党政领导干部防范和惩治统计造假弄虚作假责任制实施细则、克拉玛依市行政复议体制改革实施方案、关于克拉玛依市公安局驾驶人考试中心所有权转交工作方案以及克拉玛依市加大重点产业扶持力度推动经济高质量发展若干政策。

10 月 5 日，市十四届人民政府第 51 次常务会议召开。会议听取各副市长关于 2021 年四季度分管领域重点工作进展情况汇报，审议上海市人社局“十四五”期间对口支援克拉玛依市人力资源和社会保障合作协议，自治区国资委与克拉玛依市人民政府战略合作框架协议，克拉玛依市病媒生物预防控制管理办法（草案），克拉玛依市科技、水利、教育等 7 项“十四五”专项规划，克拉玛依市产业项目准入节能环保审核规则（试行）（讨论稿），克拉玛依市光伏上网指标配置规则（讨论稿），克拉玛依市规划馆更新改造工作方案，金龙湖区域设计控制指引，关于做好 2021 年城乡居民基本医疗保障工作的方案，克拉玛依市医疗保险政策调整方案。

11 月 11 日，市十四届人民政府第 53 次常务会议召开。会议审议克拉玛依市 2022 年重点经济数据目标任务建议、关于加强克拉玛依市能耗“双控”工作坚决遏制“两高”项目盲目发展的工作方案、克拉玛依市能耗指标管控办法、关于推进绿电示范产业园区建设的实施方案、关于设立克拉玛依产业发展基金和绿色产业发展基金壹号的方案、城市公交降本增效改革方案、克拉玛依市地下水超采专项整治行动实施方案、关于推进中国石油大学（北京）克拉玛依校区资产移交工作方案、克拉玛依市关于落实进一步税收征管改革推进税费信息资源共享的实施方案、克拉玛依市贯彻落实《关于推进气象事业高质量发展的意见》的实施方案、克拉玛依市人民政府与河南工业技术研究院碳纤维有限公司战略合作协议、乌鲁木齐海关与克拉玛依市人民政府关于加强关地合作促进外向型经济发展合作备忘录、克拉玛依市人民政府与新疆维吾尔自治区人民医院共建自治区区域医疗中心合作协议。

12 月 9 日，市十四届人民政府第 54 次常务会议召开。会议审议克拉玛依市人民政府与清华大学教育研究院合作意向书，克拉玛依市人民政府与算丰科技（北京）有限公司、克拉玛依碳和网络科技有限公司战略合作协议，克拉玛依市“十四五”土壤、地下水和农村生态环境保护规划，克拉玛依市城市绿化条例（草案），关于调整《市属机关事业单位工作人员养老保险制度改革实施办法》部分内容建议，2022 年度储备肉投放工作实施方案。

（高小凡）

政务服务

【概况】 2021 年，克拉玛依市 72 家单位进驻政务服务大厅，办理行政权力、公共服务事项 796 类，通过一体化政务服务平台、政务服务网、政务服务移动客户端办理 222810 件。

（卢阳　何梦婷）

【“互联网＋”政务服务】 2021 年，克拉玛依市推动“网上办”“掌上办”，引导群众通过“新疆政务服务 App”办理业务，开通办事预约系统与一体化政务服务平台账号绑定，预约同步注册新疆政务服务网。截至年末，全市个人注册率 38.5%，法人注册率 71%。全市综合网上可办事项比例 97.96%。通过一体化政务服务平台、政务服务网、政务服务移动客户端办理事项13214件，网上申报率94.10%。

（卢阳）

【政务服务事项“应进必进”】 2021年，克拉玛依市制发《关于进一步全面推行政务服务事项“应进必进”工作的通知》，要求各相关单位对照事项库2527项事项（市本级459项、克区488项、独区500项、白区534项、乌区546项），对本单位事项逐一进行再次梳理，并填写相关表格，确保所有事项进驻大厅。截至年末，全市共有44家单位进驻行政审批服务事项2119项；因审验场地限制、办件便捷性、办件数量极低等原因不宜进驻事项351项，无需进驻事项57项。

（卢阳）

【完善“一件事一次办”改革】 2021年，克拉玛依市按照自治区《推行“一件事一次办”“最多跑一趟”改革工作实施方案》要求，对照自治区《政务服务平台“一件事一次办”主题集成服务规范》，对已公布75件“一件事一次办”事项对标对表逐项修改，实现各服务事项名称与自治区推荐目录名称一致。办结时间由平均32.1天降至8.2天，减少73.14%；提交材料由平均15.4份精简至6.2份，精简62.73%；跑动部门4.8次减至1次，减少79.16%。截至年末，“一件事一次办”办件量总计24750件。

（卢阳）

【优化审批流程】 2021年，克拉玛依市在“最多跑一次”基础上推行“三减一优”（减材料、减环节、减时限和优化流程），破解“两侧一端”（用户侧、政府侧、平台端）问题，实现从“可办”向“好办”“易办”提升。截至年末，全市事项办理时限压缩度58%，事项材料精简比例8%，即办事项比例35%，实现办事所需材料更少、效率更高、流程更简、时间更短。

（卢阳）

【政务服务“跨省通办”】 2021年8月23日，克拉玛依市按照自治区“跨省通办”工作要求，完成克拉玛依市政务服务审批系统与自治区“跨省通办”系统对接、测试；组织相关部门统一标准认领、发布“跨省通办”事项办事指南，完善“跨省通办”事项配置工作。截至年末，市本级实现83项服务事项“跨省通办”，区级实现112项服务事项“跨省通办”。

（卢阳）

【政务服务“好差评”体系建设】 2021年，克拉玛依市依托自治区一体化政务服务平台建成“好差评”功能，实现现场、网站、移动端、自助机、短信、热线电话、二维码7种评价渠道，重点推广现场服务“一次一评”和网上服务“一事一评”。截至年末，共产生评价8.75万个，综合好评率99%。

（卢阳　张小婷）

【“最快送一次”便民服务】 2021年，克拉玛依市拓展政务服务深度，推行“最快送一次”一站式便民服务。在政务服务大厅设立“最快送一次”服务专区，邮政派专人在大厅驻点，与各个服务窗口对接，企业、居民所办各类证照、证件均可由邮政寄递送达。11月12日，“最快送一次”一站式服务正式实施。截至年末，全市共有自然资源、公安、税务、市场监督管理等17个部门109项审批事项已开展“最快送一次”寄递服务。

（卢阳　张小婷）

【健康码服务】 2021年，克拉玛依市落实“一码通行”要求，停止使用克拉玛依市城易服务健康码，与全疆同步推广使用国务院和自治区防疫健康码及大数据通行卡。3月16日开始，全市除保留15个关键健康码扫码查验点位（交通卡点13个、机场1个、火车站1个）之外，其他地区按照自治区和市委疫情防控风险等级调控增减健康码扫码查验点位。做好核酸检测及疫苗接种数据上传，保障数据质量。截至年末，核实检测结果24小时上传率99.80%，全人群疫苗接种覆盖率达86.74%，健康码注册申领率93.50%。

（卢阳　张小婷）

【落实社情民意】 2021年，克拉玛依市政府共收到转办的人大建议、政协提案共计189件。市政府督查室牵头制作《转办及增加协办登记表》，向各承办单位征询意见，尤其是人大建议“回头看”及重点提案分办情况。制定《人大建议、政协提案分办目录清单》，根据建议、议案和提案具体内容，结合各单位职责规定，逐一进行分办，明确主办单位和协办单位；建立与代表、委员沟通机制，定期与代表、委员直接联系并掌握办理情况。截至年末，由市政府负责承办的人大议案、建议及政协提案已全部完成办理工作，各承办单位已按时完成答复。

（高小凡）

城市综合服务

【梳理和细化城市管理】 2021年，克拉玛依市细化城市管理。将文明城市实地检查内容与城市管理信息化平台事部件类别相结合，在城市管理信息化平台中纳入市公安局、市应急管理局、市教育局、市卫健委、市商务局等交通不文明行为、应急避难场所设施配置、学校周边秩序等43类事件类别，细化了管理事项，拓展城市管理范围。截至年末，克拉玛依市梳理形成城市管理10大类100小类事件，5大类87小类部件类别。

（李鑫）

【常态化实地巡查】 2021年，克拉玛依市落实城市管理片区长责任制，坚持属地管理、分级负责原则，每周对各区城市管理情况进行巡查，对比城市管理问题整改落实情况，每月进行总结分析，查找问题，总结经验，通过每日检查，部门联动、监督检查，层层传导压力，强化问题导向，协调解决小区物业服务水平不高等一批城市管理难点、热点问题。全年发布《城市管理周报》49期，《城市管理每月简报》12期。

（李鑫）

【文明城市实地检查】 2021年，克拉玛依市建立文明城市实地检查日总结、周分析工作制度，每周对文明城市实地检查点位开展全覆盖检查，对实地检查出来的问题进行分析汇总，梳理高发问题和高发区域并予以处置。全年共开展文明城市实地集中检查36次，发现问题7047项，问题处置率达到98.89%。

（李鑫）

【城管大数据分析】 2021年，克拉玛依市对城市管理数据进行常态综合分析、常态专项分析，每周对全市工单立、结单情况，主动发现率以及工单质量进行分析，对市民反映较多的难点、热点问题开展专项数据分析。通过建立大数据与现场联动处置机制，每日汇总分析网格内城市管理应急处置以及重大事件动态信息，用大数据查找城市管理薄弱环节，提升克拉玛依城市管理专业化、信息化、智能化水平。

（李鑫）

【城市管理信息化平台指挥协调】 2021年，克拉玛依市成为新疆第一个与住建部城市管理信息化平台联网城市。按照住建部、自治区住建厅要求，对城市管理信息化平台进行优化完善，建成城市管理数据综合分析展示系统，做到“一屏观天下，一网管全城”，并通过城市管理信息化平台指挥协调解决各类问题。全共协调解决市民群众反映各类问题85.22万件，办结84.88万件，办结率99.6%。

（李鑫）

【城市管理数据平台建设】 2021年，克拉玛依市通过建设城市管理数据汇集分析系统，汇集80余万条“12319”城管热线工单数据和2万余家商户信息数据、20余万车辆基本信息数据，按照“城市大脑”建设思路，推动城市管理智能化场景化应用，分别建立视频与现场执法联动、应急处置快速挪车、应急信息传送等应用场景。

（李鑫）

【“智慧社区”建设】 2021年，克拉玛依市搭建智慧社区展示分析平台，分别对社区人口情况、志愿者活动情况、城管问题处置情况、物业公司问题处置情况等社区详细情况进行全面展示，实现社区“一网统管”。同时，对“智慧社区”基础网格进行优化整合。开展全要素网格试点工作，对社区网格进行重新划分，对网格内事项进行全面梳理，梳理完成全要素网格13大类、127小类责任清单，编制《网格员公共服务手册》《网格员综治工作手册》，明确网格化服务管理工作主要事项，并将网格员、网格长、关爱联络员等相关信息进行全面展示，完善智慧社区基础网格内容。

（李鑫）

【线上服务商城】 2021年，克拉玛依市搭建城市管理网上服务商城，实现维修服务、搬家服务、家政服务等5大类60小类24小时不间断物业预约上门服务，服务完成后居民可进行满意度评价，彻底解决小广告乱张贴、便民服务质量不高等相关问题，提高了服务效率，提升了服务水平。

（李鑫）

【线下服务团队建设】 2021年，克拉玛依市组建便利店、餐饮店、美容美发店、儿童游乐场、医疗保健等30余家商户以及相关物业公司、热心居民共同参与的线下服务团队，并根据社区人员结构、年龄组成情况等，有针对性地选择商业业态定期进网格、进家庭开展商品促销、儿童娱乐体验、磨刀、理发、义诊等便民利民服务活动，打造形成一批特色服务品牌。

（李鑫）

6月起，南湖社区的居民们体验到“智慧社区”带来的便捷生活。这是工作人员向居民讲解智慧社区平台功能 （刘旸 摄）

【“城管小卫士”暑期实践活动】 2021年，克拉玛依市开展“城管小卫士”暑期实践活动，1000余名中小学生参与“易优杯·我为城管做贡献”主题征文活动，共评选出一等奖10名，二等奖20名，三等奖30名，优秀奖40名。组织中小学生前往社区开展文明知识宣讲，不文明行为劝导、环境卫生清理等相关活动。

（李鑫）

【城市管理积分系统建设】 2021年，克拉玛依市打造城市管理积分系统，市民群众通过参与城市管理活动累积积分，并在社区积分超市兑换奖品或在“贴心城管”手机App支持商家享受折扣优惠，鼓励市民群众参与城市管理工作。

（李鑫）

【社区问题处置“微循环”体系打造】 2021年，克拉玛依市开通小区业主线上议事以及在线投票、在线答疑、在线咨询、在线评价等功能，物业公司及时处理业主各类咨询和投诉，搭建业主和物业公司之间沟通桥梁，实现社区问题处置“微循环”机制。通过搭建社区微循环体系，45%的问题在社区得到解决，30%的问题在街道得到解决，实现小事不出社区、大事不出街道。

（李鑫）

【信息传递系统打造】 2021年，克拉玛依市打通城市管理信息化平台与社区管理平台以及供水、供热、燃气相关系统之间数据对接，实现城市管理服务与居民之间信息精准传递。例如，当居民家中发生自来水跑水事件需要楼道停水维修时，利用信息传递系统，可以通过短信，“贴心城管”手机App短信提醒等多种方式将停水信息精确发送至每个人，做到人员精确、范围精准、服务高效。再比如，当大风天气来临时，社区网格员发现居民家窗户外面有堆放物品，通过信息传递系统发送提醒信息，提醒居民及时进行杂物清理，避免高空坠物引发的安全事件。截至年末，共梳理出“大风天气·注意坠落”“大风天气·请关好门窗”等8种温馨提醒场景应用。

（李鑫）

【建设美丽克拉玛依】 2021年，克拉玛依市推动文明美丽克拉玛依建设。在全市范围开展“四个一”活动，即在克拉玛依区、独山子区、白碱滩区、乌尔禾区4个区各选取一个街区、一条道路、一个景区、一个小区作为标准化管理创建示范点。截至年末，全市迎宾大道、大庆东路、北兴路、同兴路4条道路被打造成文明畅通有序标准道路；吉祥路风情街、十三区商业街、芙蓉商业街、乌尔禾美食街被打造成特色商业街区；南湖小区、百盛佳苑、泰和佳苑、北盛小区、五亭小区、跃南小区、瑞翔小区被打造成标干净整洁文明小区；一号井景区、城市公园、石油文化主题公园、恐龙公园被打造成干净美观文明公园景区。通过开展标准化典型示范商业街区、小区、公园景区、道路创建活动，全市总结了6条城市管理经验。

（李鑫）

公共资源交易

【概况】 2021年，克拉玛依市实施政府采购项目30个，采购金额0.62亿元，节约资金0.03亿元；建设工程交易项目120项，交易金额51.33亿元；国有建设用地权出让60宗，面积183.79公顷，成交金额3.57亿元；采矿权出让12宗，面积5.50平方千米，成交金额0.41亿元。

（付小娟　唐含初）

【推行政府采购“全疆一张网”】 2021年，克拉玛依市推进限额以下政府采购项目电子化，完善政府采购平台网上交易功能，打造政府采购电子卖场。通过构建政府采购“全疆一张网”，实现限额以下通用货物类、服务类线上交易，降低采购组织及管理成本；整合协议供货和网上竞价系统，加强网上商城供应商公益指导，扩大平台“增值”服务功能，提升供应商参与政府采购活动便利程度，提升采购效率，优化营商环境。截至年末，通过公开招募各类供应商1324家，办理网上超市、服务市场“全疆一张网”1287家，审核商品14.7万个。

（张燕　徐茜）

【招标流程电子化】 2021年4月，克拉玛依市实现政府采购“招标不见面，投标不进厅，评标无纸化，中标自主打”全流程电子化交易，投标人整个交易环节“一次不用跑”，彻底改变过去企业“背着标书到处跑”投标方式，实现从有形场所向以电子化平台为主转变。

（付小娟　唐含初）

【拓展公共资源交易平台覆盖范围】 2021年，克拉玛依市加强与行业主管部门协调沟通，推进公共资源交易目录内项目“应进必进”。在政府采购、土地使用权和矿业权出让、房屋建筑和市政工程招标投标等领域已进场交易基础上，推进水利工程项目进场交易，发挥市场配置公共资源基础性作用，满足各类交易服务需要。

（张燕　徐茜）

【完善交易环境】 2021年，克拉玛依市提升交易环境，实现零接触全过程监管。根据《关于开展政府采购意向公开工作的通知》规定，施行政府采购项目采购意向公开制度，保障各类市场主体平等参与政府采购活动；按照《公平竞争审查制度实施细则（暂行）的通知》规定，要求招标人、采购方、出让人须按照“谁起草、谁审查”原则完成公平竞争审查后方可进场交易，保障企业依法平等使用资源要素。制定《工程建设项目交易场所管理规定》，明确行政监督部门、公共资源交易中心、招标代理机构、评标专家各方交易主体职责；升级改造软硬件设施设备，场所配备各类先进电子设备，门禁系统、音频监控系统、手机屏蔽柜、寻呼应答设备等，实现评标专家与现场监督人员、招标代理工作人员“不见面”、交易场所“无死角”实时监控、各功能区域互联互通、公共资源全流程电子化交易、智能化服务。

（张燕　徐茜）

【政务热线整合】 2021年10月9日，根据国务院办公厅《关于进一步优化地方政务服务便民热线的指导意见》和自治区人民政府办公厅《关于进一步优化政务服务便民热线的工作方案》要求，克拉玛依市将12300、12396、12349、12336、12312、12301、12320、12350、96599共9条政务热线整体并入“12345”政务服务便民热线，原政务热线号码停用，施行统一接听，逐步实现一个号码服务企业和群众。

（米娜瓦尔·苏来曼　张艳）

【“12345”政务服务便民热线正式移交】 2021年10月8日，按照《印发〈关于进一步优化政务服务便民热线的工作方案〉的通知》要求，克拉玛依市“12345”政务服务便民热线管理工作由信访局移交至市政务服务和公共资源交易中心。

（米娜瓦尔·苏来曼　张艳）

人力资源管理

【人才开发】 2021年，克拉玛依市引进各类人才1800人，其中：长江学者2人，博士14人，硕士223人。全年入选国家重点人才工程1人，享受国务院政府特殊津贴2人，自治区第十一批有突出贡献专家6人，自治区天山英才计划（第三期）7人，自治区天池计划4人（已通过自治区评审），争取自治区培养经费265万元。40名市首届领军、拔尖人才在三年培养期内承担国家级项目34项、省部级项目131项，完成各级技术成就347个，获得奖项共计153项、专利100项，帮带青年人才共计1237人，组织开展讲座咨询、基层服务、技术指导等活动657场次，实现产值增长13.86亿元。首届创业杰出青年人才完成培养，创业企业实现产值增长6280万元，纳税总额增长962万元，节约各项成本3088万元，研发新工艺、新产品22项，获授权专利35项，提供就业岗位213个。指导市中心医院申报全国博士后创新项目1项，在站博士后马玉花荣获优秀博士后研究人员经费资助5万元。28个高层次人才工作室实现产值增长1200万元，推动行业产业升级和技术进步，为“一主多元”产业健康发展贡献智力才力。上海市人社局与克拉玛依市签订《上海市人力资源和社会保障局“十四五”期间对口支援克拉玛依市人社合作协议》。组织上海市“高层次人才专家服务团”到克开展智力支援活动，达成合作意向13项。

（李艳丽）

【事业单位人员招录】2021年，克拉玛依市统筹做好校园招聘高校毕业生工作，秋季参加自治区线上校园招聘，通过自治区招考一体化网络平台报名3107人，最终招聘210人。组织实施2021年事业单位公开招聘工作人员（第一批）公告、教育及医疗专项招聘，全年公开招聘347人。制定下发落实《克拉玛依市新招聘事业单位工作人员到基层实习锻炼试行办法》，组织46名无基层工作经验新招聘事业单位工作人员到基层实习锻炼。

（李艳丽）

【工资收入分配】2021年，克拉玛依市上调事业单位工作人员绩效工资标准，政策惠及7842人，人均月增加394元；上调聘用教师待遇，政策惠及823人，人均月增加344元；上调聘用制书记员薪酬待遇，政策惠及129人，人均月增加100元，在一定程度上稳定了工作人员队伍。上调遗属生活困难补助金标准，惠及全市150位市民，月人均增加111元，未出现一例待遇下降情况。实行“绩效工资总量+X（高层次人才激励、科技成果转化奖励）”政策，年度高层次人才核增绩效水平达到一般工作人员6倍；首次将职务科技成果转化后现金奖励计入绩效工资总量，不受总量控制。年度科技成果转化现金奖励总金额32万元，涉及80人，发挥分配激励导向作用。

（李艳丽）

【专业技术人员管理】2021年，克拉玛依市制定《关于进一步加强克拉玛依市专业技术人员继续教育基地管理的通知》，全市专业技术人员继续教育基地新增至3家，共有专业技术人员2330人在克拉玛依市基地完成继续教育培训。完善职称评价标准，修订21个系列（专业）职称评审赋分标准，试点引入单位综合评价制度，与乌鲁木齐市建立评审专家共享和职称互评机制，承接乌鲁木齐市建筑设计专业职称评审。2021年度全市专业技术人员职称评审申报人数共计3900余人（中央驻市企业除外），较2020年增长5%，取得专业技术职务任职资格2055人，其中：正高级职称77人，副高级职称440人，中级职称637人，初级职称901人，高技能人才取得相应职称30余人。发挥专业技术人才绿色通道作用，推荐特殊人才认定高级职称2人，认定中级职称2人，授予正高级职称1人、副高级职称1人、中级职称10人。

（李艳丽）

【人事考试】2021年，克拉玛依市组织完成自治区公务员笔试、事业单位招录笔试（第一批）、一级建造师、高级经济师等14个批次考试工作，参考人数23151人，累计使用17所中小学校作为考点，专业技术类考试参考人数同比增长30%，实现全年人事考试工作涉稳无异常，健康无报告，安全无事故，为1.3万名外地考生提供优质考试服务。探索克拉玛依市专业技术人员数据库建设，整合职称评价、人事考试等数据，按照考生姓名、性别、年龄、学历、专业、级别进行分类，初步搭建数据库框架。

（李艳丽）

【职业技能鉴定】2021年，克拉玛依市技能等级评价机构增至11家，工种增至23个，涵盖克拉玛依市物业、餐饮、建筑、运输、育幼服务等行业，克拉玛依市企业技能人才自主评价备案机构数位居全疆第三。全年开展职业技能等级评价服务7896人次，取证5922人，其中高级工1997人、技师400人、高级技师134人。

（李艳丽）

【“最多跑一次”改革】2021年，克拉玛依市推进“放管服”

改革，推动“企业招用员工”“高校毕业生就业”等10个“一件事”打包办，“城镇职工基本养老保险关系转移接续”等23个高频事项平均提速50%以上，“失业登记”等18个事项实现跨省通办；新消减“核准执业证件”等证明材料201件，“职工参保登记”等75项服务事项由在承诺时限办结办改为即时办结，“社会保险费缴纳”等111项审批和服务事项实现跑一次办结，17个服务事项所涉33件次证明材料实行告知承诺制，“稳岗返还”等2个服务事项试行免申即办。“人力资源服务许可”等2项涉企审批5天内办结。

（李艳丽）

【“12333”咨询服务热线】 2021年，克拉玛依市12333电话服务窗口接入人社部、自治区监测平台并同步接受实时监督，年末来电总量2.32万次，其中接听总量2.04万次，综合接通率为87.9%。

（李艳丽）

外事管理与服务

【推进航空口岸开放】 2021年，克拉玛依市推进克拉玛依机场申报国家和自治区口岸发展“十四五”规划。自治区、国家口岸办领导来疆调研期间，主动汇报克拉玛依机场口岸开放工作，争取上级部门支持。向全国人大递交《关于支持克拉玛依机场申请列入国家口岸发展“十四五”规划的建议》，被列入全国人大第6982号议案，得到海关总署专项答复。获得国家口岸办对克拉玛依机场口岸临时开放工作支持。克拉玛依机场被列入《新疆国民经济和社会发展第十四个五年规划和2035年远景目标纲要》《自治区“十四五”口岸建设规划（2021—2025年）》《关于进一步推进沿边口岸经济带高质量发展的指导意见》等多项自治区专项发展规划，为“十四五”时期机场临时对外开放提供政策保障。

（周新勇）

【“空中丝绸之路”节点城市专项工作】 2021年，克拉玛依市开展“空中丝绸之路”节点城市专项工作。对接“一关一检”和多个外部集货及承运主体，开展国际航空货运可行性研究和实地调研。申请西部大开发前期项目经费和专项债。重点围绕口岸物流、跨境电商、保税商品展示交易等方向开展精准招商和产业引导，助力城市产业多元化发展。

（周新勇）

【引进跨境电商】 2021年，克拉玛依市引进保税商品展示交易龙头企业新疆丝路西大门科技有限公司入驻克拉玛依丝路臻选直购中心（全球购），在克设立首家“保税+新零售”模式跨境电商线下体验店，跨境进口商品涵盖母婴、保健、化妆品、居家日用等近千余个品类。本地市民可享受单次交易

10月3日，市民在丝路臻选直购中心选购新疆特色商品。通过丝路臻选直购中心平台，市民可以购买到产自全疆各地州市的名优特色产品（蒋剑　摄）

限值5000元人民币，年度交易限值26000元人民币保真、溯源、价优跨境电商零售进口商品。

（周新勇）

【涉外服务保障】 2021年，克拉玛依市组织开展各类涉外培训10余场次，累计培训300多人次，覆盖全市各区、机关、企事业等重点涉外单位。助力重大项目复工复产，帮助独山子区重点投资项目新疆天利高新办理2批9名外商技术人员来华邀请；协助新渝铜业对接俄罗斯、乌兹别克斯坦、塔吉克斯坦等国外企业寻找铜、铝原材料，做好重大招商引资项目服务保障工作。全年共协调12家涉外企业赴海外员工及时接种新冠疫苗200余人次，开展安全提醒20余批次，对外发布境外商务、安全、领事保护信息百余条。

（周新勇　袁瑞萍）

【中哈医疗交流】 2021年，克拉玛依市支持市中心医院开展与哈萨克斯坦中医国际交流合作，向上级外事部门争取到位资金20万元，协助项目申报国家、自治区“健康丝绸之路”项目库，配合做好面向哈萨克斯坦努尔苏丹、阿克纠宾州、曼格斯套州等友城线上医疗交流合作。协助中哈中医联合研究中心开展中医诊疗2585人次，单独为克拉玛依市境外员工开展线上会诊59人次，线上医疗培训2次。

（袁瑞萍）

【外向型产业招商】 2021年，克拉玛依市重点围绕口岸物流、跨境电商、保税商品展示交易、数字经济、中草药种植与出口加工、通航旅游等外向型产业项目开展招商引资，先后对接新疆天顺供应链股份有限公司、湖南前行·58科创集团、新疆丝路西大门科技有限公司等10余家企业。实现到位资金1700万元，完成率170%，引洽市外客商数5家，洽谈项目数12个，报送市级招商项目库7个，被采纳并对外发布3个。

（周新勇　袁瑞萍）

信　访

【概况】 2021年，克拉玛依市各级信访部门受理办理信访总量1131件次、1562人次，与上年同期（233件次，329人次）相比，件次上涨112%、人次上涨114%。其中来信23件，来访551批次、982人次，网上投诉557件。“12345”政府服务热线受理群众来电64072件，较上年同期上升28.87%。群众来信、来访、网上投诉、拨打热线电话反映的诉求主要集中在疫情防控、城乡建设、城市管理、劳动社保、公交客运、政法类等问题。

（刘子岩）

【重复信访专项化解】 2021年，克拉玛依市多措并举全力开展重复信访化解工作，在规定时限内推动案结事了和息诉罢访。截至年末，全市各级信访工作联席会议集中交办的58件重复信访件全部化解，化解率100%。

（刘子岩）

【信访突出矛盾化解攻坚】 2021年，克拉玛依市聚焦重点领域、重点群体、重点人员、重点问题信访突出矛盾，组织市信访工作联席会议各成员单位开展滚动摸排，共排查出四重信访突出矛盾26件。对排查出的四重信访突出矛盾，市信访工作联席会议办公室组织开展信访矛盾化解攻坚活动，逐一明确化解责任单位，推动落实市、区党政领导包案化解。截至年末，26件四重信访突出矛盾全部化解，化解率100%。

（刘子岩）

政策研究

【经济发展课题研究】 2021年，克拉玛依市人民政府研究室结合克拉玛依经济发展实际需求，先后完成《关于进一步提升克拉玛依科技创新能力的思路研究》《克拉玛依市石油石化类民营企业人力资源状况分析研究》《克拉玛依市“十三五”时期税收发展情况分析报告》《克拉玛依市2020年财税收入情况及2021年财税增收着力点分析》等相关课题调研报告。会同市文体旅游局开展专题调研，形成《克拉玛依旅游业转型发展汇报材料》报自治区人民政府研究室。加强与各行业“十四五”规划编制单位沟通交流，参与科技、文旅、农业农村、工信、商务、交通、应急等重点领域“十四五”规划评审，起草《“十四五”期间我市引进和发展产业方向的建议》，为编制市“十四五”规划提供重要参考。

（王晶）

【社会治理课题研究】 2021年，克拉玛依市人民政府研究室完成《疫情防控常态化下“访惠聚”工作在基层治理中作用发挥情况的调研》《打造共建共治共享城市社区治理新模式——以黎明曙光社区为例》等与社会治理相关课题调研报告，编辑4期《调研参考》供市委、市政府参考。紧贴全市“一主多元”发展战略和“十四五”发展目标，完成《关于克拉玛依发展有关问题及建议》报市政府主要领导阅示。

（王晶）

【专项课题研究】 2021年，克拉玛依市人民政府研究室加强与国务院发展研究中心资源与环境政策研究所沟通交流，合作开展“习近平生态文明思想固定调研点”系列调查研究，完成《贯彻新发展理念　推进克拉玛依绿色发展》调研报告，并作为市委重点调研报告报送自治区党委。牵头起草《克拉玛依市新时代加快完善社会主义市场经济体制的实施方案》《关于营造更好发展环境支持民营企业改革发展的实施方案》，以市委名义印发，作为推进全市2021年经济工作重要举措。针对党中共中央、国务院关于做好碳达峰、碳中和工作意见和行动方案，开展针对性研究，提出《双碳目标对我国能源政策的影响及我市在此背景下推进高质量发展的建议》，市长和常务副市长分别作出批示，要求印发各副市长及有关部门阅研。根据各区、各行业主管部门贯彻落实习近平生态文明思想、推进生态文明建设突出成就，总结提炼形成《良好生态环境是最普惠的民生福祉——记乌尔禾区冬季油气异味治理工作》《尊重自然顺应自然保护自然切实保护魔鬼城风景名胜区》《以石西公路造林工程为例看荒漠戈壁生态建设》《克拉玛依市古海生态公园》等典型案例，为推动全市绿色发展发挥作用。

（王晶）

【财源建设课题研究】 2021年，克拉玛依市人民政府研究室结合上半年税收、财政情况，提出《优化财源政策的建议》。依据国家和自治区有关经济高质量发展政策文件，结合全市落实情况，分步骤开展相关领域落实高质量发展政策评价工作。牵头成立财源建设专家组，常态化开展财源建设专项课题研究，研究课题有《成品油消费税征收环节后移对资源型城市地方财政收入的影响及建议——以克拉玛依为例》《基于税收视角下的新疆油田物资供应链构成及潜在项目研究》《从延长油田、渤海油田、新疆油田石油税收数据对比看新疆石油产业发展短板及对策建议》《减油增化战略对石油化工企业及财税收入影响的分析及建议》《从税收视角看克拉玛依市影视产业发展存在的问题及建议》5个课题。结合财源建设情况，牵头起草《招商项目财税贡献评估办法（试行）》，完善招商引资政策体系。

（王晶）

人民防空

【概况】 2021年，克拉玛依市全年开展人防工程建设审批81项。推进“放管服”改革工作，确定行政处罚8项、行政许可4项、其他行政权力4项、行政权责3项，全部事项已通过新疆政务服务事项管理平台发布。

（刘佳文）

【人防疏散演练】 2021年，克拉玛依市人防办在中、小学校及部分社区组织开展防空袭疏散演练，提高中、小学生和居民群众防空防灾意识和避灾自救能力。协调市第三中学在“9·18”警报试鸣日当天开展防空袭疏散演练，2000余名学生参加。

（刘佳文）

【防空警报设施管理】 2021年，克拉玛依市人防办每周对警报设备状态进行测试，定期对全市防空警报设施进行检查维护，对警报设施有无积尘、锈蚀和破损，设备线路、天线、馈线连接、控制灵敏度以及是否正常运行进行检查，及时处理出现的问题和故障，保障“9·18”警报试鸣工作完成。

（刘佳文）

【人防通信保障训练】 2021年，克拉玛依市人防办制定指挥信息保障训练计划，每周每月开展不同人防通信保障训练。严格执行电台值班制度，进行无线电台、北斗定位导航系统使用训练。以指挥调度平台使用、卫星通信使用、视频会议系统调度、人防综合信息平台使用、警报控制发放等为内容开展通信保障训练。10月底，市人防办承办2021年自治区人防机动指挥所跨区域通信支援保障训练工作。

（刘佳文）

【人防平战结合】 2021年，克拉玛依全市已竣工验收投入使用人防工程均完成开发利用。人防工程完好率95%。人防工程平时利用率100%，平时用途多为汽车库及仓储使用，并由维护管理单位负责日常维护、保养及设备运转。由市人防办管理人防全部出租利用，每年实现人防平战结合收入80余万元。

（刘佳文）

【人防工程质量监督】 2021年，克拉玛依市人防办做好人防工程建设质监服务。完善人防《专家库管理规定》，严格按照法律法规和规范标准，实现周一到周日风雨无阻式“全天候”24小时验收工作机制。

（刘佳文）

【早期人防工程维护管理】 2021年，克拉玛依市人防办每月2次对早期人防工程地面附属设施通风竖井、口部房、斜坡道进行巡查；每年定期对地下早期人防工程进行全覆盖式巡查，及时发现问题并予以处理，保证早期人防工程及其地面附属设施安全完好。全年累计巡查20余次，共投入资金180万元，对个别人防工程进行维修加固。

（刘佳文）

综 述

【概况】 2021年，中国人民政治协商会议克拉玛依市第八届委员会有委员154名。

（文强）

【社情民意座谈会】 2021年6月29日，市政协召开2021年上半年市政协反映社情民意座谈会。会上陈彦、孟二疆、孟江春、张志诚、程文莉、刘秋霞、王紫璇7名委员就电动车充电难、本市竞技体育特长生流失严重等问题进行现场交流和建议发言。

2021年11月25日，市政协召开2021年市政协反映社情民意信息工作交流会暨市、区政协工作座谈会。市政协办公室通报五年来涉及经济发展、城市建设管理、营商环境、乡村振兴等多个方面的社情民意工作情况；克拉玛依区、独山子区、白碱滩区、乌尔禾区政协通报区政协2021年工作情况及2022年工作思路；方四明、熊哲波、李忠新、陈东岚4名委员做交流发言。

（文强）

【决策咨询】 6月，市政协决策咨询工作委员会组织政协委员和有关专家，围绕丝绸之路经济带核心区枢纽城市发展召开座谈会。形成《关于丝绸之路经济带核心区枢纽城市发展的建议》，从“着力打造丝绸之路经济带核心区信息中心”“探索建立北疆区域性的工业产业联盟”“推动成立新疆或西部产权交易中心”“发挥行业协会作用，在开拓国外市场有更大作为”“科学编制克拉玛依市人口发展规划”“持续打造更优的营商环境”“探索建立‘沪克特别合作区’或‘飞地产业园区’”7个方面，提出“按照自治区产业空间布局，借鉴上海先进经验，以智慧城市建设为抓手，逐步形成有利于推动数字经济的持续发展环境；深化‘放管服’改革，优化涉企经营许可事项，优化审批流程，压减审批时限，提高审批效率，激发本地市场主体活力和社会创造力”等10条意见建议，部分意见建议得到市委、市政府采纳。

8月，市政协决策咨询工作委员会组织有关部门和政协委员，围绕文化润疆工作开展调研视察、召开专题议政性常委会，并邀请文化领域专家学者座谈交流、听取意见建议。形成《关于积极推进克拉玛依打造文化润疆引领示范区的意见建议》，针对“对‘文化润疆’工作理解认识不到位”“在发挥石油精神引领聚合作用方面思考不足”“在抓住关键领域做好工作方面用力不精准”“把握群众心理特点和需求，在‘润’字上下功夫不够”4个方面问题，从“加强党的领导、提高思想认识，形成共同推进‘文化润疆’工作格局”“延续历史文脉，弘扬石油精神，打造克拉玛依石油文化品牌”等四个方面，提出18条意见建议，部分意见建议得到市委、市政府采纳。

9月，市政协决策咨询工作委员会组织相关行业专家，对克拉玛依市推进科创城市建设承载能力、基础配套设施现状等方面开展调查研究和交流。形成《关于科学规划、合理布局加快推进科创城市建设的建议》，从“科创城市建设，宜顺势而为、加快推进”“科创城建设应围绕‘一主多元’，突出低碳生态”“科创城建设宜以筑巢引智、高端人才引进聚集为主题”“科创城市建设，应科学规划、合理布局”“科创城市建设，宜以中亚学院项目为切入点”5个方面，提出“科创城建设将大有作为”“进一步完善生态科创城整体概念设计、布局和空间规划”“构建‘一心多组团’的城市结构”等16条意见建议，部分意见建议得到市委、市政府采纳。

12月，市政协决策咨询工作委员会组织政协委员及有关专家召开座谈会，围绕如何做优做强克拉玛依市油服企业进行研讨交流。形成《做优做强克拉玛依市油服企业，为建设具有国际影响力的石油城夯实基础》，从“建设有影响力的石油城市应递进式稳步推进”“抓住政策红利有利时机，大力支持地方企业发展”“借鉴大庆经验，在重组要素、优化营商环境等方面积极探索和实践”“加速推进优势技术推广，搭建创新和转化平台”“打造、弘扬新疆石油精神，扩大文化传播”5个方面，提出“全力支持驻地央企发展壮大”“充分利用中央科技创新体制、机制的政策优势”“推动成立西部产权交易中心，加大优势技术的输出推广”等19条意见建议，部分意见建议得到市委、市政府采纳。

（文强）

【社情民意信息专报】 2021年，市政协向市委报送社情民意信息专报4期。专报对“推动康养事业和养老产业协同发展”“疫情防控期间民生保障”“老旧小区改造”“课外辅导机构规范化管理”“促进企业尽快复工复产”等热点、难点问题进行研讨，并提出意见建议。部分意见建议得到市委、市政府采纳。

（文强）

【重要工作简报】 2021年，市政协向市委报送重要工作简报4期。即《集思广益建真言，群策群力谋发展》《多做“行”的文章　破解“不行”的问题》《市政协召开文化润疆专题议政性常委会》《市政协召开常委会，推进凝聚共识工作》。

（文强）

【文史资料】 2021年，市政协《克拉玛依文史资料》（第31辑）编辑完成。《克拉玛依文史资料》第31辑设“历史瞬间”“往事追忆”“油城记忆”“流金岁月”“他乡情结”5个栏目，选用政协委员、离退休老干部、老同志、文史爱好者提供的历史照片30幅，“三亲”史料16篇，共14万余字。

（文强）

【委员文集】 2021年，市政协委员文集《百草园（2020—2021年卷）》编辑完成。《百草园（2020—2021年卷）》设“散文随笔”“诗歌”“我和我们的政协”“小说”4个栏目，选用新、老，市、区两级政协委员摄影、书画、剪纸作品53幅，文字作品44篇，共14万余字。

（文强）

重要会议

【市政协八届五次全委会】 2021年2月21—24日，中国人民政治协商会议克拉玛依市第八届委员会第五次会议在克拉玛依市召开。会议听取和审议政协克拉玛依市第八届委员会常务委员会工作报告；听取和审议政协克拉玛依市第八届委员会常务委员会关于八届四次会议以来提案工作情况的报告；列席克拉玛依市第十四届人民代表大会第六次会议；听取并协商讨论政府工作报告和

2月24日，参加市政协八届五次会议的委员们表决通过相关决议

（闵勇　摄）

其他有关报告；审议通过政协克拉玛依市第八届委员会第五次会议关于常务委员会工作报告的决议；审议通过政协克拉玛依市第八届委员会提案委员会关于市政协八届五次会议提案审查情况的报告；审议通过政协克拉玛依市第八届委员会第五次会议政治决议。会议共收到提案166件。经审查，立案129件，合并处理15件，作为意见建议转有关部门22件。在立案的提案中，委员提案122件，党派团体等集体提案7件。

（文强）

【市政协常委会议】 2021年，克拉玛依市政协共召开6次常委会议。

二十五次常委会　2月5日召开。会议传达学习十九届五中全会和自治区两会主要精神；中央、自治区党委、市委经济工作会议精神和自治区党委九届十一次全会和市委十一届十一次全会精神，审议通过关于召开市政协八届五次会议决定（草案）；审议通过市政协八届五次会议议程（草案）、会议日程（草案）、大会秘书处工作机构（草案）、各组召集人名单（草案）、常委会工作报告和提案工作报告报告人名单（草案）、大会执行主席和主持人名单（草案）；审议通过市政协八届委员会常务委员会工作报告（草案）；审议通过市政协八届委员会常务委员会关于提案工作情况报告（草案）；各专门委员会进行2020年度工作述职；常务委员递交2020年度工作述职（书面）；审议通过有关人事事项。

二十六次常委会　2月22日召开。会议听取关于政协克拉玛依市第八届委员会补选副主席候选人建议名单的说明；协商讨论政协克拉玛依市第八届委员会补选副主席候选人名单（草案）；协商讨论大会选举办法（草案）；协商讨论总监票人、监票人名单（草案）；协商通过有关人事事宜。

二十七次常委会　2月23日召开。会上，听取各小组讨论情况的汇报；审议通过政协克拉玛依市第八届委员会补选副主席候选人名单；审议大会选举办法（草案）；审议总监票人、监票人名单（草案）；审议政协克拉玛依市第八届委员会第五次会议关于八届政协常务委员会工作报告的决议（草案）；审议政协克拉玛依市第八届委员会提案委员会关于八届五次会议提案审查情况的报告（草案）；审议政协克拉玛依市第八届委员会第五次会议政治决议（草案）。

二十八次常委会　3月31日召开。会议传达学习全国两会主要精神和习近平总书记在党史学习教育动员大会上的重要讲话精神；市委党校老师讲授党史主题党课；通报《市政协2021年主要工作运行表》《市政协2021年协商计划》《市政协2021年重点提案、建议案》；审议通过《政协克拉玛依市委员会专门委员会工作通则》；征求市政协领导班子、机关领导班子巡视整改专题民主生活会意见；审议有关人事事宜。

二十九次常委会　6月9日召开。会议传达学习《习近平在敦煌研究院座谈时的讲话》和《习近平新时代中国特色社会主义思想学习问答》——如何讲好中国故事，解决好“失语就要挨骂”的问题；《全国政协致新疆维吾尔自治区政协成立70周年贺电》《陈全国同志在庆祝新疆维吾尔自治区政协成立70周年座谈会上的讲话》和第三次中央新疆工作座谈会和自治区政协十二届十六次常委会议主要精神；审议通过《关于进一步加强和改进反映社情民意信息工作的意见（草案）》；市委宣传部通报文化润疆工作开展情况；市文旅局、总工会、团市委代表和三名委员进行交流发言；市政协领导进行文化润疆主旨发言；市委领导和市政协领导分别做重要讲话。

三十次常委会　11月16日召开。会议审议通过有关人事事宜；传达学习中共第十九届中央委员会第六次全体会议精神；全国政协宣传思想工作座谈会、全国地方政协秘书长工作交流座谈会、全国政协系统党的建设经验交流会主要精神；中共新疆维吾尔自治区第十次代表大会精神；中共克拉玛依市第十二次代表大会精神；审议通过《政协克拉玛依市委员会关于加强和促进人民政协凝聚共识工作的实施意见》（草案）；市政协党组书记做重要讲话。

（文强）

【市政协主席会议】2021年，克拉玛依市政协召开6次主席会议。

二十一次主席会　1月29日召开。会议审议通过市政协八届二十五次常委会议议程；审议通过关于召开市政协八届五次会议的决定（草案）；审议通过市政协八届五次会议议程（草案）、会议日程（草案）、大会秘书处工作机构（草案）、各组召集人名单（草案）、常委会工作报告和提案工作报告报告人名单（草案）、大会执行主席和主持人名单（草案）；审议通过市政协八届委员会常务委员会工作报告（草案）；审议通过市政协八届委员会常务委员会关于提案工作情况的报告（草案）；协商讨论相关人事事项。

二十二次主席会　3月4日召开。会议协商通过市政协八届委员会领导分工；市政协2021年招商引资任务分工。

二十三次主席会　3月9日召开。会议协商讨论市政协2021年协商计划（草案）；协商通过市政协2021年建议案、重点提案。

二十四次主席会　3月31日召开。会议审议通过市政协八届二十八次常委会会议议程；协商讨论有关人事事项。

二十五次主席会　6月9日召开。会议审议通过市政协八届二十九次常委会会议议程（草案）。

二十六次主席会　11月16日召开。会议审议通过市政协八届三十次常委会议议程（草案）；协商讨论有关人事事项。

（文强）

【专题会议】3月10日，市政协召开2021年党风廉政建设和反腐败工作会议。传达学习自治区纪委九届六次全会主要精神和市纪委十一届六次全会主要精神；书面印发《市政协党组2020年党风廉政和反腐败工作总结》和《2021年市政协深化全面从严治党工作要点》。

5月25日，市政协召开市政协“法治政府建设”视察工作会议。市司法局负责人介绍全市“法治政府建设”工作开展情况；与会委员前往政务大厅，视察“非现场执法”工作开展情况。

6月22日，市政协召开2021年建议案、重点提案办理协商会。市发改委通报《关于推进“十四五”高质量发展的建议案》办理情况；市住建局通报《关于继续推进克拉玛依市老旧小区综合改造力度的提案》办理情况并做提案承办

5月13日，乌尔禾区政协举办“书香政协·红色经典”诵读活动，营造了政协机关崇尚学习的浓厚氛围

单位交流办理经验发言；市卫健委通报《关于推动克拉玛依市公共卫生防疫系统建设的提案》办理情况；市文旅局做提案承办单位交流经验发言；宋俊新、方四明委员对《关于推进“十四五”高质量发展的建议案》办理情况进行协商发言；张宝忠、王咏剑对《关于继续推进克拉玛依市老旧小区综合改造力度的提案》办理情况进行协商发言；朱敏、郭小泉对《关于推动克拉玛依市公共卫生防疫系统建设的提案》办理情况进行协商发言。

7月27日，市政协召开2021年上半年全市经济社会发展情况通报会。通报全市上半年经济社会发展情况；宋俊新、王荣欣、张志诚、林月、陈彦5名政协委员就克拉玛依市经济社会发展方面涉及新疆油田公司、油服企业、加强政府服务效能等提出意见建议。

7月29日，市政协召开克拉玛依市“书香政协”座谈会。克拉玛依区、独山子区、白碱滩区、乌尔禾区政协就“书香政协”工作作交流发言；崔磊、王咏剑两位政协委员代表分享读书心得体会；市政协党组领导向委员代表赠送书籍。

8月20日，市政协召开第二次2021年建议案、重点提案办理协商会。市发改委通报《关于进一步优化营商环境，提高服务企业效能的提案》办理情况；工信局通报《关于大力推动数字经济的提案》办理情况；李军、张志诚两名委员对《关于进一步优化营商环境，提高服务企业效能的提案》办理情况进行协商；林月、张振两名委员对《关于大力推动数字经济的提案》办理情况进行协商。

10月22日，市政协在克拉玛依区政协委员之家举办“书香政协·红色经典诵读”活动。克拉玛依区、独山子区、白碱滩区、乌尔禾区政协和委员代表进行红色经典朗诵；冯青蕊、吕卫国、黄亦胜、唐卫东、刘麒凡5名委员现场分享读书心得。

（文强）

专题调研

【法治政府建设调研】 2021年5月25日，市政协“法治政府建设情况”调研组，组织12名政协委员到市政政务服务大厅、自治区交通运输综合行政执法局克拉玛依执法支队等单位，通过现场走访、实地查看、互动交流、听取情况介绍、专题座谈讨论等形式，集中对克拉玛依市“法治政府建设”情况开展调研。形成《关于开展法治政府建设情况的调研报告》，针对“法治意识还需进一步加强”“普法工作质量还需进一步提高”“律师民主监督作用还需进一步发挥”等问题，提出“努力提高法治意识”“有效推动清欠工作”“扎实推进普法工作”“不断提升民主监督质量”4条意见建议。

（文强）

【市域社会治理现代化工作情况调研】 2021年7月14—25

日，市政协“学习考察市域社会治理现代化工作情况”调研组，赴陕西省宝鸡市、山东省济南市和潍坊市、天津市河西区、北京市石景山区和海淀区等在全国市域社会治理现代化建设工作中特色鲜明、具有一定示范效应的学习点位进行考察。形成《关于赴疆外学习考察市域社会治理现代化工作情况的报告》，结合克拉玛依实际情况，从“全方位加强社区网格化管理工作”“加快推进社会心理服务体系建设”“进一步发挥物业在基层治理中的作用”“提升科技引领社会治理能力”四个方面，提出“加快推进‘党建＋综治＋城管’多网融合试点工作，整合社区各类系统平台和手机App，切实减轻基层重复工作的负担”“建立健全基层心理服务网络，在街道、社区100%设立心理咨询室或社会工作服务站（点），探索心理服务专业医师和志愿者、社会工作者定期下沉社区服务机制”等16条意见建议。

（文强）

【石油石化和数字经济重点项目调研】 2021年8月3—10日，市政协“石油石化和数字经济重点项目视察”调研组，组织市区两级政协委员代表到玛湖油田、石化工业园区、中石油数据中心二期工程、云计算产业园区调研，通过现场视察、与企业座谈交流，了解克拉玛依市“十四五”时期部分石油石化和数字经济项目建设及规划情况。形成《关于石油石化和数字经济重点项目视察情况的报告》，从“抢抓国家双碳战略，加快调整区域用能结构，推进油地融合发展”“推动数字技术与实体经济深度融合，推动数字产业和智慧城市高质量发展”“增加服务企业的实效，切实解决企业困难问题”3个方面，提出“助推自治区成为全国一体化大数据中心协同创新体系国家枢纽节点，支持克拉玛依在全国范围内承接需后台加工、离线分析、存储备份等非实时算力业务，打造面向全国非实时算力保障基地”，开展“东数西算”示范工程，“发挥克拉玛依市国际互联网专用数据通道价值”等6条意见建议。

（文强）

提案征集办理

【概况】 2021年，市政协共收到提案166件，经审查立案129件（其中委员提案122件、党派团体等集体提案7件），合并处理15件，作为意见建议转有关部门22件。提案中，促进社会和谐稳定方面提案12件，占立案提案9.3%；经济建设方面提案28件，占立案提案21.7%；社会和民生方面提案59件，占立案提案45.7%；城建和环保方面提案17件，占立案提案13.2%；文化建设方面提案4件，占立案提案3.1%；政治建设方面提案9件，占立案提案7%。经主席会研究，确定2件建议案和4件重点提案，分别由主席、副主席领衔督办。截至10月底，129件提案全部办结，办复率100%。

（文强）

【推进文化润疆工程建议案】 2021年3月9日，经市政协八届二十三次主席会议确定为建议案。建议案围绕全方位、多层次、系统性推进文化润疆工程在克拉玛依市落实见效，从“坚持以社会主义核心价值观为引领”“坚持以巩固和发展民族团结为基础”“坚持以意识形态领域工作为保障”3个方面，建议：要把社会主义核心价值观教育纳入克拉玛依市干部教育、青少年教育和社会教育，融入全市社会发展各方面；要坚定中国特色社会主义文化自信，弘扬石油精神做好文化传承；广大文化文艺工作者应把培育和弘扬社会主义核心价值观，作为统领文化润疆工程前进方向根本任务；要把党的全面领导贯穿到做好克拉玛依市民族工作全过程、体现到加强民族团结各方面，确保民族团结进步事业始终沿着正确轨道向前推进；要进一步培育宣传力量，理直气壮讲好新疆故事，弘扬爱党爱国爱疆正能量，铸牢各族群众中华民族共同体意识；要巩固提升克拉玛依市成功创建“全国民族团结进步示范市”先进成果；要加强克拉玛依市宣传思想文化干部人才队伍建设。

（文强）

【推进“十四五”高质量发展建议案】 2021 年 3 月 9 日，经市政协八届二十三次主席会议确定为建议案。建议案为更好地编制“十四五”规划，推进高质量发展。建议：将煤化工纳入“十四五”规划，布局发展煤化工；抓住机遇发展煤电、煤化工产业；推进混合所有制改革，支持地方企业发展壮大；加快新能源、环保产业发展，开辟合作新局面；发展信息产业；大发展医疗健康产业；持续改善投资环境，增强招商引资吸引力。

（文强）

【优化营商环境的提案】 2021 年 3 月 9 日，经市政协八届二十三次主席会议确定为建议案。提案针对如何制定吸引人才、留住企业的政策，创造拴心留人的营商环境，从“完善政策，提高服务企业的精准性和有效性”“着力营造‘公平正义’的法治环境，切实维护企业合法权益”“强化督查，确保服务企业政策兑现落实”三个方面。建议：建立和完善市级产业发展导向政策，通过政策调整，引导克拉玛依市存量企业转型升级，吸引内地优秀企业入驻克拉玛依市，为产业经济全高质量发展积蓄力量；建立和完善企业投资融资政策；严格监管审慎用权；建立健全企业权益维护保障救济制度和企业维权保障基金，用于重点救济困难企业维权法律维权；营造政府“围绕企业、服务企业、帮助企业”纾困解难良好氛围，为企业稳心留根，健康发展创造条件和提供保障。

（文强）

【推动数字经济发展的提案】 2021 年 3 月 9 日，经市政协八届二十三次主席会议确定为建议案。提案针对克拉玛依市建立“一主多元”城市经济格局，从“坚持高位推动，加强顶层设计，将数字经济放至全局性战略高度进行谋划”“发挥石油石化数字化示范作用，创新体制机制，培育克拉玛依市数字经济企业，持续推进智慧城市建设”“发挥上海信息产业优势，探索发展沪克‘飞地经济’试验区”三个方面。建议：参照上海等地先进经验，从战略高度进行推进，将信息产业作为“一号工程”“一把手工程”；坚持强化统筹推进；发挥油田数据中心产业推动带动作用；建立沪克特别合作区；加紧各类人才集聚；利用上海援克契机，推进克拉玛依相关信息行业从业人员到上海挂职锻炼，邀请上海信息行业领军或高端人才到克拉玛依信息行业任职或挂职，实现沪克信息行业人才全面交流，为加快发展数字经济提供人才支持。

（文强）

【加大老旧小区改造力度的提案】 2021 年 3 月 9 日，经市政协八届二十三次主席会议确定为建议案。提案针对老旧小区改造，从“优化体制机制，拓宽资金筹集渠道”“逐步稳妥提升物业服务品质和效益”“试点探索停车有偿服务”和“土地存量挖潜”四个方面。建议：由政府主导组织专门力量制定专项规划，安排专项资金，同时注重引入市场机制，多元化筹措基金调动社会各方面力量共同参与，要坚持因地制宜，分类指导；梳理、划清产权，应由产权单位或企业业主筹措部分或绝大部分资金；明确出资渠道，老旧小区公共部位的水、电、热、暖、路、通信等线路管网和设备改造费用，在明确产权关系前提下，可由相关企业承担政府财政予以一定补贴；由建设和规划行政主管部门梳理确定相关政策法规，构建长效管理机制；整合“同质低效”物业资源，逐步形成规模效应；引导物业公司开展多元化服务，提高服务意识，定期组织培训，提升整体服务质量；做好宣传引导，使业主与物业公司建立起彼此信任的合作关系；规范业主和业主委员会自治行为；打造区级行政主管部门、物业服务公司、社区居委会及业主委员会四方联动的诚信体系，建立信用档案，完善物业服务费收费保障机制，提升全市物业服务水平，提高物业服务企业及业主诚信意识；逐步推广停车“有偿服务”，提升现有车位利用率；考虑规划建设地下停车场、探索试点立体停车楼的可行性，稳步推进相关工作；增加住宅小区充电设施配置。

（文强）

【推动公共卫生防疫系统建设的提案】 2021 年 3 月 9 日，经市政协八届二十三次主席会议确定为建议案。提案针对克拉玛依市在突发公共卫生事件应急能力上存在不足，克拉玛依市医疗服务体系应对传染病能力存在短板，传染病防控专业队伍力量严重缺乏问题。建议：增设突发公共卫生事件预防控制中心，建立健全重大传染病疫情防控工作体系；加强传染病实验室检测网络建设；优化传染病救治医疗资源配置，加强医院传染病救治能力建设，构建“平战结合”的传染病救治网络；加强基层应对突发公共卫生事件防控能力建设；建立或储备必要的物资生产线；加强学科和人才队伍建设，形成人员储备机制；加快信息化建设，推动“互联网 + 公共卫生”新模式。

（文强）

纪检监察

重要会议

【市纪委十一届六次全会】 2021年2月8日，中共克拉玛依市纪律检查委员会召开十一届六次会议。会议听取市纪委监委《贯彻新理念 奋进新征程 实现高质量 为完整准确贯彻新时代党的治疆方略提供坚强保证》工作报告。会议总结了2020年党风廉政建设和反腐败工作，部署了2021年工作任务，以电视电话会议形式召开至市辖区。自治区纪委监委有关领导到会指导，市委、市人大、市政府、市政协领导出席会议。

（冯吉睿）

【市巡察工作会议暨十一届市委第十轮巡察动员部署会】 2021年3月1日，克拉玛依市召开全市巡察工作会议暨十一届市委第十轮巡察动员部署会，会议传达学习习近平总书记关于巡视巡察工作重要指示精神、自治区党委书记专题会议精神，总结全市2020年巡察工作、部署2021年工作任务，对市委第十轮巡察进行动员部署。经市委批准，十一届市委第十轮巡察安排3个巡察组，对市委宣传部、市委教育工作委员会、市委史志办（市档案馆）、市中级人民法院、市财政局、市卫生健康委员会、市医疗保障局、市政务服务和公共资源交易中心8家单位进行常规巡察，对市辖4个区人民法院开展提级巡察。会议以电视电话会议形式召开，市委、市人大常委会、市政府、市政协副秘书长以上领导，市委、市政府各部门（单位）党组织主要领导参加会议，各区设分会场。

（冯吉睿）

【市纪检监察系统高质量发展推进会】 2021年4月29日，克拉玛依市纪委监委组织召开全市纪检监察系统高质量发展推进会，结合纪检监察系统内部督查和2021年前4个月工作情况，总结成绩、查找不足，对持续推进纪检监察工作高质量发展再动员、再部署、再安排。会上，对全市纪检监察系统两轮内部督查情况进行通报，从政治建设、主责主业、自身建设、作风建设4个方面向4个区纪委监委、9家派驻（派出）机构提出反馈意见，市纪委监委班子成员结合督查情况逐一进行点评，直面问题、直击痛处。会议还对今后一个时期重点工作进行全面安排部署。市纪委监委班子成员，各区纪委书记，机关各部室、各派驻（派出）机构负责人以及市委巡察机构有关领导参加会议。

（冯吉睿）

【十一届市委第十一轮巡察动员部署会议】 2021年6月23日，经克拉玛依市委批准，市委巡察工作领导小组组织召开十一届市委第十一轮巡察动员部署会。会议传达学习全国巡视工作会议暨第十九届中央委员会巡视动员部署会精神、全区巡视巡察工作会议精神，安排部署市委第十一轮巡察工作。市委第十一轮巡察将对克拉玛依区胜利路街道、独山子区金山路街道、白碱滩区中兴路街道、乌尔禾区柳树街街道4家单位开展提级巡察“回头看”。

（冯吉睿）

【市纪委第七次全体会议】 2021年9月16日，中国共产党克拉玛依市第十一届纪律检查委员会第七次全体会议在克拉玛依市举行。出席这次全会的有市纪委委员17人、列席会议15人。全会审议并通过《中国共产党克拉玛依市第十一届纪律检查委员会向中国共产党克拉玛依市第十二次代表大会的工作报告》，同意将报告提请中国共产党克拉玛依市第十一届委员会第十五次全体会议审议。

（冯吉睿）

【市纪委十二届一次全会】 9月27日，中国共产党克拉玛依市第十二届纪律检查委员会第一次全体会议举行，市纪委委员26人出席，全会选举第十二届纪律检查委员会常务委员会委员、书记、副书记，并报经克拉玛依市委批准。自治区党委批准的中国共产党克拉玛依市第十二届纪律检查委员会常务委员会委员和书记、副书记候选人全部当选。书记：何震，副书记：蒋德平、马元、阿扎提·霍加不都（维吾尔族），常委：肖陵（女）、蔡建国、李刚、刘兵、郭亚华。

（冯吉睿）

【市纪检监察系统2021年纪检监察工作汇报会暨纪委书记述职评议会】 2021年12月14日，市纪委监委召开纪检监察工作汇报会暨纪委书记述职评议会，会议总结2021年各级纪检监察组织工作，分析当前形势和任务，谋划2022年工作。会议为期2天，各区纪委监委、各企事业单位纪委、市委巡察机构、市纪委监委各部室、各派驻（派出）机构主要负责人逐一进行汇报。

（冯吉睿）

监督执纪

【概况】 2021年，市纪委监委坚持有腐必反、有贪必肃，始终保持惩治腐败高压态势，全市各级纪检监察机关接收信访举报1162件次，处置问题线索616件，立案201件，处分176人，移送检察机关13人。在纪法震慑和政策感召下，共有1人主动投案、13人主动向纪检监察机关交代问题。

（冯吉睿）

【纪检监察体制改革】 2021年，市纪委监委落实中央纪委国家监委、自治区纪委监委关于改革各项要求，重点探索深化派驻机构改革，落实月报告、季通报、年考核制度，实行由一名副书记、一名常委统管派驻（出）机构工作机制，强化资源力量调配、专项工作统筹、联合监督办案等，派驻监督质效得到提升。推动“四项监督”衔接融合，搭建“监督检查、审查调查室+对口联系派驻机构+区纪委监委”片组协作模式，建立片组例会、统筹协调、信息通报、督促检查等多项机制，有效促进“室组”联合监督、“室组地”联合办案，系统优势得到进一步发挥。不断丰富完善地企联动协作机制，持续加强与驻市央企纪检部门协作配合，推进情况通报、双向移交、资源共享等全方位联动，共同维护良好政治生态。

（冯吉睿）

【政治监督】 2021年，市纪委监委聚焦学习贯彻习近平新时代中国特色社会主义思想、习近平总书记关于新疆工作重要讲话和重要指示批示精神、完整准确贯彻新时代党的治疆方略、统筹疫情防控和经济社会发展、统筹发展和安全等重点任务，开展常态化监督检查，纠治问题416个，使“两个维护”成为自觉、见诸行动。

【专责监督】2021年，市纪委监委贯彻落实《党委（党组）落实全面从严治党主体责任规定》，履行协助职责和监督责任，协助市委落实党风廉政建设主体责任“两清单一报告”、深化运用“第一种形态”工作机制，督促全市各级党委（党组）领导班子梳理主体责任清单565条、班子成员梳理履责清单1132条，运用“第一种形态”485人次。落实中央、自治区党委关于加强“一把手”和领导班子监督意见，协助市委制定贯彻落实方案，强化自上而下监督。坚持把监督融入日常、做在经常，紧盯“关键少数”，用好谈话函询、检查抽查、受理信访举报等监督方式，抓好政治生态分析研判，全方位了解履责情况。坚持权责统一、失责必问，全年问责党员领导干部、监察对象6人。

【“四种形态”监督】2021年，市纪委监委深化运用“四种形态”，统筹运用党性教育、政策感召、纪法震慑，精准把握政策策略，做到纪法情理贯通融合。全年全市各级纪检监察机关运用“四种形态”处理626人次，其中第一、二、三、四种形态分别占70.3%、19.3%、4.8%、5.6%。

（冯吉睿）

【专项督察】2021年，市纪委监委立足“监督的再监督”定位，集中开展粮食购销领域腐败问题、供热领域漠视侵害群众利益问题等专项整治，推动相关职能部门落实责任、有效开展工作。

【纠治“四风”】2021年，市纪委监委落实中央八项规定及其实施细则精神，持续整治违规收受礼品礼金、公款吃喝、公车私用、大办婚丧喜庆事宜等问题，深挖细查隐形变异问题，全年开展7轮次监督检查。从讲政治高度整治形式主义、官僚主义，查处贯彻党中央重大决策部署只表态不落实、维护群众利益不担当不作为、违规向基层摊派任务等问题。坚持纠树并举，对日常监督、专项检查中发现问题深入分析、综合研判，推动相关职能部门完善相应制度机制、补齐监管短板。全力整治群众反映强烈的突出问题，持续纠治教育医疗、社保养老、生态环保等民生领域腐败和作风问题。紧盯群众关心关切，制定推动监督向基层延伸、推进基层“小微权力”规范运行工作方案，督促37家责任单位梳理出3类17项97条权力清单，并公开公示、主动接受群众监督。

（冯吉睿）

【换届监督】2021年，市纪委监委坚决维护换届纪律权威，围绕换届选举重点环节、关键步骤全过程跟进监督，确保市、区、乡镇换届工作风清气正。落实协同责任，配合开展政法队伍教育整顿，对涉及政法干部违纪违法问题线索优先受理、处置、核查，推动教育整顿取得良好成效。

（冯吉睿）

2月4日上午，市纪委监委监督检查组在市区某饭店检查公款吃喝问题（谭正阳　摄）

12月，市纪委监委对部分拟提任职务、职级干部开展公示期内廉政教育 （郭松林 摄）

【以案促改】 2021年，市纪委监委开展以案促改、以案促治工作，围绕重点领域典型案件剖析案发原因，发出有针对性、可操作性强纪检监察建议书16份，督促案发单位部门找准症结、完善制度、抓实整改，将办案、整改、治理贯通起来，发挥查办案件治本功能。

（冯吉睿）

【廉政教育】 2021年，市纪委监委开展第23个党风廉政教育月活动，拍摄警示教育片3部，对93名领导干部开展任前廉政测试，发挥市廉政教育展馆阵地作用，先后有371批9103名党员干部入馆接受廉政教育。

（冯吉睿）

巡察工作

【概况】 2021年，市纪委监委健全完善市、区两级上下联动工作格局，探索实行“驻巡组合”“巡审联动”模式，全年组织开展1轮常规巡察、1轮提级巡察和1轮涉粮问题专项巡察，共巡察20家党组织，完成十一届市委任期内巡察全覆盖。

（冯吉睿）

【巡察规范化建设】 2021年，市纪委监委开展“巡察规范化建设年”活动，实施“五规范五提升”工程，制定巡察组组长库、巡察人才库、巡察工作考核办法等制度47项，梳理巡察工作各类模版和标准流程75项。

（冯吉睿）

【巡察整改】 2021年，市纪委监委坚持发现问题和推动整改并重，制定巡视巡察整改日常监督、巡察整改和成果运用、巡察工作成效评估等制度，抓实中央第六巡视组、自治区党委第四巡视组以及市委巡察反馈问题整改日常监督，确保真改实改、全面整改。综合运用巡视巡察成果，推动职能部门建立制度78个。

（冯吉睿）

民主党派

【概况】2021年，克拉玛依市完成民革、民盟、九三学社3个民主党派换届选举工作，产生新一届领导班子。截至年末，民主党派共有成员177名，其中民革支部党员27人、民盟支部盟员92人、九三学社社员58人。民主党派成员主要分布在科研、教育、医疗卫生等领域，64%以上具有高级专业技术职务，处级干部8人，科级干部13人，人大代表、政协委员27人。

（陈兵）

【中国国民党革命新疆克拉玛依市委员会】2021年，新疆民革区委会直属克拉玛依支部共有党员27名，其中1人是自治区政协委员，5人是克拉玛依市政协委员，2人是克拉玛依区政协委员。组织开展集中学习，先后传达学习中共中央总书记习近平在全国两会期间发表的重要讲话精神和全国两会精神，深入学习第三次中央新疆工作座谈会、中共中央第十九届五中、六中全会精神。截至年末，民革克拉玛依支部1名政协委员参加自治区政协第十二届四次会议，向大会提交3份提案，5名政协委员参加市政协八届五次会议，共向大会提交5份提案。

（陈兵）

【中国民主同盟克拉玛依市委员会】2021年，民盟克拉玛依支部共有盟员92人，其中在职25人，占27.2%。在职盟员中，有区人大代表1名、市区政协委员9名。先后组织学习中共党史、习近平新时代中国特色社会主义思想、中共中央总书记习近平在庆祝中国共产党成立100周年大会上的重要讲话精神、十九届六中全会精神以及中央第三次新疆工作座谈会精神等活动。在自治区盟委和市委统战部的领导和支持下，完成民盟克拉玛依支部第九届委员会换届工作，开展了春节慰问老盟员活动。

（陈兵）

【九三学社新疆区委会直属克拉玛依支社】2021年，九三学社克拉玛依支社共有社员58人，其中市政协常委1人，市政协委员4人，县级政协常委2人、委员2人，县级人大代表1人。社员主要以从事科学技术及高等教育、医药卫生等方面高、中级知识分子为主，其中博士硕士7人，高级职称占比在95%以上。6月30日，九三学社克拉玛依支社召开第六次大会，选举产生九三学社克拉玛依支社第六届委员会委员，九三学社新疆区委会与中共克拉玛依市委协商提名的候选人全部全票当选，第六届委员会主任委员林月，副主任委员李家宁、曾蓉，委员吴涛、于化龙、佟箫兵、高则彬。11月，九三学社克拉玛依支社荣获九三学社中央委员会颁发的

"2018—2020 年参政议政先进集体"荣誉称号。

（陈兵）

克拉玛依市工商业联合会（商会）

【非公有制企业和个体工商户概况】 2021 年，克拉玛依市有非公有制企业总数（含小微企业）9239 家（不含分支机构），有个体工商户 30469 户，市工商联（商会）有会员 198 家，其中企业会员 160 家、团体会员 12 家、个体会员 26 家。

（佟磊）

【商协会党建工作】 2021 年 3 月，市工商联机关党委经市委直属机关工委批复成立，共有委员 5 人，机关党委书记由张新江担任（市工商联党组书记）。机关党委直属 8 个实体支部，分别为安徽商会党支部、河南商会党支部、陕西商会党支部、江苏商会党支部、四川商会党支部、家居建材行业协会党支部、山东商会党支部、商会联盟联合党支部，共有正式党员 72 名。全年指导陕西商会、河南商会、安徽商会 3 个党支部开展换届选举，选优配强支部书记；推进商会党组织建立，推动山东商会党支部单独成立，将装卸搬运行业协会并入商会联盟联合党支部，全市商协会党组织覆盖率 100%。全年共为 8 个党支部发放党建经费 4 万元，工作经费 3 万元，确保党员活动环境和条件得到切实改善。截至年末，商协会党支部发展 19 名入党积极分子，3 名预备党员，6 名正式党员。

（文艺）

【解决企业困难诉求】 2021 年，市工商联陪同市委、市政府领导对所属商会开展走访调研，并对调研中收集到企业问题形成专题报告报相关职能部门解决。配合市商务局做好"民企直通车"民营企业服务平台宣传推荐工作；配合市发改委做好克拉玛依政金企信息共享平台（"信易贷"）推广工作，支持中小微企业融资；与市信访局合作在政府服务热线 12345 中增设涉企问题解决路径；与市住建局联合对未来国际广场项目问题召开协调会并将问题办理情况及时向自治区工商联反馈；组织市中级人民法院、市江苏商会召开商会会员企业涉诉案件协调会。

（佟磊）

【非公经济领域培训】 2021 年 6 月 10 日，市工商联与市税务局联合举办商协会纳税人税费专题培训，80 余名商协会代表参加培训；7 月 13 日，与市科技局在市甘肃商会共同举办科技政策培训，各异地商会会员企业负责人或科技负责人 50 余人参加培训；组织 3 家企业参加中韩环保线上交流会。

（佟磊）

【引导民营经济服务公益事业】 2021 年 4 月 15 日、16 日，市工商联组织市四川商会走访慰问克区油建北社区、三坪镇振

6月10日，市工商联与市税务局联合举办商协会纳税人税费专题培训

（市工商联供图）

兴社区、金龙镇金华社区3个“访惠聚”工作队及30户社区困难家庭，送去6万元慰问金；6月17日、7月30日，携手市安徽商会对南泉社区、胜利社区、康城祥和苑社区“访惠聚”工作队和各族困难群众进行走访慰问，送去慰问金4.5万元；6月20日，携手浙江商会对金华社区“访惠聚”工作队和各族困难群众进行走访慰问，送去慰问金3万元。6月6日，市工商联与市浙江商会共同举办“庆建党100周年·弘扬抗疫精神”公益活动，活动中对全市6名抗疫先进个人代表进行慰问。

（佟磊）

【招商引资】 2021年，市工商联领取招商引资任务1亿元。全年共洽谈项目15个，引荐市外客商7个，市本级签约项目1个，上报储备项目5个，落实到位资金1.36亿元，完成任务额的136%。

（佟磊）

群众团体

克拉玛依市总工会

【概况】 2021年，克拉玛依市有基层工会组织442个（含驻市央企新疆油田公司），会员15.9万人（含驻市央企新疆油田公司）。

（蒲渊）

【文化润疆系列工会活动】 2021年，克拉玛依市总工会以“中国梦·劳动美·新疆好”为主题，开设“民族团结一家亲”职工书法作品展；与市委统战部、市“民族团结一家亲”活动领导小组办公室联合开展“最美石榴籽”主题摄影大赛，268人562幅参赛，评选出优秀作品94幅；开展“阅读经典好书·争当时代工匠”建党100周年读书征文活动，征集各族职工投稿259篇；与市羽协、网协、篮协联合开展“民族团结一家亲”职工羽毛球、网球、篮球赛，各区、各企事业单位职工4000余人参赛；按照《全国工会职工书屋管理办法（试行）》，采取共建共享形式，指导各单位开展职工书屋建设，全年共验收挂牌11家。

（蒲渊）

【劳动和技能竞赛】 2021年，克拉玛依市总工会开展“建功十四五’奋进新征程”主题劳动技能竞赛、自治区劳动技能竞赛，加大对基层劳动竞赛指导，推动基层劳动竞赛活动规范化开展。持续加大对劳动竞赛项目补助力度，加大与政府各部门横向联合开展力度，相继与市卫健委、市人社局、市消防局、市纪委监委、市邮政局联合开展“核酸检测采样技能竞赛”“市十二届职业技能竞赛”等多个领域的主题技能竞赛。全年下拨经费补助472万余元，覆盖各族职工5万余人。

（蒲渊）

【评优树先】 2021年，克拉玛依市总工会做好2021年全国、自治区“五一”评选表彰推荐工作，拓宽评选范围，向非公企业、农民工等群体倾斜，全市共有1个集体获得全国五一劳动奖状荣誉、1人获得全国五一劳动奖章荣誉、2个班组获得全国工人先锋号称号；共有2个集体获得开发建设新疆奖状荣誉、7人获得开发建设新疆奖章荣誉、3个基层班组获得自治区工人先锋号。

（蒲渊）

【劳动合法权益维护】 2021年，克拉玛依市总工会开展矛盾纠纷化解及和谐劳动关系风险排查，共完成6起自治区转办的舆情信息处置，有效化解风险点；开展2021年企业用工合同集体协商“春季集中要约”行动，将职工最关切的劳动报酬、工作时间、休息休假、医疗保险等事项作为协商重点，建立合理的工资分配共决机制、调整机制和增长机制。全年发出要约201份，收回201份，覆盖企业3664家，覆盖职工总数58864人。开展集体协商活动场次 201 场，签订工资专项集体合同 201 份，综合集体合同 69 份。开展根治农民工欠薪隐患排查工作，经走访、排查、法律维权宣传，切实保障农民工的合法权益。

（蒲渊）

【职工民主管理权益落实】 2021 年，克拉玛依市总工会开展 2021—2023 年企业民主管理工作，推动各类型企事业单位普遍建立职代会和厂务公开制度。截至年末，全市百人以上非公企业职代会建制率和厂务公开建制率均已达到自治区要求的 90% 工作目标；动员各企业开展“聚合力 促发展”自治区优秀职工代表提案征集推荐活动，新疆油田公司《关于加快智能化油气田建设的建议的提案》被自治区厂务公开领导小组选入《2020 年“聚合力促发展”全区优秀职工代表提案选编》。

（蒲渊）

【劳动保护监督】 2021 年，克拉玛依市总工会联合市应急管理局开展“落实三件大事，促进安全发展”主题征文活动，获奖作品在《克拉玛依日报》“安全文化”专栏连载，共刊发 29 期，开展安全生产“大讲堂”“大家谈”“公开课”“微课堂”等活动；联合市应急管理局、消防支队指导各级工会组织开展灭火器进职工家庭活动，截至年末全市各企事业单位已为 8.3 万职工配发灭火器材；指导各区总工会、各单位工会开展安全生产大检查工作，认真做好迎接国务院消防安全检查督导工作；根据自治区总工会“平安之星”候选人推荐工作要求，推荐独山子石化公司基层工会干部冀德全为“平安之星”候选人，已通过自治区总工会审核，向全国总工会报送。

（蒲渊）

【困难职工帮扶】 2021 年，克拉玛依市总工会按照《新疆维吾尔自治区总工会困难职工家庭认定和档案管理办法》规定，开展困难职工家庭审核、建档和精准帮扶、脱困工作，全市有建档困难职工家庭 1 户，发放帮扶金 0.22 万元；联合市财政局、市医疗保障局开展在职职工医疗互助保障工作，在职工自筹资金、自愿参加基础上，开展与职工生、老、病、死、伤、残或意外灾害、伤害等有关的互助互济活动，截至年末全市参加自治区在职职工互助保障活动职工 40819 人，市总工会补助金额 163.28 万元，共有 586 人享受补助；依托工会困难职工帮扶中心和帮扶站点，发动学校、医院、餐馆、超市等社会力量共同参与，推进户外劳动者服务站点建设，全年全市范围内 13 家劳动者服务站点挂牌，为户外劳动者解决“喝水难、休息难、如厕难”等现实问题。

（蒲渊）

【关爱职工】 2021 年，克拉玛依市总工会关心关爱女职工，开展“庆三八——祝福送给她”花卉馈赠活动、“书香三八”女职工书画作品征集活动以及女货车司机、卡嫂（卡车司机妻子）卫生健康包赠送活动；春节期间组织开展“稳岗留工暖心迎春”专项行动，对未返乡就地过年的农民工开展送温暖活动，慰问 237 户，发放慰问款物 5 万余元；“五一”期间，走访慰问全市劳模先进人物代表、“促经济发展”“保安全生产”“疫情防控、社会稳定”等重点部门一线职工 1000 余人次；高温酷暑时期开展“送清凉”活动，为火车站、飞机场、市公安局等单位一线职工送去慰问品；协同市卫健委共同开展争做“职业健康达人”活动，加强职业健康管理，保护劳动者职业健康；配合市人社局开展“春风行动”“工会就业创业服务月”“工会技能培训促就业行动”等就业创业服务活动。

（蒲渊）

共青团克拉玛依市委员会

【概况】 2021年，克拉玛依市共有44个基层团委（不含驻市央企）、23个团工委、37个团总支、1221个团支部，配备专兼职团干部3200人。全市共有共青团员25777人，其中中学团员24189人、高校团员12505人，有少先队员33144人。

（刘媛）

【中国共产党成立100周年纪念活动】 2021年，克拉玛依团市委开展庆祝中国共产党成立100周年系列活动。5月20日，开展“青春奋进跟党走、红色赞歌颂党恩”红歌线上接力赛；6月3日，开展“红领巾心向党”入队仪式暨喜迎“建党一百周年，争做新时代好队员”系列活动；6月28日，启动“青春向党·奋斗强国”宣讲比赛暨巡回宣讲活动。全年组织开展各类线上主题团（队）课活动，覆盖全市共青团员15余万人次，覆盖少先队员44.5余万人次。

（刘媛）

【青年思想政治教育】 2021年，克拉玛依团市委围绕建党百年和党史学习教育做好系列宣传报道。“青春克拉玛依”微信公众号共推出宣传报道400条，阅读总数达25余万次，其中8条阅读量突破千人。抓好“青年大学习”网上主题团课活动，累计46万人次参与打卡学习。组织全市各基层团干部开展“团干部讲党团课”活动90场次，覆盖1500余名团员青年。举办青年讲师能力提升培训班，全年开展宣讲54场次，覆盖4120余人。全市1127个基层团支部开展党史学习教育四个主题学习和主题团日活动，录入覆盖率均达到96%以上，覆盖团员38.8万人次。

（刘媛）

【基层组织建设】 2021年4月27日，克拉玛依市开展青年联合会换届选举，选举产生25名新一届常委。5月28日，克拉玛依市青年文艺体育联盟成立，选举产生青年文艺体育联盟第一届理事长、副理事长、理事、秘书长、副秘书长，产生联盟第一届理事会。8月至9月，指导全市112个社区（村）团支部完成换届工作。通过开展团建“百日攻坚”行动，新建“两新”团支部38个，其中单独建立团支部28个，联合建立团支部10个；新建青工委176个，按要求完成“两新”组织团建应建尽建工作。

（刘媛）

【先进表彰】 2021年4月28日，克拉玛依团市委举办克拉玛依市“青年榜样 永跟党走”宣讲报告会暨市级“两红两优”表彰会。共表彰全市共青团系统先进集体42个，先进个人148名；打造星级“青年文明号”，3个青年集体荣获全国“青年文明号”称号，7人获得自治区级青年岗位能手（标兵）。

（刘媛）

4月28日，克拉玛依市举办“青年榜样 永跟党走”宣讲报告会暨市级“两红两优”表彰会（团市委供图）

【青年交友活动】 2021年9月12日，克拉玛依团市委结合青年需求，开展“我为青年做件事——团·聚青年交友联谊活动”，共有48名青年男女参加。10月23日，开展“秋天的第一场郊游”“邂逅乌尔禾 相约胡杨林”团·聚青年交友联谊活动，84名单身青年参与活动，14名青年牵手成功。

（刘媛）

【志愿服务】 2021年，克拉玛依团市委联合市委组织部、市教育局、市财政局、市人社局印发《克拉玛依市落实〈关于系统深化新疆维吾尔自治区大学生志愿服务西部计划志愿者管理培养服务工作的意见〉的实施方案》，将西部计划志愿者纳入克拉玛依市人才库。2020—2021年度全市西部计划新疆专项志愿者规模110人，续签志愿者28名，续签率30.43%，其中留疆12名，留疆率63.15%。

（刘媛）

【青少年校外教育】 2021年，克拉玛依团市委持续开展与七师胡杨河市、八师石河子市等周边兵团地区“民族团结一家亲”融情营6期、覆盖青少年240余人次。5月18日，联合市青年联合会、市青年志愿者联盟开展“助力放飞微梦想·青春圆梦微心愿”志愿服务活动，帮助400名青少年实现“微心愿”。组织36名返乡大学生假期在社区开展“红领巾小课堂”320余场次，陪伴4500余名中小学生度过健康、快乐、充实的假期。

（刘媛）

【团干部队伍建设】 2021年1月起，克拉玛依团市委结合自治区团委“岗位大练兵”活动，逐级开展团务知识测试，全市共组织集体学习103场次，参与集中学习团干部1524人次。11月2—5日，克拉玛依区、独山子区、白碱滩区（克拉玛依高新区）分别举办基层团干部培训班，共有148名团干部参加培训。

（刘媛）

【少先队建设】 2021年5月29日，中国少年先锋队克拉玛依市第四次代表大会召开，会议共确定140名中国少年先锋队克拉玛依市第四次代表大会代表，35名少工委委员。10月13日，举办克拉玛依市第十届少先队辅导员专业技能大赛，从比赛中推荐6名选手参加自治区第十三届少先队辅导员大赛，共取得团体奖、个人综合奖、各类单项奖在内11个奖项。10月31日，独山子第七小学鼓号队代表克拉玛依市参加自治区团委、教育厅、少工委组织的第七届少先队鼓号队大赛，荣获一等奖。深化“共青团爱心生日会”特色品牌，为909名特殊关爱儿童集体过生日，参与学生15319人次。10月，团市委联合市中级人民法院开展2021年克拉玛依市青少年模拟法庭大赛，全市共有38所中小学参与，累计开展40场模拟法庭大赛，覆盖700余名青少年。

（刘媛）

【团员发展】 2021年，克拉玛依全市发展团员指标1345人，已发展1345人，完成率100%。其中学校领域发展1295人，完成率100%；社会领域发展50人，完成率100%。全年全市完成团组织关系转接3728人（含转往特殊单位61人），“学社衔接率”100%，“升学衔接率”99.8%，转出发起率100%，转出完成率97.7%。

（刘媛）

【青年之家建设】 2021年，克拉玛依团市委在全市新挂牌成立4所“青年之家”，累计建立14所“青年之家”。在“青年之家”开设公益书法培训班、摄影班、爵士舞班、吉他班、艺术插花班、网球班、羽毛球班等各类青年人喜闻乐见的趣味公益课，开展文体活动120场次，服务5315人次。

（刘媛）

克拉玛依市妇女联合会

【概况】 2021年，克拉玛依市妇女联合会下辖4个区妇联，13个街道妇联，2个乡镇妇联，107个社区妇联，5个村妇联，16个团体会员，9个机关和事业单位妇委会，7个两新组织妇女组织。

（郭静）

【巾帼志愿服务】 2021年，克拉玛依全市各级妇联组织推进巾帼志愿服务工作。在白碱滩区五亭、跃进两个社区新时代文明实践中心开展“巾帼志愿阳光行动”试点建设，示范带动巾帼志愿者队伍在组织、引导、服务妇女，维护妇女儿童合法权益等方面发挥作用。成立克拉玛依市玫瑰花宣讲团妇联分团。规范宣讲员队伍，做到有人员名单、有宣讲计划、有活动记录。帮助各区打造巾帼宣讲员队伍，指导各区学好党史、新中国史、改革开放史、社会主义发展史，讲好党的百年奋斗光辉历程，讲好新疆故事。开展妇女感恩教育全覆盖。6月30日，自治区妇联命名克拉玛依市独山子区“独库公路博物馆”为“新疆妇女爱国主义教育基地”。“三八”节活动期间，“嗨克拉玛依”新闻客户端“祝福送给她”活动专区留言近千条，阅读量超两万人次。

（郭静）

【基层妇联组织建设】 2021年，克拉玛依市妇联强化联系服务基层职能。坚持季度例会下沉各区召开，组织各区现场观摩、学习交流、取长补短。支持独山子区西宁路街道第十四社区和新北区街道第十八社区开展“权益组”“家风组”“发展组”“巾帼志愿者服务队”三组一队试点，调动社区妇联各界别执委工作积极性。截至年末，全市112个社区（村）完成新一届社区妇联换届，选举产生妇联执委1008人，其中来自各界优秀妇女560人。

（郭静）

【支持妇女就业创业】 2021年，克拉玛依市妇联支持永升嘉轩食品股份有限公司成功申报自治区农业巾帼示范基地，争取扶持资金5万元，用于员工培训、公司新产品研发；支持乌尔禾区金剪子理发店申报自治区靓发屋，获得扶持资金1.5万元。开展母婴护理（月嫂）培训和家政服务等技能培训；摸排全市家庭服务企业情况，组织优秀从业者参加自治区第五届家政服务员技能大赛。开展“最美家政人”故事征集，提高家政服务从业者社会影响力和职业价值感。

（郭静）

【巾帼岗位建功先进选树活动】 2021年，克拉玛依市妇联开展城乡妇女岗位建功先进集体和先进个人选树活动，先后推选出市级巾帼文明岗20个、巾帼建功标兵30个、巾帼建功先进集体10个。其中新疆油田公司风城油田作业区风城采油二站张玉华班组、中石油克拉玛依石化公司炼油化工研究院原油评价与化验中心获得全国巾帼文明岗及全国巾帼建功先进集体荣誉称号。另有5个岗位、4名个人、1个集体分获自治区巾帼建功先进个人和集体荣誉称号。

（郭静）

【家庭文明创建】 2021年5月15日，正值国际家庭日，克拉玛依市妇联在线上线下同步举办“文化润疆进家庭”——克拉玛依市2020年度最美家庭揭晓暨事迹报告会，2020年度全国文明家庭陈志兰家庭、抗疫最美家庭艾克热木江·热西提家庭、全国五好家庭肖刚家庭、全国最美家庭骆萍家庭及12户自治区最美家庭和72户市级最美家庭代表在现场参加活动并进行事迹分享，在线观看人数达2500人。11月28日，在中央宣传部、中央文明办、全国妇联于浙江嘉兴联合召开的“加强家庭家教家风建设工作”推进会上，克拉玛依市阿克木江·买买提家庭被授予2021年全国最美家庭荣誉称号。在党风廉政教育月期间，

5月15日，克拉玛依市2020年度“最美家庭”揭晓。图为“全国抗疫最美家庭”代表艾克热木江·热西提分享与母亲各自做好抗疫工作的故事（张珏　摄）

携手市纪委开展“颂党恩·传家风”优秀主题党日评选活动，收集各单位视频和文稿49个，网络投票关注人数近3万人；围绕“做廉妻慈母好女儿”主题，组织优秀女性成长故事分享。持续开展“爱心妈妈社区行”活动，排练出“继承党的光荣传统　弘扬中华民族传统文化　颂歌献给党”等精品项目走进南湖社区、黎明社区、和平社区、北斗社区为基层各族妇女表演。

（郭静）

【家庭教育提升】 2021年，克拉玛依市妇联支持全市基层社区打造各具特色“家文化”品牌。支持家庭教育研究会助力基层妇联，推进“家庭教育进社区”“家庭教育进农户”宣讲活动，累计开展230余场次，参加人数11000余人。自治区妇联“文化润疆进家庭”宣讲员到克举办讲座7场，220名各族妇女受益。做好家庭教育志愿者培训，依托党群服务中心在“周末课堂”开办“孕妇学校”“家长成长研修营”公益课68节。顺利通过自治区家庭教育“十三五”规划终期评估。12月28日，克拉玛依市家庭教育研究会2021年度会员大会召开。评选表彰优秀会员9人，优秀论文11篇。

（郭静）

【家庭服务联动】 2021年，克拉玛依市妇联在调研基础上撰写《离婚率影响因素及对策研究专题报告》报市委，制定下发《市婚姻家庭纠纷隐患干预机制建设工作方案》，推进各级各部门共同抓好和谐家庭建设工作。强化市婚调服务工作阵地作用，通过集中培训、实地观摩，提高婚调委调解员业务能力。坚持信访受理和纠纷调解工作规范化管理，全年“12338”妇女维权热线受理群众来访173件，调解成功率100%。开展《民法典》婚姻家庭篇宣传宣讲5场，3000余人受益。

（郭静）

【妇女儿童“两纲”目标任务实施】 2021年，克拉玛依市妇联完成“两纲”目标任务。1月25日，召开市妇儿工委全体会议，对妇女儿童发展纲要实施情况进行督导；3月，迎接自治区检查验收，克拉玛依市“两纲”工作得到自治区考核组肯定。成立新一轮妇女和儿童发展规划编制工作小组，着手开展市本级妇女儿童发展规划编制工作，推动“两规划”纳入全市经济社会发展“十四五”规划。

（郭静）

【爱心帮扶】 2021年，克拉玛依市妇联开展“爱心一元捐”活动，全年募集资金35万余元，用于372名困难妇女救助帮扶。对再生障碍性贫血患儿巩梓文等3名病患儿童给予1.9万元专项帮扶。在河南水灾、山西水灾期间，开展募捐共筹集善款5.44万元。全年通过“春蕾助学”活动，扶助40名春蕾学生共计12万元。联合市教育局推进儿童防性侵教育，进学校开展讲座100场。开展假期安全教育等主题线上宣传培训78场次。

（郭静）

【新兴领域妇联组织建设】2021年，克拉玛依市妇联对全市2505家“两新”组织组建妇女组织情况进行摸底，建立工作台账，通过“百日攻坚”行动，分别以组建妇联、企业女职工委员会或女工委员、妇委会、妇女小组和设立妇女联络人等方式，实现全市“两新”组织妇女组织100%全覆盖。做好“两新”组织妇女组织“三亮四有五抓”（即：亮妇联标识、亮工作机构、亮职责制度，有队伍、有阵地、有书报、有活动，抓思想引领、抓素质提升、抓岗位建功、抓团结关爱、抓权益维护）工作。通过市妇联支持一点、区妇联解决一点、企业自己做一点“三个一点”工作方法，实现妇女组织“三亮四有五抓”全覆盖。11月19日，克拉玛依市召开“两新”组织妇联组织“三亮四有五抓”工作推进会；12月2日下午，市妇联召开2021年市属国有企业妇女工作座谈会。

（郭静）

克拉玛依市科学技术协会

【概况】2021年，克拉玛依市贯彻实施《全民科学素质行动规划纲要（2021—2035年）》（简称《纲要》），举办宣传《纲要》讲座和展览，推动重点人群科学素质提升；组织开展“科技之冬”活动，普及和推广先进实用技术，提升农牧民科学文化素质；实施“智慧助老”项目，全年举办科普培训、科普报告等科普教育活动300余次，满足老年人学习需求。组织开展市级科普教育基地评估、命名工作，挖掘社会科普资源，引导、支持建立示范性科普教育基地。克拉玛依黑油山、世纪公园、独库公路博物馆、克拉玛依区小拐乡芳香植物园等25个单位被命名为克拉玛依市2021—2023年度科普教育基地。实施基层科普计划，奖补科普示范社区8个、农村科普带头人1个、农村专业技术协会2个、科普教育基地2个、科技教育活动特色示范学校10个；组织开展科普惠民活动50余场次，普及疫情防控、科学生活、应急避险、防灾减灾等科学知识。提升专兼职科普干部能力，举办基层科普人才培训班，36名基层专兼职科普干部参加培训。持续开展疫情防控应急科普宣传，发放“认识德尔塔病毒”宣传挂图和手册2万多份。

（钟雪晴）

【青少年科技教育品牌活动】2021年，克拉玛依市科协组织开展青少年科技教育品牌活动，为青少年参与科技竞赛和科学探究性学习搭建平台。全年先后举办第七届全国青年科普创新实验暨作品大赛（新疆赛区）“风能利用”命题克拉玛依市选拔赛、第35届克拉玛依市青少年科技创新大赛、克拉玛依市青少年机器人竞赛、克拉玛依市青少年创意编程和智能设计大赛、全国青少年高校科学营、“永远跟党走”科普中国云游红色教育基地、天宫课堂、“感受科学魅丽　点亮科技梦想”科普进校园、“我与科技馆”征文等10余项科技竞赛和科技实践活动，共有5000多名中小学生及科技辅导员参与各类活动。推荐优秀青少年和科技教师参加全国、自治区比赛，取得较好成绩。

（钟雪晴）

【特色科技教育】2021年，克拉玛依市科协组织开展青少年科技教育活动特色学校和科技教育活动特色示范学校认定工作，全市共有21所学校被命名为市级青少年科技教育活动特色学校，10所学校被命名为科技教育活动特色示范学校。并对10所科技教育活动特色示范学校进行奖补，各中小学校结合学生发展需求，开展科技周、科技月、校园科技节、科普研学等系列科技教育活动，全年约1.5万名学生参与活动。支持南湖小学打造青少年科技教育特色活动项目，赠送一批克拉玛依本地植物标本，助力南湖小学建立校园植物科普教育基地。组织开展青少年科技辅导员专业水平认证工作，20名科技辅导员取得初级认证资格，14名科技辅导员取得中级认证资格。加强科学教师培训，组织科技辅导员参加自治区科协、中国科协举办的线上线下培训，提高科技辅导员的专业能力。2021年，克拉玛依市科协获得自治区第35届青少年科技创新大赛优秀组织单位荣誉称号，克拉玛依市南湖小学、第十六小学、第三中学、独山子第一小学、独山子第一中学5所学校获得机器人竞赛优秀学校荣誉称号。在第三届自治区青少年创意编程与智能设计大赛中，克拉玛依市第十五小学、第五中学和独山子区第五小学荣获“优秀组织单位”荣誉称号。

（钟雪晴）

【科技人才表彰】 2021年，克拉玛依市开展第六届自治区科普奖和第十届新疆青年科技奖推荐工作，克拉玛依区小拐乡卫生院、青少年科技活动中心董庆明分别获得第六届新疆科普奖集体和个人奖项，新疆油田公司工程技术研究院路宗羽获得第十届新疆青年科技奖。开展新疆“最美科技工作者”推荐工作，新疆油田公司工程技术研究院石建刚获得2021年新疆“最美科技工作者”称号。

（陶鲸义）

【院士专家工作站建设】 2021年，克拉玛依市驻市央企新疆油田公司院士专家工作站依托罗平亚、李根生两位院士及其研究团队，围绕油田增储上产重点领域开展前沿基础理论、新工艺技术、新材料体系研究攻关及转化。平台建设取得新突破，其中罗平亚院士团队培养新疆油田公司油化专业技术骨干2人，李根生院士培养新疆油田公司钻井专业工程博士1人。截至年末，工作站获得自治区科协拨付专项经费10万元，油田公司投入专项建设经费400万元。

（陶鲸义）

【科学知识普及】 2021年，克拉玛依市科协搭建基层群众参与科普文化活动平台，将科学知识普及、法治宣传和弘扬中华文化相融合，推进中华优秀传统文化和现代科学文化进社区、学校和乡村，引导各族群众养成科学文明健康生活方式，提高各族群众科学素质，筑牢抵御极端思想侵害防线。全年先后组织开展科技周、防灾减灾周、消防日、科普大篷车巡展、反邪教宣传教育进基层等群众性科普文化活动。订阅《知识——力量》《科学与生活》民语言杂志170份，每月发放到各社区，充实社区科普资源。

（钟雪晴）

【科普信息化建设】 2021年，克拉玛依市科协加强“科普中国”e站管理，推送和利用科普中国服务云线上特色科普文化资源，开展适合基层特点、符合群众需求科普教育培训、展览、咨询、竞赛等活动。发挥科技馆公众号作用，与市内有影响力公众号“城易服务”合作打造《科普先锋》线上栏目，根据公众关注热点、难点问题，采用“云展览”“云课堂”“云视频”等形式，传播科普信息和相关资讯，促进科普信息资源普惠，实现线上与线下双向互动式科普服务。

（钟雪晴）

【全国科普日活动】 2021年9月11—17日，市科协与全国同步举办主题为“百年再出发 迈向高水平科技自立自强”全国科普日活动。活动期间，全市各级科协组织、全民科学素质工作领导小组成员单位深入农村、社区、企业、学校，聚焦疫情防控、碳达峰碳中和、青少年科技、科技资源科普化、水利科普、乡村振兴、健康克拉玛依、防震减灾、应急避险和志愿服务等百姓需求和社会热点，组织开展克拉玛依市劳模和工匠人才创新工作室创新成果展、技能大师科普行动、"丝绸之路科学大讲堂"等50余场重点科普活动，有5万多人参与。

（钟雪晴）

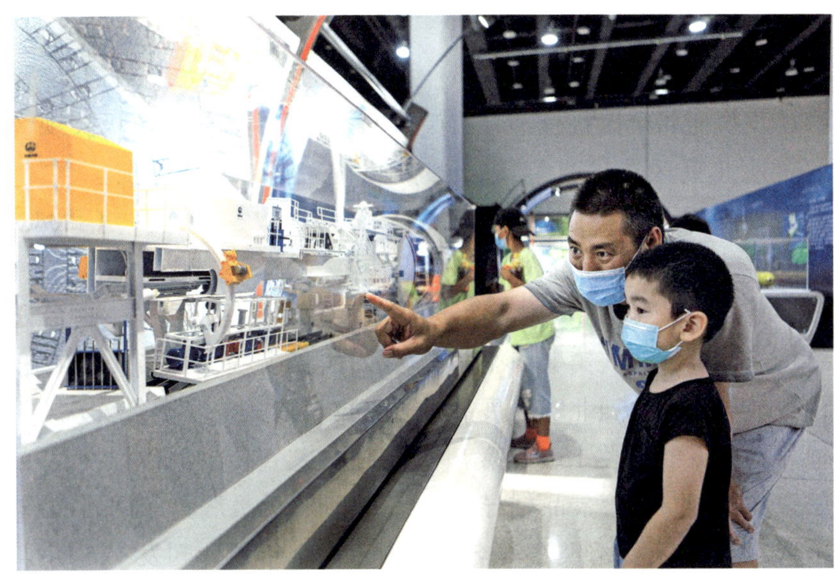

7月3日，在市科技馆展厅内，一位家长给孩子介绍盾构机剖面模型

（努尔买买提·艾山　摄）

【科技馆工作】 2021年，市科技馆组织开展"智慧科技·创享未来""相约科技·童创未来"线上科普等系列主题活动近百场，参与活动青少年达5万人次；结合现有展项资源，面向广大青少推出"展开想象的翅膀，放飞创新的梦想"研学活动、夏令营及冬令营活动近20场次；自主开发《好奇嗨死猫》《小病毒找新家》《骗子风波》3部科普剧，并在社区、学校累计展演30余场，吸引近千名观众。开展流动科技馆巡展活动，先后在白碱滩区、克拉玛依区、独山子区、乌尔禾区巡展，每站巡展时间3个月，吸引近万名群众参与活动。支持克拉玛依区科协实施"石油科普进校园"项目，开发石油科普校本教材，普及石油科普知识，弘扬石油精神，营造石油科普文化氛围，推动馆校双方深度融合。全年，市科技馆累计接待游客22.85万人次，各界团体90个1928人次；累计开展线上线下科普活动23场次；表演科普剧18场次；4D影院、天幕影院播放116余场次。

（刘玥含）

【人工智能推广】 2021年，市科技馆推进人工智能前沿科技普及项目。举办第二届克拉玛依市青少年无人机挑战赛，推进"科学起跑线"——人工智能实验室项目，开展人工智能技术普及进校园、进社区系列活动10余场，通过寓教于乐机器人竞技对战活动，让中小学生在机器人对抗过程中体验了解人工智能前沿科技知识。在科技馆日常活动中增设大疆Robomaster（机甲大师）、Cyberdog（机器狗）等人工智能机器人线下体验环节，开展活动50余场，吸引近千名观众。

（刘玥含）

【科普专题展览】 2021年7月，市科技馆为庆祝建党100周年引进的改革开放四十周年科技成就展——"创新决胜未来"展览正式向公众开放。展览面积1500平方米，展品56余件（套），共分为4个主题分区。9月中旬，引进"新冠之下·疫防万一"防疫主题展览，展览共分5个部分，向公众展示科技在抗疫中支撑作用，弘扬"生命至上、举国同心、舍生忘死、尊重科学、命运与共"抗疫精神，约2.5万名公众参观展览。创新开展"主题党日"系列活动，全年接待行政机关、企事业等团队82批次，惠及党员群众5000余人次。

（刘玥含）

【行业比赛及交流工作】 2021年，市科技馆组织科技辅导员参加“第七届全国科技辅导员大赛西北赛区选拔赛”“第五届全疆辅导员大赛”“2021年全国科技馆联合行动（西部区域）优质科学课资源评比活动”等行业比赛，荣获第七届全国科技辅导员大赛西北赛区展品辅导赛个人二等奖1名、第五届全疆辅导员大赛展品辅导赛个人三等奖及优秀奖各1名，第五届全疆辅导员大赛“优秀组织奖”荣誉称号。举办首届克拉玛依科技馆科技辅导员技能比赛，为科技辅导员搭建学习交流平台。

（刘玥含）

【规划馆改造】 2021年11月，市科协对克拉玛依城市规划馆实施改造。维修馆内设备，更新陈展内容，改造后的规划馆将作为展示克拉玛依市地域特点、人文气质、城市形象、招商引资、经济发展的重要平台，计划于2022年3月正式投入使用。

（刘玥含）

克拉玛依市文学艺术界联合会

【概况】 2021年，克拉玛依市文学艺术界联合会（简称市文联）下属文学艺术家协会9个，有团体会员单位6个，会员935人。其中国家级会员51人，省部级会员301人。全年组织举办文艺展演、文艺比赛10余场次，获得国家级奖项7项，省部级奖项154项。

（孟帆）

【搭建“互联网+”平台】 2021年，克拉玛依市文联依托“克拉玛依文艺”微信公众号，搭建文艺宣传、创作推介、教育培训、会员服务等网络工作平台，全年累计刊发128期推文和3个线上主题文艺作品展，内容涵盖庆祝中国共产党成立100周年系列文艺活动、推介本土名家名作等。推出“市文联—各文艺家协会—会员”三级贯通线上会员管理系统，为会员提供多功能服务。

（孟帆）

【文艺作品创作扶持】 2021年，克拉玛依市文联选定网络长篇小说《让瓜飞一会儿》、油画《大国重器》《红色进行曲》系列、书法《红心永远向着共产党》、书法《引水工程赞》《克拉玛依恐龙文化苑》《题克拉玛依油田》、摄影《洞见》、摄影《天山牧场——牧民人家系列》、歌曲《我和我的油田》、歌曲《我们在一起》、歌曲《一诺百年》、舞蹈《呼唤》、快板《天山路上的丰碑》、微电影《家长里短》、图书《和田玉鉴定与收藏宝典》、民间文艺《舞龙舞狮文化传承》等14项作品作为扶持项目。部分作品经公开展演，受到各族群众好评。

（孟帆）

【文艺精品创作】 2021年，克拉玛依市本土文艺精品入选国家级重点文艺作品扶持项目1件：尹德朝长篇小说《柳梭沟的春天》；入选自治区级重点文艺作品扶持项目9件：傅剑锋《国之重器·现代工业——傅剑锋中国石油系列美术作品展》、罗基础长篇小说《红树林》、赵明阔小品剧本《感恩的心》等。赵钧海散文《档案母亲》荣获《北京文学》2020年度优秀作品，并在《散文海外版》公众号全文推发；吾斯曼·卡吾里的散文《灰色的海鸥》荣获2020《民族文学》年度奖；王研充书法作品《红心永远向着共产党——记克拉玛依油田李保孚老人》入展国家重大主题书法创作工程——“伟业：庆祝中国共产党成立100周年书法大展”；张娟油画《红色旋律》入选“时代之光”第五届中国油画展，油画《红色进行曲2》入选精神·图式——第二届中国写意油画双年展；聂子竣《洞见》荣获第四届全国青年摄影大展潜力摄影新人奖；冯志斌、孙作兰微电影《远方来的主人》荣获第七届“根亲中国”华语电影短片大赛最佳短视频，微电影《铁老汉的夏天》荣获中国红色微电影盛典优秀作品奖；作家协会杨春创作长篇报告文学《魂归高原》被《西部》《新疆日报》连载刊发。

（孟帆）

【开展“我们的中国梦”——文化进万家系列活动】 2021年，克拉玛依市文联开展“我们的中国梦——文化进万家”等文艺志愿服务活动。组织市书法家协会文艺志愿服务小分队于元旦、春节期间为居民、企事业单位和驻地官兵书写春联1万多幅。组织市书法家协会、音乐家协会会员赴社区开展公益培训。市美术家协会付剑锋受邀参加自治区美术书法“石榴籽”文艺小分队，在和田市、墨玉县、皮山县等地开展采风写生、文艺培训等惠民活动。市音乐家协会钢琴学会、市摄影家协会开展公益培训讲座，市舞蹈家协会“文艺轻骑兵”演出团队深入基层演出累计20余场。

（孟帆）

【重大主题文艺创作活动】 2021年，克拉玛依市文联围绕建党100周年重大主题，举办美术、书法、摄影、民间文艺作品展、音乐、舞蹈、戏剧节目、影视作品展巡演等。启动克拉玛依市文艺创作和文化活动“七个一”活动，举办“永远跟党走”克拉玛依市美术、书法、摄影展，遴选作品200余件，同时推出3D线上展和优秀作品集，多形式展示在中国共产党领导下全面建成小康社会以及美丽克拉玛依建设取得重大成就；举办尹德朝《柳梭沟的春天》《父辈的丰碑》图书发行会暨研讨会。组织市作家协会撰写《荒原筑梦——克拉玛依城市工匠纪实》第二、三部。与市委宣传部、新疆作家协会共同举办“克拉玛依杯”剧作大赛。与相关部门共同推进“黑色石油·红色血脉”克拉玛依诗歌征集和中国诗歌秋晚暨克拉玛依诗会活动。举办“叙写身边好故事”“爱森杯”有奖征文活动。举办“红心永向党　携手奔小康”3D主题摄影展，展出摄影作品80余幅。举办“永远跟党走”克拉玛依市庆祝中国共产党成立100周年民间文艺作品征集活动，传承并传播中华传统文化。举办“大美新疆魅力克拉玛依”美术、书法、摄影（上海展）展等。与自治区舞蹈家协会、市委宣传部等单位共同举办“永远跟党走”第六届舞蹈大赛优秀作品展演暨文艺惠民演出。

（孟帆）

【文化交流】 2021年，克拉玛依市文联赴自治区文联承办“庆祝建党100周年系列活动——杨鸣山油画作品展”。与新疆生产建设兵团第七师胡杨河市联合举办“学史铸魂　文化润疆　文祖云师生版画作品展”，是胡杨河市成立以来首次个人作品展览。市文联作家协会杨春跟随自治区“帕米尔雄鹰——拉齐尼·巴依卡”专题采风团开展为期2个月主题采风创作活动，创作的长篇报告文学《魂归高原》被《西部》

11月8日，庆祝中国共产党成立100周年“大美新疆·魅力克拉玛依”美术书法摄影作品展在上海浦东新区艺术空间举行（市文联　供图）

《新疆日报》连载刊发。在浙江省展览馆、成都文轩美术馆等地举办“国之重器·付剑锋现代工业美术作品”巡展。

（孟帆）

【文艺人才队伍建设】 2021年，克拉玛依市文联邀请上海市作家协会4位老师到克拉玛依市开展“上海——克拉玛依”文学周暨“油田秋韵”采风活动，同步开展“文艺名家进高校”活动，与创作骨干进行互动交流。邀请上海市“高层次人才专家服务团”智力援克专家、书法家王玺到克拉玛依市开展书法创作培训讲座。邀请书法家苏明志来到克拉玛依，与市书法家协会会员及书法爱好者进行座谈交流。选派23名文艺骨干赴上海、浙江、乌鲁木齐等地参加全国中青年少数民族声乐骨干培训班、中国剧协第十届小戏小品编导研修班、全国市县文联文艺骨干网络培训班等专题培训和研学讨论。组织市音乐家协会、美术家协会会员及文艺爱好者参加由中央文明办三局、中国文联文艺志愿服务中心主办的“圆梦工程”文艺培训志愿服务行动线下培训活动。

（孟帆）

12月5日，“圆梦工程”文艺培训线下活动在克拉玛依市举办。图为教师为学员展示国画的运笔方式和技巧　（努尔买买提·艾山　摄）

克拉玛依市残疾人联合会

【概况】 截至2021年12月底，克拉玛依市共有持证残疾人5944人。按行政区划分类，克拉玛依区4081人，占68.66%；独山子区891人，占14.99%；白碱滩区920人，占15.48%；乌尔禾区52人，占0.87%。按残疾程度分，一、二级重度残疾人2219人，占37.33%；三四级非重度残疾人3725，占62.67%。按性别民族分，男性3311人，占55.70%；女性2633人，占44.30%；汉族4308人，占72.48%；少数民族1636人，占27.52%。

（张玲）

【第五届主席团第七次会议】 2021年4月30日，市残联召开第五届主席团第七次会议暨2021年残联工作会议，残疾人代表、残疾人亲友代表及助残先进代表、市区党政机关及企事业单位党政领导代表等共44人出席会议，市区残联工作人员列席会议。会议听取市残联《突出重点抓落实　开拓进取谱新篇　为全面促进我市残疾人事业高质量发展而努力奋斗》工作报告，对2020年全市残疾人工作进行总结，对2021年残疾人工作进行安排。经第五届主席团委员选举，王宗起当选为市残联第五届主席团执行理事会理事长。

（张玲）

【残疾人保障】 2021年，克拉玛依市修订出台《克拉玛依市扶助残疾人办法》，完善残疾人康复、就业、教育等扶助政策。6月，提高困难残疾人生活补贴和重度残疾人护理补贴标准（简称“两项补贴”），“两项补贴”标准由100元/月·人提高至150元/月·人，提标50%。全市纳入最低生活保障残疾人173人（其中重度残疾人78人），全年发放困难残疾人生活补贴21人3.035万元、重度残疾人护理补贴2108人297.18万元。发放无业残疾人生活费558人137.412万元。发放重度残疾人慰问金259人11.652万元。投入托养资金80余万元，托养残疾人120人。发放临时救助金3万元，救助残疾人6人。

（张玲）

【精准康复服务】2021年，克拉玛依市开展残疾人精准康复服务工作，为全市1121名残疾人提供基本康复服务，为67名精神病患者提供免费服药补贴，为70名肢体残疾人提供康复训练，残疾人康复服务率达96.55%。强化对残疾儿童康复机构监管和指导，投入专项资金129.14万元救助0～16岁残疾儿童160人，服务人数历年最高，残疾儿童康复救助实现全覆盖。白碱滩区被中国残联、国家卫健委确定为全国32个残疾人家庭医生签约服务重点联系点之一。

（张玲）

【辅助器具适配】2021年，克拉玛依市投入资金31.25万元，向460名残疾人免费发放辅助器具516件；开展听力助残活动，向26名听力障碍者赠送价值12.3万元数字助听器，残疾人辅助器具适配服务率达98.92%。克拉玛依市被自治区残联确定为建立残疾人辅具适配补贴制度试点市，形成《关于建立克拉玛依市残疾人辅助器具适配补贴制度的调研报告》，提出补贴制度初步方案。10月15日，在中国残联主办的中国国际福祉博览会暨中国国际康复博览会上，克拉玛依市残联作为“互联网+”辅助器具远程适配演示分会场，通过视频连线北京主会场，向大会作残疾人轮椅远程适配汇报。

（张玲）

【残疾人就业】2021年，克拉玛依市开展残疾人就业援助活动，举办残疾人就业双选会5场次，推荐安置50名残疾人就业。加强残疾人职业技能培训，举办残疾人烘焙培训班2期，培训残疾人50人次。向3名残疾人发放个体经营扶持金3万元，对7家超比例安置残疾人就业的用人单位发放奖励金66.65万元。

（张玲）

【残疾人教育】2021年，克拉玛依市实施“爱心天使”助学金项目，按照每人2000元标准，为2020年考入大学的3名残疾学生发放助学金6000元；实施义务教育阶段残疾学生及困难残疾人家庭学生教育补助项目，按照每人每年500元标准，为全市122名义务教育阶段在校残疾学生和困难残疾人家庭学生发放教育补助金6.1万元。

（张玲）

【残疾人文化活动】2021年，

1月以来，市残联组织开展以“关爱残疾人，服务在窗口”为主题的轮椅捐赠活动，捐赠36辆轮椅，加上之前为街道、社区配置的110辆轮椅，全市实现街道、社区轮椅配置全覆盖　（闵勇　摄）

克拉玛依市打造首个残疾人文化艺术展厅，以“增强中华文化认同、推进文化润疆工程”为主题，展出残疾人创作书画作品53幅。举办喜迎建党100周年“永远跟党走”残疾人书画展、庆祝建党100周年暨自治区首届“畅听王卡杯”听障演讲朗诵比赛、“永远跟党走”残疾人健步行、“品读红色经典铭记建党初心”为主题系列阅读、残疾人书法培训班等活动。向集中使用残疾人用人单位和残疾人赠送价值6万元党报党刊208份。

（张玲）

【残疾人竞技体育】 2021年10月，克拉玛依市10名残疾人运动员入选自治区残疾人体育代表团，赴陕西省西安市参加全国第十一届残疾人运动会暨第八届特殊奥林匹克运动会，共取得7金5银12铜优异成绩，5人荣获“体育道德风尚奖”。11月25日，新疆体育代表团参加第十四届全国运动会、全国第十一届残疾人运动会暨第八届特殊奥林匹克运动会总结表彰大会在乌鲁木齐举行，克拉玛依市特奥运动员王伟、王丹丽、罗粒元、赵思皖4人荣获“2021年自治区开发建设新疆奖章”。

（张玲）

【残疾人权益保障】 2021年，克拉玛依市通过开展普法宣传、法律救助、残疾人矛盾纠纷排查化解等工作，维护残疾人合法权益。全年投入21.9万元实施残疾人家庭无障碍改造59户，为11名取得汽车驾驶驾照残疾人发放补贴1.8万元。

（张玲）

10月29日，克拉玛依市残疾人运动员于诗瑞斩获全国第十一届残疾人运动会银牌。图为于诗瑞正在进行标枪决赛 （章文 摄）

【基层组织建设】 2021年，克拉玛依市抓好自治区先行示范社区克拉玛依区天山路街道城西古北社区残疾人协会建设工作。以村（社区）“两委”换届为契机，完成全市村（社区）残疾人协会组建工作，实现村（社区）残协建设全覆盖。

（张玲）

【争取资金支持】 2021年，克拉玛依市残联全年争取资金202.13万元，其中中央一般公共经费61.49万元、中央财政彩票公益金资金61.25万元、自治区残疾人就业保障金79.39万元。

（张玲）

克拉玛依市红十字会

【人道救助】 2021年，克拉玛依市红十字会开展“2021年度红十字博爱送万家”活动，将自治区红十字会下拨的100件博爱箱和500袋大米、350袋面粉、260桶油等价值63690元“送温暖物资”发放到1160户贫困家庭手中。

（蔡玮）

【应急救援队】 2021年，克拉玛依市共有蓝天救援队、天山救援队、绿丝带服务总队等3支具有专业护理知识、专业护理经验、专业师资队伍的应急救援队伍，形成以行业特色为主的红十字应急救援队伍。全年救援队开展应急拉练4次，参与人数64人次。其中蓝天救援队在每周四固定举办“蓝天大讲堂”，讲授和培训应急救护知识，并与消防支队共同参与“砺剑北疆2021地震救援综合演练”，通过扎营、搜救、防震自救，实操消防三梯次、三叠加灭火方式，掌握救灾技能；天山救援队18人以“在恶劣条件下如何开展搜救工作和急救内容相融合的方式”为主题，从接处险情到实际救援，开展野外训练，队员普遍掌握利用信息化装备，查看地形地貌，并使用奥维软件进行目标物寻找。

（蔡玮）

【应急救护培训】 2021年，克拉玛依市红十字会开展应急救护培训，对全市新入职公务员、机关工作人员、便民警务站工作人员开展救护知识普及培训，推动救护知识培训进社区、进军营、进企业。全年开展救护知识普及培训12场次，受益人数2900人次。截至年末，全市共有205人经过培训取得硫化氢上岗资格证书，690人取得救护员上岗证。

（蔡玮）

【干细胞、器官、遗体捐献】 2021年，克拉玛依市红十字会收集到造血干细胞捐献血样采集等数据129人次；为2名造血干细胞志愿者颁发荣誉证书。承办自治区应急救护推进年2021年北疆片区救护师资培训，全市有14人获得救护师资质；慰问2020年二次捐献造血干细胞志愿者杨光年和高分体检志愿者李秀辉，招募新疆红十字会志愿者232名。截至年末，全市签订捐献遗体、器官、眼角膜协议书62人，实现捐献遗体2例、捐献眼角膜3例、捐献器官2例。

（蔡玮）

克拉玛依市社科联

【概况】 2021年，克拉玛依市社科联有团体会员37个，其中市属协会17个。克拉玛依市社科联第二届委员会有委员45人。

（郭双雄）

【课题研究】 2021年，克拉玛依市社科联组织开展2021年度克拉玛依市哲学社会科学课题研究。做好选题申报的组织引导，开展“应用型”“对策性”研究，服务党委政府决策，扶持和引导本地社科研究。推进课题形式创新，在以往“自由申报、专家打分，综合评定”申报模式上，探索推行委托课题模式，分别就加强和改进思想政治教育、伊斯兰教中国化等重点选题，同市教育工委、市委统战部、市民宗局等单位进行沟通，深化部门之间协作攻关。全年收到市委党校、市各高校、市教育工委等单位申报课题申请80余份，17个课题通过立项评审会评审立项，19个年度立项课题按期结项。

（郭双雄）

【组织召开研讨会】 2021年，市委宣传部、市社科联组织召开学习贯彻第三次中央新疆工作座谈会精神专题研讨会、习近平总书记在庆祝中国共产党成立100周年大会上重要讲话精神研讨会和社科普及条例座谈会，全年共计召开各类研讨会7场次。其中围绕学习贯彻落实第三次中央新疆工作座谈会精神为主题的4场，以“依法治疆”为主题的2次、文化润疆为主题的1次、“团结稳疆”为主题的1次。

（郭双雄）

【社科普及】 2021年，市社科联主动搭建社科普及桥梁，推进社科普及工作工作。市社科联主动与各高校、各展览馆沟通，主动走访各区各部门各单位，搭建社科普及桥梁，出主意想办法，做好宣传服务。围绕学习宣传贯彻习近平新时代中国特色社会主义思想、第三次中央新疆座谈会精神、新时代党的治疆方略、弘扬社会主义核心价值观、民族团结、新疆历史等主题，组织专家学者、机关干部深入社区、学校、企业与公众面对面交流，解疑释惑，推动社科知识宣传普及。克服新冠肺炎疫情不利影响，全年组织社科工作者深入社区、学校、企业举办专题讲座6场，惠及群众500余人。

（郭双雄）

【召开市社科联一届三次全委会】 2021年，市社科联按照市委组织部、市两新工委要求，完成市社科联所属社会组织党建工作摸底，组织召开市社科联一届三次全委会。3月，通过实地走访、查阅资料、电话了解等方式，对市党史地方志学会、市法学会、市银行业协会等所属社会组织党组织建设情况和党建工作基本情况进行全面调研摸底；4月，完成所属30余家社会组织全面摸底。8月5日，组织召开市社科联一届三次全委会，社会组织、会员单位代表委员共计50人参会。会议审议和通过市社科联2020年工作总结和2021年工作计划，增补市社科联委员34名，补选胡林为市社科联主席。

（郭双雄）

【召开市社科联第二次代表大会】 2021年12月28日，市社科联按照市委要求和市社科联章程相关规定，经请示自治区社科联同意，在市机关一号楼第一会议室召开第二次代表大会，选举产生市社科联第二届委员会及领导班子。

（郭双雄）

8月13日，市关工委、市工商联与市慈善总会组织市异地商会爱心助学活动　（市关工委供图）

克拉玛依市慈善总会

【概况】 2021年，市慈善总会募集慈善款物价值6420001.98元。其中：助学公益金250000元，项目及爱心捐款5307374.8元，存款利息收入13594.98元；物资12705件（只、公斤），价值729935.2元。截至年末，共支出款物4884188.75元（善款4256393.55元、物资627795.2元）；其中：救助各类困难人员9304人，发放款物2306608.55元；慰问一线工作者1338人，共发放款物109982元；河南救灾款物2356133.12元；其他支出款物111375.08元。

（刘震）

【慈善助学】 2021年，市慈善总会落实市委、市人民政府“决不让一个困难家庭的孩子上不起学”要求，把“金秋助学”活动作为一项重要民生工程来抓，全年慈善助学救助942人，慰问中小学4所，救助资金538368.6元。

（刘震）

【慈善助老、助残】 2021年，市慈善总会以“永远跟党走”为主题，开展“慈善送温暖，受助感党恩”系列助老、助残慰问活动。全年共救助慰问困难老人466人次，投入救助资金50749元。全市共救助残疾292人，投入救助资金163715.2元。

（刘震）

【慈善助困】 2021年，市慈善总会推进慈善精准帮扶，从群众关注热点入手，聚焦困难群众“急、难、愁、盼”，全年救助困难人群1601人，发放救助善款（物）846655元。

（刘震）

【慈善助医】2021年，市慈善总会发扬人道主义精神，对家庭困难就医患者提供社会救助，确保患病人员能及时得到有效治疗。全年共救助3人，发放救助善款707120.75元。

【捐助河南灾区】2021年7月，河南省因特大暴雨受灾，为帮助河南受灾群众渡过难关，市慈善总会发起“全力以赴驰援河南”救灾倡议，全市共收到款物计235.6万元，全部善款和物资第一时间运往河南灾区。

（刘震）

【组织开展“9·5”慈善日活动】2021年9月，市慈善总会开展“9·5”慈善日系列活动。9月1日，市慈善总会联合市总工会、团市委、市妇联、市工商联联合开展“中华慈善日”线上线下募捐活动启动仪式，当天募集善款50.3万元、募集物资价值22.6万元。9月5日慈善日当天，市慈善总会联合克拉玛依区私营个体协会主办“爱在私个协·情暖千万家”慈善晚会，晚会现场通过义拍义卖等形式筹集捐款26649元。活动期间，共收到款物112.81万元，其中善款88.71万元；物资1800件，价值24.1万元。

（刘震）

7月26日，喜欢餐饮公司通过克拉玛依区慈善协会捐款20万元驰援河南灾区

（喜欢餐饮公司　供图）

【爱心名录】2021年，市慈善总会接收党政机关、社会各界企事业单位冠名项目和爱心捐款情况如下（排名不分先后）。

市直机关情暖一元捐项目　共15家单位捐赠，捐赠11738元。

一张纸献爱心捐款项目　共29家单位捐赠，捐赠5385.92元。

冠名捐款项目　福彩助学项目250000元；市直机关工委“民族团结一家亲益起走”57236.99元；克拉玛依日报社日报“爱心行动”项目697352.25元；私营个体经济协会“私个协爱心基金”114149元；驰援河南项目2078133.12元；“油城慈善　情暖万家”项目311142.06元；克拉玛依女企业家协会“温暖人间”项目50000.02元；新疆妇女儿童发展基金会爱心一元捐项目584200元；克拉玛依市润生商贸有限公司“贵州茅台　润生关爱”项目90000元；克拉玛依和家乐商贸有限公司和家乐爱心基金200000元；克拉玛依市河南商会豫商善德项目110000元；克拉玛依市富国国际汽车城开发有限公司浙善常青项目102000元；克拉玛依市鼎泰建设（集团）有限公司共享未来项目365534元；克拉玛依市油苗公益协会油苗公益项目100000元；克拉玛依市华旗守押有限责任公司爱心项目41000元；克拉玛依市独山子区慈善协会独库老兵公益项目253562.58元；油泉志愿者项目28000元；律师协会法律援助项目19400元；赵文芳捐赠救助郑维维项目3000元；风城油田作业区采油二站为爱

公社项目25344元；吴安、吴昕宸、张书琴爱心幼苗捐赠1000元；石晓龙定向捐赠南泉4—9项目600元；王保良五老爱心项目捐赠2000元；罗汐、王晶爱心助学1200元；赛米·格依提赛米·赛达尔助学金2000元。

爱心人士、爱心企业及无名爱心人士捐款 祝玉江300元；克拉玛依市乐智教育培训中心1583.18元；李白2000元；新疆曙光木业有限责任公司捐赠30000元；陆崇阳2350元；甘肃商会爱心2000元；方静600元；桂茂林、聂群、桂尚源疫情防控10000元；工行利息13594.98元；克拉玛依区残疾人协会爱心445.5元；克拉玛依市乾盛物业服务有限责任公司捐赠2500元；爱心人士（未留名）1618.18元。

（刘震）

法治

人大立法

【《市人大常委会2021年立法工作计划》编制】 2021年，克拉玛依市人大常委会在对拟确定立法项目必要性、可行性等问题进行论证基础上，起草《市人大常委会2021年立法工作计划（初稿）》，分别确定本年度报批项目、一审项目、报备项目、调研项目以及继续修改项目。经市人大常委会党组同意并报请市委批准，3月30日，市委发文批准《市人大常委会2021年立法工作计划》。

（曹钰辉）

【《克拉玛依市养犬管理条例》修正】 2021年，市人大常委会组成由部分委员和市司法局、市住房和城乡建设局等政府有关部门，以及市人大常委会法工委等人员参加的起草组，开展养犬条例修订工作。起草组认真梳理总结养犬条例实施情况，研究养犬条例立法后评估报告，参考借鉴内地相关城市立法经验，深入4个区7个街道办、20多个社区开展法规修订调研，并多次征求市区两级政府有关部门、区人大、业界人士和立法专家顾问意见，形成养犬条例（修订草案）。经市第十四届人大常委会第三十九次会议审议通过后，报请自治区人大常委会审查批准。

（曹钰辉）

【《克拉玛依市区人大常委会街道工作委员会工作条例》制定】 2021年，市人大常委会法工委在学习地方组织法、代表法等相关法律法规，借鉴广东省、云南省昆明市、湖北省武汉市等省市有关地方性法规基础上，组织起草《克拉玛依市区人民代表大会常务委员会街道工作委员会工作条例》（简称条例）草案初稿，先后前往市辖4个区13个街道办事处开展条例草案立法调研，对条例草案初稿进行讨论修改，形成条例草案（征求意见稿），征求立法专家顾问和市司法局、市委组织部、市委编办、各区人大常委会等意见建议；同时，在克拉玛依市政府公众信息网和《克拉玛依日报》公开征求意见建议。经市第十四届人大常委会第三十六次会议审议通过后，经新疆维吾尔自治区第十三届人大常委会第二十七次会议批准，自9月1日实施。

（曹钰辉）

【《克拉玛依市人大常委会关于进一步优化营商环境的决定》制定】 2021年，市人大常委会法工委借鉴部分城市人大常委会在推进优化营商环境方面经验做法，经过调研，组织起草《克拉玛依市人民代表大会常务委员会关于进一步优化营商环境的决定》〔简称决定（草案）〕初稿，并多次进行讨论修改，并送市委、市政府有关部门、市政协征求意见和建议；根据反馈意见和建议，法工委经修改完善，形成决定（草案）

修改稿，并送政府各有关部门再次征求意见和建议。法工委结合各部门意见，修改形成决定（草案）审议稿。经市第十四届人大常委会第三十五次会议审议通过。

（曹钰辉）

【《克拉玛依市人大常委会关于加强检察公益诉讼工作的决定》制定】 2021年，市人大常委会法工委在对全市检察机关公益诉讼工作调研基础上，组织起草《克拉玛依市人民代表大会常务委员会关于加强检察公益诉讼工作的决定》〔简称决定（草案）〕初稿，多次进行讨论修改，并将决定（草案）初稿送市委、市政府有关部门和市人民检察院征求意见和建议；根据反馈意见和建议，法工委经修改完善，形成决定（草案）修改稿，报请法制委员会征求意见后，形成决定（草案）审议稿。经市第十四届人大常委会第三十七次会议审议通过。

（曹钰辉）

【《克拉玛依市人大常委会关于在全市公民中开展第八个五年法治宣传教育的决议》制定】 2021年，根据《中共中央、国务院转发的〈中央宣传部、司法部关于开展法治宣传教育的第八个五年规划〉的通知》精神，按照克拉玛依市委宣传部、市司法局联合提出的《关于深入开展法治宣传教育的第八个五年规划（2021—2025年）》要求，市人大常委会法工委成立起草小组，结合克拉玛依市“七五”普法成果，深入社区和有关部门，重点探讨新时代开展法治宣传教育工作基本思路，通过调研论证形成《克拉玛依市人民代表大会常务委员会关于在全市公民中开展第八个五年法治宣传教育的决议》〔简称决议（草案）〕初稿，在征求各方意见基础上，反复修改，形成决议（草案）审议稿。经市第十四届人大常委会第三十七次会议审议通过。

（曹钰辉）

政法委与综合治理

【教育整顿】 2021年，克拉玛依市将教育整顿作为重要政治任务，第一时间成立领导小组及办公室，围绕学习教育、查纠整改、总结提升三个环节重点任务，联动配合、同向发力，先后制定各类方案12个，召开各类专题会议50余次，沟通联络300余次，解决问题100余件，向驻点指导组汇报请示工作40余次，深入一线督导检查37次，发现整改问题200余处，全市政法系统共组织各类理论学习2277次，交流研讨517次，撰写心得体会2.5万余篇；举办习近平法治思想等专题讲座337场，讲专题党课283场；参观党建、廉政教育场所522次，作廉政教育报告57场，召开警示教育大会218场，党规党纪培训267场；选树政法先进典型167人，举办英模报告会78场。克拉玛依市教育整顿经验做法得到中央第十六督导组高度肯定，转发全疆推广。

（曹光显）

【隐患排查整治】 2021年，克拉玛依市聚焦危险物品、安全生产等重点领域，开展隐患排查整治攻坚行动，全年检查重点要素企业、单位、行业场所8051家次，发现整改问题隐患223处；检查重点运输企业291家次，发现整改隐患469项。发挥石油石化组监督指导作用，指导检查国有、非国有企业及部位5611处次，发现并督促整改问题6471项；先后对42家企业进行应急处置培训，组织现场演练、桌面推演35场，确保石油石化领域产业绝对安全。

（曹光显）

【平安建设】 2021年，克拉玛依市调整市平安建设领导小组，明确职责任务及运行方式，形成各负其责、协调联动、齐抓共管的工作格局。制定印发平安建设考核办法及细则。持续推动平安医院、平安校园等

市人防办工作人员向居民群众宣传防灾减灾知识　（翟元伟　摄）

平安行业创建和平安家庭、平安店铺等“平安细胞”创建工作，挖掘典型人物事迹，推荐克拉玛依“平安之星”候选人32人。全年组织开展各类宣传活动2100余场，入户宣传10万户次，受访30万人次，印发宣传单（册）10余万份。全市共组建平安志愿者队伍180支，招募7997人，开展各类志愿服务活动9300余场，参与10.3万余人次，累积服务时长24.4万余小时。全年共开展释法宣教373户519人次，集中宣讲484场9473人。

（曹光显）

【市域社会治理现代化试点】 2021年，克拉玛依市健全市域社会治理现代化试点工作领导责任制，完善市域版试点工作指标体系，与华东政法大学开展市域社会治理现代化规划研究合作，共同完成专题调研报告及五年工作规划，开展平安建设和社会治理大调研活动，各级各单位共完成调研报告150余篇、社会治理创新经验材料110余篇。成立多网融合试点工作专班，高位推动“党建+综治+城管+”多网融合试点工作，在独山子区、白碱滩区选取3个社区作为试点，按照全要素网格标准，全面梳理网格工作目录，制定工作流程、网格员工作手册，推动街道、社区党建、综治、城管等工作一体化运行。截至年末，全市共划分网格497个。完善以“党建+综治中心（网格中心）+”为重点基层社会治理模式，提升整体效能。

（曹光显）

【市域社会治理智能化建设】 2021年，克拉玛依市成立市新型智慧城市建设领导小组及12个专项组，对52家单位系统应用、数据建设情况调研摸底，制定发布项目建设三年行动规划。截至年末，已整合2162张数据表，36054个字段，总数据量1.3亿余条，初步形成智慧城市数据底座工程。明确油城数据公司作为全市数据管理主体，开发“市域社会治理”五色预警场景应用，推进“一网通管、一网通办、一屏观全局、一体联动指挥”治理新模式。“雪亮工程”三期项目建设通过国家评估验收。推动综治“9+X”系统实战应用，录入各类信息数据70万余条，核查32400条，平均核查率98.6%。深化跨部门大数据办案平台应用，完善平台运行功能、案件流转机制，全年依托平台流转案件862件。

（曹光显）

【防范化解矛盾纠纷隐患】 2021年，克拉玛依市制定出台全市加强诉源治理推动矛盾纠纷源头化解实施方案和工作责任制。在建设区级社会矛盾纠纷多元调处化解中心基础上，创新打造雅典娜社区、风云社区等一批矛盾纠纷多元调处化解创新示范点。截至年末，全市共调处矛盾纠纷4181件，调解成功率99.57%。以“最多访一次”为目标，深化12345政务服务热线“接诉即办”改革，整合19类政务热线，全年受理群众问题诉求25737件，

11月4日，2021年度克拉玛依市人民调解员骨干培训班在乌尔禾区委党校开班（市司法局　供图）

受理率100%，办结率99%。

（曹光显）

【法治宣传教育】2021年，克拉玛依市编制实施“八五”普法规划，坚持“谁执法谁普法”“谁管理谁普法”“谁服务谁普法”，采取专家访谈、每月一典、案例释法、线上课堂、问题答疑等多种形式，拓展法治宣传教育途径。截至年末，共举办法律知识讲座362场次，发放资料24081份，提供法律咨询1426人次，开展网络旁听庭审活动99次。

（曹光显）

法治政府建设

【概况】2021年，克拉玛依市先后召开市委全面依法治市委员会第四次会议、市委全面依法治市工作会议、执法协调小组全体会议，对全面依法治市工作进行安排部署，印发《克拉玛依市贯彻落实自治区党委全面依法治疆工作会议分工方案》，落实《政法机关建设法治化营商环境保障经济高质量发展实施意见》，制发《克拉玛依市营造更好发展环境支持民营企业改革发展的若干措施》等重大施政举措119件，审核招商引资过程政府合同（协议）61份，涉及金额346亿元。

（赵敏）

【示范创建】2021年，克拉玛依市加强法治政府建设督导，召开法治政府建设工作推进会，对全市新一轮全国法治政府建设示范创建工作进行动员。8月，克拉玛依市在全疆法治政府建设推进会上作为各地州唯一一个发言单位介绍法治政府建设经验，并获颁“全国法治政府建设示范市”牌匾。参加全国第二批法治政府建设示范项目和示范区创建，其中“个人法律费用保险制度”项目，被命名为第一批自治区法治政府建设示范创建项目。

（赵敏）

【行政立法】2021年，克拉玛依市召开2021年度地方立法工作会议暨立法协调会议，制定《市人民政府2021年行政立法工作计划》《2020年法律法规规章立改废目录》，制定《克拉玛依市区人民代表大会常务委员会街道工作委员会工作条例》《克拉玛依市养犬管理条例（修订）》2部地方性法规，颁布《市人民政府规章制定程序规定（修订）》《克拉玛依市病媒生物预防控制管理办法》2部政府规章，印发《克拉玛依市无偿献血管理办法》《克拉玛依市扶助残疾人办法》2件市政府行政规范性文件，组织深入基层立法联系点开展立法调研，完善依法行政制度体系，推动法治政府建设、文明城市创建及市域社会治理现代化方面立法，提高立法质量和效率。首次开展立法后评估工作，对全市制定的第一部地方性法规《克拉玛依市养犬管理条例》进行立法后评估，对《克拉玛依市养犬管理条例》进行修订。针对司法部《行政执法监督条例》《自治区警务辅助人员条例》等53项立法草案，提出200余条合理化修改建议。

（赵敏）

【行政执法监督】 2021年，克拉玛依市在全疆率先出台《克拉玛依市行政处罚“四张清单”指导意见》，全面梳理不予处罚、从轻处罚、减轻处罚和免予行政强制的“四张清单”。在全疆率先出台《克拉玛依市领导干部干预行政执法的记录、通报和责任追究规定（试行）》《克拉玛依市行政执法机关内部人员干预、插手行政执法的记录、通报和责任追究规定（试行）》，强化行政执法监督指导协调作用，确保执法人员依法公正执法，维护行政机关公信力。集中开展行政处罚案卷评查，对4个区政府、18个市政府部门357件行政处罚案卷，进行互评后逐一反馈意见，并对整改情况跟踪督办。加强对行政执法人员培训力度，牵头采取多种方式开展培训15次，共计培训430人次。

（赵敏）

【行政复议改革】 自2021年10月1日起，克拉玛依市全面推行行政复议体制改革，除实行垂直领导或以中央为主与地方政府双重领导的海关、金融、税务等行政机关和国家安全机关外，市、区两级人民政府按照“一级政府只保留一个行政复议机关”要求，由本级人民政府集中行使行政复议职责。市、区两级人民政府统一管辖以本级人民政府派出机关、本级人民政府部门及其派出机构、下一级人民政府以及有关法律、法规授权的组织为被申请人的行政复议案件，并以本级人民政府名义作出行政复议决定。市、区两级人民政府司法行政部门作为本级人民政府的行政复议机构，统一承担本级人民政府行政复议职责，依法办理本级人民政府行政复议案件。截至年末，全市行政复议体制改革全部完成。

（赵敏）

【政务信息公开】 2021年，克拉玛依市组织各级行政机关及时动态调整2021年度政务公开事项标准目录，做好卫生健康、食品安全、义务教育、社会保障、人才就业、养老服务、生态环境等民生领域信息公开，重点公开政策文件、服务和管理等各类事项的条件、程序和结果等信息5000余条。

（高小凡）

【政策发布解读】 2021年，克拉玛依市集中公开并动态更新现行有效的地方性法规、政府规章、规范性文件。围绕经济高质量发展、深化“放管服”改革优化营商环境、基本民生保障等方面，创新解读回应形式，确保群众看得到、听得懂，提升政策知晓度，提振发展信心。截至年末，累计通过政府网站、政务新媒体发布政策及解读信息600余条，召开新闻发布会5场，回应社会关切问题18条。

（高小凡）

【重点领域信息公开】 2021年，克拉玛依市面向社会公开国民经济和社会发展第十四个五年规划纲要及各类专项规划，动态更新工作职能、机构设置、权责清单、行政事业性收费、公务员招考等法定政府信息。加大地方债务、财政直达资金、惠民惠农等财政信息公开力度，推动财政补贴信息公开向基层延伸。各级行政执法部门均通过政府门户网站、信用中国（新疆克拉玛依）网站公开本部门行政处罚、行政强制设立依据、条件、程序等，并公开重大行政处罚决定信息，营造诚信守法市场环境。

（高小凡）

【政府信息公开申请办理】 2021年，克拉玛依市共受理公民、法人政府信息公开申请案件27件，均予以规范答复，未引起行政复议或行政诉讼，做到政府信息公开申请件件有落实、有回应。

（高小凡）

【政务公开载体建设】 2021年，克拉玛依市依托政府网站建成统一规范的政府信息公开平台，整合优化形成政务微博、微信等集群协同政务新媒体矩阵。截至年末，全市各级行政机关主办的政府网站、政务新媒体发布政府信息共计4万余条，政府网站、政务新媒体合格率达100%。

（高小凡）

【法治宣传教育】 2021年，克拉玛依市起草并实施全市“八五”普法规划、《克拉玛依市贯彻落实〈法治中国建设规划（2020—2025年）〉分工方案》《克拉玛依市法治社会建设（2020—2025）工作方案》，为各行业各部门履行“谁执法谁普法”“谁管理谁普法”“谁服务谁普法”提供遵循和参考。开展第十八个“宪法法律宣传月活动”“美好生活·民法典相伴”“‘12·4’国家宪法日”和“宪法宣传周”等主题活动，把重要党内法规列入法治宣传教育规划重要任务。采取专家访谈、每月一典、案例释法等多种形式，拓展法治宣传教育途径；发挥“互联网+法治宣传”作用，录制民法典宣传视频、制作民法典宣传公益广告，提升民法典知晓度。抓住领导干部这个“关键少数”，做好国家工作人员网络学法用法和无纸化考试工作。全年共举办法律知识讲座362场次，发放资料24081份，提供法律咨询1426人次，开展网络旁听庭审活动99次。

（赵敏）

公　安

【概况】 2021年，克拉玛依市公安局破获刑事案件36起、经济案件21起、毒品案件26起、电信网络诈骗案件92起，完成公安体制改革任务33项，实施安全保卫任务48起。全年组织举办各类警务培训2202次，参与人数23000余人次；组织演练47565次，参与人数267880人次。实现发案少、秩序好、群众满意、社会稳定、防疫有力良好社会局面。市公安局侦破“9·19”黑社会性质组织案专案组荣获集体一等功，胜利路派出所被评为全疆首批自治区级“枫桥式公安派出所”，白碱滩区分局刑警大队被授予全国青年文明号称号；董培武、塔斯恒·赛坎被授予“全国公安系统二级英雄模范”，苏恺荣立个人一等功。

（海新燕）

【机构变动】 2021年4月12日，克拉玛依市公安局森林分局更名为克拉玛依市公安局食品药品环境犯罪侦查分局（克拉玛依市公安局森林分局），设指挥中心、生态环境犯罪侦查大队、食品药品犯罪侦查大队和法制大队4个内设机构。

（海新燕）

【刑事犯罪侦查】 2021年，克拉玛依市公安局全年破获杀人、抢劫、强奸、伤害等八类案件36起，全部现发现破，破案率100%，实现自2016年以来连续6年八类案件全破；破获“2010·3·30”抢劫杀人案命案积案，实现自2009年以来连续13年命案全破。运用刑侦技术，开展“DNA集中比对会战”，通过“科技+人力”模式，帮助四川失散21年、克拉玛依市失散41年的2个被拐家庭团圆，认定监狱脱逃25年、61年2名监狱逃犯身份；打赢“惊雷”追逃行动歼灭战，抓获“惊雷”目标逃犯13名。

（海新燕）

【经济犯罪侦查】 2021年，克拉玛依市公安局共受理各类经济案件21起，立案19起，破案17起，刑拘10人，取保28人，逮捕8人，起诉19案39人，抓获在逃人员4人，扣押、冻结、追缴涉案资金1126.064万元，查封、追缴名贵手表、房产等资产，价值423万元，共计挽回经济损失1549.064万元。防范化解金融领域风险，破获一起市内某商业银行违法发放贷款案，抓获犯罪嫌疑人4名，涉案金额5114万余元。

（海新燕）

【毒品犯罪侦查】 2021年，克拉玛依市公安局结合“净边2021”“寄递渠道禁毒百日攻坚行动”“吸毒人员平安关爱”等专项行动和创建全国禁毒示范城市等重点工作，坚决遏制毒品问题发展蔓延，全年全市共破获毒品案件26起，抓获犯罪嫌疑人34人，缴获海洛因0.15克、冰毒1.66克、大麻340.05克、合成大麻素710.04克，查处吸毒人员60人次，抓获“惊雷1号”督捕逃犯1人。

（海新燕）

【网络犯罪侦查】 2021年，克拉玛依市公安局破获“4·21”“5·28”等4起跨境赌博案（网络开设赌场案），抓获犯罪嫌疑人13人。自主研发“克拉玛依市反诈综合平台”，构建预警防范体系，全年破获电信网络诈骗案件92起，实现百万以上部督案件全破；建立长效预警机制，成功劝醒51名已被深度洗脑准备打款群众，及时避免经济损失421.59万元；推广“国家反诈中心”App安装注册及功能使用，全市安装数突破27.6万人；将打击治理电信诈骗工作纳入全市综治维稳和平安建设考核，推动市、区两级成员单位制定内部反诈“绩效考核办法”，组织开展反诈小分队培训工作，落实通报约谈机制，利用新媒体平台开展反诈预防宣传，构建“全民反诈、全社会反诈”新格局。

（海新燕）

【社会面治安防控】 2021年，克拉玛依市公安局推进治安防控体系建设，推动警务机制改革，深化“百万警进千万家”活动，全年完成建党100周年等各项安保维稳任务48起。

（海新燕）

【交通安全管理】 2021年，克拉玛依市公安局交警支队全年共纠正各类交通违法行为53.7万余起，共发生一般以上交通事故115起，死亡28人，受伤96人，直接经济损失285300元；与上年同期相比事故起数减少8起，下降6.5%；死亡人数减少1人，下降3.45%；受伤人数减少5人，下降4.95%；直接经济损失减少46700元，下降14.07%。

（海新燕）

【便民服务】 2021年，克拉玛依市公安局推进机制体制和公安行政管理服务改革，共完成33项改革任务。共梳理市级公安政务服务事项40类，公布权责清单1155条。推出11项户政便民利民措施，开辟非工作日预约办理服务；优化营商环境，对大型用工单位、高等院校落户，实行派出所上门服务或批量预约、集中办理。推出12项交管便利措施，已实现25项业务网上办，邮政邮寄“不见面”服务，建设警保、警邮网点18个，设立汽车销售企业代办登记服务点8个，做到全市4个区服务全覆盖。落实出入境证件7个工作日办结举措，各类服务窗口均开通“服务先锋岗”，把“解难题、纾民困、办实事、送服务”作为公安政务服务标准。

（海新燕）

8月16日，交警在主城区吉祥路检查摩托车驾驶人的随车证件，提醒驾驶人员佩戴头盔和口罩　（田国建　摄）

检　察

【概况】 2021年，克拉玛依市、区两级检察院共办理各类案件1569件。其中，审查逮捕案件178件276人，审查起诉案件586件857人，刑事诉讼监督案件128件，民事诉讼监督案件499件，行政诉讼监督案件16件；公益诉讼案件142件；控告申诉案件20件。

（徐新明）

【刑事检察监督】 2021年，克拉玛依市、区两级检察院加强对刑事立案、侦查、审判及执行活动监督。在公安机关执法办案中心设立派驻检察室，提前介入并提出侦查意见92件次，实现从事后监督到实时监督、全程监督转变，提升刑事办案质效。监督公安机关立案7件、撤案4件。针对侦查活动提出书面纠正意见101件，同比增长621.43%；对应当逮捕而未提请、应当起诉而未移送的，纠正漏捕后起诉5人，追加起诉5人，追加遗漏罪行19人。检察长列席法院审委会35次，针对刑事审判活动提出书面纠正意见3件。针对刑罚执行活动提出书面纠正意见2件；开展服刑人员违规领养老金专项核查，监督纠正27人违规领取基本养老金81.19万元问题。贯彻“少捕慎诉慎押”理念，秉持客观公正立场，不批准逮捕63人（同比增长231.6%），不起诉158人（同比增长16.2%）；对13人开展羁押必要性审查并依法改变强制措施，既化解矛盾，又教育挽救。

（徐新明）

【民事检察监督】 2021年，克拉玛依市、区两级检察院全年办理民事生效裁判监督案件46件，提请抗诉1件，提出抗诉3件，提出再审检察建议1件。民事审判活动监督案件115件，民事执行活动监督案件122件。支持弱势群体依法维护自身权益，办理支持起诉案件214件。对发出再审检察建议未在规定期限内作出处理案件，跟进监督2件，均提出抗诉。广纳社会建议，依法组织公开听证167件。

（王子珍）

【行政检察监督】 2021年，克拉玛依市、区两级检察院围绕项目规划、社会保障等重点民生领域开展监督。受理行政裁判监督案3件，经审查，不支持监督申请6件（含往期案件），终结审查1件。将化解争议贯穿办案全过程，化解行政争议16件。对行政审判、执行活动提出检察建议12件。依托办案，延伸检察服务职能，提出促进依法行政检察建议12份，均被有关机关采纳。

（李亚莉）

【公益诉讼检察】 2021年，克拉玛依市、区两级检察院共立案142件，同比上升4.5%。对3起保护生物多样性案件提起诉讼，追回损害赔偿金8000余元；建立“河湖长＋检察长”“林长＋检察长”的工作模式，共筑保护河湖林草的“防护墙”。依托“公益诉讼守护美好生活”“公益诉讼检察为民办实事”等专项活动，针对城区周边建筑垃圾堆放、散煤污染、窨井盖破损、餐具消毒、饮用水水质安全、违规销售第二类医疗器械等，发出检察建议118份，行政机关回复整改113件。

（李亚莉）

【控告申诉检察】 2021年，克拉玛依市、区两级检察院落实首次信访院领导包案制度，全年接待来信来访308件次，受理各类案件71件，回复率100%，推动群众信访件件有回复实现由“做到”向“做好”转变。与信访机关建立涉法涉诉信访信息互联互通机制，形成化解合力，促进案结事了人和。集中治理重复信访积案15件，其中5年以上的10件全部办结。着眼救急、救残、救学、救长，两级院办理司法救助案件11件，发放救助金11.7万元。

（崔凌云）

【监所检察】2021年，克拉玛依市、区两级检察院开展社区矫正人员脱管漏管专项检察活动及剥夺政治权利执行专项检察活动。针对监外执行活动违法违规情形向有关单位提出书面纠正意见40人，均得到采纳。办理收监执行提请审查案件4件，办理收监执行决定审查案件1件。开展判处实刑罪犯未依法交付执行刑罚、违规违法办理减刑、假释、暂予监外执行、涉黑涉恶及“保护伞”案件财产刑执行等专项监督。对财产刑执行履职不当提出书面纠正意见39件，对其他刑事执行活动违法情形向有关单位提出书面纠正23件。办理刑事执行检察建议案件23件，建议均得到相关单位采纳。

（黄巍）

【扫黑除恶专项斗争】2021年，克拉玛依市、区两级检察院印发《克拉玛依市人民检察院常态化开展扫黑除恶斗争巩固专项斗争成果的实施方案》，依法推进扫黑除恶工作常态化开展。参与四大领域专项治理工作，与相关主管部门对接，成立扫黑除恶线索核查工作专班，对黑恶案件线索进行“回头看”，确保“保护伞”“关系网”无存量、无增量。全年共批准逮捕涉黑涉恶案件中另案处理人员（含在逃人员）6件13人，提起公诉9件28人，不起诉2人。

（田文磊）

【打击影响社会稳定和安全秩序刑事犯罪】2021年，克拉玛依市、区两级检察院严厉打击影响社会稳定和安全秩序刑事犯罪，批捕故意杀人、故意伤害、强奸等侵犯公民人身权利案犯罪嫌疑人27人，同比上升8.00%，起诉55人，同比下降12.70%；批捕“两抢一盗”案犯罪嫌疑人25人，同比上升13.64%，起诉59人，同比上升9.26%；批捕涉“黄赌毒”案犯罪嫌疑人17人，同比下降69.64%，起诉53人，同比下降44.21%。

（胥飞）

【打击职务犯罪】2021年，克拉玛依市、区两级检察院贯彻落实《关于加强和完善监察执法与刑事司法衔接机制的意见（试行）》，推进监检衔接工作规范化、法治化。推动出台司法工作人员职务犯罪、审执人员违法等线索双向移送机制，同步促进“对人监督”与“对案监督”融合贯通。保持反腐败高压态势，全年审查逮捕监委移送案件19人，起诉14人（其中自治区人民检察院交办2人）。先后办理乌鲁木齐市天山区委原副书记、区人大常委会原党组书记、纪委书记、监委主任周某某受贿案，中国石油天然气集团公司中国昆仑工程公司原党委书记、副总经理玄某某贪污受贿案等一批职务犯罪案件。

（孙书敏）

【落实认罪认罚从宽制度】2021年，克拉玛依市、区两级检察院发挥认罪认罚从宽制度化解矛盾司法优势，公安、法院、司法行政机关同向发力，全年认罪认罚从宽制度适用人数683人，适用率达89.05%；提出确定刑量刑建议403人，法院采纳率98.01%，让犯罪嫌疑人、被告人自愿向法律低头，提高司法质效，减少社会对抗。以《社区矫正法》实施为契机，联合司法行政机关开展专项监督，提出书面纠正意见40人，均得到采纳。

（胥飞）

【设立“社区检察官工作室”】2021年，克拉玛依市、区两级检察院探索市域社会治理新途径，设立“社区检察官工作室”，推行“金管家＋红助理”工作法，将法治触角延伸到社会管理最末端，以法治思维和法治方式完善社区管理、提升自治能力、化解矛盾纠纷，推进法治社区建设。

（胥飞）

【未成年人合法权益】2021年，克拉玛依市、区两级检察严厉打击侵害未成年人案件，提起公诉 21 人；受理撤销监护人资格案件 1 件，支持个人起诉 3 件，制发“督促监护令”8 人次，办理未成年人公益诉讼案件 11 件，未成年人救助 6 人次，依法向行政主管部门制发检察建议 14 份。为学校提供法律咨询、开展临界预防、参与社会综合治理等工作，履行法治副校长职责。以检察开放日、法治进校园、新媒体远程授课等形式开展有关法律法规宣传、预防校园欺凌、防拐宣传 60 余场，受众学生 22000 余人，发放防性侵宣传手册 3000 余份。

（孙书敏）

【服务经济发展】 2021 年，克拉玛依市、区两级检察院开展打击信用卡诈骗犯罪专项工作，起诉金融诈骗、破坏金融管理秩序类犯罪 4 人。针对办理案件中发现的相关职能部门存在监管漏洞和问题，发出整改检察建议 3 份，全部整改到位并回复，确保检察环节风险管控形成闭环。推进污染防治攻坚战，受理涉生态环境领域案件线索 24 件，立案 24 件，诉前程序 20 件，其中发出污染防治检察建议 8 件。对 8 名“因案致贫”“因案增贫”当事人予以司法救助，发放救助款 11.7 万元。

（徐新明）

【保障民营企业】 2021 年，克拉玛依市、区两级检察院贯彻落实市人大常委会《关于进一步优化营商环境的决定》，出台《关于充分发挥检察职能优化营商环境的意见》。落实服务民营经济 11 项检察政策，开展“涉非公经济案件立案监督和羁押必要性审查专项活动”，突出稳企业保就业，做到“少捕、慎诉、慎押”。建议公安机关对 2 名涉罪民营企业高管采取取保候审强制措施，最大限度减少对企业经营活动不利影响。

（徐新明）

【司法责任制改革】 2021 年，克拉玛依市、区两级检察院落实司法责任制，实行“捕诉一体”办案机制，发挥检察官联席会智囊作用，全市检察机关不捕率、不诉率、诉前羁押率均优于全疆值。落实以“案—件比”为核心案件质量评价体系，全市“案—件比”1∶1.05，保持良好运行态势。以院领导为“标杆”，入额院领导带头办理各类案件 607 件，其中信访案件和重大、疑难复杂案件 277 件，实现“数量”向“份量”转变。落实检察官一线办案制度，组建 22 个“专办 + 专研”办案团队。落实员额检察官动态管理、公务员职务职级并行制度。

（徐新明）

【科技强检】 2021 年，克拉玛依市、区两级检察院突出检察信息化建设，打造数字化“技术高地”。深度融合智慧检务与检察业务，率先参与全疆检察系统政法一体化办案平台、两法衔接平台、检察工作网建设三大试点工程，推进国产化设备替代，综合运用远程视频接访、远程提讯系统、听证系统、“12309”等平台，满足人民群众多元化法律需求，借助克拉玛依智慧城市优质资源，以“数字革命”赋能新时代司法办案和法律监督。

（孙开元）

【接受社会监督】 2021 年，克拉玛依市、区两级检察院配合市人大常委会专项调研，向常委会专题报告公益诉讼检察工作、刑事检察工作。坚持与人大代表联络常态化，支持人大代表、政协委员依法履职。全年开展检察听证 255 件次，主动邀请人大代表、政协委员、人民监督员参与公开听证 881 人次，推动矛盾就地化解。开展以“未成年人保护”“公开听证：让公平正义看得见”等为主题的检察开放日活动 13 次，邀请各界人士走进检察机关。深化检务公开，运用新闻发布会、“两微一端”等方式及时发布检察信息，公开程序性信息 1120 件，重要案件信息 87 件，法律文书 538 份，保障人民群众知情权。

（徐新明）

【检察体制改革】2021年，克拉玛依市、区两级检察院落实员额检察官遴选、退出机制，新入额10名、退出员额6名。落实“检察官权力清单”，健全检察权运行制约监督机制。落实检察官一线办案制度，入额院领导带头办案实现常态化，从“完成数量”转向“提高份量”，共办理各类案件607件，检察长列席审委会36次。

（徐新明）

【监检衔接】2021年，克拉玛依市、区两级检察院贯彻落实《关于加强和完善监察执法与刑事司法衔接机制的意见（试行）》，进一步推进监检衔接工作规范化、法治化。推动出台司法工作人员职务犯罪、审执人员违法等线索双向移送机制，同步促进“对人监督”与“对案监督”融合贯通。始终保持反腐败高压态势，先后办理了乌鲁木齐市天山区委原副书记、区人大常委会原党组书记、纪委书记、监委主任周某某受贿案，中国石油天然气集团公司中国昆仑工程公司（以下简称中国昆仑工程公司）原党委书记、副总经理玄某某贪污、受贿案等一批职务犯罪案件。

（徐新明）

【公开听证】2021年，克拉玛依市、区两级检察院落实《人民检察院审查案件听证工作规定》，坚持“应听尽听”，把公开听证作为审查办理案件的一种常态方式，全年开展检察听证255件次，公开听证251件次，不公开听证4件次；主动邀请人大代表、政协委员、人民监督员等参与公开听证881人次。

（徐新明）

【公共关系建设】2021年，克拉玛依市、区两级检察院完善12309检察服务大厅建设，落实“信、访、网、电、视频”五位一体要求，深化便民服务措施。全年公开程序性信息1120件，重要案件信息87件，法律文书538份，保障人民群众对检察工作的知情权和监督权。内外联动构建新型检律关系，实行一站式办理，落实“最多跑一次”，借助检察专网、远程提讯系统为律师会见搭建“云通道”，保障律师执业权利。常态化开展“检察开放日”“检察宣传周”活动，打造“阳光检察”。邀请人民监督员、人大代表开展案件质量评查活动，评查案件985件，发现并督促整改问题73项。主动接受人大、政协及社会各界监督，坚持法律监督工作报告制度，全年就公益诉讼、营造法治营商环境等工作向市人大进行专题报告。

（徐新明）

法 院

【案件审理】2021年，克拉玛依市中级人民法院及所辖法院共受理各类案件23210件，同比上升97.58%；审、执结21901件，同比上升84.49%。其中市中院共受理各类案件1223件，同比上升22.55%；审、执结1091件，同比上升11.90%。

（刘凤芹）

【刑事审判】2021年，克拉玛依市中级人民法院及所辖法院依法审结各类刑事案件519件。依法严惩黑恶势力犯罪，审结张某某案、毛某某案、肖某某案等社会影响较大的涉黑涉恶案件，判处罪犯49人。依法严惩危害人民群众生命财产安全犯罪，审结故意杀人、故意伤害、抢劫、绑架犯罪案件6件，判处罪犯9人。审结盗窃、诈骗、抢夺、敲诈勒索等多发性侵财犯罪案件13件，判处罪犯30人。审结刘某某等28人生产、销售、提供假药一案，保障群众生命健康安全。审结余某某等电信诈骗案8件，严惩侵犯公民财产和信息安全犯罪。审结毒品犯罪8件，判处罪犯28人。完善刑事诉讼与监察程序衔接机制，加强贪污贿赂案件中的财物处置。依法审结国家工作人员贪污贿赂案件1件3人，判处罚金160万元，追缴违法所得4273.8万元，重点审理中国石油天然气集团公司中国昆仑工程公司原党委书记、副总经理玄某某贪污、受贿一案，组织50名干部旁听庭审，发挥警示教育作用。

（刘凤芹）

【民商事审判】2021年，克拉玛依市中级人民法院及所辖法院服务保障经济社会高质量发展，出台优化法治化营商环境79条升级措施，依法审结民商事案件7039件。审结涉及企业物权、债权、股权等纠纷案件1563件，依法保护企业合法权益。审结与企业相关的金融借款、保险等金融类案件140件，引导和规范各类金融行为。

（刘凤芹）

【行政审判】2021年，克拉玛依市中级人民法院及所辖法院依法审结各类行政案件30件，行政机关负责人全部出庭应诉，邀请相关行政机关40余人旁听行政案件庭审，切实监督和促进行政机关依法行政，助力法治政府建设。

（刘凤芹）

【案件执行】2021年，克拉玛依市中级人民法院及所辖法院深化执行难综合治理、源头治理，配合自治区发改委开展限制失信被执行人入住星级酒店试点工作；在“嗨，克拉玛依”App曝光失信被执行人，点击量超过10万，助力全市诚信体系建设。推行执行事务集约化办理、执行指挥中心实体化运作、立（案）审（判）执（行）协调运行，提升执行效率效果，执行结案平均用时同比减少30.86天，因保全促成和解或自动履行案件超过600余件。定期开展执行案件评查和执行案款清理，提高执行规范化水平。截至年末，累计受理执行案件10569件，执结9892件，执行到位金额3.97亿元。

（刘凤芹）

【服务实体经济】2021年，克拉玛依市中级人民法院及所辖法院减轻企业诉累，全年2336家企业通过网上立案、跨域立案，实现“让信息多跑路，让企业少跑腿”，涉企案件平均审理天数17.5天，同比缩短15.5天。向企业发出司法建议、解决企业提出的具体困难10余次，帮助企业提高风险管理意识。起草17条措施由市委政法委印发，形成各政法单位和旅游业相关职能部门联合协作、齐抓共管、促进旅游消费的格局。在AAA级以上主要景区设立旅游巡回法庭，在景区开展旅游纠纷化解、旅游指引、法制宣传等工作，为游客和商家提供及时高效法律服务。与景区、文旅局、市场监管、金丝玉协会等单位建立多元解纷机制，全年已化解与旅游相关的纠纷25件。审结知识产权案件20件，助力创新城市建设。与公安、检察、知识产权保护中心签订协议，共建知识产权保护大格局。走访调研独山子石化、天利高新等23家具有自主研发能力企业，引导企业注重知识产权创新和保护，为企业发展和科研成果转化做好服务保障。设立3个人民法庭，服务乡村振兴和基层社会治理，满足人民群众高品质生活需要。乌尔禾人民法庭主动作为，为“西部乌镇”项目提供法律风险防范、村民搬迁引导、工程劳资和供需纠纷化解等司法服务，全程为乡村振兴重点项目护航。小拐乡28家农户因“退地减水”引发纠纷，金龙镇人民法庭迅速介入，通过诉前调解将矛盾纠纷化解在“萌芽”阶段，推动小拐乡法治乡村建设。

（刘凤芹）

【立案登记制改革】2021年，克拉玛依市中级人民法院及所辖法院落实立案登记制改革要求，当场立案、网上立案和跨域立案成为常态，全年网上立案12805件、跨域立案41件，网上立案率达到84.46%。

（刘凤芹）

【案件审理机制建设】 2021年，克拉玛依市中级人民法院及所辖法院推行类案与关联案件强制检索和文书自动纠错，全体干警全覆盖安装“聚法”检索纠错软件，促进案件质量提升。统一裁判尺度，召开专业法官会议145次，讨论案件235件，专业法官会议意见采纳率达到97%。将专业法官会议作为审委会的前置过滤机制，减轻审委会压力，提高审判效率。推进办案团队建设，合理分配审判资源，提高办案效率，人均结案95件，同比增加11件，审判执行团队最高结案3337件，同比增加1845件。优先适用小额诉讼程序，实现简易程序适用常态化，小额诉讼和简易程序审结案件占一审民事案件比重分别为29.89%、63.31%，平均办案周期分别为22天、26天。推行“分调裁审”机制改革，全市法院速裁团队审理完成58.72%的一审民事案件，平均审理期限不到11天，调解率、保全到位率指标在全疆名列前茅。针对常态化疫情防控下群众诉讼新需求，在线调解案件2476件，在线审理案件466件，电子送达14216次，网络查控案件8262件，司法网络拍卖成交额2299万元，用信息化手段跑出审判质效“加速度”。

（刘凤芹）

【“四类案件”监管】 2021年，克拉玛依市中级人民法院及所辖法院通过系统自动标注和院、庭长标注以及承办法官主动提请监管等办法，监管“四类案件”（涉及群体性纠纷，可能影响社会稳定的；疑难、复杂且在社会上有重大影响的；与本院或者上级法院的类案判决可能发生冲突的；有关单位或者个人反映法官有违法审判行为的）59件，对办案情况进行全流程、全节点监督管理。强化案件评查，对2018年以来全市法院的325件重点案件进行评查，对存在个别卷宗不规范、归档不及时等瑕疵问题的责任人通过批评教育、扣发绩效奖金等方式督促整改。

（刘凤芹）

【设立法官工作室】 2021年，克拉玛依市中级人民法院及所辖法院将降低民商事案件“万人成诉率”纳入市、区两级平安建设考核体系，压实各方力量参与诉源治理责任。在全市所有社区和乡村设立120个法官工作室，常态化安排法官到社区服务，使法官工作室成为全市法院参与社会治理的“前哨站”。

（刘凤芹）

【纠纷调解机制建设】 2021年，克拉玛依市中级人民法院及所辖法院与工商联、银保监会、律师协会等单位共建多元解纷机制，特邀各类调解组织80个，特邀人民调解员94人；向克拉玛依区和白碱滩区社会矛盾纠纷调解中心派驻调解团队，在市政务中心设立“诉前服务”窗口。截至年末，各解纷力量共诉前调解案件3881件。

（刘凤芹）

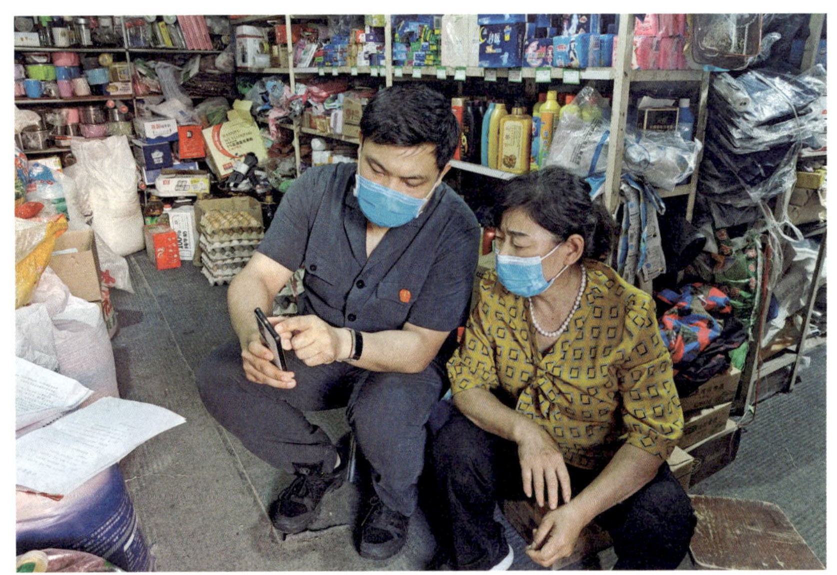

7月24日，白碱滩区人民法院法官现场教一位商户进行网上立案

（张晓惠　摄）

【司法救助】 2021年，克拉玛依市中级人民法院及所辖法院准确适用民法典，依法审结婚姻家庭、教育、医疗、就业等涉民生案件2728件，维护人民群众利益。全年向3名困难当事人发放救助金3.85万元，依法缓减免诉讼费91笔74.9万元。加大拖欠农民工薪酬案件的执行力度，执结该类案件211件，执行到位308万元。

（刘凤芹）

【廉政风险防控体系建设】 2021年，克拉玛依市中级人民法院及所辖法院新制定正风肃纪、执法司法监督方面的制度14项。坚持院、庭长带头办案，全市法院院、庭长共办理案件4146件，办结3989件，分别占案件总数的36.13%和36.91%，对办案数量未达到要求的院、庭长扣发绩效奖金并提醒谈话。

（刘凤芹）

司法行政

【概况】 2021年，克拉玛依市有克拉玛依区、独山子区、白碱滩区、乌尔禾区等区司法局4个，有司法所16个，律师事务所18个，公证处3个，基层法律服务所4个；有市级公共法律服务中心1个，区级公共法律服务中心4个，乡镇（街道）公共法律服务工作站15个、村（社区）公共法律服务实体平台112个。

（赵敏）

【公共法律服务体系建设】 2021年，克拉玛依市推动公共法律服务实体平台、热线平台、网络平台“三大平台”融合发展，畅通群众获得公共法律服务渠道。加快乡镇（街道）、村（社区）公共法律服务站室建设，完善村（社区）法律顾问工作机制，在乌尔禾区、市政务大厅设立公证办证点，加大公共法律服务供给。开展公证行业、律师行业突出问题专项治理活动，提升法律服务队伍执业形象，引导律师、公证行业自觉履行社会责任，提高公益法律服务水平。建立人才吸引政策，增加律师、公证员、法律援助人员、仲裁员数量，发展专职人民调解员队伍，在基层农村、社区培养“法律明白人”，实现公共法律服务提供主体多元化，提升法律服务队伍执业形象。截至年末，全市各公证机构办理公证11666件（国内10922件、涉外744件）；公共法律服务实体平台共接待咨询8142人次，“12348”法律服务热线共接听电话4777个；市仲裁委办理仲裁案件146件。

（赵敏）

【法律援助】 2021年8月，克拉玛依市对全市各级法律援助机构指派结案的740件法律援助案卷、96件人民调解经司法确认案卷进行同行评估，对整体评估情况进行全市通报，推动全市法律援助服务标准化规范化建设。规范法律费用保险理赔流程，开展“法援惠民生·助力农民工·关爱残疾人”品牌活动。截至年末，全市法律援助指派1130件（民事103件、刑事426件、认罪认罚601件）。

（赵敏）

【人民调解】 2021年，克拉玛依市发挥人民调解作用，先后开展“迎建党百年、促和谐稳定矛盾纠纷排查化解专项活动”“涉疫情矛盾纠纷集中排查化解专项行动”“根治欠薪冬季行动”。加强人民调解组织规范化建设，全市社区（村）调委会已全部完成换届。拓展民生领域法律服务，重点做好农民工、残疾人、老年人等法律服务和法律援助工作，杜绝、减少社会问题和社会矛盾。截至年末，全市各级人民调解组织共开展矛盾纠纷排查9296次，发现矛盾纠纷2968件，预防矛盾纠纷2452件，受理人民调解案件2769件，调解成功2691件，调解成功率97.18%，无一起民转刑案件发生。

（赵敏）

【律师管理】 2021年，克拉玛

6月17日，在白碱滩区（克拉玛依高新区）跃南社区“法官工作室”内，白碱滩区人民法院法官线上调解邻里纠纷　（唐金利　摄）

依市成立市律师行业党委，与市商务局联合成立“中小企业法律服务示范点”、与市工商联建立“律师联商会”工作机制，成立“市商会律师调解工作室”，与市党群服务中心结对共建，打造律师行业党建孵化基地，探索打造“法治先锋公益行”“法治·初心微党课”等共建项目。市司法局、律师协会开展“法治温暖行”公益捐赠活动，向喀什市伯什克然木乡9村幼儿园赠送过冬衣物、书籍等生活学习用品。截至年末，全市律师代理各类法律服务案件2794件，其中刑事案件427件、民事案件2346件、行政案件21件；办理非讼案件222件。

（赵敏）

【社区矫正】 2021年，克拉玛依市深入贯彻落实《社区矫正法》，提高教育矫正质量，促进社区矫正对象顺利回归社会、融入社会。

（赵敏）

【安置帮教】 2021年，克拉玛依市加强刑满释放人员安置帮教工作，落实安置、帮扶、教育措施，坚决防止帮教期内刑满释放人员再犯罪。

（赵敏）

【人民陪审员和人民监督员选任】 2021年，克拉玛依市完成人民监督员换届选任工作。截至年末，全市共有人民陪审员225名，共有人民监督员29名，其中自治区级8名、市级21名。全年人民监督员共参与监督履职91人次。

（赵敏）

【国家统一法律职业资格考试】 2021年，克拉玛依市完成克拉玛依考区2020年度、2021年度法律职业资格考试。年内颁发法律职业资格证书统一批次A证39人，同一批次C证35人，合计79人。

（赵敏）

仲 裁

【案件立案】 2021年，克拉玛依仲裁委员会共立案146件，案件涉案标的42872.41万元。其中：建设合同32件，占受理案件的21.92%；金融合同28件，占受理案件的19.18%；房地产合同7件，占受理案件的4.79%；买卖合同23件，占受理案件的15.75%；租赁合同24件，占受理案件的16.44%；股权转让1件，占受理案件的0.68%；保险合同5件，占受理案件的3.42%；物业合同6件，占受理案件的4.12%；其他合同20件，占受理案件的13.70%。

（杜垚蔚）

【案件审理】 2021年，克拉玛依仲裁委员共审结案件121件，结案率82.88%。其中：2021年度92件，占76.03%；其他年度29件，占23.97%。在审结案件中裁决结案68件，占56.20%；调解结案27件、经庭前调解当事人撤回仲裁申请的26件，和解调解率43.80%。

（杜垚蔚）

【案件调解】 2021年，克拉玛依仲裁委员为提高仲裁案件和解调解率和自动履行率，采取立案科室与律师现场对接，对无需立案或者有望和解的，直接进入快调通道，实行快速办理；在正式开庭之前仲裁庭合议总结案件争议焦点，组织双方当事人做好庭前书面质证，缩短开庭时人员聚集时间，提高庭审效率；对重点案件要求仲裁庭特别是首席仲裁员负责现场送达并释法解答，平复双方当事人对立情绪，推进仲裁裁决自愿履行；用好领导班子接访制度，定期接待当事人来访，解答当事人提问，现场对重点案件进行督办。全年未发生仲裁案件被人民法院撤销或者不予执行。

（杜垚蔚）

【专业化建设】 2021年，克拉玛依仲裁委员结合年度仲裁员回访和当事人反馈，加强仲裁员尤其是首席仲裁员专业化建设，提升庭审质量和效率；细化和完善案件审理过程中各阶段工作规范；创新庭审方式，鼓励仲裁庭利用休息日开庭审理等方式，提升案件结案率；实施未结案件报告制度、未结案件推进制度，落实仲裁庭考核奖惩制度，主动研究未结案件成因，多方协助和督促仲裁庭采取多种措施推进案件进程，避免积案产生。

（杜垚蔚）

千亿产业集群建设

综 述

【概况】 2021年，克拉玛依市先进科技联合研究院聚焦“一主多元”产业结构、打造4个以上千亿产业集群建设，围绕克拉玛依市创新驱动发展专项工作要点，做好创新驱动发展工作，发挥产学研科技创新联盟作用、推进丝路研究院建设和打造四个以上千亿级产业集群。25万吨/年乙烯焦油悬浮床加氢工业项目落地独山子区，总投资10.1亿元。重质油悬浮床加氢解构全转化项目获得2021“SCIP+”绿色化学化工创新创业大赛一等奖；中间相沥青项目试验成功，成功获取含量超过90%高品质中间相沥青；智能修井机成功在百口泉应用，获得自治区工信厅“首台套”项目认定、新疆油田公司“四新技术”认定取得发明及实用新型专利50项；推动复合钻头项目落地，与西南石油大学共同申报川克科技合作项目并批准立项，获得科技资金100万元；国家轨道交通综合实验与系统测试验证环境研究项目结题验收；成立丝绸之路创新发展研究院。

（李梦琪）

【成立丝绸之路创新发展研究院】 2021年，克拉玛依市先进科技联合研究院推进丝绸之路创新发展研究院（克拉玛依）/国科大中亚学院落地。完成《中国科学院大学中亚学院可行性研究报告》评审，与中科院新疆分院共同完成《丝绸之路创新发展研究院》（建议方案）、《丝绸之路创新发展研究院（克拉玛依）组建方案》，3月22日，丝绸之路创新发展研究院正式成立，11月26日，召开丝绸之路创新发展研究院揭牌仪式启动会。

（李梦琪）

【推动四个千亿产业集群】 2021年，克拉玛依市先进科技联合研究院围绕资源禀赋，聚焦石油石化产业链和相关衍生产业链，更新四个千亿产业集群展

独山子区千吨级重质油悬浮床加氢装置　　（市先科院　供图）

板，围绕全市“十四五”产业规划拓展业务，开展相关产业技术研究和论证，完成中俄农业及生物质能化跨境合作区项目报告和从绿氢到绿碳的碳中和演进路线项目报告，为产业集群规划研究提供有力支撑。3月19日，组织自治区专家赴克拉玛市召开《国家轨道交通综合实验与系统测试验证环境研究》项目验收会，专家一致评定并通过验收。2021年5月开工建设高速飞行列车低真空管道试验测试平台研制项目。6月19日，激光项目顺利结题验收。

（李梦琪）

【科技平台建设】 2021年，克拉玛依市先进科技联合研究院推动中俄跨境农业和生物能化产业合作区建设，12月9日组织新疆西帕科技产业集团有限公司分别与富城能源、广盛实业签订框架协议；与丝绸之路创新发展研究院签订合作协议，联合组建生物基化工研究所，与中国国际工程咨询有限公司对外经济合作业务部签订共同完成中俄哈生物质能源化工跨境合作区项目建议书协议；12月17日市先科院与新疆大学签订共建“煤油共炼大型研究设施”合作协议。

（李梦琪）

【劣质重油悬浮床加氢解构全转化技术】 2021年，克拉玛依市推进劣质重油悬浮床加氢解构全转化技术研究，开展以乙烯裂解焦油为原料悬浮床加氢技术试验。经过21天装置平稳运行，取得重大技术突破，实现乙烯焦油100%全转化。委托中国寰球公司完成25万吨/年裂解焦油悬浮床加氢项目可行性研究报告编制报告。同时千吨级悬浮床工业示范装置开展独山子减压渣油悬浮床加氢全转化技术开发。

（李梦琪）

【煤基费托合成蜡加氢异构生产润滑油技术】 2021年，克拉玛依市推进煤基费托合成蜡加氢异构生产润滑油技术研究，以国产费托合成蜡为原料，在千吨级固定床中试装置上成功开展生产试验，高收率批量生产出4-10cSt（产品粘度指数）高品质润滑油基础油产品，副产无芳烃溶剂油、钻井液、工业白油等高附加值产品。为全市煤化工、润滑油产业项目提供解决方案。支持克拉玛依市5万～20万吨/年费托蜡加氢异构制备润滑油基础油工业项目的实施，拓展全市高档润滑油产业链。截至年末，克拉玛依华澳特油公司已形成10万吨/年费托蜡制备基础油工艺技术包，并与内蒙古伊泰公司、陕西未来能源公司、宁夏锦河能源公司接洽探讨技术合作。

（李梦琪）

【碳基新材料】 2021年，克拉玛依市推动碳基新材料产业发展，克拉玛依宏福新材料有限公司20万吨/年超临界萃取油浆综合利用项目在克拉玛依高新区成功落地，促进全市传统石油化工产业和新兴产业融合发展。

（李梦琪）

环烷基原油生产炼油特色产品及碳基新材料产业集群

（市先科院　供图）

油气业务及高端装备智能制造产业集群

【智能修井机油田现场应用】 2021年，克拉玛依市先科院推动实现智能修井机油田现场应用。克拉玛依众城石油装备研究院有限公司开发的40吨、60吨两套智能修井机分别在百口泉油田、玛湖油田玛18井区成功实现现场应用，修井作业效率提升30%。通过自治区工信厅“首台套”项目验收。截至2021年底，生产8套智能修井机，实现产值1500万元。

（李梦琪）

【中俄地震波驱油项目合作】 2021年，克拉玛依市先科院推动中俄地震波驱油项目深入合作。新疆新易通石油科技有限公司联合俄罗斯矿业所共同申报国际合作项目在自治区科技厅批准立项，获得科技资金60万元。与俄罗斯矿业所达成合作意向，计划引入4套地震波驱油设备在风城油田作业区现场试验。

（李梦琪）

【岩石与地质流体实验室建设】 2021年，克拉玛依市先科院提升岩石与地质流体实验室规模。开展油田公司分析测试业务，实验室引入基质、孔隙度渗透率测试仪、包裹体测试仪、热解仪、pvt等分析设备近23套，价值2600万元，提升岩石与地质流体实验室的分析测试功能，完善了全院的服务体系。

（李梦琪）

【复合钻头项目】 2021年，克拉玛依市先科院组织西南石油大学共同申报川克科技合作项目并批准立项，获得科技资金100万元。成立克拉玛依伊瑞拓能源科技有限公司，并积极与油田公司接洽探讨业务合作。

（李梦琪）

【开展CCUS项目调研】 2021年，克拉玛依市先科院组织协调上海源晗能源技术有限公司、克拉玛依富城能源集团有限公司、新疆新易通石油科技有限公司、调研风城油田作业区CCUS（碳捕获、利用与封存）项目落地可行性，并达成合作意向。

（李梦琪）

中北亚生物质资源为基础的生物基化工产业集群

【基础调研】 2021年，克拉玛依市先科院开展调研和企业对接。完成生物基化工产业集群和碳中和发展示范区建议报告。针对克拉玛依绿氢绿碳碳中和演进路线，特别是生物质能源技术、新能源利用、碳中和示范应用建设等方面，组织克拉玛依市先能科创重油开发有限公司同赴上海、北京等地，与上海华东师范大学、中科院宁波材料所、中石油石化院、意大利埃尼集团等科研机构、院所进行近20余次对接；陪同市委领导赴济南、临沂、潍坊、烟台、北京等地，与济南圣泉、山东泓达、中粮生物科技等生物基化工龙头企业探讨生物基化工产业集群发展及进口配额、运输方式、成本利润等重点工作。

（李梦琪）

【农林废弃物制备生物航油联产高附加值化学品研发项目】 2021年，克拉玛依市先科院推进农林废弃物制备生物航油联产高附加值化学品研发项目。8月开始施工，预计于2022年9月完成装置建设。

【生物基可降解材料聚乳酸项目】 2021年，克拉玛依市先科院完成可降解材料聚乳酸项目文献综述论文、项目年度执行报告撰写工作；与中石油石化院、上海同济大学、中石油中油气候投资公司对接近10余次；与新疆西帕集团联合开展聚乳酸项目。

（李梦琪）

【中俄跨境农业和生物能化产业合作区】 2021年，克拉玛依市先科院完成《关于建设中俄农业及生物质能化跨境合作区的建议》，并向自治区以及中石油集团进行汇报。

（李梦琪）

重点项目和差异化高端石化产品产业集群

【芳烃产业发展】 2021年，克拉玛依安耐吉分离技术公司针对芳烃产业发展趋势，开展2000吨/年PX（对二甲苯）/MX（间二甲苯）吸附分离技术长周期中试试验，通过工艺参数优化、目标产品分离、样品分析化验，实现MX（间二甲苯）分离纯度≥99%，收率≥99%，达到国际先进水平，成为该领域技术领跑者。完成300万吨虚拟炼油及配套百万吨芳烃项目建议书。

（李梦琪）

【国家轨道交通综合实验与系统测试验证环境研究项目】 本项目针对高速飞行列车真空系统方案论证过程存在核心技术问题，重点开展高速飞行列车大尺寸低真空建立及维持技术、大尺寸低真空环境结构件密封技术、大尺寸低真空环境热管理技术等关键技术攻关研究，在此基础上完成真空系统方案集成技术研究，最后完成真空系统试验平台建设及技术攻关调试验证。

通过该项目的研究，实现高速飞行列车真空系统关键技术攻关研究及验证，完成真空试验平台建设及调试，具备开展真空系统建立与维持性能测试、真空结构密封性能测试、真空环境热管理性能测试、高速飞行列车车体密封性能测试等试验能力，支撑高速飞行列车真空系统研制。

2021年3月19日，克拉玛依市先科院组织自治区专家在克拉玛市召开《国家轨道交通综合实验与系统测试验证环境研究》项目验收会，专家一致评定并通过验收。

（李梦琪）

【高速飞行列车低真空管道试验测试平台研制项目】 该项目由克拉玛依市先进科技联合研究院牵头，联合航天三院磁电总体部、新疆交通建设集团股份有限公司，共同推进项目研发建设工作。项目建设规模约3500平方米，总投资约1000万元，其中申请市财政专项经费500万元。本项目主要针对高速飞行列车真空系统方案论证过程存在核心技术问题，重点开展高速飞行列车大尺寸低真空建立及维持技术、大尺寸低真空环境结构件密封技术、大尺寸低真空环境热管理技术等关键技术攻关研究，在此基础上完成真空系统方案集成技术研究，最后完成真空系统试验平台建设及技术攻关调试验证。2021年，克拉玛依市高速飞行列车低真空管道试验测试平台研制项目，完成用地规划许可证办理。5月开工建设，预计于2022年5月完成项目验收。

（李梦琪）

【激光项目】 2021年6月19日，激光项目顺利结题验收，此项目可推动新疆区域激光加工与机器人智能化技术在石油化工工业生产中的广泛应用。该项目申报单位为新疆汇翔激光科技有限公司，合作单位有上海工程技术大学、克拉玛依市先进科技联合研究院、新疆大学，推荐单位为独山子科技局，项目总金额3000万元，其中申请市财政专项经费600万元，主要内容为两个课题，一是激光智能焊接装备、关键技术研究及应用示范；二是激光表面改性新技术、组织演变调控技术研究及应用示范。其意义重大：主要针对我国西部及新疆激光智能制造领域基础薄弱现状，结合“一带一路”高端装备制造业的发展需求，根据国家石油化工、航空、航天和海洋工程等重大战略要求，围绕智能制造装备开展关键技术研究与应用开发，重点开展激光智能焊接成型装备及技术研究、激光表面改性新技术及组织演变调控技术。

（李梦琪）

丝绸之路创新发展研究

【丝绸之路创新发展研究院成立】 2021年，丝绸之路创新发展研究院由中科院新疆分院、自治区科技厅、克拉玛依市政府三家联合发起成立，作为落实科技部《关于加强科技创新促进新时代西部大开发形成新格局的实施意见》具体举措。3月12日，经克拉玛依市十一届市委常委会审议通过《丝绸之路创新发展研究院组建方案》；3月22日，为丝绸之路创新发展研究院颁发事业法人证书；11月15日，完成丝路创新院建设工作领导小组组建；11月26日，完成丝绸之路创新发展研究院揭牌仪式；12月，对丝路创新院人员开展专项培训。

（汤靖）

【丝绸之路创新发展研究院（深圳）建设】 2021年，克拉玛依市与深圳市科创委对接，争取丝路创新院建设工作领导小组支持，筹建丝绸之路创新发展研究院（深圳）。目的是通过丝绸之路创新发展研究院（深圳），将深圳市资金、项目、科研成果、技术力量引入克拉玛依市，实现资源有效配置。

（汤靖）

【构建下属研究所】 2021年，丝绸之路创新发展研究院在推进自身建设同时，努力构建各类研究所，先后成立空天信息技术研究所、绿色丝路数字科技研究所，与中国科学院各院所对接，筹建其他研究所。截至年末，“双碳”技术研究所、应急应用管理研究所、材料研究所、丝绸之路创新发展研究院数字经济研究院等多家研究所处于筹建中。

（汤靖）

【重点项目签约】 2021年，丝绸之路创新发展研究院丝路院围绕产业布局和发展，通过与科研机构和企业的合作，对接3个项目，完成2个重大战略合作协议签约。先后对接高速激光熔覆、油污泥、国科康仪等重点项目；与新疆有色金属工业（集团）有限责任公司、深圳投资东海投资有限公司签订战略合作三方协议，就金属领域新技术应用签订合作意向，与武汉当代集团旗下西帕集团签订战略合作协议，就医药健康产业、教育产业、资源高质量转化等方面开展合作。

（汤靖）

11月26日，丝绸之路创新发展研究院揭牌　（李梦琪　摄）

【组织承办研讨和培训】 2021年，丝绸之路创新发展研究院丝路院为推进科技成果转化，达成合作共识，先后组织火星和月球模拟选址研讨会、生物基化工集群产业座谈会、“碳中和”数字棉业绿色可持续发展研讨会。9月，在乌鲁木齐市召开“重启四方合作机制会谈”，将丝绸之路创新发展研究院列为丝绸之路经济带建设的重要内容。

（汤靖）

【开展专项合作】 2021年，丝绸之路创新发展研究院丝路院加强与科研院所的对接。先后与中科院新疆生地所、中科院新疆理化所、中科院新疆天文台、中科院广州能源所、中科院长春应化所等11家科研院所进行专项对接，重点同“北半球SKA2高频望远镜阵列原型验证系统”项目、国科康仪健康产业发展有限公司项目、火星和月球模拟基地选址考察与研讨会等项目进行对接和洽谈，在科研项目、成果转化、人才培训等方面开展专项合作。

（汤靖）

【规划战略布局】 2021年，丝绸之路创新发展研究院丝路院为推动克拉玛依经济发展和产业调整升级，针对克拉玛依市区域优势，设计了《丝绸之路创新发展研究院发展战略构想》，提出以空天信息产业、石油石化产业、生物基材料产业为主要代表的“N+1”发展战略，主要依托中科院技术优势，采取与大型企业合作方式开展。

（汤靖）

【空天信息研究所成立】 2021年，丝绸之路创新发展研究院丝路院与中科曙光、中科星图等企业对接，推进建立中科天极（新疆）空天信息技术有限公司，并完成战略合作协议签订，完成空天信息研究所的建立。截至年末，空天信息研究所已经注册企业法人，注册资金500万元。该所与自治区党委政研室、中科院新疆分院对接，围绕将新疆打造为丝绸之路经济带商业航天产业中心、建设千亿级商业航天产业集群为主题进行深入调查研究，形成专题报告，提出意见建议，推动克拉玛依智慧城市建设。

（汤靖）

【数字经济研究所成立】 2021年，丝绸之路创新发展研究院丝路院推进数字经济研究所的建立，起草合作协议。截至年末，数字经济研究所已经成立，并注册企业法人，注册资金1000万元。研究所围绕“数字新疆”建设、“数字克拉玛依”专项改革试点和“新疆大脑实验室”建设，集聚疆内外高端智库和科研力量，聚焦数字政府、数字经济和数字社会，开展政策研究、顶层设计、共性技术研发、技术咨询等工作，全面支持数字克拉玛依高质量发展。

（汤靖）

【其他研究所筹建】 2021年，丝绸之路创新发展研究院丝路院与中国科学院苏州纳米所对接，引进专家团队，开展智慧安全与应急技术研究所筹建工作，截至年末，已确定办公场所、机构名称。该研究所旨在为新疆安全生产、防灾减灾、应急救援等安全保障活动提供高质量高水平专用技术、产品、服务和解决方案，推动中科院作为国家战略科技力量与新疆市场主体的统筹协同和融通创新。对接新能源材料项目，筹建新能源材料与储能产业技术研究所，在克拉玛依市开展新能源材料与储能产业技术研究。

（汤靖）

【专家咨询服务】 2021年，丝绸之路创新发展研究院丝路院与新疆生态地理研究所签订专家咨询评审合同，为丝绸之路创新发展研究院提供双碳与生态治理技术咨询和中亚特色药物产业园项目咨询服务。

（汤靖）

【科技交流合作】 2021年，丝绸之路创新发展研究院丝路院主动推进与中国科学院各研究机构、高校合作，先后与中国科学院系统包括中国科学院国科控股有限公司及其成果转移转化机构、中科院大连化物所、国家天文台、空天信息研究院、深圳先进院、广州能源所、新疆生态与地理研究所、新疆理化技术研究所、上海有机所、苏州纳米所、长春有机所、山西煤化所、重庆绿色智能院、西安光机所、地球地质所等科研机构20多家研究所、国内10家新型研发机构以及20余所高校开展科技交流合作。6月，协调组织召开新疆国科康仪健康产业发展有限公司项目落地洽谈会，引入中科院长春应化所荧光技术时间分辨荧光免疫分析（TRFIA）应用，该应用在新冠病毒监测、药品药械生产、食品监测、环境监测领域提供检测支持。

（汤靖）

油气勘探开发

综　述

【概况】 新疆油田公司主要业务包括科学技术研究、油气预探与油藏评价、油气开发与生产、油气储运与销售、新能源业务5类核心业务和13项辅助业务，主要勘探开发领域位于准噶尔盆地及其外围盆地。截至2021年末，共开发建设油气田33个（其中油田29个、气田4个），累计生产原油4.16亿吨、天然气951.4亿立方米。建成输油管道51条，总长2445千米，年输送能力3150万吨；建成输气管道60条，总长2067千米，年输送能力180亿立方米。

（许超）

【生产经营指标完成情况】 2021年，新疆油田公司生产原油1370万吨、天然气34.87亿立方米。实现总收入552亿元，缴纳税费65.38亿元，节能4.62万吨标准煤、节水51万立方米。

（许超）

【油气勘探】 2021年，新疆油田公司聚焦“三油四气”七大重点领域（“三油”即玛湖、沙湾、阜康，“四气”即南缘下组合、盆1井西凹陷多层系、沙湾西斜坡、白家海煤岩气），实施高效勘探，取得5项重要成果，4项重大发现成果分获中国石油天然气集团有限公司（以下简称集团公司）2021年度油气重大发现成果特等奖和一、二、三等奖，获奖等级和数量居集团公司16家油气田企业首位。准噶尔盆地南缘中段呼探1井获重大突破，在白垩系清水河组试获天然气61万立方米、原油106.3立方米，《准噶尔盆地南缘中段下组合风险探井呼探1井获重大突破》获集团公司油气勘探重大发现成果特等奖。准东地区康探2井在二叠系芦草沟组获日产油83.41立方米高产，新增预测石油地质储量逾亿吨，阜康凹陷有望形成新规模储量区，《准噶尔盆地阜康凹陷风险探井康探2井获重要发现》获集团公司油气勘探重大发现成果一等奖。探索盆地煤岩常规储层天然气勘探潜力，风险探井彩探1H井在西山窑组测试获日产气5.7万立方米，《准噶尔盆地白家海凸起风险探井彩探1H井取得重要发现》获集团公司油气勘探重大发现成果二等奖。石西161H井在石炭系测试获高产，日产原油189立方米、天然气18.9万立方米，《准噶尔盆地腹部石炭系油气勘探取得新进展》获集团公司油气勘探重大发现成果三等奖。油藏评价与滚动勘探在玛湖凹陷夏202井区、玛湖123井区、金龙2井区外围形成3个亿吨级规模储量区，落实夏77井区、玛湖1井区2个中浅层高效建产区，发现腹部石西101、滴西334、莫019、滴西149等4个新油气藏。SEC储量（SEC储量即剩余经济可采储量）接替率大于1。新增采矿权6个、面积864平方千米。

（许超）

【油气开发】 2021年，新疆油田公司推进新区效益建产，全年新建原油产能317万吨、天然气产能1.2亿立方米。推广应用“大平台、集团式、工厂化、大规模水平井”建产模式，玛湖地区年产能力突破300万吨，吉木萨尔页岩油建产34.5万吨。推进老油田千万吨稳产，控制递减率并提高采收率，全过程优化注水注汽，含水上升率控制在0.9%，稠油油汽比稳定在0.11，全油田绝对油量递减率控制在7.2%，同比降低0.5个百分点。开展春季百日原油上产和秋季效益开发会战，9月底原油日产水平首次突破4万吨，创新疆油田开发历史新纪录。全年生产原油1386.4万吨、天然气34.7亿立方米，连续七年实现油气双超产。推进呼图壁储气库产能扩建，调整工程（二期）投产新井6口，最大调峰能力突破3100万立方米/日，形成600万立方米/日应急能力。建成投产陆梁、石西和采油二厂原油稳定工程，完成风南4转油站等10座场站改扩建工作。

（许超）

【经营管理】 2021年，新疆油田公司推进预算管理和目标成本管理，开展财务“三张表”培训、增储降耗会战、全员成本管控，控投降本97.5亿元。推进亏损企业治理，“一企一策”解困扭亏，全级次子企业实现全面盈利。推行集中招标、框架招标，节约资金7.6亿元。优化油气及副产品销售策略，创收增效7.2亿元；推行非常规资源生产组织模式，吉木萨尔页岩油钻井、压裂费用同比分别下降55.5%、41.6%，单井平均投资同比下降40.1%；推进探明未动用储量效益开发，车471井区自主经营水平井单井投资同比下降31%；开拓国内外市场，落实重点项目25个，创收1.44亿元。

（许超）

【改革创新】 2021年，新疆油田公司推进国企改革三年行动和对标世界一流管理提升行动，任务完成率分别为96%、97%。推进现代化“油公司”建设，完成准东石油基地企业办社会职能移交、在京酒店及房产所有权与经营权分离，居民物业实现直管运营。搭建“1+N”改革基础框架，二三级机构和二三级职数分别控减2%。健全完善体系制度和业务流程，梳理优化业务流程114项，制修订规章制度157项，化解法律纠纷案件5件，完成“七五”普法任务，获评集团公司法治建设、一体化协作、资质管理先进单位。推进“大科技”工程，发挥院士专家工作站、重点实验室等平台作用，完成科技项目攻关139项。全年获省部级及以上科技成果33项、其中省部级一等奖成果12项，申请发明专利181件，其中“高含粘土岩心的有效孔隙度测量方法与装置”和“吸附油和游离油含量连续表征的页岩油层分析方法及装置”两项专利首获美国专利授权，实现国际专利零的突破；“一种利用核磁共振测井资料连续定量评价储集层孔隙结构的方法”获第二十二届中国专利奖银奖。

（许超）

【安全环保】 2021年，新疆油田公司落实安全生产主体责任，推进QHSE体系建设，集团公司QHSE体系审核得分86.41分，定档B1级。开展安全生产、井筒质量、反违章3个专项整治行动，排查整改承包商、井控等重点领域风险隐患2017个。深化关键岗位HSE履职能力评估，开展基层站队“百千示范工程”建设，4个基层站队被评为企业级示范站队。自治区以新疆油田公司应急抢险救援中心为依托，挂牌成立北疆区域安全生产应急救援中心。创建绿色企业，吉庆油田作业区、石西油田作业区、准东采油厂、采油一厂6个矿权通过自治区验收。加强污染物排放管控，全面完成污染物和温室气体控减指标，COD、氮氧化物、温室气体同比分别减排6%、8%、2%，生产综合能耗总体受控，通过自治区生态环保督察。

（许超）

【社会责任履行】2021年，新疆油田公司缴纳税费65.38亿元，其中贡献克拉玛依财政20.6亿元。加大南疆“访惠聚”驻村工作和北疆托里县帮扶力度，投入资金500万元帮助南疆泽普县、叶城县等15个村完善基础设施、推广种植养殖、实施节水灌溉、开展环境整治等；完成托里县库普乡石油希望小学基础设施改扩建工作和智慧校园建设；加大消费扶贫力度，采购帮销泽普县和托里县优质农副产品3165万元。开展“我为员工群众办实事”活动，投入资金680万元修建准东石油基地与京新高速（G7）互通道路，解决准东基地2万余名居民“出行难”问题；开展爱心“一元捐”活动，筹集资金27.5万元，资助特殊困难家庭大学生55名。

（许超）

【驻疆企业协调】2021年，新疆油田公司发挥驻疆企业协调组组长单位职能作用，抢抓中央企业援疆工作会议暨国资央企助力新疆高质量发展会议在自治区召开有利时机，反馈需自治区协调解决具体事项和关键问题24项。推动自治区成立以自治区党委常委、常务副主席陈伟俊为组长的天山北坡万亿方大气区工作协调小组，配合组织召开专题会议，建立问题协调长效机制，加快天山北坡万亿方大气区勘探开发进程。定期向自治区、集团公司报送驻疆企业动态及工作亮点，编发信息2篇，专题报告4篇，其中1篇信息和1篇报告分获自治区、集团公司主要领导批示。

（许超）

规划计划

【战略规划管理】2021年，新疆油田公司规划计划处组织编制新疆油田公司“十四五”综合发展规划，明确“油气并举、常非并重、量效齐增、绿色低碳”新发展格局。组织编制南缘百亿方天然气加快发展规划、东部油区加快发展规划等系列重大规划。牵头编制《吉木萨尔页岩油2021—2023年市场化试点实施方案》，产能建设单井投资从2019年7527万元控降至4506万元，降幅46%，指导实施“项目经理部+内部扩权放权+市场化运行”新机制，推进“一全六化”（全生命周期管理，一体化统筹、市场化运作、专业化协同、社会化支持、数字化管理、绿色化发展）工程管理模式在吉木萨尔落地实施，开启页岩油规模效益开发新模式。

（陈鹏）

【提质增效】2021年，新疆油田公司规划计划处推进经营计划、生产计划、财务预算深度融合，编制提质增效“升级版”实施方案，对照勘探与生产分公司增效指标，制定实施6大类、38项措施，实施跟踪管控，滚动分析控亏指标变化、挖掘经营管理提升空间，坚持周通报、月分析、年考核，每季度组织召开公司生产经营活动分析会。全年实现控减投资18.9亿元、降本增效78.49亿元，单位操作成本、基本运行费控降至14.44、8.69美元/桶，分别较考核指标低0.5、0.14美元/桶。

（陈鹏）

【投资计划管理】2021年，新疆油田公司规划计划处突出投资全过程管控，天然气勘探开发投入同比增加13.6亿元，玛湖等五大核心工程、物联网、腹部和二厂原稳等重点项目建设投资占比96.7%。推广非常规资源“一全六化”建设模式，玛湖地区年产能力突破300万吨，吉木萨尔页岩油钻井、压裂费用同比分别控降55.5%、41.6%，单井投资同比下降47%。严格玛湖、页岩油、南缘等重点领域勘探开发建设项目效益论证，建立420万吨原油产建项目池，按效益优选部署原油产能建设。全年新建原油产能317万吨，内部收益率

6.01%、同比提高 0.68 个百分点，新井当年产油 100.2 万吨，同比增加 24.2 万吨。通过源头优化方案设计、市场化效益建产等措施合计控减投资 18.7 亿元，投资总体规模控制在集团公司下达指标范围之内，投资完成率在 95% 以上。

（陈鹏）

【项目前期管理】 2021 年，新疆油田公司规划计划处加快推进呼探 1 井地面方案编制、审查和批复，确保南缘天然气勘探开发、试采建产一体化衔接。推进百联站扩建工程、艾湖 2 转油站扩建工程、金龙 2 井区转油站及外输工程、金龙 2 井区 110 千伏输变电工程、玛湖 1 示范区混输站应急工程、82 号天然气增压站扩建、克独输油管道原油增输改造工程、克独三管改造工程等一系列产能骨架及油气储输重点工程。推进呼图壁储气库调整二期工程审查审批，保障工程按时开工。对王家沟油库、物资供应总公司铁路线、百口泉采油厂注输联合站消防泵房等安全和消防隐患，新疆油田抽油机隐患、电力系统隐患等进行全方位治理。

（陈鹏）

【生产销售管理】 2021 年，新疆油田公司规划计划处组织公司季度生产经营分析会，跟踪油气生产情况、下游装置检修计划，优化资源配置，实施降低油气损耗挖潜措施。开展《新疆油田原油市场化销售策略研究》，研究油气市场态势和价格走势，制定配套规章制度，全年优化销售策略增收 6.39 亿元。开辟油气市场化销售新渠道，对接大连交易所和中亚商品交易中心，将独山子石化设备检修期间乙烷销售至疆外市场。

（陈鹏）

生产运行

【原油产运销协调】 2021 年，新疆油田公司生产运行处强化油气运行管控，坚持“日监控、周分析、月考核”机制，解决上产压裂罐容、井下作业队伍调配、九 6 区锅炉建设等困难 20 余项，推进跨年井、新井投产和措施增产实施，确保 9 月下旬原油水平突破 40000 吨，完成上产任务。

（常娜）

【天然气保供】 2021 年，新疆油田公司统筹编制保供方案，通过深浅冷装置交替使用、优化天然气流向、错时检修、动态调整气田气产量等措施，入冬前完成 28 套天然气处理装置检修。编制冬季输气管道运行方案，完成克乌 D610 天然气莫干渠段裸露管道沉管作业、D1219 输气管道首次成功清管作业，第九周期注气 23.4 亿立方米，超计划 1.8 亿立方米，期末库容达到 100.1 亿立方米，多轮次优化“增加外供气量 100 万立方米”和“稠油热采减少 500 万立方米”两个极限方案，召开保供周例会 11 次。截至年底，完成 26 亿立方米天然气保供任务。

（常娜）

【供用水管理】 2021 年，新疆油田公司油田生产用水 9353 万立方米，其中清水 1885 万立方米，污水 7467 万立方米；压裂用水 1236 万立方米，其中净化水 230 万立方米，压裂反排液 11.5 万立方米，清水 660 万立方米。开展水土保持方案编制、监测及验收工作，全年开展水土保持项目 282 项，缴纳水土保持补偿费 831 万元。

（常娜）

【发供电管理】 2021 年，新疆油田公司油田生产用电量 21.5 亿千瓦时，其中上市业务 20.9 亿千瓦时，未上市业务 0.59 亿千瓦时。克拉玛依电厂 2021 年发电量 15.5 亿千瓦时（其中自用电量 8525 千瓦时），售电量 14.65 亿千瓦时。2021 年直接交易电量 14.83 亿千瓦时，节约电费 4046 万元。成立新疆油田公司电力公司（新能源项目部），为强化传统发供电业务的和发展新能源业务奠定基础。

（常娜）

【用地管理】2021年，新疆油田公司完成1131口井、储气库二期工程、呼探1、前哨2、石西161_H等重点工程征地。控减土地费用，2021年土地费用支出13.65亿元，其中临时用地税费2.97亿元，长期用地补偿0.43亿元，城镇土地使用税8.71亿元，其他费用1.54亿元。编制《新建项目临时用地管控指标》，节约用地1.49平方千米，退出低效无效土地92.5平方千米，控减土地费用8628万元。加快历年用地报批，23.54平方千米土地取得建设用地预审意见，其中6.14平方千米取得用地批复；完成8.75平方千米土地复垦施工，其中5.72平方千米取得验收意见。

（常娜）

【油田运输管理】2021年，新疆油田公司自有车辆1303辆，分布在13家二级单位，公司32家单位使用外部车辆2044辆，其中值班车1948辆，送班车232辆，原油拉运车335辆，其他车辆925辆。主要承担油田生产值班、物资拉运、煤炭运输、原油运输、货物吊装等生产、生活物资承运工作。

（常娜）

【油田公路管理】截至2021年末，新疆油田公司自建公路里程3123千米，其中：水泥路面24千米，沥青路面1974千米，砂石路面1125千米。

（常娜）

【应急体系建设】2021年，新疆油田公司修订8个公司级应急管理制度及预案，完善三大储备库60%应急储备物资更新替换，紧急协调6610千瓦发电应急设备，避免油量损失3000余吨。与西部钻探公司联合开展井喷失控及突发环境事件联合应急演练，与乌鲁木齐市政府开展王家沟油库生产安全事故联合综合应急演练，开展公司涉外项目社会安全突发事件桌面推演。自治区北疆区域安全生产应急救援中心在应急抢险救援中心举行揭牌仪式。支援呼图壁丰源煤矿透水事故，应对“9·22”“9·27”国网停电对生产运行影响，响应支援王家沟中油化工企业储罐发生爆炸着火事故。

（常娜）

【地方关系建设】2021年，新疆油田公司生产运行处组织公司高层领导开展涉油地走访交流。9月30日完成1000万元援建托里县库普乡石油希望小学改扩建项目。完成消费扶贫采购、帮销3153.79万元，其中消费扶贫采购定点扶贫托里县农副产品906万元，南疆泽普县帮销干果等农副产品1302万元，向疆外中石油企业推销托里县农副产品945.79万元。对外捐赠周边涉油县市2680万元，开展实施22个援助项目。

（常娜）

质量设备节能

【概况】2021年，新疆油田公司质量设备节能处全年重特大质量计量事故为零，集团公司外部计量纠纷为零；设备综合完好率98.5%，一般A级以上设备责任事故率为零；全年节能4.62万吨标煤，节水52万立方米，分别完成计划目标的103%和104%。

（孟令俊）

【新能源工程管理】2021年，新疆油田公司质量设备节能处组织编制新疆油田公司“十四五”新能源规划、光伏清洁替代示范工程和低碳项目区建设方案。以新疆区域为主，开展电力、热力、氢能、CCUS/CCS驱油与埋存、煤层地下气化和BSK1市场需求大调查，建立“中长期用能需求库”，按照“清洁替代、产业建设、市场服务、绿色转型、绿色发展”五个阶段，实施“1462”布局（即“一主多元、多能互补，温度对口、梯级利用，效益优先、稳中求进”1个原则，从“结构优化、节能减排、清洁替代、固碳增产”4个方面，实施产品结构优化工程、节能减排提效工程、稠油热采替代工程、稀油“光热+”工程、清洁电力替代工程、百万吨CCUS示范工程6项部署，实现高温清洁供热、智慧能源管控2个突破），编制完成《新疆油田新能源业务发展中长期专项规划》。

（孟令俊）

【新能源利用项目建设】 2021年，新疆油田公司质量设备节能处建设清洁能源利用项目3个。在吉7井区建设一座0.35万千瓦分布式光伏电站，实施后年可提供清洁电力590万千瓦时，折合标煤725吨，减排二氧化碳0.39万吨。其中吉7平台井光伏项目（装机容量8千瓦）已投产，可实现年清洁能源利用量1.25吨标煤，减排二氧化碳6.8吨，计划2022年6月实现并网。在石西油田作业区建设一座0.5万千瓦智能光伏电站，实施后年可提供清洁电力800万千瓦时，折合标煤983吨，减排二氧化碳0.53万吨，计划2022年6月实现并网。在风城油田作业区开展烟道气辅助稠油开采项目，设计烟道气注入规模5000立方米/小时，二氧化碳最大注入能力约0.8627万吨/年。截至年末项目处于设备安装调试阶段。

（孟令俊）

【能源管控】 2021年，新疆油田公司质量设备节能处推进重油供汽一联合站“能源管控试点单元”建设，将物联网建设、原注汽锅炉监测系统深度融合，拟合最佳工况、定制个性化燃烧曲线，实现自动匹配最佳过氧系数、最佳燃烧状态，能耗精细化精准调控；完善指标预警、自动分析及统计等功能。应用后锅炉平均热效率可达到92.61%，实现节能量4.62万吨标煤、节水51万立方米、能耗总量479.35万吨标煤，超额完成集团公司下达的2021年节能节水量考核指标。实施跨年节能专项《新疆油田2018年集输系统节能技术改造工程》《2019年注汽系统节能技术改造工程》《新疆油田2019年低效高耗能淘汰设备更新改造工程》等6项。完工后可实现节约天然气457.7万立方米，节电340.32万千瓦时，节清水25.84万立方米，节能量1.74万吨标煤。

（孟令俊）

【节能增效】 2021年，新疆油田公司全过程压控能耗，单耗水平稳中有降，单位油气当量生产综合能耗为275.17千克标煤/吨，油气当量商品量综合单耗313.83千克标煤/吨，同比分别下降3.4%和3.4%。全年完成节能审查14项，综合能耗量下降2245吨标煤，产油综合单耗从44.06千克标煤/吨，下降至43.17千克标煤/吨，节约投资597.19万元，年可节约运行费用327.26万元。在稀油、稠油、气田、长输泵站和储气库开展能效对标，完成单井优化1000余口，注汽锅炉提效30余台和注水系统整体提效2套，建立机采、注水等系统能效标杆20套，4项被推荐为股份优秀标杆。全年承担稀油游梁抽油机自适应控制技术研究与应用等课题10项。组织设备自测3475台（套），完成率101%；监督测试621台（套/条），完成率为103%；完成不合格整改闭环118台(次)；组织节能监测人员培训50人次；建成注气管线保温模拟测试平台，为保温产品监（检）测提供技术支撑。

（孟令俊）

【质量管理与监督】 2021年，新疆油田公司质量设备节能处推进质量管理体系建设、一体化溯源整改QHSE体系审核和审核问题，强化自产产品、采购产品和工程质量监督，完成各项工作指标，全年未发生质量事故，产品出厂合格率100%。修订《新疆油田公司采购产品标准审查与质量认可管理规定》等3项制度，完善公司、厂处二级监督机制，组织243名公司质量管理体系内审员定级。全年审查采购产品标准94项，采购产品质量认证207批，清退不合格产品5批，处理1家企业纳入质量诚信黑名单。推荐24家企业、203项产品办理集团公司油化剂产品质量认可证。全年发布质量公报10期，组织原油抽检31批次，天然气抽检64批次，合格率均为100%；抽检入井材料、压裂液、钻井液、压力管道元件等878批次，处理不合格29批，不合格处理率100%，减少经济损失约300万元。组织石英砂质量和用量专项整治，处理石英砂不合格8批次。全年监督地面建设工程149项，发现各类质量问题335个，下发《工程质量问题处理通知书》59份，上报重大质量隐患23项，局部暂停施工整改5次，通报批评2次，发布工作提示1次。组织对玛南采出液处理系统地面建设工程等4项重点工程外输管线14条焊缝飞检，合格率100%。1个质量信得过班组获得国家表彰，90项QC成果、15个信得过班组获得油田公司表彰，17项QC成果、7个质量信得过班组获得省部级以上表彰。

（孟令俊）

【计量管理】 2021年，新疆油田公司质量设备节能处强化计量源头管控，确保强检计量器具检定率100%，用能单位能源计量器具配备率100%。组织完成1项公司最高计量标准和11项公司次级计量标准复查考核，完成4280台/件计量器具强制检定，强制检定计量器具周期检定率100%，完成公司4项体积管流量标准装置检查，并上报计量标准自检自查报告。组织百口泉采油厂原油动态交接计量投入使用，协调处理风城油田作业区特一联等3个新建原油动态计量系统存在问题。8月，公司实验检测研究院获得硫化氢气体检测仪、一氧化碳检测报警器、可燃气体检测报警器、氧分析仪和氧气检测报警器4项气体报警器检定校准资质，此4项计量标准是克拉玛依、新疆油田最高等级计量标准，可在克拉玛依、新疆油田开展四类气体报警器检定校准工作。

（孟令俊）

【标准化管理】 2021年，油田公司质量设备节能处发布公司企业标准34项，主持参与上级标准制修订项目32项，其中主持7项，参与25项；截至年末发布18项，其中石油行业标准8项，集团公司企业标准10项，主持起草的1项集团公司企业标准获得集团公司年度优秀标准二等奖。确定印发公司重点标准实施目录，共涉及11个专业，15项集团公司企业标准，20项公司企业标准。组织2期以标准起草人为主体的重点实施标准宣贯培训班，宣贯24项标准，培训623余人次。推进《岩石地应力实验测定方法》等2项国际标准培育项目以及《井口装置选型、质量检验与安装使用技术标准研究》集团公司标准化研究项目。

（孟令俊）

【设备管理】 2021年，新疆油田公司主要生产设备共计42972台，设备原值115.3亿元，净值26.05亿元，新度系数0.23，设备平均役龄14.48年，设备综合完好率98%，一般设备安全责任事故A级及以上发生率为零，较大及以上设备突发环境事件为零，较大及以上特种设备事故发生率为零，新增特种设备使用登记率100%，在用特种设备定期检验率100%。挖潜调剂137台闲置抽油机、23台闲置油气分离器，变压器45台等，再制造6台闲置常规注汽锅炉用于产能建设，在稠油区块利旧6台常规注汽锅炉进行过热注汽锅炉升级改造工程，改造后注汽锅炉蒸汽品质提高，井底蒸汽干度提高19%～30%，热焓提高13%～32%，锅炉热效率提高6%。全年节约设备购置投资费用3962万元。针对公司重点工程项目、高风险站场、关键设备，组织并参与公司级设备设施大检查30余次，访谈主管领导及科室长35人，发现问题

342 项，全部完成闭环整改验证；开展抽油机、锅炉（加热炉）燃烧器及安全联锁保护装置安全隐患治理，完成 7 家二级单位 1400 台抽油机、锅炉（加热炉）1708 项安全隐患检测，完成 236 台高风险装置安全联锁检测；执行国家环保部《排污单位自行监测技术指南火力发电厂及锅炉》规范要求，完成 335 台在用 22.5 吨 / 小时注汽锅炉烟气排口改造，完成 15 台加热炉烟气氮氧化物超标排放治理工作，新疆油田全面实现在用锅炉（加热炉）烟气排放达标。建立公司级设备维保承包商三级评价流程，全年考评清理淘汰不合格承包商 5 家，完成 472 千米压力管道和 2372 台特种设备检验工作，特种设备检验完成率 100%，开展投捞电缆式电潜螺杆泵举升工艺现场应用，解决传统采油难题，投入费用降低 55 万元 / 井、输入功率降低 50%、热洗效率提高 30%。组织全公司 1227 名设备管理人员，首次以在线学习、网络答题方式开展《集团公司装备管理应知应会知识题库（2020 版）》培训；组织 2 期特种设备管理安全专项教育班、17 场次设备精益化管理典型示范培训班、6 期 ERP2.0 设备管理模块维修业务培训班，培训设备专兼职人员 1260 人次。

（孟令俊）

油气勘探

【概况】 2021 年，新疆油田公司勘探事业部完成探井 58 口，进尺 25.8 万米，完成率分别为 98% 和 101%；二维地震 900 千米，三维地震 1745 平方千米，完成率均为 100%。新获工业油气流 46 井 53 层，其中千方井 1 口，百方高产井 10 井，完成率分别为 118%、131%，新增石油控制、预测储量和天然气控制储量，均创新高。

（刘佩煊）

【高效勘探】 2021 年，新疆油田公司按照“油气并举、常非并重”思路，加快推进“三油四气”规模领域勘探进程，在准东、玛湖、南缘等地区取得五项重要成果。组织实施盆地格架二维，重新划分凹隆格局及源岩展布，确立“南气北油”全新格局，明确十大重点方向。分 3 个层次设置八大课题，组织开展盆地整体与基础研究，超前准备重大战略领域。按照“集中勘探、加快战略突破、强化甩开勘探”思路，确定“三油四气”（三油：玛湖、阜康、沙湾；四气：南缘下组合、沙湾厚层砂砾岩、盆 1 井西凹陷周缘、白家海凸起侏罗系）为主要油气规模勘探领域。按照“调结构，保矿权，强资源”的思路，全年组织部署探井 99 口，其中气井 31 口，为 2022 年超前部署探井 41 口。加强新区新领域风险勘探组织，部署探井 8 口，呼探 1、康探 2 等多井获重要成果。

（刘佩煊）

【技术提升】 2021 年，新疆油田公司物探领域推进盆地深层地震品质提升，实施“高精度三维、盆地格架二维、老资料深度挖潜、示范区建设”，实钻符合率达 86.1%，超深层目标实现“看得清、瞄得准”。钻井领域集中区完善钻完井学习曲线，集成配套适用成熟技术组合，实现整体提速；严格执行环保部外部风险区强化现场试验攻关，实现打成打好。在平均井深增加 223 米的情况下，钻井平均周期缩短 5%、机械钻速提高 22%。录测上围绕南缘超深层、风城组页岩油、富烃凹陷砾岩油藏等重大勘探领域，现场预测准确度在 97% 以上，2021 年解释符合率提高至 87%。试油领域以“效益产量”为目标，针对低渗储层持续开展压裂提产技术攻关；针对高温高压超深层开展射测、射压一体化工艺攻关，形成南缘超深井“两阀一封”射测联作工艺和“加重液降压、多段塞降阻”超深层压裂改造工艺，确保康探 1、呼探 1 等百吨井高效试油提产、乐探 1 井安全试油。

（刘佩煊）

【地质工程建设】2021年，新疆油田公司钻井采取“两段式”、固井采取“分解式”、试油采取“个性化”设计，探井成功率、试油获油率分别为53.8%、44.2%，为近三年最好水平。集中勘探区改进提速模板，强化高压循环系统配套保障，实现“两降一升”（钻井周期和复杂时率将低，机械钻速提高周期），南缘下组合超深井开启风险预判为前驱钻井模式，乐探1井油基钻井液密度创集团公司使用最高纪录，天安1井、天湾1井突破8000米，实现盆地最深钻探。呼6井同比呼探1井工期缩减一半。深化储层评价与增产机理研究，解释符合率保持80%以上，平均产量增长明显。完钻井井身质量合格率100%、固井质量合格率95%。按照“事前算盈、事中干赢”工作部署，全过程、业务开展成本分析，细化分解管控指标，钻井综合成本下降4%，试油周期缩减10%，油气勘探综合发现成本首次降至3.30美元/桶。

（刘佩煊）

【安全生产】2021年，新疆油田公司勘探事业部建设制度体系，推进双重预防机制建设。开展安全生产专项整治三年行动、反违章专项整治活动，强化井控管理、承包商管理、高风险作业管理和应急管理，完成公司下达的任务、指标。坚持方案设计由建设方、施工方、设计方“三方”会审，提前做好高低压同层、未钻揭地层、加深风险“三个准备”，确保井控源头管理受控。以巡井、驻井和关键环节旁站监督三种模式，强化钻井液循环罐容积、材料和重浆储备、加重装置、应急车辆等应急物资监管，确保南缘下组合超深井和盆地深大构造井控应急处置快速高效。获得油田公司HSE先进单位12颗星荣誉。

（刘佩煊）

【勘探成果】2021年，新疆油田公司在油气勘探取得五项重大成果。

南缘大构造展现出规模潜力　2021年，南缘下组合呼图壁背斜呼探1井长期试采产量稳定、高产高效，落实天然气预测储量千亿立方米；安集海背斜天安1井侏罗系钻遇规模气层，有望实现新层系突破。该成果获集团2021年度油气勘探重大发现成果特等奖。

阜康凹陷亿吨场面有望落实　2021年，继康探1井突破后，康探2、康探5再获新层系、新类型的突破；阜中凹槽上乌尔禾组规模储量展开顺利，阜49等3井新获高产油流，形成盆地东部规模增储区。该成果获集团2021年度油气勘探重大发现成果一等奖。

煤岩储层风险勘探首获突破　2021年，白家海凸起彩探1H井西山窑组煤层最高日产气5.7万立方米，落实煤层有利面积，开辟盆地天然气勘探新领域。该成果获集团2021年度油气勘探重大发现成果二等奖。

凹陷级勘探新场面多层高效　2021年，石西161_H石炭系油气当量2088立方米，展现规模高效动用巨大潜力；石西18井风城组获日产气10万立方米、油69立方米，发现天然气勘探新层系；莫171等4井侏罗系获百方高产，顺利提交天然气探明储量。该成果获集团2021年度油气勘探重大发现成果三等奖。

玛湖凹陷构建重大接替层系　2021年，页岩油领域继玛页1井获高产突破后，4口井新获工业油流，其中玛页2井实现深湖相页岩油新突破；玛页1H井钻遇稳定甜点，页岩油资源丰富。致密油领域继克81井区顺利提交控制储量后，向北甩开再获新成果，展现规模勘探潜力。

（刘佩煊）

油藏评价

【概况】2021年，新疆油田公司油藏评价处坚持高效评价、效益建产，完成各项生产任务。全年净增采矿权面积864平方千米。新增探明石油地质储量17206.1万吨、可采储量2289万吨，完成年计划的115%、109%，超额完成股份下达指标；新增SEC油、气证实储量1482.59万吨、天然气9.32亿立方米，实现SEC储量双封顶，接替率在集团公司内部实现率先大于1。全年完钻产能井841口，全年新建原油产能317万吨，内部收益率6.01%。

（戴翔）

3月19日，石西101井石炭系百吨高产滚动勘探新发现获得新疆油田公司嘉奖（张芸溪　摄）

【集中油藏评价】 2021年，新疆油田公司油藏评价处按照"勘探开发一体化"思路，在玛湖1井区上乌尔禾组二段探明规模储量1.17亿吨、可采储量1540万吨。玛南金龙2井区外围2井获工业油流，圈定上乌尔禾组油藏有利面积185平方千米，储量规模8000万吨。玛北地区夏202井在二叠系风城组获日产油26立方米，圈定有利面积130平方千米，储量规模1.15亿吨。

（戴翔）

【精细油藏评价】 2021年，新疆油田公司油藏评价处通过对富油区带地质再认识，开展老油藏扩边、上下邻层及周边新层块精细评价，在一区石炭系探明中浅层高效储量3080万吨、可采储量404万吨，可新建产能70万吨。八区外围玛湖057、白867井在二叠系风城组分别获日产41.2立方米、20.7立方米工业油流，预计有利面积109平方千米，储量规模7000万吨。

（戴翔）

【效益油藏评价】 2021年，新疆油田公司油藏评价处加大中浅层滚动勘探力度，利用老三维地震资料进行目标处理和解释，玛南斜坡三工河组实施7井未压裂获日产油7～23吨，落实含油面积23.4平方千米，预计储量1000万吨，可新建产能23万吨；夏子街断裂带实施夏056_H在三叠系克下组获日产油24.8吨的稳定产量，推动低品质资源效益建产，预计有利面积40平方千米，储量规模5000万吨。

（戴翔）

【进攻性油藏评价】 2021年，新疆油田公司油藏评价处通过石炭系火山岩控藏因素研究，建立石炭系火山岩多期次成藏模式，在石西凸起实施石西101井获日产124.4立方米高产工业油流，预计石炭系有利面积350平方千米、资源量2亿吨。在滴南凸起实施滴西334井获日产油41.3立方米，预测石炭系巴山组有利目标面积22平方千米、储量规模1100万吨。

（戴翔）

【气藏开发】 2021年，新疆油田公司油藏评价处在滴南凸起实施滴西149井获日产气13.2万立方米高产工业油气流，发现侏罗系头屯河组新气藏，预计有利区面积30平方千米，天然气储量52亿立方米；在莫北凸起实施莫019井未压裂获日产气14.7万立方米高产工业油气流，发现侏罗系三工河组新气藏，预计有利区面积54平方千米，天然气储量65亿立方米。

（戴翔）

【挖潜增储】 2021年，新疆油田公司油藏评价处新增油气PD储量2815.9万吨，超会战目标680.9万吨，实现降低折耗35亿元。通过老区稳产、深挖新区增储潜力、优化评估单元操作成本等措施，论证调整稠油固定成本与可变成本比值，制定评估方案，精细评估、合规增储，新增SEC储量石油1482.59万吨、天然气9.32亿立方米（60美元/桶），实现SEC油气储量考核双封顶，原油SEC储量接替率1.08，自“十三五”以来首次大于1。

（戴翔）

【优化方案部署】 2021年，新疆油田公司油藏评价处突出效益建产，优化产能结构和方案部署。建立420万吨项目池，控减稠油低效产能28.6万吨及效益靠后稀油产能113.4万吨，动态调增高效中浅层产能19.3万吨，全年新建原油产能317万吨，内部收益率6.01%。完善“水平井+体积压裂”建产模式，在玛131井区小井距开发试验认识基础上，将井距由150～200米调整为260～300米，EUR由2.6万吨提升到3.1万吨。推广大平台部署，在15个区块节约用地2.7平方千米，节约征地费用7429万元。利用三维地震反演资料，提高石炭系优势储层识别精度，在车排子部署4口大斜度井，单井投资为体积压裂水平井的39.9%，EUR为水平井的72.0%，内部收益率达到10.1%。在确保实现地质目的前提下，优化测录井资料录取项目、井段，缩短建井周期，优化测录井112井次，优化密闭取心1井次，节约费用1847.5万元。

（戴翔）

【现场管控】 2021年，新疆油田公司油藏评价处在现场实施过程中坚持周报制度，强化地质跟踪研究，及时优化调整。在10个区块调减风险井29口、产能20.29万吨；在13个区块调增76口井、产能20.43万吨，调整后减少投资1.13亿元。召开“提高优质甜点钻遇率”专题研讨会，研讨形成各油藏水平井轨迹控制模版及管控措施，单井轨迹调整次数由3.5次降至3.1次，推动水平钻钻井提速；全年完钻水平井374口，油层钻遇率91.8%。加强评价产能一体化、未动用储量再评价，加强中浅层潜力区块摸排，加快14个区块43井次控制试验井钻井投产、试油试采及资料录取工作，在10月底完成51.67万吨新区中浅层产能方案。提前统筹开展新井、跨年井投产策划，跟踪投产效果，定期组织生产效果分析，逐井分析未达井产生原因，制定提产措施。全年新投井1160口、产能324万吨，日产峰值水平6148吨，全年新投井产油100.15万吨，超产24.15万吨。

（戴翔）

【矿权管理】 2021年，新疆油田公司油藏评价处按照“进择优、保有利、退有序、管规范”工作思路，通过“加快探转采”“有序退减”等措施，最大限度保护优质核心矿权。全年申办采矿权8个，面积1021平方千米，获得采矿权证6个，净增面积864平方千米。截至年末，新疆油田公司取得采矿权42个，总面积7903平方千米。全年办理4个到期矿权延续登记，采取退减保护地、城镇等无法施工区，以及抵扣勘探潜力差矿权区块等方式，共退减面积3606平方千米，保护优质探矿权。截至年末共有探矿权18个，总面积5.34万平方千米。全年获批复项目2个，报备面积330平方千米，保障新疆油田探矿权内试采井均依法合规生产。

（戴翔）

油气开发

【概况】2021年，新疆油田公司年计划产油1358万吨，实际年产油1370万吨、超产12万吨，为油田历史超产幅度最大的一年；年计划生产天然气29亿立方米，实际完成34.87亿立方米，超产5.87亿立方米，连续7年实现双超。原油开发连续20年千万吨以上稳产上产；玛湖和吉木萨尔页岩油年产量突破300万吨，成为国内原油上产新高地。通过提高采收率、控制递减率工程达成老油田千万吨效益稳产目标，建成200万吨超稠油SAGD、“二三结合”、稠油火驱等一批行业领先开发示范工程，自然递减率、含水上升率等指标均创历史最好水平；天然气“三位一体”产供储销体系全面构建，呼图壁储气库的容量、最高库存量实现“双百”突破。新增探明石油地质储量1.7206亿吨，新增天然气地质储量200亿立方米；新增原油SEC证实储量1482.6万吨，新建产能317万吨，天然气11.6亿立方米。截至年末，累计开发油田29个、气田4个；油水井41275口，其中采油井34804口，注水（汽）井6471口（汽驱注汽井1673口）。注水（汽）井开井3932口，年注水（汽）量7312.7万立方米（吨），累积注水量（汽）1720.1万立方米（吨），采油井开井23887口。气井总数245口，开井150口。

（王春林　蒋立明　王玉贾洪亮）

【原油产能建设】2021年，新疆油田公司组织油气上产、效益开发会战，9月原油日产水平突破4万吨，时隔17年再上万吨。全年新建原油产能317万吨，整体实现效益达标，内部收益率6.01%（首年45阶梯油价），建产规模在中国石油天然气股份有限公司（以下简称股份公司）年度排名第一位，连续三年建产规模在300万吨以上。全年新投井1160口、产能324万吨，日产峰值水平6148吨，全年新投井产油100.15万吨，超产24.15万吨，达历史较高水平。新建原油产能产量符合率为104.2%。

（蒋立明　韩俊伟）

【注水注汽管理】2021年，新疆油田公司解决井网缺损及管柱维护等历史欠账问题，全年投入工作量1.76万井次，改善检管、验封、测调、洗井、注水合格率指标。年注水3373万立方米、产油449.5万吨，含水上升率、自然递减率稳定在0.9%、9.0%。在“精细油藏描述，立体分区分类”基础上，实施集团注汽、干度分级配置和分区分类间注，全年节汽88万吨；加大转方式力度（同比增22万吨），实现稠油稳产、油汽比稳定在0.111。单位吨油完全成本、基本运行费均控制在年初预算指标内。

（吕海峰　杨柳）

【措施增产】2021年，新疆油田公司开发公司优化实施顺序和措施结构，加大多介质辅助热采、大修等工作量，在费用不超情况下，完成增产措施2393井次，完成计划107.5%，措施有效率85.3%，年增油65.3万吨，超计划2.3万吨，内部收益率13.3%（45美元/桶），较预计高1.6个百分点。

（王春林）

【重大开发试验】2021年，新疆油田公司开发处以10项股份重大开发试验为引领，加快砾岩油藏“二三结合”复合驱、稠油火驱、超稠油SAGD等技术推广应用，年产油突破200万吨。其中七东1聚驱、三元复合驱、重45 SAGD等3项通过股份公司验收，提高采收率17%～28%；风城水平井火驱、九6区CO_2复合汽驱2项达到技术试验目的，完成结题；低渗气驱攻关初见成效，530CO2混相驱试验3口见效井增油16t/d；玛18注烃气一线井递减减缓22.6%。

（刘名）

【合作开发】 2021年，新疆油田公司开发处合作开发实际完成产量179.9万吨，完成计划的103.8%，超计划6.6万吨。其中风险作业、九1—九5区通过科学组织、精细注水、优化注汽、加大措施力度等，原油产量完成率分别达到106.0%、101.1%。

（陈光喜）

【天然气生产组织】 2021年，新疆油田公司以天然气加快发展规划为引领，通过勘探开发、地质工程一体化，落实建产资源；强化老区精细管理，开展停关井治理，控降气田产能递减；加大溶解气回收和探评井配套利用，支撑天然气上产；组织储气库建设、精细注采管理，提高储气库调峰能力。通过加快呼探1井等新井投产、加大玛湖油区溶解气回收、加强老区精细管理和措施挖潜、压减装置检修时间，超产天然气5.87亿立方米，超产量创历史之最大。

（王玉）

【气藏管理】 2021年，新疆油田公司开展气田开发地下大调查及对标分析，分类制定气井、气藏合理开采政策，产能自然递减率控制在11.4%，同比下降0.5%；治理低产井、停关井利用，全年实施侧钻、补层等措施30井次，核增生产能力0.53亿立方米，综合递减率9.4%，同比下降0.3%。

（王玉）

【气藏产能建设】 2021年，新疆油田公司突出勘探开发地质工程一体化，开展低渗、致密砾岩气藏水平井提产试验，在前哨2、中佳2_H等3个区块实施4口水平井，建产能1.16亿立方米，完成计划的105.4%，新增探明地质储量200亿立方米，为2022年准备产能4.1亿立方米。

（李波）

【呼探1井投产试采】 2020年12月16日，呼探1井在准噶尔盆地南缘中段白垩系清水河组获重大突破，试气日产61万立方米。新疆油田公司用时37天完成试采工程建设，2021年2月4日投产，每月开展动态分析，科学指导试采，气井以30万立方米/天稳定生产，当年产气1.08亿立方米、凝析油1.38万吨。

（李波）

【储气库业务】 2021年，新疆油田公司呼图壁储气库年注气23.43亿立方米、采气19.93亿立方米，注末库存量100.1亿立方米，达容率93.6%。调整工程二期实现“8开7完6投”，气库最大调峰能力达到3200万立方米/天，同比提升400万立方米/天，工作气量达到35.3亿立方米。为冬季调峰保供及保障西气东输供气安全平稳运行发挥作用。

（王玉）

【动态分析竞赛】 2021年6月22—29日，集团公司在青海油田举办“2021年集团公司

12月31日，呼图壁储气库日采气量超3000万立方米，创历史新高

（薛梅 摄）

西部企业地质动态分析专业竞赛”，来自长庆油田、塔里木油田、新疆油田、西南油气田、青海油田、吐哈油田、玉门油田7个油田的33组选手分别参加油藏组和气藏组竞赛，新疆油田派出3组油藏和2组气藏选手参与竞赛，油藏获得金奖1项、铜奖1项，气藏获得金奖1项、银奖1项，新疆油田获得优秀组织奖称号。

（王春林）

对外合作交流

【国外市场开发】 2021年9月25日新疆油田公司与中油国际签订尼日尔项目二期生产技术服务合作谅解备忘录，由新疆油田公司为项目二期提供油田生产运行技术服务，预计于2023年6月投产运行，计划设置82个岗位，两两对倒需配备164人。继与哈萨克斯坦AMG、PK、KMK、ADM公司建立合作关系之后，2021年6月23日，新疆油田又与哈萨克斯坦TMG公司达成协议，签订TMG技术服务项目合同，项目由勘探开发研究院履行，项目所在地为哈萨克斯坦克孜勒奥尔达，项目类型为油田开发现场技术服务，项目人数为3人。

（马雪姣）

【国内市场开发】 2021年3月9日新疆油田公司与塔里木油田公司签署战略联盟合作协议，双方在勘探开发、实验检测、工程监理、新建站场运维、井下管柱、压裂液、连续油管作业等方面达成多项合作意向。

（马雪姣）

3月9日，新疆油田公司与塔里木油田公司签署战略联盟合作协议

（王玲　摄）

【外部市场创收】 截至2021年末，新疆油田公司外部创收总额5.4亿元，其中海外项目收入1.29亿元，国内外部市场收入3.11亿元。

（马雪姣）

【国际业务社会安全管理】 2021年，新疆油田通过集团公司国际业务社会安全五维绩效考核，取得90.95分的成绩，集团公司评价为卓越级。

（马雪姣）

【对外合作人员培训】 2021年6月16—17日，集团公司国际部首次开展中国石油翻译晋级培训体系英语翻译专业定级考试工作，新疆油田公司共3人参加考试，其中口译1人，笔译3人。1人通过考试并定级为初级翻译，定档为三档。

（马雪姣）

【机构变动】 2021年4月20日对外合作部项目管理科加挂海外安全办公室牌子，负责公司国际业务社会安全及涉外应急事项归口管理。

（马雪姣）

油气勘探开发单位选介

新疆油田公司开发公司

【生产指标完成情况】 2021年，新疆油田公司开发公司评价井完钻98口，进尺31.01

万米，100%完成全年任务。探明地质储量1.64亿吨，可采储量2213万吨，完成全年任务的109%、105%。原油产能产量完钻718口，完成进尺211.88万米，钻井建产能266.72万吨，完成全年任务的106%、115%、108%。投产新井557口，累产59.67万吨（含评价井利用6.9万吨），同比2020年，井数少12口，产量高7万吨。投产跨年井340口，累产32.17万吨。全年合计生产原油91.84吨，完成全年任务的134%，超产23.34万吨。天然气产能产量天然气产能井完钻2口，进尺1.02万米，新建产能0.4亿立方米，投产1口，累产气921万立方米，完成任务的307%。储气库专项储气库调整工程开钻8口，完钻7口，投产6口，累计进尺3.26万米，超额完成集团公司“六开五完二投”考核指标。

（白雪）

【经营管理】 2021年，新疆油田公司开发公司践行“四精”要求，联合多专业多部门集中办公，强化技术管理经济融合，效益排队指导部署优化4次，制定控投措施30项，100%消化投资缺口，内部收益率整体算盈。成立控投领导小组，固化经验汇编8项制度。推进强矩阵管理，指标到人，坚持业财融合、靠前服务，生产一线岗位通过技术改进、管理优化管控投资，创新钻井“分开次计价”，挖潜投资4318万元。坚持月度经营分析，应用“挣值分析法”，掌控动态，及时纠偏。推行实时结算，签认完成率100%。提高资金使用效率，助力油田公司控减财务费用0.22亿元、控降折旧2.09亿元，协助未上市企业回笼资金5.76亿元。培育未上市单位产值3.32亿元。

（白雪）

【提质增效】 2021年，新疆油田公司开发公司前期强化方案、设计、征地、环评、水保、井场、基础、经营“八个先行”，突出人员、设备、材料、监督“四个到位”，实现前置项办理再提速8%，钻机规模启动、地面复工、体积压裂开工高点起步。钻井集成9项技术管理措施，深钻水平井平均完井周期77天，再提速10%，风南4、夏72实现“六开六完”。构建“七个强化”复杂管控模式，整体复杂时率5.08%，同比下降15.3%。压裂形成“3+3”运行保障模式，压裂协同效率4.02级/天，桥射联作协同效率3.96级/天，同比提升17%，完成井数级数均刷新历史纪录。地面配套创新“提前介入，同步实施、串并结合、提质提速”工作方针，单井配套提速28.5%，中型场站建设提速25.3%，金龙2变电所、转油站当年设计、当年建设、当年投产，刷新新疆油田公司同类工程纪录。建成玛北500万吨集输环网，减少拉油、放空，助力用户降本增效。重点工程成立天然气保供小组，提升保供能力485.5万立方米/天，超计划36万立方米。储气库钻井固井质量合格率100%，工期缩短11%，实现“八开七完”，获板块公司书面表扬。

（白雪）

【安全管理】 2021年，新疆油田公司开发公司首次获得新疆油田公司HSE模范单位。修订制度9项、安全责任清单240份，履职能力评估实现三年全覆盖。梳理管理风险点340项、专项查改隐患254项，全年未发生上级查处管控红线和停工项，较大隐患、一般隐患同比下降21.4%、10.8%。落实井控“一把手”工程，坚持分级管控，严查设备安全，抓好开工验收；严管安装、试压等关键环节，升级井控违章隐患查处力度，列入较大隐患8项，同比下降62.5%。“三化一体”岩屑处置工艺覆盖率97%，减少岩屑增量25万吨；主导试点还原土资源化利用，助力绿色油田建设。落实“关爱员工”战略，配备健康监测设备药品，常态化开展健康巡检和培训，通过健康企业建设验收。

（白雪）

【企业管理】2021年，新疆油田公司开发公司对标管理落实高质量发展战略，开展7大专业28项业务对标分析，对标“十三五”178项，对标集团73项，确定追标1项，创标7项，制定58项提升措施。入井物料质量抽检合格率94.5%。井身质量合格率98.4%，固井质量合格率92%，双超年度考核指标。地面工程质量一次合格率98.4%，同比提升0.4%。新建产能物联网建设实现“三同时”，施工提速60%，首次开展5座大中型场站数字化交付。产能建设信息化系统“地质跟踪管理模块”11月上线运行，工作效率提升50%。

（白雪）

新疆油田公司采油一厂

【生产指标完成情况】2021年，新疆油田公司采油一厂生产原油148.1万吨，生产天然气4200万立方米；单位完全成本42.98美元/桶，超额利润4253万元；未发生一般A级及以上安全生产事故和重大环境污染事件。

（苑海洋）

【油藏评价】2021年，新疆油田公司采油一厂以发现经济可采储量为导向，组建中浅层评价产能一体化专班，紧盯红—车地区和克拉玛依老区富油区，深化成藏规律研究，在车77井区等30个区块优选36个目标层系，部署实施试油49井66层，获工业油流30井37层，试油成功率56.1%，较公司平均指标高10.6%。通过开展油藏评价，在车881井区、五1区、四1区、红20a井区以及车排子地区取得六项新发现，预计储量规模2300万吨，在车排28井区、车排子北段、红83井区以及二区获得四项新进展，预计储量规模2400万吨。开展增储降耗，全年探明SEC证实储量225万吨，SEC储量接替率大于达1.52。全年完钻新井196口，新建产能18.05万吨，中浅层稀油区块平均百万吨投资控制在39.8亿元以内，平均内部收益率由4.8%提升至6.2%，新井产量超计划4.36万吨，产能贡献率68.9%。创造车排28井区、车881井区“当年评价、当年建产”历史性纪录。

（苑海洋）

【老区稳产】2021年，新疆油田公司采油一厂建立并强化落实“日监控、旬核实、月分析”机制，开展春季夺油上产会战，提前30天实现会战目标，创造采油一厂踏上年度剩余水平时间最早、原油日产水平达历史同期最高2个历史之最，会战成果获公司党委嘉奖。围绕老区稳产，在高渗油藏开展不稳定注水控制含水上升率，全年实施补层、提级等工作量2086井次，注水开发区自然递减率由18.7%下降至10.8%，含水上升率稳定在2.1%，吨油耗水率下降；开展稠油提压注汽、防偏流、防汽窜等油藏治理，油汽比稳定在0.111，实施“蒸汽向下”工程，全面停止地面保温用汽、单井伴热，通过余热利用、电暖器等替代，减少蒸汽用量95万立方米。自主实施车510井区全面转蒸汽驱，提前3个月完成项目施工，节约投资1700余万元，采收率由28%提高至47%，推进火驱重大开发试验，全年点火22井次，注采调控156井次，改善调控区域空气油比。围绕上返补层、压裂、纳米降粘、多介质复合吞吐、加深侧钻、找隔水等增产措施，按照效益排队、潜力优先原则，加快实施节奏，措施时率大幅增加。

（苑海洋）

【地面配套建设】2021年，新疆油田公司采油一厂建成红山嘴原油处理站，新增原油处理能力100万吨，实施红浅污水达标外排、二区、五区、车峰3、车43密闭集输、车362

转油站、稠油处理站预脱水改造等重点效益工程，微生物水处理量达4800立方米/天，年减少污水处理费用1100万元，原油拉运费油节省1200万元，稀油密闭率提升至66%。优化举升工艺、短检泵井治理，稀油机采系统效率提升0.2%，泵效提高2.2%。

（苑海洋）

【经营管理】 2021年，新疆油田公司采油一厂提质增效6大类提质增效措施，全年降本增效4.8亿元，控减投资3345万元，老油田调改投资回报率8%以上，基本运行费同比降低1.05美元/桶，降幅7%。其中增储降耗全年新增证实已开发储量225万吨，减少折旧折耗2.72亿元；提升车471井区难采储量效益动用，内部收益率由-1.8%提升至8.4%；对外开拓市场，签订对外注汽服务合同，实现当年利润564万元；回收采油一厂稠油处理站污水处理技术服务、采油一厂车89处理站污水处理技术服务、采油一厂车510处理站技术服务作业、红浅万方软化水处理站锅炉供水软化处理、采油一厂氧化塘污水达标外排和采油一厂红浅污水达标外排技术服务作业（4800立方米）6项外包业务，年创效1524万元，实现45美元油价下扭亏为盈。全年开展内控自检自查4次，完成年度普法任务，全覆盖推进合规培训，完成合规培训9次。

（苑海洋）

【安全环保】 2021年，新疆油田公司采油一厂推进QHSE体系换版工作，完成体系审核整改销项问题70个。建立“周通报、月评估、季研判”机制，制定防控措施49项、风险清单392份。推进反违章专项整治、安全生产大整改、典型案例警示教育等活动，开展隐患排查治理专项检查，整改问题632项，考核问题176项、员工360人次。一体化监管承包商，开展帮扶指导23次。源头控减污油泥3.3万吨，合规处置5.3万吨，全年污染物未超量排放。推进绿色矿山建设，小拐油田、卡因迪克油田矿权进入自然资源部遴选名录，通过自治区第三轮清洁生产验收。落实医生随访、医疗诊巡等预防，开展“三减”活动（减盐、减油和减糖），通过公司健康企业达标验收，获得克拉玛依区“健康企业”称号。重点工序、工程、井下质量监督到位率100%，入厂产品质量监督率、自产产品质量合格率100%，全年未出现质量、计量事故。

（苑海洋）

【科技创新】 2021年，新疆油田公司采油一厂投入科研资金1629万元，实施科研项目26项，其中获省部级科技进步二等奖1项，获公司科技进步三等奖2项，国家专利授权14项。3个创新工作室全年完成技术革新、技能或工艺优化26项，解决现场生产难题51个，1个创新工作室代表采油一厂获得中国创新方法大赛新疆赛区三等奖。打造四123井区智能注采示范区，建立欠注井堵塞定量评价体系，引进解堵、微生物增注工艺，形成以油管为主同心管+连管冲砂为辅的井筒清洁工艺，建立机械+智能结合的找隔水工艺体系。推进智能油田建设，油气生产物联网设计工程通过油田公司上线前联合检查，油田物联网覆盖率达到96%，建立生产监控云平台和功图量液诊断系统，实现油水井站的集中监控；42套报表实现信息化；车21转油站、车362转油站、车471转油站、红浅污水达标外排站、天然气处理站全面实现无人值守，3个地磅房实现远程集中过磅，累计节约用工66名。

（苑海洋）

新疆油田公司采油二厂

【生产指标完成情况】 2021年，新疆油田公司采油二厂生产原油262.0万吨、天然气5.31亿立方米，分别超产7.0万吨、

6100万立方米，油气当量首次跨越300万吨。

（易静）

【增储上产】 2021年，新疆油田公司采油二厂开辟增储新领域，一区石炭系、九区白802井区石炭系向国家提交探明石油地质储量3396万吨，新建产能29.65万吨，新井产油13.2万吨，超计划5.0万吨。深度介入“水平井+体积压裂”投产，优化压裂投产顺序，实现水平井投产提速提效。提前落实2022年方案产能55.4万吨，提前实施新井28口。围绕控制递减率和提高采收率，完善注采井网，开展注水分类分治，实施动态调控1262井次，全年综合递减率控降至2.6%。深化油藏剩余油潜力及分类措施适应性研究，精细选井、选层、定向、选工艺技术，完成增产措施407井次，有效率97.8%，累计增油22.2万吨，单井增油546吨，同比提升32.6%。统筹组织生产运行，推行“领导干部+生产骨干”驻站值守模式。建立地理图形信息井下运行管理系统，首创物料一站式集中配送方式，井下作业综合提效5.8%以上。打赢“五场会战”，原油日产水平连换“千字头”、9月下旬达8000吨、创历史最高水平，在油田公司原油日产突破40000吨、创油田开发新纪录上产进程中发挥主力作用。

（易静）

【经营管理】 2021年，新疆油田公司采油二厂健全“事前算盈、事中干赢”预算管理体系，单位操作成本同比压降2.5%。推进“我为成本管控出力”专项活动，开展“大培训”“大讨论”“大比武”841场次，收集“金点子”68个。开展资产清查和低效无效资产报废，控减资产规模9.38亿元。严格管控投资源头，强化项目前期论证和经济评价，保障资源向高效益业务、高回报区域倾斜，提高投资回报率。

（易静）

【提质增效】 2021年，新疆油田公司采油二厂复产49口高气量躺井，全年增气1486万立方米；建成投用玛湖1示范区混输泵站应急工程，开展82号天然气增压站放空气回收，全年天然气超产6100万立方米。国内陆上油田总体规模最大的81号联合站建设工程一次性投产成功。实施井下作业综合提效、放空天然气回收等项目14项，控制成本6418万元，增收创效3500万元。

（易静）

【智慧油田建设】 2021年，新疆油田公司采油二厂推进智慧油田建设，建成远程计量站351座、无人值守站库17个，4130口油水井实现自动化全覆盖。研发推广“智慧二厂”App移动平台。整合优化A11实时数据预警系统、功图量油系统和单井问题诊断与优化系统，基本具备现场数据快速掌握、问题准确判别、生产及时恢复条件，初步实现数字巡检。依托中控远程控制、应用物联网大数据超前预警、指挥决策，异常井分析准确率达98.7%。创新“五率”（自动化上线率、报警呼出有效率、报警反馈及时率、自动化数据应用率、异常井处置准确率）管理，全过程监督考核自动化设备及数据应用，实现自动化与油气生产深度融合。建成投用自动化多功能基地，实现从委外运维向自主运维转变，年节约费用750万元。稳步推进机构扁平化改革，率先建立老油田“生产指挥—运行维护”新型生产组织模式，减少用工181人、减幅53%，实物劳动生产率由1503吨/人提升至3625吨/人。加快化学驱三次采油示范建设，持续推进“二三结合”（二次开发、三次采油结合）开发模式，全年产油38.6万吨，530井区八道湾组油藏全面具备二元驱注入条件；七东1聚驱阶段采出程度14.9%，形成砾岩油藏聚合物驱配套技术，通过股份公司验收。编制新能源发展规划，推进八区530井区克下组油藏CO2混相驱先导试验，累计注入二氧化碳9.3万吨，超额完成国专科研项目7.0万吨埋存任务；碳捕获、利用与封存扩大方案通过股份公司预审查，预计注入二氧化碳774.9万吨、最高年产油18.9万吨、提高采收率25.6%。围绕八区机采提效示范区建设目标，开展抽油机数字化改造等综合治理1338井次，平均系统效率提升1.7%，检泵周期延长43天，综合创效1684万元。

（易静）

10月8日，新疆油田公司采油二厂81号联合处理站，员工们相互进行安全检查（王涛　摄）

【安全环保】 2021年，新疆油田公司采油二厂细化安全生产责任清单，建立健全自我约束、持续改进机制。推进QHSE量化审核，整改各类问题225项。强化风险分级防控，健全完善隐患排查治理体系，推进体系运行五级监控（自检自查、日常监督检查、安全生产大检查、专项隐患排查、全要素审核与专项审核、管理评审五个方面）。开展基础工作督导提升，680个井站全部达标。推进班组自主化建设，13个中级班组通过油田公司复验，新增中级班组1个。开展安全履职能力评估，实现关键岗位人员全覆盖；开展安全环保履职能力提升培训28人次，培养厂级HSE咨询师10人次，打造“专家型”安全管理人才。开展反违章专项整治行动，查改问题302项。推进安全生产专项整治三年行动，严格道路交通“黑名单”和“清退”机制，抓好危化品、消防、井控管理等领域安全风险管控。做好能效对标和节能改造等工作，节能3820吨标煤，节水15万立方米。巩固绿色矿山创建成果，严格含油污泥全过程管控，探索推进污泥干化及调剖综合利用，全年处置污泥7.63万吨，费用同比控减1000万元。

（易静）

【企业管理】 2021年，新疆油田公司采油二厂全业务管理体系一体化融合，梳理明确厂适用内控流程195个，完善规章制度和业务流程458项、作业文件451项。升级涵盖油田开发、管理效率和经营效益的新“三率”管理模式，选取29项关键指标进行量化考核评比。加强依法治企与合规培训，全员合规培训2064人；专题合规培训4次，174人次，加大内控审计、合规监督检查力度。

（易静）

新疆油田公司采气一厂

【生产指标完成情况】 2021年，新疆油田公司采气一厂外交天然气16.8亿立方米、液态产品30.6万吨，油气当量164.5万吨，单位完全成本控制在16.04美元/桶。重点工作成效4次被油田公司党委嘉奖。

（李江波）

【增储上产】 2021年，新疆油田公司采气一厂实施新区资源探明工程，滴南凸起南部鼻凸带立体评价获重要突破、北

10月13日，新疆油田公司采气一厂克拉美丽作业区技术人员在滴西17集气站校对计量汇管仪表（张昀　摄）

部鼻凸带精细评价成果持续拓展，南缘玛纳斯背斜、盆1井西凹陷东环带、中拐凸起取得新进展，滴西149、滴西244井、滴西269井、滴西331井、滴西334井、克美019井、金龙045井等7井11层试获工业油气流；组织上产会战，开展劳动竞赛，实施侧钻压裂、排液采气等措施15井次，投产跨年井及新井15口，新建产能1.16亿立方米，新增日产天然气能力117万立方米，日产气能力突破600万立方米以上。

（李江波）

【气田开发】 截至2021年末，克拉美丽、玛河气田累计生产天然气量均突破100亿立方米。其中，克拉美丽气田年产油气当量突破100万吨，累计生产天然气107.36亿立方米；玛河气田累计生产天然气100.81亿立方米。2021年2月4日，新疆油田公司采气一厂仅用时37天完成超深超高压超高温油气井呼探1井地面建设任务并一次性投入试采成功，创造一体协同、高效建产新纪录。截至年末，累计生产天然气1.08亿立方米、凝析油1.39万吨。2021年7月7日，新疆油田公司采气一厂接管前哨2井区开发与管理，盆5采气作业区负责现场管理。截至年末，投产气井5口，累计生产天然气0.29亿立方米。2021年9月18日，新疆油田公司采气一厂接管中佳2_H井区开发与管理，克75采气作业区负责现场管理。截至年末，投产气井1口，累计生产天然气58万立方米。较计划提前29天完成克拉美丽、玛河、盆5、克75气田及呼探1井装置检修，多产气4265万立方米、液态产品9896吨。

（李江波）

【经营管理】 2021年，新疆油田公司采气一厂部署开展“管理提升巩固年”系列活动，一体推进治理体系和治理能力现代化、对标世界一流管理提升行动，制定专项工作方案、配套8方面27类37项工作清单、4方面11类59项指标体系，完善综合管理体系运行和管理机制，制修订规章制度89项、梳理优化业务流程214项，综合管理体系手册换版运行，推进法治企业建设，建立配套制度标准、合规管理、风险防控等体系。

（李江波）

【提质增效】 2021年，新疆油田公司采气一厂部署实施4大类35项提质增效措施，开展“我为增产提效添彩、成本管控出力”专项活动，实现控投2853万元、降本9530万元、增效9370万元；推进“增储降耗”会战，新增PD储量当量323万吨、减少折旧折耗6500万元。

（李江波）

【科技创新】 2021年，新疆油田公司采气一厂制定实施地质工程信息一体化攻关规划，与西南石油大学石油与天然气工程学院共建产学研用基地，实施科研项目8类32项，科技增储38亿立方米、增气3824万立方米，获国家发明专利1项、软件著作权3项，科技成果获省部级1项、公司级4项，出版专著1部，发布企业标准4项。推广应用生产经营智能协同办公系统，上线运行生产智能运维系统、生产运行云平台，完成克拉美丽气田生产物联网改造，井场、场站数字化覆盖率分别达96.9%、100%；开展深冷工程数字工厂建设，成为股份公司（国内）第一个全过程数字化移交油气田地面建设工程。

（李江波）

【企业改革】 2021年，新疆油田公司采气一厂贯彻公司改革部署，推进国企改革三年行动和“三项制度”改革、新型采气管理区建设，组建试运生产指挥中心，优化薪酬分配体系，开展全厂员工胜岗能力评估，调整显性化富余人员26人至辅助岗位，分流安置11人；深入推进专业技术岗位序列改革，新聘企业技术专家2人、二三级工程师8人。

（李江波）

【安全环保】 2021年，新疆油田公司采气一厂推进安全生产、井筒质量和反违章专项整治行动，推进班组自主化和基层站队标准化建设，组织专项审核和差异化全要素内审，通过集团QHSE管理体系审核，量化评级提升至B1级；开展关键岗位人员HSE履职能力评估，落实安全记分和安全述职制度，完善双重预防机制，制定三级专项防控方案，强化站场及管道完整性管理，严格承包商监督检查、动态考核与协助提升，压实安全责任；治理环境风险隐患，推进清洁生产和绿色企业创建，巩固提升绿色发展优势。获评2021年度油田公司健康安全环境（HSE）模范单位。

（李江波）

新疆油田公司百口泉采油厂

【生产经营指标完成情况】 2021年，新疆油田公司百口泉采油厂生产原油209万吨、天然气7.55亿立方米，原油产量首次突破200万吨，成为公司第三家200万吨级采油厂，连续四年成为油田公司油气产量增幅最大采油厂。2021年度生产经营目标全面超额完成，产量效益喜获双丰收，2项重大突破分别获得公司党委嘉奖。推进玛湖致密砾岩油藏规模建产，推进百口泉油田滚动建产。首次参与水平井压裂施工、入井材料监督。全年累计投产水平井142口，投产直井43口，投产水平井井数、投产产能、新井产量创历年新高。全年完成各项措施224井次，超前完成环玛湖地面系统扩容。原油产量、油气当量均创新高。

（金园）

【科技创新】 2021年，新疆油田公司百口泉采油厂实施科技创新工程，实施科研攻关36项。实施科研项目管理“双考

1月25日，新疆油田公司百口泉采油厂玛湖第二采油作业区员工检查玛131转油站油气电动调节阀的运行情况　　（尹小平　摄）

核”模式；全年申报自治区级科技进步奖1项、获公司级科技进步成果奖6项、厂级技术创新成果35项。奖励优秀科技工作者15名。推进提高采收率开发试验，玛18井区集团压裂效果显著。

（金园）

【改革创新】 2021年，新疆油田公司百口泉采油厂推进“油公司”改革，建成中控系统2.0标准指挥中心以及公司规模最大、技术一流集输系统，研发投用“智慧百泉”App；建成玛湖地区首个“百人百万吨”新型采油气作业区。成立设计室，打造工程地质一体化设计管理模式。

（金园）

【合规管理】 2021年，新疆油田公司百口泉采油厂完善合规管理体系，建立合规考核问责制度。横向建立起多部门协作模式，纵向开展“年计划、季总结、月小结、日管控”管理模式。全年迎接公司党委巡察1次、各类审计4次，开展18次专项自查，对发现问题制定整改措施，逐一销项。

（金园）

【安全环保】 2021年，新疆油田公司百口泉采油厂未发生一般C级以上生产安全事故、井喷失控着火事故、环境污染事件，获评油田公司健康安全环境（HSE）先进单位。固体废弃物处置率100%。开展节能降耗工作，获评公司节水型企业；优化设备设施管理，获评集团公司设备管理先进单位。编制《低碳示范区建设方案》《“十四五”新能源规划》，推进新能源建设。

（金园）

新疆油田公司重油开发公司

【生产经营指标完成情况】 2021年，新疆油田公司重油开发公司围绕“六大战略”“五大核心工程”，强化技术和管理创新，全年生产原油126.1万吨，完钻新井86口，建成产能53.96万吨，首次攀上50万吨高峰。稠油老区调整及中拐稀油建产齐头并进，五区南油藏、拐17井区、克83井区产能试验区块接连获重要进展。全年投产新井及跨年井233口，超计划68口，实现超产4万吨，完成产能全年任务指标的128.5%。全年处置生产现场应急事件73起，监控室及调度处理日常故障215起。成立生产系统平衡管控小组，降低61号原油处理站超负荷运行影响；极限停炉14台，增加日保供气量25万立方米。超额完成各项业绩指标。获油田公司党委嘉奖4次，连续25年安全生产，连续5年蝉联油田公司“安全生产模范单位”荣誉称号。

（任柯全）

【滚动勘探】 2021年，新疆油田公司重油开发公司加大中浅层优质高效储量探明力度，评价金龙2井区中深层油藏潜力，金222井、金221井试油

8月20日，新疆油田公司重油开发公司采油作业区四区金龙2井区JLHW200井在钻进中（闵勇　摄）

均获高产工业油流。

（任柯全）

【经营管理】2021年，新疆油田公司重油开发公司坚持效益标准，控制投资规模，投资完成率99.5%以上。推进8大类26个提质增效项目实施，高效配置产量成本，开展投资项目效益优选，管控运行成本。推进资产轻量化，盘活闲置资产，高效利用闲置物资。开展综合体系内部审核、内控风险控制检查，废止制度4项、修订18项，制度审查率100%。各类项目实现应招尽招245项，签订合同366份，经济、技术、法律三项审查率100%。公司获自治区级“守合同重信用”企业荣誉。

（任柯全）

【安全环保】2021年，新疆油田公司重油开发公司推进QHSE管理体系和管控能力升级，在集团公司专项量化审核中成绩排名油田公司各二级单位前列。开展全员落实安全生产责任制、领导履职“六个一”专项活动，组织220人进行访谈能力评估，提高全员安全意识。完善安全生产检查流程和操作规程323项，规范现场处置方案36个。立足常规检查，突出重点时段、重点场所专项检查，消减隐患总量，隐患整改率达97%。推进含油污泥减量化，完成排放口规范化改造，按期取得83个废水、废气排放口排污许可证。污水处理联合站获得集团“绿色站队”称号。建立全员健康档案，筛查评价重点人群333人，开展“一对一”健康随访。

（任柯全）

新疆油田公司石西油田作业区

【生产经营指标完成情况】2021年，新疆油田公司石西油田作业区石油液体产量45.1万吨、天然气产量1.56亿立方米，超产油气当量3.98万吨；实现内部考核利润7815万元，超额完成2242万元。

（胡志刚　周俊）

【滚动勘探】2021年，新疆油田公司石西油田作业区部署实施石西101井在石西石炭系，莫019井在侏罗系三工河组、陆011井在白垩系清水河组，盐探1井在玛东斜坡侏罗系八道湾组试获高产工业油流，三次获得油田公司党委嘉奖。探明发现莫126井、莫132和莫019井莫北凸起西斜坡区规模勘探新领域。

（胡志刚　周俊）

【措施增油】2021年，新疆油田公司石西油田作业区组织实施三轮措施上产，依据单井地质特征、开发历程及剩余潜力共实施各项增产措施90井次，全年增油4.0万吨。

（胡志刚　周俊）

【安全环保】2021年，新疆油田公司石西油田作业区加强

11月21日，新疆油田陆梁和石西原油密闭处理与稳定改造工程投产试运行。项目的建成投产能助力完成集团公司绿色矿山创建指标

（周俊　摄）

风险管控，入选自治区绿色矿山名录，连续22年获得油田公司“健康安全环境（HSE）先进单位”。实现节能4318.01吨标准煤、节水1万立方米，分别完成年度指标的148.9%、100%。

（胡志刚　周俊）

【提质增效】 2021年，新疆油田公司石西油田作业区推进提质增效专项行动，制定实施5大类10项提质增效措施，节约成本费用773万元，全年控降折旧折耗1.94亿元。

（胡志刚　周俊）

新疆油田公司陆梁油田作业区

【生产经营指标完成情况】 2021年，新疆油田公司陆梁油田作业区生产原油98.6万吨、超产2000吨，生产天然气9041万立方米，其中外交商品量5125万立方米、超交625万立方米；实现考核利润7.12亿元、超额完成808万元，单位操作成本12.5美元/桶；新增探明石油地质储量322万吨，完成率107%。2021年3月7日，陆梁油田作业区陆136井获日产11.97立方米工业油流，新发现陆136井区头屯河组油藏，获新疆油田公司一季度党委嘉奖。

（王浩）

陆梁油田作业区主要生产经营指标一览表

表1

指　标	2021年	2020年
原油产量（万吨）	98.6	103
天然气产量（亿立方米）	9041	9200
新增原油产能（万吨）	6.67	21.86
新增探明石油地质储量（万吨）	322.19	336.7
资产总额（亿元）	159.05	149.85
收入（亿元）	21.51	21.93
单位操作成本（美元/桶）	12.5	11.05
单位完全成本（美元/桶）	30.5	26.2

【增储上产】 2021年，新疆油田公司陆梁油田作业区实施评价井、恢复试油井获工业油流7井7层，夏盐19井区三工河组、达13井区百口泉组取得进展。中浅层评审圈闭19个、部署评价井16口，创近五年新高，培植资源量超2000万吨。编制产能方案37万吨，创自主编制产能方案以来历史之最。全过程优化注水，水质达标率提高至95.8%，注水合格率提高至86%，含水上升率控制在1.5%以内。实施第四代智能分注技术42口水井，试验井组分层注水合格率由65.0%提升至85.6%。开展玛东2井区非常规资源效益动用攻关，推进钻塞+带压转抽，弥补产量缺口1.78万吨，年自然递减由77.1%降至35.5%。突出地质工程经济一体化，调减深层、追加中浅层，新井见产较计划提前3个月，产油2.62万吨，产能贡献率93%。完成油井增产措施250口，累计增油6.1万吨，措施工作量与增油量均创新高。

（王浩）

【提质增效】 2021年，新疆油田公司陆梁油田作业区构建全员提质增效长效机制，推进方案、措施、管理优化升级，完成8大类22项措施936万元指标任务，为2022年储备措施70个。做好老区稳产、新区建产和边零井试采等增储措施，新增PD（证实已开发，指通过现有井及设施采用当前作业方法预计可才出的量）储量32.5万吨，完成计划的361%，减少折耗996万元。

（王浩）

【经营管理】 2021年，新疆油田公司陆梁油田作业区坚持“五保一压”（保员工利益、保安全生产、保生产必须、保勘探开发、保稳定和谐、压非生产性支出），优化成本构成，实行“成本合同、费用实际发生、FMIS财务入账”一体化管理，推行经营形势月通报预警、季分析考核机制，确保指标全面受控运行，单位操作成本12.5美元/桶，较预算节约0.04美元/桶。科学控降折旧折耗265万元。

（王浩）

【科技创新】 2021年，新疆油田公司陆梁油田作业区开展5项21个课题研究，获公司科技创新成果奖4项。国内首个深层稀油高温注气试验项目落户夏盐井区，实施17井次、阶段累增油0.5万吨。石南21井区氮气泡沫驱扩大至6注23采规模，陆9井区微生物驱重大开发试验历时四年（2018—2021年）收官，累计分别增油0.6万吨、3.1万吨，井组采出程度提高1.9%～2.3%。实施“有杆泵输入功率计算技术”节能改造，优化实施528口，措施井系统效率提高9.7%，产液单耗节电率26.9%，同比节电249万千瓦时。推进数字化转型、智能化发展，实时数据监测等信息系统建设及处理站DCS体统实现升级，单井、计量站、站库自动化覆盖率分别提升至95%、100%、100%。2021年9月30日，陆9井区K1h23-4油藏微生物驱先导试验完成现场实施，总注入液量21.75万立方米、气量174万立方米，累计增油2.75万吨，阶段采出程度提高1.9%。

（王浩）

【企业管理】 2021年，新疆油田公司陆梁油田作业区推进新型采油管理区改革，组织机构由19个压减为10个，建成“四办六中心”机构运行模式。开展两个阶段内控测试，涉及业务流程70项，查改问题73个；梳理规范性文件1197个，优化业务流程102项，制定修订规章制度33项。开展合规风险和管理漏洞排查，专项治理招标合同违规问题，合同“三项”审查率100%。依法维护企业合法权益，新发案件2起、结案1起。

（王浩）

【安全管理】 2021年，新疆油田公司陆梁油田作业区加强QHSE管理体系建设，公司QHSE体系量化得分85.2，QHSE管理由B2级上升为B1级，HSE业绩得分999.9分，达到公司“优秀”标准。推进反违章、安全生产、井筒质量三个专项整治行动，“互联网+”安全监督平台现场作业覆盖率80%，查改问题1924个。围绕制度管理、安全教育、风险防控等方面持续5个月开展34

4月9日，陆梁油田作业区工作人员对设备安全附件进行检查

（王艺　摄）

家承包商审核式QHSE检查，查改问题182个。QC小组活动获集团公司、自治区成果一等奖各1项，石南采油站采油二班被授予“自治区质量信得过班组”。完成全员健康体检和普查建档，常态化开展慢性病员工健康指标周监测，信息录入率100%。

（王浩）

新疆油田公司风城油田作业区

【生产指标完成情况】 2021年，新疆油田公司风城油田作业区生产原油219.7万吨，超产6万吨；生产天然气6769万立方米，超产1769万立方米。油气当量连续九年保持在200万吨以上，税前利润8.87亿元，油气单位操作成本控制在公司下达指标以内，节能1.21万吨标煤、节水25万立方米，首次获得获健康安全环境模范单位称号，业绩指标考核首次获得120分封顶、员工收益位居公司前列，先后荣获全国“五一劳动奖状”、全国模范职工之家等省部级以上荣誉8项。

（蔡金元）

【产能建设】 2021年，新疆油田公司风城油田作业区稀油以“水平井+体积压裂”为主体，稠油以“重力泄油”为核心，完成9项产能方案编制，部署新井135口，产能58.7万吨。投产新井101口，产能59.64万吨，累计产油11.4万吨。

（蔡金元）

【稀油开发】 2021年，新疆油田公司风城油田作业区开展“百井复开”“百井挖潜”、配压区安装注胶盘根，稀油开井率提高9%，累计增油2.6万吨；强化低渗油藏储层改造提产选井及工艺配套，当年增油2.0万吨，措施有效率95.2%；开展低渗油藏单井增能提产试验，实施气水吞吐及纳米乳液吞吐试验，单井增油提升，稀油年产油首次突破40万吨。

（蔡金元）

【稠油开采】 2021年，新疆油田公司风城油田作业区稠油立足集中注汽、多相协同增能转向，重构地下能量、热量场，实施集团注汽20组238井次；实施多相协同辅助吞吐措施249井次，全年措施增产8.5万吨，近7年递减率持续下降至2.4%。针对超稠油Ⅱ类油藏开展“提液降压扩腔”策略，调整优化120井组450井次以上，平均单井组日产油提高2吨以上，油汽比提高0.02。

（蔡金元）

【配套技术】 2021年，新疆油田公司风城油田作业区推进地质、工程、现场和施工方定期联合诊断“四方联动”机制，创新“潜力评价+工艺诊断+效益排序”修井管理模式，待修井最低降至百口以下，创近4年新低。建成新疆油田公司首套稠油净化污水水质在线监测系统，配套“RO膜+冷凝水+MVC”除盐体系，高效回收冷凝水，减少高盐水外排量，净化水回用率由85%提高至95%。参与完成公司级重点示范项目编制2项，培育光伏发电类项目3个，碳捕集项目1个。

（蔡金元）

【科技创新】 2021年，新疆油田公司风城油田作业区召开首届工程师+技师“双师”论坛、第三届科技大会、乌夏稀油百万吨上产研讨会等交流探讨活动。全年完成公司级以上科研项目16项，获得省部级科技创新成果一等奖1项，二等奖1项，公司级成果6项，申报国家专利9项，获国家授权专利9项，软件著作权1项。

（蔡金元）

【数字化建设】 2021年，新疆油田公司风城油田作业区物联网二期工程通过集团上线验收，数字化综合覆盖率达88.3%。稀油注输联合站实现少人化运行，用工数量由74人优减至32人，劳动效率提升40%以上。构建“注—采—

输”三大业务74类4779个分析模型，15万点生产数据全向赋能业务应用，数据综合利用率由31%提高至66%，业务指标管理由“人工判断+经验分析”向“自动预警+智能分析”转变。移动应用App实现数据便捷查询、信息平层传递、巡检跟踪管理，开创“互联网+”安全生产管理新模式。

（蔡金元）

【改革试点】 2021年，新疆油田公司风城油田作业区以国有企业改革三年行动为主线，完成试点采油、集输样板打造，优化分流73人，集输示范改革单位吨油用工量由4.23人下降至0.76人；选派35名操作员工至油气储运公司从事劳务派遣工作；建立薪酬、财务、维稳业务共享平台，内部盘活人力资源88人，作业区改革经验在集团公司网页刊载，并在油田公司进行经验交流。

（蔡金元）

【安全环保】 2021年，新疆油田公司风城油田作业区推进安全生产三年专项整治活动，对标两个专题和四个专项116项整治任务集中攻坚；推行全员安全生产记分管理，组织修订责任清单127项。开展全员反违章讨论222次、现场培训222次、评审操作规程491项。自主化班组复核通过率100%，中级自主化班组达标率36.5%，超过公司指标1.5%；全年对731个场点开展HSE全覆盖监督检查，排查整改隐患1006项。实现安全生产16连冠，首获油田公司健康安全环境模范单位称号。优化完善夏35井区集输系统，投用风南4井区伴生气回收利用系统，伴生气累计回收550万立方米，完成温室气体排放控减目标；完成133台燃气锅炉排放达标升级改造，如期取得注汽锅炉排污许可证。

（蔡金元）

新疆油田公司准东采油厂

【生产经营指标完成情况】 2021年，新疆油田公司准东采油厂新钻井47口，新建产能8.85万吨，全年提交油田公司探明油气储量319万吨，新增SEC油气证实储量152万吨，新增采矿权5个、面积163平方千米；生产原油62万吨，超产3万吨，天然气1.15亿立方米，天然气商品量超3300万立方米。单位完全成本、操作成本、基本运行费分别为51.72、24.97、12.24美元/桶，实现硬下降。全年无一般B级及以上安全生产和重大环境污染事故。

（成俊才）

【勘探评价】 2021年，新疆油田公司准东采油厂在东道海子凹陷滴南15井区落实石油地质储量1500万吨，北三台凸起沙南油田落实石油地质储量517万吨，北三台油田外围落实石油地质储量554万吨，白家海凸起侏罗系基本落实天然气地质储量28.3亿立方米。

（成俊才）

【油气开发】 2021年，新疆油田公司准东采油厂强化油藏“六分四清”（六分：分层注水、分层采油、分层测试、分层研究、分层管理、分层改造。四清：分层采油量清、分层注水量清、分层压力清、分层出水量清）精细注水，全油田绝对油量递减率控制在8.7%，含水上升率稳定在1.0%以内。高效实施增气工程，超交天然气3300万立方米，商品率由38.4%提升至50.0%。

（成俊才）

【科技创新】 2021年，新疆油田公司准东采油厂推进“大科技”工程，在北10井区开展地质工程一体化研究，形成以高强度树脂及逆向充填压裂防砂为主的技术体系，单井产能提高至6.4吨，加快亿吨级疏松储层建产。推进物联网项目建设，自动化覆盖率由35%升至92%。

（成俊才）

【生产运行】 2021 年，新疆油田公司准东采油厂完成水平井备压 28 井次 875 级，完成小修 723 井次，转供电 2.15 亿千瓦时，采供水 410 万立方米，设备完好率保持在 97% 以上，重点物资保障率 100%。退出未利用土地 15981 亩，完成 120 口重点井征地事宜，前置项办理周期缩短四分之一。

（成俊才）

【经营管理】 2021 年，新疆油田公司准东采油厂单位操作成本、基本运行费控降至 24.97 美元 / 桶、12.24 美元 / 桶。投资完成率保持在 98% 以上。推进资产轻量化，清查固定资产 24344 项，报废资产 934 项。加强薄弱环节整治和关键风险点控制，开展 4 次全覆盖内控自查，发现整改各类问题 49 个。

（成俊才）

【提质增效】 2021 年，新疆油田公司准东采油厂制定八大类 45 项措施，强化“准东品牌”建设，拓展“内内外”市场。承揽工程监督、试油备压、供电运维、化验分析、档案管理等工作；承接塔里木油田哈得油气开发部跃满作业区和哈一联部分运维项目，成为新疆油田首支整建制承包国内油田运维的队伍；签署东巴油田运行服务合同、土库曼斯坦阿姆河燃机服务合同，与中油国际公司签订尼日尔项目技术服务合作谅解备忘录。

（成俊才）

【企业改革】 2021 年，新疆油田公司准东采油厂与阜康市人民政府各相关部门对接，完成学前教育、市政设施、公安局使用资产、供水业务移交，推动阜康市在准东石油基地成立临时街道办事处，率先在集团公司内完成独立矿区社会化职能全部移交。组织未上市、矿服人员开展转岗培训 305 人次，142 人转岗提升至供电运维、采油集输、工程监督等业务。

（成俊才）

【安全环保】 2021 年，新疆油田公司准东采油厂健全员工健康管理制度体系，为全员发放速效救心丸，全覆盖开展健康体检与健康流调，建立“一人一档”，探索眼部健康咨询等服务。完成 8 台低氮锅炉、168 处废气监测口规范化整改，处置含油污泥 860.4 吨，完成公司下达污染物控制指标，全年节能 3052 吨标煤、节水 4.5 万立方米。

（成俊才）

新疆油田公司吉庆油田作业区

【生产指标完成情况】 2021 年，新疆油田公司吉庆油田作业区（页岩油项目部）生产原油 79.3 万吨，其中老井 72.8 万吨，超产 1.8 万吨；生产天然气 1939 万立方米，超产 239 万立方米，原油产量实现三年增幅 76.9%。

（迟海东）

【经营管理】 2021 年，新疆

3月26日，吉庆油田作业区58号平台8口水平井压裂现场

（张昀　摄）

油田公司吉庆油田作业区（页岩油项目部）结合新型智能化采油模式，形成常规业务依托“四办四中心”、专项业务依托虚设机构、重点业务依托攻关项目组经营管理模式。

（迟海东）

【智能油田建设】 2021年，新疆油田公司吉庆油田作业区（页岩油项目部）研发投捞电缆式智能分注工艺，在吉7井区累计实施智能分注50井次，吉7井区物联网实现全覆盖，打通大环网数据链路。搭建生产联合指挥中心，开发“油信达”生产指挥平台，实现数据、研究、监控、指挥统一协调，1号混输泵站实现无人值守，页岩油老井全部实现“无人巡检、故障检修”。

（迟海东）

【合作交流】 2021年，新疆油田公司吉庆油田作业区（页岩油项目部）与北京大学能源研究院、中国科学院新疆理化所、勘探开发研究院采油采气装备研究所等科研院所就科研合作、人才培养等方面签署战略合作协议，扩大合作交流平台。金之钧、沈树忠、范维澄、杨春和、周守为、李宁6位院士相继到吉庆油田作业区（页岩油项目部）就页岩油开发进行交流。

（池海东）

【安全环保】 2021年，新疆油田公司吉庆油田作业区（页岩油项目部）建成一般工业固废场1座，回收利用天然气494万立方米，结束吉祥联合站近10年伴生气外排历史，年减少碳排放10680吨。与华电新疆分公司、立新能源股份有限公司签署战略合作协议，建设自治区首个兆瓦级分布式光伏电站，开展二氧化碳前置蓄能压裂试验2井次，二氧化碳吞吐试验1井次，将二氧化碳注入地层封存9000余吨。推行员工健康管理，生产与非生产性健康突发事件均实现“零”报告。全年未发生一般C级及以上安全生产和重大环境污染事故事件，连续两年被评为新疆油田公司健康安全环保先进单位。

（池海东）

油田工程质量监督

【概况】 2021年，石油天然气克拉玛依工程质量监督站共对149项工程进行监督，工程总投资96.1亿元，项目监督覆盖率100%。监督检查质监点3134个，形成监督记录860份，发现各类质量问题335个，下发《工程质量问题处理通知书》22份，上报重大工程质量隐患52个。

（潘会泉）

【专项检查】 2021年4月，石油天然气克拉玛依工程质量监督站组织开展油气田地面建设工程前期质量行为专项检查，受检项目包括九6区齐古组油藏西部吞吐区调整2020年地面工程、玛2转油站扩建工程、二元复合驱工业化扩大试验化学驱联合站建设工程、红山嘴油田原油处理站建设工程4项油田公司重点工程，重点检查建设各方责任主体执行国家法律法规和基本建设程序以及质量保证体系的建立及运行情况，进场原材料及设备质量检验、验收情况，在建工程影响结构安全及使用功能的主要工序质量状况。8月23日—9月17日开展油气田地面建设工程质量实体及行为专项检查，受检项目包括新疆油田重油开发公司2021年油气生产物联网建设工程、二元复合驱工业化扩大试验化学驱联合站建设工程、金龙2转油站及外输工程、红浅1火驱工业化开发区八道湾组油藏2021年产能建设地面工程、新疆油田陆梁和石西原油密闭处理与稳定改造工程、新疆油田呼图壁储气库二期工程地面建设工程六项工程，重点检查焊接作业、防爆电气安装、混凝土浇筑等涉及结构安全和主要使用功能的重要部位、重要环节工程实体质量。

（潘会泉）

【异地监督】 2021年，石油天然气克拉玛依工程质量监督站开展外部市场创收工程监督工作，同中石油塔里木油田公司、中石油克拉玛依石化股份有限责任公司、克拉玛依市富城天然气有限责任公司、乌鲁木齐市政府投资城市基础设施建设中心等多次交流会谈，在监督总站授权下，承担12项异地工程监督工作，工程总投资12.2亿元。

（潘会泉）

【质量监督培训】 2021年3月，石油天然气克拉玛依工程质量监督站为提高工程项目建设单位项目管理人员、总承包单位、施工单位专职质量管理人员、专职质检员业务能力，共组织两期地面建设工程建设单位质量监督员培训班，培训人员150人，一期施工承包商质量检查员培训班，培训人员120人。

（潘会泉）

【工程预注册】 2021年，石油天然气克拉玛依工程质量监督站实施工程质量监督预注册制度。年初，发布预注册通知，并根据各单位上报预注册工程项目信息，合理安排监督站业务科室分工以及总监督工程师、专业监督工程师调配。做到提前统计掌握工程信息，超前部署监督力量，有序开展监督工作。

（潘会泉）

油气田基本建设

【概况】 2021年，中油（新疆）石油工程有限公司实现营收35.74亿元，完成指标的105.9%；实现利润总额4562.84万元，完成指标的106.96%。经营活动现金流量净额为6.78亿元，较上年同期增加7.05亿元，实现净现金流量为正目标；期末现金及现金等价物余额为2.31亿元，较上年同期减少0.26亿元。非生产性费用及五项费用均控制在指标内。

（徐金雨）

【市场开发】 2021年，中油（新疆）石油工程有限公司全年签订项目合同396个，合同额43.94亿元。其中1亿元以上项目合同额共计26.4亿元，占比全年新签合同额的60.1%。在发展长输管道业务方面，中标国家管网公司大型管道项目8个，合同额共计14.06亿元；在拓展新市场方面，成立上海华东分公司，承揽上海临港自贸区油氢合建站施工项目等；成立西南分公司，连中“中缅管道50号阀室—三都支线管道工程”“中贵江津站—重燃支坪支线工程”2个项目。在拓展海外市场方面，参与尼贝管线施工建设，承接“肯基亚克盐上油田4号注汽站建设工程”等设计项目8项。

（徐金雨）

【提质增效】 2021年，中油（新疆）石油工程有限公司制定升级版年度提质增效专项行动方案和目标任务，按月上报总结，召开提质增效月度会议。历史遗留问题处置进展显著，全年通过法律诉讼方式，结案3起三年清零存量案件。利用财税优惠政策，实现加计扣除额1628.97万元；抵扣税额44.66万元；退还税费272.06万元。完成采购节资目标，全年物资采购节资额1.26亿元，节资率13.5%；工程分包采购节资额0.75亿元，节资率为7.55%，实现了提质增效目标。

（徐金雨）

【科研成果】 2021年，中油（新疆）石油工程有限公司累计获得省部级及以上各类奖项16项、自治区勘察设计协会优秀勘察设计奖8项，石油协会优秀勘察设计项目奖4项。申请发明专利5项，新增授权专利14项，工法2项，发布集团公司企业标准3项；在省部级及以上期刊发表论文50余篇。设计分公司“特超稠油开发采出液高效处理及资源化利用技术”“高含CO_2气田低能耗脱碳工艺技术”被中国石油建设协会成果鉴定委员会评定达到国际先进水平，建成中国石油首个全油田全密闭流程的超稠油生产基地，回用油田污水4.56亿吨，年节能65万吨标准煤，累计节约生产成本39.21亿元。

（徐金雨）

【安全管理】 2021年，中油（新疆）石油工程有限公司设置项目安全评估小组，对开工前安全工作进行整体评估，在源头提高管控能力；全年系统检查并整改安全隐患29319项。

（徐金雨）

工程监理

【概况】 2021年，新疆石油工程建设监理有限责任公司承监工程监理项目202项，下发各类监理指令945份，不符合项通知989份，查处各类问题7327个，检查作业许可14120份、全年无质量安全环保事故。

（黄雯倩）

【监理能力建设】 2021年，新疆石油工程建设监理有限责任公司发布实施《2021年监理现场质量控制提升实施方案》

《监理履职能力专项提升活动实施方案》，明确强化技术文件编审能力、履职尽责、合规管理、承包商管理、信息报送、监督问责六方面工作要求。编制《2021年监理公司严重质量隐患清单》《重复质量隐患清单》《监理履职能力考核清单》，明确严重质量隐患19项，重复质量隐患102项，履职能力考核66项。

（黄雯倩）

【重点工程监理】 2021年，新疆石油工程建设监理有限责任公司紧盯设计文件、关键物资、人力资源到位情况等关键节点，确保13项重点工程按期投产。针对金龙2输变电工程进度堵点，提出工法改进与管控对策23条，缩短工期60天。首次开展百日劳动竞赛，现场重复性及“低老坏”等问题同比降低15%，焊接一次合格率保持98.5%以上。艾湖2、风南4、玛2等3座转油站提前一次投产成功，共计新增转液能力400万吨/年，节约运行成本10万元/天。前哨2井区、玛湖1示范区混输站应急工程按期投产。

（黄雯倩）

【环境监理】 2021年，新疆石油工程建设监理有限责任公司全年累计巡检现场4344次，对605个（次）钻前井场、1803个（次）水基岩屑现场、91个（次）岩屑报备清运现场、360个（次）油基岩屑及转移旁站现场、496个（次）岩屑处置场、443个（次）地面及546个（次）钻井现场等进行认真检查，共发现环保违章873起，发出环境监理整改通知单115份，工作联系单27份，全年无环保事件发生。试点环保管家项目，面对交接时间紧、监管力度大、业务不熟悉等多重难题，通过专题学习、以会代培等多种形式加强环境监理人员培训，提升监督人员环保履职能力，促进现场环境监管无缝过渡。

（黄雯倩）

2021年，新疆石油工程建设监理有限责任公司承监新疆油田呼图壁储气库工程（二期）　（新疆石油工程建设监理有限责任公司　供图）

【体系建设】 2021年，新疆石油工程建设监理有限责任公司健全完善QHSE管理体系，将岗位责任清单与风险分级防控体系、履职能力评估、全员绩效合同、HSE责任书挂钩，完善54个岗位安全生产责任清单，推动全员安全生产责任归位。推进安全生产专项整治三年行动，制定并分解任务84项。建立140名岗位员工安全生产能力档案，组织6次风险辨识活动；建立问题隐患和制度措施两个清单，明确整改责任和整改要求，排查问题及隐患43项，确保专项整治行动取得成效。10月20日，QHSE管理体系通过第二阶段认证审核；10月27日，获得ISO9001质量管理体系、ISO14001环境管理体系、ISO45001职业健康安全管理体系认证证书。

（黄雯倩）

【合规管理】 2021年，新疆石油工程建设监理有限责任公司梳理现行管理制度101项，新增5项、修订26项。完成内控测试任务147项，内控系统合规测试通过率100%，实现公司各项管理工作风险可控。

（黄雯倩）

【经营管理】 2021年，新疆石油工程建设监理有限责任公司坚持“事前算盈、事中干赢、事后保盈”原则，制定实施提质增效升级“十大举措”，首次将成本利润率作为效益考核指标，下达指标在三年历史平均值基础上增加5%～15%，全年达成利润率20%。开展“我为成本管控出力”4类15项具体活动,形成5个方面实践研究成果，实施强化增值服务等“金点子”8项；坚持资金紧平衡管理，超额完成两金压控指标。成功申报办理10年前涉税事项。

（黄雯倩）

工程咨询

【概况】 2021年，新疆昆仑工程咨询有限责任公司为了加强经营管理，提质增效工作落到实处，组织对标管理，分解任务和经营目标，以成本管控、提质增效为抓手，将经营管理责任落实到各相关责任人，精细成本管控，统筹推进提升服务质量，调动创效积极性，完善管理标准体系，梳理优化业务流程，拓展新业务，始终坚持服务油田以内部决策咨询为主，发挥资质优势，逐步扩大外部市场的发展目标。在立足传统市场和业务的基础上，做精做专“规划研究、节能评估、安全评价、后评价、工程咨询、HSE体系管理咨询”等咨询服务主营业务。

（李艳）

【规划研究】 2021年，新疆昆仑工程咨询有限责任公司编制完成新疆油田公司“十三五”能源审计及新疆油田公司“十四五”节能规划报告；完成新疆克拉玛依机场改扩建项目社会稳定风险评估报告和准东石油基地供水、市政设施分离移交社会稳定风险评估以及退休人员社会化移交社会稳定风险评估报告编制。

（李艳）

【节能评估】 2021年，新疆昆仑工程咨询有限责任公司参与新疆油田公司、塔里木油田公司及克拉玛依市政府固定资产投资项目节能审查和节能技术服务工作。完成新疆油田公司2021年产能建设节能报告14项，实现年综合节能量799.2吨标准煤、节约投资597.19万元、年节约运行费用327.26万元；完成塔里木油田2021年产能建设节能报告项目8项，实现年综合节能量1849.5吨标准煤、节约投资407.95万元、年节约运行费用166.24万元；接受克拉玛依市政府委托的煤化工产业发展、科创城市建设调研报告、优化营商环境、建设国际影响力石油城市4项决策咨询报告编制任务；完成地方政府和企业节能报告审查4项；固定资产投资项目节能审查业务在克拉玛依地区和塔里木油田市场占有率稳定在100%；为地区固定资产投资项目从源头上实现节约能源，遏制高排放和低效能项目落地，促进区域产业结构调整、加快资源节约型、环境友好型社会建设提供技术支撑。

（李艳）

【安全评价】 2021年，新疆昆仑工程咨询有限责任公司开展安全（消防）、职业病现状评价、防雷电灾害风险评估和工艺安全分析。通过对百口泉采油厂的生产设备、安全设施、现场检验检测情况以及安全管理情况分析评价，共发现7类18项安全隐患问题，提出改进建议18项，指出较大安全隐患4项，涉及油气场所平面布置、消防设施等方面，为生产单位日常安全管理及安全综合治理部门实施安全管理监督提供支持和依据。全年完成5家单位的职业病危害现状评价，对职业卫生管理工作是否符合国家职业卫生有关法律、法规要求做出分析评价，对提高其职业卫生管理水平起到指导作用；对风城采油一站1号密闭接转站、采油二站伴生气处理站和吉庆油田作业区吉祥联合站等7座站场开展HAZOP（危险与可操作性）分析，共划分节点95个，分析偏差总数808项，从工艺设备设施、安全设施、仪表和安全管理方面提出改进措施55条，对伴生气含硫化氢含量和CO_2含量较高的站场提出工艺改进、增设警示牌、完善人员取样和应急处置预案等多项建议；对油气储运公司701站、总站和采气一厂克拉美丽处理站等7座站场进行消防现状评价，在建筑防火、消防设施与器材和消防安全管理等方面提出建议145项；对石西油田作业区石南联合站、莫北转油站、风城油田作业区稀油处理站等9座站场开展防雷电灾害风险评估，发现各类问题100多项，集中在防雷、防静电、防爆电气等方面，根据问题隐患风险程度，提出整改建议。

（李艳）

【后评价】 2021年，新疆昆仑工程咨询有限责任公司实行详细评价、简化评价、后评价评审有机结合，促进后评价工作和服务纵深延伸。全年在完成《准噶尔盆地“十二五”“十三五”勘探专项自评价》《呼图壁气田开发简表》《红浅1火驱开发试验自评价报告——审查》等新疆油田公司重点项目后评价工作和审查任务的同时，还承担塔里木油田分公司、独山子等单位委托的后评价工作。完成塔里木油田《哈拉哈塘油田外围区块地面骨架及站外集油系统工程后评价》《牙哈凝析气田开发调整工程后评价》《克拉苏气田大北11断块试采工程后评价》《克拉苏气田大北12断块试采工程后评价》等16项后评价项目，完成独山子《加工轻烃炼油及乙烯优化调整（化工）详细后评价》《热电厂新区动力站锅炉烟气环保提标改造详细后评价》《热电厂老区1号、2号机改为背压式机组详细后评价》《专用铁路改扩建电气化改造工程项目详细后评价》4项后评价项目，在集团公司规划计划部归口领导下，配合集团公司项目后评价处开展相关研究和基础工作，完成区域后评价技术服务业务。

（李艳）

【QHSE体系管理】 2021年，新疆昆仑工程咨询有限责任公司承担新疆油田公司范围内《石西油田作业区》《红山油田有限责任公司》《采油二厂》《重油开发公司》《黑油山有限责任公司》等36家二级单位及油田公司机关的QHSE审核任务，通过生产运行、风险评价和控制措施、设备设施、承包商管理、应急管理、污染防治、合规性管理、作业许可等要素审核，用培训、现场指导方式，为油田公司各单位提供全方位QHSE管理体系体系咨询工作；完成新疆油田公司《新疆准东油田工程技术股份有限公司》《克拉玛依市百口泉建筑安装有限责任公司》《新疆华隆投资有限公司》《新疆贝肯石油天然气股份有限公司》等15家承包商HSE审核、培训项目审核。

（李艳）

物资供应

【概况】 2021年，新疆油田公司物资供应总公司签订物资采购合同62.1亿元，采购资金节约率13.77%；实现总收入54.66亿元，账面利润1.09亿元，比油田公司下达的6316万元利润指标超额完成4628万元。

（罗汐）

【物资保供】 2021年，新疆油田公司物资供应总公司物资采购目录范围已基本覆盖油田生产常用物资，全年累计滚动储备重点大宗物资65.4万吨，供应物资7.2万项，吞吐量238万吨；整合各类运输车辆300余台，承运能力8600吨，满足24小时配送需求，配送物资80万吨，物资保障率100%，客户满意度96%。

（罗汐）

9月，新疆油田公司物资供应总公司克拉玛依地区铁路专用线集装箱发运量突破10万吨，较2020年同期增长58%

（物资供应总公司　供图）

【质量管控】 2021年，新疆油田公司物资供应总公司强化物资供应全过程质量管理，全年审核产品标准1.6万项，入库物资检验5.2万批次，检验率100%，整改质量问题10起，处理涉及质量公报问题7项，确保产品质量受控；审核新增供应商资质50家，现场考察新入围供应商3次，年度评价供应商729家。

（罗汐）

【仓储升级】 2021年，新疆油田公司物资供应总公司料场存储能力19万吨，具备10000个有效托盘货位；对照中石油集团公司仓储达标管理规定，从库容库貌、规范作业、单据管理等方面开展管理提升活动，查改问题13项；推动智能仓储系统应用，提升仓储管理效率水平。

（罗汐）

【控投降本】 2021年，新疆油田公司物资供应总公司开展“我为成本管控出力”专题活动，制定并落实5个方面29项提质增效措施，为油田公司控减物资采购综合成本7.6亿元，其中：发挥规模化采购优势，控减采购成本6.18亿元；质控前移节约质检费用393万元；优化物流配送节约832万元；代储代销减少资金占用5079万元；办理商业承兑汇票，节约财务费用8533万元。

（罗汐）

【“两金”压降】 2021年，新疆油田公司物资供应总公司全年收回料款59.73亿元，回款率97.37%。代用利用管材1600吨1280万元，处置非正常存货3277万元，积压物资处置率41.5%；期末库存3.48亿元，再创新低；库存物资周转次数18.36次，同比加快6.11次，创近20年最好水平。完成支付民营企业款项45.82亿元，完成率97%。

（罗汐）

【外部创收】 2021年，新疆油田公司物资供应总公司与外部17家单位开展物资采购代理服务，全年收入3.34亿元、增效1759万元。首次提供铁路专用线车皮申请服务，集装箱业务合作方由1家拓展为4家；开展铜金矿、粮食发运服务，发运种类和范围持续扩大，全年仓储物流服务收入2698万元、增效1527万元。

（罗汐）

【共享建设】 2021年，新疆油田公司物资供应总公司推进内部共享中心建设。5月，物资信息共享管理系统正式全面上线运行；6月，发布《生产维修物资储备目录》；7月，达成新疆油田物供业务仓储扁平化建设“两总库+N点”新模式共识。依托系统推进采购、仓储、配送业务共享运行，34家新疆油田单位、552家供应商、9家承运商上线运行，落实储备定额3369项，采集配送站点163个，配送物资4.66万吨。

（罗汐）

电力供应

【概况】 2021年，新疆油田公司电力公司（新能源项目部）发电总装机容量为320兆瓦，全年发电量15.5亿千瓦时，供热能力250兆瓦，供电量21亿千瓦时。有用电客户2600余户，供电面积12000多平方千米。电力公司（新能源项目部）超前探索新能源发展态势，有序推进新能源电力“源网荷储”一体化和多能互补，构建“大电网+新能源”的全新发展格局，是服务油田发展，助力油田绿色低碳转型的智能绿色电力公司。

（曾守万）

【供热管理】 2021年，新疆油田公司电力公司（新能源项目部）编制“供热系统检修作业指导书”。检修供热系统电机70台、换热器22台、阀门426只、水箱3个，检修热工仪表和电气设施。完成供热系统3座供热站内设备及附属系统管线检修。组织开展供热运行管理监督检查。解决首站1号厂房换热器堵塞问题。10月2日正式投入供热运行，供热温度合格率96.2%，供热228万平方米，供热量230万吉焦，供热系统运行平稳。

【运行管理】 2021年，新疆油田公司电力公司（新能源项目部）持续开展成本管控，分解经济指标，优化运行方式，提高高效机组发电占比，优化厂用系统运行和水塔运行模式，减少跑冒滴漏和污水零排放。3月，对运行倒班模式和人员进行调整，解决部分岗位现场人员紧张状况。开展HSE风险分级防控和隐患排查治理。修订《现场处置方案》，制定“现场应急处置卡”，组织公司级应急演练2次，部门级应急演练44次。组织运维单位完成变电站巡检16800次，克拉玛依电网实现安全平稳运行。

【安全管理】 2021年，新疆油田公司电力公司（新能源项目部）编制《安全生产工作奖惩实施方案》《各级单位领导和管理人员作业现场到岗到位实施方案》《克拉玛依电网运行风险预警管控工作规范》《2021年HSE风险分级防控工作方案》等制度，印发8个专业的《电力安全工作规程》以及相关制度和标准共计136项。3月，编制发布《2021年管控红线、较大隐患目录》；4月，组织开展危害/环境因素辨识。推进班组自主化管理（中级）建设，7月进行班组自主化管理检查，10月完成公司级验收检查。10月中旬油田公司完成班组自主化管理(中级)的验收工作。8—10月开展“反违章专项整治活动”；加强承包商队伍管理。编制《2021年承包商HSE管理工作方案》，开展承包商技术培训，组织新疆西部明珠有限责任公司进行安全座谈和安全大讨论，开展承包商安全检查。

（曾守万）

【设备维修】 2021年，新疆油田公司电力公司（新能源项目部）计划检修发电机组14台次，完成14台次；组织完成变电站设备检修414台。完成4台燃机IGV(进口可转导叶系统)、一二级动叶、喷嘴检查及增压机冷油器清洗、天然气精密滤芯检查更换；解决4号燃机火嘴结焦、2号增压机主机封漏油、12号汽轮机汽缸中分面漏气、4号余热锅炉除氧蒸发器及给水加热器泄漏处理、13号发电机励磁机转子接地设备故障问题；完成360余台辅机维修保养；排查安全隐患540项。全年设备检修计划完成100%，检修质量合格率92.30%，设备可用系数94.09%。

（曾守万）

【技术改造】 2021年，新疆油田公司电力公司（新能源项目部）实施完成4号余热锅炉-13号汽轮机启动系统优化改造、厂区道路及公共区域照明整改、10号机厂房标准化改造、110千伏升压站安全隐患整改等技术改造项目9项。

（曾守万）

油气田工程技术服务

综　述

【南缘钻井提速】 2021年，新疆油田开展完善井身结构、抗高温高密度井筒工作液等关键技术攻关，乐探1井创新采用“控排降压+精细控压”，实现五开负密度窗口安全完井；天安1井、天湾1井创盆地8000米深纪录；呼6井强化地质工程一体化，集成南缘提速技术，229天顺利完井。

（孟祥燕）

【非常规提速】 2021年，新疆油田玛湖三叠系狠抓水平井提速模板落实，试验数字化钻井，平均钻井工期降至77.8天，同比提速1.7天；二叠系通过持续优化井身结构、集成配套分段提速技术等措施，金龙2、克81井区钻井工期分别降至74.8天、103天，同比提速15.4天、57天，钻井速度再获突破。

（孟祥燕）

【页岩油提速】 2021年，新疆油田推广“二开井身结构+一趟钻”提速模板，连续刷新二开井最长水平段（2240米）、最大完钻井深（6270米）多项纪录，水平段一趟钻成功率43%，钻井工期降至43.8天，同比提速6.1天。

（孟祥燕）

【储气库提速】 2021年，新疆油田强化协同管理、提速方案落实、重点工序监管、复杂事故整治，实现当年“八开七完六投”，钻井工期由2020年155天降至145.9天，固井质量合格率100%，超额完成储气库建设任务。

（孟祥燕）

【水平井压裂效率】 2021年，新疆油田推广集团式压裂、拉链式作业模式，通过联合办公、实时决策、技术研讨和数据共享联管机制，玛湖、页岩油、石炭系压裂效率同比提升4.5%、15.4%、23.4%。其中页岩油58号平台双机组实施8口井拉链式作业，创压裂13级/天新纪录。

（孟祥燕）

【致密油提产】 2021年，新疆油田加大效益上产关键技术攻关和评价力度，针对砾岩致密油多簇启裂不均难题，搭建国内首个全尺寸试验场，系统开展段内多簇暂堵工艺试验，结合鹰眼测试，制定暂堵剂性能指标及行业评价方法，暂堵有效率由31%提至68%。

（孟祥燕）

【老井重复压裂】 2021年，新疆油田以精细描述剩余油分布和靶向差异化改造为研究方向，攻关形成注水和衰竭式开发后期两类8项提高采收率核心技术。实施712井次，措施有效率91%，单井平均日增油3.3吨。

（孟祥燕）

【机采指标】 2021年，新疆油田新区开辟无杆泵、立式抽油机示范区，引领技术转型；老区以机采提效和井筒治理两大工程为抓手，强化技术升级和设备改造，实现“系统效率”“检泵周期”双治双提，实施措施46953井次，同比节电6454万千瓦时、减少检泵作业1254井次，综合增效约1.06亿元。

（孟祥燕）

【井下作业】 2021年，新疆油田实现4030米水平井段补贴、7109米连管解堵、38兆帕管柱带压作业能力；单井作业频次0.73，同比降低0.04个百分点，年平均躺井率降至0.68%，同比降低0.22个百分点。

（孟祥燕）

【井控管理】 2021年，新疆油田首次实施井控风险评估分级，强化监督履职能力提升和过程监管，关键工序监督到位率100%，专项检查10次，查改隐患516项，制定修订制度9项，提升现场管控能力。

（孟祥燕）

【井筒质量管理】 2021年，新疆油田健全井筒质量管理工作体系，井身质量合格率97.6%；固井质量合格率93.2%；页岩油压裂零丢段；套损井整治368口，增油2.8万吨，增注1.9万立方米，存量由753口降至534口。

（孟祥燕）

【复杂事故管理】 2021年，新疆油田建立复杂事故管控措施，形成以预防与处置为核心的闭环管理体系，提高复杂事故管控水平。全年钻井、压裂复杂时率5.1%、6.4%，同比降低15.3%、28.9%。

（孟祥燕）

钻　井

【概况】 2021年，西部钻探克拉玛依钻井公司拥有各类钻机92部，主要石油专用设备数量2046台套，原值10.59亿元，净值5.80亿元；固定资产原值26.24亿元，固定资产净值13.22亿元。全年共开钻496口，完井475口，进尺129.8万米，实现收入46.17亿元。综合钻机月速度2208.74米/台月，同比提高2.11%；机械钻速8.34米/小时，同比提高2.84%，事故时率1.13%，复杂时率1.65%，井身质量合格率100%，固井质量合格率100%，取心收获率97.70%。

（姜毅　赵玲）

【钻井提速提效】 2021年，西部钻探克拉玛依钻井公司深化环玛湖区域地层认识，环玛湖钻井提速显著，全年钻井整体提速28.45%，其中夏72区块提速90.08%，金龙2井区提速34.21%。玛18南井区试验油基泥浆，钻井周期缩短46.06%。

（姜毅　赵玲）

【现场管控】 2021年，西部钻探克拉玛依钻井公司在重点勘探区域建立“项目管理+专家驻井+EISC现场盯防”三位一体管理模式，对重点井钻井方案制定和钻井过程进行监管。其中沙排5、沙排8井先

1月28日，西部钻探克拉玛依钻井公司钻井队员工冒着严寒进行提钻作业

（侯红丽　摄）

后突破区块最优指标，分别提速12.21%、14.13%；金龙58井钻井周期55.54天，创区块最优指标；玛页2井首遇盆地碳酸盐岩，实现安全钻井，较同区块钻井周期缩短46.87%。

（姜毅　赵玲）

【提速攻关】 2021年，西部钻探克拉玛依钻井公司针对二叠系深层极硬地层开展攻关，应用涡轮、多维、扭冲、诱导工具、高速螺杆等提速工具。玛页1井在风城组白云质地层使用涡轮+孕镶组合提速232%，单趟钻进尺提高284%。玛49井在风城组使用多维+PDC钻头和螺杆+高效牙轮组合，平均机速3.5米/小时、4.27米/小时，较邻井平均提速261%、340.2%。风城组极硬地层钻井速度获突破。

（姜毅　赵玲）

【技术管理】 2021年，西部钻探克拉玛依钻井公司为提升现场作业规范，规避井下风险，先后发布《关于认真落实工程事故复杂“一把手工程”的通知》等11项涉及操作、管理方面要求通知，补充完善《中深水平井定向防卡操作规程》等5项管理、操作规程要求。开展“周技术培训”和现场督导，累计督导5轮次，覆盖5个项目经理部和60余支钻井队。

（姜毅　赵玲）

【主要技术亮点】 2021年，西部钻探克拉玛依钻井公司金龙2区JLHW220井、JLHW221井、JLHW280井、JLHW281井4井平台平均钻井周期51.75天，创区块最优指标；米aHW1172井用时47.4天，较区块最优节约18.49天，米aHW1026井钻井周期44.5天，刷新区块最优记录；米aHW6470井套管下深6684.45米，水平段长2642米，钻井周期89.21天，刷新区块多项纪录；HW83011井以钻井周期59.88天刷新区块最优指标；玛东101井创区块最高日进尺426米，钻井周期35天，刷新区块最短钻井周期；由70208队承钻的石西161-H井，在石炭系日产油气当量超2000立方米，创准噶尔盆地单井产量最高纪录，获新疆油田致信表扬；由80020队承钻的乐探1井钻深7050米，是南缘吐谷鲁下组合勘探钻遇最深的一口井，该井钻井完工，标志着南缘中段第二排构造复杂地质条件下超深井钻探取得重大突破；由70531队承钻的米aJ02井，水平段共取心53筒，取心进尺324.74米，取心收获率100%。取心作业多项技术国内领先：第一口水平井长水平段取心、第一口长水平段铝衬筒保型取心井、第一口以录取水力压裂裂缝为目的的水平取心井、第一次开展全岩心现场CT扫描（水平井）、第一次为岩心进行全程防碰撞保护（水平井）以及世界上首次大规模录取到水力压裂缝网岩心。

（姜毅　赵玲）

【新技术推广】 2021年，西部钻探克拉玛依钻井公司以“技术进步”推动钻井提速提效，全年开展涡轮+孕镶金刚石钻头钻井技术应用4口井，整体提速显著，其中玛湖52井使用涡轮+孕镶钻头在风城组二段平均机速2.48米/小时；深部三叠系和二叠系等地层推广扭力冲击类工具，累计应用19口井，入井45井次，直接提速创效350万元。

（姜毅　赵玲）

【科技项目】 2021年，克拉玛依钻井公司科技项目运行12项，其中：其中股份公司级科技项目2项，集团公司统筹科技项目1项；西钻级科技项目7项；自筹科技项目2项。全年钻井公司投入科研经费749万元，其中：西钻级及以上项目下拨经费378万元，匹配经费291万元；西部钻探批复科技自筹经费80万元。截至年末，科技项目使用经费724.79万元。

（姜毅　赵玲）

【科研成果】 2021年，西部钻探克拉玛依钻井公司在《西部探矿工程》《设备管理与维修》《信息技术与信息化》《油气·石油与天然气科学》，等刊物上发表技术论文6篇；全年评选出科技成果22项：一等奖4项、二等奖8项、三等奖10项。作为参与方获得工程技术分公司科学技术进步奖1项，钻井650科技示范工程—玛湖—吉木萨尔水平井钻井提速集成与示范应用（工程技术研究院牵头，克拉玛依钻井公司参与）。

（姜毅　赵玲）

【知识产权】 2021年，西部钻探克拉玛依钻井公司共有10项有效实用新型专利证书，取得19个有效计算机软件著作权登记证书。其中钻井泵耐磨盘取出工具、快速脱离式安全带挂绳连接器已经获得实用新型专利。

（张讲丽）

【设备更新改造】 2021年，西部钻探克拉玛依钻井公司加大钻机更新改造力度，配套70以上大钻机3部、完成中石油首套自动化装备“一键联动”项目现场安装、调试、应用，自动化装备85台套，设备新度系数0.53。

（刘素云）

固　井

【概况】 2021年，西部钻探固井公司（固井技术研究中心）完成固井作业4354井次、1687口，同比分别增长5.6%和9.5%，完成总部下达各项考核指标。

（刘海波　王钰）

【市场开发】 2021年，西部钻探固井公司（固井技术研究中心）在关联交易市场，总包新疆油田探井市场，天然气井、储气库井全部占有，3200米以上井占有率97%；吐哈油田、青海油田关联交易市场占有率分别达99%和80%。在国内外部市场，强化推介技术服务，外部市场收入同比提高21.5%；其中塔里木油田分包市场、民营固井市场占有率综合排名第一，外部市场收入同比提高40.53%；在长庆油田成功挺进宜黄、神木佳县两个市场；与安东石油达成8口井合作协议，成功挺进自贡页岩气市场。在海外市场，首次进入中石化、巴迪士、克山、土耳其石油公司区块和川斯特油田市场，累计新开拓中石油外部市场7个、44口井，同比提升83.33%。

（刘海波　王钰）

【工程技术】 2021年，西部钻探固井公司（固井技术研究中心）成立海外、青海、吐哈、长庆、页岩气和准噶尔南缘探井管理与支撑领导小组，加强服务保障；技术主管和专家工程师加强每口井盯防，坚持月度、季度召开固井质量分析会，跟踪督促固井设计现场执行情况。GJ43078队获得劳动竞赛集体一等功，3支队伍、3个班组分别获得标杆作业队和增效攻关先进班组称号。持续优化设计方案和技术措施，成功

11月2日，呼6井复合尾管固井在南缘区块复杂井固井再创佳绩

（李军强　摄）

解决一大批重点井、复杂井固井技术难题，打造呼6井、温储2井、学探1井、吉7H井等一系列创纪录固井品牌工程，帮助探1井、萨探1井等一批探井获得高产油气流；攻克哈萨克斯坦共和国油田调整井漏失、气窜等固井难题，实现优质井占比97%，创历史最好水平。

（刘海波　王钰）

【科研攻关】 2021年，西部钻探固井公司（固井技术研究中心）全年科研立项14项，自主研发的《XZ-YSY固井压塞液技术》、参与完成的《准噶尔盆地南缘下组合超深井安全钻井技术》通过集团公司成果鉴定，均达到国际先进水平；自主研发的全自动无线远程控制高压固井水泥头为国际首创，现场成功试验5次；2篇论文入选《全国天然气储气调峰设施建设与运营技术交流大会论文集》，荣获二等奖；2项技术成果分别被评为西部钻探科技创新成果二、三等奖。精细控压固井、漂浮和旋转下套管等3项新技术在现场成功运用。

（刘海波　王钰）

【经营管理】 2021年，西部钻探固井公司（固井技术研究中心）落实全成本、全要素、全过程管控，实行“双向激励、两级考核、积分分配”，突出以“固井质量合格率100%、准点到井率100%”为核心的单井安全提速创效工程工作方案，配套出台《固井质量考核奖罚办法》和《生产组织考核办法》，细化9个方面27项提质增效专项措施，百元收入变动成本较2020年下降10.58%，超额完成年度目标。

（刘海波　王钰）

【安全环保】 2021年，西部钻探固井公司（固井技术研究中心）共对承包点督导检查17次、查出并验证关闭问题42项，覆盖率100%。全年组织各类检查182次，查改问题1207个、查处违章65起、警示教育116次；推进安全生产专项整治三年行动计划、全员安全生产记分、反违章专项整治活动，加快7项安全隐患治理，识别危害因素188个。梳理安全井控措施，完成84个区块井控风险评估分级，制定325条防控措施；收集相关井控案例，完成井控培训426人次、复培取证265人次，井控理论考试965人次；开展井控隐患排查和自检自查112项，组织四级应急演练62次。通过线上线下开展法律法规、规章制度、HSE管理知识、交通、消防及用电安全等培训49场925人次；开展HSE、安全生产知识与管理能力等资格证取证培训469人。

（刘海波　王钰）

井下作业

【概况】 2021年，西部钻探公司井下作业公司（储层改造研究中心）完成压裂9804层、大修侧钻102口井、连续油管192井次，实现收入42.5亿元，在减员十分之一情况下，工作量同比提升1.5倍，人均劳动生产率42万元/人，提升39%，创造压裂工作量、外部市场收入规模、压裂单机组日均效率5项全新纪录。全面开展单井安全提速创效工程，制定15项一线队(站)安全、提速、创效关键性指标，完善5项配套措施。精细测算单井成本，建立内部结算价格体系，搭建5个资源共享平台，月度公示兑现、全年盈亏联算，全年完成考核1688井次，实现单井考核覆盖率、创效目标完成率两个100%，82%的单井实现盈利。细化全工序定额管理，水平井压裂提速26%，创24项区域效率纪录，14支队伍奖励标准。围绕租赁、运费、油料等22项关键费用，制定106条提质增效举措，推进百元产值变动成本同比下降4.4%，完成提质增效6500万元。优化整合压裂、备压、录井等业务，88名员工充实到一线。打造装备精良的压裂现场，加快大通径管汇、不锈钢阀箱应用，推广电驱压裂撬，荣获集团公司装备管理先进集体称号。

（薛进）

【市场开发】 2021年，西部钻探公司井下作业公司（储层改造研究中心）打造石西161-H井、前哨402H井、康探2井等一批高产精品工程，突破15项国内及油气田工程纪录，获7封中国石油技术服务公司贺信，助力油田获得4项勘探大奖，高效率保障375口水平井按期见产、1151口常规井稳产增产，维护100%的压裂市场份额。先后攻克一批高难度、高风险大修侧钻工程，92口老井重焕生机。在塔里木油田打造满深3井、满深4井千吨高产井，市场份额稳固在50%以上，连续5年稳居承包商评价第一名，收入、利润呈现双位数增长。精耕细作西南市场，进军大修新兴业务，工作量提升145%。获取大庆压裂亿元大单，包揽新疆煤层气全部市场份额。

（薛进）

【重点工程】 2021年，西部钻探公司井下作业公司（储层改造研究中心）全年打破国内1项、油气田20项工程纪录。盆5井创造全国4200米深非常规小井眼膨胀管尾管悬挂器技术应用最深纪录，填补国内相关技术空白；高泉6井创造新疆油田最高压裂施工压力（129兆帕）、加砂压力（127兆帕）2项纪录；FNHW4055井等8口井平台完成12层压裂，创新疆油田单日单机组桥塞射孔联作分段压裂效率纪录；JHW151水平井（5684米）创新疆油田水平井维修最深纪录；MHHW22013井创造新疆油田127毫米套管内RCT切割连续油管新纪录（4490米）；JLAW292井刷新新疆油田水平井桥塞下深最深纪录（5145米）；满深3井压后在8000米以深奥陶系超深层获日产油1610吨、天然气52.5万立方米，创塔里木盆地碳酸盐岩领域单井日产量最高纪录。

（薛进）

【科研成果】 2021年，西部钻探公司井下作业公司（储层改造研究中心）全年承担19项科研项目，获得5项发明专利、1项软件著作权，其中高含盐油田水连续混配胍胶压裂液技术达到国际先进水平。围绕油气增产、降本增效，推广15项新工艺新技术，高导流压裂、二氧化碳压裂、低成本煤层气压裂液工艺取得实效，实现技术创收2.3亿元。自主研发国内首套“雪豹”一键压裂智能控制系统，压裂现场各模块精准协同作业，稳定运行59层，实现室内集中控制、联动操作、远程监视“一期”建设目标。建设全员互动的低代码数字管理平台，自主开发生产运行、物资管理、行政审批等26套线上管理程序，业务信息化覆盖率提升41%。

（薛进）

【安全管理】 2021年，西部钻探公司井下作业公司（储层改造研究中心）节能减排全

5月4日，西部钻探井下作业公司作业队在新疆油田公司百口泉采油厂玛湖第二采油作业区进行水平井体积压裂　（闵勇　摄）

部达标。对照安全生产三年行动计划实施方案，修订14项QHSE管理制度，完善328个岗位安全生产责任清单。根据“单井安全提速创效工程”要求，修订考核实施细则，细化分解207项任务推进表，确保单井安全创效。开展反违章专项整治，发布15期违章整治通报，整治402项违章，14人被安全记分。全年开展3次体系审核，查改428项问题。推进标准化示范队建设，细化10项措施，全年申报3支西钻示范队、1支集团公司示范队。

（薛进）

3月14日，西部钻探试油公司员工们在风雪中进行下刮削器施工作业

（艾斯卡·吐尔逊　摄）

试　油

【概况】 2021年，西部钻探试油公司全新启动单井安全提速创效工程，实施常规试油业务单井考核、连续油管和新技术业务单车组考核、南北疆测试作业单项目考核、青海和西南市场单平台考核的“四单考核”模式，按照“安全提速、技术提速、协同提速、生产提速、素质提速、党建提速”六提速方法制定管控措施，共签订330份责任状，其中6个单项目、22个单平台，13个单车组，289口单井。全年完成试油404层，完成测试、试井2850井次，连续油管作业743井次，压裂932层段。其中新疆油田产值增长137%，利润增长5%；西南、南疆、青海3个外部市场全部超额完成任务，西南市场实现产值贡献三年三大步，利润增长6%，青海市场利润增长4%，南疆市场利润增长3%。

（乔艳　杨顺）

【降本增效】 2021年，西部钻探试油公司盘活资源，对富余设备、闲置物资调剂使用，万元产值主要变动费用下降3.6%；建立内部人力资源共享平台，涵盖自有员工、社会化用工及技术员等资源，进行互补共享，实现人均创效200万元。搞活分配，实行差异化考核、效益最大化奖励，82口单井、6个单项目、13个单车组、7个单平台兑现奖罚5167万元，人均奖金拉开至3倍。分解费用预算，确定11个费用主管部门53项全成本降本目标及责任部门。制定清欠考核细则，协调西钻公司内部抵账，通过催收、多方抵账、利用集团公司下发的加快关联交易结算办法的方式清收集团外部欠款1.8亿元，完成集团外部清收工作。落实新的消费税返还要求，按单井分别登记油、气井用油，合规合理办理消费税返还，全年取得消费税返还697万元。

（乔艳　杨顺）

【市场开发】 2021年，西部钻探试油公司在保障和扩大西南市场页岩气试油压裂一体化总包业务基础上，拓展各专业业务；加强和规范承包商管理，实现从外租设备到自有设备支撑工厂化压裂的目标，新增2支保障工厂化压裂的连续油管自有队伍，地面计量队伍拓展为4支。加强与四川页岩气公司、重庆页岩气公司、浙江油田、大庆油田、吉林油田、长宁公司、川庆钻探等市场服务方市场与技术交流，推介试油公司主体业务，开拓并高效完成浙江油田、西南油气田带压作业业务，集中调配资源，完成大庆油田勘探井潼深2井原钻机试油。南疆市场开展试油（气）压裂总包风险合作、区块完井总包、天然气回收服务，抢占塔里木油田零散气回收市场，切入中石化西北油田天然气回收市场以及深井、超深井试井业务市场。青海油田市场推进扩大试油配套的连续油管、试井、顶驱、液氮、冷冻井口等成熟工艺市场份额。拓宽业务规模，扩展高端业务服务面，逐步介入射孔测试联作、中途测试等深井高温高压测试服务市场；逐步拓展开发事业部、采油厂区域试油完井总包；持续开展完井管柱、连续油管业务，择机引入电动桥塞、压裂封隔器等单项工程技术服务；在昆2井天然气回收及马北、南八仙增压服务基础上，继续拓展青海油田天然气回收市场。新疆油田关联交易市场占有率稳占100%，试油时效提升10%。原油成本市场增加新业务11项，整体工作量增加22%，气井带压作业技术再上新高度，突破深井带压钻磨、水平井带压打捞等技术瓶颈，向深层、复杂及高压气井高端业务发展，整体工作量增长25%；连续油管技术助力新疆油田低压关停井再现生机，整体工作量增长54%。塔里木油田市场实现三大主营业务市场占有率第一，地面计量、地层测试考核第一。中石化西北油田市场试油、试井业务市场占有率达到50%以上。西南油气田在重庆永川、四川页岩气连续拿下16口井试油总包工作量，连续油管、地面测试、工厂化压裂、射孔桥塞泵送自主施工占比稳步提升，压裂业务整体提速15%。

（乔艳　杨顺）

【科研攻关】2021年，西部钻探试油公司强化关键技术研发应用，论证确立重点技术攻关项目，《准噶尔盆地高温高压超深井试油配套技术》获自治区科技进步二等奖，《光面电缆直读试井技术研究与应用》获中石油集团公司三等奖，《试油单井油水实时监测平台计量技术》获西部钻探技术创新一等奖。首次开展连续油管光纤测试应用，准确录取全水平段产、吸液情况，有利于水平井的长期精准开采。高温高压超深井试油测试及完井技术更趋成熟，创新应用地面测试远程数字化控制技术，首次开展永久型封隔器打捞及20K试井工艺应用，为重点风险探井、高温高压超深井试油提供强有力支撑。创新实施速钻插管桥塞挤灰工艺、空井筒DPT电子投捞试井技术。连续油管超长水平井技术，在AHHW2031井创新疆油田单井钻塞最多纪录（桥塞44个）。带压作业技术不断完善，首次开展带压打捞、带压钻磨及下复合管柱工艺，玛湖41井带压钻磨深度4790米，创中石油集团公司油水井带压钻磨最大井深纪录。形成西南页岩油气全套产业链服务，实现压裂管汇远程控制，应用填砂封堵、暂堵分段压裂等工艺，解决套变井压裂丢段难题。提升井筒完整性评价、强化完井试油前瞻性设计及储层动态跟踪评价技术应用，打造乐探1、中佳2、前哨2、康探2、狮303井等一批优质试油精品工程，全年创国家级和中石油集团公司级纪录23项，新疆油田公司级纪录6项。

（乔艳　杨顺）

【设备管理】2021年，西部钻探试油公司新增设备28台套，其中关键装备16台套，分别为连续油管作业车2台套，DY75/70DD带压作业机1台套、DY110/70DD带压作业机2台套，DY110/105DD带压作业机1台套，9.8兆帕160万方高压三相分离器3台套，15兆帕160万方分离器4台套，15兆帕300万方分离器1台套，140兆帕旋流除砂器2台套。年末共有特种设备173台，分离器、热交换器、缓冲罐等压力容器共135台，锅炉23台，行吊8台，叉车7台，均已注册、检测。规范特种设备管理，增加管理人员取证5人。利用集团公司重大技术装备推广应用政策，申报集团公司首台重大技术装备（两台带压作业机）推广应用计划，完成应用计划并提交了应用补贴申报。推行设备技术人员轮岗培训，提升设备技术人员综合能力，制发《设备类培训大纲》，结合《集团公司装备管理应知应会知识题库》，提升基层设备管理和操作人员技能水平。组织开展设备管理制度、特种设备管理、操作规程、设备自动化信息技术、主要生产设备（连续油管作业车、带压作业机、试井车、气密封检测装置、地面计量设备）等操作培训240人次。

（乔艳　杨顺）

【安全管理】 2021年，西部钻探试油公司持续改进QHSE管理体系适宜性和有效性，按照“集中统一，覆盖全面”原则，形成管理规程148个，操作规程229个，应急预案16个、记录352项，管理评审形成13项决议。持续细化试油、测试常规风险防控措施，针对工程复杂处理过程中可能产生的衍生风险和气动卡瓦、旋流除砂器、气密封检测等新设备、新工艺的使用，组织辨识新增风险70项，针对南疆天然气试采项目，识别新增风险38项。全年共计识别出危害因素4884项，环境因素157项，最终确定公司级重大风险7类，重要环境因素5项。强化QHSE管理，开展QHSE监督巡检2922次，全程监督4186次，查出问题3960个。严格执行承包商过程监管制度，全程监督承包商提下油管、连续油管及其他高风险作业，发现承包商问题点1549项，抽查指导承包商井控演练129井次，培训承包商235人次。坚持井控车间月度巡检服务制度，开展井控装备维护实操培训。加强井控风险分级管控，突出重点严格监管，每日开展施工动态跟踪，落实高风险井、重点施工区域井控挂点专家、分公司/项目部领导现场值班情况，强化现场井控风险管控。组织开展井控技能比武，累计开展21次防喷演习，组织井控、火灾、环境污染、疫情防控等各类应急演练1856次。

（乔艳　杨顺）

录　井

【概况】 2021年，西部钻探地质研究院（克拉玛依录井公司）完成录井天数61610天，完成井数912口，实现考核总收入6.55亿元。

（关慧玲）

【施工能力】 2021年，西部钻探地质研究院（克拉玛依录井公司）油气发现率100%，研发复杂储层评价技术，探井、开发井解释符合率分别超过考核6%、18%，获得油田解释符合率、出油及优质工程奖励。在钻井风险防控方面，施行“钻前预测、钻中监测、钻后评价”的工程录井服务机制，保障钻井施工安全，全年工程预报2152次，对南缘、阜康凹陷11口重点探井进行压力拐点提示52次，随钻压力监测准确率98%以上。

（关慧玲）

【科研攻关】 2021年，西部钻探地质研究院（克拉玛依录井公司）开展19项研究，其中获西部钻探技术创新成果一等奖、二等奖各1项。承担新疆油田环玛湖、吉木萨尔页岩油、呼图壁储气库等重点区块320口水平井的地质导向服务，平均储层钻遇率97.5%。研发复杂储层评价技术，完成油气解释168井5407层，探井、开发井解释符合率分别超过考核6%、18%。完成16台雪狼综合录井仪的制造，交付10台。稳步推进雪狼SW-6型井场多专业协同工作决策平台的研发，完成井筒液面监测仪的升级改进、氦气色谱的研制和硫化氢溢流一键报警系统的开发。自主研发的地录一体化无线综合录井仪获得西部钻探技术创新成果一等奖。

（关慧玲）

为市场开发决策提供重要参考依据。

（关慧玲）

口，参加讨论 50 井次，完成探井地质设计文档 64 口。

（关慧玲）

【地质研究】 2021 年，西部钻探地质研究院（克拉玛依录井公司）发挥录井服务优势，加强跟踪评价工作。将科研成果与生产实践相结合，做到科研生产一体化，凸显录井技术的油气发现作用。全年先后发现呼探 1 井、高泉 6 井、GHW001 井、阜 49 井、石西 161_H 井、车排 28 井、车 881 井、石西 101 井、红 835 井、红 834-X 井等一批高产油气流井。其中红 835 井、红 834-X 井在相关方不看好的情况下，西部钻探地质研究院（克拉玛依录井公司）根据录井评价结果坚持建议试油并获突破。研究院自主研发的技术成果“低渗砾岩储层录井多参数精细解释评价技术”获得自治区 2020 年度科技进步三等奖；研究院承担的《新疆玛湖地区录井解释评价技术研究》《库车超深超高压裂缝性低孔砂岩气藏录井评价技术攻关》两项股份公司科研项目顺利通过专家组验收。先后围绕哈萨克斯坦 GALAZ 油田、新疆油田金龙区块以及塔里木油田温宿区块、柯坪区块、迪北区块、迪那区块、吐孜区块 7 个区块，开展地质情况摸排、油气储量情况落实、合作开发前景分析，

【地质工程一体化建设】 2021 年，西部钻探地质研究院（克拉玛依录井公司）承担新疆油田开发公司和勘探事业部所有水平井的地质导向服务，共计 248 口井，平均油层钻遇率 97.8%，其中开发公司 244 口，涵盖环玛湖、腹部、准东、储气库等多个区域；勘探事业部 4 口井，包括首口煤岩气水平井彩探 1H 井、玛湖首口页岩油水平井玛页 1H 井；首次开拓东北油田市场，与吉林油田勘探部达成合作协议，负责勘探部所属水平井的地质导向服务。参与地质导向服务的水平井连创多项区块施工纪录，获得中油技服贺信 6 封，开发公司表扬信 1 封，开发公司项目部表扬信 2 封，吉庆作业区表扬信 1 封。2021 年，一体化中心承担结转以及新开集团、西钻、新疆油田和院自筹项目 11 项，其中集团 2 项、西钻 3 项、油田公司开发公司 3 项、油田公司勘探事业部 1，院自筹 2 项。截至年末，各项目均已完成计划研究任务。《准噶尔盆地碎屑岩地层压力评价技术》通过 2021 年西部钻探创新成果评审审核。全年申报发明专利 1 项，发表科技论文 4 篇。累计完成新疆油田探井设计讨论材料 51

【信息技术应用】 2021 年，西部钻探地质研究院（克拉玛依录井公司）提供井场网络、数据传输、数据存储应用一体化信息服务，完成塔里木油田 140 部钻机和 50 部修井机现场信息化服务。落实“作业现场一张网、运维服务一体化”总体部署，提供基础网络、数据采集、视频会议、视频监控等服务，为远程决策提供信息保障，井场信息化运维累计服务 19302 天 /372 口井。5 月，与塔里木油田就钻试修现场信息化服务签订 4600 万元 / 年的经济合同，合同内容涉及钻井、修井、试油等 170 口井作业现场的信息化建设，成为塔里木油田唯一一支专业化信息服务团队，也一举成为外部市场最大的信息化服务团队。截至年末，已累计为塔里木油田服务井超过 410 余口，服务天数已超 4 万多天，完成全年综合数据掉线率 ≤ 5%、客户满意度 ≥ 95% 的服务目标。

（关慧玲）

测 井

【概况】 2021 年，中国石油集团测井有限公司新疆分公司拥有各类作业队伍 70 支，成套测

井装备共计78套，有井下仪器2963支，工程技术服务车辆共计267台，装备新度系数0.46。全年共完成各类作业7281井次，同比增加0.75%；完成存储式测井作业907井次，同比增加145井次，增幅19.03%，核磁共振、微电阻率扫描、偶极子声波等特殊项目测井148井次，同比增加8井次。仪器一次下井成功率99.93%，测井一次成功率99.78%，到井及时率99.68%，曲线优质率99%。实现营业收入12.49亿元，上缴税费3855万元。

（李勇江）

【市场开发】 2021年，中国石油集团测井有限公司新疆分公司推行市场开发、服务保障与技术交流“三位一体”模式，构建立体市场开发网络。面对新疆油田自主经营市场化运作的冲击，制定吉木萨尔页岩油开放市场应对方案，详细测算工作量和预计产值，对比投资计划，守住价格底线。与吉庆油田作业区签订涵盖核磁共振、电成像等高端测井项目的测井、射孔总包技术服务合同。制定随钻测井、连续油管、光纤测井、油藏综合治理、井筒质量监测与治理等13个重点专项，按照项目管理方式明确项目负责人，定期督导推进，全年增量市场创造产值3300万元。针对传统业务短板，以优质高效技术服务为基础，拓宽技术服务业务链，随钻业务通过“测、定、导”一体化服务突破勘探市场，全年完成前哨203_H井等18口井随钻作业；连续油管业务实现“零”突破，全年完成连油钻塞作业服务8口井，通洗井、首段射孔6口井；自主品牌利器RCB/RCD得到油田用户高度认可，工作量同比大幅提升110%。

（李勇江）

【技术服务】 2021年，中国石油集团测井有限公司新疆分公司围绕新疆油田提质增效要求，推进工程提速、测井提效。统筹以井为中心部署，优化生产组织流程，根据开发模式变化进行队伍转型，形成与勘探、开发及采油采气等不同领域相适应的保障格局；加强生产流程管理，紧密衔接生产环节，持续发挥存储式测井技术优势，完善不同区域提速模板，推进汽修业务市场化改革提高保障效率，加强防卡解卡工具配套以及技术研究，提升复杂管控能力。全年测井一次成功率99.78%，单井测井平均时效11.09小时，同比提速3.2%；工程复杂率同比下降5%。全面落实“一井一策”，针对高温高压重点井、规模化水平井开发建立重点井专项保障机制，高效完成天安1井、天湾1井、乐探1井等重点井作业，其中天安1井井深8140米，井底温度165摄氏度，井底压力183.9兆帕，刷新准噶尔盆地井深、压力、温度三项测井纪录。以19支24小时工厂化桥射作业队为基点，推进井下工具串优化和电缆提速先导实验，配套集成综合撬装等多项创新装备，优化提速提效现场作业程序，实现现场施工无缝衔接，全年完成桥射联作430口井、6868段，同比分别增幅45%、138.89%，9个桥射联作作业面整体实现“泵送射孔段均作业2.4小时”。

（李勇江）

【解释评价】 2021年，中国石油集团测井有限公司新疆分公司狠抓测井采集原始质量与解释评价成果质量，持续开展测井处理技术提升与油藏描述深化研究，助力油田获工业油气流143井169层，百方井15口，呼探1等井勘探获重大突破。全年评价井解释符合率89.05%，开发井解释符合率97.68%。完成裸眼井测井资料解释评价1402井次，其中探井资料解释评价122井次、评价井资料解释评价173井次、开发井资料解释评价1107井次；完成特殊项目解释评价134项次，其中核磁共振资料解释评价25项次，微电阻率成像资料解释评价56项次，多极阵列声波资料解释评价52项次，

ECS资料解释评价1项次；完成套管井资料解释评价2254井次，其中特殊项目232井次（RCB/RCD固井质量成像179井次、多臂井径成像7井次、电磁探伤2井次、SBT测井1井次、井下电视成像4井次、CAST-F成像15井次、MOT测井2井次、双频微波持水率产液剖面22井次）。圆满完成解释符合率考核指标。其中预探井解释符合率为87.07%，超额2.07%；评价井解释符合率为89.05%，超额1.05%；开发井解释符合率为97.68%，超额2.68%；水淹层解释符合率为95.5%，超额5.5%。

（李勇江）

【科研成果】 2021年，中国石油集团测井有限公司新疆分公司承担股份公司、中油技服、公司自身以及与油田公司联合科研课题29项，获集团公司科技创新成果奖2项，发明专利9项，核心期刊发布论文15篇。《准噶尔盆地页岩油与腹部砂砾岩测井评价技术》《准噶尔盆地深层风险勘探测井采集与评价技术》两项课题，创造性地开展油基泥浆环境油气藏测井响应机理实验分析，在股份公司测井攻关评比中，分别取得第一名与第二名。低渗透砾岩储层评价关键技术体系助力康探1井、阜49井、玛湖28井等井勘探发现，支撑了盆地砾岩储层储量准确计算，助力油田规模增储约3亿吨；水平井综合评价技术研究成果开启工业化应用，提高了砾岩油藏测井市场份额，助力储层改造和稳产增产。推进测井处理技术提升与油藏描述深化研究，助力油田获工业油气流143口井169层（其中百方井15口），以及呼探1井取得勘探重大突破。在国内率先开展油基泥浆侵入机理、页岩油孔隙度准确测量、核磁三孔隙度与电性联测等重点岩石物理实验。基于不同油藏产能主控因素，建立多因素储层分类方法，助力康探2井、沙排3井、石西101井等19口井勘探发现与实现高产。

（李勇江）

油田技术服务

【概况】 2021年，新疆石油管理局有限公司油田技术服务分公司全年完成原油产量71.21万吨，天然气1149万立方米，收入145239万元，成本140120万元，利润5119万元；油田技术成本474万元，利润-474万元；外贸公司收入666万元，成本439万元，利润227万元；巴州项目收入420万元，成本447万元，利润-27万元。

（邱雨萱）

油田技术服务分公司主要生产经营指标一览表

表2

指标	2021年	2020年
原油产量（万吨）	71.2	62.8
天然气产量（亿立方米）	0.1149	0.0783
新增原油产能（万吨）	—	20.38
开发井（口）	—	35
钻井进尺（万米）	—	17.7
开发投资（亿元）	—	14.17（预计）
资产总额（亿元）	37.55	33.84
收入（亿元）	14.52	8.33

【滚动勘探】2021年，新疆石油管理局有限公司油田技术服务分公司在拐121井区、车71井区整体部署评价井5口，其中拐122井在二叠系夏子街组获工业油流，打开小拐油田滚动勘探新局面；立足油气富集区，在车排子地区发现落实岩性圈闭3个。完成417井区石炭系油藏开发部署方案，部署产能8.42万吨；完成台3井区克拉玛依组油藏水平井试验方案，部署水平井2口，新建产能1.14万吨。

（邱雨萱）

【提质增效】2021年，新疆石油管理局有限公司油田技术服务分公司探索市场化运营模式，开展克79～克82井区经济评价，为后续市场化运营、推动难采储量效益开发打下基础。实施增产措施，共实施措施井213井次，增油5.0万吨，千吨增油井达8口，稀油区块单井增油403吨，稠油区块单井增油226吨，均创历史新高。

（邱雨萱）

【市场开拓】2021年，新疆石油管理局有限公司油田技术服务分公司在海外市场转接2项、续签4项、新增3项现场技术支持项目，合同额257.4万美元；协助新疆油田公司与中油国际签订尼日尔项目技术服务合作谅解备忘录。在国内市场，协助新疆油田与塔里木油田签订战略联盟合作协议，推动双方在技术、人才、科研攻关、资源共享和深化合作方面迈入新阶段；完成巴州塔里木项目部划转和移交，发挥商务运作、统筹协调、资源整合职能，实现南疆市场准入、投标、合同签订、结算等业务归口管理，确保项目有序衔接和顺利开展。全年整合准入8项，新增准入13项，协助兄弟单位办理准入1项。新增连续油管特种作业等3个项目，推进哈得油气开发部区域运行承包服务项目落地，开创新疆油田公司整建制承包国内油田运维项目先河。外贸业务完成油田内部50万美元以下进口贸易业务划转承接，承接进口业务52项，合同额1383万元；与哈萨克斯坦共和国巴迪石公司签订履行首单货物出口代理合同，实现近5年来货物出口代理业务“零”的突破。

（邱雨萱）

【风险合作】2021年，新疆石油管理局有限公司油田技术服务分公司油气产量运行平稳，超额完成全年各项任务指标，全年累积产油71.21万吨，超计划4.01万吨，天然气1149万立方米；强化滚动勘探，部署通过评价井5口，其中拐122井二叠系夏子街组试获工业油流；针对红浅1井区、五2东、一中区等重点区块开展补孔压裂为主增油措施，实施措施213井次，全年累计增油5.6万吨，稀、稠油单井增油均创历史新高，年综合递减控制在9.9%；完成台3井区水平井开发试验方案，部署井2口，新建产能1.14万吨。

（邱雨萱）

【企业管理】2021年，新疆石油管理局有限公司油田技术服务分公司争取投资计划40万元，实际采购总额39.41万元，固定资产投资完成率为98.5%。突出“质量效益、成本管控”，推进资产轻量化，合理增加玛2等区块PD储量129.64万吨，降低折旧折耗4000万元；报废采油井5口，净额141.19万元，提高资产使用效率。稳步推进AEO内审，为发挥外贸公司海关资质优势、做大做强外贸业务打牢基础。全年风险作业项目利润5.22亿元（未上市利润4645万元），外部市场项目现金收入1748.5万元，同比增长66.7%。

（邱雨萱）

中国石油独山子石化公司

【生产经营】 2021年，中国石油独山子石化公司全年加工原油729.3万吨，生产乙烯160.1万吨、化肥87.6万吨，同比分别增长3%、14%和21%，实现销售收入496.19亿元，上缴税费93.24亿元，其中地方财政贡献17.67亿元，盈利32.35亿元，同比增盈10.88亿元。引进加工克拉美丽、玛河、莫北等5个区块凝析油及高探新井原油。稳定接收乌鲁木齐石化公司互供料，应接尽接新疆油田公司轻质料，外采乙烯原料110.99万吨，同比减少4.91万吨。深挖炼油潜力，汽油、航空煤油同比分别增产19%、28%，-35#柴油最高日产1700吨，创历史新高。保持独山子乙烯大负荷生产，固体产品同比增产4%，厚利产品DMDA8008H、SSBR2557S、T4401同比增产3.37万吨。尿素连续8个月月产超8万吨，打破历史纪录。公司生产平稳率99.91%，同比提升0.2个百分点。

（郭楷　肖明友）

【重点项目】 2021年，中国石油独山子石化公司由国家发改委、工信部联合确定中国乙烯工业示范工程——塔里木乙烷制乙烯项目建成投产。塔里木乙烷制乙烯项目自2019年6月19日开工建设，历时25个月工期，浇筑混凝土23.8万吨，铺设管道870千米、电缆4600千米，安装钢结构5.5万吨、仪电设备2万余台、阀门6万多个，建成60万吨/年乙烯裂解装置、30万吨/年高密度聚乙烯装置、30万吨/年全密度聚乙烯装置及配套设施，焊接一次合格率98.5%，安全生产2352万人工时，实现“零事故、零伤害”。工程可研批复投资80.41亿元，于7月17日建成中交，8月30日一次投料开车成功、较计划提前一个月，历时11小时产出合格乙烯，使独山子石化公司乙烯生产规模达到200万吨/年。独山子6万吨/年溶聚丁苯橡胶生产线、塔里木3万吨/年丁烯-1装置实现当年建设、当年建成、当年投产。航空煤油储运系统完成改造，单批次管输能力从2万吨提至3.5万吨。金沟河引水工程建成供水。

（郭楷　肖明友）

【改革创新】 落实中国石油天然气集团公司改革三年行动部署，将重点改革任务完成情况与部门业绩考评挂钩，任务完成率94.3%，超计划进度24.3个百分点。实施炼化单元扁平化改革，将18个联合车间重组为10个联合运行部，整合消防内保、培训档案、塔石化化肥乙烯等业务，压减机构118个、减少机关人员219人，优化制度流程268项。扎实推进提质增效专项行动，实施措施52项，增效3.35亿元。炼油、乙烯、化肥完全加工费同比分别降低3.86元/吨、15.85元/

吨和91.53元/吨。开展“1+25”对标世界一流、管理标杆创建行动，59项重点指标，33项同比提升，25项排名炼化公司前三、10项第一。110万吨/年乙烯装置、化肥分获行业能效、水效“领跑者”。

（郭楷　肖明友）

【产品营销】 2021年，中国石油独山子石化公司27个产品入列炼化公司品牌工程，占比35%。紧急应对9—11月柴油紧缺，炼油负荷由69%快速提至82%，柴油交货量同比增加17万吨，缓解市场供需矛盾。开展茂金属膜料、PE-RT管材料等6类11个牌号专项营销，DGDZ3606在大型管材企业全面应用，销量同比提升240%，跃居全国第二。功能尿素销量9.08万吨，同比增销428%。高效区域配置量同比增加17.28万吨，其中西北区域增量13.69万吨。

（郭楷　肖明友）

【科技攻关】 2021年，中国石油独山子石化公司荣获省部级科技进步奖4项、国家专利授权13项。中国石油天然气集团公司重大专项“聚烯烃新产品及成套工艺技术研究与工业应用”通过中期检查。橡塑材料实验室被自治区评为良好级，原油评价实验室通过CNAS（中国合格评定国家认可委员会）认可评定。组织攻关项目24项，经过攻关，硫黄水含量由0.5%降至0.3%，重整装置PRT-C/D催化剂连续使用达到10年，丁苯橡胶3000线实现不停工转产不同类型丁苯橡胶产品。成功开发低融聚苯乙烯GPPS180NT、电容器膜料HP30CF等9个新产品，TUB121RCB、UHXP4808B通过PE100等级认证，DGDZ4620、T171E等6个牌号荣获炼化公司新产品开发推广奖。完成官能化SSBR72612F、稀土顺丁橡胶BR9101N和BR9102工业化生产，实现轮胎工业用关键核心基础材料国产化。推进数字化转型、智能化发展，碳排放监控、机泵监测、智慧计量平台正式投用，“云桌面”二期上线运行。

（郭楷　肖明友）

中国石油克拉玛依石化公司

【生产经营指标完成情况】 2021年，克拉玛依石化公司全年共加工原油570万吨（其中稠油369.3万吨），生产汽油117.9万吨、柴油178.2万吨，分别完成年度计划的105%、115.4%；生产煤油17.2万吨、润滑油基础油77.9万吨、沥青93.5万吨，生产计划执行率99.62%，比计划提高了1.12个百分点，产品结构灵活调整优势充分展现。累计实现营业收入272.23亿元，上缴税费88.7亿元，其中留存地方16.5亿元，经济效益和盈利能力继续保持炼化板块前列。

（刘娟）

克拉玛依石化公司主要生产经营指标一览表

表3

指标	2021年	2020年
原油加工量（万吨）	570	548.3
汽油产量（万吨）	117.9	106
柴油产量（万吨）	178.2	162
航空煤油产量（万吨）	17.2	15
润滑油产量（万吨）	77.9	84
沥青产量（万吨）	93.5	92
资产总额（亿元）	121.82	132.18
收入（亿元）	272.23	194
利润（亿元）	25.71	7.81
税费（亿元）	88.7	69

【生产运行】 2021 年，克拉玛依石化公司持续深化工艺、设备及生产问题 24 小时受控管理，采取问题日上报、日跟踪整改方式，全年累计上报问题 321 条，处理完成 320 条。推进工艺和设备操作受控管理。辨识管控工艺风险，组织完成 28 套装置或系统 HAZOP 分析。抓好平稳率、自控率及报警管理，开展自控率管理提升攻关，平稳率、自控率均完成目标值。完善并落实消除生产波动、非计划停工影响因素各项措施，管控影响平稳运行“人机料法环”各种因素。

（刘娟）

【HSE 基础管理】 2021 年，克拉玛依石化公司强化双重预防机制，抓实风险管控，深入开展重大危险源、反违章专项整治等各类专项检查 60 余次；开展全公司大反思、大讨论、大排查，切实转变思想观念，提升短板弱项；全方位开展冬季“八防”、夏季“六防”、节前检查等工作，全年排查整改安全隐患 1609 起，奖励 579 人次、33.6 万元。强化作业现场全过程监督，以“零容忍”态度查处“三违”8000 余起，全年施工综合违章率低于 2%，同比下降 45.3%；举一反三落实 QHSE 体系审核 2198 项问题整改并深化成果运用，健全完善制度 47 项、操作规程 13 项；完善应急处置“一案一卡”，开展演练 984 次，“一分钟处置能力”不断增强。全年未发生一般 A 级及以上生产安全事故。

（刘娟）

1月19日，克拉玛依石化公司炼油化工研究院原油评价中心的员工开展油品评价。这个中心2021年被评为“全国巾帼建功先进集体”

（杨中建　摄）

【设备管理】 2021 年，克拉玛依石化公司按照“一装置一策略”原则，分装置编制泄漏管控方案并落实，梳理 1579 对易泄漏法兰进行挂牌重点管控，完成 2869 对法兰检查紧固，泄漏专项排查 364 项问题并及时治理；落实转动设备、静设备和电气、仪表设备检维修策略，实现设备设施主动维修和计划维修，以状态监测全覆盖为基础，依托机泵精修、年度机泵专项攻关及精细化运维等手段，提升机泵本质安全水平，目前公司振动值处于 A 区机泵占比 93.4%，无 D 区运行机泵，在炼化板块层面处于较好水平；强化静设备和特种设备管理，加强冷换设备泄漏管控，对 21797 个小接管进行风险分级管控，实现设备设施安全平稳运行。

（刘娟）

【工艺技术】 2021 年，克拉玛依石化公司调整产品结构，优化柴汽比，按需调整沥青生产及渣油轻质化比例，超计划完成汽柴油总量生产任务，完成柴油、天然气保供任务；全年整体装置负荷率 95% 以上，润滑油高压加氢装置保持 100% 负荷，材料型产品占比 51%，高附加产品占比超过 60%。完成Ⅱ套催化裂化装置长周期运行等两级技术攻关课题 84 项。

（刘娟）

7月3日，克拉玛依石化公司高压加氢装置外操人员对设备进行巡查
（高全 摄）

【安全生产】 2021年，克拉玛依石化公司结合总部和板块HSE工作要求与安全生产专项整治三年行动计划，明确75项HSE重点工作。层层签订HSE目标管理责任书2697份。修订全员安全环保生产责任清单960个，完成新一轮全员履职能力评估。

（刘娟）

【科技创新】 2021年，克拉玛依石化公司全年开发新产品新工艺14项，重点完成TPE 26号化妆白油、注射用6号疫苗白油等产品研发。与国际知名化工企业等高端用户合作，推广DF2号食品添加剂白油等新产品11个，Ⅲ类润滑油基础油VHVI4和VHVI6在民营润滑油知名企业实现专用配方应用，聚焦“支撑当前、引领未来”，推动重点科研项目和核心技术攻关取得显著成效，全年开展重点科研项目30项、技术攻关84项，原油脱钙工业化应用、化学法改性克拉玛依沥青研究等重点科研工作取得突破；获得省部级科技成果2项，授权专利13件，公司高质量发展的创新优势和核心竞争力持续提升。

（刘娟）

【市场营销】 2021年，克拉玛依石化公司高粘指150BS光亮油、换流变、A1020增塑剂等高效产品量效齐增，全年累计增效3.6亿元；变压器油、10号工业白油等34个产品价格重回三年来历史高位；巩固拓展与西北各省区交投集团战略合作，区内沥青市场份额达到年度销售总量89.9%，成功供货巴基斯坦最大水电工程——SK水电站、新疆首条沙漠高速公路S21线等重点工程。

（刘娟）

【提质增效】 2021年，克拉玛依石化公司把班组创新创效活动纳入提质增效统一管理，实现班组创新创效工作制度化、常态化，实现提质增效管理覆盖全员；锚定发展质量、成本费用、生产、销售、安全环保等工作目标，落实15项专业管理、67个方案、149项具体措施提质增效专项行动方案，定期督办，每月晾晒成绩单，总结工作亮点和不足，严考核、硬兑现，全年炼油完全加工费同比降低28.5元/吨，累计增效4.7亿元。

（刘娟）

【企业管理】 2021年，克拉玛依石化公司全年制定修订各类制度80项，废止52项；优化各类考核指标122项，整合23项绩效指标的考核内容、权重；周检发现并查处各类管理问题3499项；完成9个重点项目、2682份工程结算书审计，合规率100%；招标与谈判汇总资金节约率达到7.98%，节约资金约6170余万元。

（刘娟）

中国石油新疆润滑油分公司

【概况】 2021年，中国石油润滑油公司新疆润滑油分公司

（简称新疆润滑油分公司）生产冷却液等车辅产品，销售、发运新疆地区“昆仑润滑”牌各类润滑油。全年，生产冷却液产品1万吨，销售昆仑润滑油、脂、剂、液等各类产品4.75万吨，实现营业收入3.75亿元，上缴各类税费1216万元。

（张文雷）

【体系认证】 2021年，新疆润滑油分公司顺利完成IATF16949质量体系外审和QHE管理体系外部换证审核，审核公司首次更换为德国莱茵认证公司，分别对乌市机关及独山子生产装置进行质量和HSE体系换证审核。审核小组在完成审核工作并召开了末次会议，通报审核结果，分公司体系各项基础管理工作比较扎实，人员安全、环境意识较强，通过现场沟通、查看、调阅客观证据表明质量、安全、环境、职业健康控制有效。质量部体系办按认证公司要求收集了相关整改验证证据并上传至莱茵认证公司官网。

（张文雷）

【安全环保】 2021年，新疆润滑油分公司与各部门签订安全环保责任书5份，各部门与岗位员工签订安全环保承诺书。针对“三个杜绝、四个100%”（杜绝一般C级及以上生产安全事故、杜绝一般突发环境事件和环境违法违规事件、杜绝集团公司规定升级处理的安全环保事故事件；有毒有害作业场所检测率100%、员工职业健康体检率100%、固体废物合规处置，废水、废气排放达标率100%、新改扩建项目安全环保职业卫生“三同时”执行率100%），开展安全环保专题活动，加强安全环保理念宣传和规范员工行为。利用生产淡季，制订安全生产管理、冬季“八防”（防冻凝、防滑、防交通事故、防工伤、防火、防爆、防井喷、防中毒窒息）等培训计划，开展员工培训工作。全年组织安全生产自检自查29次，安全专项检查6次，节日检查4次，周检16次，内部量化审核2次，外部量化审核1次，发现现场问题135项，全部进行了整改销项。

（张文雷）

中国石油克拉玛依润滑油厂

【生产指标完成情况】 2021年，克拉玛依润滑油厂全年累计接收基础油44.78万吨，销售41.26万吨。实现收入25.34亿元，盈利0.54亿元。

（吴小萍　蔡梦佳）

【特种油直供规模扩大】 2021年，克拉玛依润滑油厂变压器油实现直供5个集团17个终端生产厂，销量规模到达8万吨；橡胶油实现直供7个行业13家终端，规模达到7.5万吨。

（吴小萍　蔡梦佳）

【仓储物流供应链优化】 2021年，克拉玛依润滑油厂落实事业部库存前移安排布局，顺利接管无锡和济南前沿库，利用资源前移优势提高保供效率，助力终端市场开发；利用新疆分公司中转库代储产品，实现包装油库存前移，提高小额订单配送及时性；克服国内疫情反复对运输保供造成负面影响，采取应对措施优化物流发运方式，及时协调各发运站点，实现散油订单发运及时率100%，铁路发运油品38.81万吨。

（吴小萍　蔡梦佳）

【技术增效】 2021年，克拉玛依润滑油厂强化技术产出效益，通过调整工艺和生产方案、加大基础油与添加剂配伍方案研究，积累灵活应对原料供应技术优势，增强生产厂竞争能力。6月，在N4006资源紧张情况下，通过技术手段增产600吨合格产品并投放市场缓解要货压力；探索进口基础油替代方案，降费146.4万元；在兰州研发支持下，经过4个月努力，筛选出合格新高硫基础油进行替代，解决进口高硫基础油断供困境，累计增产Petro 45U变压器油300吨；利用技术手段增产 KI45X 变压器油 9000 吨，提升基础油产品转化率，创效 180 万元。

（吴小萍　蔡梦佳）

【质量管控】 2021 年，克拉玛依润滑油厂落实“四精”（生产上精耕细作、在经营上精打细算、在管理上精雕细刻、在技术上精益求精）管理要求，从严管理产品质量内控指标，持续优化冷冻机油配方、基础油控制指标等；通过 4 次 500 小时变压器油基础油氧化实验，得出变压器油基础油氧化合格判断依据，为基础油接收提供标准；统计分析 114 批次润滑脂生产数据，调整参数指标，精准控制工艺参数，提高润滑脂产品稳定性；加强包装物检查标准，在现有规范基础上综合考虑地域极端气候影响，增加验收条件和标准。

（吴小萍　蔡梦佳）

新疆天利石化控股集团有限公司

【概况】 2021 年，新疆天利石化控股集团有限公司主营化工产品深加工，炼油产品再加工，合成塑料、合成橡胶、添加剂及石油焦销售等业务，属克拉玛依市大型地方国有企业。截至年底，资产总额 46 亿元。全年，工业产值 34.82 亿元，经营收入 40.61 亿元，纳税 2.28 亿元，净利润 2.38 亿元。

（孙士博）

【科技创新】 2021 年，新疆天利石化控股集团有限公司实施技术攻关、产品升级，与四川大学建立“产学研”合作平台。高端产品对标先进，C5 树脂气味下降至 3 级以下，C9 加氢树脂色度等指标达到同业标准，胶黏剂树脂抗氧化性优化到 6.45，各产品质量标准得到提升。医用橡胶获得“国际通标”标准认证，满足食药监局检验标准，成功加入中国医药包装协会。

（孙士博）

【市场开拓】 2021 年，新疆天利石化控股集团有限公司打造全新营销体系，巩固应用“进产储运销服务”价值链，提升盈利能力和市场适应能力。苯乙烯一等品根据市场变化提高价格销售，增效 1500 万元。路标漆树脂打入国内品牌第一梯队，橡胶进入医用和高档鞋材行业。C9 加氢树脂推广取得实质突破，成功进入国内一流胶厂广州伟旺。蝉联 C5C9 树脂优质生产企业称号。

（孙士博）

【管理改革】 2021 年，新疆天利石化控股集团有限公司持续优化管理体系，完成 3 大管理链条、14 项业务流程、1602 项工作清单梳理，发布流程管理文档 1.0 版本。推行阿米巴经营模式进班组，提升员工成本、效益意识。退出劳保服和消防器材市场，关停编织袋、制衣生产线。截至年末，中国证监会已受理旗下控股公司天利股份上市申报。

（孙士博）

【信息化建设】 2021 年，新疆天利石化控股集团有限公司推进信息化建设，工业互联网平台搭建完成 100%，实时数据库点位采集完成 71.99%，MES 系统组织机构、流程图管理等 5 项模块上线试运行，LIMS 系统质量检验、样品管理模块已完成实施，奠定数字化工厂建设基础。

（孙士博）

【质量管理】 2021 年，新疆天利石化控股集团有限公司实现出厂质量事故为零和产品指标提升目标。通过强化价值链全过程质量管控，产品优级品率达 97.5%，质量投诉事件同比降低 55.8%。通过规范过程检验分析秩序，抽检发现质量异常数据 12 次。通过建立三大原料成分数据库，全年发布 17 次原料波动预警，保障生产运行稳定。

（孙士博）

【提质增效】 2021 年，新疆天利石化控股集团有限公司全年提质增效目标完成率144%。全年非停非循同比下降40%；发布设备预警180次，设备波动下降19.4%，橡胶后处理设备非计划停车次数降低42.8%；深化工艺参数建模分析，工艺及原料波动预警率100%，实现物料性质超前延伸管理。采取“零库存”策略实现原料、副产品分别降库存1859吨、1014吨，财务费用降低350万元，人力成本降低629万元；建立费控模型122个，控成本水平持续提升。9月，天利集团双环戊二烯装置及配套储运加工项目、循环水扩建项目建成投用，提高资源综合利用效率，实现产业链延伸既定目标。

（孙士博）

新疆天利高新石化股份有限公司

【概况】 2021年，新疆天利高新石化股份有限公司主要从事己二酸、MEK（甲乙酮）、MTBE（甲基叔丁基醚）、聚丙烯粉料、顺丁橡胶等精细化工系列产品的科技开发、生产、储运和销售工作，承担中石油集团公司独山子石化公司部分产品包装及生产用天然气供应任务。全年，采购关键原料34.7万吨，生产主要产品39.7万吨，主要销往自治区及华东、华南地区，扩大出口、开拓东南亚、韩国等市场，出口产品达1.32万吨。合并报表营业收入34.12亿元，纳税总额6197万元。

（曹宪富）

【生产运行】 2021年，新疆天利高新石化股份有限公司拥有7万吨/年己二酸、1.2万吨/年二元酸酯、3万吨/年甲乙酮、10万吨/年MTBE、4万吨/年聚丙烯、1.8万吨/年聚丙烯改性树脂、5万吨/年顺丁橡胶、1亿条/年编织袋、1.2万吨/年重质包装膜、6亿立方米/年的天然气输气管道等生产装置。全年，通过落实高效检修、顺丁橡胶装置长周期运行攻关等措施，各装置保持大负荷稳定运行。己二酸、MTBE产量分别达到8.44万吨和9.78万吨，均创历史新高；聚丙烯、饱和碳四产量分别达到4.49万吨和8.89万吨，创历史第二；顺丁橡胶装置平均负荷率达92.8%，是近四年最好水平。7月8日，己二酸产品搭乘中欧班列整列出口欧洲。供石化公司及塔石化重质包装膜、筒袋质量优异，机组运行平稳。焚烧装置实现不停炉清灰，连续运行时间4000小时以上。

（曹宪富）

【20万吨/年EVA（乙烯-醋酸乙烯共聚物）项目建设】 2021年，新疆天利高新石化股份有限公司派出4个专业组到项目现场指导协调项目进度。超前协调外商技术人员进厂服务，承包商人员复工研判超1300人次；完成三批共计78人次外部培训实习计划，为开工做准备。截至年末，EVA（乙烯-醋酸乙烯共聚物）项目形象进度达90.88%，采购进

3月26日，天利高新石化20万吨/年EVA（乙烯-醋酸乙烯共聚物）项目复工 （闵勇 摄）

度97.77%，施工进度78.92%，30个关键里程碑节点按计划完成14个，低压区脱盐水站、空压改造等5个主项工程完成中交。项目总投资24.62亿元，是独山子石化加工轻烃炼油及乙烯优化调整项目的配套项目。

（曹宪富）

【重质包装膜（Ⅱ期）项目中交】 2021年10月15日，新疆天利高新石化股份有限公司重质包装膜（Ⅱ期）项目完成中交，产品在线试用质量合格，产能得到提高。

（曹宪富）

【新增甲醇储罐项目中交】 2021年11月17日，新疆天利高新石化股份有限公司新建8000立方米甲醇储罐中交并实现投用，甲醇仓储能力提升5.4倍。

（曹宪富）

【提质增效】 2021年，新疆天利高新石化股份有限公司落实79个提质增效项目，累计实现降本增效5950万元。全年，保持大负荷生产，控制动力消耗，实现加工成本降低2200余万元；己二酸、顺丁橡胶、专用料等产品销售、运输不断优化，销售费用节约980万元；压减外委维护等降费200余万元。控制三剂单耗、延长催化剂使用周期，降低费用270万元；修旧利废、预防性检修实现节约200万元。

（曹宪富）

【技改攻关】 2021年，新疆天利高新石化股份有限公司落实己二酸离心机改造、MTBE提产项目等技术改进项目，提升稳产增效能力。与石化公司专家共同制定5项针对丁二烯自聚问题攻关措施，投用丁二烯直送聚合工艺变更，丁二烯脱水塔（DA-505）自聚问题得到缓解，运行周期延长3个月。攻关解决焚烧装置含盐废物处置难题，实现焚烧炉不停炉清灰，连续运行时间达到4000小时。

（曹宪富）

【深化改革】 2021年3月，新疆天利高新石化股份有限公司将所属检维修中心、密封件产品服务部并入天谊建筑安装有限公司，将项目建设、维保业务整合。所属新疆天利捷通物流有限公司（简称天利捷通）承揽南疆业务，体量不断扩增，初步建立包装、仓储、物流一体化产业链。8月30日，塔石化乙烷制乙烯项目一次性投料试车成功，天利捷通全程参与保障。引入编织袋业务第三方合作，实现稳定供货。

（曹宪富）

【安全管理】 2021年，新疆天利高新石化股份有限公司开展“大反思、大讨论、大排查”活动，新辨识风险2600余项，排查治理各类隐患6092项。持续开展QHSE体系审核，整改纠正问题305项，确保QHSE体系有效运行。全年未发生责任事故，虚惊事件同比下降40%，实现零事故、零伤害、零污染、零职业病的“四零”目标。

（曹宪富）

新疆炼化建设集团

【概况】 2021年，新疆炼化建设集团有限公司经营炼油化工工程建设、油田建设、压力容器制造、压力管道安装、工业与民用建筑施工等业务，承担石化装置的检修维护和保运工作。拥有化工石油工程施工总承包壹级资质、房屋建筑工程施工总承包贰级资质，取得各级压力容器制造及球罐现场组焊许可资质证，各类压力管道安装资质，中华人民共和国进出口企业资质证书及对外经济合作经营资格证书，取得独立承包境外化工石油工程及国际招标工程的资格，取得工艺阀门检验检测机构资质认定证书。2021年，经营收入52299万元，经营成本49344万元，净利润2955万元。

（秦琳）

【检修维护业务】 2021年，新疆炼化建设集团有限公司承担独山子石化公司、天利集团公司、天利高新和广西石化、呼和浩特石化的检修维护任务；全年维保单位快速反应，抢检修任务完成率100%，有效保障维护装置的安全稳定正常运行。自主完成顺丁装置窗口期检修、独山子石化公司全厂水力清洗、乙烯4台裂解炉炉管更换、重整芳烃装置检修、聚乙烯装置连续抢修等任务。

（秦琳）

【项目建设】 2021年，新疆炼化建设集团有限公司组织实施石化公司废水减排、炼油老区三苯罐区VOCs（挥发性有机物）治理，天利高新EVA系统管道及送电线路、广东石化6台10万立方米原油储罐等4个重点项目施工。在市场开发、自主施工能力、项目创收等方面实现新突破。全年完成产值共计41197.83万元。

（秦琳）

【海外业务】 2021年，新疆炼化建设集团有限公司海外分公司严格落实海外疫情管控措施，组织好南苏丹项目施工和检修任务。

（秦琳）

【安全工作】 2021年，炼建公司落实安全、质量主体责任，全面推行区长负责制和网格化管理，通过“大反思、大讨论、大排查”和“违章专项整治活动”，安全质量总体受控。通过了“安全生产标准化三级企业”复审及QHSE体系监督审核。强化维稳安保，严格落实疫情防控措施，大局保持稳定。

（秦琳）

【科技创新】 2021年，新疆炼化建设集团有限公司在炉管焊接、电气仪表等专业12个项目开展立项攻关。截至年末，3项实用新型专利获得国家授权认可。

（秦琳）

【技术培训】 2021年，新疆炼化建设集团有限公司搭建练兵平台，培训项目106项，覆盖7569人次。新增钳电仪专业技师5人，实现关键工种技师全覆盖。曹红艳、刘元涛、何大喜在全国、集团公司技能竞赛中夺得铜牌3枚，岳成红获得优秀选手称号。

（秦琳）

【提质增效】 2021年，新疆炼化建设集团有限公司通过突出与劳动贡献挂钩的绩效考核，提高基层自主施工积极性，全年自主施工达到4557万元。新签订三苯罐区项目、废水减排装置静设备维护检修、塔石化化肥检修、呼和浩特石化停工大修等19个合同，共计15939万元。

（秦琳）

中国石油新疆销售有限公司克拉玛依分公司

【经营指标完成情况】 2021年，克拉玛依销售公司销售成品油总量50.3万吨，纯枪量20.5万吨，与2019年同比分别降幅10%、10.2%，分别完成计划的86.8%、88.4%。非油收入5410.6万元、毛利976.9万元，分别完成计划的77.9%、86.1%；车用燃气销量999.7万立方米，首次开展批发业务，销量311万立方米。实现账面利润5134万元。

（马锡连）

【市场营销】 2021年，克拉玛依销售公司以保障辖区油品稳定供应为根本，面对疫情防控升级、柴油资源趋紧、秋末气温骤降三重压力，主动向辖区政府、两大石化厂、130团等单位汇报协调市场保供工作，厘清保障清单和资源计划，完成保油田生产、保丰收、保民需任务。全年实现汽油销量首次超过柴油，98号汽油销售同比增长2.79%；培养线上线下客户，记名活卡量9.7万张，充值10.6亿元。同辖区政府建立协调联动机制，配合开展市场整顿专项行动，全年查封6个黑油窝点，扣押违规流动车

12辆，清理线上线下商标商号侵权加油站6座；与18家柴油单位签订供油合同，获得新疆公司市场整顿专项奖励。

（马锡连）

【非油销售】 2021年，克拉玛依销售公司克服油田消费政策调整，非油目标任务不减等诸多困难。开展优惠活动，加强便利店面管理，制定酒类、汽油复合剂等专项促销奖励政策，打造销售“热款”“爆款”提升店销质量。11—12月，非油销售收入、毛利完成必成任务受到新疆公司嘉奖。全年实现车润销售收入752万元，超进度23%，名列新疆公司第二名。中秋、“十一”双节期间，在克、独两大石化厂举办内购会；宣传推广中油好客e站和直批App平台，开展线上直播带货4次，销售20余万元。

（马锡连）

【提质增效】 2021年，克拉玛依销售公司管理费用同比2019年减少37.8%。完成乌苏片区划出和奎屯油库划入，实现两大机构调整平稳对接。完成6座亏损站扭亏，减亏额803万元，完成亏损数和减亏额“双下降”30%目标。解决历史遗留未上市片区5座加油站证照合法经营问题，解决历史陈账294万元。开展10万元以下工程项目审计、设租寻租等问题专项整治情况排查，离任审计反馈问题的落实整改，挽回经济损失近14万元。整治电子券、非油品管理、加油卡、虚开发票等关键业务违规问题53起，追缴违规所得7万元。

（马锡连）

【服务提升】 2021年，克拉玛依销售公司开展“我服务·您满意”主题活动，明确24项服务提升措施，形成长效机制。施行每周开展亮点分享、问题曝光、共性问题及时沟通和按月考核通报制度。开展常态化培训督导，机关党员干部下站帮扶300余人次，促进综合管理能力提升。开展“形象服务大提升、效率大提升”活动，油站整体卫生、库房、设备设施脏杂乱现象得到治理。开展劳动竞赛、青工技能比武，发放各类竞赛奖励5.1万元。

（马锡连）

2月16日，苑泉加油站员工为出行车辆加油　（李浩然　摄）

【网点建设】 2021年，克拉玛依销售公司完成玛纳斯站闲置土地置换选址，与胡杨河130团签订3座加油（气）站建设项目合同，网络规划和项目储备得到梯次推进和持续拓展。推进重点项目，实现3座加（气）油站项目投运。聚焦存量挖潜，完成世纪大道南站改扩建项目399万元投资计划。

（马锡连）

【质量管理】 2021年，克拉玛依销售公司油实现吞吐量136万吨，在全疆七大运行油库中排名第二位；驻厂办实现地付发运量76万吨历史新高；油站突出零售环节损耗管控，加强运输车辆视频监控、GPS管理，追回第三方承运损耗7.7万元，油站综合损耗率保持在-0.048%以内，荣获新疆公司综合损耗考评第二名。完成资源保供发油任务。

（马锡连）

【安全环保】 2021年，克拉玛依销售公司推进安全生产专项整治三年行动计划“集中攻坚年”任务和反违章专项整治活动。加强施工现场安全管理，全方位介入百口泉加气站、南京路站等建设项目全过程管理。在奎屯油库在长输管线、中控室改造等施工中，加强第三方管理，培训施工人员、入库装油司机516人次，违章率下降23.4%。全年维护保养设备623台次，设备完好率99.8%，在运行油库中排名第一。全年开展排查安全隐患，坚持闭环管理，各类抽查、检查、督查总体问题整改率95%以上。全年开展各层级应急预案演练890人次。全年未发生一般A级及以上生产安全事故和较大及以上质量事故。

（马锡连）

中国石油西北化工销售独山子分公司

【概况】 2021年，中国石油西北化工销售独山子分公司经营独山子石化公司化工产品运输和区域市场零销业务。全年发运各类产品294.13万吨，大区调运计划完成率99.24%，区域内化工产品销售21.06万吨。

（李学寨）

【绩效管理】 2021年，中国石油西北化工销售独山子分公司推进调运科大岗位运行，以组为单位成立3个大岗位，以岗位选人方式完成大岗位人员配置。通过大岗位优化运行，减少2个岗位编制；修订完成《分公司绩效管理考核细则》，以以岗定薪、易岗易薪为原则，对员工变动薪酬30%部分，以岗位工作量和工作难度进行重新核定，调动人力资源效能。

（李学寨）

【提质增效】 2021年，中国石油西北化工销售独山子分公司加强对预算费用全过程控制，落实提质方案8项、27条措施，开展提质增效物流降成本工作，通过优化运输降低运输费用、争取减税政策、争取铁路优惠政策等途径节约费用，全年节约费用3309万元。

（李学寨）

石油石化产业服务

【概况】 2021年，克拉玛依市全年累计生产原油1370万吨，同比增长3.79%，开采天然气34.8亿立方米，同比增长16%；西部钻探公司完成钻井进尺593万米，增长29.05%。独山子石化公司和克拉玛依石化公司共加工原油1299.82万吨，生产乙烯159.7万吨，分别增长3.41%、13.26%。

（彭韬）

【油气生产】 2021年，新疆油田油气勘探拓展新领域，新获工业油气流井144井170层，实现油气储量高峰增长，原油SEC储量替代率实现大于1，油气勘探重大成果等级和数量蝉联中石油集团公司首位。油田钻井综合提速10%，新建原油产能317万吨，重大开发试验年产油突破200万吨，油气产量当量同比净增100万吨。

（彭韬）

【油地双方协调联动】 2021年，克拉玛依市组织召开油地高层联席会议、专项业务研究会议，商议解决油地发展中双方关注问题，利用重点项目、重点工作定期相互通报制度，通过会议纪要形式将重要会议决议印发至各责任单位落实。截至年末，召开协调会议45次；参加油田公司例会40余次；油地双方共同协调推进事项共计22项，已办结18项，4项仍在推进中。将中石油驻市央企纳入市疫情防控指挥部体系，坚持以疫情防控稳定企业生产、以企业生产保障疫情防控。建立驻市央企疫情防控研判会议制度，定期组织召开会议，深入了解疫情防控各项措施落实情况和企业运营困难。聚焦独山子石化公司、克拉玛依石化公司原料保障、项目协调等关键环节，建立物资运输绿色通道，全面提高了驻市企业生产物资的周转效率。

（彭韬）

【协调解决驻市央企困难】2021年，克拉玛依市推动油田企业稳产上产，召开协调会议40余次，协调玛依格勒森林公园矿权重叠、“新疆准噶尔盆地玛湖油田玛湖1井区石油开采”互不影响协议签订手续办理、富城能源油砂油销售等多个重点事项。通过新疆油联协调推进地方非公油服企业承兑汇票、结算价格下浮、资质认定等共性问题，以及企业原料紧缺、业务量不足等个性问题，帮助本地油服企业抢抓自治区市场，促进全市油服企业健康有序发展。

（彭韬）

【开展产业研究】2021年，克拉玛依市开展全市重点企业和重点行业产业链和供应链专题研究，系统研究石油石化产品下游产业链情况，重点谋划橡胶轮胎生产加工、白油下游产业链深加工、合成树脂、碳纤维新材料等一批强链、丰链、补链重大项目。

（彭韬）

【推动特色炼油产品结构优化】2021年，克拉玛依市支持克拉玛依石化公司开展重油全转化加工，加快质量升级和润滑油结构调整，加快推进15万吨/年白油加氢项目，截至年末，土建已经完成，开始设备安装。在重油深加工产业方向，支持克石化150万吨悬浮床加氢装置项目建设，探索开展煤制氢、煤制高端润滑油试点示范。加快推进20万吨/年超临界萃取油浆综合利用项目建设，工程招标已完成，推动特色炼油产品结构优化。

（彭韬）

【推动重大投资项目落地】2021年，克拉玛依市建立全市工业和信息化重点项目台账，围绕一主多元和千亿产业集群建设，制定工业和信息化领域产业发展资金扶持标准，全市工业领域共有15个项目获得自治区专项资金支持。争取独山子石化公司新建100万吨/年乙烯项目批准建设；生物基化工产业招商工作持续推进；白碱滩区启明新业石油技术试验公司已完成自治区土地审批手续；龙鹏科盛高精度全息三维地震采集项目已完成建设。

（彭韬）

【推动富城能源深入参与油气上游领域合作】2021年，克拉玛依市协调富城能源集团公司在油田技术服务业务中遇到困难和问题。富城能源连续油管业务实现产值560万元，新疆油田公司小修业务完成产值350万元；企业混合所有制方案已报相关部门审批。富城能源天然气综合利用项目已完成初步可研，等待下一步评审。全力支持智慧石油九1—九5区块等合作项目增产增效，截至11月20日，已经开采原油50.62万吨，完成全年计划的93.9%。

（彭韬）

【保障工业领域税源足额入库】2021年，克拉玛依市加强与市财政局和市税务局协调联动，建立联席机制，定期组织小组会议，紧跟石油石化重点税源企业生产经营及税收变动情况，摸清工业领域存量税源和财政贡献情况，解决影响工业领域财税收入的困难问题，确保主体税源足额入库。

（彭韬）

【节能降耗】2021年，克拉玛依市对独石化、克石化、天利高新、天利恒华等10多家石化企业进行现场和书面节能监察及节能诊断、能效对标等工作，督促企业提高节能意识，促进节能工作落实，全年节约能源50万吨标煤/年。推进绿色体系建设，组织开展第五批绿色工厂企业推荐工作，地方企业博达生态公司通过自治区工信厅初审，提交上报工信部评审。引导工业企业开展节能减排改造，推荐4家地方企业获得自治区节能减排专项补贴资金125万元。组织开展节能宣传周工作，共有20余家企业、100余人参与线下活动，3000余人参与网络答题活动。

（彭韬）

【技术创新】 2021年，克拉玛依市落实自治区技术改造、技术创新政策措施。为天利恒华双环戊二烯项目、金牛信泰数控高压多路阀项目争取自治区战略性新兴产业专项资金支持70万元；组织开展自治区“十四五”第一批技术创新项目指导计划编制申报及初审工作，16个项目均列入自治区技术创新项目指导计划目录。新疆汇翔激光科技有限公司已被认定为第五批国家级工业设计中心。推荐油城数据、新科澳、正通等5家企业获批自治区企业技术中心。

（彭韬）

地方企业

综述

【编制产业发展规划】 2021年，克拉玛依市开展《克拉玛依市工业高质量发展“十四五”规划》和《克拉玛依市信息产业“十四五”规划》编制工作，完成阶段评审，开展城市大脑顶层设计，方案通过验收，相关应用软件开始部署、测试，推动城市信息化建设，形成新型智慧城市三年行动方案。落实自治区党委关于重点发展“十大产业”决策部署，编制馕、葡萄酒、煤化工、电子产品制造和石油石化等产业实施方案，成立推进专班，明确工作计划，从“规划编制、工作专班、年度计划、行业骨干企业、行业组织”5个方面制定“十大产业”推进方案，将产业发展布局融入“十四五”专项规划中。电子产品产业纳入工业高质量发展“十四五”规划。

（彭韬）

【创新和服务平台打造】 2021年，克拉玛依市3家第三方服务机构企业获批自治区级小企业创业基地和中小企业服务示范平台，全市已有国家及自治区级示范平台3家，国家及自治区级小企业创业基地2家，比2020年增加3家，服务能力大幅提升。

（彭韬）

【争取上级资金支持】 2021年，克拉玛依市争取上级资金4344万元。其中：工业互联网创新发展工程资金3300万元，小微企业融资担保业务降费奖补资金279.5万元，自治区级中小企业专项资金259万元，专精特新“小巨人”企业奖励资金223.5万元，自治区节能减排专项资金125万元，自治区战略性新兴产业专项资金70万元，自治区园区专项资金65万元，支持“专精特新”中小企业高质量发展奖补资金20万元，纺织服装产业专项补贴资金2万元，有效缓解中小企业融资难、融资贵问题，提升企业技术创新能力。

（彭韬）

【“专精特新”企业申报】 2021年，克拉玛依市引导企业走“专精特新”之路。向自治区工信厅推荐申报自治区级“专精特新”中小企业25家，已经进入审核阶段，5家企业被认定为自治区专精特新“小巨人”企业，1家企业被认定为国家级专精特新“小巨人”企业，实现克拉玛依市国家级“小巨人”零的突破。

【推动企业技术创新】 2021年，克拉玛依市地方企业金牛信泰石油设备有限公司数控高压多路阀产品被认定为自治区首批次产品；汇翔激光科技有限公司产品研发设计中心入选第五批国家级工业设计中心；5家企业认定为自治区级企业技术中心。

（彭韬）

【小微企业升规入统】 2021年，克拉玛依市选取43家企业建立“小升规”培育企业信息库，引导企业升规入统。各行业主管部门对升规企业信息进行摸排梳理，建立“一企一表”，深入企业开展走访129家次、培训咨询服务38家次，帮助企业解决困难和问题34个，全年根据企业营业收入监测情况，有24家企业达到升规标准，1家企业达到升规标准90%，超额完成全年升规20家小微企业年度任务。截至年末，全市14家工业和信息化中小企业升为规上企业，规上工业企业总数达到105家。

（彭韬）

【组织“双创”大赛】 2021年，克拉玛依市组织“创客中国”新疆中小企业创新创业大赛克拉玛依线上选拔赛，并推送优秀项目参加新疆区总决赛，共有6个项目荣获佳绩，包揽创客组一、二等奖，获奖项目数量位居全疆第一，三个项目入围国赛500强，一个项目首次入围国赛50强，鑫拓科技有限公司“球化纳米镁”项目获得第六届“创客中国”全国总决赛三等奖，创造克拉玛依市“双创”参赛最好成绩。

（彭韬）

服务民营企业

【完善服务民营企业工作机制】 2021年，克拉玛依市按照自治区党委及自治区人民政府要求，结合克拉玛依市实际，根据统计部门提供的克拉玛依市最新规上年报库名单，对“市机关干部联系企业名册”进行替换和修改，42家市级部门412名联点干部根据“一对一”帮扶要求，对全市规上企业进行帮扶包联。

（市商务局）

【修订完善考核办法】 2021年，克拉玛依市结合“千人入千企”活动、市委全面深化改革工作要点、“民企直通车”平台推广应用等重点工作，按照分类分级、差异化考核原则，科学设置考核目标体系和分值权重，制定《克拉玛依市2021年促进民营企业发展考核办法》，明确考核分值，压实工作责任，助推克拉玛依市营商环境持续向好发展。

（市商务局）

【开展“千人入千企”活动】 2021年，克拉玛依市贯彻落实《“千人入千企”工作方案》，按照驻企特派专员制度，由市级领导牵头，市、区两级干部联动对全市企业、个体工商户进行包联帮扶。按照“一企一策”帮扶机制，动员驻企特派员深入一线，实地走访了解企业堵点、痛点，帮助企业解决生产经营过程遇到的问题。全年市级四套班子副秘书长以上领导协调解决企业困难诉求345项，解决率86%；市、区两级干部走访覆盖全市企业、个体工商户，收集诉求1316项，解决率97%。

（市商务局）

【“民企直通车”服务平台】 2021年，克拉玛依市开发并推广运营“民企直通车”服务平台，实现网上企业库动态更新、惠企政策精准导航等功能，形成“收集问题—分转办理—企业回访”的为企服务闭环，畅通企业与政府、企业与企业之间的沟通交流，实现企业诉求“一键提”，政府部门“一周复”，扶持政策“一站汇”，精准服务“一颗心”的“4个一”服务模式。截至年末，通过平台收集企业困难诉求113项，均已答复完毕。

（市商务局）

【小微企业法律服务示范点】 2021年9月14日，市服务民营企业工作领导小组办公室与新疆国雅律师事务所签订《小微企业法律服务示范点》合作协议，新疆国雅律师事务所作为克拉玛依市“小微企业法律服务示范点”，免费向全市小微企业提供法律咨询服务，助力化解小微企业发展过程中遇到的法律难题。11月4日，组织新疆国雅律师事务所开展建筑领域企业法律风险防范及化解专题讲座，为市建筑业协会29家企业60余位企业家普及相关法律知识并答疑解惑。

（市商务局）

国资骨干企业

克拉玛依市城市建设投资发展有限公司

【经营效益】2021年，克拉玛依市城投公司资产总额350亿元，同比增长17.85%，实现营业收入52亿元，同比增长48.57%，净利润4亿元，同比增长69.49%，实现国有资产保值增值，缴纳国有资本收益3.2亿元，缴纳各项税款1亿元，连续五年在国资委年度考核中名列前茅。

（陈玲）

【优化国企资源配置】2021年，克拉玛依市城投公司完成油城数据公司、华旗守押公司、金发集团、克拉玛依融汇城投公司、克拉玛依广盛实业公司股权划转工作；通过整合城投公司下属资产经营公司、城鹏保安公司股权划转和业务归集，组建以城投鹏基物业公司为主体置业集团；整合金发集团、中小企业担保公司、小贷公司、融资租赁公司、基金管理公司、供应链公司相关业务组建金融发展集团。

（陈玲）

【体制机制建设】2021年，克拉玛依市城投公司经理层成员26人全部完成任期制和契约化协议合同的签订，管理人员67人全部采用竞争上岗方式选聘，新进员工111人均采用市场化公开招聘；开展公司业务风险管理和合规性审查，建立风险信息库，健全内控管理制度，强化风险管控能力。

（陈玲）

【支持优势产业发展】2021年，克拉玛依市城投公司通过短融债券、公司债、银行贷款业务全年累计融资32.27亿元。为克拉玛依各区产业项目建设提供资金支持，保障劳务用工保障基地、人力资源产业园、独库综合旅游开发及标准化厂房建设等产业项目顺利实施；全年为605家中小微企业和个体工商户累计提供贷款担保3.69亿元、委贷业务2.63亿元，各项贷款1.1亿元，解决中小微企业和个体工商户“融资难、融资贵”问题；向克拉玛依宏福新材料公司注资，推进新材料项目实施；为富城能源集团注资，保障新疆油田九1～九5区合作开发、油砂矿开采及天然气回收项目顺利实施；支持新疆申基生物科技有限公司开展科技研发，成功申报国家级发明专利和新型实用专利7项，完成6种体外诊断试剂的生产和产品注册证申报，获得自治区临床检验中心PCR实验室认证，顺利开展HPV等5个项目的检测业务，实现新技术成果的转化应用；加大研学产业发展力度，加快文旅融合，完成“奇妙之城”“飞羽寻踪”“荒野博物”等7项产品矩阵，全年为研学学生提供7000余人次研学服务。

（陈玲）

【市场拓展】2021年，克拉玛依市城投公司全年累计招商引资到位资金14.9亿元，完成率为106.43%。先后成立克拉骏国际贸易公司、深圳通汇黄金贵金属有限公司、新疆样版师贵金属制造有限公司，布局大宗贸易、黄金贵金属产业及贸易业务；成立建筑陶瓷制造公司，拓展陶土矿资源开发项目；成立产权信息咨询服务公司，布局产权咨询服务项目，率先在全市打造服务要素市场化配置和价格市场化发现为一体的综合性市场化交易平台。截至年末，完成航空产业基金、绿色产业发展基金、文旅产业基金组建方案的设立和合作协议的签订，在全市航空、绿色低碳、文旅产业布局和发展基础上，推进产业基金组建。

（陈玲）

克拉玛依市富城能源集团有限公司

【油气开发】 2021年，克拉玛依市富城能源集团有限公司在风城1号油砂矿有SAGD水平井15对，通过“一井一策、一类一略”精细管理，全年对各井开展调控846次，全年井口产油量9.5万吨。与中国石油智慧石油公司共同合作开发准噶尔九1～九5区块，完成三维地震采集、产能建设地质和钻井工程方案，全年完钻评价井5口、生产井105口，生产原油54.2万吨。

（任静）

【技术服务】 2021年，克拉玛依市富城能源集团有限公司有连续油管作业设备2套、油田小修资质18项，全年合作完成连续油管作业47井次、小修作业163井次。通过精细生产管理，优化运行模式，全年处理天然气8.38亿立方米。

（任静）

【多元化发展】 2021年，克拉玛依市富城能源集团有限公司有CNG加气站1座，全年累计外销天然气量427.81万立方米。推进克拉玛依市天然气储气设施建设项目建设，完成EPC合同签订以及环境、能源评价和用地审批等前期筹备工作，为开工建设奠定基础。

（任静）

【海外业务】 2021年，克拉玛依市富城能源集团有限公司开展哈萨克斯坦共和国油气田资源调研，委托对该国巴申科油田区块的ADA油田进行分析论证，收集相关资料，为下一步收购油田奠定基础。

（任静）

【科技创新】 2021年，克拉玛依市富城能源集团有限公司立项11个科技项目，在油田伴生气制冷脱烃技术等关键技术领域开展技术攻关，申报发明专利4项，实用新型专利3项。完成23项专利维护工作，着手建立天然气公司知识产权管理体系。与30家国内高校和高新技术企业进行交流对接60余次，洽谈项目数7项。结合公司“传统能源+新能源、新材料”产业布局，持续跟踪天然气综合利用、生物质可降解材料、分布式能源应急电源、顺酐加氢制丁二酸、提高油田采收率等重点项目，梳理相关产业政策和技术发展方向，做好技术储备。

（任静）

新疆油田黑油山有限公司

【生产指标完成情况】 2021年，新疆油田黑油山有限责任公司生产原油21万吨，超产0.5万吨；生产天然气994万立方米，超计划294万立方米；单位完全成本32.14美元/桶，全年实现税前利润11287万元，超额利润1967万元；未发生一般A级及以上安全生产事故和重大环境污染事件。

（芦岩军）

【增储上产】 2021年，新疆油田黑油山有限责任公司在稀油老区开展分区分层精细注采调控，稳油控水，辅助微生物驱、酸化增注，共计完成注水工作量339井次，完成年计划的100%；CH302井区合理控制生产流程，强化现场管理，实现保压稳产；油稠油藏优化注汽和多种措施结合，提高油气比减缓递减。采取增产稳产措施，优化设计施工，提高措施效果，措施井次由2020年的43口升至106口，其中补返、压裂、隔水等措施27井次，水井增注9井次，多介质吞吐、微生物驱等挤液类措施70井次，措施增油由0.6万吨升至1.1万吨，措施有效率96.5%。全年实施停产井复产、调参提液190井次，恢复产量4352吨。

（芦岩军）

【效益建产】 2021年，新疆油田黑油山有限责任公司针对二东调整区域水淹程度加强，

CH302 开发后期油水关系日益复杂情况，开展二东区精细定量剩余油，优化井位，一井一层一方案措施，新井含水较周围邻井下降 15%；CH302 井区找准优势油层，优化投产方案和压裂设计，实现难采储量效益开发，二东区和 CH302 井区单井产能分别超设计产能 0.3 吨和 1.0 吨，标定新建产能由年初部署的 2.49 万吨升至 2.86 万吨。新井年产油量 1.16 万吨，超产 0.32 万吨，新井贡献率 40.6%。

（芦岩军）

【产能建设】 2021 年，新疆油田黑油山有限责任公司按照“早部署、早实施、早见产”及“质量优先”原则，从合同、方案设计、材料准备等方面同步推进，按期完成工作任务。全年完成钻井 31 口，累计进尺 3.89 万米，较 2020 年增加 1.0 万米；验收井身质量合格率 100%、油套固井质量合格率 100%，为公司产量任务完成赢取了主动。

（芦岩军）

【滚动勘探】 2021 年，新疆油田黑油山有限责任公司突出滚动勘探，助力增储上产。开展边零井区滚动勘探攻关，在红 031、红 180 及车排 1 沙湾组上组外围等无探明储量井区开展滚动勘探，4 口控制井均获工业油流，累积平均日产油 7.3 吨，超设计产能 3.3 吨，2 口跨年投产控制井平均日产油 2.9 吨。落实红 180 井区储量 50 万吨、天然气储量 1.94 亿立方米，沙湾组储量 4.5 万吨，红 034 井区 102.7 万吨。助力公司增储上产。

（芦岩军）

【经营管理】 2021 年，新疆油田黑油山有限责任公司全年完成网上签订合同 179 份，金额约 3.6 亿元，审查率 100%。全年开展提质增效项目 5 类 18 项，控降成本 602 万元。调整运费结算方式（由吨小时结算改为吨千米结算），全年较上年减少费用支出 329 万元。实施委托招标、框架招标，完成金额 2.19 亿元，节约资金 373 万元。

（芦岩军）

【科技创新】 2021 年，新疆油田黑油山有限责任公司投入科研资金 358 万元，实施科研项目 10 项，发表核心期刊论文 2 篇，软著 1 个，其中《CH302 井区石炭系油藏有效储层识别及高效开发模式研究》项目获得新疆油田公司科技进步二等奖，针对 CH302 井区石炭系油藏无法实现规模效益开发难题，历经 6 年攻关，自主创新建立火山机构控制下岩性体叠加立体成藏模式及岩体内流动单元精细识别对比技术；创新形成火山岩储层特征多参数描述裂缝和分期次、分岩性流体定量表征技术，识别精度达到 95.5%；创新形成火山岩直井地质工程一体化评价决策图版配套系列压裂及合理开采技术，实现 CH302 井区石炭系直井规模效益高效开发。该成果发表论文 3 篇，钻新井 44 口，

7月28日，黑油山公司CH302转油站成功投运　　（芦岩军　摄）

建产能 12.94 万吨，累计产油 19.40 万吨，新井单井产能 9.8 吨 / 天，为设计产能的 1.6 倍。

（芦岩军）

【信息建设】 2021 年，新疆油田黑油山有限责任公司在完成信息系统、自动化及技防维护等常规项目基础上，完成物联网建设整体方案的编制和 CH302 井区物联网建设方案设计，新开发生产汇报系统 App 和物资信息管理系统。完成 2021 年技防完善项目，新建料场、黑东注汽站和车场三处周界报警系统，完成机关及各站区机房改造工作。

（芦岩军）

【工程技术】 2021 年，在车 509 井区、二东区、车排 1 井区扩大应用人工井壁防砂技术 7 口井，其中老井施工 7 口、均有效，增产原油 1678 吨，起到了固砂防砂的目的，并对近井地带有一定的改造效果，具有保护储层、延长检泵周期，提高油井产量，提高生产时率，达到增产增效目的；引进氮气辅助降粘措施，前置氮气有效清理近井地带，扩大降粘剂波及体积，该技术目前在二东区应用效果较好，在二东区应用 2 口井，2021 年全年共计增油 1313 吨。

（芦岩军）

新疆金戈壁油砂矿开发有限责任公司

【生产运行】 2021 年，新疆金戈壁油砂矿开发有限责任公司加强 SAGD 井现场生产动态跟踪，制定合理生产调控措施，确保生产效率。上半年，3 对 SAGD 井组累计注汽 3.23 万吨、产液 2.62 吨，井口累计产油 0.48 吨。因公司安全生产许可证已到期，不具备正常生产经营条件，7 月 7 日，新疆油田公司召开党委会，讨论通过清算注销金戈壁公司方案。

（任静）

【经营管理】 2021 年，新疆金戈壁油砂矿开发有限责任公司组织公司全员完成 2021 年《中国石油诚信合规手册》线上签署工作及 2021 年度全员线上合规培训，覆盖人数 35 人次。结合公司法人治理结构建立情况，于 3 月 25 日完成公司法定代表人工商变更工作。规范财务管理工作，完成资产转资、计提折旧等账务处理工作，同时根据油砂油销售情况，按期完成纳税申报及税款缴纳等工作。

（任静）

【油砂油销售】 2017 年起，金戈壁公司受城投油砂矿公司委托代销油砂油。2021 年 11 月，向克拉玛依石化公司销售油砂油 2.29 万吨，销售收入 7562.73 万元。

（任静）

克拉玛依市汽车运输有限责任公司

【公交车保有量】 2021 年，克拉玛依市汽车运输公司保有公交车辆 408 辆（其中：柴油车 132 辆、CNG 车 214 辆、LNG 车 62 辆），公交车综合新度系数为 0.05，主要分布在 8 个公交大队。

（胡强）

【客运周转量】 2021 年，克拉玛依市汽车运输公司承担着全市地面公共交通客运主体任务，负责克拉玛依区和白碱滩区 26 条公交线路运营，公交运行线路总长 498.8 千米，全年完成客运周转量 3.8 亿人千米，运行班次 96 万个，客运行驶里程 1789 万千米。

（胡强）

【生产经营】 2021 年，市汽车运输公司完成收入 3045.70 万元，同比增加 30.82%；成本支出 16555.28 万元，同比减少 11.37%；在财政补贴 8902.40 万元后，账面亏损 4607.18 万元。公司累计负债额 12202.33 万元（其中借贷款 2100 万元），资产负债率 417%。

（胡强）

【服务质量】 全年受理市民投诉咨询电话1522起，市长热线投诉53起，服务热线投诉84起，有责投诉49起，表扬共246起，办结回复率为100%，有责投诉与上年同期相比下降7.5%。

（胡强）

新疆油田公司克拉玛依物业服务公司

【概况】 2021年，新疆油田公司克拉玛依物业服务公司建立管家团队，择优遴选管家169名、管家助理33名。开展品质提升“百日竞赛”活动，开展监督检查732次，发现问题1920处。完成71个小区《小区物业服务费调费征求意见表》双过半签订工作，70个小区分别与业主委员会、社区居委会签订《物业服务合同》。全年收缴物业费4178万元，收缴率90.38%；追缴2020年物业费147万元，追缴率42.99%。开展提质增效专项行动，共形成3个项目，计划金额608万元，实际完成608万元，完成目标任务的100%。

（常蓓蓓）

【绿化服务】 2021年，克拉玛依物业服务公司全年养护草坪约206.28万平方米，清除杂草7.25万平方米，补植花卉27215株、灌木3205株，草坪补种3.6万平方米，树木涂白2次，树木移除529株，树木截干1418株，乔木、绿篱修剪2.4万余株，树木修剪1.3万余株，全年病虫害防治28次。

（常蓓蓓）

【保洁服务】 2021年，克拉玛依物业服务公司全年清理雨棚杂物815处，清理小区内乱堆的易燃杂物70145次，安装分类垃圾桶518个，清理垃圾35964吨，垃圾房、垃圾车等消杀共113068次，清理违法违规小广告共124263次。

（常蓓蓓）

【维修服务】 2021年，克拉玛依物业服务公司全年清理打捞排水井10774口，巡检外井4568口，室内外解堵下水管网2058次，处理各类维修9910次，开展应急维修施工202项，累计接听报修电话41593个，处理“12345”市长热线转办问题32起。

（常蓓蓓）

【为民服务案例】 2021年春节前夕，客户服务中心接到银河小区居民家里下水道被硬物堵塞报修电话，维修人员第一时间赶到现场，抵达现场后，技术员和维修人员分工合作，室内室外相互配合操作，历经4个小时终将管道疏通。3月中旬，南林小区小广场、枣园、榆园周围大面积路灯不亮，电工组维修人员立刻赶到现场检查，发现箱变内开关跳闸且开关有短路迹象，按照路灯线路图和验电监测发现原因是由电缆被挖断造成，技术人员与施工方进行沟通，将电缆铺好，穿管，并将电缆头重新对接做好绝缘防水处理，完成任务。6月3日，室外维修班收到和平小区6栋报修单，当时正值春季清井工作收尾阶段，维修人员加班加点，放弃午休时间，为不影响居民生活便利，维修人员还是坚持更换工作服后赶到现场，经过一个多小时的疏通，为居民解决了下水井堵塞问题。

（常蓓蓓）

【民生工程建设】 2021年，克拉玛依物业服务公司全年完成92户住宅楼排水管线维修、12栋住宅楼屋面维修、155栋住宅楼山墙结露治理、31座地埋式垃圾收集设施、1万平方米小区硬地维修，82个小区道闸、门禁、票箱及监控等物联化系统改造，公有住宅维修99套，店铺维修47个单项，屋面零星防水维修187处11758平方米。

（常蓓蓓）

新疆西部绿洲生态发展有限责任公司

【经营效益】 2021年，新疆

西部绿洲生态发展有限责任公司实现收入6606万元，利润总额220万元，资产总额8834万元，资产负债率13.91%。

（李宛瑾）

【重点项目建设】2022年，克拉玛依市西部绿洲公司完成固定资产投资4763万元，完成年度计划的103.58%，招商年度计划4950万元，实际完成5436.5万元，完成年度计划的109.83%。截至年末，已完成蔬菜标准化生产园建设项目、生态创意有机农庄建设项目、新疆油田公司家属区物业维修改造项目。

（李宛瑾）

【精细化管理】2021年，新疆西部绿洲生态发展有限责任公司健全完善企业改革制度体系，健全国有企业法人治理结构，建立健全经理层，规范董事会议事规则，发挥董事会、监事会“双向进入、交叉任职”领导机制。明确党组织在国企法定地位，将党建工作总体要求纳入国有企业章程，健全党组织议事决策机制。是深化企业内部薪酬分配和用人制度改革，建立健全企业各类管理人员公开招聘、竞争上岗、员工绩效考核管理办法、中长期激励机制等6项制度。在市国资委支持下，通过社会化招聘方式，选聘财务总监一名。建立企业违规经营投资追责制度，确保国有资产安全可控。推进国资委混合所有制改革及股权多元化改革，优化国有资本布局，推动战略性重组和专业化整合，做强做精主业。

（李宛瑾）

【农业产业升级】2021年，克拉玛依市西部绿洲公司成功申报1000亩标准化蔬菜园建设项目；与本地科技企业合作打造创意农场，利用农业种植、农耕文化、农业技术等，通过合作开展科普体验馆项目，建设林下养殖，实施特色林果种植、温室大棚种植、旱稻种植等新型农业生态，向社会各界人士和中、小学生开放，成为学校师生户外拓展、游学的“研学教育基地”。通过与上海农业生物基因中心合作成功引种沪旱6220、沪旱3032等多个节水抗旱稻品种。

（李宛瑾）

【区域合作】2021年，克拉玛依市西部绿洲公司同湖南农业大学合作，开展50亩瓜菜试验田种植工作，种植试验品种93个，其中商品西瓜品种5个、商品甜瓜品种5个、南瓜对比试验品种13个、商品蔬菜品种15个，瓜菜种质资源52个。分为商品西瓜区、商品甜瓜区、南瓜品种筛选区、种质资源区、蔬菜区。通过与上海市农科院农业生物基因中心合作，共同申报新疆维吾尔自治区“科技援疆”项目《基于轮回选择育种方法的新疆优质多抗旱稻新品种选育与推广》，已通过自治区初审。在上海市农科院农业生物基因中心指导帮助下，在克拉玛依市农业开发区建立50亩节水抗旱稻试验田，引种

10月20日，西部绿洲公司网室蔬菜栽培试验示范田内，蔬菜长势喜人

（努尔买买提·艾山　摄）

沪旱 6220、沪旱 3032、旱香 1 号等多个节水抗旱稻品种，开展灌溉量及覆膜对节水抗旱稻产量的影响试验。为克拉玛依“十四五”期间发展制种产业及进行大面积推广节水抗旱稻的种植生产提供科学依据。

（李宛瑾）

【农业科研】 2021 年，克拉玛依市西部绿洲公司完成克拉玛依市技术创新引导计划（成果转化）项目“栗味南瓜新品种选育与绿色栽培关键技术研发”年度科技年报报送工作；推动南瓜科研成果转化应用，建设南瓜标准园，组织公司农户推广种植南瓜品种锦栗 2 号和红栗 2 号近 500 亩。着力加强相关方合作提供优质服务。开展种植监督，组织对所有农户种植地的周边环境卫生、药肥使用情况、农产品生产记录进行监督检查，并督促对存在问题及时整改。全年开具蔬菜合格证 50 余张，附带合格证上市产品 5000 余千克。

（李宛瑾）

新疆宇澄热力股份有限公司

【经营效益】 2021 年，新疆宇澄热力股份有限公司聚焦高质量发展，生产蒸汽 292 万吨，实现收入 3.2 亿元、税前利润 14 万元，上缴税费 477 万元，第八年实现安全环保“零”事故目标，完成油田公司下达的各项业绩指标。

（赵伟）

新疆宇澄热力股份有限公司 2021 年主要生产经营指标一览表

表 4

指　标	2021 年	2020 年
蒸汽产量（万吨）	292	300
资产总额（亿元）	10.68	9.49
收入（亿元）	3.18	4.97
成本（亿元）	3.15	4.96
净利润（万元）	1.61	102.66

【生产运行】 2021 年，新疆宇澄热力股份有限公司开展“管理提升，抢修上产”会战，组织“受热面频繁爆管”攻关，7—12 月燃煤锅炉运行时率及设备完好率大幅提高；开展班组经济运行周竞赛，煤、电单耗同比下降 3.4%、0.5%，全年节能 8645 吨标煤；应对恶劣气象条件 4 次，煤炭断供应急处置 3 次；开展设备设施大调查，推行预防性检修维修，故障消缺 321 项，设备完好率提升至 95.3%。

（赵伟）

【技术创新】 2021 年，新疆宇澄热力股份有限公司完成 6 台燃煤锅炉恢复生产能力评价方案和技术改造升级方案；形成锅炉管束清洗新工艺，锅炉平稳运行时间上升至 70 天以上；完成燃气锅炉生产数据上线运行，形成信息连通机制；新建 2 台 50 吨 / 小时低氮过热锅炉，热效率达到 95% 以上，改造 1 台 19.5 吨 / 小时轮式高干度锅炉，热效率 92% 以上，完成 89 台注汽锅炉环保节能改造。2021 年中国科学家论坛会议上，《一种适用于高粘度含油污泥储存及出料的油泥料仓》科研成果荣获“2020—2021 科技创新优秀发明成果”，宇澄热力公司被评为“2020—2021 科技创新先进单位”。

（赵伟）

【经营管理】 2021 年，新疆宇澄热力股份有限公司修订完善《宇澄热力公司高质量发展方案》并通过油田公司专项审查。评审制度 162 项，梳理内控流程 160 项。编制实施“事前算

12月30日，宇澄热力公司员工在检查设备，以提高设备运行效率，实现挖潜增效，降耗稳产（张霞　摄）

盈、事中干赢”工作方案；开展“我为成本管控出力”活动，实施4大类26项措施，控减成本2050万元，完成计划目标106%；开展集转油站运维服务业务，对外创收240万元。

（赵伟）

【队伍建设】 2021年，新疆宇澄热力股份有限公司开展“五一”表彰会、岗位述职考评会、岗位竞聘会、班组长交流会，聘任三级副岗位5人、管理岗30人，表彰年度先进集体3个、优秀员工10人；开展技师、高级技师评聘5人；两次开展操作员工履职能力考评，综合成绩同比提高18%。实施“大培训”工程，外派培训405人次，开展“宇澄夜校”、法律法规、规章制度、操作规程等各类培训2160人次。参加兄弟单位职业技能竞赛，6人获得热注运行工、工艺分析团体和个人项目一等奖。

（赵伟）

【安全环保】 2021年，新疆宇澄热力股份有限公司完成管理体系换版和内审，制修订HSE管理制度33项。开展日常监督、专项检查和反违章专项整治活动，查处、整改违章隐患2120项。推行全员安全生产记分管理，考核17人次，完成27名管理人员安全环保履职能力评估，开展许可作业、承包商等安全教育培训1794人次。强化应急管理，完成第三版应急预案修订工作，以用电失电、爆管、锅炉保水为重点，开展应急演练212次，参加1826人次；落实环保责任，公司废水、固废、危废合规处置率100%；烟气超标同比下降84.1%。

（赵伟）

新疆寰球工程公司

【概况】 2021年，新疆寰球工程公司主要经营工程设计、工程监理、设备监理、物资采购、施工管理、工程造价、工程咨询、开车指导等业务，具备EPC（设计、采购、施工）工程总承包、项目管理承包等综合能力。全年实现营业收入6.78亿元，与上年度基本持平；净利润911万元，较上年度增长92.6%、较总部下达指标超额19%；新签合同额8.69亿元，较上年度增长82.9%。

（史飞）

【企业经营】 2021年，新疆寰球工程公司在做好独石化、乌石化市场和业务维护基础上，还承担塔石化、克石化、长庆石化、玉门炼化、巴州能源、天利高新、天利实业等新老客户的一批建设项目和技术服务。全年在执行EPC总承包项目8个，其中独石化新建6万吨/年溶聚丁苯橡胶装置，当年设计、当年开工、当年中交，创造业内标杆。参与的塔里木乙烷制乙烯项目一次中交，实现高水平开车。在广东石化炼化一体化项目中承担的建设任务，实现年度目标。全年执行设计项目109项，监理项目8项。

（史飞）

【科技创新】2021年，新疆寰球工程公司坚持“科技支撑、技术引领，创新驱动企业高质量发展”,6次派出团队，前往山东、广东、广西、浙江、四川成都等省市，向目标客户推广聚苯乙烯、苯乙烯、溶聚丁苯橡胶、碳五石油树脂、碳九分离加氢等特色技术，寻求合作。全年承接朗盈碳五石油树脂深加工、山东裕龙溶聚丁苯、新浦化学溶聚丁苯等项目的可研、设计任务，技术创效取得硕果。全年获得实用新型专利授权5项，国家版权局登记软著3项，技术秘密认定2项。推进新疆合成橡胶工程技术研究中心运营，获得奖励性补助10万元。获得高新技术企业奖励30万元。

（史飞）

【企业管理】2021年，新疆寰球工程公司细化安全生产责任制，安全生产责任清单实现岗位全覆盖；持续开展安全生产承包点、联系点活动，结合三个月安全生产整顿巩固提升、专项整治三年行动计划、安全生产月等活动开展，查找解决各类风险点、问题200余项。深化管理体系融合，归纳形成由114项制度构成的综合管理体系。开展合规宣贯39次，组织开展合同管理问题专项治理。全年取得提质增效成果1357万元。

（史飞）

3月17日，新疆交通建设集团股份有限公司、克拉玛依市云计算产业投资开发有限公司战略投资红有软件合作签约仪式在克拉玛依市举行（红有软件股份有限公司供图）

民营骨干企业选介

【红有软件股份有限公司】2021年，红有软件股份有限公司主营业务收入14137.40万元，利润总额约1034.38万元，总资产2.6亿元；新疆交通建设集团股份有限公司、克拉玛依市云计算产业投资开发有限公司战略投资红有软件。全年公司立项监控的项目共214项，实现项目监督管控全覆盖。在克拉玛依、北京、西安、乌鲁木齐设专职研发团队，四地研发人员近150人，占全员近30%。“红有云服务管理平台”“红有软件效能云平台”2个项目获选为新疆维吾尔自治区企业上云典型案例，其中“红有云服务管理平台”案例入选全国企业上云典型案例。基于海陆天地一体化工业互联网的海上作业装备在线监控与能效管理App成为新疆唯一成功入选国家工业互联网App优秀解决方案案例。油气生产智能调控工业云平台应用推广被评为2022年中央引导地方专项资金项目。截至2021年12月31日，红有软件已累计申报计算机发明专利60项，已有50项（其中计算机发明专利授权37项、实用新型专利授权13项）获得国家专利局的授权；累计拥有软件著作权220项。

（杨洁）

【克拉玛依天圣工程建设有限责任公司】2021年，克拉玛依天圣工程建设有限责任公司全年总收入4.94亿元，利润1817万元，缴纳税金2416万元。全年新建工程34项，跨

9月，天圣公司承建的风南4转油站扩建工程竣工　（邢江明　摄）

年工程14项，内建工程10项。完成单位工程44项、分部工程301项、分项工程1810项，合格率为100%。收集有效信息300余项，对110个项目进行了投标，中标52项。其中采油二厂81号联合处理站是公司2021年战略合作中承建的重点项目工程，实现当年建设、当年投产目标；风南4转油站扩建工程是公司2021年承接施工的一个中型综合站场，属新疆油田开发公司重点工程项目。工程于4月14日开工、8月27日联合验收、9月9日投产运营，比以往中型站场施工周期提前1个月，实现当年设计、当年施工、当年投产。

（石雅娟）

【克拉玛依新科澳石油天然气技术股份有限公司】 2021年，新科澳公司参与投标63项，中标42项；其中新市场开拓新项目73项、老市场业务量增加42项。全年评定科研项目9项、“五新五小”项目47项；取得发明专利授权1项，实用新型专利授权7项；申请国家发明专利7项、实用新型专利14项。研发推广油田单井液量含水计量装置累计45台套、原油含水测定仪172台套、智能连续加药装置142台套；完成10井式多通选井计量装置研发及试制进入调试阶段；在风城油田作业区推广应用同芯管射流泵采油产品技术。新科澳股份公司取得锅炉安装及检维修改造资质，完成液量含水自动计量撬、除硫剂从产品体系、管理体系、市场准入等全套资质，完成智能连续加药箱、多通选井计量装置产品体系建设及管理体系增项；工程建设公司完成石油化工工程施工总承包叁级、机电工程施工总承包叁级管理体系增项及HSE管理体系增项。围绕井筒一体化推进核心业务系统化，井筒综合治理一体化服务2021年已在采油二厂七作业区、八作业区实施井筒一体化技术服务，在二厂全区推广油井化防工作；在百口泉采油厂开展井筒化防示踪剂试验；在陆梁油田开展油井连续加药清防蜡试验。

（卢克）

【永升建设集团有限公司】 2021年，永升建设集团有限公司下属13个分公司（厂），控股经营12个子公司，参股投资14家公司。有员工605人，其中大专及以上学历411人；有专业技术人员243人，其中中级及以上职称178人。有各类执业注册人员228人，其中注册一级建造师43人，注册二级建造师117人，注册安全工程师15人，注册造价工程师3人，技术工种持证上岗率100%。实现销售收入17.25亿元，实现利税2亿元。年末资产总额31亿元。建筑业全年完成产值15.22亿元，多元产业实现销售收入2.03亿元。

（高荣华）

【克拉玛依宏兴石油工程技术服务股份有限公司】 2021年，克拉玛依宏兴石油工程技术服务公司营业收入18190万元，资产合计30395万元，负债合计20484万元，所有者权益

9911万元，利润394万元，上缴税费839万元。全年投入科技研发人员86人，投入研发资金753万元；科技项目立项4项，申请专利10项，获得授权实用新型专利10项。9月18日，宏兴公司再次被认定为国家高新技术企业。截至年末，根据《中华人民共和国公司法》《非上市公众公司监督管理办法》及《全国中小企业股份转让系统挂牌公司治理规则》要求，宏兴公司在全国中小企业股份转让系统指定的信息披露平台（www.neeq.com.cn）上披露公告36项。公司召开股东大会，审议通过注册资本由1000万元变为2000万元。

（杨永福）

【新疆正通石油天然气股份有限公司】 2021年，新疆正通石油天然气股份有限公司具备中石油钻井、压裂资质和新疆油田公司市场准入证、安全生产标准化二级企业、GB/T 19001-2016/ISO9001：2015质量管理体系、GB/T 24001-2016/ISO14001：2015环境管理体系、GB/T 45001-2020/ISO45001：2018职业健康安全管理体系、SY/T 6276-2014HSE管理体系认证证书。全年工程质量合格率达100%，实现营业收入51520.90万元，实现利税1116.87万元。截至年末，企业净资产49785.44万元，企业资产总额106073.78万元。

（罗明）

【新疆科力新技术发展股份有限公司】 2021年，新疆科力新技术发展股份有限公司实现产值23376万元，较上年增长1100余万元，资产总额增至50883万元。申报的自治区科技厅科技援疆计划项目“生物与物理化学法处理压裂返排液的技术研究及推广应用”通过专家评审予以立项；公司博士舒官立成功申请自治区天山青年——青年博士人才项目，并完成博士后研究通过上海交通大学的出站答辩，舒官立是公司博士后创新实践基地与上海交大联合培养的第一名博士后。全年新增申报专利3件，新授权专利7件，其中1件发明、6件实用新型；“常规原油密闭快速脱水技术”技术应用于新疆油田的项目，经新疆油田公司验收鉴定，实现环保节能和高效处理多重技术要求，通过自治区工信厅新产品新技术鉴定，为“国内首创、国内领先”，首个获得自治区“节能产品认证”。年内通过国家认可实验室（CNAS实验室认证）等。

（宋小青）

3月5日，红76井区，新疆正通石油天然气股份有限公司压裂现场员工安装压力传感器
（卢奕泽　摄）

【克拉玛依市金牛工程建设有限责任公司】 2021年，克拉玛依市金牛工程建设有限责任公司注册资本6100万元。全年承建油田地面建设及维护维修、建筑、市政公用工程项目126项，完成产值2.9亿元。项目和产值较上年增长约1.5亿元，南疆市场已然成为金牛工程公司“第二主战场”。全年对危险性较大的作业现场全程监督共计25次；内部检查共查出安全隐患202起（含

基地检查），现场检查135起，基地检查67起。组织参加油田公司HSE取证复审195人次；完成特种作业人员取证和复审59人次；技术工种取证人员25人次；八大员继续教育培训148人次；一建二建继续教育培训14人次；委托新疆培训中心开展举办班组以上管理人员管理能力提升培训75人次；其他各类培训共计82人次。

（贺炜清　潘继承　金子仟）

【新疆华澳能源化工股份有限公司】 2021年，新疆华澳能源化工股份有限公司注册资本1.8亿元，资产总额9.13亿元，全年实现产值6.2亿元。截至年末，有八套各类生产装置，年油品一次加工能力45万吨，年综合处理能力达80万吨以上，拥有各类油品库容量达10万立方米的仓储基地。拥有成品油仓储经营资质；成品油批发经营批准证书；成品油（燃料油）非国营贸易进口经营资质；成品油生产资质；安全生产许可证；危险化学品经营许可证。全年组织各类培训12次，累计培训67人次。

（苗翠）

【新疆克拉玛依市迪马有限责任公司】 2021年，新疆克拉玛依市迪马有限责任公司注册资金1100万元，资产总额1.29亿元，全年实现产值收入2.12亿元。拥有国家发明专利2项，实用新型专利16项。全年组织内外部培训10次，参加人员113人次。

（王艳霞）

【克拉玛依汇嘉时代百货有限公司】 2021年，克拉玛依汇嘉时代百货有限公司有自营员工191人，联营员工529人。营业面积2万多平方米，经营品种达2万种。由克拉玛依汇嘉时代百货有限公司投资的汇嘉时代滨河广场项目，4月1日动工，11月16日完工。全年实现营业收入3.12亿元（其中超市年度达成1.19亿元），纳税总额1011.5万元。

（刘亚男）

信息化建设

综　述

【概况】 2021年，克拉玛依市电信业务收入64821.1万元，较上年增长4.6%。全年信息传输、软件和信息技术服务业/互联网和相关服务业营业收入9.14亿元，比上年增长5.9%，信息产业持续增长。

（彭韬）

【数字产业发展】 2021年，克拉玛依市启动“东数西算”示范工程申报，争取将克拉玛依云计算园区纳入“全国一体化大数据中心”新疆国家级枢纽节点；中石油数据中心（克拉玛依）、移动云计算与大数据服务中心、华为云服务中心完成升级扩建，截至年末，克拉玛依云计算基地总机柜数达到11000个；海康威视北疆运营中心、浪潮云服务智算中心、碳和水冷数据中心项目、新疆天链遥感科技有限公司卫星地面站项目、中科曙光超算中心项目等一批重点项目落户并开工建设。新疆油田公司、和中云网公司承担工信部工业互联网创新发展工程项目完成既定任务，通过工信部评审。支持克拉玛依云大学发展，为本地数字经济高质量发展提供技术、人才支撑，用好云计算产业园区孵化器，为创业者提供多项服务，截至年末，新增18家企业入驻云计算产业园区。

（彭韬）

【企业物联网建设】 2021年，克拉玛依市加快工业互联网二级节点建设和申报速度，促进新疆工业互联网解析服务发展，持续推进工业物联网感知层产品产业化项目、物联网设备远程智能运维系统研发工作；新疆油田公司建成工控风险监控感知平台、中石油安全测试验证实验室；新疆油田公司承担的中石油A11试点项目，完成百口泉采油厂、陆梁油田作业区和风城油田作业区

1月7日，工作人员查看云计算产业园区中国移动（新疆克拉玛依）数据中心服务器机柜的温度　（蒋剑　摄）

的6739口油气水井，1084座大中小型站场的油气生产物联网系统建设，通过应用工业物联网系统，提高油气生产现场数据采集、问题分析、故障巡检、安全管理效率，降低现场员工生产劳动强度。

（彭韬）

【企业云建设】 2021年，克拉玛依市红有公司“红有云服务管理平台”、七色花公司“新疆畜牧云综合服务平台”被评为2021年度国家企业上云典型案例；红有公司“红有软件效能云平台”被评为2021年度自治区级企业上云典型案例；油田数据公司的“新油智云工业互联网平台”成功申报第三批国家级服务型制造示范项目。

（彭韬）

【园区建设】 2021年，克拉玛依市指导2020年新批准设立园区开展规划、安评、土地集约利用评价，引导新型工业化示范基地建设补助资金项目申报，为克拉玛依高新区争取自治区园区规划补助专项资金65万元。对园区基础设施建设、环保设施建设、体制机制改革、固定资产投入等进行指导、督导。督促高新区和云计算产业园区做好安全生产管理工作，全年已排查整治一般安全隐患449项，整改完毕449项，整改率100%。摸排高新区和云计算产业园区主要产品要素及原材料需求情况，畅通自治区各园区间主要工业产品、原材料间循环供应，就近配套解决园区企业供应链需求链问题。

（彭韬）

【云计算中心扩容】 2021年，克拉玛依市三大计算中心升级扩容完成，云计算园区机柜总数达16000个。碳和水冷数据中心项目、上海艾特海浦网络科技有限公司渲染大数据存储库和世界影视数据库项目、新疆天链遥感科技有限公司卫星地面站项目等重点项目落户并开工建设。

（彭韬）

智慧城市建设

【概况】 2021年，克拉玛依市有固定电话用户8.9万户；移动电话用户65.9万户，其中3G用户3.5万户，4G用户40.4万户，5G用户17.7万户。互联网用户23.6万户。通过实施“互联网＋政务服务”，实现“不见面”办事，提供“24小时不打烊”在线政务服务，截至年末，政府服务网的全市个人注册率已达38.09%，法人注册率达64.07%。

（彭韬）

【5G基站建设】 2021年，克拉玛依市将5G网络建设列为市级十大民生工程重点推进，全年新建成5G基站236座，开通服务236座，全市累计建设5G基站460座，在建城区实现5G信号基本覆盖，5G套餐用户数量达24.4万户。全市各级政府、企事业单位、特色商圈、穿城河、魔鬼城、西部乌镇等景区、机场、火车站等交通枢纽、各区政府所在城区已实现5G信号基本覆盖。年初收集梳理2021年度5G基站建设问题清单，经过各区工信局、市市场监管局、国网公司等部门协调推进，清单中问题的71%已解决，剩余29%进入攻坚阶段。

（彭韬）

【政务服务一网通办】 2021年，克拉玛依市深化政务服务一网通办，促进“最多跑一次”改革升级，网上可办政务事项比例超96%，其中93项政务事项实现“全市通办”，82项实现“跨省通办”。

（彭韬）

【基层减负】 2021年，克拉玛依市推进“基层减负一张表”改革试点，实现社区填报数据由461个缩减为108个，采集量下降77%，“基层减负一张表”系统建设荣获全国第一届新型智慧城市创新应用大赛二等奖，入选“2021年中国新型智慧城市百佳案例”。

（彭韬）

【城市运维一网统管】 2021年，克拉玛依市加快推动城市运行一网统管，上线城市管理信息化平台，实现党建、综治、城管“多网合一”，重点加强智慧社区、智慧市政、智慧城管等相关系统建设，推进服务进网格、进家庭，完善“贴心城管”手机App,增加快速挪车、规范小区停车功能，为市民提供水、电、气预约上门维修服务，让市民足不出户就能享受到高质量的城市公共服务。12月22日，自治区城市运行管理服务平台与国家平台联网运行。这标志着，已提前接入国家平台的克拉玛依成为全疆首个与国家、自治区平台三级联网运行的城市。早在2007年，克拉玛依市克拉玛依区就启动数字化城市管理系统建设工程，并于2008年成为西北首个通过国家验收的城区。2016年，克拉玛依市启动市、区两级城市管理信息化平台建设，先后建成智慧水务管理系统、智能垃圾箱监控系统、地下管线管理系统、扫雪车GPS监控系统等行业应用系统，实现城市运行管理服务“一网统管”。2020年9月28日，克拉玛依市城市运行管理服务平台顺利与国家平台联网，成为全疆首个和国家平台联网对接的地级市。截至年末，城市管理信息化平台累计收集各类问题达83.49万件，处理办结83.22万件，结案率达99.6%。

（彭韬）

4月14日，市区南苑社区线下生鲜果蔬便民服务站，居民通过手机扫码购买平价菜。当天，克拉玛依首个“线上预售下单、线下配送到家”的社区惠民电商新零售综合服务平台启用。同时，线下物联网无人智能便民设备首次在社区投用 （闵勇 摄）

智能油田建设

【概况】 2021年，新疆油田公司推进智能油田建设，完成新疆油田数字化转型总体设计，加快推进油田物联网建设和重点领域系统建设，构建从业务梳理、需求分析到信息化解决方案设计的方法体系和管理规范，实现油气勘探、油藏评价等六大领域业务显性化和需求体系化。

【数字化转型顶层设计完成】 2021年，新疆油田公司修订印发公司信息化工作管理办法，

8月3日，中国石油数据中心（克拉玛依）生产调度指挥大厅，巨大的电子屏幕上实时显示着的油田开采量、钻井状态等数据 （闵勇 摄）

加快推进数字化转型、智能化发展。根据中石油集团公司数字化转型指导意见，梳理新疆油田公司数字化转型9大类14项重点工作，聚焦各业务领域痛点难点，完成新疆油田数字化转型总体设计，开展业务、需求、应用、技术和数据五大方面油田战略地图梳理，形成1个指挥中心、24个重点业务场景的总体布局，重构出现场作业智能操控、生产运行智能管控、勘探开发智能协同研究、经营管理智能决策分析的油田业务发展新模式，为推进油气与新能源业务转型发展和智能油田建设提供行动指南。

（徐后伟　周新蕊）

【油田物联网建设】 2021年，新疆油田公司推进油气生产物联网建设。老区物联网改造按照四年规划，采用“业务主导、总体组把关、采油厂实施”模式加快推进；新区物联网建设按照“三同时”原则稳步实施。全年共实施物联网井9982口、站970座，井站综合数字化覆盖率达到87%以上，其中井数字化覆盖率达到85.3%，站数字化覆盖率达到89.9%，超过年初既定目标。全年共召开物联网周例会44次，协调解决技术、物资及实施等问题10次，形成数字化电控箱、管夹式温度变送器等技术标准4项，审查地面工程物联网方案76次，保障物联网建设按照总体规划和统一标准实施。上半年完成准东、采气一厂、吉庆等单位物联网建设；百口泉、陆梁、风城等单位物联网建设工程通过总部上线验收，通过推广应用低功耗窄带LORA技术、云平台技术、功图量液系统等应用效果显著，降低物理联建设及运维成本，获总部领导表扬；下半年完成采油一厂、重油公司物联网建设；完成采油二厂、石西油田、油气储运公司等5家单位物联网方案编制和准东、吉庆、采气一厂等5家单位物联网建设实施，油田物联网单井、站场覆盖率达到85%和90%，降低一线用工需求673人。

（徐后伟　周新蕊）

【重点领域系统建设】 2021年，新疆油田公司上线钻井远程监控与辅助决策系统，支撑远程决策中心建设应用，助力玛湖、吉木萨尔钻井提速23%。在支撑科研决策方面，试点建设数字地质露头信息系统，为加快盆地油气勘探提供了地质研究支撑。建成科学计算云高性能计算环境，支撑“盆5”井新三维地震处理解释等科研业务，提升计算时效20%。上线矿权管理与保护系统，实现矿权动态跟踪分析等业务的可视化管理和高效评估。在支撑经营管理方面，投用物资共享信息系统，大幅提升物资配送效率，节省成本440万元/年。初步建立“掌上油田”应用体系和协同办公平台，完成纪检监督等6类25项功能，发布“防疫油我”等7个移动应用，提高办公效率在50%以上。

（周新蕊）

【信息技术服务体系建设】 2021年，新疆油田公司建立涵盖通用基础、规划设计等六大领域的信息标准体系，制修订中石油集团公司级企业标准2项、油田公司企业标准6项。建立全数据一体化管理体系架构，实现油藏地质单井小层等5类282项缺失数据正常化，为地质工程一体化、储层精细研究提供数据支撑。上线智能油田应用集成平台2.0，形成共享服务、工具等41项，自主开发应用系统18套，获得软件研发能力CMMI-3国际认证。

（周新蕊）

【信息基础设施建设】 2021年，新疆油田公司修订中国石油数据中心（克拉玛依）运维管理制度10项，全年平稳运行率100%，获得行业级别最高的国标A级数据中心认证、绿色数据中心设计三级认证和数据中心绿色运行L5级认证。完成中石油集团公司云资源池2.0项目设备部署，提高云资源池计算能力和存储空间。建成物联网应用技术实验室，实现物联网设备检测和新技术应用验证等9项服务功能。建成“工信部工业互联网安全技术实验与测评重点实验室”“工信部工业信息安全感知与评估技术重点实验室”两个重点实验室，率先建立行业工控安全建设与测试标准。完成5家生产单位逻辑专网改造和14家生产单位269台套防护设备部署，构建起油田工控安全纵深防御技术体系。

（周新蕊）

【油田通信服务与视频安防建设】 2021年，新疆油田公司开展准噶尔盆地传输环网优化治理，核减站点13处，简化网络结构，链路性能显著提升。优化油田生产通信质量，完成数据中心、信息楼等五处关键场所用户端语音交换等设备改造，系统稳定性进一步提升。发布《新疆油田视频会议运行维护管理规定》，建成视频会议管理平台，实现多点控制单元等设备共享与容灾备份，支撑油田办公、生产调度、应急指挥等业务。建立新疆油田视频标准体系，完成视频监控平台架构升级，全年保障130余次视频会议顺利进行，满足油田生产安防监控和远程会议需求。

（周新蕊）

【智能化油田建设】 2021年，新疆油田公司推进智能油田平台及应用系统建设，支撑主营业务精益发展。建成智能油田应用集成平台V2.0，实现桌面开发环境、项目管理、代码托管、持续集成、持续部署研发全流程管控，构建开放共享软件研发生态环境和平台开发服务支持体系；完成油田业务信息化需求管理系统上线及基于开源框架移动应用体系研究，在油田业务信息化需求管理方面实现从收集、分析、设计、实施跟踪全过程管理一站式管理。在移动应用方面，已经为实验检测数据采集系统、井控培训系统、承包商HSE监督管理等应用系统提供技术支持。完成钻井远程监控与辅助决策系统二期大屏展示和复杂事故预警与处理分析子系统上线验收，实现钻井实时监控和钻井施工预警功能，通过该系统对玛湖试点18口正在施工钻井实行实时监控和全井钻井优化，平均钻速提高18%，最高提速达到26%；矿权管理与保护系统已完成矿权数据查新、管理和分析决策等主要功能模块研发，系统进入内部测试阶段，为油田公司保矿权、拓扩权、补矿权工作，提供矿权区块数据依据，及评估分析手段；产能建设地质跟踪管理系统已完成部署计划管理、新井跟踪评价、岗位工作台等功能研发；通过对产能运行动态和新井生产情况实时跟踪展示，实现跨层级、跨部门数据共享与业务协同，提高产能建设管理水平。生产调度指挥系统整合与扩展应用项目完成一期生产监控、生产调度工具功能研发，正在开展生产运行指标统计分析功能研发及手机端应用

4月2日，在白碱滩区的百里油区，新港公司员工通过手机扫码二维码，获取抽油机的电子版操作规程　　（蒋剑　摄）

功能开发。

（徐后伟）

【承担总部项目建设】 2021年，新疆油田公司推进中石油集团统建项目建设。先后承担中石油集团公司科学计算云平台建设（F12）、广域网改进3.0建设（F1）、工业控制系统安全体系建设项目（F18）等统建项目，各项目均进展顺利，实现专业软资源共享、高性能计算环境业务编排，提高网络资源可靠性、链路资源效率，形成典型工业控制场景防护试点和标准，为中石油集团公司数字化转型提供基础设施底座和网络安全防护，各项目投资完成率均超过95%。新疆油田公司负责运行维护中国石油数据中心（克拉玛依）、勘探与生产调度指挥系统（A8）、广域网运维（F1）、新疆区域网络中心（F4）、北京区域网络中心（F4）、油气水井生产数据管理系统（A2）等信息系统，全年各系统稳定性均超过99.9%。中国石油数据中心（克拉玛依）作为中石油集团公司“三地四中心”之一，共入驻IT设备2910台套，业务系统134套，为中石油集团公司各企事业单位提供基础设施支撑。

（徐后伟）

【网络安全建设】 2021年，新疆油田公司推进生产工业控制系统安全体系建设。攻关研究白环境等12项关键技术，研发建立工控安全态势感知平台，实现多维风险预警等30项功能，满足油田工控安全全局风险动态管理需求。完成14家油气生产单位13类工控安全防护设备部署，初步构建纵深防御技术体系，有效解决工控流量监测、工业主机防护等难题。建成工控安全仿真验证实验室，形成石油石化行业5种主要生产工艺场景安全性评测能力，实现安全检测、策略验证、攻防演练、技术试验、人员培训等20项功能，为有效解决工控设备投产安全测试、安全策略验证等难题提供技术、平台与环境支撑。新疆油田入选工信部首批“工业互联网安全领航计划”成员单位。

（徐后伟）

云计算产业园区

【概况】 2021年，克拉玛依市云计算产业园区内办公企业总产值达到56500万元，工业增加值17700万元，税收总额突破1120万元。园区主要经营指标连续3年保持增长，其中园区企业总产值增长率分别为36.33%、23.89%、21.71%；工业增加值增长率分别为14.76%、14.28%、22.35%；税收总额增长率分别为46.34%、60.16%、451.72%。其中：园区七色花科技公司产值2097.7万元，同比增长21.89%；上缴税收341.55万元，同比增长273.36%。红有软件产值18000万元，同比增长253.23%；上缴税收461万元，同比增长1165.80%。金牛能源产值5476.05万元，同比增长25.24%；上缴税收121.63万元。时讯立维产值1045.95万元，同比增长30.64%；上缴税收104.87万元，同比增长732.3%。天地图产值987万元，同比增长147.37%。园区新进驻企业海康威视产值2061.8万元。

（祖文静）

【园区数据中心规模扩增】 2021年，克拉玛依市云计算产业园区华为云服务数据中心国产化平台扩容及设备更替项目、中国移动（新疆克拉玛依）数据中心机房改扩建项目、中石油数据中心（克拉玛依）二期机房改造升级项目完成建设，累计投资1.64亿元，累计新增机柜1900个，使园区总机柜数突破10000个。克拉玛依碳和网络科技有限公司投资建设的新型水冷数据中心项目落户并开工建设，项目计划新建一座环形数据中心，总投资约4亿元，建筑面积3.59万平方米，机柜总数6800个，已于年底加电试运行。

（祖文静）

9月，中国石油数据中心（克拉玛依）二期机房改造升级项目完成建设（吕光建 摄）

【园区重点项目】2021年，克拉玛依市云计算产业园区落地企业——上海艾特海浦网络科技有限公司渲染大数据存储库和世界影视数据库项目年内开工、年内建成投用，丝绸之路经济带影视动漫渲染基地规模达到10000个节点，占全国总渲染算力的70%。新疆天链遥感科技有限公司民用卫星地面站项目开工建设，开展两组卫星地面接收系统的安装工作。中科天极（新疆）空天信息有限公司中科曙光超算中心项目落户园区，计划完成156个机柜加电运行，为国家SKA2（需标注）项目提供算力和存储服务。算丰科技（北京）有限公司自研芯片系列封装测试、人工智能设备销售项目落户园区。通过争取，由中国三九企业集团、中国航天基金会、北京未来宇航空间信息研究院联合建设的全球商业卫星大数据产业园项目落户园区。

（祖文静）

【园区科技创新】2021年，克拉玛依市云计算产业园区七色花科技公司对畜牧兽医大数据平台、农业大数据平台等多个农牧业信息化管理软件成功进行科技成果转化，形成软件产品6款、软件著作权18项。小马聚力公司成功申报通过“科技援疆项目”，销售额首次突破1000万元。园区2个企业自主知识产权项目——红有软件公司的“红有云服务管理平台”和七色花科技公司的“新疆畜牧云综合服务平台”入选国家2020年企业上云典型案例，克拉玛依市成为全疆唯一入选项目城市。金牛能源公司“物联网设备远程智能运维系统”项目入选工信部2021年新型信息消费示范项目。园区红有软件、易尚智能、天地图、七色花4家企业成功入选2021年度自治区“专精特新”中小企业名单。

（祖文静）

【园区产业推介】2021年，克拉玛依市云计算产业园区联合华为技术有限公司举办“2021华为合作伙伴走进克拉玛依”活动。与深圳市图敏智能视频股份有限公司、北京巅峰智业旅游文化创意股份有限公司、高新兴科技集团股份有限公司等7家企业签订合作意向书，帮助企业在克拉玛依进行试验、试点，打造样板应用面向全疆、全国推广。举办“数字赋能·科技融合——智算中心暨浪潮云克拉玛依公司落地揭牌仪式”，浪潮集团计划投资2亿元打造西北五省第一个智算中心。与上海发网供应链管理有限公司合作，基于双方在云计算、大数据基础资源、平台开发及应用、仓储配送等优势，共同推动克拉玛依市首个“消费援疆”项目——“丝路新选·我从新疆来”供应链平台项目正式运营，共同打造智慧物流新模式。联合新疆软件行业协会举办“2021年信息技术服务标准（ITSS）宣贯会”，助力园区企业利用标准提升自身核心竞争力。组织50余家企业参与克拉玛依市深圳、上海招商引资推介会，与国家超级计算无锡中心、中科天极等企业签订战略合作协议。

（祖文静）

【园区招商引资】 2021年，克拉玛依市云计算产业园区累计对接海康威视、京东等40余家企业，18家信息企业在园区注册落地。园区招商引资到位资金6.5亿元，完成全年任务率130%；固定资产投资2.6亿元，完成全年任务率351%。

（祖文静）

【园区示范基地申报】 2021年，克拉玛依市云计算产业园区开展新疆数字经济产业园区申报工作，园区被评为2021年新疆数字经济示范园区。园区响应国家数字经济重大产业规划布局要求，推动自治区纳入全国一体化大数据中心算力网络国家枢纽节点规划，起草《关于支持新疆申报全国一体化大数据中心核心节点的请示》《关于推动将新疆纳入国家一体化大数据中心算力网络枢纽节点的建议》及《关于支持克拉玛依开展“东数西算”示范工程的建议》等文件，向国家发改委、自治区人民政府提出争取将自治区纳入算力网络国家枢纽节点工作重要政策建议，践行国家一体化大数据中心协同创新体系“东数西算”示范工程。

（祖文静）

【企业服务平台】 2021年，克拉玛依市云计算产业园区孵化器建成运营，通过市级科技企业孵化器认定，并入选2021年度自治区小型微型企业创业创新示范基地，截至年末，已入孵企业10家。在第八届新疆创新创业大赛中，园区5家入孵企业获得优秀成绩，其中新疆小马聚力信息科技有限公司“农贸数据云互联网应用平台”和克拉玛依市思而听网络科技有限公司的“知行·天狩网络安全教育培训平台”两个项目入围第十届中国创新创业大赛全国赛半决赛。搭建人才服务平台，加强校企合作，依托“云大学”举办“2021第四届华为新疆区域人才联盟双选会克拉玛依大学城专场”，共吸引全疆各地60余家优质企业参加，累计提供1000余个就业实习岗位，吸引500余名大学生参与招聘。

（祖文静）

【沪克科技合作】 2021年，克拉玛依市云计算产业园区依托沪克科技协同创新促进中心平台，与上海科学院共同成立“上海软件园克拉玛依分园”。与上海理工大学签订“产学研”合作协议。与上海科学院举办线上对接会，推动沪克技术合作与成果转化。与上海大数据中心、上海微技术工业研究院、电子科技大学等高校、科研机构建立合作关系，围绕大数据治理、区块链研发与应用、人工智能、影视动漫渲染、企业孵化等方面开展合作，推动相关领域科技成果转化。促成油城数据公司与中电科第三十二研究所达成合作意向。发挥“高层次人才专家服务团”优势，邀请上海大数据中心数据资源部领导到园区授课，为园区企业技术革新提供智力支持。

（祖文静）

【园区配套服务】 2021年，克拉玛依市云计算产业园区推进天成西路建设工作，按计划于5月通车并投入使用，改善园区交通出行条件。持续推进园区软件园（二期）项目建设，完成项目前期审批各项工作。利用软件园长廊空间，设置共享书屋、商务洽谈区、健康驿站三大功能片区设施，提升企业员工工作生活品质。打造“绿色生态园区”，全年完成各类花卉补植2400平方米，草坪补植2295平方米。持续做好园区吉云路、A02停车场、天宇路、瑞云路等880亩绿化养护工作，提升园区绿化景观品质。

（祖文静）

电信业

中国电信克拉玛依分公司

【概况】 2021年，中国电信

克拉玛依分公司落实“云改数转”战略，实现收入增幅行业第一。推进数字化综合网格和政企改革两项任务。按照数字化综合网格建设原则，分公司由17个五级片区裂分为35个网格，推进收入客户划分、人员招聘、厅店建设工作，数字化综合网格建设100%落地。

（任英莹）

【5G网络建设】 2021年，中国电信克拉玛依分公司保持移动/5G规模发展，加快政企5G团购发展，利用“5G+网+云+安全”差异化营销策略，配置资源，推动“政企+社会渠道协同”单品和家庭融合套餐的团购业务发展。聚焦三千兆极致融合，推进千兆端口建设。

（任英莹）

【网络建设】 2021年，中国电信克拉玛依分公司加快网络建设工作，提升服务支撑水平。光端口占比、光宽带占比等各项指标均在全疆排名靠前，城市、乡镇、农村光端口均达到100%，克拉玛依成为新疆唯一一个存量住宅光纤100%共建共享城市。成立宽带办公室，千兆网络各项指标快速提升，千兆宽带光端口建设完成率全疆排名第一，10Gpon（千兆无源光网络）口上500兆以上用户数全疆排名第一，完成全疆第一个千兆乡镇和千兆团场（小拐乡和136团），在千兆宽带建设中连续两个月获得新疆公司建设部投资奖励。7月，在全疆率先完成5G网络宏站和室分建设工作。12月，克拉玛依市独山子区建设成为全疆第一个全千兆县。

（任英莹）

【客户服务】 2021年，中国电信克拉玛依分公司公众当日安装完成率99.84%、全新疆排名第二；当日维修完成率99.59%，全新疆排名第三；分公司政企当日安装完成100%，全新疆排名第一；当日维修率完成99.79%，全新疆排名第四；宽带新装、故障接单响应及时率分别为97.85%、98.02%，全新疆分别排名第二、第一；营业厅即时测评满意度99.98%，全新疆排名第一；宽带新装测评满意度100%，全新疆排名第一；维修测评满意度均为99.96%。

（任英莹）

中国移动克拉玛依市分公司

【概况】 2021年，中国移动克拉玛依市分公司围绕“强化区域主导、推进数智转型”主线，实现收入、利润同步增长。深化“连接+应用+权益”融合运营，客户规模实现正增长。全年运营团队统一运营套餐迁融、5G套包、价值客户保有等12项业务，执行数据量10.9万条，呼通量3.8万户，签单率15.2%；数智运营小组提供宽带战训、5G攻坚、客户规模攻坚等市场经营发展数据支撑，支撑量超20万条/次。

（李乾）

【家庭宽带服务】 2021年，中国移动克拉玛依市分公司围绕家庭通信、娱乐服务、智能家居等需求，推动数字家庭、智慧家庭发展。开展存量低带宽升级、乐播TV+升级服务，家庭宽带客户同比增长7.7%，乐播TV客户同比增长3.9%；针对老套餐用户，根据其实际消费情况匹配新套餐，引导客户迁转，截至12月，已完成迁转0.65万户。

（李乾）

【家庭物联网应用】 2021年，中国移动克拉玛依市分公司家庭物联网连接数达到26万户，全市99%以上家庭实现燃气表、水表数据的自动采集和大数据分析。

（李乾）

【网络提速降费】 2021年，中国移动克拉玛依市分公司推进网络提速降费。取消手机国内长途“漫游”费、流量“漫游”费，持续降低国际漫游费，流量单价0.004元/MB，同比下降50%。推出畅享家、家庭V网资费，家庭成员之间可以互打免费、流量共享。提升家庭宽带上网速度，为普通家庭用户提供100M至500M不同带宽的网络服务。

（李乾）

【网络建设】 2021年，中国移动克拉玛依市分公司基本实现4G连续覆盖，5G核心城区连续覆盖，其中克拉玛依区183个住宅小区和主要沿街商铺、专业市场、宾馆酒店、单位宿舍实现宽带网络接入；提升农村网络覆盖，小拐乡共部署6台OLT，乌尔禾区共部署9台OLT，通过FTTH光纤方式完成小拐乡5个住宅小区、乌尔禾区8个住宅小区以及沿街商铺、宾馆酒店宽带接入。加强专线隐患排查，支撑城市监控、市政通讯需求，全市网络设备检测能力达99%以上。提升基础网络维护工作，全年完成93套6180H设备安装开通及248千米的光缆建设。

（李乾）

【网络维护】 2021年，中国移动克拉玛依市分公司共解决居民区网络深度覆盖问题28处、油区弱覆盖问题15处、高负荷问题39处，全年开展重大活动保障37次、党政军疫情防控应急保障7次；持续开展质差终端更换工作，改善末端接入设备质量，提升用户业务使用感知；定期对集团单位490余位联系人进行核实，确保集团单位关联人信息准确性，全年主动上门网络诊断112次，场景式满意度提升2.37%，产品质量满意度提升4.5%。

（李乾）

【疫情防控通信保障】 2021年，中国移动克拉玛依市分公司做好新冠肺炎疫情防控通信保障工作。全年出动保障人员2000余人次、应急车辆580余次、应急发电42次、紧急开通专线40条、处理故障、投诉3000余次，云视讯、和对讲、和易报等应用服务超8万用户，云课堂服务师生1.2万余人次，减免119家小微企业网络费用10万余元。

（李乾）

中国联通克拉玛依市分公司

【概况】 2021年，中国联通克拉玛依市分公司主营收入同比增幅7.69%，全年纳税总额126.9万元。落实乡村振兴战略，全年完成6个数字乡村平台战略协议签订，消费扶贫3.4万元，建成第10所爱心书屋，完成克拉玛依市两会、乌尔禾区智慧乌镇、诗词大会、智慧工地“云观摩”等重要通信保障任务。

（许玉平）

【网络建设】 2021年，中国联通克拉玛依市分公司完成全市816个小区4G基站共建共享，累计开通5G基站120个，全面完成2G网络精简任务和3G网络优化任务。持续推进千兆升级，完成98个小区及楼宇千兆宽带升级改造工作，千兆端口由年初的980个增长到54232个，满足市民对高速网络的需求。聚焦智慧城市建设，全年新开通NB（窄带物联网）基站79个，为万物互联提供网络基础。

（许玉平）

【拓展服务内容】 2021年，中国联通克拉玛依市分公司推进智慧城市建设，推出适合各企事业单位数字化转型产品达110种，其中与市消防局共同推进的智慧烟感进万家项目在中央电视台社会与法频道和新疆电视台《我为百姓办实事》栏目播出；6月，与市住建局、建筑行业联合开展全疆智慧数字工地“云观摩”活动取得成功；为克拉玛依手机台擦亮“互联网＋广电”数字新名片，为“克拉玛依，中国的诗和远方”、克拉玛依之歌等大型直播活动提供高品质云服务。

（许玉平）

无线电管理

【概况】 2021年，克拉玛依

市无线电管理局全年共受理11家设台单位频率行政许可申请，完成无线电频率许可139个；受理32家无线电台设置申请，核发换发无线电台执照1769个；受理33家设台单位注销申请，收回频率15个，注销电台273台。共收取114家设台单位频率占用费共计109.48万元。

（肖镇宇）

【无线电监听、监测】 2021年，克拉玛依市无线电管理局利用各种无线电监测设备开展监测工作，累计时长9890小时，完成监测月报12期；主动发现不明无线电信号32个，查处32个；受理用户干扰申诉4起，查处4起。

（肖镇宇）

【各类考试无线电安全保障】 2021年，克拉玛依市无线电管理局配合人力资源、教育、卫生等部门完成各类考试无线电安全保障33次；出动监测人员438人次；累计监测时长696小时；启用无线电监测设备152台（套），派出车辆146车次，未发现利用无线电设备作弊行为。

（肖镇宇）

【打击“黑广播”“伪基站”专项行动】 2021年，克拉玛依市无线电管理局制定《打击“黑广播”“伪基站”专项行动工作方案》，全年出动监测车辆79车次，动用监测设备230台次，出动人员290人次，利用固定监测站、移动监测车和“伪基站”监测设备累计监测时长6700余小时，未发现“黑广播”“伪基站”信号出现。

（肖镇宇）

【无线电行政执法】 2021年，克拉玛依市无线电管理局结合日常监测中发现不明信号进行查找、检查，组织开展5次“双随机、一公开”工作，共检查27家设台单位，检查设备183台，查处非法设台12起。对辖区内3家通信运营商154座基站进行随机抽查，查处非法设置基站28座。共检查销售商家13家，核查无线电发射设备型号59种。完成独山子区和乌尔禾区29家无线电发射设备销售商检查，现场督促并指导完成网上备案20家，设备备案487个。

（肖镇宇）

综 述

【概况】 2021年，克拉玛依市辖区内有银行业机构8家，金融机构各项人民币存款余额1637.05亿元，较年初增加30.98亿元，增长1.93%。其中：境内存款余额1575.4亿元，增长4.16%，含住户存款余额521.39亿元，增长11.54%；境外存款余额61.65亿元，下降34.14%；非金融企业存款余额410.76亿元，下降21.45%。金融机构各项人民币贷款余额881.51亿元，较年初增加43.6亿元，增长5.20%。其中：住户贷款287.19亿元，增长68.64%；非金融企业及机关团体贷款580.82亿元，下降11.68%。

（常晓旭）

【货币政策执行】 2021年，中国人民银行克拉玛依市中心支行结合辖区实际，印发信贷工作指导意见等文件，引导金融机构准确把握政策“时度效”，辖区金融运行正常，融资总量保持合理增长。推动融资渠道不断拓宽，支持农业银行为市城投公司发行2笔、8亿元短期融资券。依托中征应收账款服务平台实现融资297笔，金额总计54.62亿元，其中小微企业获得融资266笔，金额占融资总额的67.48%。融资成本稳中有降。利率市场化改革稳步推进，金融让利实体经济效果持续显现。

（何超然）

【金融风险监测】 2021年，中国人民银行克拉玛依市中心支行加强各类金融风险的日常监测、评估、预警，密切监测债务融资工具违约、地方政府隐性债务等风险隐患，基本实现重点领域风险监测全覆盖。密切关注重点领域风险和重大风险事件，动态掌握辖内风险底数，为处置化解金融风险争取主动。开展法人机构互联网存贷款业务监测，拓展风险监测范畴，基本实现新金融业态的全覆盖。

（何超然）

【外汇管理】 2021年，中国人民银行克拉玛依市中心支行推进全口径跨境融资、境外放款额度等新政策落实落细。引导企业树立汇率风险中性理念，提升中小企业抵抗外汇风险能力，全年为企业办理3805万美元汇率避险产品。指导银行建立特殊业务请示、应急办理和舆情处置预案，提升银行个人外汇业务便利化水平。做好辖区优质企业人民币跨境结算便利化试点工作，推动2家企业入选优质企业名单。加大政策传导和解读力度，疏通跨境人民币政策落地“最后一公里”。

（何超然）

【征信管理】 2021年，中国人民银行克拉玛依市中心支行用好信用信息“修复通道”，指导金融机构强化疫情防控期间信息主体征信权益保护，调整到期前企业贷款及个人还款。完善征信基础设施建设，实现全市四个区自助查询服务全覆盖。推动诚信基地建设，中国石油大学（北京）克拉玛依校区成为全疆首家挂牌“征信（诚信）文化宣传教育基地”本科院校。

（何超然）

【金融统计】 2021年，中国人民银行克拉玛依市中心支行落实金融基础数据统计制度，按要求分批、分阶段实现全辖金融数据全量逐笔统计。推进金融业综合统计工作，加强金融统计数据治理；扎实开展重点领域调查研究，为高效履职提供可行性参考。

（何超然）

【支付清算】 2021年，中国人民银行克拉玛依市中心支行推动实施移动支付便民工程，开展打击治理电信网络诈骗、跨境赌博资金链和“断卡”行动，紧急止付、冻结资金768.34万元；向公安机关移送可疑线索10条，抓获嫌疑人6人，避免资金损失270.9万元。“断卡”行动获市反诈联席工作办公室表扬，自治区反诈中心通报表扬农业银行、中国银行相关经验。

（何超然）

【国库管理】 2021年，中国人民银行克拉玛依市中心支行优化个税退库流程，个税退税办结率100%，使纳税人“足不出户”享受减税降费红利。加强国债业务宣传，提高国债管理成效。推进个人所得税汇算清缴退库，做好储蓄国债停售期间各项服务。

（何超然）

【反洗钱监管】 2021年，中国人民银行克拉玛依市中心支行强化反洗钱监管工作，联合反洗钱工作联席会议成员单位落实打击治理洗钱犯罪三年行动计划。保持对洗钱犯罪高压态势。持续深化与公、检、法等部门联动机制，开展情报会商、联席研判、经验交流等20余次，推动2起洗钱罪宣判、促成1起洗钱案件进入审查起诉阶段。

（何超然）

【货币金银】 2021年，中国人民银行克拉玛依市中心支行做好常态化疫情防控下现金供应、消毒消杀工作。加大反假和小面额货币投放力度，建立整治拒收人民币现金长效机制，处置4条拒收现金线索，对1家商户实施处罚。

（何超然）

【金融消费者权益保护】 2021年，中国人民银行克拉玛依市中心支行创新举办“见字识金”金融知识普及书法巡展、“我在老年大学学金融”等特色宣传，指导金融机构成立“金石榴”志愿宣讲团，宣讲工作实现乡村全覆盖并向社区基层末梢延伸。加大线上线下金融广告监测力度，开展金融广告治理工作。

（何超然）

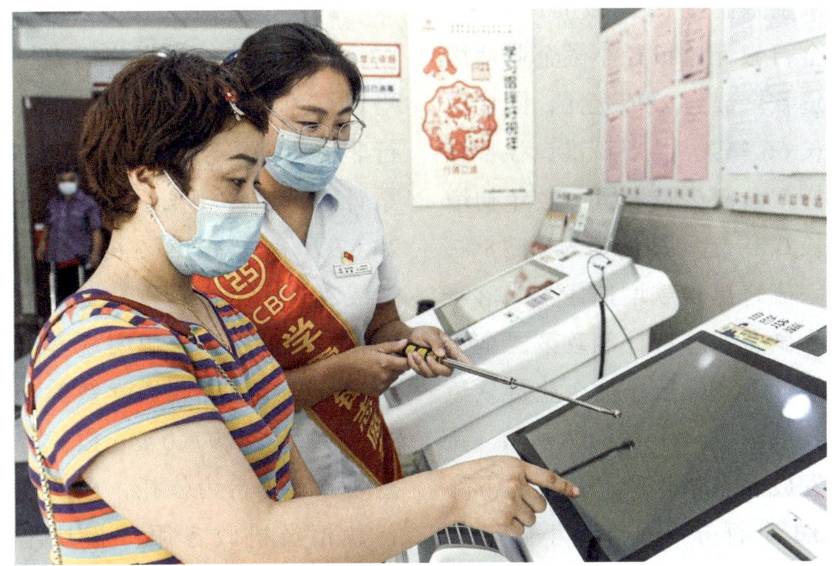

8月18日，市区南新路，工商银行的学雷锋志愿者引导市民办理业务
（努尔买买提·艾山 摄）

银　行

【中国工商银行股份有限公司克拉玛依石油分行】

存款业务　截至12月末，工商银行克拉玛依石油分行人民币各项存款余额为177.37亿元，较年初增加10.67亿元。其中：对公存款余额66.34亿元，较年初增加2.6亿元；储蓄存款余额111.03亿元，较年初增加8.07亿元。

贷款业务　截至12月末，工商银行克拉玛依石油分行人民币贷款余额55.88亿元，较年初增加0.52亿元。其中：公司贷款余额47.16亿元，较年初减少0.19亿元；个人贷款余额8.73亿元，较年初增加0.7亿元。

普惠金融　2021年，工商银行克拉玛依石油分行设立小微金融业务中心。截至12月末，全行银保监口径小微企业信用贷款余额为2.96亿元，同比增长66.25%。人行降准口径普惠贷款余额2.87亿元，较年初增长0.88亿元，增速为44.18%，完成普惠贷款增速任务。落实小微企业减费让利政策，全年累计为新发放小微企业贷款免收承诺费合计196.47万元，新发放普惠贷款利率较年初下降0.1个百分点，降低小微企业融资成本。

绿色金融　2021年，工商银行克拉玛依石油分行推进绿色信贷建设，支持绿色产业与绿色经济发展，加强自身环境和社会风险防控，推进低碳运营，实现社会效益、生态效益、经济效益可持续发展。截至12月末，全年累计投放绿色贷款4.55亿元，绿色贷款余额7.61亿元。

（程迪）

【中国建设银行股份有限公司克拉玛依石油分行】

经营概况　2021年，中国建设银行股份有限公司克拉玛依石油分行一般性存款日均余额119.97亿元，较年初增长16.56亿元。一般性存款时点余额131.13亿元，较年初增长5.64亿元。各项贷款余额39.27亿元，较年初减少7800万元。全行不良贷款余额2886万元，不良率为0.73%。

数字化经营　2021年，中国建设银行股份有限公司克拉玛依石油分行实现用二维码进行非税票据电子化结算，全年累计办理地方财政非税业务23.57万笔、总金额3.65亿元；上线克拉玛依市高校缴费平台项目，通过扫二维码实现学费缴纳，全年累计收缴学费1.56万人、金额6497万元；以“智慧政务”平台为依托，在网点智慧柜员机政务服务板块增加“油田社保信息打印”菜单，为市民提供社保信息查询便捷渠道；推进智慧城市建设，“四供”全年累计交易量45.39万笔、交易额1.21亿元；其中：电力缴费12.68万笔、交易额3683万元，交易量、交易额全疆占比分别为85.8%、95.5%，均排名全疆首位。在市区上线全疆首家“智慧公交”基础上，由建行网络金融部独立负责的独山子智慧公交项目上线，全年“智慧公交”实现交易量362万笔、交易额424万元。

国际业务　2021年，中国建设银行克拉玛依石油分行通过“跨境直贷”产品，为市属油气生产企业富城能源公司提供三年期4.5亿元经营贷款，解决其与中石油在境外合作开发油气生产区所需资金，年内已投放贷款1200万元。开办首笔“关银—KEY通”业务，通过“电子口岸平台”进行企业海关备案和信息录入，截至12月末，国际贸易融资累计投放6.89亿元。

普惠金融　2021年，中国建设银行股份有限公司克拉玛依石油分行共有5家供应链融资核心企业，均已开办供应链融资业务。截至12月末，供应链贷款累计投放324笔，金额达2.71亿元；“个体工商户经营快贷”余额5213万元，较年初新增2468万元，占普惠金融贷款新增额60.95%；贷款户数523户，年增232户，占普惠金融贷新增户数374.19%。

实现油田服务企业商业承兑汇票贴现业务，降低油田服务企业融资成本。

风险管控　2021年，中国建设银行股份有限公司克拉玛依石油分行加强对公授信客户评级中断管理工作，完成对公授信客户评级47个。督导跟进石油分行贷后跟踪会议执行情况，全年化解风险客户信贷资金5590万元。制定《信贷客户风险排查方案》，出具风险评价意见书41份、风险提示6份、工作提示3份，开展信贷客户排查共168户。加强押品集约化管理，保管押品权证459个，涉及抵押信贷余额5.94亿元，完成对账4次，完成率达100%。

加强案件防控工作，落实案防主体责任和第一责任人职责，全年案件风险排查共立项21个，检查业务7985笔，金额106.4亿元。

公租房信息系统建设　2021年，中国建设银行股份有限公司克拉玛依石油分行上线“公租房管理系统”（包括监管系统、企业服务系统、公租房系统、共享系统），公租房信息管理系统新框架版本、掌上公租手机App测试上线。截至12月末，公租房信息系统共导入房源4329套，已配租房源3949套，配租率91.2%；房源动户69套，实现线上租金交易236笔，金额20.5万元。

（郑熠）

【中国农业银行股份有限公司克拉玛依石油分行】

负债业务　截至12月末，农业银行克拉玛依石油分行各项人民币存款时点余额53.06亿元，较年初增长6.69亿元，存量市场份额为12.06%，较上年提升0.47个百分点。其中：个人存款时点余额21.52亿元，较年初增长2.67亿元；对公存款时点余额31.53（含同业）亿元，较年初增长4.02亿元。各项人民币日均存款余额49.6亿元，较年初增长4.36亿元。其中：人民币个人日均存款余额19.56亿元，较年初增加2.6亿元；人民币对公核心存款日均余额29.92亿元，较年初增长1.78亿元。

资产业务　截至12月末，农业银行克拉玛依石油分行各项人民币贷款余额22.21亿元，较年初增长2.36亿元。其中法人贷款余额16.06亿元，较年初增长1.08亿元；个人贷款余额6.15亿元（含信用卡透支），较年初增长1.28亿元。全行不良贷款余额1183万元，较年初下降190万元，不良率0.53%，较年初下降0.16个百分点，实现双降。

服务地方经济　2021年，农业银行克拉玛依石油分行全年共投放实体企业贷款148笔，投放金额7.28亿元，投放额同比增加0.38亿元。其中向大型企业投放贷款4笔，总金额1.7亿元；向中型企业投放贷款12笔，总金额1.73亿元；向小微企业投放贷款133笔，总金额3.85亿元。实体法人贷款（剔除票据）余额12.88亿元，较年初增加0.05亿元。

（汲晓明）

【中国银行股份有限公司克拉玛依市石油分行】

经营效益　截至12月末，

12月22日，中国农业银行克拉玛依石油分行工作人员展示北京冬奥会纪念钞　（刘哲　摄）

中国银行银行克拉玛依市石油分行共实现本外币拨备前利润0.71亿元，同比下降1618.80万元；净利润0.52亿元，同比下降0.04亿元。

（李菁）

存款业务 截至12月末，中国银行银行克拉玛依市石油分行人民币各项存款余额为77.41亿元，较年初增加9.91亿元。其中：对公存款余额40.06亿元，较年初增长3.23亿元；储蓄存款余额37.33亿元，较年初增长6.83亿元。

（李菁）

贷款业务 截至12月末，中国银行银行克拉玛依市石油分行人民币贷款余额24.42亿元（含信用卡返还），较年初增长3.75亿元。其中：公司贷款（含票据）余额18.25亿元，较年初增长3.77亿元；个人贷款（含信用卡）余额6.17亿元，较年初下降0.02亿元。

（李菁）

中间业务 截至12月末，中国银行银行克拉玛依市石油分行共实现中间业务收入3974.01万元，同比下降323万元。个人中间业务收入3426.93万元（含信用卡和私人银行业务收入）在中国银行克拉玛依市石油分行中间业务收入中的占比为86.23%。信用卡中间业务收入1912.18万元，在中国银行克拉玛依市石油分行中间业务收入中的占比为48.12%。

（李菁）

6月17日，白碱滩区（克拉玛依高新区）金龙镇街道田园社区，中国银行工作人员为居民讲解防范电信网络诈骗的相关知识

（谢宏峰 摄）

对公结算业务 截至12月末，中国银行银行克拉玛依市石油分行共新开对公结算账户766户；新增对公基础客户511户；新增对公有效客户60户；现金管理客户2户。

（周东）

互联网金融 截至12月末，企业网银客户动户数2439户，企业手机银行动户数1306户。

（周东）

小微企业金融业务 截至12月末，累计发放小微企业法人经营快贷62户，发放金额1.62亿元。

（张家豪）

个人信贷业务 2021年，中国银行银行克拉玛依市石油分行将小微企业主、个体工商户普惠类贷款作为营销重点。截至12月末，零售贷款余额33881.28万元，较上年增加1680.48万元，其中个人住房贷款23133.14万元，国家助学贷款142.33万元，个人经营贷款9883.21万元，其他消费类贷款722.6万元。全年共计为小微企业主、个体工商户贷款余额8969.48万元，较年初新增5024.40万元；户数288户，较年初新增31户。

（张家豪）

普惠金融 截至12月末，中国银行银行克拉玛依市石油分行普惠型小微企业贷款余额为18080万元，较年初新增7528万元，完成全年信贷计划考核的167.29%，贷款增速71.34%；贷款户数334户，较年初实现正增长59户，增速21.45%。其中：小微企业法人普惠贷款户数较年初增速达155.56%；小微企业主、个体工商户贷款户数在小额复工贷全额到期后，也较年初实现了正增长。截至12月末，普惠型小微企业贷款不良余额43万元，较年初下降206万元；不良率0.25%，较上年下降2.12个百分点，整体授信风险管控较好。

（周晓霞）

绿色金融　2021年，中国银行银行克拉玛依市石油分行按照人民银行及银保监局要求，在信贷资源配置、资金价格等方面，与上级行相关部门沟通，争取政策，绿色环保企业融资需求基本得到满足。截至12月末，绿色贷款余额14.66亿元，其中：项目贷款余额12.34亿元，流动资金贷款余额2.32亿元。

（李彬）

服务网点　截至20201年末，中国银行银行克拉玛依市石油分行共有营业网点10家，其中：1个县支行独山子区支行（1个营业部、1个安庆路支行），石油分行本部1个营业部、7个支行（南新路支行、光明西路支行、林园路支行、永红路支行、东郊路支行、石化支行、白碱滩支行）；辖区共有自助渠道43个，其中包含离行式自助银行、自助服务区12个，附行式自助银行16个；中国银行银行克拉玛依市石油分行取款机、存取款一体机共计48台；智能终端22台，回单打印机10台，便携式智能柜台10台。

（赵玉兰　张家豪）

【昆仑银行股份有限公司克拉玛依分行】

经营业绩　2021年，昆仑银行克拉玛依分行存款总额311.73亿元，较上年增加39.27亿元，市场占比38.28%。贷款总额88.71亿元（不含贴现），较上年增加18.04亿元，市场占比31.41%。

服务地方经济　2021年，昆仑银行克拉玛依分行围绕本地经济社会发展需求，发挥金融支持保障作用。向本地229户企业发放36.81亿元贷款，支持克拉玛依地区经济发展。

产融结合特色发展　2021年，昆仑银行克拉玛依分行结合本地特色，落地全行首笔区块通业务、分行首笔燃气贷、气易贷、蓝天贷、投融通、中油E通业务，弥补分行产融业务空白。

服务小微企业　2021年，昆仑银行克拉玛依分行推进民营及小微企业金融服务，通过强化服务机制、落实专项惠企政策、创新产品供给、深挖重点客群、加强风险管理等措施，强化金融服务和信贷支持，解决小微企业融资痛点。全年支持普惠型小微企业，发放贷款932户；办理小微企业延期还本17笔，金额4805.90万元；投放信用贷款27笔，余额2276万元。利用再贷款、再贴现政策优势，将政策红利落实到小微企业，全年累计办理支小再贷款173户，金额8.64亿元；累计发放再贴现38.65亿元，余额11.83亿元。自9月30日起，主要对小微企业账户管理费、转账汇款手续费、支票工本费等方面进行减费让利，全年累计为企业节省相关费用35.76万元。

绿色金融发展　2021年，昆仑银行克拉玛依分行结合区域主流产业，有针对性地开展绿色金融服务，全年累计投放绿色贷款16.73亿元，绿色贷款投放金额创下历史新高，绿色贷款余额26.15亿元、绿色贷款占比超31.43%，实现绿色贷款占比、增幅双提升。

支持乡村振兴　2021年，昆仑银行克拉玛依分行通过网点宣讲、网络推送等多种宣传方式，提升农牧民及农村企业金融知识和风险识别能力，提升金融服务乡村水平。建立客户主动联络沟通机制，搜集粮棉、林果、畜牧、农村基础设施和农业生产领域等企业名单，主动提供服务，建立优惠价格机制，加大对农村基础设施和农业生产领域企业贷款利率优惠力度，积极减费让利，切实支持乡村经济发展。

（刘娟）

【中国农业发展银行克拉玛依市分行】

经营概况　2021年，农业发展银行克拉玛依市分行各项贷款余额253685万元，较年初增加33499万元，增幅15.21%。

重点信贷业务　2021年，农业发展银行克拉玛依市分行发挥粮食收购资金供应主渠道作用，支持以米袋子、菜篮子、肉案子等业务为主的城市保障体系建设。推进绿色金融，支持油服类企业生态环境与保护项目建设。服务民营小微企业、支持地方经济发展。

推进“扫码收单”　2021年，农业发展银行克拉玛依市优化支付服务环境，创新打造“扫码收单”业务模式。截至年末，累计办理“扫码收单”、网银办理业务13370笔，资金25.2亿元。

（许璇）

【中国邮政储蓄银行股份有限公司克拉玛依市分行】　2021年，邮政储蓄银行克拉玛依市分行下设直属营业部、独山子区支行、迎宾路支行3个一类网点和27个代理网点。资产总额46.50亿元，负债总额46.33亿元。各项存款余额43.58亿元（公司存款2.90亿元；个人存款40.68亿元），其中辖内自营网点储蓄余额达到4.37亿元，活期占比30.7%；信用卡发卡4741张，结存卡量2.14万张；理财保有量1.27亿元；收单商户464户，自助设备结存11台，个人金融业务呈现出多元化发展的局面。截至2021年末，各项贷款投放6.99亿元，结余22.86亿元，较2020年增加4.74亿元。

（张新）

【克拉玛依金龙国民村镇银行】

负债业务　截至2021年末，克拉玛依金龙国民村镇银行各项存款余额140541.59万元。其中单位存款余额19719.01万元，储蓄存款余额120822.58万元。

资产业务　截至2021年末，克拉玛依金龙国民村镇银行各项贷款余额115446.47万元。

银行卡及电子银行业务　截至2021年末，克拉玛依金龙国民村镇银行已累计发行金融IC借记卡——“蜜蜂卡”23765张；网上银行用户（包括企业网银、个人网银、手机银行）达13594户。

服务小微企业　截至2021年末，小微企业贷款余额67245.24万元，客户数766户，小微企业贷款余额占各项贷款余额的58.25%，比年初增加10998.36万元，增幅19.55%。其贷款主要投向租赁和商务服务业、批发零售业、建筑业交通运输、仓储和邮政业、采矿业、房地产业，居民服务业、教育、科学研究等行业。

（马兰）

保　险

【概况】　2021年，克拉玛依市辖区内保险业务机构16家。按业务性质分，财产险业务机构10家，寿险业务机构6家。全年保险公司各项保费收入39.0亿元，较上年增长24.7%。其中，财产险收入20.1亿元，增长54.4%，赔款支出6.1亿元，增长17.9%；寿险收入18.96亿元，增长3.7%，赔款支出3.0亿元，下降3.7%。

（常晓旭）

【中国人民财产保险股份有限公司克拉玛依市分公司】　2021年，人保财险克拉玛依市分公司上缴国家各项税金1578.8万元；代收代缴车船税3618.19万元；为全市企业居民承担各类风险保障3748.50亿元；处理各类已决案件30575件，支付赔款20066.26万元。

（李咏）

【中国人寿财产保险股份有限公司克拉玛依市中心支公司】　2021年，中国人寿财产保险股份有限公司克拉玛依市中心支公司全年承保26736笔，实现保费收入3280.8万元，比上年增长35.1%，市场份额5.93%，赔付金额共计1186.1万元。

（李旭辉）

【中国人寿保险股份有限公司克拉玛依石油分公司】 2021年，中国人寿保险股份有限公司克拉玛依石油分公司实现总保费6.19亿元，同比增长-1.08%。赔给付金额1.01亿元，其中满期给付0.45亿元。全年无纸化投保总件数4988件，投保率100%；接待客户2.64万余人次，完成3006件已决案件理赔，累计申请结案支付时长1.08天，理赔E化率99.6%。继续履行克拉玛依市长期照护保险委托经办服务协议，为克拉玛依城镇职工以及60岁以上城乡居民中失能人群提供“长期照护保险”的咨询、受理以及后期鉴定待遇发放全流程服务，2021年度申请人数378人，享受待遇总人数278人，待遇发放988.14万元。全年为克拉玛依市属及区属各学校、特殊教育学校贫困学生捐赠提供共计455.22万元保额的综合型学生保险；为中国石油大学（北京）克拉玛依校区贫困大学生捐赠共计132.12万元保额的综合型学生保险，累计保额587.34万元。

（惠芳）

【中国人民人寿保险股份有限公司克拉玛依中心支公司】 2021年，人保寿险克拉玛依中心公司共计实现规模保费业务收入22107.94万元，同比下滑5.71%。

（李云华）

【中国太平洋财产保险股份有限公司克拉玛依中心支公司】 2021年，中国太平洋财产保险股份有限公司克拉玛依中心支公司发展农业保险，成功投保克拉玛依市农业开发区、小拐乡棉花、玉米、奶牛等中央政策性财政补贴农业保险，拓展玉米期货保险项目。全年太平洋财产保险公司实现保费收入4856万元，已结赔案5934件，赔付金额共计2211万元，上缴税收188.9万元。

（赵金亮）

【中国太平洋人寿保险股份有限公司克拉玛依中心支公司】 2021年，中国太平洋人寿保险股份有限公司克拉玛依中心支公司实现保费收入56948.86万元，同比增长0.36%；受理理赔案件1456件，理赔赔付金额3951.38万元，申请—支付时效1.18天；缴纳印花税、增值税及附加税等各类税款合计307.95万元。

（廖文）

【泰康人寿保险公司克拉玛依中心支公司】 2021年，泰康人寿保险有限责任公司新疆克拉玛依中心支公司新单业务1537万元，续期保费8462.6万元，全年保费总收入突破9999.6万元（含续收），同比2020年总保费减少13.1%，克拉玛依市场寿险占有份额6.8%，寿险市场排名第三。全年累计理赔结案件数353件，客户出险赔付总金额300.9万元。

（张福安）

【天安财产保险股份有限公司克拉玛依中心支公司】 2021年，天安财产保险股份有限公司全年实现主营业务收入902.2万元、净利润14.85万元、纳税总额87.29万元、综合赔付率52.8%。

（蒋小芹）

证 券

【概况】 2021年，克拉玛依市辖区内有证券公司营业部7家，证券交易额887.3亿元。

（常晓旭）

【华融证券股份有限公司克拉玛依独山子证券营业部】 2021年，华融证券独山子营业部有客户25536户，同比增长19.64%，资产规模26.25亿元，股基市场份额0.038；双融余额1.13亿元，金融产品标准销售12.76亿元，营业收入1533万元。

（裴娟娟）

【海通证券股份有限公司克拉玛依准噶尔路证券营业部】 2021年，海通证券克拉玛依营业部客户总数约3.55万户，客户总资产14.5亿元，累计完成客户电话回访约1.9万人次（其中风险揭示类1.2万人次、业务介绍类0.5万人次、问候关怀类0.2万人次），全年实现交易量289.46亿元。

（谈芬）

【申万宏源西部证券有限公司克拉玛依准噶尔路证券营业部】 2021年，申万宏源西部证券有限公司克拉玛依准噶尔路证券营业部全年新增开户6566户，新增资产1.69亿元，实现A股和基金交易额333.90亿元。购入VTM智能柜员机方便客户自助办理业务。开展3场关于新三板挂牌、转板、科创板IPO、北交所上市的专业培训。全年通过线上、线下方式相结合，开展投资者培训近20场次，培训内容包括市场行情分析、理财产品介绍、公募基金产品配置、融资融券等内容，累计接受培训服务逾千人次。

（张利）

【申万宏源西部证券有限公司克拉玛依天山路证券营业部】 2021年，申万宏源西部证券有限公司克拉玛依天山路证券营业部新增开户7603户，引进资产较上年同比增长198%；全年A股交易同比增加125%。全年非现场交易客户服务频率有效提升，核心客户一对一服务覆盖率100%。运用短信息、QQ群、微信订阅号、视频讲座等方式普及证券投资知识、金融消费者权益保护知识、反洗钱知识以及打击非法证券活动宣传知识。

（何婷）

【华龙证券股份有限公司克拉玛依准噶尔路证券营业部】 2021年，华龙证券股份有限公司克拉玛依准噶尔路证券营业部客户总数26034户，客户总资产58113.71万元，融资融券余额1071.62万元。

（赵文斌）

【长江证券股份有限公司克拉玛依塔河路证券营业部】 2021年，长江证券克拉玛依营业部服务客户9000余名，较上年增加1000多名。全年证券交易额522683.83万元，同比增长172561.44万元；期货交易额51515.35万元，同比减少33241.55万元。

（朱文娟）

类金融机构

【概况】 2021年，克拉玛依市辖区内取得经营许可证的融资性担保机构3家，注册资本共计5.98亿元，全年担保业务发生额6.97亿元，较上年增长100.3%，年末融资担保责任余额7.44亿元，增长109.08%。小额贷款公司5家，注册资本共计7.08亿元，全年发放贷款6.2亿元，增长19.23%，年末贷款余额8.6亿元，增长1.8%。另有典当行2家，融资租赁公司2家，商业保理公司1家，交易场所1家。

（常晓旭　鲁帆）

【小额贷款公司】 2021年，克拉玛依市准予设立的小额贷款公司5家，其中国有独资、参股小额贷款公司3家，分别为克拉玛依市鑫盛小额贷款有限公司、克拉玛依市广盛小额贷款有限公司、克拉玛依市广盛小额贷款有限公司；民营小额贷款公司2家，分别为克拉玛依市豫商盈盛祥小额贷款有限公司、克拉玛依市鑫瑞小额贷款有限公司。截至年末，5家小额贷款公司注册资本共计70864.55万元，贷款余额共计79056.13万元。

（鲁帆）

【融资担保公司】 2021年，克拉玛依市准予设立的融资担保公司共3家，均为国有担保公司，分别为克拉玛依市中小企业融资担保有限公司、克拉玛依市聚力融资担保有限公司、克拉玛依城市普惠融资担保有限公司。截至年末，3

家融资担保公司注册资本共计 59800 万元，融资担保余额 59344.01 万元。

（鲁帆）

【典当公司】 2021 年，克拉玛依市共有典当公司 2 家，其中国有参股典当公司 1 家，为克拉玛依市鑫盛和典当有限责任公司；民营典当公司 1 家，为克拉玛依市嘉士缘典当有限责任公司。截至年末，2 家典当公司注册资本共计 2500 万元，典当余额 1123.45 万元。

（鲁帆）

【商业保理公司】 2021 年，克拉玛依市共有商业保理公司 1 家，为国有参股企业——昆仑天玺商业保理公司。截至年末，注册资本 11368.42 万元，保理业务余额 31353.06 万元。

（鲁帆）

【融资租赁公司】 2021 年，克拉玛依市共有融资租赁公司 2 家，其中国有控股企业 1 家，为新疆聚晟融资租赁有限公司；国有参股企业 1 家，为昆仑天玺融资租赁有限公司。截至年末，2 家融资租赁公司注册资本共计 30734.04 万元，租赁业务余额 23443.64。

（鲁帆）

【交易场所】 2021 年，克拉玛依市共有交易场所 1 家，为国有企业，新疆中亚商品交易中心股份有限公司，注册资本 1 亿元。截至年末，成品油交易业务已覆盖全疆 14 个地州，平台交易企业 303 家，2021 年交易额累计达到 128 亿元。

（鲁帆）

综　述

【概况】 2021，克拉玛依市拥有A级景区18个（国家级AAAAA级旅游景区1个，国家级AAAA级旅游景区3个，AAA级旅游景区13个，AA级旅游景区1个），星级酒店（饭店）5家（五星级1家、三星级4家）；有旅游企业101家，其中旅行社36家、星级饭店5家（五星级1家、三星级4家）、景区景点43家、“农家乐”13家、滑雪场4家。旅游业直接从业人员18405人。全年累计接待游客1120.5万人次，同比增长61.1%，实现旅游收入71.4亿元，同比增长94.2%。

（刘家伊）

【重点旅游项目】 2021年，克拉玛依全市在建、新建、储备文旅项目共计40项，其中在建项目18项，新建项目14项、储备项目8项。全年完成金龙湖基础设施建设、白杨河大峡谷景区基础设施、国际房车露营地和西部乌镇等重点项目建设，独库自驾车营地、云朵酒店等一批高品质酒店建设稳步推进。截至年末，已完成投资进度近23亿元。同时为扶持全市文化旅游业发展发展，向上争取扶持资金480万元，分别向世界魔鬼城景区、小拐乡乡村、一号井和两家4S级滑雪场给予了资金扶持。

（刘家伊）

【“十四五”规划编制】 2021年，克拉玛依市开展“十四五”文化和旅游发展规划编制工作。1月14日，邀请文旅部、新疆生态和地理研究所、中国文旅协会等一行7名专家到克开展文化旅游工作调研，召开“十四五”文化和旅游发展专项规划中期论证会；4月13日，召开“十四五”文化和旅游发展专项规划评审会，肯定“十四五”文化和旅游发展专项规划编制成果，提出修改意

5月1日投入试运营的乌尔禾国际房车露营地公园占地800亩，于2020年4月8日开工建设，有住宿营位298个　（庞博　摄）

见；5月中旬，完成“十四五”文化和旅游专项规划审核、报批程序；12月，专项规划编制完成。规划明确提出“十四五”期间全市文化旅游业发展建设目标：推进文化润疆工程，推进“旅游兴疆”战略；实现中华优秀传统文化有效传承；健全现代公共文化服务体系；文化产业实力和竞争力明显增强，文化产业产值逐年增长；打造克拉玛依市石油文化与时尚休闲旅游区，文化旅游品牌影响力显著提升；文旅融合进一步深入，文化和旅游产业质量效益显著提升。

（刘家伊）

【全域旅游示范区创建】 2021年，克拉玛依市推进创建自治区全域旅游示范区。2020年9月，在市辖克拉玛依区、乌尔禾区被命名为自治区全域旅游示范区创建单位后，启动全域旅游示范区创建工作。邀请国内拥有全域旅游创建经验专家和规划单位，协助做好创建工作，2021年10月，成功创建自治区全域旅游示范区。

（刘家伊）

【景区提质升级】 2021年，克拉玛依市推进精品景区打造，优化旅游景区服务质量，完善旅游景区基础设施，将黑油山景区和独山子大峡谷景区创建为国家AAAA级旅游景区。7月，黑油山景区面向游客免票。两家国家AAAA级旅游景区的成功创建，进一步提升旅游景区整体品质。

（刘家伊）

【旅游品牌创建】 2021年，克拉玛依市按照“十四五”文化和旅游发展专项规划重点任务目标要求，推进包括全国乡村旅游重点村创建和自治区级旅游休闲街区创建在内旅游品牌创建。截至年末，乌尔禾查干草村创建为第三批全国乡村旅游重点村，克拉玛依汇嘉滨河广场创建为自治区级旅游休闲街区，乌尔禾国际露营地创建为国家5C级自驾车旅居车营地。根据市旅游发展专项资金使用管理办法品牌创建扶持政策，全年累计对新创建A级旅游景区补助110万元。

（刘家伊）

文旅产业发展

【文旅招商】 2021年，克拉玛依市文体旅游局制定《2021年克拉玛依市文旅系统招商引资工作方案》，组织市、区两级文旅部门先后赴北京、上海、深圳、苏州、成都、西安、青岛等国内大中城市开展精准招商，对接携程集团、同程网、融创文旅、域上和美、陕西旅投等大型文旅企业40余家。全年储备招商引资项目21个，洽谈文旅项目44个，签约项目17个，引荐市外客商15个，落地到位资金17.8亿元。

（刘家伊）

【影视产业】 2021年，克拉玛依市先后引进主旋律城市专属剧《北纬45.6》、大型古装电视剧《沉香如屑》、电影《护宝生死恋》《爷俩》等5部影视

4月4日，游客在乌尔禾区原始部落影视城景区参观　（闵勇　摄）

剧以及《丈量新疆》《我疆全力奔向你》2个自驾旅行节目到克拉玛依市摄制，吸引影视投资近3亿元。截至年末，累计已有近50部影视剧在克拉玛依市拍摄，其中《大秦帝国》《莽荒纪》拍摄地经二次开发完善业态向旅游资源转化，成功创建为国家AAA级旅游景区，累计吸引游客近10万人次。

（刘家伊）

【研学旅游】 2021年，克拉玛依市出台《克拉玛依市培育研学产业实施方案》，在市文旅委设立专项工作组，明确宣传、发改、教育、文旅等20余个成员单位职责。经申报，世界魔鬼城景区获评第二批自治区研学基地。全市10余家研学机构、教育机构、旅行社设计开发红色油城、英雄之路、城市探秘以及自然观鸟、荒野博物、地质科考、定向运动、农业采摘等6大类14条研学线路产品，与中国青年报联合打造青少年社会实践教育微综艺“我‘疆’全速奔向你”,“开学第一课——胡杨精神”等直播活动，观看量达150万人次。组织中小学教师、“银发讲解员”、职业导游以及教育培训机构人员，由专家通过“理论教学+实操”培训方式，开展研学旅游指导与服务专项技能提升培训。井上书文化发展交流有限公司总经理黄娜，受聘为全国中小学生研学教育服务认证项目首批技术专家。

（刘家伊）

【特色产品开发】 2021年，克拉玛依市促进特色金丝玉、紫砂等文化创意产品发展，先后举办2届金丝玉“床交会”，吸引疆内外金丝玉爱好者和商户200余人参加，成交额超过400万元。与中国标准化协会文化产业委员会合作，制定金丝玉器鉴定评估标准，助力产业发展。截至年末，全市共有13家企业73件商品入选“新疆礼物”。

（刘家伊）

【旅游协会组织】 2021年3月，克拉玛依市自驾游与房车露营协会获批成立，先后在G219通车仪式克拉玛依分会场、“五一”期间组织开展相关活动。8月，在原克拉玛依金丝玉文化促进会注销后，克拉玛依市金丝玉发展协会获批成立，先后举办“床交会”等活动，参与金丝玉器鉴定评估团体标准制定。

（刘家伊）

旅游营销

【区域文化旅游协作】 2021年，克拉玛依市文体旅游局赴塔城、乌鲁木齐举办“克塔乌”宣传推介会，与塔城及乌鲁木齐等周边城市对接，通过旅游推介方式加强“克塔乌”区域文化旅游协作，整合优势旅游资源，推出精品旅游线路，共同打造丝路旅游品牌，推动区域各地旅游大发展。

（刘家伊）

【旅游推介】 2021年，克拉玛依市文体旅游局先后组织参加2021年新疆春季文化旅游资源对接会（线上线下）、上海市对口支援地区文化旅游产品博览会、自治区冬博会、国际旅交会等大型文旅展会，举办克拉玛依市文化旅游专场推介会，集中推介旅游线路产品及优惠政策、展出克拉玛依特色旅游商品，宣传推广克拉玛依特色文化旅游资源。组织全市文化旅游行业企业，赴苏州、西安、成都举办推介会，以路演形式宣传推介克拉玛依市各类特色文化旅游资源，向各地展示克拉玛依旅游品牌形象，推进各地旅游业内人士与旅游产品对接。先后在克拉玛依区、乌尔禾区举办2021“克拉玛依人游克拉玛依”秋冬旅游季系列活动启动仪式、2021中国G219旅游推广联盟第二届年会克拉玛依分会场活动，通过邀请G219沿线地州自驾游代表共同推介克拉玛依旅游资源、自驾线路，向各地游客展示宣传克拉玛依旅游形象。

（刘家伊）

【“中国旅游日”活动】 2021年5月16日，市文体旅游局及各区文体旅游局开展以“绿色发展·美好生活”克拉玛依2021“中国旅游日”为主题系列活动。全市各大景区、旅行社等旅游企业，近200名市民、游客参与活动启动仪式。累计发放相关宣传材料4000余份。各区设置分会场开展活动。

（刘家伊）

5月16日，克拉玛依市举办“2021中国旅游日系列活动”启动仪式

（闵勇　摄）

【重走独库公路活动】 2021年6月13日，由克拉玛依市委宣传部、市委组织部、市文体旅游局主办，独山子区人民政府承办的“传不朽红色精神　忆往昔峥嵘岁月　寻老兵红色足迹”党史学习教育主题活动在独山子举办。活动邀请40余位筑路老兵代表及亲属重走独库公路，祭奠缅怀当年战友，挖掘“红色油城，英雄之路”文化内涵，推进独库公路沿线全域旅游发展、形成特色主题线路、宣传“荒野之旅·独库有路”旅游品牌形象。

（刘家伊）

【宣传营销】 2021年，市文体旅游局开展旅游营销。来自中央电视台新闻频道、新疆电视台、兵团电视台、克拉玛依广播电视台等电视媒体；《人民日报》、新华社、中新社、《中国日报》等平面媒体；央视网、人民网、新华网、搜狐旅游、网易新闻、新浪网等网络媒体，品橙旅游、抖音、网易直播、旅游大V、微博红人等行业媒体和媒体人对克拉玛依市各类活动进行持续报道。截至年末，各类活动在新浪微博阅读量超过1000余万次，在各类直播间点击量已突破970余万次，在抖音平台小视频阅读量超1200余万次。

（刘家伊）

6月11日，在独库公路博物馆，荣誉加身的老兵们一边参观，一边回忆当年的经历

（努尔买买提·艾山　摄）

【智慧旅游】 2021年，克拉玛依市与携程集团签订智慧旅游项目合作协议，在携程平台中搭建克拉玛依官方星球号智慧文旅旗舰店，依托携程集团平台资源优势，聚合克拉玛依吃、

住、行、游、购、娱各类信息，整合全市酒店住宿、餐饮娱乐、景区门票、线路推荐、文创特产销售等文旅产品，为游客提供旅游咨询、行程预定、售后等服务，实现文旅信息资源营销推广，完善智慧旅游建设。

（刘家伊）

人才培养

【概况】 2021 年，克拉玛依市文体旅游局通过多种方式组织开展旅游业从业人员培训。组织参加第六期全疆文旅大讲堂，邀请全国文化旅游体育专家在全市开展文旅大讲堂 4 期，参训人员近 600 人次。组织赴内地培训班 2 期，参训人员近 60 人。参加自治区及市委、市政府组织专业技术人才培训班 8 期，参训人员 20 人。

（刘家伊）

【红色讲解员培训】 2021 年，克拉玛依市文体旅游局通过向自治区文旅厅争取，将全疆红色景区讲解员培训班放在克拉玛依市举办。培训班邀请到全国 6 位知名红色旅游专家进行授课，从多角度传授红色旅游讲解员应具备素质，来自全市 140 名讲解员和各地州市 80 名讲解员参加培训。

（刘家伊）

【红色旅游发展学术论坛】 2021 年，克拉玛依市举办红色旅游发展学术论坛，以打造党性教育基地、发展红色旅游现场教学点为目标开展学术研讨。中国军事科学院政治工作研究院副院长马卫防，中央党史和文献研究院专家邢济萍，新时代文旅研究院院长吴若山等 3 位红色旅游专家学者受邀发表建议。

（刘家伊）

【红色讲解员大赛】 2021 年，克拉玛依市举办“学‘四史’、颂党恩、‘永远跟党走’”暨“致敬国家丰碑”红色讲解员大赛，通过大赛激励和动员各族讲解员把爱党爱国爱社会主义情感转化为实际行动。大赛参赛选手 27 名，评选出优秀红色讲解员 12 人；同时评选出 11 名政务讲解员。

（刘家伊）

【特聘专家】 2021 年，市文体旅游局聘请中国社会科学院研究员戴学锋、上海河马动画设计股份有限公司董事长徐克、大连歌舞团国家二级舞蹈编导宋晓雪、国家体育总局体育社会学重点研究基地主任李建国 4 位专家作为特评专家。全年共举行调研座谈培训 4 次，对全市开展国家级文旅品牌创建、影视动漫专业人才培养、舞蹈作品编创水平提高起到推动作用。

（刘家伊）

旅游管理

【概况】 2021 年，克拉玛依市有文旅市场经营单位 99 家，其中：娱乐场所 29 家、网吧 15 家、特殊及高危体育场所 13 家、A 级景区 18 家、旅行社及分社（网点）36 家、滑雪滑冰场 4 家、文体场馆 25 家和文物保护单位 12 家。

（刘家伊）

【市场监管】 2021 年，克拉玛依市，通过改善旅游基础服务设施、提升旅游服务质量、建立健全保障机制等推进旅游市场回暖，取得显著成效。推进扫黑除恶、“扫黄打非”等专项行动。配合牵头部门开展“清源”“固边”“护苗”“净网”“秋风”5 个专项行动。联合市公安、市监、环保、区文体旅游局、区城市管理局等相关执法部门，实现线索通报，联合调查，分工明确，齐抓共管；全年出动执法人员 1454 人次，检查企业 594 家次，执法处罚案件 5 件。全年处理旅游投诉 14 件，处理率满意率均达 100%。

（刘家伊）

【先行赔付制度】 2021 年 10 月 25 日，克拉玛依市文化旅游产业发展领导小组暨市文旅委 2021 年度第二次会议审议通过并下发《克拉玛依市涉旅投诉先行赔付快速处理实施办法》（简称《办法》）。《办法》明确适用主体为辖区内旅行社、旅游景区、星级酒店等涉旅企业经营者，要求市级设立旅游诚信基金100万用于跨区域或跨地州旅游投诉先行赔付资金；按照“属地为主”原则，各区单独设立诚信基金，用于辖区内投诉赔付处理，单独核算、专款专用。市、区成立涉旅投诉先行赔付审核领导小组，组长由分管旅游工作副市长、副区长担任，成员单位由文体旅游、司法、交通、财政、公安、应急管理、市场监管、城市管理、卫健委和专业法律机构人员组成。负责对旅游服务质量先行赔付案件、资金进行审核，对影响较大或涉及资金较大的重大服务质量问题先行赔偿，由相关部门、鉴定评估专业机构参加处置、赔偿、审核工作。委托专业法律机构对涉及使用旅游诚信基金赔付预期未还的先行赔付资金进行追偿。《办法》对适用纠纷行为、办理程序、办理时限、办理主体、投诉转处罚案件界定、责任追究等作出明确规定，确保《办法》实用性、时效性和可操作性。市级设立基金100万元用于跨区域或权责无法明显界定案件。根据“属地为主”原则，克拉玛依区设立100万元，独山子区设立50万元，白碱滩区设立50万元，乌尔禾区设立100万元，用于辖区内先行赔付快速处理案件。市、区两级共设立400万元。

（刘家伊）

【旅游安全】 2021年，克拉玛依市按照《市文体旅游领域安全生产专项整治三年行动实施方案》安排部署开展检查。全年针对重点部位、重点环节、重点节点制定检查方案21份，开展安全生产检查1456人次，发现各类隐患512处，整改隐患512处，整改率100%。

（刘家伊）

综 述

【概况】2021年，克拉玛依市实现社会消费品零售总额113.3亿元，较上年增长18.5%，扣除价格因素，实际增长16.1%。按经营地统计，城镇消费品零售额112.6亿元，增长18.5%；乡村消费品零售额0.6亿元，增长16.9%。按消费类型统计，商品零售额103.3亿元，增长19.1%；餐饮收入额10.0亿元，增长12.4%。从销售商品分类看，在限额以上批发和零售业商品零售额中，金银珠宝类增长39.9%，石油及制品类增长38.0%，粮油、食品、饮料、烟酒类零售额增长25.4%，汽车类增长24.5%，服装、鞋帽、针纺织品类增长13.8%，书报杂志类增长10%，文化办公用品类增长5.9%，化妆品类增长3.7%，通信器材类增长2.7%；中西药品类下降0.9%，日用品类下降12.1%，家用电器和音像器材类下降14.9%。

（市统计局）

【服务业】2021年，克拉玛依市批发和零售业增加值13.5亿元，较上年增长6.9%；交通运输、仓储和邮政业增加值12.9亿元，增长18..6%；住宿和餐饮业增加值5.1亿元，增长8.6%；房地产业增加值25.8亿元，增长12.9%；其他服务业增加值114.6亿元，增长3.2%。全年规模以上服务业企业营业收入76.08亿元，较上年增长6.0%；利润总额1.62亿元，增长3.9倍。

（市统计局）

【二手车交易】2021年，克拉玛依市有8家二手车交易市场，其中克拉玛依区5家、白碱滩区2家、独山子区1家。克拉玛依市商务局每年定期对交易市场就安全生产、消防安全、汽车是否明码标价、加价销售、强制搭售、违规限制经销商经营等违法违规行为进行监督检查。截至年末，克拉玛依市8家二手车交易市场交易量共计2.8亿元。

（市商务局）

【再生资源回收利用】2021年，克拉玛依市仅有克拉玛依市益佳得再生资源回收利用有限公司1家报废汽车回收企业。克拉玛依市商务局定期对其就贮存和处理废旧蓄电池、废机油、废制冷液等危险废弃物的处理、消防安全达标情况、环境评价手续是否齐全等方面进行监督检查。截至年末，克拉玛依市益佳得再生资源回收利用有限公司报废车拆解量为2210辆。

（市商务局）

【拍卖行业监管】2021年，克拉玛依市有7家企业经营拍卖业务。市商务局按照《拍卖管理办法》有关规定，做好全市7家拍卖企业的年审和“拍卖经营批准证书”的变更，换证、注销和日常监管工作，规范拍卖市场。截至年末，全市7家拍卖企业共举办拍卖会73场，拍卖成交额约1.25亿元。

（市商务局）

【成品油市场监管】 2021年，克拉玛依市商务局做好新建加油站成品油零售经营资格的初审和“成品油零售批准证书”的变更，换证、注销和日常监管工作，规范成品油经营行为，维护成品油市场秩序。截至年末，全市新备案加油站3座，全市加油站实现销售收入约15.2亿元。

（市商务局）

【烟草专卖管理】 2021年，克拉玛依市全年开通新零售系统234户，开通聚合支付业务112户。截至年末，共有烟草零售户2463户，全年销售卷烟8.78亿支，实现税利8545.34万元。全年查处涉烟违法案件174起，涉案卷烟40.38万支。

（王倩）

【行业安全监管】 2021年，克拉玛依市按照辖区政府属地管理责任、行业部门监管责任、企业安全生产主体责任和安全生产分级分类监管责任的原则，制定商贸流通领域安全生产联合检查机制。不定期对各成员单位和各区政府商贸流通领域履职尽责情况开展共同进行督促检查。截至年末，市区两级商务部门已累计检查商贸流通企业400余家次，发现安全隐患180余处，所有隐患基本整改到位。

（市商务局）

【市场运行监测】 2021年，克拉玛依市商务局按照“准确监测、深入分析、科学预测、及时反映、当好参谋”的工作思路，推进市场运行监测工作。通过监测8家重点商超、2家农产品批发市场，对市场变化情况进行深度分析，全面了解消费品市场动态。全年重大节假日黄金周期间的市场运行监测工作，收集重点监测企业节日期间的价格走势、销售额、销售特点、食品安全、客流量和顾客投诉等情况，及时了解和反映全市消费品市场波动情况，分析和查处可能存在的问题，保障市场供应稳定运行。

（市商务局）

粮油购销

【粮食收购】 2021年，克拉玛依市做好夏粮收购各项工作。支持引导企业筹措贷款资金，落实收购贷款4300余万元。完成2021年全市夏粮收购轮换补库任务12500吨。

（钟芳）

【粮油储备】 2021年，克拉玛依市落实成品粮储备任务，完成建储市区级储备成品粮油2250吨规模，确保全市储备规模达到当地城镇人口和农村需购买口粮人口15天的市场供应量。

（钟芳）

【粮食应急保障】 2021年，克拉玛依市做好粮食应急保障工作，建立健全粮食应急供应网

10月31日，在市区一家早餐店内，服务人员正替消费者端取早餐菜品

（刘哲　摄）

络，确保每个乡镇、街道至少有1个粮食应急供应网点，每个社区、村有1个便民服务店。开展粮油信息监测工作，做好市场信息跟踪调研。

（钟芳）

【粮食安全检查】 2021年，克拉玛依市开展粮食库存专项清查、跨区域交叉执法检查、粮食安全隐患“大排查、快整治、严执法”集中行动、“12325”举报热线督查。开展储粮安全和安全生产检查，开展冬春季火灾防控专项检查和安全隐患排查、粮食收储企业节日期间安全保卫及粮油市场产品质量和价格监测，确保市场粮源充裕、品种齐全，供应不断档、不脱销。

（钟芳）

供销合作

【概况】 2021年，克拉玛依市供销社资产管理中心对外投资全资企业1家：乌尔禾基层供销合作社；控股企业1家：供联商贸有限责任公司；参股企业6家：助农供销有限责任公司、协农供销有限责任公司、联农烟花爆竹有限责任公司、农兴农业生产资料有限责任公司、柏强商贸有限责任公司、小拐乡和谐村供销社。截至年末，市供销社企业实现销售总额10265万元，资产总额6822.81万元，所有者权益6341.76万元，上缴税费115.78万元，社会贡献总额610.9万元。

（李雪）

【供销社控股企业资产运营】 2021年，克拉玛依市供销社控股企业供联商贸有限责任公司全年实现各项收入736万元，各项费用669万元，利润总额71万元。

（李雪）

【农资购销】 2021年，克拉玛依市供销社参股企业联农烟花爆竹有限责任公司实现农资销售额255.91万元，购进农药3130千克、化肥570吨。

（李雪）

【供销基层社建设】 2021年，克拉玛依市供销社资产管理中心共计投入100余万元，为乌尔禾基层社在乌尔禾区购置商铺，开立供销超市，服务城镇居民。

（李雪）

【畅通城乡供销体系】 2021年，市供销社围绕畅通城乡供销体系，建立“产、供、销”为一体产业链，带动农民专业合作社健康发展。支持永丰果蔬合作社在原有100座大棚基础上，投资300多万元新建50亩联栋大棚和高标准节能日光温棚；培育各类蔬菜幼苗近450万株，为农业开发区及周边部分菜农种植提供保障；全年种植各类蔬菜、瓜果87棚保障市场供应。投资540万元新建600吨果蔬气调库，对1000吨保鲜库进行改造，增强果蔬仓储能力；通过气调保鲜贮存，延长果蔬上市期、保鲜期，增强反季节供应能力，增加农民收益。支持山牧养殖合作社（和谐村供销社）引进适合本地自然气候环境、发展前景良好的优质杜泊种羊进行品种改良；同时种植青贮玉米、苜蓿等高效优质牧草600亩，为养殖做好饲料保障。

【“供销惠民直销店”建设】 2021年，克拉玛依市供销社建设“供销惠民直销店”和综合服务社，发挥供销系统保供作用，满足城乡居民对农副产品和日用品消费需求。截至年末，已建立“供销惠民直销店”和综合服务社6个，实现销售收入349万元。

（李雪）

【参与乡村“白色污染”治理】 2021年，由市供销社供联公司投资100万元，与小拐乡金沐源公司、建辉农业科技有限公司三方合作，投资成立日昇环保科技有限责任公司，回收废旧滴灌带并加工再生产。截至年末，每年可生产加工滴灌带24480卷、6120万米，实现总产值525.6万元。

（李雪）

房地产业

【概况】 2021年，克拉玛依市全年房地产开发完成投资36.0亿元，较上年增长42.0%，其中：住宅投资增长48.4%；办公楼投资增长179.4%；商业营业用房投资增长49.5%。房屋施工面积408.3万平方米，增长11.1%，其中：住宅施工面积277.4万平方米，增长5.6%。房屋竣工面积12.8万平方米，下降37.2%，其中：住宅竣工面积9.4万平方米，下降50.5%。商品房销售面积47.8万平方米，增长83.9%，其中：住宅销售面积39.9万平方米，增长73.4%。

（市统计局）

【在建房地产项目】 2021年，克拉玛依市全年共有44个房地产开发项目，建筑面积369.8万平方米；核发“商品房预售许可证”33个，同比增长50%；批准预售许可110.6万平方米、11221套，同比增长118%、145%；全市存量商品房面积约为81.31万平方米，同比下降20%。化解完成房地产领域逾期交房项目信访突出矛盾6件，保障市民合法权益。

（马杰）

8月4日，克拉玛依市区新建项目——博爱雅居及商业街项目在施工中
（闵勇　摄）

【房产交易】 2021年，克拉玛依市全年办理房产交易手续31172宗，交易面积462.62万平方米，交易金额105.23亿元。房产交易量同比增长46.04%，其中新建房销售量、销售面积分别增长59.56%、64.04%；二手房成交量、成交面积分别增长48.14%、57.46%。

（马杰）

【保障性住房建设】 2021年，克拉玛依市加大公租房建设力度，增加保障性住房供给，抓好公租房分配管理，全年启动建设650套公租房。截至年底，已累计投入使用公租房4275套，新建交付公租房99套，公租房分配入住率稳定在90%以上。向79户低保住房困难家庭发放住房租赁补贴36.52万元，通过实物配租和发放租赁补贴，实现全市低保住房困难家庭应保尽保，100%享受住房保障；尝试开展保障性租赁住房筹建工作，引导明旭置业、中益泰投资公司在永安小区和鼎升嘉园开发建设516套青年公寓，解决新市民、青年人等无房人群周转性住房需求。

（马杰）

【房地产市场监管与服务】 2021年，克拉玛依市住建局联合公安、市场等8部门联合印发《关于开展整治规范房地产市场秩序三年行动方案》，通过规范房地产开发和房产交易行为，实现新建商品住宅和二手房销售价格波动幅度不超过10%的工作目标，房地产市场平稳健康发展。

（马杰）

【物业管理】 2021年，克拉

玛依市制定下发《克拉玛依市住宅物业服务质量考评管理暂行办法》，落实《克拉玛依市强化党建引领提升物业服务质量的指导意见》要求，按照“以质论价、质价相符”原则逐步提高对物业服务质量和市场秩序监督管理水平。截至年底，全市共有 30 家物业服务企业成立党组织，成立率 48%，146 个业主委员会成立功能性党组织，成立率 87%，业主委员会成立率 100%，158 个业主委员会实现与社区交叉任职，71 个物业服务项目实现社区与物业服务企业工作人员交叉任职，全年通过“三方联动”机制解决物业纠纷 2200 余件。

（马杰）

邮政业

【概况】 2021 年，克拉玛依市全市有快递业务经营许可企业及备案登记快递企业及分支机构 60 家，包括中国邮政、顺丰、京东、申通、圆通、韵达、中通、德邦、极兔、袋鼠、中铁 11 个品牌快递企业入驻。

（吴梦洁）

【快递服务业业务量】 2021 年，克拉玛依市快递服务企业业务量完成 212.35 万件，增长 26.13%。快递业务投递量 1876.34 万件，增长 27.06%。

3月20日，一位市民在克拉玛依区绿色康城吉祥苑社区智能快递柜前刷身份证取快递 （戴旭虎 摄）

全年快递业务收入 7914.56 万元，增长 26.91%。

（吴梦洁）

【邮政业务】 2021 年，克拉玛依市共有邮政营业网点 34 个，邮政行业业务收入（不包括邮政储蓄银行直接营业收入）累计完成 1.53 亿元，同比上升 11.46%；业务总量完成 1.32 亿元，同比上升 16.67%。

（吴梦洁）

【快递市场监管】 2021 年，克拉玛依市邮政管理局加大市场监管力度，加强与市工信局、市烟草专卖局、市交通局等部门协作配合，建立信息沟通机制，加大对无证经营、超范围经营快递业务查处力度。截至年末，完成 3 家法人企业许可延续、130 个快递末端网点备案审核工作。

（吴梦洁）

【行业管理】 2021 年，克拉玛依市邮政快递企业共配备 X 光安检机 87 台，其中邮政企业 36 台，快递企业 51 台，安检机已实现邮件快件分拣处理中心、邮政快递营业网点全覆盖。克拉玛依市邮政管理局加强与市公安局、国家安全局等部门合作，督导邮政企业、各快递企业严格执行“收寄验视、实名登记、过机安检”三项制度。开展联合执法检查，做好重大节假日、全国两会期间、建党 100 周年等重要时间节点寄递渠道安保工作，保障辖区寄递渠道安全畅通。

（吴梦洁）

【行政执法】 2021 年，克拉玛依市邮政管理局组织召开寄递企业安全生产教育培训及安全工作动员部署会议 11 场次，开展快递市场执法检查 81 次，出动执法人174人次，检查邮政、快递企业网点及分拨中心348家次。检查中，发现并整改企业安全生产隐患49处，下达整改通知书18份；打击辖区内违法违规经营快递业务行为，规范快递市场秩序，全年立案调查1起，处罚金额0.5万元。

（吴梦洁）

【普遍服务审批管理】 2021年，克拉玛依市邮政管理局依法开展普遍服务行政审批和备案管理工作，全年开展普遍服务行政执法检查20次，对克拉玛依市34个邮政普遍服务网点开展2轮全覆盖监督检查。

（吴梦洁）

【邮政业消费者权益保障】 2021年，克拉玛依市邮政管理局通过国家邮政局申诉网站、克拉玛依市政府12345热线、市邮政业申诉电话等方式共受理消费者申诉案件246起，经调解已结案246起，未结案0起，累计为消费者挽回经济损失2.44万元。

（吴梦洁）

农业农村

综 述

【组织领导】 2021年，克拉玛依市成立由市委书记、市长担任双组长的市委农村工作领导小组暨乡村振兴领导小组，在领导小组领导下，成立产业振兴、人才振兴、文化振兴、生态振兴、组织振兴、乡村治理、乡村建设、就业增收、巩固拓展脱贫攻坚成果、农村改革创新、投入保障和作风保障等12个专项组；市委农村工作领导小组暨乡村振兴领导小组办公室主任由副市长袁新洋兼任，常务副主任由市农业农村局（乡村振兴局）党组书记孙志刚兼任，副主任由市农业农村局（乡村振兴局）局长李彦兼任。市区两级四套班子及各成员单位理论学习中心组全面学习了习近平总书记关于“三农”工作重要论述和中央、自治区党委有关文件精神，市委常委会2021年学习研究乡村振兴相关议题17项，市人民政府党组会学习研究乡村振兴相关议题20项，召开了克拉玛依市现代农业高质量发展专题会议，市委农村工作领导小组暨乡村振兴领导小组共召开领导小组会议4次。市委书记、市长亲自督办，市委书记、市长、组织部长及各分管领导任期内均实现区、乡、村“三个走遍”，对每个行政村进行了全覆盖的调研指导，建立了市委主要领导督办大表，实行区委书记、市委书记双签字，全面压实各级书记责任，党委总揽全局、协调各方的作用充分发挥，党领导“三农”工作的组织体系、责任体系、政策体系、制度体系和工作机制全面健全。

（张玉静）

【机构改革】 2021年6月，克拉玛依市乡村振兴局成立，在市农业农村局（畜牧兽医局）挂牌，主要负责巩固拓展脱贫攻坚成果、统筹推进实施乡村振兴战略有关具体工作，原市民政局承担扶贫开发工作职能，划入市农业农村局（乡村振兴局、畜牧兽医局），市、区、乡、村四级乡村振兴机构全面完成挂牌，实现机构到位、编制到位、人员到位。市农牧业科学技术推广中心更名为市乡村振兴服务中心（农牧业科学技术推广中心），增加协助市农业农村局（乡村振兴局、畜牧兽医局）开展乡村振兴工作相关职能，增设扶贫成果巩固科、乡村建设科、督导考核科；调整后市乡村振兴服务中心（农牧业科学技术推广中心）为市农业农村局（乡村振兴局、畜牧兽医局）管理事业单位，机构规格相当副处级。市农业机械化发展中心（大型工程机械设备和车辆监控中心）更名为市乡村振兴监测评估中心（农业机械化发展中心、大型工程机械设备和车辆监控中心），调整后市乡村振兴监测评估中心（农业机械化发展中心、大型工程机械设备和车辆监控中心）为市农业农村局（乡村振兴局、畜牧兽医局）管理事业单位，机构规格相当于科级。按照克拉玛依市政府统一规划，克拉玛依市农产品质量安全检测中心由克拉玛依区银河路71号搬迁至克拉玛依区滨河北路100号。

（张玉静）

【畜牧业】 2021年，克拉玛依全市牲畜年末存栏12.03万头（只），本年出栏13.85万头（只），同比增长分别为0.58%和50.08%；猪牛羊肉类产量8300吨，同比增长25.14%。牛年末存栏1.36万头，年出栏0.64万头；羊年末存栏4.75万只，年出栏5.71万只；猪年末存栏5.92万头，年出栏7.50万头。

（张玉静）

【种植业】 2021年，克拉玛依全市农作物种植总面积27.69万亩，粮、棉、经、饲比为2.3：4.8：1.2：1.7。按照稳粮扩菜发展要求，优化种植业结构，提升粮食作物和蔬菜作物规模和产量。落实耕地地力补贴等惠农资金，推动玉米无膜种植技术，减少土壤污染。

（张玉静）

【国有牧场改革】 持续深化国有牧场企业化、集团化、股权多元化改革，进一步明晰国有资产权属关系，加快资源资产整合、产业优化升级，积极培育规模化经营主体。2021年，结合克拉玛依实际，有力推进克拉玛依市国有牧场、小拐国营牧场、独山子国营牧场改革工作，分别成立了克拉玛依融汇牧业有限责任公司、克拉玛依润牧源牧业有限公司、独山子绿丰农牧发展有限公司，隶属市、区国有资产监督管理委员会管理。

（张玉静）

10月19日，市农业综合开发区的稻田里，一台收割机在收割有机旱稻 （田国建 摄）

【基层农技推广】 2021年，克拉玛依市落实自治区党委“万名农业科技人才服务乡村振兴行动”，构建市、区、乡镇、村四级农牧业科学技术推广体系并组织运行。组织实施基层农技推广体系改革与建设项目，建设玉米病虫害绿色防控科技示范基地和设施农业蔬菜生产机械化科技示范基地，培育6个示范主体。与沈阳农业大学院士团队合作建成2座新型节能日光温室并投用1座。开展网室栽培技术试验，试验面积20亩，种植数种叶菜，60目绿色防虫网起到防虫、遮阳、保墒、延长生产时间的效果。

（张玉静）

【农业产业化建设】 2021年，克拉玛依市农业农村领域招商引资到位资金8.8亿元，比上一年度增长56%，完成全年任务的125.7%，被评为全市招商引资先进单位。编制完成《克拉玛依市农业农村现代化发展“十四五”规划》，为推动克拉玛依市农业现代化发展，加快实施乡村振兴战略提供指南。克拉玛依绿成农业开发有限责任公司被认定为国家级农业产业化重点龙头企业，克拉玛依瑞恒畜牧开发有限责任公

7月19日，克拉玛依区小拐乡小拐村“玛依姑娘”民宿区，游客在民宿小院中的泳池畅游、纳凉　（闵勇　摄）

司被认定为自治区级农业产业化重点龙头企业。组织涉农企业参加首届新疆镶产业天津推介会暨特色农产品交易会、第二十四届中国农产品加工业投资贸易洽谈会、克拉玛依首届新疆名优特农产品展销会等疆内外农产品展销会。绿成公司田园纯牛奶、红果实公司食用植物油、腾飞公司小麦粉、八品香公司原味瓜子、乌尔禾区绿源公司牛羊肉5个产品被列入新疆农业好产品名录。克拉玛依市富民农工商实业总公司（小拐乡玛依姑娘休闲农庄）获得2021年新疆休闲农业精品农庄（园）称号，乌尔禾区乌尔禾镇查干草村被列为2021年中国美丽休闲乡村名单，小拐乡“天马行空、看见芬芳”乡村旅游线路、乌尔禾特色小镇乡村旅游线路、农业综合开发区古海公园旅游线路被推介为2021年中国美丽乡村休闲旅游行（春、夏季）精品景点线。小拐玛依姑娘休闲旅游扩容，乌尔禾“西部乌镇”逐步投入使用，共有民宿床位8000多张。

（张玉静）

【“菜篮子”工程】 2021年，克拉玛依市持续做好“菜篮子”工程建设和稳产保供工作。全年全市蔬菜生产7750亩，产量2.6万吨；饲草料作物面积在4.5万亩以上。全市牛奶产量1.99万吨。全市禽蛋产量0.24万吨，水产品产量0.09万吨、同比增长32.79%，均超过自治区划定的前五年产量平均值95%考核目标。

（张玉静）

【渔政管理】 2021年，克拉玛依市组织开展渔业船舶安全专项整治三年行动、中国渔业“亮剑”系列专项执法行动，排查安全隐患，组织案例警示和应急演练，落实“渔业船舶安全”监督责任，彻底治理“三无”船舶（无船名船号、无船舶证书、无船籍港的船舶）问题，保障渔业安全协调发展。

（张玉静）

8月12日，驻九公里社区“访惠聚”工作队队员帮社区居民摘黄瓜　（孙宝安　摄）

【农业生态环境与耕地质量保护】 2021年，克拉玛依市组织力量配合农作物、畜禽、水产种质资源普查，已完成第一阶段基本情况普查工作。划定7个耕地质量长期监测点，其中省级点位1个，地州级点位1个，县区级点位5个。对74个耕地质量监测点位进行全方位质量监测，开展1个化肥利用率试验。对2019年和2020年耕地质量监测情况进行对比分析，评价出2021年全市耕地质量提高0.03个等级。全市地下水位布局、理化状况进行监测。宣传《自治区农田地膜管理条例》，推动耕地“减膜化、非膜化”，落实“谁使用，谁回收；谁污染、谁治理”责任要求，推动地膜回收厂建设。开展有机肥积造技术培训，促进粪污资源化利用，提升耕地地力。

（张玉静）

【农牧民技能培训与科技人才培养】 2021年，克拉玛依市在自治区选派一名首席专家基础上，优选出10名市级农业专家，20名区级农业科技人才，组建“万名农业科技人员服务乡村振兴克拉玛依行动”团队，命名2个农业科技服务特色工作室，整合冬季攻势、三下乡、专家下基层行动，面向全市农牧民开展农作物病虫害、测土配方、有机肥积造、蔬菜种植等培训，累计培训10场260余人次，实现全市农业农村全覆盖。组织全市农业科技人员参加远程教育培训班13期、农技骨干培训班5期、研修班2期及专项人才提升班5期共25期，累计培训381人次。

（张玉静）

农产品质量管理

【概况】 2021年，克拉玛依市定量检测抽检蔬菜、食用菌719个批次，快速检测蔬菜10723批次，合格率100%。畜产品快速检测9466批次，合格率100%。农产品检测中心参加自治区农业农村厅组织农产品中有机磷（乐果、甲基异柳磷等）残留检测能力验证工作，考核结果为合格。

（张玉静）

【畜禽集中强制免疫】 2021年，克拉玛依市全年无重大动物疫情发生。依托畜禽防疫检疫无纸化平台、动物检疫电子出证系统、新型检疫标识（牛羊禽卡环），提升动物防疫检疫监管水平。组织落实春秋两季畜禽集中强制免疫，累计免疫90.64万头只羽次。

（张玉静）

【检疫净化防控】 2021年，克拉玛依市落实人畜共患疫病检疫净化防控，全市共计监测29818份血清，对检出的89头（只）布病阳性畜全部扑杀无害化处理。全年产地检疫畜禽26.19万头只、屠宰检疫畜禽16.24万头只、养殖及屠宰环节无害化处理病死动物1.77万头只羽。全年组织非洲猪瘟监测2040份均为阴性。

（张玉静）

【植物病虫鼠害监测与防治】 2021年，克拉玛依市累计发布病虫害监测预报预警信息22期，探索“互联网+病虫害监测”模式，推广“慧植农当家”App应用，试点建设“农业智慧医院”。

（张玉静）

水利建设

【水利工程与规划】 2021年，风城水库至三坪水库输水管道工程于2021年6月主体全线贯通，附属电气和通信仪表完工；克拉玛依市西部防洪系统蓄洪工程于2021年6月完工，7月首次发挥削峰滞洪作用，工程防洪效益明显；阿依库勒水库入库能力提升改造工程于2021年10月开工建设。克拉玛依市水利发展“十四五”专项规划于2021年10月通过市十四届人民政府第51次常务会议审议，11月批复实施；克拉玛依市规划的两项重点水利工程项目均纳入新疆“十四五”水安全保障规划，其中克拉玛依二期工程于2021年11月完成可研招标。

（马兰）

【农田水利建设】 2021年市水务局积极向自治区水利厅争取《克拉玛依市乌尔禾区中型灌区续建配套与节水改造项目》，项目总投资为534.51万元，其中申请中央财政资金400万元。项目已于4月下旬开工建设，11月底完成建设任务。完成2021年度全市农田灌溉水利用系数测算工作。

（马兰）

【水土保持】 2021年，克拉玛依市做好水土保持实施方案审批和水土保持补偿费征收工作，全年全市共审批建设项目水土保持方案220项，征收水土保持补偿费合计1486.01万元。

（马兰）

【水利安全】 2021年，克拉玛依市健全完善《水库大坝安全检查制度》《水库抢险应急预案》《水库调度运用方案》《水库监测预警方案》，要求各水库责任单位严格执行经批准的运行调度规程（方案）。开展水利安全生产三年整治集中攻坚战，对水库安全运行管理、防汛安全、水利工程施工安全进行专项治理，落实安全生产责任制，把安全生产纳入年度目标考核，全年共开展检查99次，排查出问题隐患89项，全部监督整改完成，整改率100%，保障全市水利安全生产持续稳定。

（马兰）

【水利工程质量监督】 2021年，克拉玛依市新开工建设水利工程项目2个，克拉玛依市乌尔禾中型灌区续建配套与节水改造项目和阿依库勒水库入库能力提升改造工程。续建水利工程项目2个，风城水库至三坪水库输水管道工程和克拉玛依市西部防洪系统蓄滞洪工程。对在建水利工程施行监督全覆盖，质量检测抽检4次，抽样12个批次53个样，合格率100%。

（马兰）

农机管理

【概况】 2021年，克拉玛依市农用拖拉机拥有量616台，各种农具拥有量3700台架，常年在克拉玛依市作业外来拖拉机700余台；全市拖拉机驾驶员735人。

（张玉静）

【大型工程机械管理】 2021年，克拉玛依市已注册挂牌大型工程机械设备2947辆。审核操作人员2349人，其中少数民族238人。

（张玉静）

【农机购置补贴】 2021年，克拉玛依市获得中央农机购置补贴资金206.286万元，带动农业生产经营组织和农民投入928.22万元，补贴购置各类农机具52台，直接受益农户33户。

（张玉静）

乡村振兴

【概况】 2021年，克拉玛依市共有2个乡镇、5个行政村，乡村人口889户2522人。截至年末，全市农民人均可支配收入34043元，增长8.5%，乌尔禾区乌尔禾镇查干草村被文旅部和国家发改委评为全国乡村旅游重点村，查干草村被国家农业农村部评为中国美丽休闲乡村，乌尔禾镇哈克村被农业农村部评为全国乡村治理示范村；克拉玛依区小拐乡和谐村被国家和自治区司法、民政部门评为全国和自治区民主法治示范村。

【重点工程】 2021年，克拉玛依市实施乡村振兴“十个重点工程”，推进乡村产业、人才、文化、生态、组织振兴，全市农业农村呈现出社会大局稳定、经济发展提效、生态环境优化、民生持续改善良好态势。编制《克拉玛依市农业农村产业发展空间规划》，加大农村招商引资，吸引社会投资

2.9 亿元建设畜牧养殖、乡村旅游等产业项目。

【示范创建】 2021 年，克拉玛依市开展乡村振兴示范创建工作，乌尔禾区、乌尔禾镇分别被评为自治区乡村振兴示范县、示范乡（镇），全市 5 个行政村均被评为自治区乡村振兴重点示范村。

（张玉静）

【乡村环境整治】 2021 年，克拉玛依市印发《克拉玛依市打造新时代城市更新和乡村建设行动示范样板实施方案》，对照《自治区小城镇环境整治示范、美丽宜居村庄示范指导性要求》，指导克拉玛依区小拐乡和谐村成功申报成为自治区级美丽宜居示范村，指导乌尔禾区乌尔禾镇成功申报自治区小城镇环境整治示范镇，推进美丽乡村建设。

（马杰）

【农村改革】 2021 年，克拉玛依市完成 2020 年度农村集体资产清查，全市共清查村集体资源性资产 59512.51 亩；经营性资产 5000970.78 元，非经营性资产 66321635.92 元。完成农村集体产权制度改革，全市 5 个村均成立集体经济组织，共认定集体经济组织成员 2107 人，颁发股权证书 752 本（以户为单位）。利用乡村振兴资金盘活农村资源，企业化运营村集体资产，引导村集体经济组织投资规模化养殖、建材加工、乡村旅游等项目，2021 年全市村集体经营性收入达到 5480 万元，同比增长 110%。

（张玉静）

8月22日，乌尔禾区万亩海棠林一角，从高空俯瞰，由绿植、花卉栽种而成的“乡村振兴”四个大字跃然大地之上 （闵勇　摄）

【乡村建设】 2021 年，克拉玛依市实施村庄清洁行动、农村“厕所革命”、垃圾治理、村容村貌提升。全年小拐乡、乌尔禾镇累计清理生活垃圾 734 吨、村内淤泥 54 吨、村内沟渠 18.9 公里、畜禽养殖粪污等农业生产废弃物 80 吨。按照自治区统一安排部署，开展农村户厕摸排工作，累计摸排 750 户 769 个厕所（其中：克拉玛依区 3 个行政村、1 个国营牧场共计 487 户 435 厕，乌尔禾区 2 个行政村共计 263 户 334 厕），已实现水、电、气、光纤、水冲厕所、道路硬化全覆盖。

（张玉静）

经贸合作

招商引资

【概况】2021年，克拉玛依市全年招商引资项目760个，其中往年结转项目141个，新建项目619个，到位资金280.79亿元，比上年增长76.03%。全市上下齐心协力克服疫情等多种不利因素影响，招商引资工作实现多项突破。全年累计洽谈项目2013个，同比增长170.2%；市、区两级签约项目375个，同比增长357.32%；落实在建项目760个，同比增长128.92%，实现招商引资到位资金280.79亿元，超额完成40.79亿元，同比增长76.03%。落实招商引资区外到位资金217.57亿元，同比增长134.67%，在全疆总量排名第七，增速第二。全市四区一园均较好地完成了全年任务，其中克拉玛依区到位资金贡献率最大，占比51.00%；独山子区增速最快，同比增长95.60%；白碱滩区新建项目开工率78.95%，全市最高；乌尔禾区到位资金目标任务完成率144.05%，全市排名第一；云计算产业园数字信息产业强链补链成效显著，打造出面向中亚的“丝绸之路经济带影视动漫渲染基地”。

（市商务局投资促进部）

【市四套班子招商】2021年，克拉玛依市推动组织市四套班子领导参与招商工作，市四套班子领导牵头带队的小分队招商66批次，接待来访企业座谈交流583次，主动接洽华为、中核、中植等一批头部和集群带动效应突出企业，成功推动扬州普利特、芯团科技、达通路畅等一批重点项目落地。全年召集招商项目通报会46次，招商专题推进会4场次，先后将5个招商项目列入全市重大项目专班。

（市商务局投资促进部）

【主责部门招商】2021年，克拉玛依市统筹协调全市37家招商主责部门累计对接洽谈

10月，克拉玛依（上海）招商引资推介会在上海举办（高小军　摄）

企业1082次，实现签约项目92个，完成项目储备编制215个，引荐市外来访客商419个；指导七大投贸中心发挥招商前沿优势，引荐客商访克535次，考察洽谈招商引资项目2071批次，并促成140个项目落地建设；推动28家协同部门踊跃参与、实践尝试，累计接洽企业151次，营造氛围转发信息超3万条。

（市商务局投资促进部）

4月8日，新疆油田公司应急抢险救援中心员工在哈萨克斯坦肯基亚克盐上油田，对水处理装置取样管线仪表进行检查

（阿衣木哈买提·哈力　摄）

【招商机制建设】 2021年，克拉玛依市出台13项制度机制和规定办法引导鼓励各阶层参与招商引资。组织专题推介会5场，组织130余名代表赴外参加展会8批次，现场签约项目15个，签约金额达167.96亿元。共引进浪潮、上海均和等5家百强企业在克拉玛依市投资兴业，另有南方阻燃电缆、碳和水冷数据中心、晶品硅基产业园等10余个强链补链项目开工建设。以周为单位开展跟踪督查，下发通报41期，点成效、剖现状、指问题、提建议，保持项目动态跟踪，强化运行检测。举行各类招商项目调度25场次，形成督查大表、跟进反馈，形成工作闭环。推动指导市城投公司成立了领航创投招商服务公司，陆续为105家企业提供127批次后勤保障。加强能力素质培训和宣传推介，组织各类培训42场次，发布相关招商信息635篇，阅读量突破14万人次，转发分享1.6万次，产业投资促进平台累计点击量超70万次。

（市商务局投资促进部）

【筹备第六届石油装备展】 2021年，克拉玛依市启动第六届中国（克拉玛依）国际石油天然气及石化技术装备展览会筹备工作。展会各类主题活动和展商类型、数量、规模较上届明显提升，报名参展企业达370余家，拟举办技术交流、产品发布等论坛活动5场以上，拟签约项目达110余个，意向签约金额达200亿元。受新冠肺炎疫情影响，经报请中国国际商会同意，展会延期适时举办。

（市商务局会展经济交流部）

【赴外参展】 2021年，克拉玛依市陆续组织各区、各相关部门及本地企业成立克拉玛依代表团，参加消博会、进博会、服贸会、丝博会、亚博会、投洽会、西博会等国家、地区及行业重要展会。加强与发达地区交流、交往、交融，借助展会平台做好城市宣传和项目推介，协助本地企业开拓市场。全年共组织50余家企业130余名代表赴外参加展会8个，参加专场和主题推介活动3次，现场签约项目15个，签约金额达167.96亿元，接洽招商引资目标企业30余家。

（市商务局会展经济交流部）

外经外贸

【概况】 2021年，克拉玛依市外贸进出口额3.18亿美元，较上年增长62.3%，其中出口

2.65 亿美元，增长 60.1%；进口 0.53 亿美元，增长 74.5%。

（市商务局外经外贸科）

【海外工程承包】 2021 年 1—12 月全市工程承包新签合同 55 份，新签合同额 6.3239 亿美元，同比增长 130.99%；完成营业额 2.0679 亿美元，同比下降 6.51%，约占自治区总额的 18.53%。对外工程承包业务主要分布在巴基斯坦、沙特阿拉伯、哈萨克斯坦、乌兹别克斯坦、埃及、南苏丹、乌克兰等中亚、中东、东欧、非洲等 7 个国家。

（市商务局外经外贸科）

【对外贸易】 2021 年，克拉玛依市外贸进出口额 3.1853 亿美元，同比增长 62.3%；出口 2.6514 亿美元，同比增长 60.1%；进口 0.5339 亿美元，同比增长 74.5%。约 20 家企业开展业务，地方企业天利高新 EVA 项目出口总额约 8000 万美元。

（市商务局外经外贸科）

【外商投资】 2021 年，克拉玛依市有外商投资企业 10 家，其中正常开展业务的企业为智慧石油（克拉玛依）投资有限公司、新疆帝陛艾斯钻头工具有限公司、昆仑天玺融资租赁有限公司。全年全市实际吸收外资 776 万美元，全疆排名第四。

（市商务局外经外贸科）

【争取外经贸扶持资金】 2021 年，克拉玛依市组织外经贸企业 24 家次、1 个政府招商部门申报政策支持，实际获得补贴共计 959.88 万元。组织红都公司、科力公司、贝肯公司、帝陛艾斯公司、中石大联合研究院等 14 家外经贸企业申请 2021 年自治区资金 21 个项目，获得补贴 322.15 万元；组织天利高新公司、炼建公司、金牛信泰公司等 10 家外经贸企业申报 2021 年边贸专项资金，获得补贴 637.73 万元，共计争取利用自治区政策资金 959.88 万元。

（外经外贸科）

规划与管理

【国土空间规划】 2021年，克拉玛依市自然资源局对接自治区国土空间规划，按试点要求推进市、区两级国土空间总体规划编制，基本划定生态保护红线107平方千米；初步划定城镇开发边界经自治区质检完成上报；在3条刚性控制线外，划定油气生产区；并基本明确各区发展区域和产业类型。自治区国土空间规划初步明确克拉玛依市为全疆5个副中心城市之一。编制完成金龙湖、古海生态示范区、大漠公园等区域概念规划。对不符合现行土地利用总体规划18个项目，采取政府承诺制方式，编制落地规划实施方案。印发《关于加强过渡期控制性详细规划有关工作的通知》，规范过渡期控规编制、审查和报批程序，调整城南二期、独山子汽车服务中心等区域37个控规，保障过渡期“十四五”重大项目空间落位。

（青格乐）

【城市建设规划编制】 2021年，市住建局开展《克拉玛依市市政基础设施“十四五”专项规划》《克拉玛依市“十四五”住房发展规划》《克拉玛依市海绵城市建设专项规划》《克拉玛依市无障碍环境建设发展规划》《克拉玛依市节约用水专项规划》《克拉玛依市环卫专项规划》《克拉玛依市绿地系统规划》7项规划编制工作。截至年末，城市节水、绿地系统专项规划仍在编制中；住房发展、海绵城市专项规划编制完成，等待上会审核；市政基础设施建设发展专项规划通过市委、市政府领导审核，待发布实施。

（马杰）

【城市重点片区规划】 2021年，克拉玛依市打造城市重点片区，将重点片区作为引领城市发展重中之重，优化《城南旅游商务区产业空间研究》，依法依规开展控规动态调整，编制完成《古海生态示范区框架思路》《金龙湖及周边区域规划研究分析》《大漠公园用地分析及概念设计》《中心城区水系连通布局示意方案》《大健康产业区功能布局》方案，培育新增长极。为招商项目落地奠定基础，促进新增长极培育。

（青格乐）

【主城区城市双修专项规划】 2021年，克拉玛依市自然资源局完成《克拉玛依市主城区城市双修专项规划》，形成城市规划发展中生态、建设新问题调查分析报告及项目库，为解决市民最关心“城市病”等迫切需求找到突破口。推进旧城区更新，先行先试完成西北、油建北两个典型小区改造方案，为补齐居住小区养老、托幼等民生幸福短板提供规划指引。

（青格乐）

【国土空间用途管理】 2021

年，克拉玛依市供应重大项目用地765公顷。完成农用地转用报批224.5公顷，会同发改部门将43个重大项目纳入到自治区重点项目库，争取到自治区直接配置计划指标405公顷。试点土地储备三年滚动计划及年度储备计划编制，签订西部钻探11宗低效用地收储协议；对批而未供和闲置土地逐宗上图，跟踪处置约300公顷，完成年度任务的103%；出台完善建设用地使用权二级市场实施方案，促进土地资源依法高效流转，保障新能源新材料产业园、碳和水冷数据中心、独库自驾车营地等重大项目落地建设。

（青格乐）

【测绘地理信息管理】 2021年，克拉玛依市推进“多测合一”改革，4家测绘资质单位进入名录库，开展“多测合一”业务；完成8家测绘企业资质实地复审和上报。完成国土空间基础信息平台与国土空间规划“一张图”实施监督系统建设，为国土空间规划成果上报与落地提供了系统支撑。修订信息安全管理制度，建设完成网络安全等级保护体系。

（青格乐）

【用地审批改革】 2021年，克拉玛依市深化“放管服”改革，梳理完善权责清单，整合内部职能，再造审批全流程，把握各环节审批时限，用地预审与选址意见书办理时限压缩至11个工作日，用地规划许可证办理时限缩至5个工作日，制定实施工程规划许可告知承诺制项目分类清单，工程规划许可证核发时限压缩至24个工作日，“联合验收”压缩至15个工作日，提高审批效率57%以上。对全市164个建设项目挂图作战、实时跟进，组织召开市规委会、土地矿产利用领导小组会、局长办公会等推进审批49次，报件质量排全疆前列。制定加快招商引资项目用地审批措施及用地支持政策，落实到位资金3.74亿元，完成指标任务124%。

（青格乐）

城市基础设施建设

【概况】 2021年，克拉玛依市城市道路完好率97%，亮灯率99%。城市供水普及率100%，燃气普及率100%。城市生活垃圾无害化处理率100%，城市污水处理率95%。绿化覆盖率43%，人均公园绿地面积13.75平方米。农村水、电、气、光纤、硬化及亮化道路全覆盖，环境卫生设施基本健全，垃圾处理率、污水处理率、饮用水卫生合格率均达100%。

【重点工程建设】 2021年，克拉玛依市住建局承建重点工程项目5项，其中南郊污水处理厂升级改造项目、古海生态治理项目与再生水储存回用工程、第二污水处理厂污水收集工程（一期）、古海生态公园基础设施完善工程已完工；克拉玛依市克拉玛依区排水管线建设工程于10月12日完成施工招标定标工作。

（马杰）

10月，古海生态公园基础设施完善工程完工　　（谢军　摄）

【市政基础设施建设】 2021年，克拉玛依市提高城市综合承载力，实施39项市政基础设施工程，优化城市道路路网功能和结构；通过施划停车位、新建停车楼等措施新增车位1.1万余个，超额完成十大民生实事中确定新增8000个车位工作目标,缓解市区“停车难”问题。

（马杰）

【城市基础设施投资】 2021年，克拉玛依全市基础设施投资项目161个，年度计划投资约69.55亿元，年内完已完成投资约为72.01亿元，完成率104%。作为2021年服务民生十件实事之一的古海生态公园基础设施完善工程已竣工。

（马杰）

【“四供”项目维修改造】 2021年,克拉玛依市制定印发《2021年“四供”维修改造项目实施计划》，定期检查项目实施进展情况，及时协调项目实施过程中存在的问题。全年实施“四供”维修改造项目22个，完成投资金额13.24亿元，累计更换供水、燃气以及电力智能计量器具43.97万块，实现远传抄表、网上缴费等功能；累计新建、改造供水和供热老旧管网45.68千米，涉及施工小区145个，提升系统完好率和保障率。各项目总体进度为供电完成85%、供热完成97%、供水完成98%、燃气完成100%。

（马杰）

【老旧小区改造】 2021年，克拉玛依市出台《克拉玛依市老旧小区改造工作实施方案》，成立市老旧小区改造工作领导小组，明确工作职责，保障老旧小区改造工程有序实施。全年开工71个老旧小区改造项目，累计投资3.29亿元；截至年末，完成52个老旧小区改造任务，涉及楼栋1640栋、居民42453户，建筑面积319.33万平方米。

（马杰）

【实施亮化工程】 2021年，克拉玛依市完成市政府机关二号楼、吉祥路风情街等32项灯光亮化工程，开展127条市政道路灯具更换工作，营造优美夜间环境。

（马杰）

【“温暖公厕”建设】 2021年，克拉玛依市决定为全市在冬天开放的205座公厕安装热水设备，打造“温暖公厕”。截至年末，克拉玛依区计划完成93座，已完成60座；独山子区计划完成56座，已完成52座；乌尔禾区计划完成30座，已完成15座。从2015年起，克拉玛依市就开始对传统公厕进行功能化改造，并高标准新建公厕，免费向市民、游客开放。这些公厕分布在道路两侧、公共区域及旅游景点等人流密集区域，有明确的道路指示牌，方便市民和游客寻找、使用。这些公厕免费为市民和游客提供厕纸、擦手纸、洗手液，配备有烘手机、除臭设备、折叠婴儿护理台、灭火器，无障碍通道全部可以正常使用。

（马杰）

【规范招投标管理秩序】 2021

12月3日，市区吉祥路路灯智慧化改造工程完工　（闵勇　摄）

年，克拉玛依市探索优化招标工作流程，试点采用“评定分离”方式完成房屋建筑和市政工程项目招标92个，中标金额50.39亿元。进一步推进招投标电子交易平台和电子辅助评标软件的应用，实现线下无项目，及时对围标、串标、弄虚作假骗取中标等违法违规行为进行排查，查处围标、串标及弄虚作假行为为5起，涉及招标项目3个，行政处罚投标企业5家，罚款金额共计250.81万元。年内完成招标公告审核备案183项，监督开评标149场，总交易金额52.57亿元，自主发包备案43项。

（马杰）

【市政公用行业监管】 2021年，克拉玛依市制定印发《克拉玛依市市政公用行业企业互检方案》《克拉玛依市市政公用行业大检查、培训工作方案》《关于立即开展燃气隐患自检自查工作的紧急通知》《关于开展燃气安全专项整治活动的通知》等文件，全年累计开展市政公用行业安全专项大检查11次，检查供热、燃气、供水等市政公用行业经营企业310次，排查并整改各类隐患问题53项，保障全市市政公用行业领域运行安全。

（马杰）

【推进城市体检】 2021年，克拉玛依市借鉴全国城市体检样本城市工作经验，推动建立城市体检指标体系，完成克拉玛依市城市自体检报告，对城市体检出来城市功能不完善、城市韧性不足等“城市病”，从制度措施、项目建设等方面改进提高，建立以城市体检发现问题，城市更新解决问题良性机制。

（马杰）

供　水

【概况】 2021年，克拉玛依市水务公司实现风克干渠、西干渠、长输管道“三通水”，西干渠安全运行150天，风城水库进库2.26亿立方米，风克干渠安全运行192天。完成全年调蓄产转水任务，全年引水4.66亿立方米，产水7238万立方米（含地下水128万立方米），供水7007万立方米（含地下水128万立方米），售水6418万立方米，商品率90.27%，产销率96.80%，供水保障率100%。

（白蒙）

【防洪度汛】 2021年，克拉玛依市水务公司落实自治区及市委、市政府关于防洪度汛工作要求，制定《2021年水务公司防汛工作方案》，排查各水库管理单位风险隐患，严格执行水库汛限水位运行，全年大坝巡检1388次，渠道巡检1623次，特殊天气和地震后检查85次，水库接受上级部门检查37次，实现全年安全平稳度汛。

（白蒙）

【智慧水务应用】 2021年，克拉玛依市水务公司发挥智慧水务平台水力模型分析功能，实现分区管理、管网运行，上环网能耗持续降低，同比节约电费17.8万元。形成点线面多维度供水管理体系，达到供水管网数字化、可视化管理，用水监控、预警和分析“一屏通览”，指挥调度“一键联动”，合理优化停水方案，减少停水面积和管网长度，全年查出水量异常2253起，服务用户1685起，查漏595起，挽回水量损失30.1万立方米，管网漏损率控制在5.5%左右。

（白蒙）

【供水管网优化】 2021年，克拉玛依市水务公司开展上环网系统扁平化建设。逐步扩大幸福路西延用户供水范围，减少上环网高能耗供给区域面积；强化中环系统供水能力及经济运行，结合维修改造项目及市政给水项目的实施与调试，将横一北路、准噶尔路、油泉路及滨河北路沿线水网构架用户集中带入三坪水厂及第五净化水厂4条中环网供水主线供给，提升中环网顶端供水优势和应急保障能力，实现低能耗、高效益集中式供水；推进自流系统南移，利用维修改造通道及市政新建项目实施，将自流区域向大农业庭院小区以南、蓝天大道西南及东南方向延伸。

（白蒙）

8月4日下午，市区幸福路与纬一路交叉口，市水务公司应急抢险中心抢修队员顶着烈日、紧急抢修城市主管网供水管线　（闵勇　摄）

【维修改造和主管网配套建设】 2021年，克拉玛依市供水业务分离移交维修改造项目和供水主管网及配套系统建设项目进入收尾阶段，总投资8.07亿元，2021年已完成投资资金0.52亿元，自开始建设累计完成投资7.39亿元。通过改造后解决老旧管网跑冒滴漏严重、水质安全隐患等问题。

（白蒙）

【事故处理】 2021年，克拉玛依市水务公司强化抢修设备设施的投入和应急人员的配置完善，加强与市、区各部门的对接，参与完成各类社会面应急抢险任务。全年处理主管线跑水事故25起，小区跑漏水事故148起，其中社会化小区跑漏水事故136起，油田物业管理小区跑漏水12起，家政服务2214起，农业管网66起，维修及时率100%。

（白蒙）

【水厂联动调配】 2021年，克拉玛依市水务公司利用智慧水务平台实时监测数据，合理调配各水厂之间产水量，利用好重力流供水优势，降低高药耗水厂产水。秋、冬季，在保障第二水厂持续运行的同时，减少第二水厂产水量，第二水厂全年产水占比8.8%，较上年同期下降0.4%；三坪水厂全年产水占比76%，较上年增加0.2%；第六水厂产水14.8%，较上年同期提高0.4%。

（白蒙）

【服务保障】 2021年，克拉玛依市水务公司整合智慧便捷营销系统，手机App、微信公众号、支付宝24小时在线提供缴费、查询服务。通过营销管理平台对大用户、DMA小区、居民用户用水实时监测，及时排除漏损，减少用户损失，顾客满意度达98%。农业供水服务坚持管理智慧化、决策科学化、业务精细化、服务主动化，水商品率较往年大幅增长，创94.9%历史新高；较往年大幅增长；节水灌溉效果达到历史最好，水利用系数提高到0.889，高于北疆平均水平；管网压力控制平稳，全年抢修74起，同比下降30%，达到近5年历史最低；水量调配均衡，满足种植需求，及时解决用水矛盾27起。

（白蒙）

【风城水库至三坪水库输水管道工程】 2021年，克拉玛依市风城水库至三坪水库输水管道工程历时15个月建设完工。7月1日之前，顺利试通水；10月，输水管道正式试运行。工程输水主管线长84.9千米，三坪水厂及五净化水厂支线长3.7千米，管道设计冬季引水量约5550万～6050万立方米/年，全年正常输水量1.32×108

6月29日，风城水库至三坪水库输水管道工程通水　（闵勇　摄）

立方米/年。输水管道工程的建成，补齐克拉玛依地区输水方式单一及风城水库双向调节不足的短板。

（白蒙）

【其他供水设施项目建设】 2021年，克拉玛依市水务公司完成中央预算资金项目投资3000万元，用于建设地下城市供水管网8400米；完成自有维修项目投资7600万元，用于水厂阀门和泵组转水设施更新维护、第二水厂消毒系统工艺改造（采用更安全、更稳定消毒工艺，消除危化品采购、运输和加药过程的安全风险）；开展2.5千米渠道大修和渠库系统维护项目。

（白蒙）

供　电

【概况】 2021年，国网克拉玛依供电有限公司与新疆油田公司人员分流管理，完成《并网调度协议》《部分油田为社会服务供电设备过渡期管理权移交协议》等5份协议签订，明确过渡期内运行维护管理范围、目标及期限，完成18座变电站、32条输电线路、312条配电线路移交运维工作。全年实现售电量33.66亿千瓦时，未发生拉闸限电，实现主网“零跳闸”。

（邢振宇）

【电网建设】 2021年，克拉玛依市投资4.5亿元用于电网建设。其中重点项目车峰牵引站110千伏供电工程提前3个月投产送电，为电气化铁路提速改造建设提供电力支撑。

（邢振宇）

【降低用电成本】 2021年，国网克拉玛依供电公司执行国家和自治区阶段性降低用电成本政策，全年减免电费超过6800万元，惠及电力用户7900余户，每户享受电价优惠近900元。

（邢振宇）

【服务“双碳”】 2021年，国网克拉玛依供电公司主动服务“双碳”目标，服务绿电示范园区建设，2021年全年累计替代电量660.30万千瓦时。

（邢振宇）

【“三零”服务】 2021年，克拉玛依市国网克拉玛依供电公司完成电力交易近20亿千瓦时，为用电客户降低用电成本近亿元，实现小微企业低压报装客户（160千伏安及以下）表前“零投资”。公司投资近2000万元，完成小微企业及居民“三零”（精简手续零审批、主动服务零上门、低压供电零投资）服务1500余户。

（邢振宇）

【缴费便民】 2021年，克拉玛依市持续开展抄表到户工作，居民客户由6万户增至20万户，承担用能成本4800余万元。开展便民服务日活动，电费缴费点增至9个，提升办事效率。安排服务人员进驻政务服务大厅，做到周末及节假日“服务不间断”业务受理、办理。

（邢振宇）

供　气

【概况】 2021年，克拉玛依市燃气公司负责克拉玛依区、白碱滩区、乌尔禾区天然气供应业务，管辖天然气管线长度累计840千米，基本实现管网全覆盖。拥有6座天然气配气站，年供应能力17亿立方米；CNG汽车加气站2座，每天可提供4万立方米汽车加气量。

（张雅鑫）

11月17日，市燃气公司的工作人员在白碱滩区（克拉玛依高新区）远征社区一户居民家中检查燃气设施使用情况

（努尔买买提·艾山　摄）

【天然气供应】 2021年，克拉玛依市燃气公司全年输配天然气3.7亿立方米，累计居民用户达14.4万户，商业用户1880户，CNG加气站加气484万立方米。

（张雅鑫）

【安全管理】 2021年，克拉玛依市燃气公司修订安全管理制度40项、操作规程41个，从安全生产标准化三级升级为二级。深化安全生产专项整治三年行动，抓好报警器、压力表、管线占压等领域安全风险管控，查处隐患498项，整改491项，重点解决御景园32栋及警务站等9处管线违规占压隐患，整改率98.6%。开展内部检查67次，查处问题65项，整改率100%。完善安全风险辨识160项，更新管控措施117项。

（张雅鑫）

【运行保障】 2021年，克拉玛依市燃气公司开展入户安检、调压箱（柜）巡检、阀井检测、设备维护保养、管线防腐检测工作，保障设备、管网平稳运行。完善4个专项应急预案，组织芙蓉小区管线解冻、东风小区管线泄漏等应急抢险9处，开展应急演练30余次。基本完成乌尔禾西部乌镇燃气项目次高压、中压管线开挖验证及标准化二级各配气站隐患整改。监管商业、餐饮、公服燃气建设项目112个，验收74项、现场检查200余次，图纸审核129项。修订天然气入户管理制度，优化报装流程7项，服务满意率达99%。

（张雅鑫）

【经营管理】 2021年，克拉玛依市燃气公司修订公司章程和公司“十四五”发展规划。洽商招商引资1.32亿元，已落地投资7635万元首次推进建管一体化建设，完成与天盛国际花园天然气工程项目签约。

（张雅鑫）

【改革创新】 2021年，克拉玛依市燃气公司推进国企改革三年行动实施方案。公司自有燃气具品牌“欢康”正式上线。全年申报4项新型专利、立项科技项目9项。开展天然气制氢、提氦等项目市场调研。基本完成中石油7家企业矿区燃气业务维改项目，涉及居民13.2万户、资产1.71亿元、资金2.69亿元。

（张雅鑫）

供　热

【概况】 克拉玛依市热力公司主要承担克拉玛依市区、高新区（白碱滩区）金龙镇、乌尔禾区乌尔禾镇、百口泉的供暖任务。有在用锅炉房14座，锅炉46台（其中燃煤8台，燃气38台），热力供热站70座，总供热能力2078.3兆瓦，供热面积1517万平方米。

（王心韵）

【热能建设】 2021年，克拉玛依市热力公司实施热能建设新建项目9个，续建项目6个。完成前进2号锅炉、南泉5号锅炉增容；拆除输油燃煤锅炉，改造金龙镇天然气锅炉房及2座换热站，新建1座换热站；城南城北一体化工作取得突破性进展，新建3座换热站，已投用2座；完成三网平衡改造项目主体工作，共计为106个小区、2107栋楼房72243户居民，安装7480个平衡阀、15268个室内温度采集器。

（王心韵）

【供热服务】 2021年，市热力公司落实“不热用户要降，报修投诉要降，维修效率要升”的“两降一升”措施。全年处理“6250000”平台累计报修3076件次，处理“12345”热线报修投诉189件次，解决居民用户家中暖气不热、漏水、气堵、咨询等问题3075件次，长期不热用户从原来23户降为15户。开展入户走访、查温88906户次，查温比例84%，电话回访居民住户9014户，发放调查问卷9155份，召开用户座谈会21场。累计开展应急抢修679次，处理跑水失水543次，全年没有发生4小时以上大面积、长时间停暖供热事故。全年共计收到锦旗19面、表扬信24封，“6250000”电话表扬19次。被中国质量协会评为“2020年全国市场质量信用AA等级（用户满意服务）企业”，也是全国供热服务行业里唯一获此荣誉企业。

（王心韵）

【设备检修】 2021年，市热力公司开展夏季检修工作。提前制定检修计划，按照既有规程开展全员维护检修，整治供热运行问题。全年检修锅炉44台、辅机108台、上煤除渣设备30台，对609台泵、210台水处理设备、294台板换、1659只补偿器、17333只外网阀门进行维护检修，检定计量器具5762件。加强对34台天然气阀组、34台燃气锅炉燃烧器维修保养，重点防止初次点炉闪爆风险；以项目管理形式落实供热管网维修改造责任，对53个居民小区66426米管线、3133只阀门、522只补偿器老旧管网进行更换改造，新建113座阀井，惠及居民21716户。

（王心韵）

城市公共交通

【概况】 2021年，克拉玛依市民用汽车保有量16.53万辆（包括三轮汽车和低速货车），比上年末增长5.4%。其中私人汽车保有量13.63万辆，增长6.3%。有公交线路37条，公交车辆485辆，公交场站9座，规模以上公交企业2家；有出租汽车1524辆，其中出租汽车企业1家、25辆，个体出租汽车1499辆。

（张琪）

【智能公交建设】 2021年，克拉玛依市实现智能支付全覆盖。通过建设新公交平台，支持车载机通过终端进行数据上传，支持车载机通过GPS定位进行多票制阶梯票价扣费机制、数据实时上送及报表合并。推行乘车码乘车，为市民提供便捷公共交通服务。

（胡强）

【公交线路调整】 2021年，克拉玛依市在公交企业经营能力有限，财政资金保障不足情况下，督促公交企业通过挖潜增效，解决清明期间祭扫车辆通达、重点学校周边学生输运以及高考等重要时段出行保障等问题。全年根据市区道路施工情况，调整公交线路9条，优化调整发车间隔时间20条；开通学生防疫公交专线17条，为市区9所学校1403名中小学生安全出行提供保障。开通九鼎市场和清明扫墓公交专线；为保障城市医疗体系建设，开通106路延伸新医院线路。对客流量少、运营效益低的1路、105路、108路3条线路暂停运营，同时调整发车间隔以减少车辆空驶率。

（胡强　刘金玲）

【补助发放】 2021年，克拉玛依市完成2020年度城乡道路客运成品油价格补助资金和节能与新能源公交车运营补助资金发放工作，共向城市公交企业发放油价补助469万元。

（刘金玲）

【公交企业成本管控】 2021年，克拉玛依市为加强对公交企业成本管控，形成公交运营成本补偿机制，促进公交企业提升营运效率和服务水平，市交通运输局会同财政、国资、人社、市汽车运输公司等单位制定《克拉玛依市城市公交成本控制办法（试行）》。

（刘金玲）

【出租汽车管理】 2021年，克拉玛依市推进出租汽车信息化监管平台建设项目，以实现出租汽车行业精细化管理目标。截至年末，已明确建设资金来源和出租汽车监管平台初步建设方案。严格出租汽车驾驶员准入，督促各区交通运输局持续落实出租汽车驾驶员从业资格考试工作，通过严格、规范考试严把从业准入关。

（刘金玲）

【客运信息化建设】 2021年，克拉玛依市组织实施二级以上客运站使用道路客运电子客票工作。截至年末，全市2个二级以上客运站均已实现刷身份证、人脸识别等无接触式售检票服务；促进巡游出租车转型升级，推进出租汽车电招服务"95128"约车号码落地工作。

（刘金玲）

【长途客运】 2021年，克拉玛依市长途客运由克拉玛依市捷安运输（集团）有限公司、独山子鑫捷安旅客运输有限责任公司、新疆兴塔运输（集团）乌苏永安有限责任公司等23家运输公司承担。全市共开通克拉玛依至独山子3班、至乌苏3班、至博乐1班、至塔城1班、至石河子1班、至伊犁1班、至昌吉1班、至奎屯1班、至和丰1班、至托里1班、至额敏2班、至哈巴河1班、至北屯2班、至铁厂沟1班，共计每日20班次长途客车。截至年末，克拉玛依客运站全年累计发送长途客车0.77万车次，安全发送旅客6.8万人次。

（胡强）

园林绿化

【概况】 2021年，克拉玛依市围绕"打造宜居宜业宜游生态城市"战略部署，加强城市绿化建设力度，改善城市人居环境。截至年末，全市绿地面积预计达到12.95万亩，建成区绿地率为39.90%，绿化覆盖率为43.72%，人均公园绿地面积为13.75平方米/人。

（徐明）

【修订《克拉玛依市绿地系统规划（2021—2035）》】 2021年，克拉玛依市结合国土空间规划以及相关标准，开展《克拉玛依市绿地系统规划（2021—2035）》修订工作，通过分析城市绿地系统存在问题，提出规划意见，明确绿地建设指标，指导城市绿地建设发展。修订后的规划将绿化水规划、绿地系统规划、生物多样性、防灾避险等内容全部纳入绿化系统规划中。截至年末，已完初稿编撰工作。

（徐明）

【园林绿化养护管理督查】 2021年，克拉玛依市结合国家文明城市创建工作，对公园绿地、道路绿地、防护绿地内乔灌木修剪、绿化浇水、病虫害防治、绿化设施等园林绿化养护管理情况进行督察检查，共发现问题195余处，下发整改通知单10份；制定并印发《克拉玛依市城市公园安全隐患整治和排查方案》，排查整改安全隐患104个。

（徐明）

【城市园林绿化管护】 2021年，克拉玛依市集中力量对公园、道路和防护林等公共绿地进行树木整形，春季灌溉，补植花草、病虫害防治等工作，营造清新整洁园林景观环境，克拉玛依区完成世纪大道、胜利路等117条城市道路树木、绿篱修剪工作，修剪乔木约98万株；独山子区完成18条城市道路树木、绿篱修剪，城市公园草坪补植工作，修剪乔木6300株，灌木12万余株，补栽乔木235株，灌木12.92万株。

（徐明）

【绿化项目建设】 2021年，克拉玛依市共实施109个绿化项目，新增绿化面积8794.41亩。其中春季完成40个项目，绿化面积4219.08亩；秋季实施69个绿化项目，绿化面积4575.33亩。

（徐明）

【绿化管网系统建设】 2021年，克拉玛依市开展西环路、经七路、白桦路等19项中心城区绿化管网提升工程，推进居住区绿化水替换工作。截至年末，克拉玛依区107个小区已有46个小区具备接入使用绿化水条件，并指定接水位置，缓解小区绿化用水难问题。

（徐明）

【城市绿线管理】 2021年，克拉玛依市开展《克拉玛依市绿化条例》立法工作，起草完成《克拉玛依市绿化条例》草案和立法说明。全年依规办理移树、占用绿地等行政许可事项42项，城市绿线管理得到加强。

（徐明）

【园林绿化精细化管理】 2021年，克拉玛依市在对园林绿化施行网格化管理基础上，制定《克拉玛依市园林绿化企业信用评价暂行办法》和《克拉玛依市园林绿化企业信用评价标准》，推进克拉玛依市园林绿化企业信用评价平台建设，建立园林绿化诚信管理长效机制，量化园林绿化考核指标，落实“随时检查、随时通报、随时整改”动态管理制度。开展景观小品设置，打造精品绿地。重点在城区主要道路、交通岛、桥梁等88处区域摆花、设立景观小品，提升城区景观效果。

（徐明）

【义务植树】 2021年，克拉玛依市全年开展2次集中义务植树活动和春季义务植树月活动，义务植树面积3646亩、参与人数10万人，完成目标任务的101.25%。

（徐明）

4月10日，克拉玛依市开展春季全民义务植树活动。图为克拉玛依区217国道（迎宾路—经七路）集中植树现场

（努尔买买提·艾山　摄）

【苗木检疫管理及病虫害防治】 2021年，克拉玛依市配合林业部门做好城区病虫害防治工作。设立2处检疫检查卡点，共检查苗木运输车辆632车次，处理违规调运苗木车辆13车次；产地检疫苗木72.3万株，复检苗木292.6万株，检疫电缆盘230件，木材1900立方米，未发现检疫性、危险性有害生物。举办林业有害生物检疫防治培训班，培训专业人员150人。完成全市苹果枝枯病抽检样品180份，未发现病例，累计防治面积12000亩。

（徐明）

【园林科研】 2021年，克拉玛依市林业和草原局《水生植物在克拉玛依地区的引种栽培及应用研究》课题通过市科技局验收，成功引种耐寒荷花、耐寒睡莲、水生美人蕉、再力花、梭鱼草等10余种水生植物，研究并掌握不同品种栽培种植关键技术，在核心期刊发表研究论文2篇。

（李艳红）

城市卫生

【推行生活垃圾分类试点】 2021年，克拉玛依市制定印发《生活垃圾分类指南》和《克拉玛依市生活垃圾分类示范场景设置标准》，内含居民社区、党政机关公共机构、学校、企业、酒店宾馆、商场超市、餐饮行业、农贸市场、药店9个场景，规范各区域垃圾分类设置标准。在全市85个小区实施垃圾分类投放箱改造工程，共计改造完成分类垃圾箱682组。建成跬步科技可回收物分拣站。确定9个行业20家公共机构、企业以及10个社区垃圾分类示范场景建设，并完成验收投入使用。

（马杰）

【污水治理和利用】 2021年，克拉玛依市全年处理污水6766.01万吨，处置干污泥12143.93吨，水质达标率100%，有效改善城市环境。

（马杰）

【城市绿化美化】 2021年，克拉玛依市推进绿化项目建设，全年完成会展中心带状公园等109项绿化项目，绿化面积8794亩，超额完成年初制定8084亩目标任务；采取“微改造”“精提升”模式，在城区主要道路、交通岛、桥梁等88处节点摆花、设立景观小品，实现“推窗见绿，出门见景”目标；加强园林绿化养护管理，全市修剪乔灌木110万余株。

（马杰）

【农村房屋安全隐患排查整治】 2021年，克拉玛依市印发《克拉玛依市农村房屋安全隐患排查整治“回头看”工作方案》，组织克拉玛依区、乌尔禾区完成农村房屋安全隐患排查整治工作，排查率达100%；经排查复核，全市有356座农村房屋未发现安全隐患。

（马杰）

建筑市场监管

【建设项目审批】 2021年，

城南带状公园10月向市民开放　（闵勇　摄）

克拉玛依市提升城市建设品质，组织审定建设工程项目方案182项，审查建筑规模约186万平方米。落实住有所需，新增住宅项目建设规模约59万平方米，形成以中高端住宅为主，公租房为辅多元供应局面。提升公共服务设施建设，新增建设规模约27万平方米。健全市政基础配套设施，新增市政道路建设规模约65千米，市政管线约96千米，城市互联互通和基础支撑能力增强。

（青格乐）

【住建领域审批制度改革】 2021年，克拉玛依市住建局持续推进工程建设审批制度改革，将工程建设项目审批时限由2020年的115个工作日压缩至80个工作日以内，完成年度工作目标任务。建立健全水电气暖报装审批工作机制，供水、供暖、工商项目供气报装、民用户改线业务办理周期均达到国家、自治区相关标准要求。

（马杰）

【规范建筑市场秩序】 2021年，克拉玛依全市共审核备案房屋建筑和市政基础设施项目招标公告、招标文件185项，采取“不见面”开标149场，交易金额52.57亿元；探索优化招标工作流程，试点采用“评定分离”方式完成房屋建筑和市政工程项目招标93个；推进建筑业企业资质审批告知承诺制，全年已有12家企业通过告知承诺制取得15项企业资质，提升审批效能。

（马杰）

【建筑业信用体系建设】 2021年，克拉玛依市印发《克拉玛依市建筑市场信用管理办法（试行）》，制定施工、招标、检测试验等8个市场主体信用管理制度和评价标准，通过守信激励、联合惩戒、信用修复等方式，引导企业加强自身信用建设，提升建筑领域市场监管水平。截至年末，信用管理平台共采集223家企业基础信息、9667条人员信息、1056条良好信息、1652条一般不良信息，为建筑市场各项监管工作提供基础信息保障。

（马杰）

【强化施工图审查】 2021年，市住建局贯彻落实国家建设强制性标准，从源头上为工程质量安全保驾护航。截至年末，共完成审图项目931项，建筑面积195.75万平方米，100%执行国家建设强制性标准。

（马杰）

【推进绿色建筑行动】 2021年，克拉玛依市新增绿色建筑254项，新增绿色建筑面积92.54万平方米，占新建民用建筑面积100%，投资额336218.1473万元，全部取得“基本级”以上绿色建筑设计标识；新增可再生能源建筑面积25.29万平方米，执行率100%。

（马杰）

【推行装配式建筑】 2021年，克拉玛依市制定印发《关于加快推进克拉玛依市装配式建筑发展的通知》，明确工作职责。截至年底，全市装配式建筑项目面积25.33万平方米，占新建建筑面积比例23.26%，均为钢结构装配式建筑，实现装配式建筑占新建建筑面积比例达到15%年度目标。

（马杰）

【住建领域安全监管】 2021年，克拉玛依市住建局落实城市建设安全生产专项整治三年行动和工程质量提升行动。加强在建工地安全管理，采用“双随机”方式开展检查468项次，下发安全生产整改通知书44份，停工整改通知书12份，罚款4万元，保障建筑工程安全；全年建设智慧工地81项，提升住建行业质量安全监管效能；组织全市514家次住建领域企事业单位10736人次管理人员进行安全生产法律法规等方面培训，覆盖率达100%。

（马杰）

交通运输

公路运输

【概况】 2021年，克拉玛依市民用汽车保有量16.53万辆（包括三轮汽车和低速货车），比上年末增长5.4%。其中私人汽车保有量13.63万辆，增长6.3%。全年全社会公路客运量9.62万人次，下降14.11%；公路货运量1928.2万吨，增长235.16%。

（张琪）

【农村公路】 2021年，克拉玛依市农村公路366千米，按技术等级分：一级3千米（市政段），二级16千米，三级公路164千米，四级公路183千米；按行政等级分：县道84千米，乡道262千米，村道20千米；按辖区分：克拉玛依区240千米，乌尔禾区89千米，独山子区30千米，白碱滩区7千米。

（杨友存）

【S20五工台至克拉玛依一级改高速公路项目建成通车】 2021年，克拉玛依市完成S20五工台至克拉玛依一级改高速公路项目建设。项目起点为五工台，终点为G3014线克南互通，全长206.7千米，总投资约45亿元。其中项目位于克拉玛依辖区段长约60千米，投资约10亿元。项目2017年开工，2021年4月复工，2021年6月底正式通车，2021年内完成投资约4.8亿元。

（陈新）

【国道335第八师150团—克拉玛依塔岔口项目】 2021年，克拉玛依市启动国道335第八师150团—克拉玛依塔岔口建设项目。项目起点为第八师150团，终点接G3014塔岔口互通，全长98千米，二级公路，总投资约8.5亿元。其中项目位于克拉玛依辖区长约36千米，投资约2.8元。项目于4月开工，11月冬季停工，年内完成投资约1.4亿元。

（陈新）

6月30日，S20五工台至克拉玛依一级改高速公路通车

（闵勇　摄）

【综合交通枢纽提升工程】2021年，克拉玛依市启动克拉玛依综合交通枢纽提升建设项目，项目建筑面积为7429平方米，在原有综合交通枢纽客运站主体基础上，内部按照航站楼标准进行装修改造。项目总投资约3500万元，2021年10月中旬开工，11月中旬冬季停工，年内完成投资700万元。

（陈新）

【安全生产监管】2021年，克拉玛依市组织道路运输企业负责人签订安全生产承诺书150份，累计检查道路运输企业1158家次，发现各类隐患1304处，整改1304处，全部整改完毕，约谈警示企业15家次，责令停产整顿3家，行政处罚144次，罚款32.3万元。全年全市未发生道路运输行业安全生产死亡事故。

（陈亮）

路政管理

【“打非治违”专项整治】2021年，克拉玛依市交通运输局以群众反映涉出租汽车热点问题为重点，开展“打非治违”专项整治行动，严厉打击各类违法经营行为。截至年末，共检查车辆9000余辆次，检查各类涉嫌非法营运车辆400余辆次，查处各类违法违规经营行为196起，其中非法营运车辆45起，全年行政处罚金额共计24.4万元。

（陈江）

【治超非现场执法】2021年，克拉玛依市交通运输局在开展货运源头企业巡查，发挥信息化、智能化优势，深化治超非现场执法。截至年末，利用治超非现场执法系统累计办理案件5584起，收缴罚款560.3万元，向市信用办推送“黑名单”企业53家，由人民法院对44起违法超限超载运输案件进行强制执行，追回罚款93.65万元，辖区公路养护成本大幅下降。

（陈江）

【客运市场管理】2021年，克拉玛依市交通运输局针对客运市场实组织开展专题调研，形成《关于克拉玛依出租车行业常态化治理的调研报告》和《关于克拉玛依市客运车辆通勤送班有关情况的调研报告》，以此为指导，对症下药、综合施策。

（陈江）

【专项整治行动】2021年，克拉玛依市开展交通运输执法领域突出问题专项整治行动，共梳理问题41项，已全部整改完成。深入开展岗位学法活动，组织全局45名一线执法人员开展为期5天的执法培训。强化执法制度建设，制定《克拉玛依市交通运输局交通运输综合行政执法重大事项集体研判制度（试行）》等多项制度。推行“双随机一公开”监管机制，完善“两库一清单”，为开展执法检查提供保障。

（陈江）

【“放管服”改革】2021年，克拉玛依市交通运输局公布21项行政事务事项清单，实现高频服务事项通过网上平台“跨省通办”。促进道路客运行业与旅游产业融合发展，全年完成新增客运班线2条，拟投入各型客车17辆。推进政务公开，接受群众监督，截至10月底，上传行政处罚信息204条、行政许可信息193条。

（陈江）

【投诉处理】2021年，克拉玛依市交通运输局维护群众利益，依法有效化解社会矛盾纠纷。全年受理并转办“12328”案件341件，回复“12345”政府服务热线办理工单件448件，解决各类投诉纠纷案件781件次。

（陈江）

运输管理

【道路运输市场】2021年，克拉玛依市共有道路运输从业人员约11734人，其中：道路货物运输从业人员9002人，旅客运输从业人员61人，机动车维修从业人员2114人，机动车驾驶员培训从业人员310人，客运站从业人员79人，汽车综合性能监测站从业人员168人；拥有各类营运车辆12694辆，其中：客运车辆67辆，普货车辆8809辆，危货车辆3272辆，机动车驾驶员教练车辆307辆，国际运输车辆239辆；客运企业5家、客运站3个；其他道路运输企业607家，其中：危货企业60家（43家单位同时具有普货运输资质），普货企业547家，个体道路货物运输业户439户；一类维修企业1家，二类维修企业109家，三类专项维修企业437家；驾培机构15家；汽车综合性能检测站4家。

（刘金玲）

【长途客运】2021年，克拉玛依市长途客运由克拉玛依市捷安运输（集团）有限公司、独山子鑫捷安旅客运输有限责任公司、新疆兴塔运输（集团）乌苏永安有限责任公司等23家运输公司承担。全市共开通克拉玛依至独山子3班、至乌苏3班、至博乐1班、至塔城1班、至石河子1班、至伊犁1班、至昌吉1班、至奎屯1班、至和丰1班、至托里1班、至额敏2班、至哈巴河1班、至北屯2班、至铁厂沟1班,共计每日20班次长途客车。截至年末，克拉玛依客运站全年累计发送长途客车0.77万车次，安全发送旅客6.8万人次。

（胡强）

【道路旅客运输市场管理】2021年，市交通运输综合行政执法局加强道路旅客运输行业安全监管工作，在春运、清明、“五一”、端午、开斋节等重要时段和节点开展道路旅客运输行业专项安全检查69次；2021年春运期间全市投入客车1412辆，完成客运量1.2541万人次，运力储备充分、组织得当，服务质量和旅客出行满意度明显提高；结合“扫黑除恶”专项行动,严厉打击“黑车”违法经营行为，肃清客运市场环境，2021年度，查处各类违法违规车辆177辆次，查扣非法营运车辆46辆。

（刘金玲）

【道路货物运输市场管理】2021年，市交通运输综合行政执法局深入开展“克拉玛依市安全生产专项整治三年行动”“危险货物道路运输行业三年安全治理行动”等工作，结合重要时段和节点开展道路货物运输行业专项安全检查701次，排查治理安全生产隐患452项，查处各类违法违规车辆30辆次，确保了克拉玛依市道路货物运输行业的稳定发展。

（赵跃）

【机动车维修和驾培市场管理】2021年，市交通运输综合行政执法局共计检查驾培维修企业215家次，发现隐患307处，下发整改通知书84份，已整改隐患307处，整改率100%；加强驾培业务管理，持续做好驾训机构的安全、教学培训、

1月10日，在小拐检查站，市公安局交警支队九公里大队交警正在引导货车司机有序通行（努尔买买提·艾山　摄）

结业考核和学员的管理工作，杜绝在培训过程中弄虚作假、教练员脱岗等现象。

（塔拉尼提·卡肯巴依）

【海事安全监管】 2021年，市交通运输综合行政执法局强化水上交通安全监管，全年开展安全检查10次，专项安全检查3次，责令整改问题隐患5处，核查水路运输企业1家，申检商用船舶8艘，全部检验合格，商船申检、执检合格率均达100%；申检渔业船舶71艘，检验合格53艘，执检合格率为74.6%。

（李适）

【交通法制宣传】 7月12日至7月16日，组织开展了综合行政执法队伍素质能力提升综合培训班，参与度高、培训成效显著；在“宪法宣传月”“防灾减灾日”“安全生产月”“‘12·2’宪法宣传周”等重要节点多渠道进行法律宣传教育活动，促进全市交通运输从业人员法律意识进一步增强。

（聂菲菲）

【交通运输矛盾化解】 2021年，市交通运输综合行政执法局持续健全规范投诉服务体系管理制度，严格执行信息报告制度，积极稳妥推进矛盾投诉纠纷化解工作。全年受理并转办“12328”案件361件，回复“12345”政府服务热线办理工单件469件，案件办结率100%，回访满意率100%，解决各类投诉纠纷案件830件次。

（赵书香）

民航运输

【概况】 2020年10月31日至2021年10月31日（一个统计周期），克拉玛依机场共保障各类飞行1.61万架次，同比增长1.26%；全年民航客运量40.39万人次，增长12.76%；民航货运量591.7吨，下降6.86%。克拉玛依机场收入合计2707.1万元，同比增长2.08%；成本费用合计5981.38万元，同比增长3.21%。

（程汉昕　杨成龙）

【航线开发】 2021年，克拉玛依机场共开通航线17条，航点19个，其中疆外通航点9个：北京、郑州、上海、西安、成都、广州、兰州、宁波（新增）、东营（新增）；自治区通航点10个：乌鲁木齐、伊宁、博乐、阿勒泰、库尔勒、阿克苏、吐鲁番、喀纳斯、富蕴。运营航空公司7家，驻场航空公司3家。

（程汉昕　杨成龙）

【机场规划获批】 2021年3月19日，克拉玛依机场2020版规划顺利获批，改扩建项目被纳入自治区“十四五”重点工程。根据近年来发展态势，2017年版机场总体规划已不符合需求，克拉玛依机场联合克拉玛依市政府于2020年开始编制机场新规划。新规划中克拉玛依机场被定位为国内支线机场、中型机场，规划目标为：年旅客吞吐量500万人次、年货邮吞吐量1万吨、年飞机起降43827架次，飞行区指标为4E，位于跑道西南侧172.5米处规划一条长3200米、宽45米跑道，现有跑道改为平滑，站坪机位总数35个（4E31C），机场消防与应急救护等级8级，新建5万平方米的国内航站楼、原有航站楼与综合交通枢纽改为国际航站楼，新增用地217.86公顷。10月20日，机场改扩建工程可行性研究报告已完成专家评审。

（程汉昕）

【机场新建消防救援站建成】 2021年，克拉玛依是完成克拉玛依机场新建消防救援站项目建设，项目投资1578.31万元、建筑面积3487.02平方米、建设时间为2020年10月至2021年12月，克拉玛依机场消防保障能力升级为7级。

（杨成龙）

【民航运输补贴】 自2021年夏航季起，克拉玛依市至成都、西安直飞航线已市场化运作，不再补贴。同时，克拉玛依—兰州—宁波、克拉玛依—郑州—广州等航线补贴标准也大幅下降。

（杨成龙）

【《克拉玛依市“十四五”通用航空产业发展规划》编制】 2021年，克拉玛依市完成《克拉玛依市“十四五”通用航空产业发展规划》编制，并通过评审。

（杨成龙）

【乌尔禾通用机场建设】 2021年，克拉玛依市乌尔禾区通用机场建设有序推进，作为自治区第一家A1级通用机场，于9月30日完成机场飞行校验。

（杨成龙）

【航空飞行培训】 2021年，新疆天翔航空学院和新疆龙浩飞行培训有限公司加大在克拉玛依机场训练飞机投入和飞行训练时间，其中龙浩航校年内新增训练飞机6架，飞行小时同比增长300%以上。

（杨成龙）

【克拉玛依机场改扩建项目】 2021年，克拉玛依市交通运输局推进克拉玛依机场改扩建项目前期工作，完成《克拉玛依机场改扩建飞行区及附属配套工程可行性研究报告》（报审稿），10月，民航新疆管理局委托中咨公司完成行业审查。

（杨成龙）

【紧急救助】 2021年6月7日，克拉玛依机场成功保障一名脚趾不慎切断的旅客及时赴乌鲁木齐市治疗。自20：55分接到旅客电话至00：06分旅客安全抵达乌鲁木齐共计用时4个小时，在此期间，机场从协调机组等候乘客至因乘客放弃前往乌鲁木齐又决定前往乌鲁木齐的二次开舱，体现出克拉玛依机场“以人为本”“人民至上、生命至上”的服务理念。

（程汉昕）

2021年底，乌尔禾通用机场通过竣工验收，成为全疆第一个建成的A1级通用机场 （崔文娟 摄）

铁路运输

【概况】 2021年，铁路客运量为116.98万人次，同比增长22.24%，铁路货运量354.06万吨，同比下降9.47%。

（杨成龙）

【客运车组】 2021年，克拉玛依火车站在旺季开行客运列车6对，其中经停列车3对，始发终到“复兴号”动车组客运列车3对。2021年暑期，克拉玛依市运行定期客运列车12列，旅客从克拉玛依乘坐火车可通达乌鲁木齐、奎屯、沙湾、石河子等10个自治区站点。同时，为满足旅游旺季和暑运期间旅客出行需求，客流高峰期，克拉玛依往返乌鲁木齐的3对“复兴号”动车组列车均采取重联方式增加载客能力，即由原来每列720个座位增加至1440个座位。

（杨成龙）

【落客平台建设】 2021年，克拉玛依市会同铁路部门统筹考虑疫情防控和火车站安检流程优化，实施了克拉玛依火车站人员分检、核酸检测点改造项目。9月29日，克拉玛依火车站二层落客平台正式启用，成为自治区除乌鲁木齐高铁站外，第一个启用二层落客平台的地州市。

（杨成龙）

【运行时间调整】 自2021年8月13日起，克拉玛依往返乌鲁木齐的C8765/66次列车仅经停奎屯站，全程运行时间缩短至2小时53分，较之前节省15分钟，同时为始发终到克拉玛依和乌鲁木齐旅客提供更多座位数。

（杨成龙）

油气储运

新疆油田公司呼图壁储气库

【概况】 2021年，新疆油田公司呼图壁储气库作业区年度注采调峰总量达到43.3亿立方米，其中注气23.4亿立方米、采气19.9亿立方米，较2020年再提升3.1亿立方米，已成为国内在役储备规模最大的百亿方级储气库。自2013年6月9日投注生产，截至2021年12月底，呼图壁储气库已历经“九注九采”，累计注气155.6亿立方米、采气112.7亿立方米，注采调峰总量达到268.3亿立方米。

（刘弯弯）

【经营管理】 2021年，新疆油田公司呼图壁储气库作业区全年注采增收7319万元，大工业直购电、降低电价0.03元/千瓦时，减少电费支出476万元，一次性永久征地502.21亩减少临时征地费等控投422万元，完成业绩指标及提质增效专项行动目标。

（刘弯弯）

【科技创新】 2021年，新疆油田公司呼图壁储气库作业区围绕库容高效动用、注采能力提升、安全预警管控等关键技术持续攻关，形成气藏型储气库注采调峰关键技术支撑体系，牵头制定行业标准1项、发布集团企业标准1项，申报发明专利3项、软件著作权1项，发表技术论文4篇，出版专著2部，科技成果获省部级二等奖1项、市局级二等奖2项。

（刘弯弯）

【安全环保】 2021年，新疆油田公司呼图壁储气库作业区加强新技术应用力度,实现“地下—井筒—地面”全方位监控，保障气库本质安全。全年开展隐患排查113次，整改销项问题143项，持续事故案例学习3050人次，实现“零污染、零事故、零伤害”；组织各类应急培训52次，开展应急演练81次，实战演练比例达到65%，参与政府应急救援5次；优化HSE管理体系运行，全年累计完成1次全要素审核、6次专项评估，HSE管理体系运行水平提升至B1级。截至年末，已创造连续3146天安全纪录。

（刘弯弯）

【储气库超预期完成百亿方储备任务攻坚】 2021年，新疆油田公司呼图壁储气库作业区启动“奋斗百亿方库存储备”“二期建设百日攻坚”两场劳动竞赛。周期累计注气23.4亿立方米（折油气当量186.5万吨），较股份公司下达的21.6亿立方米计划任务超注1.8亿立方米，同比上周期多注5.0亿立方米，气库当期储备量100.1亿立方米。

（刘弯弯）

【储气库日采气量突破3000万立方米创历史新高】 2021年，新疆油田公司呼图壁储气库作业区第九采气周期日采气量突破3000万立方米，连续保持33天，创历史新高，为新疆乌鲁木齐市及周边北疆城市用气需求提供保障。

（刘弯弯）

新疆油田公司油气储运公司

【主要业绩指标】 2021年，新疆油田公司油气储运公司全年输送原油、成品油、乙烷1586万吨，销售天然气68.8亿立方米；原油、天然气自用及损耗率分别为0.06%、0.79%，原油批次外销含水率0.31%，实现安全、环保重大责任事故为零的目标。

（刘涛）

【生产运行】2021年，新疆油田公司油气储运公司统筹管道输量调整和库存升降控制，完成年度储输任务。实施管网优化改造，紧盯上产外输瓶颈，开展克独正反输临时工艺改造，缓解克乌线输送压力，确保玛湖区块后路畅通；突出安全与效益并重，实施腹部原油东调，大幅提升油品销售质量。应对淡季不淡、旺季更旺特殊形势，强化天然气统配平衡，增强应急调峰能力，重点推进昌吉高新区配气站投建、D1219线首次清管等项目，保障北疆民生及工业用气。

（刘涛）

【设备管理】2021年，新疆油田公司油气储运公司加强设备设施维护保养，进行维检修作业标准化示范建设，维修效率提高20%；开展压缩机、三甘醇装置等关键设备自主化维保，消除潜在运行隐患，设备设施完好率达98.8%。完成D813气线等8条管道清管漏磁内检测，创造公司大口径内检测纪录，完整性管理工作在新疆油田检查中排名第一。

（刘涛）

【经营管理】2021年，新疆油田公司油气储运公司推进主业与多元业务协同发展，全面接管副产品销售业务，形成合规、专业油、气、副产品统一销售体系。开展炼厂、LNG、零散气市场调研，打通油气及副产品网上竞拍交易通道，推进营销数字化交接转型。坚持“提质”和“增效”并举，通过5类26项举措着力打造提质增效“升级版”，深挖效益潜力、细抠降本空间，超额完成油田公司下达的任务。大力开展成本管控活动，构建大培训、大讨论、大比武、大宣传、大监督工作格局，“成本在人人手中”的理念深入人心。

（刘涛）

【安全环保】2021年，新疆油田公司油气储运公司实施安全环保履职能力评估，突出岗位执行落实与考核问责，推动安全环保压力逐级传导。开展反违章专项整治，排查整改高危作业、油气罐区等重点领域风险隐患，引入视频监控系统，试点实施主要施工现场风险作业远程监督。落实生态环保重大事项议事制度，开展生态环境隐患排查，合规转移处置含油污泥1.1万吨。强化能耗源头管控和过程监督，全年节能1708吨标煤、节水2.9万立方米。

（刘涛）

【科技管理】2021年，新疆油田公司油气储运公司开展克独线正反输工艺调整、腹部输油工艺优化、天然气管网平衡分析等27项专题研究，解决油田上产外输难题，拓宽天然气运行边界，为管网安全高效运行提供了强劲技术支撑。持续加大科技创新力度，资金投入翻倍增长，承担科技研究9项，推荐参评自治区科学进步奖1项，表彰论文、成果48篇，创新活力进一步激发。注重专利挖掘和质量把控，申报发明专利3项，授权实用新型专利4项，知识产权成果取得新突破。加快物联网建设，统筹谋划数字化转型与软硬件升级改造，实现22个原油站点远程集中调控，30个天然气站点数据自动采集，两级调度并轨运行，逐步向油气站库综合巡检、调度中心集中操控新型管理模式迈进。

（刘涛）

【企业改革】2021年，新疆油田公司油气储运公司编制管理手册及181项管理制度、150个操作规程、20个应急预案，实现管理体系整体优化和全面融合。梳理标准化站队适用的制度、管理要点，编制“一站一册”，推进管理提升有效延伸至基层，701站荣获集团公司HSE标准化先进基层单位。厘清研究所、信息档案管理站职能，增强科技力量；集中优质资源，组建维（抢）修中心，提升现场监管和应急保障能力。创新用工方式与风城开展岗位业务外包，开拓外部市场承揽吐哈油田业务。研究推进信息化条件下生产组织方式转型，建立与之匹配管理程序和工作制度，缩短管理链条。

（刘涛）

中国石油新疆油田王家沟油气储运中心

【生产运行概况】 2021年，中国石油天然气股份有限公司新疆油田王家沟油气储运中心对接原油、成品油市场销售情况及资源配置计划，加强产销衔接，超计划完成仓储中转量，实现原油、成品油转运任务“双超”。

（张明霞）

【经营管理】 2021年，中国石油天然气股份有限公司新疆油田王家沟油气储运中心结合油田发展规划，对标一流企业标准,启动“十四五”规划编制。聚焦效益目标，编制服务保障运行方案，测算仓储、中转价格，落实仓储中转协议签订，定价取得板块、集团认可，同比增收仓储中转费2.44亿元，收费工作取得历史性突破。开展“我为成本管控出力”提质增效专项行动，用活用好财税政策，在消化国家应急部大型油气储存基地安全风险评估隐患治理、弥补历史欠账情况下，确保成本费用不超支，较年初预算节约费用。梳理资产权属，对西部管道拟出售、回购资产进行核实，推进低效无效资产、物资出售和内部调剂，为解决资产权属与生产运行业务界面交叉的问题奠定基础。

（张明霞）

【设备设施管理】 2021年，中国石油天然气股份有限公司新疆油田王家沟油气储运中心推动站场完整性管理，开展设备检测132台、预防性维修2800余次，确保设备完好率99.8%，优化工艺运行，加装在线含水分析仪，改进放水工艺，恢复污水处理系统，标定车载体积管，投用铁路栈桥流量计，提升交接准确性，升级栈桥装车系统，缩短作业周期，提高装车频次。

【安全环保】 2021年，中国石油天然气股份有限公司新疆油田王家沟油气储运中心对标国家安全生产标准启动安全生产标杆品牌建设，落实全员安全生产责任制，一体推进QHSE体系建设、履职能力评估、自主化班组创建、双重预防机制建设，开展全覆盖、拉网式安全生产大排查大整治、反违章专项整治，以及安全生产月、内部审核、全员识别风险、书写风险辨识操作危害因素等活动。全年更换加热炉低氮燃烧器，推进大罐浮盘VOC（挥发性有机物）治理项目，处置含油污泥607吨，年度生产综合能耗较下达指标控减19%，开展“十四五”新能源规划方案编制，推动绿色低碳油库建设。

（张明霞）

【科技管理】 2021年，中国石油天然气股份有限公司新疆油田王家沟油气储运中心制定下发《科技创新工作管理办法》等6项相关制度，创建创新工作室，完善激励制度与配套政策。突出生产运行重点难点及关键技术研究，自主研发实物资产识别及查询系统移动协同App，独立运行办公网络，开展13项QC课题、9项自主课题研究。推进智能油库建设，利用油库生产设施较为集中，物联网技术应用较早，设备、设施自动化控制程度较高优势，聚焦“人机物联、智能高效”，科学编制物联网建设、智能油库整体规划方案。

（张明霞）

【管理模式创新】 2021年，中国石油天然气股份有限公司新疆油田王家沟油气储运中心本着“一专多能,精干高效”原则，组建项目经理部，采用项目群一体化、专业化模式统筹项目全过程，因地制宜创新项目管理模式，采用矩阵式＋项目群模式，确保15个工程项目的施工效率和施工质量。

（张明霞）

国家管网西部管道独山子输油气分公司

【概况】 2021年，国家管网西部管道独山子输油气分公司负责新疆伊犁哈萨克自治州、博尔塔拉蒙古自治州、塔城地区、克拉玛依市、石河子市及兵团第四、七、八师境内包括西二线、阿拉山口—独山子原油管道、独山子—乌鲁木齐成品油和原油管道、西气东输三线、伊霍煤制气支干线等输油气管道及其相关站场的运营管理业务。立足一个“基地”（独山子基地），建设两个“国门”（阿拉山口原油首站和霍尔果斯压气首站），管辖6个作业区（独山子作业区、乌苏作业区、精河压气站、阿拉山口输油站和霍尔果斯作业区），依托一个维抢修中心（独山子维抢修中心），附带一个物资供应站，形成“12611”工作格局。

（杨浩镭）

【冬季保供】 2021年，国家管网西部管道独山子输油气分公司落实国家石油天然气管网集团有限公司“冬夏一体化”要求，开展压缩机管理攻坚，细化维护保养标准，提升关键设备保养质量。全年完成压缩机组大修1台，中修2台，机组健康体检21台，所辖油气管道运行平稳。

（杨浩镭）

【安全风险评估及治理】 2021年，国家管网西部管道独山子输油气分公司结合大型油气储存基地安全风险评估，对独山子成品油站开展对标自查、深度评估，针对发现的22项问题，制定“一库一策”，完成问题整改，顺利通过应急管理部督导核查，以904分的成绩被评估为低风险。

（杨浩镭）

【安全风险防控】 2021年，国家管网西部管道独山子输油气分公司按照“管业务管风险、谁部署谁研判”原则，推行安全风险分级管控，突出作业风险动态预知预测预防，狠抓票证管理，从源头提升风险识别水平和现场执行效果。加强高风险作业监管，全年完成独-703线绝缘接头及法兰更换等特级动火作业5次，一级动火作业14次，其他各类危险作业970次。

（杨浩镭）

【应急能力建设】 2021年，国家管网西部管道独山子输油气分公司开展常规应急演练3次，“情景构建”应急演练9次，桌面推演及实战演练138次，提升员工第一时间、第一现场应急处置能力。承办果子沟隧道天然气泄漏二级应急演练，自主设计研发的隧道专用工装，针对性地解决了隧道内抢险难题。

（杨浩镭）

9月23日，国家管网西部管道独山子输油气分公司开展果子沟隧道天然气泄漏应急演练。图为工人们在进行管线吊装演练　（周尧　摄）

【焊缝排查】 2021年，国家管网西部管道独山子输油气分公司完成阿独线10座阀室160道焊缝检测，处理阀门防腐缺陷40处。开展阿拉山口原油站进出站管道检测，发现并处理进站管道本体腐蚀缺陷。按计划排查477道干线管道环焊缝，完成68道焊口玻璃纤维补强，2道环氧套筒补强及4道裂纹缺陷焊口B型套筒补强作业。

（杨浩镭）

【管线安全防护】 2021年，国家管网西部管道独山子输油气分公司落实管道区段长制度，编制“一区一案”，做好高后果区巡护管理，通过实地巡查和GPS巡检系统进行监督检查，保证巡护工作质量。制定管道保护精准宣传计划，开展各类管道保护宣传152次。建立企地联动机制，联合管道周边社区、派出所及居民做好应急疏散演练。落实安保防恐责任，全年与沿线公安机关开展应急联合演练和武装巡线23次。

（杨浩镭）

环境质量

【大气环境质量】 2021年，克拉玛依市环境空气质量稳定达到国家二级标准，全市环境空气质量优良率91.0%，$PM_{2.5}$平均浓度为23微克/立方米，同比下降11.5%，PM_{10}平均浓度为48微克/立方米，同比下降11.1%，空气质量在全疆地州（市）排名第三。污染天数合计33天，较上年减少9天。

（龙娟）

【水环境质量】 2021年，克拉玛依市重点监测河流、水库各断面水质均达到相应考核目标，河流、水库水质均达到或优于Ⅲ类，水质达标率100%，城市建成区持续保持无黑臭水体。全市6个集中式饮用水源水质均达到或优于Ⅲ类，饮用水水源地水质达标率100%，水环境质量总体改善，饮用水安全保障水平持续提升。

（龙娟）

【声环境质量】 2021年，克拉玛依市声环境质量保持稳定。全市建成区区域环境噪声平均等效声级为50.9分贝，道路交通噪声平均等效声级为63.9分贝，均符合国家《声环境质量标准》。

（龙娟）

【土壤环境质量】 2021年，克拉玛依市土壤质量保持清洁（安全）级，农村环境质量保持良好。全市无受污染耕地，未发生因疑似污染地块或污染地块再开发利用不当且造成不良社会影响的事件，农用、建设用地土壤环境安全得到有效保障。

（龙娟）

【辐射环境质量】 2021年，克拉玛依市辐射环境质量保持安全。全市核技术利用活动安全可靠，未发生辐射事件或事故，辐射环境质量始终保持天然本底水平。

（龙娟）

【环境监测】 2021年，克拉玛依市生态环境局按照《2021年新疆维吾尔自治区生态环境监测方案》《关于进一步做好2021年度生态环境监测工作的通知》要求，完成全年各项监测任务，取得环境监测数据228.5万个，其中挥发性有机物（VOCs）84.8万个，环境空气质量六参数监测数据36.8万个，水、噪声、土壤、污染源1.8万个，辐射105.1万个；组织专班完成《克拉玛依市“十三五”生态环境质量报告书》编制，报送环境空气质量日报365期，全年未发生监测数据弄虚作假行为。

（龙娟）

森林和自然保护地保护

【规划编制】 2021年，克拉玛依市编制完成《克拉玛依市林业和草原保护和发展“十四五”规划》，“十四五”期间计划完成造林12.2万亩；实施森林抚育3.5万亩。开展保护地规划编制、报批，其中《魔鬼城风景名胜区总体规划》已获得自治区人民政府批复，魔鬼城风景名胜区总面积121.1平方千米，其中一级保护区（核心区）面积为10.01平方千米，为风景名胜区管理、保护和建设提供规划支撑；《西部戈壁风景名胜区总体规划》已经完成初稿并完成第一次部门意见征求和专家组审查；《玛依格勒森林公园总体规划》已完成编制、报批，并通过自治区专家组审查。

（朱明全）

【自然保护地优化整合】 2021年，克拉玛依市开展自然保护地整合优化，玛依格勒森林公园由260平方千米整合优化为47.01平方千米，《克拉玛依市自然保护地整合优化预案》通过自治区专家组审查并上报自然资源部、国家林业和草原局。

（朱明全）

【推进重点林草工程】 2021年，克拉玛依市争取中央、自治区财政资金1278.62万元，落实中央森林生态效益补偿，规范全市国家级公益林管理，提升林区林分质量。完成退化林修复2800亩、森林抚育5000亩，100%完成全年工作任务。全市林草领域超过500万元以上固定资产投资项目2个，完成投资2300万元。

（朱明全）

【林业生态建设】 2021年，克拉玛依市累计完成人工造林0.4万亩，实施森林抚育0.5万亩。组织开展2次集中义务植树活动和春季义务植树月活动，义务植树面积3646亩、种植乔灌木71.97万株（其中乔木6.95万株、灌木65.02万株）。争取中央、自治区财政资金1278.62万元，重点实施天山和阿尔泰山生态保护修复、国家公益林管理项目。

（朱明全）

【林业生态保护】 2021年，克拉玛依市开展打击毁林专项行动，在克拉玛依日报、零距离等媒体向社会公布打击毁林专项举报电话，受理群众举报毁林开垦线索1条，完成2021年森林资源督查矢量数据入库、2020年森林资源督查违法图斑整改，完成13个非法图斑查处、整改及林地回收，行政处罚毁坏森林资源企业4个，罚款6.53万元，补办手续0.5114公顷，收回林地（恢复至林业生产条件）1.92公顷，2020年度群众举报线索违法图斑全部完成整改。严格执行森林采伐限额制度和凭证采伐制度，按照自治区下发年度定额，做好“十四五”采伐限额计划执行工作。

（朱明全）

【推行林长制】 2021年，克拉玛依市建立林长制组织体系，设立各级林长160名、副林长163名；完善林长制规章制度，市区两级制定并印发《克拉玛依市全面推行林长制领导小组工作规则》等7项配套制度；推进林长制各项督办工作，各级林长开展巡林143人次，查摆问题16个、整改15条、建章立制1条。

（朱明全）

【林地使用行政审批】 2021年，克拉玛依市审批临时使用林地218宗审批573.89公顷，征收森林植被恢复费3186.9689万元。

（朱明全）

【林业有害生物防控】 2021年，克拉玛依市严格执行苗木产地检疫、调运检疫程序，全年共复检苗木、花卉509.2万株，产地检疫苗木、花卉98.1万株，共销毁伐除感病苗木800余株。

（高必强）

【开展杨树烂皮病综合防控技术项目】 2021年，克拉玛依市为做好国家林草局森防总站杨树烂皮病综合防控技术项目，组织林业专业技术人员，对全市3500亩试验地采取杨树烂皮病调查、刮涂、喷干等多种措施进行实验，项目按计划达到预期目标。

（高必强）

【开展重大林业有害生物专项调查】 2021年，克拉玛依市对松材线虫病、白蜡窄吉丁、光肩星天牛、葡萄蛀果蛾、美国白蛾、苹果小吉丁虫等重大林业有害生物开展专项调查，通过专项调查未发现以上有害生物。

（高必强）

【野生动植物保护】 2021年7月15日，克拉玛依市野生动物救助中心挂牌成立，并向自治区野生动植物保护处争取野生动物救助经费近12万元。拍摄《克拉玛依市野生动植物保护公益广告片》，加强野生动物保护宣传；开展野禽禽流感疫情排查，巡护、监测近150平方千米，未发现不明原因死亡野生禽类尸体；联合市动物卫生防疫部门开展疫源疫病调查，检测野生禽类粪便、尸体等样本68份，未检测出疫源疫病。联合市场监督管理局等7家单位开展“清风行动”，检查各类场所179个，未发现违法售卖野生动物及其制品行为。

（朱明全）

【森林草原防灭火】 2021年，克拉玛依市加强森林草原防火宣传，利用户外LED屏幕滚动播放《森林草原防火公益广告片》和《森林草原火警警示片》；新设立警示标志牌12块、悬挂标语横幅10条、散发宣传单和手册5000余份、监督劝阻烧荒行为6次、制止和劝阻野外生活用火29起、处置熄灭生活余火17次。建立气象信息共享机制，通过“106573215054”气象信息发布平台，每日向林草系统工作人员近200人发布森林草原火险等级和预警信息。开展野外火源治理和查处违规用火行为专项行动，共查出问题或隐患32项，现场整改31项，限期整改1项，批评教育67人次。组织开展森林草原火灾综合风险普查，梳理出火灾隐患45条，完成全市50个可燃物标准样方、15个可燃物大样方普查。在各区管护站、防护林卡口、检查站等3种情景17个卡口点推广使用森林草原“防火码”。开展“安全生产月”活动，组织开展大讲堂活动4场次、安全生产“五进”活动6场次，覆盖农牧民近200人次，发放宣传单300余张。消除可燃物隐患，举办森林草原火灾预防演练5次。

（高必强）

1月20日，一位居民发现受伤的长耳鸮（xiāo），市自然资源局白碱滩区（克拉玛依高新区）分局将其带回救治点救治后放生　（尚霈云　摄）

【林草科普】 2021年，克拉玛依市林业和草原局加强林草科普工作，相继开展科技下乡、国际生物多样性日、全国科普日宣传活动，通过野生动植物展板、开放园林科普展厅等形式，广泛宣传林草科普工作，发放《科技下乡活动宣传册》《野生动植物保护知识》《病虫害防治知识》等宣传册500余份，现场答疑解惑50余个，解决实际问题18个。

（李艳红）

污染防治

【大气污染防治】 2021年，

克拉玛依市开展2020—2021年冬春季大气污染综合治理攻坚、春季“控尘”专项执法检查暨指导帮扶、“四季攻坚”系列专项执法行动以及实施夏秋季大气污染防治“冬病夏治”、2021—2022年采暖季大气污染防治攻坚等系列污染防治措施，明确春季控尘、夏季截污、秋季治废、冬季治霾治理主导方向，对工业企业治污、锅炉淘汰或改造以及施工工地、施工道路扬尘等无组织排放行为进行排查，并就6个方面采取10项措施实施综合治理。通过综合治理，排查治理各类大气污染问题20余项；完成重点区域独山子区晟通热力7台65蒸吨以上燃煤锅炉超低排放改造，并开展试运行。创新区域兵地生态环境保护融合发展机制，牵头组织各方签订《克拉玛依市兵团第七师胡杨河市兵团第八师石河子市兵地生态环境保护融合发展框架协议》，配套制定联席会议、联合执法、信息共享、应急联动、信访联处等5项机制。

（龙娟）

【水污染防治】 2021年，克拉玛依市完成《克拉玛依市水生态环境保护要点》编制，谋划“十四五”水生态环境保护，污染减排与生态扩容两手发力，立足“保好水、治差水”，推进河湖生态环境保护修复。深化污染减排，定期开展入河（湖）排污口排查，巩固清理整治成果，全市河湖实现污水零汇入。以重点排污单位和工业园区为重点，落实污水处理环境监管要求，推进工业企业全面达标排放。开展城镇污水处理设施提质增效，全市5座污水处理厂均执行一级A排放标准。加强医疗污水监管，公立医疗机构、集中隔离点、污水处理厂监督全覆盖，每周调度，补齐短板。组织乌尔禾区白杨河河段申报美丽河湖保护与建设优秀案例。开展水环境质量承载力评价分析，评价结果为未超载。继续保持克拉玛依市建成区内无黑臭水体，推动实现长治久清。

（龙娟）

【土壤污染防治】 2021年，克拉玛依市开展重点行业企业用地土壤污染状况调查，完成17个地块调查报告评审，调查结果均未超过《土壤环境质量 建设用地土壤污染风险管控标准（试行）》相关筛选值要求。强化全市27家土壤污染重点监管单位管理监督，落实土壤污染防治主体责任和信息公开。开展全市固体废物环境隐患专项排查整治，检查“一废一库一品”（危险废物、尾矿库、危险化学品）企业78家，完成全部17项问题整治。开展全市土壤污染防治规划编制。争取上级资金支持1493.88万元，开展全市地下水特定元素背景状况调查项目。

（龙娟）

【碳排放管理】 2021年，克拉玛依市将碳达峰、碳中和纳入市生态环境规划整体布局，根据国家、自治区部署，研究

7月19日，与市区毗邻的克拉玛依石化公司厂区西侧水域，一群群红嘴鸥在浅水中觅食、嬉戏（闵勇 摄）

全市碳排放达峰行动及应对气候变化工作路径。督促全市8家重点企业做好线上温室气体排放数据填报工作。研究落实《碳排放权交易管理办法（试行）》，根据自治区配额分配情况，组织发电行业3家企业参与全国碳排放权交易，对企业清缴履约工作进行管理、监督和指导，引导重点排放企业自主减排，确保按期履约。推动石油、石化行业利用CCUS（二氧化碳捕集、利用与封存）技术在温室气体减排领域应用，帮助重点企业开展氮氧化物与二氧化碳协同减排试验。试验成功后，一套装置满负荷运行下每年可减少10万吨二氧化碳排放，每年可节能约7049吨标煤，实现减污、降碳、节能协同增效。

（龙娟）

【自然保护地监督】 2021年，克拉玛依市开展“新疆绿盾2021”克拉玛依市自然保护地强化监督行动，牵头联合交通运输、农业农村、水利、林草等5部门印发专项方案，建立机制，全面排查，并面向社会公众发布征集自然保护地违法违规问题线索公告。经全面核查，克拉玛依市自然保护地内不存在非法开矿、筑路、修坝、建设等环境违法行为。

（龙娟）

【独山子大气污染督察整改】 2021年，克拉玛依市牵头起草印发《关于成立迎接第一轮第二批自治区、兵团生态环境保护督察工作领导小组的通知》《关于做好自治区第一轮第二批自治区生态环境保护督察迎检工作的通知》，细化独山子区委、区政府、市环委会成员单位和重点石油石化企业责任和任务，明确落实迎检责任、资料准备、信访案件办理、反馈意见整改等具体要求。9月5—29日，自治区、兵团第二生态环境保护督察组进驻“奎—独—乌”区域，对奎屯、乌苏、独山子开展为期25天的大气专项督察作。截至入驻督察结束，自治区督察组共反馈独山子区6批次19件信访举报件，所有信访举报件均按期完成答复办理工作，办结率100%；同步制定整改方案，复查6项问题中，已完成4项整改，2项整改有序推进。

（龙娟）

【中央环保督察整改“回头看”】 2021年，克拉玛依市推进中央环保督察“回头看”常态化。分别于3月22日、6月29日、11月12日，三次组织对独山子区人民政府、乌尔禾区人民政府、市工信局、市自然资源局、市住建局、市水务局、新疆油田公司等单位所负责12项整改任务进行全覆盖式“回头看”。现场核查独山子石化公司泄漏检测与修复、克拉玛依石化公司常减压装置改造、乌尔禾区艾里克湖各项工程、城镇污水处理厂运维情况、龙达、星火等砂厂地貌恢复情况、新疆油田公司废液池治理情况、机电井封井情况等整改任务点位共30余个。经复查，全市各项任务均整改彻底无反弹。

（龙娟）

塑料污染治理

【不符合政策的塑料制品管理】 2021年，克拉玛依市涉及塑料制品生产企业有4家，即食品相关产品（塑料饮料瓶）生产企业。无塑料袋、塑料餐具、农用地膜、一次性发泡塑料餐具、一次性塑料棉签及含塑料微珠的日化产品以及其他不符合产业政策的塑料制品生产企业。市市场监管局制定下发《关于落实〈关于深入推进塑料污染治理工作的通知〉有关工作的紧急通知》《2021年克拉玛依市产品质量监督抽查计划》，加强塑料制品质量监督检查，依法查处销售不符合标准的超薄塑料购物袋、农用地膜产品和塑料制品，严禁销售一次性发泡塑料餐具、一次性塑料棉签。2021年，对一次性塑料餐具、农用地膜、塑料袋、日用塑料制品等产品共计32批次产品进行监督抽查（其中塑料袋 18 批次，塑料制品 10 批次，食品相关产品 4 批次），结果为不合格 5 个批次（均为塑料购物袋，不合格项目为“落镖冲击”“厚度及偏差”）。立案查处 5 起，没收不合格产品 1992 个，罚没款 3097.2 元。

（余强）

【商超零售业塑料制品使用管理】 2021 年，克拉玛依市严格执行《商品零售场所塑料购物袋有偿使用管理办法》，要求商品零售场所不得免费提供塑料购物袋，鼓励顾客自备纸袋、布袋，减少使用塑料袋。为切实推广减塑措施，推行环保生活方式，克拉玛依市推出“扫码免费领环保袋”活动，在全市各大商超布点“云袋”无人售货机，市民通过扫码每日可免费领取 2 ～ 8 个可降解塑料袋，加快推广符合国家可降解塑料标准、掩埋 90 天即可降解的可降解塑料袋。截至年末，全市 20 家大中型商超内共投放了 45 台免费环保袋自动售货机，每日领取量在 1500 个以上。

（余强）

【文旅行业塑料污染治理】 2021 年，克拉玛依市引导宾馆、酒店不主动提供一次性塑料制品。市环保、市场监管等部门开展星级酒店和景区一次性塑料制品检查工作，重点检查房间配备一次性用品的采购台账，查验供应商检验检测报告，并现场随机抽查。对抽样不合格产品及时通知经营单位，并做好“回头看”工作。按照《文旅行业塑料污染治理工作方案》要求，在旅游景区和星级酒店评定中，将一次性塑料制品管控和执行国家、自治区政策、标准、要求情况纳入评定评级标准，并作为一项重要评定内容。

（余强）

5月19日，一位消费者在超市通过扫码免费领取环保袋

（闵勇　摄）

【快递行业塑料包装管理】 2021 年，克拉玛依市邮政管理局制定下发《克拉玛依市邮政快递业“邮来已久、绿动未来”主题宣传活动工作方案》《克拉玛依市邮政管理局邮政业生态环境保护工作实施方案》《重金属和特定物质超标包装专项整治方案》《过度包装和随意包装专项整治方案》等一系列关于邮政快递业生态环保工作实施方案，对于电子运单使用率、使用环保胶带、包装减量化、循环中转袋使用工作提出具体实施意见，要求各企业严格落实。持续推进瘦身胶带、循环中转袋、邮件快件包装废弃物回收箱应用，加强行业从业人员教育培训，将包装操作规范和节能驾驶等内容列入员工岗前培训和在岗培训内容，实现一线操作人员培训全覆盖。督导落实包装减量化工作，使用新型填充物、新型包装箱、窄胶带等，减少包装物用量，引导用户回收包装箱及填充物，做好循环利用。截至年末，克拉玛依市电商快件（揽收件）不再二次包装的比例达到 95.56%；封套、包装箱、包装袋等包装用品均按标准统一采购，循环中转袋（箱）使用率达到 100%；瘦身胶带使用率达到 98.1%；快递业务量电

子运单（揽收件）使用率达到98%，可循环快递箱（盒）使用量300个。

（余强）

【生活垃圾分类试点】 2021年，克拉玛依市作为自治区生活垃圾分类试点城市，在全市236栋党政机关办公楼、82所学校、71家医疗机构、89个社区开展生活垃圾分类推进工作，实现公共机构垃圾分类全覆盖。通过垃圾分类进机关、进学校、进医院、进小区活动，改造新建垃圾分类投放箱2892组，引导居民按照有害垃圾、厨余垃圾、可回收物、其他垃圾的要求分类投放，并明确回收企业定时收运，从源头减少生活垃圾填埋的数量，减少塑料垃圾污染。

（余强）

【城市生活垃圾处理设施建设】 2021年，克拉玛依市实施白碱滩区餐厨垃圾厂和独山子区“四废”（生活垃圾、医疗废弃物、餐厨垃圾、污泥）协同项目。独山子区“四废”协同项目正在进行项目前期准备，年末在进行环评编制。白碱滩区餐厨垃圾厂已于2021年5月25日完成招标工作，年末正在办理项目施工手续。

（余强）

【可回收物收运及资源化利用】 2021年，克拉玛依市可回收垃圾分拣站在公共机构、试点街道、社区共回收可回收物7600吨，其中可再次利用的塑料制品1170余吨。

（余强）

【农田废旧地膜污染治理】 2021年，克拉玛依市农业农村局争取自治区和市本级资金，持续对耕地质量进行监测，制定系统治理方案，为“去存量、减增量”提供技术支撑，强化对监测结果的开发利用，重点掌握地膜残留状况效。根据耕地质量监测分析报告，制定《克拉玛依市农田废旧地膜污染治理攻坚战工作方案》，按照“谁污染，谁治理”原则，明确地膜经营、土地使用权人（出租人）、农业生产者、地膜回收资源化利用企业等相关责任人不同责任。按照“去存量、减增量”及当年使用地膜回收率达到81%工作目标，推进农作物栽培模式的减膜化、无膜化。2021年，全市覆膜作物面积15.6万亩，较2020年降低近24%。利用农机补贴政策，支持农机专业合作社、个人引进地膜回收新设备，提高地膜有效回收率，全年农业开发区共引进7台设备，实现了秸秆还田和废旧地膜回收一体化，降低60%以上的回收拉运成本，回收率达到85%以上。

（余强）

【农用塑料垃圾专项清理】 2021年，克拉玛依市开展农用塑料垃圾专项清理，针对全市开展生产的农户，均要求使用者履行回收义务，将农药、化肥投入品包装废弃物和地膜收集后交由厂家处理或放置到集中回收点，对随意丢弃、掩埋和焚烧废弃物的行为，按照《中华人民共和国土壤污染防治法》等法律法规给予处罚。根据2020年下发的《关于切实做好我市农药包装废弃物回收工作的通知》，加强田间监测，组织开展农药包装废弃物情况调查，摸清农药包装废弃物数量及分布区域。市农业农村局深入田间地头向农户宣传法律法规，会同其他部门对农资销售店进行排查，检查农药包装废弃物的回收情况。截至年末，全市未发生乱扔农资废弃物的案件。

（余强）

【一次性塑料用品抽查管理】 2021年，克拉玛依市使用一次性吸管的经营单位173家，其中克拉玛依区83家、独山子区38家、白碱滩区47家，乌尔禾区5家，市市场监管部门要求各区建立《克拉玛依市使用一次性吸管经营者台账》。重点对辖区早餐店、奶茶店、综合性商超及食杂店开展摸排检查，共检查食品经营单位1219家次，发现并下架不可降解一次性塑料吸管12箱及大量散装一次性塑料吸管。对摸排出来使用一次性吸管的经营户履行书面告知，明确告知其在2021年1月1日起不得再使用不可降解一次性吸管。同时对辖区内使用不可降解一次性吸管场所进行监督检查，对仍在使用经营户下发责令改正通知书，对拒不改正又无法给予合理解释的经营户正式移交商务局进行处罚。为动态掌握商务领域“限塑令”推行情况，市市场监管局、商务局联合对克拉玛依区、独山子区、白碱滩区31家企业（其中包括6家超市、25家餐饮企业）塑料污染治理工作开展情况进行抽查，合格率达到85%以上。

（余强）

石油石化企业环境保护

【新疆油田公司污染物管控】 2021年，新疆油田公司研究制定废水、废气、温室气体、油泥专项管控工作方案，强化废水源头削减、优先回用回注，优化控制水量、稳定保障水质，完成COD总量控制指标；严控能耗总量，优化锅炉运行，有效控减NOx和温室气体排放；加强油泥源头管控、过程控减和综合利用，完成油泥减量目标；实行指标月度分析预警，专题会、HSE例会等通报推进污染物及温室气体控减工作，完成中石油集团公司下达的各项考核指标。

（张燕萍）

两只国家二级保护野生动物——鹅喉羚在准东采油厂火烧山作业区井场自由觅食（闵勇　摄）

【新疆油田公司绿色企业创建】 2021年，新疆油田公司对照绿色企业创建标准，制定“十四五”创建目标，印发《公司绿色企业创建工作方案》，明确任务、细化措施，推进创建工作，计划于2023年达到绿色企业A级水平。

（徐阳）

【独山子石化公司环保提标】 2021年，独山子石化公司投资4.2亿元，完成废水减排、三苯罐区VOCs治理、地下水监测等环保项目13项，颗粒物、二氧化硫、氨氮、VOCs、COD、氮氧化物排放量同比分别下降1.23%、2.33%、4.26%、9.76%、23.24%、26.65%，废水回用率75%，同比提高29个百分点。加强能源“双控”，全年节能3.18万吨标煤、节水43.86万立方米。参加全国碳市场交易，成功达成总部首单。碳排放总量较指标减排4万吨。2019—2020年碳排放履约按时完成。

（郭楷　肖明友）

【新疆油田公司清洁生产】 2021年，新疆油田公司全面推进钻井岩屑“三化”一体新工艺，岩屑经固液分离后直接转运至处置企业，实现源头减量化；组织处置企业开展达标岩屑修复矿坑、修建道路、制砖等综合利用和探索试验，推进末端资源化。

（钟成冬）

【克拉玛依石化公司节能减排】 2021年，克拉玛依石化公司坚

11月30日，新疆油田吉庆油田作业区（吉木萨尔页岩油项目经理部）进行工业二氧化碳捕集注入油井驱油试验，以实现碳减排、提高油田采收率的目标　（张昀　摄）

持源头防控，强化基础管理，挥发性有机物排放量大幅度减少，环境空气质量明显改善，政府监测数据优越。2021年氮氧化物减排114.8吨、VOCs减排261吨；开展废水污染源的普查，通过监测，摸清污染物组成、浓度和排污途径，完善污染源档案，针对重点点源实施差异化管理，编制全厂下水井水质分析专用工艺卡片，实施精准管控、严格考核，营造“废水也是产品，产品就要满足指标”管理氛围；全年完成集团公司下达COD总量控制指标，减排量达1.7吨。全年炼油综合能耗同比降低0.36千克标油/吨，完成各项环保、节能指标，未发生环境事件。

（刘娟）

构建现代环境治理体系

【启动国家生态文明建设示范区创建】 2021年，克拉玛依市召开创建国家生态文明建设示范区专题研究会，成立创建领导小组。制定出台《克拉玛依市创建国家生态文明建设示范区工作方案》，明确创建目标、步骤；对照《国家生态文明建设示范区建设指标》，组织各单位部门对近年达标现状自查自评，摸清底数；启动生态示范区建设规划编制，细化重点措施、任务和工程项目，推动报审实施。

（龙娟）

【环境法制体系建设】 2021年4月1日，克拉玛依市首部环境地方性法规《克拉玛依市大气污染防治条例》（简称《条例》）正式实施。市生态环境局制定专项宣贯方案，在全社会开展《条例》宣传。落实《条例》要求，牵头制定《克拉玛依市有关部门生态环境责任清单》，厘清各级党委、政府和有关部门生态环境保护责任边界，落实党政领导干部“党政同责、一岗双责”，做到“管发展、管生产、管行业必须管环保”，推进全市生态环境保护治理体系现代化建设。

（龙娟）

【“三线一单”编制完成】 2021年，克拉玛依市完成全市“三线一单”（生态保护红线、环境质量底线、资源利用上线和生态环境准入清单）编制，明确生态保护红线范围划定，根据油气产业发展需要，科学评估大气环境质量目标，对接自然保护地划定范围，形成《克拉玛依市“三线一单”生态环境分区管控方案》和《克拉玛依市生态环境准入清单》。全市共划定49个生态环境管控单元（不含兵团），其中优先保护单元19个，重点管控单元17个，一般管控单元13个，保障经济高质量发展与生态环境高水平保护协同推进。

（龙娟）

【编制“十四五”生态环境保护规划】 2021年，克拉玛依市总结“十三五”环保成效及问题，深入分析“十四五”全市生态环境保护机遇和挑战，明确未来指导思想、基本原则、目标指标、重点任务及重点工程，增强生态系统稳定性，推动经济发展与环境保护深度融合，设置水、大气、土壤、生态、风险防控等领域5大类16项指标（其中约束性指标13项、预期性指标3项）。

（龙娟）

【环评制度改革】 2021年，克拉玛依市出台《关于印发克拉玛依市关于进一步推进建设项目环境影响评价制度改革的实施方案（试行）的通知》，落实环评审批正面清单，公开告知承诺审批办事指南，依托全国建设项目环评统一申报系统，100%做到“网上办”和“不见面”审批，在确保生态环境保护措施到位、保证环境质量前提下，缩减审批时限，将报告书项目审批时限压缩至20个工作日（法定时限为60日），报告表项目审批时限压缩至12个工作日（法定时限为30日），为企业节省60%以上办事时间。截至年末，共审批各类建设项目127个（其中采用告知承诺审批项目3个）。

（龙娟）

【落实排污许可“一证式”管理】 2021年，克拉玛依市制定并落实2021年度控制污染物排放许可制实施工作方案，开展固定污染源排污许可证执行报告提交率检查、排污许可证质量核查和执行报告内容规范性审核，对112家单位进行排污许可证执行报告审核，对44家单位进行排污许可证质量核查，完成率100%。实施主要污染物工程减排、管理减排，加强减排项目监督性监察和随机抽查，落实减排责任；为17个市、区重点项目、民生项目优先提供环境容量指标，确保项目落地。

（龙娟）

【机动车排放管理】 2021年8月，市交通运输综合行政执法局牵头，与市生态环境局、公安局、市场监督管理局联合印发《在用机动车排放检测与维修治理制度（I/M制度）》，凡经机动车排放检验机构（I站）检验排放超标在用机动车，应当委托具备相应资质机动车维修治理单位（M站）进行强制维修，经治理维修合格后再到I站进行复检，实现汽车“检验—维修—复检”闭环管理。截至年末，全市具有I站4家，M站8家，均已正常投入使用；全年共治理尾气超标车辆共计1399辆，有效改善空气质量。

（塔拉尼提·卡肯巴依）

【环境应急保障】 2021年，克拉玛依市落实24小时环境应急值班制度及领导干部带班制度，落实2021年环境应急管理方案、市流域突发水污染事件环境应急“南阳实践”实施方案，开展“以案促建提升环境应急能力”专项活动，确保应急队伍、物资、资金、器材等准备充分。

（龙娟）

【生态环境保护执法】 2021年，克拉玛依市重点开展建设项目、环境安全隐患排查与整治、固体废物、排污许可证执法监管等专项执法行动。落实监督执法正面清单制度，采取差异化监管措施，对守法企业“无事不扰”；开展“送法入企”活动，集中资源帮扶重点企业，增强企业环保能力。截至年末，全市共出动环境执法人员2000余人次，现场检查1027家次企业，查处环境违法行为33件，罚款数额341万元，其中新环保法及四个配套办法案件7件（查封扣押4件，移送拘留3件）。受理环境信访举报件56件，均按期规范办结；受理12345政府服务热线求助、建议咨询等共16起，均按期规范办结。

（龙娟）

【社会监督】 2021年，克拉玛依市畅通“12369”环保举报热线、“12345”政府服务热线，保障群众环境权益，落实举报奖励机制，聘请7名生态环境保护社会监督员，鼓励公众参与生态环境保护。全年发放举报奖励案件2件，共计1.05万元。其中1件涉危险废物举报案件发放奖励1万元，为全区奖励额度最高案件，并被生态环境部采纳为典型案例公开发布。

（龙娟）

【环境监测能力保障】 2021年，克拉玛依市落实自治区生态环境监测任务，制定全市“十四五”细颗粒物与臭氧协同控制监测网络能力建设方案，加强污染源监测与执法“测管协同”，截至11月末，共取得环境质量监测数据113.5万个，污染源执法监测数据4600余个。完成全市《生态环境质量报告书（2016—2020）》编制。增强监测能力建设，通过国家环境监测总站组织的监测能力验证考核。参与《土壤石油类的测定荧光光度法》（DB65/T 4368-2021）方法验证，为填补自治区地方标准空白贡献力量。

（龙娟）

【国土空间生态修复】 2021年，克拉玛依市系统谋划生态修复，统筹启动市区两级国土空间生态修复规划编制，并完成招标。通过优化生态功能布局，新增绿地公园规模约2.67万平方米。启动市区两级国土空间生态修复规划编制，并完成招标。推进废弃矿山、生态廊道等重点修复工程，建立重大生态修复项目库，储备城市周边地质环境治理项目18个，自治区已投入经费对其中8个项目实施前期勘察；白碱滩区三平戈壁土采挖区地质环境治理项目获得上级资金支持并完工。完成交通、能源等4个重大项目土地复垦项阶段性验收。

（青格乐）

综 述

【概况】 2021年，克拉玛依市全年实现地区生产总值（GDP）1072.1亿元（现价，下同），较上年增长5.2%（按不变价计算，下同）。其中：第一产业增加值21.4亿元，增长7.4%；第二产业增加值756.4亿元，增长4.3%；第三产业增加值294.3亿元，增长6.9%。第一产业增加值占地区生产总值比重为2.0%，第二产业增加值比重为70.6%，第三产业增加值比重为27.4%。工业生产者出厂价格（PPI）增长19.4%。工业生产者购进价格增长15.0%。全年实现"小升规"企业124家，其中：规模以上工业企业14家，限额以上商业企业50家，规模以上服务业企业31家,有资质的建筑业企业27家，房地产开发经营业法人单位2家。全年城镇新增就业2718人，城镇就业困难人员实现就业189人。新增创业938人，创业带动就业1837人，"零就业家庭"动态为零，城镇调查失业率控制在4%以内。

（市统计局）

【农业】 2021年，克拉玛依市全年实现农林牧渔业总产值17.9亿元（现价，下同），按可比价格计算，较上年增长11.0%。其中，种植业产值7.57亿元，增长7.6%；林业产值2.64亿元，下降16.0%；畜牧业产值6.13亿元，增长25.7%；渔业产值0.11亿元，增长39.2%；农林牧渔服务业产值1.47亿元，增长15.5%。全年粮食播种面积6.39万亩，比上年增长79.5%，其中：玉米面积6.31万亩，比上年增长81.9%。棉花面积13.22万亩，比上年下降33.0%。

（市统计局）

2021年主要农畜产品产量及牲畜存出栏情况一览表

表5

产品名称	单位	产量	比上年增长（%）	产品名称	单位	产量	比上年增长（%）
粮食	吨	39611.14	85.1	水产品	吨	904.97	35.7
其中：玉米	吨	39307.00	86.3	牲畜存栏头数	万头	12.03	0.6
水稻	吨	303.14	1.0	其中：牛	万头	1.36	20.3
棉花	吨	19040.7	23.0	猪	万头	5.92	12.3
蔬菜	吨	25997.00	37.8	羊	万只	4.75	-14.4
瓜果	吨	6128.00	23.7	牲畜出栏头数	万头	13.85	50.2

续表 5

产品名称	单位	产量	比上年增长（%）	产品名称	单位	产量	比上年增长（%）
肉类	吨	8256.00	25.8	其中：牛	万头	0.64	83.2
禽蛋	吨	2441.00	49.7	猪	万头	7.50	47.5
牛奶	吨	19946.00	14.5	羊	万只	5.71	50.8

【工业和建筑业】 2021 年，克拉玛依市全年实现规模以上工业增加值 702.6 亿元，按可比价格计算，较上年增长 5.0%。分工业门类划分，采矿业增长 5.8%，制造业增长 4.1%，电力、热力、燃气及水的生产和供应业增长 4.5%；按隶属关系划分，中央石油石化企业工业增加值增长 5.7%，地方工业增加值下降 0.8%；按企业规模划分，大型企业工业增加值增长 6.1%、中型企业增长 10.3%、小型企业下降 13.1%、微型企业增长 10.8%。在支柱行业中，石油和天然气开采业增加值比上年增长 1.2%；开采辅助性活动增加值比上年增长 20.6%；石油、煤炭及其他燃料加工业增加值比上年增长 7.8%；化学原料和化学制品制造业增加值比上年下降 2.3%；电力、热力生产和供应业增加值比上年增长 5.6%。工业产品销售率为 100.1%。其中，重工业产品销售率为 100.1%。全市规模以上工业企业实现营业收入 1801.6 亿元，增长 28.6%，其中：实现利润总额 75.5 亿元，同比减亏 88.9 亿元；税金总额 246.0 亿元，增长 28.1%；亏损企业亏损额 11.9 亿元，下降 78.2%。全年实现建筑业增加值 39.8 亿元，较上年增长 4.2%。全市有资质建筑业企业完成产值 123.0 亿元，增长 14.7%。竣工产值 73.4 亿元，下降 15.6%。

（市统计局）

2021 年规模以上工业主要产品产量及增速一览表

表 6

产品名称	单位	产量	比上年增长（%）	产品名称	单位	产量	比上年增长（%）
天然原油	万吨	1370.0	3.8	四大类产品产量	万吨	731.2	8.0
天然气	亿立方米	42.6	17.3	其中：汽油	万吨	228.2	14.7
原油加工量	万吨	1299.6	3.3	煤油	万吨	46.5	23.5
乙　烯	万吨	140.8	-0.1	柴油	万吨	422.3	4.1
石油沥青	万吨	93.5	2.0	润滑油	万吨	34.1	-2.2
液化石油气	万吨	29.1	6.0	聚丙烯树脂	万吨	70.8	-2.1

【服务业】 2021 年，克拉玛依市全年批发和零售业增加值 13.5 亿元，较上年增长 6.9%；交通运输、仓储和邮政业增加值 12.9 亿元，增长 18.6%；住宿和餐饮业增加值 5.1 亿元，增长 8.6%；房地产业增加值 25.8 亿元，增长 12.9%；其他服务业增加值 114.6 亿元，增长 3.2%。全年规模以上服务业企业营业收入 76.08 亿元，较上年增长 6.0%；利润总额 1.62 亿元，增长 3.9 倍。

（市统计局）

【居民消费】 2021 年，据国家统计局克拉玛依调查队资料显示，克拉玛依市全年居民消费价格指数（CPI）比上年上涨 2.1%。其中，医疗保健类、交通和通信类、居住类、其他用品及服务类、衣着类、食品烟酒类分别上涨 5.4%、5.1%、4.3%、1.4%、1.1% 和 0.1%；

生活用品及服务类和教育文化和娱乐类分别下降0.4和2.3%。

（市统计局）

【社会用电量】 2021年，克拉玛依市全年全社会用电量93.2亿千瓦时，较上年增长12.2%。其中，全行业用电89.9亿千瓦时，增长13.0%；城乡居民生活用电3.3亿千瓦时，下降6.0%。

（市统计局）

2021年全社会用电量及变动情况一览表

表7

指　标	绝对数（亿千瓦时）	比上年增长（%）
全社会用电量	93.2	12.2
全行业用电	89.9	13.0
第一产业	0.3	27.0
第二产业	83.2	13.6
工业	82.9	13.4
制造业	51.0	18.7
第三产业	6.4	4.9
城乡居民生活用电	3.3	-6.0

宏观经济调控

【"十四五"规划编制】 2021年，克拉玛依市为编制《克拉玛依市国民经济和社会发展第十四个五年规划和2035年远景目标纲要》，围绕城市转型、能源改革、应急体系建设、社会事业发展等领域开展35项前期课题研究，形成"十四五"前期课题研究汇编。启动41项"十四五"专项规划编制，其中重点专项规划21项、一般专项规划20项。争取自治区宏观政策支持，63项重大项目及事项成功纳入自治区各类规划。按照"项目跟着规划走、资金要素跟着项目走"的原则，组织各区政府和市政府主要经济部门对标上级规划，建立形成全市"十四五"规划纲要项目库、"十四五"各领域重点项目库和"十四五"市、区两级储备项目库的三级项目库。其中市"十四五"规划纲要重点项目库包含项目98项，总投资约1280亿元；"十四五"各领域重点项目库包含重大项目432个，总投资约1598亿元；"十四五"市、区两级储备项目库包含项目779项，总投资约4260亿元。截至年末，《克拉玛依市国民经济和社会发展第十四个五年规划和2035年远景目标纲要》经十四届人民代表大会第六次会议审议通过，面向全社会发布。

（钟芳）

【丝绸之路经济带核心区建设】 2021年，克拉玛依市完善推进核心区建设工作机制，建立健全核心区建设成员单位定期形势分析、年度考核、工作督导检查制度。组织开展全市2021年度推进丝绸之路经济带核心区建设、对内对外开放交流合作重点工作任务研究。按照《2021年市绩效考核暨市委管理领导班子和领导干部年度考核工作方案》要求，将推进丝绸之路经济带核心区建设和对外开放工作纳入各区、各部门年度考核任务，定期进行综合分析评估。建立全市推进丝绸之路经济带核心区建设重点储备项目库，加强项目跟踪服务，建立开工建设一批、投产达标一批、筹备报批一批的滚动推进工作机制。云计算和大数据中心基地建设项目、国防科技大学中亚学院等一批重点项目前期工作有序推进。面向中亚地区开展“国际化、创新型、复合型”高层次人才培养的国防科技大学中亚学院项目得到自治区支持，纳入自治区核心区建设项目库、“十四五”重点项目储备库。

（钟芳）

【重大经济政策研究】 2021年，克拉玛依市组织编制《关于2020年克拉玛依市国民经济和社会发展计划执行情况与2021年国民经济和社会发展计划草案的报告》，经市第十四届人民代表大会第六次会议审议通过。组织编制《关于2021年上半年克拉玛依市国民经济和社会发展计划执行情况的报告》，经市十四届人大常委会第三十七次会议审议通过。研究制定《2021年克拉玛依市推动经济社会高质量发展分工方案》，明确2021年全市经济社会发展具体任务和责任单位。印发《2021年下半年推动经济社会高质量发展重点工作任务贯彻落实措施》，为做好全市下半年经济社会发展工作提供参考。在全市范围组织开展“千人入千企”活动，实现驻企特派专员市场主体全覆盖。

（钟芳）

【投资计划管理】 2021年，克拉玛依市基本建设投资计划共下达项目82项，年内计划安排投资9.42亿元。中央预算内投资方面，自治区下达给克拉玛依市2021年中央预算内投资项目34个，获批中央预算内资金2.83亿元；地方政府债券方面，自治区下达给克拉玛依市债券项目28个，债券资金25.4亿元（一般债券7.9亿元、专项债券17.5亿元）。

（钟芳）

【项目建设】 2021年，克拉玛依市加强项目谋划，推动重大项目建设。成立项目前期谋划工作专班办公室（设在发改委），制定《重大项目前期谋划专班工作机制》《克拉玛依市重大项目推进专班工作制度》制度，全年开展三批跑办推进重大项目转办，涉及克拉玛依市机场改扩建、天然气综合利用、电力领域系列重大工程、丝绸之路经济带航空节点城市重大项目共计15大项21小项。组织各区、各领域梳理国家、自治区政策文件，形成政策清单，对照政策清单逐条逐项谋划投资项目，列出建议实施年限、责任单位、目标任务，将各项政策和发展措施项目化、工程化，梳理出“十四五”时期全市经济社会发展重大项目推介清单，合计项目136个，总投资845亿元。针对“一老一小”（老人和小孩）、教育、卫生、文化旅游、体育、社会兜底等社会发展领域，研究国家“十四五”期间政策支撑并组织建立完善“十四五”社会发展各领域项目库，有序开展前期工作，组织申报。研究编制《积极应对人口老龄化重点联系城市工作方案》《克拉玛依市“一老一小”实施方案》《克拉玛依市普惠养老服务支持政策清单》《克拉玛依市开展托

9月15日，独山子区独库大本营夜市在增装节能LED灯组

（崔文娟　摄）

育服务政策支持清单》《克拉玛依市促进产教融合型城市建设实施方案》。联合市卫健委开展自治区级区域医疗中心建设项目申报，并纳入自治区级区域医疗中心建设范围。协助市厚博学院转设新疆第二医学院。截至年末，独山子区自来水处理厂项目、独山子区新建独库公路游客服务中心配套商业街、乌尔禾区燃料结构优化项目、乌尔禾区旅游露营地项目等重点项目建成投用；风城水库至三坪水库输水管道工程主线通水。《克拉玛依机场总体规划》成功获批，机场改扩建项目已完成行业审查。

（钟芳）

【新疆中亚商品交易中心建设】 2021年，克拉玛依市完善新疆中亚商品交易中心业务模式、交易模式、盈利模式，扩大交易品种范围，在现有成品油、沥青、石油焦交易品种基础上，新增煤炭、聚丙烯粉料等交易品种，逐步上线轻烃、原油、天然气等交易品种。截至年末，完成年初100亿元的贸易额目标，实现扭亏为盈。

（余强）

【优化营商环境】 2021年，克拉玛依市落实《优化营商环境条例》。完善督查评价工作机制，将优化营商环境工作纳入绩效考核体系，建立“问题清单+高位调度+宣传总结”的常态化改革模式。破除束缚经济发展的体制机制障碍，多渠道收集市场主体的痛点、难点、堵点，研究制定《克拉玛依市贯彻执行〈优化营商环境条例〉责任分工表》，推动各责任部门逐项改进落实。依托自治区“信易贷”平台，帮助解决本地企业融资难、融资贵问题。截至年末，全市1408家市场主体入驻自治区“信易贷”平台，成功授信88笔，授信金额5.36亿元；成功放款103笔，放款金额2.93亿元。

（钟芳）

【重点项目管理】 2021年，克拉玛依市发改委下达到政府投资建设项目中心的投资计划2.43亿元（其中市级预算资金1.22亿元，区政府投资0.11亿元，政府债券1.1亿元），完成计划投资2.06亿元，投资完成率100%。政府投资建设项目中心负责建设的在建项目13项（其中协助管理项目2项）。全年全市在建项目265项，其中政府投资项目108项，社会投资项目157项。加快推进竣工项目转固工作，梳理以往年度在建工程转固情况，常态化推进此项工作，全年完成在建工程转固117项（预转资56项，财务决算48项，项目核销13项）。聚焦项目管理，分类推进重点项目建设，确保克拉玛依医学基地（中心医院改造迁建工程）、工程教育基地学生活动中心工程、克拉玛依综合交通枢纽客运站工程等3项重点工程有序推进。建立项目核查制度，初步编制《克拉玛依市在建项目核查工作管理规定（试行）》，建立健全项目建设常态化核查机制。

（钟芳）

【煤电油气运保供】 2021年，克拉玛依市做好煤炭供应保障工作，加强煤炭和电力供需形势研判，持续监测分析煤电行业运行态势及价格波动情况，争取周边矿区开发建设，对发现问题及早干预、及早处置，防止因煤炭供应不足引发不良影响；各区担负起属地保供责任，研究完善保供方案，确保责任到人、措施落地。做好电力保供工作，明确各区、各电力企业按照《关于做好自治区煤炭供应的紧急通知》和《克拉玛依市2021年煤电保供工作方案》要求，做好发电燃料供应储备，使机组安全稳定运行，确保全市电力系统稳定运行。做好天然气迎峰度冬工作，建立联调联供协调机制，确保天然气供应安全稳定。做好运力调配保障工作，明确由道路交通部门加强与发电、供热企业沟通对接，掌握相关企业煤炭供应情况及铁路运输需求，做好监测监控。发电、供热企

7月29日，华电克拉玛依发电有限公司员工对机械冷却塔进行外部冲洗，以保证设备良好散热、运行平稳（李浩然　摄）

业履行保供主体责任，加强与煤炭、运输企业沟通，落实所需资源和运力，提前做好电煤等重要物资储备工作，将电煤库存提升到合理水平。

自然资源管理

【自然资源统一确权登记】 2021年，克拉玛依市分阶段推进自然资源统一确权登记，魔鬼城风景名胜区已进入资料收集实质性阶段。完成宅基地和集体建设用地确权登记发证整改及数据汇交工作。联合新疆油田公司全面开展全市涉油历史遗留问题清理清查，摸清全市油田用地情况，并就相关问题提出解决方案。向新疆生产建设兵团第八师133团颁发不动产权证9本，发证面积4079亩，完成兵地确权任务。

（青格乐）

【自然资源调查监测评价】 2021年，克拉玛依市第三次全国国土调查成果通过自治区级验收，并完成第三次国土调查后的首次年度国土变更调查，变更及举证图斑8381个，全面掌握了全市年度土地利用变化情况。

（青格乐）

【耕地保护】 2021年，克拉玛依市严格落实耕地保护制度，深入推进农村乱占耕地建房问题整治，自2020年7月3日以来，全市未发生新增违法占耕地建房问题；存量问题处置到位率92.85%。坚决制止耕地“非农化”，完成全部3275个疑似图斑的核查，针对判定的27个问题图斑，已制定整改措施，并同步开展整改。做好耕地日常保护，高位推动永久基本农田核实补划，完成“十三五”时期耕地保护责任目标履行情况自检自查，对经批准使用的258亩耕地全部落实了占补平衡，“挂钩率”100%。

（青格乐）

【自然资源资产产权体系】 2021年，克拉玛依市编制完成2020年度国有自然资源资产专项报告，全面分析自然资源管理基本情况及利用现状。完成城镇标定地价、农用地基准地价和集体建设用地基准地价的制定。财源建设工作稳步推进，实现非税收入6.24亿元。落实财政事权和支出责任划分改革，申请到市本级财政预算资金7364.8万元。土地要素成本持续降低，以先租后让、弹性出让等方式供应工业用地18宗，有效降低企业初始用地成本近8000万元。

（青格乐）

【矿产资源管理】 2021年，克拉玛依市结合市场需求有序推进建筑用砂采矿权出让11宗，实现建筑用砂市场供需平衡。完成矿产资源国情调查和价格体系普查，辖区22家矿山企业全部按期完成调查报告和数据汇交。完成《克拉玛依市矿产资源规划（2021—2025年）》编制，新增玄武岩、医疗矿泉水、盆地型地热3个矿种，新设煤炭、地热、陶瓷土等重点勘查区15个。

（青格乐）

【测绘地理信息管理】2021年，克拉玛依市深入推进“多测合一”（自然资源规划用地工作阶段所涉测绘，实行同一阶段的多个测绘事项整合成一个测绘事项，各阶段测绘服务原则上由一家测绘单位承担，依法依规共享各阶段测绘成果）改革，4家测绘资质单位进入名录库，并开展“多测合一”业务；按要求完成8家测绘企业资质实地复审和上报。完成国土空间基础信息平台与国土空间规划“一张图”实施监督系统的建设，为国土空间规划成果上报与落地提供系统支撑。修订信息安全管理制度，建设完成网络安全等级保护体系。

（青格乐）

【不动产登记】2021年，克拉玛依市围绕不动产登记“最多跑一次”目标，合并房产交易与不动产登记事项，制定标准化操作手册，全年办理不动产登记65833件。创新服务模式，开展“不动产引资陪伴式”服务，帮助多家企业在最短时间内实现异地贷款近3亿元；实现经适房缴费及换证登记全程网办，共办理11528笔；实现全疆首家不动产登记“扫码缴费”，减少群众排队开票、刷卡领票等繁琐环节；推出“不动产登记异地委托见证”服务，全年20人办理此项业务；推进以信用承诺代替非公证继承事项证明和容缺受理，以告知承诺制代替亲属关系证明，减少1个材料和1个环节；拓宽上门服务范围，对军人、老人和身体不便群众全程上门服务112次。定期走访、摸底调查，收集企业和群众办理不动产登记相关诉求；加强协调联动，组织房地产企业和相关部门召开两次专题会，加快推进分宗转让、分割抵押、分户办证等手续办理；运用法治思维、系统思维着力解决产权关系模糊、资料缺失等疑难问题，及时解决房地产企业一批历史问题，为群众办理不动产证1800余户。

（青格乐）

【自然资源督察执法】2021年，克拉玛依市针对2019年耕地保护督察反馈的4个“边建设边报批”项目只建设不报批问题，2个公安检查站已通过自治区自然资源厅厅长办公会审查，2个奎屯河引水工程涉及兵团越界审批已报自治区自然资源厅协调解决。2020年例行督察反馈问题已全部整改完毕。对2021年耕地保护督察涉及的三类9个图斑，经初步核查未发现违法乱占耕地情况，已完成举证并逐级上报。巩固违建别墅清查整治专项行动成果，建立长效机制，并对涉及生态保护区范围内90处项目进行再次摸排，未发现新增问题。完成2020年四季度及2021年卫片9000多个图斑的核查上报，除个别图斑正在补充举证外，均通过自治区集中审核。

（青格乐）

【用地规划许可审批】2021年，克拉玛依市持续深化“放管服”改革，梳理完善权责清单，整合内部职能，再造审批全流程，严把各环节审批时限，用地预审与选址意见书办理时限压缩至11个工作日，用地规划许可证办理时限缩至5个工作日，制定实施工程规划许可告知承诺制项目分类清单，工程规划许可证核发时限压缩至24个工作日，“联合验收”压缩至15工作日，促使审批效率提高57%以上。做好跟踪服务，在第一时间掌握用地需求基础上，对全市164个建设项目挂图作战、实时跟进，组织召开市规委会、土地矿产利用领导小组会、局长办公会等推进审批49次。制定加快招商引资项目用地审批措施及用地支持政策，落实到位资金3.74亿元，完成指标任务的124%。

（青格乐）

水资源管理

【概况】2021年，克拉玛依市西干渠来水2.26亿立方米，白杨河来水0.87亿立方米。全年取水量4.27亿立方米，其中跨流域调水2.21亿立方米，白杨河0.35亿立方米，奎屯河0.22亿立方米，玛纳斯河0.03亿立方米，地下水取水1.06亿立方米，中水回用0.19亿立方米。全市总用水量4.27亿立方米，其中农业用水1.89亿立方米、工业用水0.79亿立方米、生活用水0.42亿立方米、生态环境用水1.18亿立方米。

（马兰）

【水行政管理】 2021年，克拉玛依市印发《克拉玛依市地下水超采专项整治行动实施方案》《克拉玛依市2021年供用水计划指导意见》，全市保有90个取水许可证全部实现电子证照管理。开展取用水管理专项整治行动，确定到2025年克拉玛依区压减地下水超用水量的60%。开展水利信息化建设，地表水一级取水口和机井在线监控全覆盖。白碱滩区和乌尔禾区县域节水型社会达标建设通过自治区初验。全年依法征收水资源费514.84万元。

（马兰）

【推行河（湖）长制】 2021年，克拉玛依市8条河流、2个湖泊、7个水库均纳入自治区河（湖）长制名录，全市设立各级河（湖、库）长共计81人。各级河（湖、库）长借助巡河通手机App、无人机等多种方式开展河湖巡查，全年累计巡查河湖495人次，发现问题5件，提出整改意见措施9条。截至年末，所有问题均整改完成。

（马兰）

【防汛抗旱】 2021年，克拉玛依市水务局重新修订完善防汛抗旱应急预案，做好汛情监测预警。完善主汛期防汛抗旱研判会商制度，市水务局、市气象局、市农业农村局、市自然资源局、市住建局等5家成员单位与克拉玛依区、独山子区、白碱滩区、乌尔禾区4个区，共开展会商研判36次，印发防汛简报36期，组织召开防汛视频调度会55次，发布气象雷电预警预报信息21次，重要天气预报期55次，一般预警信息5万余条。

（马兰）

国有资产监督管理

【概况】 2021年，克拉玛依市国资委监管企业12家，经营范围涵盖石油和天然气开采、水、气、热、工程建设、投融资、房屋租赁、机械设备、粮油、保安押运、农业开发、汽车运输、后勤服务等。截至年末，全市国有企业资产总额597.12亿元，同比增长12.20%；净资产总额331.82亿元，同比增长12.16%；实现营业收入121.63亿元，同比增长38.75%；利润总额8.2亿元、净利润6.98亿元。根据自治区国资委国有企业经济运行动态数据显示：克拉玛依市国资委监管企业资产总额规模列第七位，净资产总额规模列第六位，实现营业收入规模列第三位，实现利润总额及净利润规模均列第一位。

（金晶）

【国资监管】 2021年，市国资委推动国资监管由管资产向管资本转变，制定市国资委权责清单及授权放权清单，将依法应由企业自主经营决策的事项归位于企业，充分授予企业自主经营权。建立监管企业发展规划、预算、投资计划备案管理机制，通过全过程监管引导企业稳步持续发展。规范市、区两级国有企业财务管理，建立全面预算管理体制，提高国资国企经济运行分析质量。开展国资监管信息系统建设，搭建市国资监管信息化平台，实现由“强干预”向“重监管”职责转变。制定《克拉玛依市国有企业违规经营投资责任追究办法》，建立覆盖全市各级国有企业的责任追究工作体系，推行违规经营投资问题和线索移送台账管理，实施国资监管警示函及通报工作机制，形成职责明确、流程清晰、规范有序的责任追究工作机制。制定《克拉玛依市属国有企业负责人经营业绩分类考核暂行办法》《市属监管企业年度经营业绩分类考核实施方案（暂行）》，统筹考虑国有企业承担的经济责任、政治责任、社会责任，合理界定企业功能类别，对不同功能类别企业实行差异化考核，强化以市场为导向、效益优先收入分配管理制度，调动企业生产经营积极性。推进经营性资产集中统一监管，克拉玛依市党政机关和事业单位所属企业已全部纳入市国资委统一监管，除华旗守押公司因属于特殊行业，保持委托监管关系外，其余企业均纳入国资监管体系。

（金晶）

【深化国企改革】 2021年，市国资委落实《克拉玛依市国企改革三年行动实施方案》，完成《自治区国企改革三年行动重点改革任务评估工作实施方案》44项改革任务中42项，完成率达95%。制定《克拉玛依市国有资本布局优化与结构调整方案》，完成组建农业、能源、金融等领域战略性重组和专业化整合。

（姜波）

【推动国有资本向重要行业和关键领域集中】 2021年，市国资委对国资国企情况进行全面梳理，制定《克拉玛依市国有资本布局优化与结构调整方案》，先后将市热力公司、油城数据公司、华旗守押公司、金发集团等市属国有企业及区属国有企业股权划转入市城投公司，改组市城投公司成为克拉玛依市国有资本投资运营公司，构建全市“国资布局一盘棋、产业规划一张图、公共服务一张网”的发展格局。稳步推动能源、金融、农业等领域战略性重组和专业化整合，通过资源、资产整合提升核心竞争力，培育骨干产业集团，服务全市经济社会发展。

（韩洪华）

【非主营业务和低效无效资产清退】 2021年，市国资委制定《克拉玛依市国资委监管企业投资监督管理办法》，对投资项目采用分类备案管理模式，严格控制企业非主业投资、非生产经营性投资，引导企业做精做强主业。指导国有企业压缩管理层级，减少法人户数，梳理不具备竞争优势、缺乏发展潜力的非主营业务（企业）和亏损企业，列出退出清单，做好存量清退处置工作。截至年末，已全部完成清理工作。

（韩洪华）

【健全市场化经营机制】 2021年，市国资委深化劳动、人事、分配三项制度改革。制定克拉玛依市《关于推行经理层成员任期制和契约化管理的指导意见》，全面推行市场化选聘企业高级管理人员，市属12家监管企业已全部制定任期制和契约化管理制度，完成率100%，经理层成员全部签订合同及契约，完成率100%。规范企业劳动用工管理，指导企业建立健全以劳动合同为基础，公开、平等、竞争、择优的市场化招聘制度，全面推行管理人员竞争上岗、末等调整和不胜任退出制度。市属12家监管企业及子企业已全部建立市场化招聘制度，新进员工100%进行公开招聘，中层管理人员全部实行竞聘上岗，末等调整或不胜任退出人员占比2%。制定《克拉玛依市关于改革国有企业工资决定机制的实施意见》，调整优化工资总额管理方式，实行商业类企业工资总额备案制管理。按照“业绩升薪酬升，业绩降薪酬降”激励原则，实行针对性、差异化考核政策，建立健全效益优先分配管理制度。深化企业内部分配制度改革，实行全员绩效考核，截至年末，市属监管企业已全部建立内部绩效考核体系，落实全员绩效考核政策。

（韩洪华）

【央企办社会职能移交改革】 2021年，市国资委按照国家、自治区关于国有企业社会管理职能分离移交的工作部署及政策文件，制定《接收央企社会化职能移交工作实施方案》，成立克拉玛依市接收央企社会化职能移交工作领导小组，明确公共管理、公共服务、市政管理、文体设施四大类资产移交工作职责，全面完成驻市央企社会化职能分离移交接收工作。制定《克拉玛依市国有企业退休人员管理职能移交、接收及社会化管理工作方案》《关于开展克拉玛依市国有企业退休人员管理职能移交、接收及社会化管理服务工作的总体计划》等工作制度。截至年末，共完成41家驻市央企、地方国有企业4.2万名退休人员接收工作。

（姜波）

【风险防控】 2021年，市国资委强化风险清单管理，指导企业强化风险意识，聚焦企业债务、金融、投资、法律、环保、安全生产等风险，制定风险清单，完善风险处置预案，防范化解各类风险。强化防控体系建设，重点关注关键业务、改革重要环节、重大风险等领域，建立重大事项报告制度。强化债务风险防范，指导企业开展债务风险排查，开展“四降四转”专项活动，即降杠杆、降成本、降两金、降利息，短期转长期、债权转股权、两金转现金、高息转低息，妥善化解债务风险。建立债券风险防控工作机制、量化评估机制和重大风险报告机制，守住不发生系统性风险底线。强化金融风险防范，关注并防范化解好投融资平台、金融企业存在的各类风险隐患，对金融衍生业务开展专项检查清理。加强监督协同，加大违规经营投资责任追究力度，强化监督检查成果运用。根据巡察、纪检监察、审计、司法部门的反馈和企业内控审计报告，督导企业建立违规经营投资问题线索台账，针对问题隐患严格落实整改销项措施，指导企业查补短板及漏洞，完善风险控制体系。

（金晶）

【健全公司章程】 2021年，市国资委加强国有企业公司章程管理，健全以企业章程为基础的国有企业内部制度体系，推进企业依法治企、完善国有企业公司治理。指导企业按照《自治区本级国有独资公司、国有全资、国有控股企业公司章程指引（试行）》修订完善公司章程内容。强化章程约束，保障各治理主体依法合规有效履职，完善符合市场经济规律的国有企业法人治理结构，提升公司治理水平。建立健全以“三重一大”决策制度实施办法为重要载体，以党委会、董事会、经理层议事规则为主要支撑，以投资、产权、财务、人事等管理制度为主要组成部分的内部制度体系，落实党委领导作用、董事会决策作用、经理层经营管理作用。

（韩洪华）

财　政

【概况】 2021年，克拉玛依市一般公共预算收入89.1亿元，完成预算的97.7%，增长12.4%。全市一般公共预算支出115.8亿元，完成预算的97.1%，增长4.1%。全市一般公共预算收入加自治区返还及补助、自治区政府债券转贷等收入后，收入合计143.2亿元。减去一般公共预算支出、上解自治区、债务还本等支出后，实现收支平衡。

（傅洁力）

【一般公共预算收入】 2021年，克拉玛依市一般公共预算收入合计89.1亿元。其中：税收收入67.9亿元，完成预算的98.72%，增长23.4%。主要项目情况：增值税33.8亿元，增长39.9%；企业所得税4.1亿元，增长5.4%；资源税3.0亿元，增长19.3%；城市维护建设税8.4亿元，增长32.5%；城镇土地使用税7.9亿元，增长1.5%；非税收入21.2亿元，下降12.6%。上级补助收入27.3亿元，上年结余0.7亿元，调入资金8.6亿元，债券转贷收入17.4亿元，动用预算稳定调节基金0.02亿元。

（傅洁力）

2021 年财政收入分项情况表

表 8

主要指标	绝对数（亿元）	比上年增长（%）
一般公共预算收入	89.1	12.4
其中增值税	33.8	39.9
企业所得税	4.1	5.4
资源税	3.0	19.3
城市维护建设税	8.4	32.5
城镇土地使用税	7.9	1.5
非税收入	21.2	-12.6

【一般公共预算支出】 2021 年，克拉玛依市一般公共预算支出 115.8 亿元，完成预算的 97.1%，增长 4.0%。主要项目情况：一般公共服务支出 12.2 亿元，下降 18.0%；公共安全支出 13.2 亿元，下降 9.2%；卫生健康支出 11.3 亿元，下降 8.4%；社会保障和就业支出 6.9 亿元，增长 5.0%；文化体育与传媒支出 3.8 亿元，增长 13.1%；城乡社区支出 17.4 亿元，增长 30.4%；交通运输支出 2.5 亿元，下降 28.3%；资源勘探信息支出 5.4 亿元，增长 57.8%；农林水支出 2.9 亿元，下降 0.8%；节能环保支出 2.3 亿元，增长 46%；科学技术支出 1.4 亿元，增长 5.7%。支出下降主要原因是：调入资金、央企办社会移交单位资金和一般债券资金较上年减少导致可用财力减少。2021 年上解上级支出 8.2 亿元，债务还本支出 16.5 亿元，安排预算稳定调节基金 2.4 亿元，结余 0.2 亿元。

（傅洁力）

2021 年财政支出分项情况表

表 9

主要指标	绝对数（亿元）	比上年增长（%）
一般公共预算支出	115.8	4.0
其中教育支出	24.7	1.8
一般公共服务支出	12.2	-18.0
公共安全支出	13.2	-9.2
卫生健康支出	11.3	-8.4
社会保障和就业支出	6.9	5.0
文化体育与传媒支出	3.8	13.1
城乡社区支出	17.4	30.4
交通支出	2.5	-28.3
资源勘探信息支出	5.4	57.8
农林水支出	2.9	-0.8
节能环保支出	2.3	46
科学技术支出	1.4	5.7

【政府性基金预算】2021年，克拉玛依市政府性基金收入6.9亿元，完成预算的93.8%，增长2.7%；政府性基金预算支出23.7亿元，完成预算的97.7%，下降58.0%。市级政府性基金收入1.9亿元，完成预算的105.5%；加上自治区债券转贷收入、上级补助收入、上年结余后收入，合计19.6亿元。市级政府性基金预算支出4.5亿元，完成预算的100%，调出资金支出0.5亿元，债券转贷支出14.2亿元，补助下级支出0.3亿元，年终结余0.1亿元，支出合计19.6亿元。收支相抵后，实现收支平衡。

（傅洁力）

【社会保险基金预算】2021年，克拉玛依市社会保险基金收入28.7亿元，完成年初预算的106.3%;加上级补助收入0.3亿元、上年滚存结余41亿元后，收入合计70亿元。全市社会保险基金支出24.6亿元，完成年初预算的91.1%，加上解上级支出0.1亿元后，支出合计24.7亿元，全市滚存结余45.3亿元。其中2021年企业基本养老保险和工伤保险实行省级统筹，收入支出在自治区反映。

（傅洁力）

【国有资本经营预算】2021年，克拉玛依市国有资本经营收入36755万元，转移支付收入1239万元，上年结余928万元，全市国有资本经营支出10593万元，调入一般公共预算26833万元，结转下年1496万元，收支相抵后，当年收支平衡。市级国有资本经营收入33575万元，完成预算的100%，增长11.5%，主要是缴纳的利润收入较上年大幅增长，转移支付收入1239万元。市级国有资本经营支出10000万元，完成预算的100%，增长379.3%。调入一般公共预算23575万元，转移支付支出1239万元，收支相抵后，当年收支平衡。

（傅洁力）

【地方政府债务情况】2021年，自治区核定克拉玛依市新增政府债务限额26.5亿元。截至年末，全市政府债务余额241.94亿元，其中市级债务余额147.34亿元、区级债务余额94.6亿元，债务余额均符合地方政府债务限额管理相关规定。全年自治区转贷克拉玛依市政府债券33.8亿元，其中再融资债券8.4亿元、新增债券25.4亿元，债券资金已全部按规定拨付使用，年底无结余。

（傅洁力）

【减税降费】2021年，克拉玛依市围绕中小微企业、个体工商户，精准实施减税降费政策，全年全市减税降费政策享受率100%，政策满意率100%。

（傅洁力）

【政府金融风险防范】2021年，克拉玛依市财政局共组织开展防范金融风险宣传活动7次。针对《防范和处置非法集资条例》贯彻落实，多次邀请中国政法大学讲师、硕士研究生导师张东教授开展培训学习；通过网络宣传发布原创作品161篇，阅读量和转发量达97037次，互动宣传覆盖258600人次；发放户外广告和印制宣品50265份。

（傅洁力）

【预算绩效管理】2021年，克拉玛依市贯彻落实中央、自治区全面实施预算绩效管理决策部署和工作要求，完善绩效管理闭环工作机制，推进预算和绩效管理深度融合，确保财政资金用在刀刃上，花在紧要处。克拉玛依市预算绩效管理工作在自治区2019—2021年绩效综合考核中连续三年排名第一。

（傅洁力）

【直达资金】2021年，克拉玛依市落实常态化的财政资金直达机制，强化全过程、全链条、全方位监控，提高直达资金下达进度和使用效果，发挥直达资金支持疫情防控、稳住经济基本盘、保障基本民生方面重要作用。全年全市共收到中央、自治区财政直达资金 4.53 亿元，及时拨付企业和个人。

（傅洁力）

【小微企业金融服务示范区建设】 2021 年，克拉玛依市落实小微企业金融服务示范区建设各项任务目标，建立健全小微企业融资协调服务机制，落实落细小微企业差异化扶持政策，推动银行机构创新小微企业融资服务金融产品，增强政府性融资担保增信功能，打造广覆盖、零距离、高品质小微企业金融机构服务体系。截至年末，全市辖内金融机构贷款余额 330.86 亿元，同比增长 13%，存贷比 40.62%，较上年同期增长 0.44 个百分点。全年全市发放企业贷款 178.93 亿元，同比增长 12.54%；其中新发放普惠小微企业贷款 38.56 亿元，同比增长 49.18%；新发放企业贷款加权平均利率 4.3%，同比下降 0.02 个百分点，新发放普惠小微企业贷款加权平均利率 4.62%，同比下降 0.05 个百分点。

（傅洁力）

【绿色金融创新试验区建设】 2021 年，克拉玛依市累计推动 17 个项目加入绿色项目库，涉及节能环保、资源循环利用、清洁能源等领域，累计发放绿色信贷 25.64 亿元，同比增长 52.18%。辖内绿色信贷余额 58.64 亿元，同比增长 12.85%。深化落实国家“碳达峰、碳中和”战略部署，推进金融机构环境信息披露，在新疆三个试验区中率先实现银行编制环境信息披露报告全覆盖；试点金融机构碳核算工作，建立规模以上工业企业碳核算名录库；落实金融机构碳账户建设。选取昆仑银行为试点，启动个人碳账户建设。

（傅洁力）

【金融领域“十四五”战略合作】 2021 年 6 月 8 日，克拉玛依市人民政府与国家开发银行新疆分行正式签订《克拉玛依市人民政府与国家开发银行新疆分行“十四五”全面深化合作开发性金融合作备忘录》。“十四五”期间，国家开发银行新疆分行将对克拉玛依市石油石化产业、多元化产业、新型城镇化建设等方面提供 200 亿元的贷款支持。

（傅洁力）

【多层次资本市场建设】 2021 年，克拉玛依市推动多层次资本市场建设，会同市工信局制定全市《加快推动企业“小升规”和“规上市”工作方案》，完善企业升归上市培育制度建设，全年成功推动全市 7 家企业入库自治区上市后备重点企业资源库。截至年末，全市在库企业数量 53 家，全疆排名第二。

（傅洁力）

【中亚商品交易中心交易规模取得较大突破】 2021 年，克拉玛依市中亚商品交易中心依托新疆丰富的油气资源优势、区位优势，积极进取、开拓创新，在交易规模、交易模式、经营发展等方面取得良好成效。全年交易中心成品油交易业务已覆盖新疆 14 个地州，2021 年累计单边交易额突破 100 亿元，较上年同比增长 614.28%，成品油交易量达到 55.7 万吨，有效降低中石油新疆油田公司交易成本，为助推新疆能源市场体系建设做出有益探索。

（傅洁力）

【持续完善政府性融资担保体系】 2021 年，克拉玛依市担保行业已建立较为完善的政府性融资担保体系，风险补偿、保费补贴机制逐步完善，业务品种不断丰富，担保行业取得较快发展。截至年末，全市存续经营融资担保公司 3 家，均为国有独资担保公司，注册资本共计 5.98 亿元。全年新增融资担保业务 6.97 亿元，增速 100.3%；融资担保余额 7.44 亿元，同比增长 109.08%，担保户数 1234 户，担保放大倍数 1.65 倍，超过全疆平均放大倍数 11.5%。

（傅洁力）

【获批“财政支持深化民营和小微企业金融服务综合改革试点城市”】 2021年，克拉玛依市申请“财政支持深化民营和小微企业金融服务综合改革试点城市”资格，经审核通过，获得5000万元试点城市奖励资金。并制定《克拉玛依市财政支持深化民营和小微企业金融服务综合改革试点资金使用管理暂行办法》，明确风险补偿机制，激发政府性融资担保机构积极性，深化银担合作，增强财政资金对国有担保机构支撑作用。

（傅洁力）

税　务

【概况】 2021年，克拉玛依市税务系统统筹做好减税降费和组织收入工作。全年累计组织税费收入345.3亿元，其中税收收入258.5亿元，非税收入12.5亿元、社保费收入73.4亿元，代征工会经费0.9亿元。实现地方一般预算收入76.98亿元，完成自治区税务局和克拉玛依市委、人民政府确定的税收收入目标。

（张琪慧）

【税收征管】 截至2021年底，克拉玛依市税务局管辖纳税人户数37175户，其中单位纳税人10159户，个体工商户27016户；增值税一般纳税人4871户。社会保险费缴费人中，机关事业单位449户、企业5879户、灵活就业人员25454人、城乡居民10.93万人。2021年以来划转的非税收入涉及克拉玛依的共5项。

（张琪慧）

【税务执法方式优化】 2021年，克拉玛依市税务局优化执法方式，推广“首违不罚”清单制度，落实进户执法项目清单，完善征管岗责操作规范，开展规范性文件清理，落实“三项制度”（行政执法公示制度、执法全过程记录制度、重大执法决定法制审核制度），打击虚开骗税违法犯罪行为，全年共查结虚开骗税案件67户。

（张琪慧）

【纳税服务】 2021年，克拉玛依市税务局推进“一户式”动态管理（是指按照分户建档原则，对克拉玛依市辖区“走出去”企业的基本信息、组织架构、海外经营情况及相关数据进行“一户式”信息归集，每年6月20日前，对“走出去”企业的“一户式”档案信息进行更新），服务“走出去”企业，通过项目管家服务确定60个重点建设项目并跟进全程服务。开展“便民办税春风行动”，推出176条具体举措，通过“千名税务干部访万企”活动，走访纳税人11000余户次，收集问题及意见1151条。

（张琪慧）

【税务信息化建设】 2021年，克拉玛依市税务局推进增值税专用发票电子化扩围，全年电子专票核定率100%。提高基础征管工作质量，完善5C（税款征收、纳税服务、风险管控、税务检查、纠正执法过错）监控评价和征期运行工作机制，全年接收并处理疑点数据114批次6027条。完成2021年现金税费征缴专项整治阶段性工作。按照“税务献策、政府推动、协同发力、多方共赢”工作思路，提请市政府常务会审议通过全市税费信息资源共享实施方案，完善信息共享交换平台建设，在数据大集中、大融合前提下提高数据应用成效。

（张琪慧）

【税费优惠政策落实】 2021年，克拉玛依市税务局印发《落实2021年税费优惠政策工作方案》，明确落实2021年延续实施和新出台税费优惠政策任务清单，定期召开工作例会，严格落实增量留抵退税、研发费用加计扣除、煤电热力保供、制造业中小微企业缓缴税费等优惠政策。截至年末，253户次企业享受研发费用加计扣除政策，为8户出口企业办理审批出口货物退（免）税业务，为纳入“电力保供”税收扶持的4户企业办理“减、退、缓”税业务，为161户制造业中小微企业办理缓税。

（张琪慧）

【税收经济分析】 2021年，克拉玛依市税务局以石油全产业链分析为特色，开展全疆大企业税收“天气预报式”分析试点，建立“学习行业知识、一线调研筑基、直击深层问题、多方分析求解、落笔打磨精品”的“五步法”税收分析工作机制，在全疆率先构建石油产业链税收分析指标体系，涵盖14类58项具体指标，变“面上常规分析”为“专业深度研判”，做到服务全市发展战略与聚焦具体涉税问题相结合。截至年末，市、区两级税务部门完成税收经济分析报告79篇，其中29篇获得各级党政领导表扬性批示，3篇被克拉玛依市政府内参刊发，7篇市级党政领导批示被国家税务总局内网刊发。

（张琪慧）

地方审计

【概况】 2021年，市审计局共完成审计项目44个，审计查出主要问题金额35.26亿元，促进整改落实有关问题资金547万元，报送审计专报和信息7篇，提出建议78条，推动建立健全规章制度26项。

（张银珠）

【财政审计】 2021年，市审计局聚焦重点领域和关键环节，运用大数据审计，完成市级财政预算执行和其他财政收支情况审计报告，揭示全市各行政事业单位及部门在财政管理、预算执行、政府采购等5个方面存在的33个问题，从促进全市经济高质量发展，规范权力运行等方面提出建议，发挥本级预算执行与政策跟踪审计的建设性作用。将一般公共预算、政府性基金预算、国有资本经营预算、社会保险基金预算四本预算全部纳入审计范围，拓展审计范围，对81家一级预算单位进行全面筛查，确保审计内容、对象全覆盖。聚焦财政资金使用绩效，推进财政专项资金整合和统筹使用，督促相关部门盘活资金1200余万元，减少财政资金沉淀，提高财政资金绩效管理水平。

（张银珠）

【企业审计】 2021年，市审计局规范企业经营管理，对市运输公司、市腾飞粮油公司、花旗守押公司、市金控集团4家国有企业开展审计，其中针对市运输公司和市金控集团的审计情况向市委做专题报告。

（张银珠）

【经济责任审计】 2021年，市审计局贯彻新修订的中央两办《党政主要领导干部和国有企事业单位主要领导人员经济责任审计规定》，完成克拉玛依市经济责任审计联席会议成员调整，制定下发《克拉玛依市经济责任审计联席会议规程》，督促各区完善经责联席会议设置。聚焦权力运行和责任落实，完成市农业农村局领导干部自然资源资产审计，对市市场监督管理局、市司法局、国资委、克职院等8家单位11名领导干部开展经济责任审计，完成7个部门9名领导干部的离任交接工作。

（张银珠）

【政府投资审计】 2021年，市审计局聚焦规范政府投资流程和政府投资风险防控工作，规范建设程序、改善建设管理、节约建设资金。全年开展政府投资项目概算执行情况审计7项，发现管理不规范、多计工程造价等问题32个，核减额614.83万元。开展政府投资项目预算分配及执行情况审计，披露政府投资预算和计划编制下达、投资计划执行调整、投资项目后评价等管理不到位等问题12个。

（张银珠）

【专项审计】 2021年，市审计局开展2020年保障性安居工程跟踪审计，对乌尔禾区2020年度公共租赁住房的投资、收购、分配、使用和后续管理情况进行审计，发现公租房基础资料不健全、房屋未收取保证金、租金收入未公示等问题，并提出加强政策落实、规范流程管理等建议。对市场监督管理局等33家单位“双随机、一公开”工作开展情况进行审计，发现“双随机、一公开”未全覆盖、执法检查工作不到位等问题。按照自治区审计厅统一部署，对克拉玛依市支持旅游发展政策落实情况、2020年度新冠肺炎疫情防控专项资金情况和信息化建设项目情况开展专项审计，对2020年度市公共卫生项目专项开展审计，发现个别区旅游发展领导小组体制建设不完善、疫情防控物资出入库不规范、市医疗卫生机构预算资金编制执行不到位等问题并提出整改建议。

（张银珠）

【重点民生资金和项目审计】2021年，市审计局开展2020年医保资金专项审计，指出医保资金存在预算编制不科学、统筹账户持续支付风险增加等问题24个，涉及问题资金4亿多元，医疗机构处理违规人员3名、违法人员1名。开展2020年养老保险基金审计，从政策要求、预算安排、资金拨付一直跟踪到底，指出市社会保障政策执行不到位、养老保险基金筹集、管理和使用不规范等问题，查出违纪违规和管理不规范资金10亿元。做好教育领域审计监督，对市教育局及5所中学开展审计，指出市教育部门编制混用、所属部分中学超限额发放绩效工资、乱发津补贴等问题并提出整改建议。围绕乡村振兴政策开展审计监督，发现乡村振兴政策落实、落实农村人居环境整治工作等方面问题25个，推动各项惠民富民政策落到实处。

（张银珠）

【审计成果利用】2021年，市审计局针对2020年市本级审计和自治区巡视查出的问题，逐一建立整改台账，按照“见证见据”要求，督促被审计单位按时报送整改结果，对账销号。针对相关问题建立整改清单，下发《通知》提出整改要求，跟踪整改情况，为确保问题整改到位，将审计整改工作纳入督察范围，审计局与市政府督查室联合督办，压实审计整改责任。加强审计整改联动，与人力资源和社会保障局、市农业农村局对就业资金、乡村振兴政策落实等问题整改情况进行联合检查，督促整改落实；与纪检监察机关加强协作，将问题整改工作落实情况纳入部门巡察内如，推动审计整改；市委组织部门根据市审计局上报的经济责任审计结果报告，与部门领导进行提醒谈话，督促单位抓好整改落实。

（张银珠）

油田审计

【概况】2021年，新疆油田公司审计处（审计中心）共完成审计项目36个，超年初计划的56.5%，开展责任追究12起。

（李晓艳）

【常规审计】2021年，新疆油田公司审计处（审计中心）开展经济责任审计13个，其中任中2个，离任11个；将审计结果列入领导人员档案，并在年度述职中反映整改情况。开展工程竣工决算审计5个，指出违反建设程序、投资超范围使用、工程超概算等问题，保障项目资金合理合法使用。

（李晓艳）

【专项审计】2021年，新疆油田公司审计处（审计中心）围绕经营管理重点环节和挖潜增效重点项目，开展机采系统节能技术改造工程、安全生产费用等6个专项审计。对专项费用管理流程和使用情况进行分析，提出改进建议。

（李晓艳）

【外部审计】2021年，新疆油田公司审计处（审计中心）共迎接内、外部审计11次。牵头成立迎审办公室，制定迎审工作方案。做好组织协调，与外部审计组保持协调沟通，组织被审单位和部门对发现问题做好立查立改和解释工作。

（李晓艳）

【审计质量管理】 2021年，新疆油田公司审计处（审计中心）修订《新疆油田公司违规经营投资责任追究工作管理规定》和相关审计模板及审计报告审理审核流程等在内的9项管理制度及流程，完善“制度、规定、办法、流程”四个层次制度体系。通过优化审计流程，按照“分管领导带好项目、审理人员跟好项目、审计人员做好项目”实施，完善三级复核程序，听取被审计单位和相关方面意见，找准问题根源，提出意见建议。建立健全审计质量控制体系，落实审计质量控制责任；开展审计项目质量检查，对2020年及2021年上半年开展的36个审计项目进行检查，发现审计方案、审计底稿、审计报告等方面问题，逐一进行整改，落实质量管理责任。

（李晓艳）

【审计整改】 2021年，新疆油田公司审计处（审计中心）“制度未完善不放过、资金未追回不放过、责任未落实不放过”“三不放过”原则，建立问题台账，加强对问题的整改跟踪落实和对账销号，开展好后续审计工作，不断提高整改效果。强化重点问题督办，坚持立查立改工作机制，针对公司领导批示查找问题症结，建立问题督办台账，明确整改责任，严格考核整改质量，切实将审计整改工作落到实处，提高管理水平。

（李晓艳）

【大数据审计】 2021年，新疆油田公司审计处（审计中心）紧跟集团公司大数据发展脚步，强化大数据思维，立项开展新疆油田公司物资采购管理大数据审计，依托审计数据仓库系统对采购总体情况进行画像，制作物资采购模型，审计发现物资计划、招标管理、积压物资等方面6个问题。通过项目实践为开展“集中分析、发现线索、分散核实、系统研究”的数据驱动型审计拓宽了思路，推动传统审计向大数据审计转型。

（李晓艳）

地方统计管理

【统计服务】 2021年，克拉玛依市统计局发行《2021年克拉玛依市领导干部手册》《月度经济要情参考》等统计资料。协助市委、市政府办公室起草《政府工作报告》《“十三五”发展成就 “十四五”规划》，提供相关统计数据资料。按照数据对外提供工作流程，全年共对外提供数据80余条，数据咨询120多次，拷贝电子统计资料30余次。

（王山）

【统计改革】 2021年，克拉玛依市统计局开展“统计基层基础建设年”活动。印发《关于开展“统计基层基础建设年”活动的实施方案》，选出试点乡镇街道，以点带面，开展“克拉玛依市统计基层基础建设年”活动，提升克拉玛依市各乡镇街道统计规范化建设，保障源头统计数据真实准确。全年从机构设置、人员管理、统计工作职责、统计业务工作、保障措施等方面规范乡镇街道统计工作，全市15个乡镇街道统计机构全部挂牌完毕，30名专职统计人员全部配置到位。自治区统计局为每个乡镇街道配发的2台电脑和1台打印机已安装到位，业务专网从自治区接到乡（镇、街道）。通过召开综合统计年报会和专项培训会，举办各类业务知识培训6次，培训人员500余人次，提高基层统计工作质量。

（王山）

【统计执法】 2021年，克拉玛依市统计局通过市、区两级日常数据核查和“双随机”执法检查，解决基层统计规范管理问题。全年共检查企业419家，发现问题70余项，向各区下发通报4个、案件督办函3个；立案7件，结案7件，罚款26000元。

（王山）

【统计分析】2021年，克拉玛依市统计局做好全市国民经济各行业主要数据发布、分析、问题预警及建议工作，每月向市委、市政府主要领导和分管领导报送月度、季度主要经济运行指标数据。在撰写完成月度、季度经济运行综合分析报告基础上，先后完成《非油产业经济简析》《风雨兼程一百年　油城腾飞铸辉煌》《关于数字经济赋能克拉玛依市高质量发展的调研报告》《提升实体（线下）消费水平有“三招”》等专题报告，为市委、市政府领导及时把握全市经济运行形势、进行决策提供参考。

（王山）

【小升规企业培育监测】2021年，克拉玛依市统计局根据“先入库、后出数”原则，开展全市“小升规”企业培育、监测和入库工作。下发《进一步加强基本单位名录库管理的工作提示》《市统计局进一步落实市十四届人民政府第44次常务会议有关要求的通知》和“小升规”升规纳统工作要求，对规下企业进行摸排梳理，将营业收入已经达到或年底前能够达到规模以上标准的247家企业纳入监测对象，建立小微企业“小升规”基础库和培育库、分解目标任务至各区统计局，并开展动态监测。截至年末，全市已完成“小升规”企业100余家，创历史新高。

（王山）

【国家统计督察迎检】2021年，克拉玛依市统计局向全市各级党委、政府和有关部门领导干部发放《防范和惩治统计造假弄虚作假重要文件选编》《统计违法典型案例选编》280余册，编印发放《领导干部统计法律法规汇编》《统计人员常用法律法规》《统计法律及统计知识工作手册》学习资料300余份。印发《关于做好统计督察迎检准备开展相关学习的工作提示》，将《统计法》纳入党校教育培训必学课程。制定《克拉玛依市关于做好防范和惩治统计造假、弄虚作假督察工作的实施方案》《关于做好克市清理违背统计法精神文件和做法的通知》等文件，在全市统计系统开展统计造假专项整治，排查干预统计调查对象独立报送数据的不当做法，强化统计执法监督检查。制定印发《克拉玛依市党政领导干部防范和惩治统计造假、弄虚作假责任制实施细则（试行）》《克拉玛依市统计局防范和惩治统计造假弄虚作假责任制实施办法（试行）》《克拉玛依市统计局行政处罚“四张清单”》《统计执法“双随机、一公开”检查方案》《克拉玛依市统计局关于印发统计信用承诺制度的通知》，完善《迟报等违法行为执法流程》《统计执法检查程序》《统计执法立案处理程序》，强化统计制度机制建设。

（王山）

国家统计调查

【住户调查】2021年，国家统计局克拉玛依调查队通过每季度对各区进行实地走访，随机抽取调查点，对记账户家庭收入、人员从业情况、家庭人口数、支出等数据进行逐笔核实，实地了解调查员及辅调员入户频次、工作开展情况等，对发现问题给予现场纠正。通过党建与业务相结合，增强辅助调查员业务能力，提升记账户配合程度。发挥领导班子成员示范带头作用，全年领导班子成员入户访问152户，入户慰问12次，实现全覆盖。记账笔数大幅提升，较上年同期提升11个百分点。加大电子记账户推广力度，全年电子记账率达90%，“E调查”问卷更新运用率100%。

（克拉玛依调查队住户调查科）

【工业生产者价格调查】 2021年，国家统计局克拉玛依调查队完成新基期月报、年报、基础质量检查、新企业培训工作。全年走访企业33次，实现全覆盖，对新企业走访频次为历年最多；开展培训，全年集中培训一次、个别培训6次，在全员覆盖基础上，重点对新统计人员进行培训，及时给予个别培训，帮助企业纾困解惑；对企业规格品进行逐一梳理，从代表性、所占比例、发展前景等多方面进行考量，全年共计更换规格品（更换厂家、型号等）33个（次），新增规格品8家17个（次），删除4家7个（次）。完善企业基本情况台账、走访台账、培训台账、领导陪访台账；指导企业上报票据清查，要求企业每月填报报表后及时上报数据采集凭证，加强基础数据质量。

（克拉玛依调查队价格调查科）

【农业抽样调查】 2021年，克拉玛依调查队农业遥感面积调查对国家统计局扫描的2个样区6个样方63个地块开展春播面积实地调查，从种植意向、物资储备、秋收预计、秋收实测等方面对样本内数据认真摸底，随机抽选10户样方地所在村农户，面对面入户调查棉花实际产量，通过踏田实测方式，完成农作物遥感面积调查；开展棉花预计产量调查，通过辅助调查员在田间进行网络传输棉花长势情况图片、现场数棉花桃数，通过网络、电话结合本地农业部门、气象部门提供相关资料，对比上年棉花实割实测调查结果，走访30户棉农开展问卷调查，询问土地承包、肥料、水电、劳动力等投资变动情况，走访4个棉花加工企业询问2021年度棉花价格上涨主要因素。

（克拉玛依调查队农业农村科）

【主要畜禽监测调查】 2021年，克拉玛依调查队通过每季度对克拉玛依市13家大型养殖户开展执法检查，对数据不实、档案不全的3家大型养殖户立案结案，对189家中小型养殖户进行抽样走访调研，确保统计调查数据真实准确，完成全年主要畜禽监测调查工作；对全市大型、中小型养殖户及养殖小区进行全面摸底调查，新增1户大型养殖户扩充至国家调查样本，通过与养殖户交流，了解养殖形势，倾听养殖户诉求，撰写畜禽养殖最新经济形势信息分析，客观反映畜禽养殖热点、难点问题，按时上报摸底数据，完成克拉玛依市主要畜禽监测调查样本名录库摸底工作。

（克拉玛依调查队农业农村科）

【流通消费价格调查】 2021年，克拉玛依调查队居民消费价格调查选取调查点分布广、覆盖率高、代表性强，确保商品和规格品以及服务项目基本上能够采集全，全年完成1187个居民消费、商品零售规格品价格调查，每月采价笔数3786笔，118个价格调查点价格采集、录入、审核按时完成。2021年为基期年首年，按要求完成两年新旧汇总程序价格过录、数据衔接工作。

（克拉玛依调查队价格调查科）

【专项调查（调研）】 2021年，克拉玛依调查队规范组织并完成全面从严治党民意调查、公众安全感调查、“双减”政策落实情况调查、文明城市测评等工作，组织开展“放管服”情况调研、小微企业和个体经营户跟踪调查、采购经理调查，撰写调研报告，反馈存在问题，提出可行性建议。

（克拉玛依调查队价格调查科）

【统计调查服务】 2021年，国家统计局克拉玛依调查队利用居民收支调查、流通消费价格、工业生产者价格、劳动力调查、主要畜禽监测等专业常规调查报表资料，开展相关调查研究，撰写分析报告75篇；针对经济社会热点、难点问题，开展专题调研，及时对居民收支数据、消费价格数据进行分析，全年获地方领导批示20篇。开展课题研究，全年克拉玛依调查队 5 篇课题申报获总队立项并全部完成。

（克拉玛依调查队综合科）

【数据质量检查】 2021 年，国家统计局克拉玛依调查队对工业生产者价格企业、小微企业、主要畜禽监测等样本企业进行“双随机”执法检查，共检查样本企业 18 家，对存在统计违法行为的 3 家企业进行立案查处。对畜牧业归口管理开展 2 次专项检查，规范归口管理调查流程，提升基层基础数据质量。全年入户检查 57 户，入户慰问 12 次。全年对 4 个区分别进行住户检查。对城乡居民收支调查账册进行全面检查，抽查核对机账数据统一情况。专业人员先后对克拉玛依市 4 个区 152 户进行入户检查。

（克拉玛依调查队综合科）

物价管理

【价格机制改革】 2021 年，克拉玛依市深化价格机制改革，完善重点领域价格机制，将全市工商服务业及其他用天然气销售价格下调 0.064 元 / 立方米，确保增值税下调红利全部让利给终端用户，制定并实施《克拉玛依市非居民用水超定额累进加价制度》，制定分区、分档农业水价政策，深化农业水价综合改革。

（钟芳）

【物价调控】 2021 年，克拉玛依市建立健全“菜篮子”“米袋子”产品储备制度，制定出台《克拉玛依市重要生活必需品分类储备实施方案》，加大对重要民生商品日常监测、应急调运和储备调节力度，畅通物流运输，稳定煤、电、油、气、水、暖要素供应。加大低收入群体保障力度。

（钟芳）

【日常价格监管】 2021 年，克拉玛依市市场监管系统开展元旦、春节、“五一”、中秋、“十一”等节假日期间市场检查巡查，重点查处节日市场商家虚假标价、模糊标价、虚构原价、虚假折扣、不履行价格承诺等价格违法行为。

（王娟）

【规范行业收费】 2021 年，克拉玛依市市场监管系统规范行业协会商会收费行为，维护良好收费秩序。落实克拉玛依市转供电市场主体专项检查，对 22 家转供电主体收费行为进行全覆盖监管。继续开展治理涉企收费减轻企业负担专项检查，检查各类主体 98 家次。指导各区查处价格投诉举报 19 件，确保消费者得到满意答复。

（王娟）

【政府储备肉投放】 2021 年，克拉玛依市及时开展储备肉投放工作，全年投放储备羊肉 543.43 吨，牛肉 336.17 吨，猪肉 416.16 吨。共计补贴资金 626.33 万元。

（钟芳）

市场监督管理

【概况】 2021 年，克拉玛依市共有市场主体 40337 户，同比增长 8.13%。其中企业 10512 户，同比增长 10.70%；个体工商户 29825 户，同比增长 7.25%。全年新设立市场主体 5705 户，同比增长 15.96%。其中新设立企业 1434 户，同比增长 29.54%；新设立个体工商户 4271 户，同比增长 12.01%。

（王娟）

【商事登记改革】 2021 年，克拉玛依市推动“多证合一”全面落实，在全疆率先完成全市市场主体使用加载统一社会信用代码营业执照的换发工作。企业开办时间由 2.5 个工作日压缩至 2 个工作日以内。推进登记注册便利化，市场主体登记全程无纸化，将网办率由年初的 78.6% 提升至 97.3%。提高简易注销办理时效，全年共办理简易注销主体 1157 户。“证照分离”改革实现全覆盖，全年完成 21 个部门 104 项涉企审批事项的改革落实。克拉玛依市的商事登记改革工作在国务院大督查中获得国务院通报表扬，并明确克拉玛依市在2021年予以“免督查”。

（王娟）

【“双随机、一公开”监管】 2021年，克拉玛依市将推动“双随机、一公开”监管作为落实“放管服”改革的重要举措，坚持“政府主导、市场监管局牵头、部门推进、各区落实”的总体原则，推进部门联合抽查，确保实现“进一次门，查多项事”，解决因过多检查干扰市场主体正常生产经营的问题。制定印发《克拉玛依市市场监管领域部门联合“双随机、一公开”抽查工作细则》《克拉玛依市市场监管领域部门联合抽查事项清单（第一版）》，涵盖37个抽查类别和77个抽查事项。截至年末，全市共有21个部门制定内部抽查任务2793户，已经检查2793户。有28个部门制定跨部门双随机检查任务2705户，已经检查2705户。完善“双随机、一公开”系统与市诚信办信用分类数据交换渠道，对失信的市场主体加强抽查力度和频次，对信用良好的市场主体减少正常生产经营活动的干预，做到对失信者“利剑高悬”、对守法者“无事不扰”。截至年末，全市已抽查市场主体信用等级为A的125户、为B的2657户、为C的1267户、为D的601户。2021年全市市场监督管理系统共立案查办各类行政处罚案件362件，结案236件，罚没款合计244.46万元。

（王娟）

【质量强市】 2021年，克拉玛依市制定印发《克拉玛依市2021年质量提升行动实施方案》《关于开展质量帮扶、深入实施质量提升行动工作的通知》，编制完成《2020年度克拉玛依市质量状况分析报告》，全面反映2020年克拉玛依市各领域质量状况。组织各成员单位开展全国“质量月”活动，牵头组织全市质量强市成员单位落实质量提升各项工作。

（王娟）

【计量行政许可】 2021年，克拉玛依市市场监督管理局到期复核社会公用计量标准5项，受理计量建标考核11项，发放计量标准考核证书11张、计量授权证书6张。做好民生计量领域服务工作，严格依据相关技术规范和检定规程，落实加油（气）枪、镜片箱、医用输液泵/注射泵等计量器具的强制检定备案工作。开展能源计量在线采集系统调研、安装工作；截至年末，克拉玛依市11家重点用能单位中已有8家完成安装工作。

（王娟）

【认证领域监管】 2021年，克拉玛依市市场监督管理局组织各区开展校园周边儿童玩具3C认证情况检查，共出动56人次，检查300余家次，现场下架无3C认证标识、“三无”玩具107个。组织全市78家检验检测机构签订《诚信守法承诺书》，落实检测机构主体责任。对全市9家检验检测机构开展资质认定现场评审工作，保障资质认定工作客观公正。

（王娟）

【企业标准自我声明公开和监督制度】 2021年，克拉玛依市实施企业标准自我声明公开和监督制度。全市283家企业执行现行有效标准1915项标准，涵盖2323种产品，其中国家标准227个、行业标准136个、地方标准8个、企业标准1542个、团体标准2个。开展“全国百城千业万企对标达标提升专项行动”试点工作，组织涉及石油、石化、天然气产品以及钻井机械和配件产业的66个产品公布对标结果，2家企业公布对标方案。推进团体标准建设，2家试点单位共发布团体标准50项，其中产品类14项，技术、管理类36项。

（王娟）

【食品药品检验】 2021年，克拉玛依市食品药品检验所食品实验室完成搬迁，实验室面

6月17日，市食品药品检验所联合八一社区举行“实验室开放日”活动，市民在市食品药品检验所内近距离观摩检测流程　（郭阳　摄）

积由原来的1000平方米增至4900平方米，完成检验检测机构资质认定变更和扩项工作；全年完成消毒餐饮具抽检4310份、食品样品委托检验67批次、粮食制品监督检验26批次、化妆品委托检验4批次，应收检测费用55万元，已全部进行减免。

（王娟）

【纤维检验】 2021年，克拉玛依市纤维检验所投资3200万新建的棉花仪器化公检实验室投入使用，实验室面积由原来的1200平方米增至4500平方米，恒温恒湿及配套设备由原来的6台（件）增至18台（件），实验室检验能力提高至30万吨以上；全年棉花仪器化公检实验室质量检验累计检验棉花样品1273批、236835包、合计53483吨，在喀什市巴楚县新建棉花监管库驻库取样检验棉花样品1935批，合计82032吨。

（王娟）

【质量与计量检测】 2021年，克拉玛依市质量与计量检测所对食品生产、建筑建材、餐饮行业、超市、化工、加工制造、医院、加油站等200余家企业单位开展计量器具检定工作，检定计量器具30117台件，业务收入513万元；强检计量器具17296台次，免征检定费58.1万元。

（王娟）

【特种设备安全检验】 2021年，克拉玛依市特种设备安全检验所完成承压类检验6279台、机电类检验5045台，考试中心共完成各类考试318个班次，考核特种设备作业人员4612人；截至2021年底非税收入1007.45万元，减免或减半收取检验检测费用共计0.79万元。

（王娟）

【侵权假冒案件查处】 2021年，克拉玛依市市场监管系统共办理打击侵权假冒案件124件，案值72.86万元，罚没款108.64万元。加强行刑衔接，做好“两法”衔接平台的运行和维护工作，利用平台审阅案件办理和移送情况，及时通报案件录入情况，信息共享，互相监督。截至年末，全市“两法”衔接平台共录入侵权假冒案件117件。

（王娟）

【民生领域案件查办】 2021年，克拉玛依市市场监管系统开展2021民生领域案件查办“铁拳”行动。共查办案件223件，办结189件，罚没款171.69万元。

（王娟）

【公平竞争审查】 2021年，克拉玛依市下发3期《关于进一步推进落实公平竞争审查制度的工作提示》，全市各相关单位组织公平竞争审查制度培训101场次，覆盖2390人次。按照“谁制定、谁清理、谁负责”原则，常态化开展增量审查和存量清理工作，全市累计制定印发各类文件及措施等1165份（其中涉及市场主体经济活动的政策措施187份），累计清理上年度存量1125份，其中继续有效540份、调整政策措施2份、废止3份、失效580份。

（王娟）

【规范网络交易】2021年，克拉玛依市市场监管系统针对互联网经营主体及平台经营行为持续加强网络监测工作，全年开展网上检查各类网站、网店1080个次，实地检查各类网络经营者130户次，清理下架商品及服务信息17条、侵犯知识产权商品信息1条，责令整改11次，提请相关部门关闭网站1个（系境外网站冒充辖区企业开展虚拟币投资）。

（王娟）

【广告专项整治】2021年，克拉玛依市市场监管系统开展“青少年健康成长”“守护夕阳红”“借建党100周年、借党史学习教育商业牟利”“违法违规商业营销宣传”等10个重点领域广告专项整治，共监测线上、线下广告15512条次，检查广告企业636家次，发现问题线索141条，责令整改35条，规范经营单位44家，立案7起，罚没款77047.42元。

（王娟）

【消费者权益保护】2021年，克拉玛依市“12315”消费者投诉举报平台共计受理投诉举报案件2217件，已办结2160件，为消费者挽回经济损失174.67万元。

（王娟）

食品安全监管

【概况】2021年，克拉玛依市制定印发《2021年克拉玛依市食品安全重点工作安排》和《2021年克拉玛依市食品安全工作日常评议方案》，日常评议中发现食品安全隐患834处，隐患问题及评议结果通报各区。以学校食堂、企事业单位食堂、养老机构食堂、中大型餐饮服务单位、中央厨房、集中用餐配送单位、食用农产品集中交易市场等高风险食品经营主体为主要对象，启动“互联网+食品安全”智慧监管试点工作，共有260家主体纳入试点。开展市级两会、第十二次党代会、高考、自学考试等保障工作，累计出动保障人员89人次，保障122餐次、1713人次用餐，检查保障酒店周边餐饮单位326家次，累计消除食品安全隐患113个。制定《克拉玛依市2021年食品安全抽检检测计划》，完成餐饮食品、食用农产品抽检任务742批次。截至年末，共办理食品类案件200件，罚没款合计60.7万元。

（王娟）

【冷链食品管理】2021年，克拉玛依市建立冷链食品快递物流监测预警机制，由市委常委牵头抽调业务骨干成立专班，实行定点、定线、定人、专库、专区、专人、专车、专班“三定五专”管理，强化冷链食品追溯体系建设，所有流入克拉玛依市的冷链食品均通

11月4日，克拉玛依区冷链食品集中监管仓启用　（崔文娟　摄）

过“新疆冷链食品追溯管理系统”实现追踪溯源。截至年末，全市共有冷链食品集中监管仓3家，冷库14家，冷链食品销售店169家，累计录入冷链食品流转信息4.7万条，核酸检测管数35702管，监测冷链相关从业人员57123人次，做到来源清晰、去向明确、监管到位、风险可控。

（李诚）

【食品生产经营主体情况】 2021年，克拉玛依市有食品生产加工单位270家，同比增长2.27%。其中食品生产企业29家，同比无变化；食品生产加工小作坊241家，同比增长2.55%。有餐饮服务经营者2675户，同比增加4%；食品销售经营者3115户，同比减少22%；食用农产品集中交易市场13家，同比增加30%。

（李诚）

【产地环境治理】 2021年，克拉玛依市结合第二次全国污染源普查结果和重金属行业排污许可证申领与核发工作情况，组织对全市涉重金属的重点行业企业进行全面摸排，全市无涉铅、汞、铬、镉、砷等重点重金属企业。完成乌尔禾镇和小拐乡共8个点位的土样采集、制备、样品测试分析工作，所有监测指标均低于土壤污染风险筛选值标准，土壤环境质量处于清洁安全级。

（李诚）

【食用农产品质量管理】 2021年，克拉玛依市面向农产品生产者、技术及管理人员，开展农兽药残留限量食品安全国家标准宣贯的区（县）比例达100%。强化农产品质量安全协管员管理，累计培训55人次。开展农产品质量安全检测机构有效期内“双认证”考核工作。全市47家规模化生产经营主体100%纳入国家和自治区农产品追溯平台管理。持续推进食用农产品达标合格证制度，累计发放合格证5415张。开展农药减量增效、水产养殖用药减量和兽药抗菌治理行动、“治违禁控药残促提升”行动和瘦肉精专项整治行动。农产品监督抽检944批次，比率超过1.5批次/千人，农产品质量安全监测总体合格率100%，不合格农产品核查处置按时限完成率100%，查办食用农产品案件8件，案件县均值2件。

（李诚）

【食品生产经营环节监管】 2021年，克拉玛依市强化食品生产环节重点品种和重点环节监管，定期研判并上报风险分析报告3篇，制定重点品种风险清单、措施清单和责任清单，获证食品生产企业监督抽查考核覆盖率100%。开展乳制品和肉制品质量提升行动，乳制品生产企业自查率和风险报告率100%，乳制品抽检合格率达100%。食品经营风险分级管理覆盖率100%，其中A级占比41.87%。全市共有279家主体开展放心食品超市、放心餐厅自我承诺活动，学校食堂“明厨亮灶”覆盖率100%。开展餐饮质量安全提升、农村假冒伪劣食品整治、网络餐饮食品安全整治、校园食品安全守护行动、保健食品行业清理整治等各类专项行动。完成食品安全监督抽检2203批次，监督抽检合格率98.68%，监督抽检信息公示率100%，开展不合格食品核查处置29件，处置完成率100%，召开食品安全预警交流会议4次，编写消费提示和风险解析11期，开展“你点我检”活动8场次。共办结食品类案件169件，罚没金额104.7万元。

（李诚）

【食品安全专项行动】 2021年，克拉玛依市推进“昆仑2021”、保健食品行业清理整治、农资打假等各类专项行动，公安部门开展执法行动465次，摸排场所2535家次，出动警力1260人次，核查涉食品线索29条，已立食品领域刑事案件6起，抓获违法犯罪嫌疑人6人，涉案金额近78万元。强化食品领域行刑衔接工作，突出多部门联动，累计通报案件线索 18 条，集中分析研判 4 次，时刻保持打击食品安全违法犯罪高压态势。

（李诚）

【监管能力建设】 2021 年，克拉玛依市在全疆率先开展“查安康”智慧监管平台试点应用，以高风险食品经营主体为主要试点应用对象，涵盖“互联网 + 明厨亮灶”“两库一平台”、食品经营风险分级管理和食用农产品信息化追溯管理 4 个方面，已有 1640 家餐饮主体纳入智慧监管，其中 90 家实现“互联网 + 明厨亮灶”。强化检验检测体系建设。市农产品质量检测中心已完成“双认证”，4 辆食品安全快速检测车共出动 86 车次，完成 643 批次食品快检任务。

（李诚）

【食品安全城市创建】 2021 年，克拉玛依市被自治区确定为第二批国家食品安全城市创建推荐城市，克拉玛依区、独山子区、白碱滩区（克拉玛依高新区）开展创建自治区第二批食品安全示范城市工作，克拉玛依区完成第三批自治区农产品质量安全县创建自评工作。全年开展“食品安全宣传周”“全民营养周”活动，开展《中华人民共和国反食品浪费法》宣传，依托主流媒体登载报道 240 条，刊发公益广告 800 余条，举办实验室开放日、食安访谈等宣传活动 45 场次。全年累计受理投诉举报 464 件，环比下降 43%，办结率 100%，核查处置网络舆情 5 起，为消费者挽回经济损失 7572.2 元；引导财险公司发挥商业保险风险管理和分担作用，为大型食品生产企业、校园食品供餐单位等重点食品企业提供食品安全责任保险服务，全市共 6 家企业投保食品安全责任险，保额共计 460 万元。

（李诚）

产品质量监管

【药品监管】 2021 年，克拉玛依市印发《克拉玛依市贯彻落实药品安全党政同责实施方案》，成立以市委、市政府主要领导为组长的药品安全监管工作领导小组。重点对新冠病毒疫苗流通使用、新冠病毒核酸检测试剂购进储存等情况进行多次专项检查，当场处罚（警告）3 家、下达责令改正通知书 9 份，组织全市召回问题批次病毒采样管 37940 支。组织开展含兴奋剂药品、集中带量采购中选药品、儿童化妆品等 16 个专项整治行动，全市下架并协助企业召回酚酞片 1805 瓶、电子体温计 5 支。抽检药品 151 批次、医疗器械 13 批次、化妆品 27 批次，经检验发现 3 批次药品不符合规定，已依法进行处理。立案查处“两品一械”（药品、化妆品、医疗器械）案件 59 件、罚没款 106.7 万元，当场处罚（警告）14 家，下达责令改正通知书 44 份，处理“两品一械”方面投诉举报 65 件。评价药品不良反应报告 564 份、医疗器械不良事件报告 284 份、化妆品不良反应报告 114 份、药物滥用报告 54 份，收到疑似预防接种异常反应（AEFI）报告 52 份。

（王娟）

【特种设备安全监管】 2021 年，克拉玛依市共登记特种设备 21374 台，其中锅炉 620 台、压力容器 15099 台、电梯 3789 台、起重机械 984 台、场内专用机动车辆 867 台、客运索道 3 条、大型游乐设施 12 台，另有压力管道 2017.5 千米、各类在用气瓶共 95910 只，设备集中在石油石化领域，压力容器占 71%。全年组织开展 35 期特种设备大培训，结合安全生产月、质量月、电梯宣传周开展多种形式的宣传。开展特种设备安全生产专项整治三年行动，组织开展两次全覆盖隐患排查，总计检查企业 3228 家次，排查隐患 583 项，下达特种设备安全监察指令书 168 份，立案查处 20 起、办结 16 起、罚款 60.25 万元，整改隐患 577 项。推动购买电梯责任保险，全市已购保险电梯1965台，占总量的52%；推动小区物业加装电梯断电平层自动救援及电动车阻车装置，全年克拉玛依市96333热线响应电梯救援179次，解救被困人员222人次。

（王娟）

【危险化学品、消防产品质量监管】 2021年，克拉玛依市持续开展危险化学品、消防产品质量安全监管工作，全年累计排查危化品、消防产品等重点产品生产企业110家次，排查销售企业248家次，发现一般隐患10项，已全部整改，下达责令改正通知书3份；监督抽检工业硫磺、溶解乙炔、石油苯、工业用顺丁烯二酸酐等14种危化品21批次，合格率100%。

（王娟）

【建材产品质量监管】 2021年，克拉玛依市共排查建材产品生产企业37家次、销售企业128家次，对部分企业销售“三无”产品和不严格履行进货验收制度的行为，现场责令改正。

（王娟）

【口罩质量监管】 2021年，克拉玛依市推进口罩质量监管、促进口罩质量提升，全年检查生产、销售企业155家次，下架质量合格信息不全口罩产品4000片，没收不合格口罩200余片。

（王娟）

【儿童和学生用品质量监管】 2021年，克拉玛依市开展2021年儿童和学生用品安全守护行动，聚焦儿童玩具、儿童餐饮具、儿童服装等重点产品，检查300余家次，现场下架无3C认证标识、“三无”儿童玩具220个；儿童玩具抽检51批次，不合格2批次，学生校服抽检3批次，100%合格。

（王娟）

3月11日，在“3·15”消费者维权日来临之际，市消防救援支队、市市场监督管理局工作人员开展消防产品联合检查，以净化消防产品市场环境，加大对假冒伪劣产品的查处（田国建 摄）

【产品质量监督抽检】 2021年，克拉玛依市开展产品质量监督抽检工作，组织开展对全市危化品、食品相关产品、电动自行车、口罩产品、消防产品等293批次产品进行了监督抽检，其中现43批次不合格，立案18件，没收不合格产品1500余件，罚没款2.39万元。

（王娟）

知识产权管理

【概况】 2021年，克拉玛依市在“第二十二届中国专利奖”评选中，有2项专利分别获得银奖和优秀奖。截至年末，全市有效发明专利470件，授权专利1006件。商标申请1348件，核准注册商标912件，累计有效注册商标总量4699件。

（卢承信）

【申报第二十二届中国专利奖】 2021年，克拉玛依市组织并推荐6家企事业单位的7项专利技术申报“第二十三届中国专利奖”评选；其中，“一种利用核磁共振测井资料连续定量评价储集层孔隙结构的方法”

和“一种石油磺酸盐的制备方法”分别获得“第二十二届中国专利奖”银奖和优秀奖。

（卢承信）

【知识产权质押贷款】 2021年，克拉玛依市促进知识产权与金融资本深度融合，拓宽创新型中小微企业融资渠道，全年为中小微企业办理知识产权质押贷款金额1亿元，其中已发放到位4100万元，其余正在办理质押手续当中。同时协助企业落实自治区专利实施项目资金18万元。

（卢承信）

【首笔无形资产质押融资贷款】 2021年，克拉玛依市多次组织多家银行就科技企业具体融资服务方式和融资产品进行交流，中国银行克拉玛依石油分行推出“知贷通”金融产品，克拉玛依市正诚有限公司以5项发明专利为质押，融资600万元。这是克拉玛依市首笔以无形资产为质押的纯知识产权质押融资贷款。

（廖琦）

【知识产权保护】 2021年，克拉玛依市开展知识产权保护工作。落实《关于强化知识产权保护的意见》，组织知识产权保护中心和市中级人民法院签署《知识产权协同保护合作框架协议》，建立相互合作共建知识产权纠纷诉源治理联动机制，截至年末，市中级人民法院已在知识产权保护中心公开审理3起知识产权侵权案。全年组织市场监管系统和公安系统开展联合执法，检查市场主体40家，查处涉嫌商标侵权伊力特酒、舒肤佳香皂、南孚电池等产品4件，办理电商案件75件，查处假冒及标识不规范专利57件，与经营主体面对面宣讲达1000人次。

（卢承信）

【中国（克拉玛依）知识产权保护中心】 市委编办下发《关于设立克拉玛依市知识产权保护中心的通知》，保护中心为公益一类事业单位，规格相当副处级，编制20名。已建成业务受理大厅、自助检索室、多媒体培训室、调解室、保密预审区、多媒体审理庭等6大功能区域，建成联通国家知识产权局E系统专网、复审和无效审理部专网，建立了一体化专利预审平台，并按照相关建设要求完成保障业务软件运行的硬件设备和场地建设。目前，保护中心已达到国家知识产权局各项验收要求，并根据国家知识产权局验收标准，编制了验收汇编材料、制度汇编材料等。2021年上半年，保护中心通过了自治区市场监督管理局专家组验收。待国家知识产权局验收通过后，保护中心将尽快挂牌投入运营。

（卢承信）

【知识产权宣传】 2021年，克拉玛依市在“4·26”知识产权宣传周期间，组织克拉玛依市检察院、法院、商务局、科技局等部门走访企业、组织社区活动、培训个体工商户，现场解答企业负责人或社会公众提出的相关知识产权问题；在中国石油大学（北京）克拉玛依校区，举办“知识产权进校园”专题活动；在公众场所建设一批突出知识产权特色的法治文化阵地，利用微博、微信公众号、报纸对宣传周进行报道。全年在公共场所张贴宣传海报40张，给市民发放宣传单200余份，制作宣传板报4块，LED大屏播放知识产权宣传知识100余次，线上宣传浏览人员5066人次。开展“知识产权网络答题”，407人参与。

（卢承信）

【服务企业】 2021年，克拉玛依市组织市场监管局、中级人民法院以及知识产权保护中心等部门深入企业走访宣传。宣讲知识产权典型案例，就企业运营过程中存在的知识产权维权和侵权应对策略同企业展开探讨；全年走访企业40家，400余人参加座谈。加强企业知识产权培训，全年针对企业不同需求组织“高价值专利挖掘与布局专题培训”“科创类上市企业培育专题”等业务培训，来自全市50余家专利奖获奖企业、知识产权贯标企业、知识产权优势企业负责人、知识产权负责人参加培训。

（卢承信）

社会信用建设

【失信约束清理规范】 2021年,克拉玛依市按照自治区《关于进一步做好失信约束措施清理规范工作的通知》要求，梳理全市失信约束措施清理台账，并每月按时向自治区上报克拉玛依市失信约束措施清理情况。

（马建）

【行政处罚和行政许可信息公示】 2021年，克拉玛依市召开全市“双公示”（行政处罚和行政许可信息公示）工作推进会，建立“双公示”工作月通报机制，通过每月按时开展“双公示”工作通报，督促各相关单位按照“双公示”七日内报送要求开展工作。依托克拉玛依诚信网双公示专栏，自2020年3月以来，已对25693条行政许可、行政处罚信息进行公示。依托政务诚信监测，对各单位“双公示”信息七日内公示率进行统计并将相关数据纳入综合排名，推进“双公示”工作正常开展。

（马建）

【信用信息归集管理】 2021年，克拉玛依市诚信综合管理平台数据源接入单位120家，共征集各类信用数据875万多条，建立企业信用档案57555家（含个体工商户），企业信用建档率达到99%。收集入库56万人的基础信用信息，为监理师、教师等重点人群8067人建立了个人信用档案。“克拉玛依诚信网”访问量突破1000万人次，为社会提供企业信用查询2826741次。

（马建）

【信用服务实体经济】 2021年，克拉玛依市发挥信用服务实体经济作用,依托自治区“信易贷”平台，帮助解决本地企业融资难融资贵问题。截至年末，全市1168家市场主体入驻自治区“信易贷”平台，成功授信47笔，授信金额4669.21万，已成功放款39笔，放款金额3372.63万元。

（马建）

【信用修复】 2021年，克拉玛依市根据国家发改委关于信用修复的要求，制定完成克拉玛依市信用修复流程规范，完善全市信用修复工作机制，拓宽企业、个人信用修复渠道。在市政公共服务中心信用服务窗口增加信用修复业务，方便企业及个人信用修复,并在“克拉玛依诚信网”开通“信用修复”专栏，面向社会提供信用修复线上申请、资料提交和审核修复等服务。截至年末，已为116家企业和2003人进行信用修复。

（马建）

【建立信用承诺制度】 2021年，克拉玛依市印发《关于全面建立信用承诺制度的通知》，推动建立信用承诺制度，在克拉玛依诚信网开辟“信用承诺”专栏，引导企业主动发布综合信用承诺，主动接受社会监督。截至年末，全市已开展信用承诺事项23个，在克拉玛依诚信网公示各类信用承诺书1815份。

（马建）

【信用分级分类监管】 2021年，克拉玛依市依托全市信用大数据平台，开展市场主体综合信用评价，完成对全市10638家企业的信用评价，并实时动态更新，共评出A级守信企业394家、D级失信企业723家，并对评价结果采用动态管理，将信用评价结果推送至市场监管局“双随机、一公开”平台，推动建立信用分级分类监管机制。

（马建）

【重点领域突出失信问题专项治理】 2021年，克拉玛依市按照自治区《关于开展“屡禁不止、屡罚不改”严重违法失信行为专项治理的通知》和《关于开展信用服务机构失信问题专项治理的通知》要求，梳理全市严重违法失信行为台账和信用服务机构清理台账。截至年末，已向市住建局、市场监管局发送监管提示函，并在克拉玛依诚信网发布信用服务机构信息公示告知书，完成对全市严重失信行为台账和信用服务机构台账的清退工作。

（马建）

【政务诚信建设】 2021年，克拉玛依市将政务诚信建设作为优化营商环境重要内容，依托克拉玛依市信用大数据平台，开通政务诚信专题，将政府部门及公职人员的法院执行、行政处罚、问责处理和“12345”政府热线答复办理、政府财政资金执行、依法行政、合同履约等信息依法纳入信用档案，并建立政务诚信监测指标体系，开展政务诚信状况实时监测和评价排名。通过定期发布和推送政务诚信监测排名及监测报告，倒逼政府部门加快自身改革，推动建立政务诚信常态化监督机制，提升政府服务效能和依法行政水平。截至年末，平台已归集包括市纪委监委、市委组织部、市委编办、市直机关工委、市政府办和各区相关部门在内的26个信源部门的政务诚信信息1145049条，进行政务诚信监测内部试运行12次，发布综合版监测报告12份、市级部门版报告384份、区政府版报告48份，并推送至分管领导及相关受监测部门。

（马建）

【拓展信用应用领域】 2021年，克拉玛依市推动信用信息、第三方信用报告等信用产品在行政管理事项中的应用，扩大信用影响，提高市场主体自觉守信意识，营造公平、公正、诚信经营的市场环境。截至年末，已在政府招投标、项目投资承诺制、科技项目管理等领域应用信用报告5446份，为行业管理提供重要监管依据。

（马建）

【社区信用管理】 2021年，克拉玛依市将信用信息征集向街道（乡镇）社区（村）延伸，依托克拉玛依市诚信综合管理平台，发挥《居民公约》《村规民约》的约束作用，建立健全居民履行居民公约诚信信息库，创新社会治理模式，围绕城市管理、综合治理七大领域制定居民信用积分标准。依托“信易玫瑰”手机App，以守信激励正向引导为主要手段，开展个人守信激励应用，营造“守信受益”的社会氛围。截至年末，全市所有社区产生居民信用信息12031条，其中守信行为信息8733条，失信行为信息3298条；通过社区平台完成个人信用修复补救1898人次。“信易玫瑰”手机App入驻商户306家，居民下载量87802人。

（马建）

教育

综　述

【概况】 2021年，克拉玛依市共有各级各类学校100所，其中普通高等学校（含职业院校）3所，高级中学3所，普通中学17所，普通小学27所，幼儿园49所,特殊教育学校1所。小学入学率、巩固率100%；初中入学率100%，巩固率100%，毕业合格率98%以上。截至年末，全市有教职工8522人，其中专任教师6411人；在校生90018人。

（褚文山）

【《“十四五”教育事业发展与改革规划》编制】 2021年，克拉玛依市参照《中国教育现代化2035》《加快推进教育现代化实施方案（2018—2022年）》，完成《“十四五”教育事业发展与改革规划》（简称《规划》）编制工作。《规划》简要总结“十三五”全市教育改革发展情况，深入分析全市教育工作面临机遇和挑战，结合国家教育发展和人力资源开发指标等内容，围绕“建设符合克拉玛依实际的高质量教育体系”目标，明确“十四五”期间全市教育改革发展指导思想、发展思路、发展目标、主要任务、重点改革举措和保障措施。

（褚文山）

【高考】 2021年，克拉玛依市普通高考考生共2441人，一本上线率达42.2%，较2020年提升9.5个百分点；综合上线率99.7%，稳居全疆前列。全市整体录取率为98.2%，其中普通单列类总体录取率为98.14%（本科零批次4.8%、一批次33.5%、二批次40.5%），1名学生被北京大学录取，2名学生被清华大学录取。

（褚文山）

【教育党建】 2021年，克拉玛依市贯彻落实《习近平总书记教育重要论述讲义》，推进习近平新时代中国特色社会主义思想进教材、进课堂、进师生头脑。学习贯彻第三次中央新疆工作座谈会精神，推进国家通用语言文字教育、各民族学生混班混宿等工作任务。制定《关于加强和改进新时代师德师风建设的实施方案》《师德师风档案管理办法》，建立《师德师风个人档案》，引导教师自觉践行师德规范。组织“青年大学习”“红领巾爱学习”网上主题团（队）课学习活动，开展主题团日和主题少先队活动课，全年主题团日活动覆盖8850人次、“红领巾爱学习”网上主题队课观看学习16100人次、少先队活动课覆盖少先队员16134人次。

（褚文山）

【思政德育论坛】 2021年4月，克拉玛依市举办首届市教育系统思政德育论坛，论坛围绕“落实立德树人根本任务，推进大中小学思政课一体化建设，打造高素质专业化思政课教师队伍，全面提高学校思政课质量和水平；促进德育工作专业化、规范化、实效化，形成全员、全程、全方位育人的思政德育工作格局”等主题，共设6个分会场和1个主会场，分为主会场专家授课、分论坛研讨交流、主会场成果交流、专家点评和互动答疑5个环节。全市教育系统近300人参加论坛。

（李君毅）

【克拉玛依教育系统庆祝建党100周年表彰大会】 2021年6月30日，克拉玛依市在市青少年科技活动中心举行“喜迎建党百年　传承红色基因”市教育系统庆祝建党100周年暨表彰大会，会上表彰全市教育系统涌现出的“两优一先”代表，为市教育系统党龄在50年以上老党员代表颁发“光荣在党50年”纪念章，组织新党员宣誓、老党员重温入党誓词。全市教育系统各级各类学校代表共150余人参加大会。

（李君毅）

【德育教育】 2021年，克拉玛依市推进教育系统文化润疆工程落地生根，开展寒暑假师生集中教育和“开学第一课”活动。全年开展宣传宣讲147场次，参与学生52979人，发放学习用书3407册，组织各类活动150余场，爱国电影观影累计10万人次，各校开展54场开学第一课活动。落实《中小学德育工作指南》，实施《中小学德育学堂》项目，常态化开展“文明校园”和“德育示范校”创建，2所学校被评为“全国文明校园先进学校”，克拉玛依区教育局荣获全国中小学劳动教育实验区。制定下发《克拉玛依市深化新时代学校思想政治理论课改革创新实施方案》《克拉玛依市加强新时代中小学思想政治理论课教师队伍建设实施方案》《克拉玛依市教育局关于进一步加强思政课教师队伍建设的实施意见》，组织召开克拉玛依市教育系统2021年思政（德育）工作会暨思政（德育）论坛，开展思政课教师德育培训以及思政德育名师工作室评选和骨干教师评选，全年组织德育培训196人，评选出德育骨干教师201人。

（褚文山）

6月30日，克拉玛依市在市青少年科技活动中心举行“喜迎建党百年　传承红色基因”市教育系统庆祝建党100周年暨表彰大会

（市教育工委供图）

【落实习近平总书记重要回信一周年座谈会】 2020年7月7日，习近平总书记给中国石油大学（北京）克拉玛依校区回信，肯定他们到边疆基层工作选择，对广大高校毕业生提出殷切期望。2021年7月7日，中国石油大学（北京）召开贯彻落实习近平总书记重要回信精神一周年座谈会。教育部高校学生司、自治区党委教育工委和教育厅以及克拉玛依市委、中国石油驻新疆地区企业协调组有关领导，中国石油大学（北京）全体校领导，相关职能部门和学院负责人，克拉玛依校区领导班子全体成员、全体中层干部，以及学校师生代表等参加座谈。在总书记回信一周年之际，校区毕业生再次交出就业答卷——签约就业

学生中，243人在石油化工领域就业，256人选择西部基层，其中217人留在新疆，分别占已签约人数的68%、72%、61%。

（褚文山）

【文化润疆工作进校园】 2021年，克拉玛依市教育局与中国石油大学（北京）克拉玛依校区举办文化润疆工程大中小学校协同育人工作座谈会，签署大中小学协同育人合作协议，开创“大中小学校思政课程一体化建设”。与市委组织部、中国石油大学（北京）克拉玛依校区开展座谈，就共同成立文化润疆工程工作推进组、联合成立“文化润疆研究院/人文艺术研究院”等事项达成合作意向；与市委教育工委共建教学实践基地和讲师团大思政项目；与乌尔禾区签订政校合作协议，揭牌野外实践教学基地、思政教育基地、文化艺术创作基地和学术交流中心。开展“培胡杨根·聚中华情·铸石油魂”文化润疆进校园政校企合作系列活动，系统推进政校企共建融合创新、协同发展。主办“石油赞歌”政校企联合文艺晚会，以多种形式稳步推进文化阵地培根、聚情、铸魂工程。

（褚文山）

【教学实践与创新】 2021年，克拉玛依市推进国家级“基于教学改革、融合信息技术的新型教与学模式”实验区工作。牵头开展实践共同体项目《区域整体推进平台融合，数据驱动精准教学实践与创新》研究，共有三个区12所学校参与，占全市学校总数25%，涉及11个年级、5个学科（语文、数学、英语、物理、化学）、142个班级、5325名学生。10月，项目通过中央电教馆验收。项目形成五大应用模式：基于纸质作业学情数据常态化采集、数据驱动精讲精练、数据驱动分层（分组）教学、数据驱动个别指导、数据驱动精准教研，探索出新型教、学、研模式；整合形成1030个系列化、体系化微课资源，涵盖数学、物理、化学3个学科，为学生开展个性化学习、学情诊断后精准推送、精准答疑提供资源保障。

（褚文山）

【优化教研机制】 2021年，克拉玛依市围绕义务教育质量提升、监测数据有效应用、统编三科教材使用及教学设计、普通高中新课程新教材实施等具体任务，组织开展教学教研、资源研制和教师培训活动。以“送教＋送研”“线上＋线下”等多种方式服务区、校（园），组织市教研员集体下区校（园）、进课堂活动，分别赴克拉玛依区、白碱滩区、直属学校调研指导课堂教学、中高考复习等，两次赴乌尔禾区第十六中学开展课堂教学指导和教师培训，部分学科赴独山子区开展中考研讨活动，实现市教研对各区、校（园）学段、学科全覆。全年听（巡）课近

4月14日，市第三中学正在进行“百花奖”比赛，各个学科的10位优秀教师为学生们展示内容丰富、形式多样的探究实践课程。教学展示课同时进行网络直播　（刘哲　摄）

1000余节，对教师访谈近800人次，参加教研活动近100次，查阅教研组（备课组）计划近500份，查阅教案1000余本，发放专项调查问卷4次。

（褚文山）

【教育资助】 2021年，克拉玛依市基础教育阶段的各级各类受助项目资金受益人数为21900人次，受助资金3468.68万元。其中：学前三年受助17488人，已补助资金2521.03万元；义务教育阶段寄宿生生活补助受助人数2795人，已发放资金340.217万元，其中建档立卡2522人；非寄宿生生活补贴受助人数3444人，已发放资金124.71万元，其中建档立卡797人；普通高中阶段建档立卡免学费受助人数128人，受助资金18.34万元；普通高中助学金项目受助人数1106人，受助资金110.94万元。地方普通高中在校7223人，每人均享受600元/学期免学费，金额小计433.38万元，享受免教材费金额47.8万元。

（褚文山）

教育行政

【招生制度改革】 2021年，克拉玛依市促进教育优质公平。针对“择校热”、学校发展不均衡问题，对个别初中学校学区进行调整，对个别学校生源结构进行引导性调整，既降低社会“择校热”，同时推动不同学校共同向前发展；在自治区实现一张试卷中考改革基础上，进行普通高中招生录取改革，实现普通高中各民族学生“一个标准”录取。

（褚文山）

【示范学校建设】 2021年，克拉玛依市全市中小学中，有自治区级示范高中3所，市级示范学校19所，规范化学校20所，自治区级德育示范学校15所，市级德育示范学校46所。在全市49所幼儿园中，普惠性幼儿园44所。其中：自治区级示范性幼儿园4所，市级示范性幼儿园9所，规范化幼儿园8所；在全市中小学幼儿园中，有市级特色学校（幼儿园）44所。

（褚文山）

【教师招聘】 2021年，克拉玛依市计划公开招聘事业编制中小学教师104人，最终招聘75人，其中市直属学校招聘10人。直属单位通过外选形式共计招聘29人，其中研究生学历8人，本科学历21人；本科生中12人为公费师范生。

（褚文山）

【师资培训】 2021年，克拉玛依市加强“全国课程改革骨干教师研修基地”和“普通高中新课程新教材实施国家级示范校”建设，组织“普通高中育人方式变革”和“分层教学、选课走班”专题培训和中小学管理干部、骨干教师赴北京11学校及其加盟校学习。利用上海智力援克政策，做好“影子校园长”“沪克”访问学者、名师提升等培训项目组织实施。全年完成国家、自治区培训项目14项，组织实施市级重点培训项目19项、专题讲座4场，累计参与培训23000余人次。

（褚文山）

【教育督导体制机制改革】 2021年，克拉玛依市制定贯彻落实《自治区关于深化新时代教育督导体制机制改革实施方案》具体措施。对教育督导委员会成员单位进行调整，从深化教育督导管理体制、运行机制、问责机制、督学管理和聘用、完善保障机制等5方面明确改革重点任务和24条具体措施，确定各项任务主要责任单位和部门。做好政府履行教育职责督导评价工作，推进义务教育均衡发展和学前教育县域普及普惠工作。做好自治区对地州市政府（行署）履行教育职责评价自查自评和迎检工作，汇总撰写完成《2021年克拉玛依市政府履行教育职责评价自查自评报告》。制定印发《克拉玛依市2021年对各区政府履行教育职责督导评估实施方案》，对各区进行督导评估。

指导各区做好迎接国家对自治区义务教育基本均衡发展全域认定迎检准备工作，指导乌尔禾区通过自治区县域普及普惠工作督导评估。

（褚文山）

【教学设施建设】 2021年，克拉玛依市确定2021年及“十四五”规划中市教育系统基本建设项目，推进克拉玛依区四所幼儿园和西南科技小学建设工作，完成克拉玛依市教育局抗震加固工程。截至年末，鼎泰幼儿园、森香水岸幼儿园、风云幼儿园、西南科技园幼儿园竣工开园；西南科技园小学教学楼、风雨操场主体、运动场地建设项目已竣工完成。

（褚文山）

【人才队伍建设】 2021年，克拉玛依市制定《市教育行业教育局级重点人才队伍建设指导意见（试行）》，在全市中小学、幼儿园教师中开展学科骨干教师、德育骨干教师、优秀青年教师3支队伍评选工作，共评选出重点人才1010名，其中学科骨干教师525人、德育骨干教师201人、优秀青年教师284人。研究制定《克拉玛依市中小学校未来书记、校长梯队培养建设实施方案》《市教育局未来科室长及直属学校未来副书记、副校长梯队培养建设实施方案》，系统谋划教育管理干部梯队建设工作。

（褚文山）

【生源地信用助学贷款项目办理】 2021年7月，克拉玛依市辖四区主动申请开办生源地助学贷款。设立网上预约，通过有序轮值，完成2021年度申贷学生首贷工作，共计办理8笔业务贷款金额7.5万元，解决4个区县贫困家庭大学生读大学问题。

（褚文山）

基础教育

【中小学】 2021年，克拉玛依市全年中学招生8122人，毕业7819人；小学招生5242，毕业3994人。截至年末，有中学在校生24510，小学在校生29508人；中学教职工3217，专任教师2676人；小学教职工2183人，专任教师1887人。

（褚文山）

【幼儿园】 2021年，克拉玛依市全年幼儿园招生5019人，毕业5322人。截至年末，有在园学生15261人；教职工1915人，专任教师1090人。

（褚文山）

【特殊教育】 2021年，克拉玛依市有特殊教育学校1所，年内招生18人，毕业18人。截至年末有在校生60人，教职工17人、专任教师15人。

（褚文山）

【学前教育体系建设】 2021年，克拉玛依市构建政府主导、社会参与、公办民办并举学前教育公共服务体系，学前三年毛入园率达到100%，普惠性幼儿园覆盖率达91.48%；适龄幼儿

3月4日，市第七中学初一学部开学仪式上，学生正在学习戍边英雄的先进事迹　（彭召勇　摄）

入园三年免除保育费、读本费、伙食费；提升学前教育办学品质，推动“幼有所育”迈向“幼有优育”。加大普惠性教育资源供给，鼎泰幼儿园、森香水岸幼儿园、佳福幼儿园、风云幼儿园、西南科技园幼儿园竣工开园，新增学位1680个；推进学前教育普及普惠督导评估工作，乌尔禾区完成自治区县域学前教育普及普惠评估认定工作。

（褚文山）

【义务教育管理】 2021年，克拉玛依市九年义务教育入学率、巩固率分别达到100%和99%；全市义务教育阶段共开设各类课程500余门，课后服务参与学生覆盖率达93%。制定下发《克拉玛依市中小学校开展课后服务的实施方案》《义务教育学校作业管理办法》《中小学生作息时间表》，推进义务教育阶段“双减”（减少校内作业，减少校外补课）工作。以“作业辅导+特色发展”为基本原则，在开展学生作业辅导帮助学生完成全部或大部分作业基础上，根据学校特色和学生兴趣爱好，研发艺术素养、语言素养、体育技能等特色校本课程；引入青少年科技活动中心、文化馆、艺术培训机构等社会优质资源，满足学生个性化需求。截至年末，全市所有义务教育阶段学校均开展课后服务，参与学生覆盖率达90%以上。压减学科类培训机构，打击变相违规招生和培训行为，减轻学生校外培训负担，10月提前完成学科类机构压减任务。截至年末，全市49家学科类机构，注销12家，转型31家，营转非6家，实现压减率87.7%；非学科类机构全部按时完成移交管理。

（褚文山）

【高中教育改革】 2021年，克拉玛依市进行普通高中招生录取改革，实现普通高中各民族学生“一个标准”录取。开展普通高中新课程新教材实施示范区建设，统筹推进高中育人方式改革，探索课程与教学改革克拉玛依方案。8月，第二批普通高中新课程新教材实施国家级示范区建设工作启动会召开，克拉玛依示范区双新（新课程新教材）任务落地实施。

（褚文山）

【民办教育】 2021年，克拉玛依市加大对普惠性民办幼儿园扶持力度，制定《克拉玛依市普惠性民办幼儿园认定及管理办法》，完成新一轮普惠性民办幼儿园分类认定工作。

（褚文山）

【社区教育】 2021年，克拉玛依市制定下发《做好2021年社区教育工作的通知》，组织社区教育骨干75人赴上海参加社区教育培训，指导各区启动社区学校（农牧民夜校）复课工作，推送社区教育资源，组织经典诵读、庆祝建党100周年等市民活动，推动社区教育活动蓬勃开展。

（褚文山）

6月17日，白碱滩区（克拉玛依高新区）中兴路街道钻井社区工作队及社区“两委”在会议室搭建起临时“红色影院”，邀请辖区老党员、小朋友观看爱国主义教育电影　（阿孜古丽·肉孜　摄）

【家庭教育】2021年，克拉玛依市实施家长教育价值观引领行动。选派34名中小学家庭教育管理干部赴上海培训交流，提升家庭教育管理者理论素养和工作能力。发挥学校在家庭教育中主导作用，通过家庭教育公开课面向全市家长开展家文化传承、亲子沟通、考前辅导等家庭教育大宣讲，受益家长达5万人次。

（褚文山）

【基础教育质量监测结果发布会】2021年5月27日，克拉玛依市组织召开2021年克拉玛依市基础教育质量监测结果发布会，从8个维度发布2021年基础教育质量监测结果报告和问题建议。中国基础教育质量检测协同创新中心副主任、陕西师范大学胡卫平教授进行点评并开展专题讲座。自治区教育厅基础教育处、督导处、教科院领导及自治区其他12个地州教育同仁参加会议。

（褚文山）

职业教育

新疆培训中心（新疆高技能人才培训中心、中国石油新疆油田技能人才评价中心）

【概况】2021年，新疆培训中心全年培训班级955个，培训115710人次，培训工作量49.56万人天，培训工作量与2020年相比上升40%。其中管理类培训174498人天，占比55.9%；专业技术类培训26459人天，占比8.5%；技能类培训111429人天，占比35.6%。制定新疆油田公司员工培训计划199个，其中A类培训计划159个，B类培训计划40个；实际完成培训项目111个，共计240班次，211488人天，完成计划率的76%。计划外临时新增培训项目5个，占比3%。承办集团公司培训项目计划28个，其中A类培训项目2个，B类培训项目26个，与2020年相比增加16%，实际完成培训项目18个，培训1500人次。

【师资队伍建设】2021年，新疆培训中心部署“管理＋专业”“带头人＋团队”研发梯队布局，首次形成涵盖新疆油田公司核心专业领域147人评审专家库，组建项目研发团队10个。实施战略人才锻造工程和科技创新团队培育计划，选送188名专兼职骨干参加培训设计师导师取证、科技信息战略调研、科研能力提升等培训工作。组织510名党支部书记完成胜任力AMP模型测评工作；实施39名班组长胜任力模型构建基础数据填报及素质测评相关工作；完成“新员工胜任力模型工作坊”培训，开展“四力一感”（使命感、成长力、连接力、思考力和执行力）测评，共计测评10次，累计达86人次。组织第二届项目设计大赛、OKR（Objectives and Key Results，即目标与关键成果法）、领导力提升、人才评价等培训，培养人才测评师、学习设计师、催化师86人。

（高洁）

【督导评价】2021年，新疆培训中心从培训设计、培训准备、运行管理、培训反馈优化等方面形成培训项目全生命周期管理，开展教学督导。全年共听课1688人次，评价人次为988人次，覆盖率达到95.5%。全年无教学事故发生。

（高洁）

【培训市场开拓】2021年，新疆培训中心首次承接青海销售公司物资供应管理及招标业务培训项目。开发联合办班项目，先后承办包括吐哈油田、玉门油田、西部钻探、乌鲁木齐石化、塔里木油田在内的联合培训项目5个（包括兼职教师培训班、实操培训师培训班、集团公司西部联赛地质动态分析大赛集训、意识形态与新闻宣传培训班，其中实操培训师培训是2次联合办班，分别是：乌石化与吐哈油田联合；独石化、塔里木、玉门联合）。

（高洁）

6月26日，技能领军人才服务企业办实事暨石油红色印记探访工匠精神宣讲　　（谭莹春　摄）

【技能人才评价】2021年，中国石油新疆油田技能人才评价中心以输出评价标准、输出技能人才、输出咨询服务为导向，建立适用新疆油田公司“十四五”发展规划技能人才培训与评价指导标准。历时1年编制完成《流化床操作工国家职业技能标准》（培训教程、理论题库、实操题库），是新疆油田首次承担的人社部职业技能标准编制工作，填补国家职业技能标准空白。全年累计开展技能等级认定7105人次，完成油田公司下达工作指标的169%；完成油田公司高技能人才评价工作，推荐集团公司技能专家20人，申报企业技能专家66人，申报首席技师65人，共151人。

（高洁）

【精品项目开发】2021年，新疆培训中心结合“油公司”模式、数字化转型、智能化发展要求，开发党建、安全、勘探、开发、自动化等精品培训项目25个。建立党支部书记、班组长等关键岗位能力胜任标准，新开发新型油田作业区页岩油开采工、采气工（呼探1井）等职业技能题库7个和HSE“一人一档”管理系统，向34家单位提供安全培训档案2.8万条。

（高洁）

【“星级化”培训项目】2021年，新疆培训中心结合近三年培训效果与随班调研数据，从专业分布、培训时间、培训能力高峰等方面统筹规划，首次提出培训项目“星级化”概念（三星培训项目：按照培训项目设计大赛标准重点研发的精品培训项目。二星培训项目：设计优质培训项目策划，结合二级评估要求，配备高质量管理服务的培训项目。一星培训项目：设计优质培训项目策划，配备高质量管理服务的培训项目），实现培训项目分级策划、分级实施、分级评估等全流程精准管理。全年共制定油田公司培训计划146个，其中三星17个、二星106个、一星23个；实际执行111个，其中三星17个、二星76个、三星18个。

（高洁）

【课程开发】2021年，新疆培训中心通过历年培训大数据，对专业、岗位、课程内容、行业趋势等方面进行多维度分析，对标评估需求，开发新能源知识赋能、健康管理等系列公共学习精品课程和经营管理、专业技术、技能操作三大类课程2000多门。

（高洁）

【岗位培训体系创新】2021年，新疆培训中心分级分类开展岗位梳理，搭建岗位培训体系架构，初步构建经营管理类29个、专业技术类16个、技能操作类15个岗位培训体系架构，创新开发构建与新型采油（气）管理区相匹配的“管理＋技术＋核心技能”岗位培训体系共计56个。

（高洁）

【“两级”培训教学制度体系建设】 2021年，新疆培训中心加大“公司+中心”两级培训教学制度建设力度，以《新疆油田公司员工培训管理办法》（公司级）为主，结合《新疆培训中心培训项目运行管理实施细则》等12项制度（中心级），推动分级分类培训管理规范运行。参与《中国石油天然气集团有限公司培训学员管理办法》《关于推进学分制建立双维度技能人才培养体系工作的指导意见》等制度编写，并在集团范围内向塔里木油田、独山子石化等油田培训机构汇报分享。

（高洁）

【科研成果】 2021年，新疆培训中心《复合型技能人才可持续赋能模式研究》《企业HSE大数据分析与研究》《油田公司新入职员工培养评价深度研究与实践》三个“育才”标准研究项目首次通过油田公司申报并立项。完成10项科研项目结题评审和18个精品项目落地转化工作。

（高洁）

克拉玛依职业技术学院

【概况】 2021年，克拉玛依职业技术学院在克拉玛依和独山子两个校区办学，培养教育石油石化企业及社会需要高技能应用型专业技术人才，有全国石油和化工教育优秀教学团队2个、自治区级优秀教学团队6个，全国石油和化工教育教学名师1人、自治区教学名师4人，自治区教学能手3人，聘请来自行业企业兼职教师227人。截至年末，共有全日制在校生11129人，其中高职学生9272人、中职学生1658人、联合办学本科学生199人、本专科函授生491人。全年培训企业员工1001人次。

（于竞）

【基础建设】 2021年，克拉玛依职业技术学院克拉玛依校区有教学楼3幢、学生宿舍8幢、学生餐厅2个、实训厂房2栋、共享图书馆1座、共享体育馆1座，绿化面积近15万平方米；独山子校区有教学楼4幢、学生宿舍6幢、学生餐厅1个（新食堂交付使用，建筑面积8398.75平方米）、实训厂房12栋、体育馆1座，绿化面积近12万平方米。新增设备2935台套，新增设备价值2423.22万元。图书馆共享面积：64000平方米（独山子馆14000平方米，克拉玛依校区50000平方米），馆藏图书63万册（本校自有资产44.7万册，独山子区政府资产13.3万册，石油大学资产5万册）。独山子校区学生活动中心抗震加固及维修改造项目总投资1383.65万元；独山子校区配套系统、管网改造及校区内路面、场地维修项目总投资6958.08万元，两个项目主体都已完工，均已进行预验收。

（王林槐）

【队伍建设】 2021年，克拉玛依职业技术学院通过线上线下等形式，加强教师、员工队伍培训力度。全年专技类培训434人次，其中国家级培训6人次，省部级培训312人次，地市级培训116人次；下场实践锻炼51人次，少数民族特培1人次；县处级领导培训32人次，行政类培训累计112人次，招录人才引进3人。

（黄建国）

【教学工作】 2021年，克拉玛依职业技术学院共计完成近16万学时纯教学任务，其中线上教学4236个班次共计60158学时，确保2021届41个专业、57个班级、2199名毕业生如期顺利毕业，300名学生成功专升本。校内考试方面，开展专升本、汉语水平等级考试（MHK）、百万扩招、单招、英语四级（CET4）、NCRE等考试；校外考试方面与市司法局、市财政局、市卫健委等单位对接社会化考试考务工作，一学年两学期共计完成各类考试32019人次考生考务工作。新增2个三年制和2个五年一贯制专业。新建12个校内实训室和2个改造项目。基本完成学院教务系统二期建设，积极推进学院学分制试点工作，组织开展46门院级精品在线开放课程建设和20门院级课程思政示范课创建，立项建设薛魁、谭文波、肉孜麦麦提·巴克等8个技能大师工作室和3个教学名师工作室。出台技能大师工作室、名师工作室建设及管理办法以及经费使用管理办法，带头申报“石油和石化专业群实训基地”已立项，建设“国家级职业教育示范性虚拟仿真实训基地”。统筹推进国家资源库应用化工技术专业《流体输送设备操作与控制》《化工安全技术》等4门课程资源建设。成功申报“院校职业技能等级认定机构”，申报8个职业技能等级认定工种并开展认定；“1+X”证书制度试点扩规模，16个试点专业、15个“X”证书顺利推进，参与试点学生人数达到1040人。完成2个继续教育培训项目3批次共计488人次培训任务。全年共完成439种教材审读。

（李程程）

【科研成果】 2021年，克拉玛依职业技术学院全年立项教育部科技发展中心“2021年中国高校产学研创新基金”1项，自治区科技厅科技计划项目2项，自治区教育厅“2021—2022年度自治区职业教育研究课题”2项，克拉玛依市年度社科课题4项，克拉玛依区年度社科课题3项，院级项目15项，签订横向课题2项；全年结题自治区自然科学基金项目1项，克拉玛依市科技计划项目1项，克拉玛依市年度社科课题4项，克拉玛依区年度社科课题3项，院级项目2项。12人次参加自治区、市、区三级社科优秀成果征集。全年公开发表论文137篇，其中《中文核心期刊要目总览》收录5篇，知网收录104篇；主编教材1部，副主编教材1部，参编教材1部，以副著出版专著5部；教师获实用新型专利授权2件，学生获实用新型专利授权1件（该项数据由于检索系统有变化尚未全部统计）。

（胡静）

【招生就业】 2021年，克拉玛依职业技术学院共录取4713人（其中：普通高职3233人、初中后五年制高职740人、普通中职383人、高职扩招357人）。与自治区8家企业签订2021年度500人产教融合人才培养订单。全年邀请200多家企业到校招聘，提供就业岗位12000余个，毕业生人数与岗位比为6：1。2021届毕业生2004人，年终毕业去向落实率97.9%，较上年有所上升。94.31%毕业生在新疆就业，其中在克拉玛依就业毕业生占比28.09%。根据第三方机构调研数据显示，工作与专业相关度54%，与往年基本持平；就业满意度81%，较上年有所提升；职业期待吻合度49%，近几年呈上升趋势。

（方屹）

12月6日，克拉玛依职业技术学院启动“专精小”招聘会，解决高校毕业生就业问题

（闵勇　摄）

【协作扶贫】 2021年，克拉玛依职业技术学院派23名教职工在南疆和田市皮山县深度贫困村开展脱贫攻坚和乡村振兴工作，学院团委向皮山县皮西那乡巴什阿孜干村、科克铁热克乡帕特曼勒克村等3个深度贫困村孩子捐赠文具。对口帮扶岳普湖县中等职业技术学校和泽普县职业高中两所中职学校。与岳普湖中等职业技术学校在专业师资、品牌建设、技能发展、课证融通等方面达成初步合作意向。学院汽车工程系帮助泽普职业高中、岳普湖职业中专两所院校完成汽车类专业人才培养方案、人才管理模式、教学管理、教学计划、实训室建设等教学相关材料整理与制定。

【教育资助】 2021年，克拉玛依职业技术学院全年为中高职学生办理各项资助1951.2424万元。对入伍学生18人补偿学费15.34万元、退役复学学生22人学费资助15.5万元；为296名预科生办理学费减免59.2万元；为困难学生490人办理学费补助金、发放学费补助金96.75万元；中职免学费资助1663人次。全校建档立卡学生共1103名，1063名学生已享受各类资助，受助率达96.4%。

（黄建国　阿比旦木·买买提玉素甫）

【志愿者活动】 2021年，克拉玛依职业技术学院青年志愿者协会共下设志愿服务组织9个，有注册团员志愿者4151人。全年学院团委组织青年志愿者先后开展各类活动百余项，组织108人无偿献血43200毫升。2017年至2021年，全院志愿者累计志愿服务时长26180.48小时，累计开展活动473次。

（马莎莎）

高等教育

中国石油大学（北京）克拉玛依校区

【概况】 2021年，中国石油大学（北京）克拉玛依校区有教职工416人，其中校本部派遣44人，校区引进372人；有专任教师265人，其中正高级职称46人，占17.4%；副高级职称76人，占28.7%；博士114人，占43.0%。有国家杰出人才5人，教育部“新世纪优秀人才支持计划”1人，享受政府特殊津贴专家1人，全国优秀科技工作者1人，省部级教学名师3人，自治区“天池计划”14人，自治区“天山雪松计划”2人，自治区“天池博士计划”9人，自治区“天山英才工程”7人。截至年末，有在校生4760人。

（穆浩宇）

【机构设置调整】 2021年，中国石油大学（北京）克拉玛依校区调整机关部门和教学单位设置，成立纪检监察部、财务部、校园管理部和工商管理学院/马克思主义学院。对学院党支部进行集中调整，更名党支部10个，新成立党支部10个；截至年末，校区有党支部29个。

（穆浩宇）

【本科招生】 2021年，中国石油大学（北京）克拉玛依校区计划招生1700人，实际录取1700人，报到1663人，报到率97.8%。招生省（区、市）增至28个，新增江苏、浙江、广东3个招生省份；新增自动化、环境工程、数学与应用数学、行政管理、思想政治教育5个专业，招生专业增至21个。新增国家专项计划招生及高校专项计划招生类型，共录取119名专项计划考生。普通理工类、文史类录取分数平均高于一本线44.5分、33.4分，继续保持上升态势。

（穆浩宇）

【毕业生就业】 2021年，中国石油大学（北京）克拉玛依校区2021届670名毕业生中，已落实就业去向的622人，占毕业生人数的92.84%，其中226人选择在新疆基层就业，占毕业生人数的33.73%。疆外生源留疆毕业生194人，占毕业生人数的28.96%。校区留

10月29日，中国石油大学（北京）克拉玛依校区举办2022届毕业生秋季校园双选会，毕业生与招聘企业面对面交流　　（魏静怡　摄）

疆毕业生多次接受新华社、中央电视台等主流媒体采访，在《新闻联播》《人民日报》《光明日报》等重要媒体上宣传报道近30次，取得良好社会反响。

（穆浩宇）

【研究生招生】 2021年，中国石油大学（北京）首次为克拉玛依校区单独下达研究生招生指标，共招收全日制硕士研究生44名，其中学术型6名、专业型38名。明确克拉玛依校区2022年作为中国石油大学（北京）二级研招单位开展研究生招生，组织编制2022年招生专业目录，设学术型招生专业4个、专业型招生领域7个，计划招生181名，其中学术型6名、专业型175名。继续开设非全日制研究生班，本年度招收工程管理硕士9名。新增校区编制研究生指导教师共15名，其中学术型导师11名、专业型导师4名，校区编制研究生指导教师达到32名。首次独立组织开展研究生指导教师聘任工作。继续开展本博一体化培养、培育选拔，7名学生获得校本部本博一体化培养资格，26名本科生获得培育资格。

（穆浩宇）

【学科专业建设】 2021年，中国石油大学（北京）克拉玛依校区“地质资源与地质工程”通过自治区“十三五”重点学科验收，新增化学工程与工艺、油气储运工程、机械设计制造及其自动化、过程装备与控制工程、软件工程5个自治区2021年度一流本科专业建设点，新增2门自治区一流本科课程。有15门课程获评中国石油大学（北京）“百门优质课程”，其中金质优课7门、银质优课8门。推进新文科建设，《数智化时代会计本科应用型人才融合培养体系探索与实践》获批首批国家级新文科研究与改革实践项目。

（穆浩宇）

【科研平台建设】 2021年，中国石油大学（北京）克拉玛依校区与新疆油田公司联合申报“砾岩油气地质与开发国家重点实验室”。与新疆油田公司、西部钻探、塔里木油田公司、吐哈油田公司联合主办《新疆石油天然气》，组建第二届编委会，搭建学术交流和科技创新宣传平台。启用科研创新系统平台管理模块与仪器设备共享系统，推动科研仪器设备共享共用。健全科研实验室安全责任体系，落实科研实验室安全三级管理责任体系，签订安全责任书，确保责任到人。

（穆浩宇）

【政校企合作】 2021年，中国石油大学（北京）克拉玛依校区联合驻疆大型企业，围绕“高层次、应用型、国际化”复合型人才培养目标，创建“本—硕—博贯通式”高层次应用型人才培养新模式，建设“学校教师+企业教师+援建教师+银龄计划教师+外籍教师”的多元复合型师资队伍，推动形成高水平实践教学与产教融合示范基地，开展国际留学生教育，建成“一带一路”高等工程教育示范基地，构建校企发展共同体。

（穆浩宇）

【产教融合】 2021年，中国石油大学（北京）克拉玛依校区成立数智油气现代产业学院，依托石油工程、资源勘查与工程、化学工程与工艺3个一流专业成立创新班，系统制定人才培养方案，创新课程体系，推进任务式、项目式、实操式人才培养，初步遴选研究生企业导师54名。搭建CCUS协同创新平台，召开技术交流研讨会，与驻疆石油、钢铁、煤炭龙头企业协同，瞄准数字智能与绿色低碳转型技术难题，联合开展技术攻关。

（穆浩宇）

【对口支援】 2021年，在教育部支持和组织下，根据对口支援克拉玛依校区工作协调领导小组第三次会议部署，以及《对口支援中国石油大学（北京）克拉玛依校区“十四五”期间高质量发展实施方案》和《关于做好对口支援中国石油大学（北京）克拉玛依校区建设学科带头人遴选工作的通知》，创新支援模式，完善工作机制。中国地质大学（北京）、中南财经政法大学加入对口支援序列，对口支援高校增加至17所，各高校大幅提高援建教师选派力度，加速推进“高校银龄教师支援西部计划”，2021年度累计有84名对口支援教师、银龄教师和援疆干部参与校区援建工作（其中副高级以上教师76名），比2020年新增30名，承担100门次9738课时的课程教学，指导140名本科毕业生，指导23名青年教师，参与和指导科研项目8项，缓解校区部分专业师资紧缺问题，有效促进校区人才培养、学科专业建设、师资队伍保障、科学研究等工作的提升。

（穆浩宇）

新疆第二医学院

【概况】 2021年，新疆第二医学院2021届毕业生人数为739人，本科生毕业率达82%，授予学位率达81.2%。2021级新生报到954人，报到率达93.44%。截至年底，共有4801名学生，其中女性2858人，少数民族2555人。

（李雨芹）

【第二医学院转设】 2021年1月27日，教育部印发《关于同意新疆医科大学厚博学院转设为第二医学院的函》，新疆医科大学厚博学院正式转设为新疆第二医学院。6月15日，转设后首届739名毕业生毕业。9月4日至5日，录取1016名新生陆续报到。疆外录取平均成绩均超过当地本科第二批次录取控制分数线。

（褚文山）

【专业课程建设】 2021年，新疆第二医学院学士学位授权单位资格通过自治区教育厅备案和审批，同时医学影像技术专业获得学士学位授予权资格。护理学、药学专业获批自治区一流本科专业建设点。全年累计组织开展一流课程建设、课程思政建设培训活动6场次，完成录播室建设。本年度立项院级一流课程4项（其中2项已立项自治区级一流课程，1项推荐国家级一流课程），省部级教学研究与改革项目共获批3项。

（李雨芹）

【师资队伍建设】 2021年，新疆第二医学院共有183名教师参与各类培训。组织高层次人才引进1次，面向高校毕业生招聘7次，共计招聘专任教师、实验技术人员、辅导员等各类人员44人，引进具有副高级职称1人。开展2021年度师德师风考核，参加考核人员共计226人，均为合格等次。

（李雨芹）

【开展各类讲座及教学竞赛】 2021年，新疆第二医学院累计组织开展口腔颌面部解剖绘图大赛、解剖学绘图大赛、首届心肺复苏技能大赛等共计6场次。组织学生参加英语竞赛、计算机应用能力与信息素养大赛，分别获得全国一等奖、二等奖。

（李雨芹）

【科研工作】 2021年，新疆第二医学院成立科技处，下设综合管理科、项目管理科、学科建设科（含学位）及科研基地建设与成果科。成立学术委员会和学位委员会，召开专题会议3次。启动科研中心实验室建设，形成药学、形态学、分子生物学、细胞学功能区等板块，配备开展组织、细胞与分子水平等实验所需各类仪器设备，科研平台完成初步搭建工作。全年获批各级各类项目12项，其中省部级科技项目9项、厅局级社科项目3项，实现省部级项目立项“零”突破，获批项目经费50.5万元。全年发表科研论文11篇，其中SCI期刊收录1篇（并列一作）；中文核心4篇；科技核心2篇；一般期刊4篇。

（李雨芹）

【学生党建】 2021年，新疆第二医学院学工党总支共发展党员63人，其中教职5人、学生58人；少数民族13人。2021年新发展对象13人，发展入党积极分子203人。

（李雨芹）

【奖学金评定发放】 2021年，新疆第二医学院贫困认定2059人，其中特别困难688人、困难818人、一般困难553人。截至年底，完成各类奖学金发放工作，共计212.2万元，奖励学生767人，其中国家奖学金5人，8000元/人，合计4万元；国家励志奖学金131人，5000元/人，合计65.5万元；自治区励志奖学金107人，6000元/人，合计64.2万元；校内优秀学生奖学金524人，一等奖奖学金37人，3000元/人、二等奖学金187人，2000元/人、三等奖学金300人，1000元/人，发放合计78.5万元。2021年春季国家助学金1341人，已发放253.935万元；2021年春季自治区人民政府助学金593人，已发放33.75万元；2021年秋季国家助学金1031人，已发放170.115万元；2021年秋季自治区人民政府助学金442人，已发放41.4万元；临时补助金41人，已发放2.6万元；服兵役学生补偿和减免学费发放58.3万元，其中符合服义务兵役退役学生学费补偿金额共28万元；符合服义务兵役退役学生学费减免金额共30.3万元；预科生学费和住宿费补助2人，已发放0.8万元。办理生源地贷款138名，共计67.8万元。

（李雨芹）

【就业招聘会】 2021年，新疆第二医学院共组织大学生招聘会9次，其中专场线上招聘会3次，线下招聘会6次，合计2250余人次参加，累计提供就业岗位1810余个，线上联系220余家单位，线下联系60余家单位，合计280家单位。搜集和梳理各类招聘信息，共推送2000余条招聘信息至各专业班级，由辅导员、班主任精准转达，指导学生参加线上线下招聘活动。截至年末，就业率95.13%。

（李雨芹）

【拓展实习基地】 2021年，新疆第二医学院与昌吉回族自治州人民医院、昌吉回族自治州中医医院、新疆生产建设兵团第六师医院、巴音郭楞蒙古自治州人民医院、哈密市中心医院、吐鲁番市中心医院、喀什地区第一人民医院、克拉玛依市卫生健康委员会、克拉玛依市卫生监督所签订教学实践基地协议。截至年末，教学实践基地增至33所。

（李雨芹）

【校园网络建设】 2021年，新疆第二医学院开展智慧校园建设，拟订智慧校园整体规划，对智慧校园建设需求及方案进行论证，以物联网、云计算、大数据、移动互联网等技术为基础，统筹建设智能化教学、管理与服务平台；就《综合办公楼及会堂工程内外装、弱电及景观外配项目》与设计单位进行反复论证，配合克拉玛依市政府投资建设项目代建中心完成项目招投标工作；统筹协调推进网络及信息安全工作，制定并组织实施各项网络和信息安全措施，全年无网络安全重大事故发生。

（李雨芹）

克拉玛依开放大学

【成人学历教育】2021年，克拉玛依开放大学共招收各类学历教育学生771人，比上年增长46%，各级各类在籍学生2156人。全年组织线上线下考试近200场次，5200多人次。6月，完成新疆电大2021年度实地教学检查。学校获得试点高校网络教育部分公共基础课全国统一考试（2006—2020）“优秀考点”称号、“中国石油大学（华东）现代远程教育）优秀学习中心”“全疆电大办学系统思政课程和课程思政微课大赛课程资源建设组织奖”等荣誉。全年有29名学生分获国家开放大学、新疆电大和校级奖学金。9名学生获得新疆电大各类奖励，在第七届全国大学生创新、创业大赛新疆赛区电大系统大赛中个人和学校均获得一等奖。1名教师获国家开放大学优秀班主任、3人获得新疆电大优秀班主任称号。

（牛国伟）

【社会化培训】2021年，克拉玛依开放大学探索社会化培训项目管理创新，将专业人员继续教育、红十字会应急救护项目、语言类培训、部门专业素质能力提升、建筑技术工人培训、面向社会职业资质培训、拓展训练等七方面培训确定为优势培训项目；加大校企合作力度，与5家疆内外企业达成初步合作意向，开展行业人员培训、考试和取证工作；组织全市安全生产应急救护取证、专业技术人员继续教育、特种行业相关人员、工会干部、健康管理师等培训，全年共培训3000多人次。

（牛国伟）

【培训基地建设】2021年，克拉玛依开放大学推进培训基地建设。申报克拉玛依市建筑技术工人培训基地，与乌鲁木齐建筑职业技术培训中心等单位合作开展克拉玛依市建筑行业技术工人、特种行业管理者和技术工人培训；筹建市普通话水平能力测试站；针对专业技术人员继续教育工作改革，完成培训基地审核资料，完善和提升学校继续教育培训基地建设；联合市红十字会打造克拉玛依应急救护培训基地标准化建设。

（牛国伟）

【社区教育】2021年，克拉玛依开放大学搭建课程资源新平台。在学校微信App“教育驿站”专栏中开设沪克市民大学堂分栏，市民可以通过平台登录上海社区教育学习平台进行学习。已投放健康教育、文化素养、实用技能和艺术修养五大类课程资源369门，成为市民在线学习专门平台；开展市民终身教育研究，完成《发展老年教育事业，落实文化润疆工程，凝心聚力共建共享良好市域社会治理环境》《乌尔禾社区教研学旅游体验基地建设方案》等4项调研报告。与上海开放大学合作，承办2021年克拉玛依市社区教育培训班，培训社区教育工作者40人。

（牛国伟）

【工匠教育】2021年，克拉玛依开放大学从上海工匠学院邀请国家级技术能手、“全国五一劳动奖章”、上海工匠获得者毛琪钦到中油（新疆）油建分公司西北地区职业技能实训基地，对参加第七届全国职工职业技能竞赛的新疆队焊工集训工作进行技术指导。在第七届全国职工职业技能竞赛中，新疆队获得11名，是新疆在该项比赛中获得的最好成绩。

（牛国伟）

科 技

综 述

【概况】 2021年，克拉玛依市科技型中小企业达到100家，较上年增长16.3%；高新技术企业83家，较上年增长15.3%，占全疆比重8.7%。全市有自治区级重点实验室5家，自治区级临床医学研究中心1家，自治区级工程技术研究中心14家；有众创空间3家（其中国家级2家）、科技企业孵化器4家（其中自治区级2家）、市级星创天地2家。截至年末，授权专利1006件，其中发明专利授权52件、有效发明专利481件。申请商标1348件，注册912件，2021年末拥有有效注册商标4699件。

（陈捷）

【科技成果】 2021年，克拉玛依市共有20项优秀科技成果在自治区获奖，在全疆总计135项科技成果中，占比14.8%，较上年同比上升5.27%。其中获科技进步奖18项、技术发明奖2项，获得自治区科技进步奖一等奖3项，较上年同比上升50%；获得自治区科技进步奖二等奖9项，较上年同比上升12.5%。在5月公布的“第二十二届中国专利奖”获奖名单中，克拉玛依市推荐的“一种利用核磁共振测井资料连续定量评价储集层孔隙结构的方法”和“一种石油磺酸盐的制备方法”分别获得银奖和优秀奖。

（陈捷）

【丝绸之路创新发展研究院揭牌】 2021年11月，由自治区科技厅、克拉玛依市与中科院新疆分院联合发起建设的丝绸之路创新发展研究院揭牌成立。丝绸之路创新发展研究院的挂牌，是落实2016年10月、2021年9月自治区、科技部、中科院和深圳市签署《四方协议》以及四方合作推进会的具体举措。

（陈捷）

【科技活动周】 2021年5月22日至28日，克拉玛依市首次采用“线上＋线下”相结合方式，开展以“百年回望，中国共产党领导科技发展”为主题科技活动周系列活动。全市80个关联单位参与，共举办科普活动125场次，参加人数8000人次，发放各类资料2500份（册），展示科普产品194件。

（廖琦）

【科普活动三下乡】 2021年，克拉玛依市由市科技局牵头，组织克拉玛依区、乌尔禾区科技局共同开展科普三下乡活动，共开展各类活动5场，开办科普讲座4场，出动科普大篷车2次，发放科普宣传册百余本。

（廖琦）

科技平台与科技合作

【双创服务平台建设】 2021年，克拉玛依市有4家企业通过市级双创服务平台备案。其中“小白梦工厂”备案为市级众创空间，“云计算产业园区孵化器”备案为市级科技企业孵化器，“森禾智慧农业星创天地、新农科创星创天地”备案为市级星创天地。

（廖琦）

【科技创新平台建设】 2021年3月31日至4月2日，克拉玛依市与自治区科技厅完成新疆油田分公司、独石化公司、中心医院等5家自治区重点实验室调研评估，6月2—5日完成全市14家工程技术研究中心调研评估，对评估结果较差单位予以限期整改。10月13日推荐新奥达、众城石油、顺通环保3家企业申报自治区工程技术研究中心，明确中心建设内容及研究方向。

（景毅）

【科研设备开放共享】 2021年6月9日，市科技局组织开展全市科研仪器设备开放共享征集工作。共征集中国石油大学（北京）克拉玛依校区16台套科研仪器设备，纳入共享平台面向社会开放共享。截至年末，全市10家单位89台套科研仪器设备（设备金额达7000万元）已实现开放共享。

（景毅）

【科技型企业培育】 2021年，克拉玛依市落实“科技型中小企业—国家高新技术企业—科技小巨人企业”科技企业梯队培育机制。截至年末，全市科技型中小企业已达100家。红有软件股份有限公司、新疆广陆能源科技股份有限公司、克拉玛依市奥泽工贸有限责任公司等29家企业通过高新技术企业认定，全市国家级高新技术企业已达83家，占全疆高新技术企业总数的9%。克拉玛依市胜利高原有限公司备案为克拉玛依市首家“科技小巨人”企业。

（景毅）

【创新创业大赛】 2021年，克拉玛依市举办第八届新疆创新创业大赛（克拉玛依赛区）暨第六届克拉玛依创新创业大赛。共有71家企业报名参赛，20家企业入围决赛。最终新疆昱华石油化工有限公司等9家企业分别荣获克拉玛依创新创业大赛初创组、成长组一、二、三等奖。在自治区举办的第十届中国创新创业大赛（新疆赛区）暨第八届新疆创新创业大赛决赛中，克拉玛依市8家参赛企业均获得奖项，其中新疆鑫拓科技有限公司的“球化纳米高纯氧化镁项目”获得了初创组一等奖，新疆聚能石油装备再制造有限公司“废有色金属加工分拣再制造项目”、新疆昱华石油化工有限公司“高分子橡胶合成助剂—四氢糠醇乙醚项目”获得初创组二等奖，新疆赢华石油技术服务有限公司“油井助抽器项目”获得初创组三等奖。新疆顺皇腾工程技术有限公司“溶液型电容级己二酸铵项目”、新疆胜新复合材料有限公司“连续防腐突破—耐蚀合金堆焊免补

11月24日，2021年自治区创业创新大赛在克拉玛依市举办，克拉玛依参赛选手分享创业经验 （青山 摄）

口技术项目”获得成长组二等奖，新疆润霖新能源技术有限公司“模块集成式不动火管线带压密封开孔技术在油气生产维修中的应用项目”以及克拉玛依市思而听网络科技有限公司“知行·天狩网络安全教育培训平台项目”获得成长组三等奖。

（景毅）

【沪克科技合作交流】 2021年12月，2021年沪疆科技交流系列活动暨沪克科技成果对接会以线上线下结合形式成功举办，标志着克拉玛依市与上海市正式开启“1+4+N”（沪克“1+4+N”区域科技合作模式：形成以克拉玛依市人民政府与上海市科委的战略合作框架协议为引领，克拉玛依市各区人民政府与上海市长宁区、普陀区、宝山区、青浦区科委科技合作协议为抓手，科技部门、高校、科研院所与企业间合作为载体的多层次政产学研用合作模式）区域合作新模式。克拉玛依市人民政府与上海科学院签订《科技合作战略框架协议》，克拉玛依市4个区分别与上海市长宁区、普陀区、青浦区、宝山区科委签订《科技创新合作协议》，白碱滩区（克拉玛依高新区）、市科技局、西部绿洲公司、绿色技术研究院公司分别与上海青浦工业园区、上海市科技创业中心、上海市农业生物基因中心、绿技行上海科技公司签订合作协议。

（陈捷）

【川克科技合作交流】 2021年，克拉玛依市持续开展川克科技合作项目，“大数据知识图谱认知平台构建”等5个项目获2021年四川省区域创新合作项目立项，获得四川省科技支持资金250万元。促成新疆华隆油田科技股份有限公司与西南石油大学电子信息工程学院达成合作共识，双方共同开展“注汽锅炉烟气排放连续监测与大数据节能降耗综合分析系统（CEMS）”项目。

（陈捷）

石油科技

【科技投入】 2021年，新疆油田公司科技信息处科研经费主要由政府拨款、集团（股份）专项、勘探生产分公司投资、公司成本构成，继续坚持吨油成本计提科研经费等做法，全年筹措各类科技经费总额8.19亿元。

（徐后伟）

【制度建设】 2021年，新疆油田公司修订印发《新疆油田公司科技工作管理办法》等8项规章制度，优化外协招标方式，细化研发费用加计扣除、科技保密、知识产权管理等工作流程，科研管理效率提升45%以上。

（徐后伟）

【油田科研平台建设】 2021年，新疆油田公司推进科技平台建设。邀请罗平亚等6位院士开展“新疆油田稳步上产重

9月14日，新疆油田公司召开稳步上产重点领域技术院士咨询会

（闵勇　摄）

点领域院士行”活动，为加快公司重大领域突破，推动公司稳步上产出谋划策；新疆砾岩油藏实验室顺利通过自治区5年期评估，综合评价为优秀；联合中国石油大学（北京）成立砾岩国家级重点实验室申报工作专班，开启平台升级建设新征程。

（徐后伟）

【编制《新疆油田公司关于贯彻落实科技与信息化创新大会精神实施方案》】 2021年，新疆油田公司围绕中石油集团公司科技与信息化创新大会“科技自立自强和数字化转型、智能化发展”主题，编制完成《新疆油田公司关于贯彻落实科技与信息化创新大会精神实施方案》，围绕科技创新、数字引领、机制改革、人才强企4个方面，制定20项重点措施、54项工作任务。“十四五”末，新疆油田公司勘探开发主体技术基本达到国际先进水平，数字化转型取得实质性进展，科技实力和信息化水平处于中石油集团上游板块第一方阵。

（徐后伟）

【油田科技项目管理】 2021年，新疆油田公司强化科技项目顶层设计，统筹布局重大科技项目。构建公司科技创新顶层设计框架，明确新疆油田超级盆地全油气系统地质理论与勘探方法、富烃凹陷深层超深层油气藏勘探、稠油稳产提效、CCUS/CCS低碳绿色发展、新能源新业务等九大创新领域，完善部署重大科技项目26项。以规划为统领，统筹科技项目布局，围绕盆地南部深层超深层油气藏勘探、陆相页岩油勘探开发、稠油效益稳产和低碳绿色开发、注气大幅度提高采收率等领域申报国家和股份公司重大科技专项，围绕油田开发新技术、新材料新装备研制、新能源新业务等申报中石油集团公司基础前瞻性研究项目。截至年末，新疆油田公司承担“十四五”基础前瞻性研究课（专）题37项，是“十三五”时期的3.1倍。整合国家、集团、板块、油田四级项目，编制形成2021年科技项目计划与外协项目计划，共设置科技项目23项、课题139项，全年科技计划项目完成率90.5%，优良率73.6%。

（徐后伟）

【专利申报】 2021年，新疆油田公司优化专利申请结构，提升专利申请质量和效率。控制专利申请数量，提升专利价值。压减实用新型专利申请数量，提升发明专利授权比例，执行职务创新成果报告审核审查和知识产权分级论证制度。截至年末，共申请专利191项，其中发明专利181项、实用新型专利10项，发明专利占比94.76%；授权专利194项，其中发明专利52项，实用新型141项，外观设计1项，发明专利占比26.8%；2项专利获得美国授权。“一种利用核磁共振测井资料连续定量评价储集层孔隙结构的方法”获得中国第二十二届中国专利奖银奖，“氧闭合模型的构建方法及氧闭合模型的应用方法”获得第二届中石油集团公司专利奖金奖，获得国家版权登记计算机软件著作权59项，获得中石油集团公司自主创新产品2件。

（徐后伟）

【创新成果评审】 2021年，新疆油田公司组织完成2021年度科学技术奖评审工作，共评选出96项成果，其中基础研究一等奖1项、二等奖1项，三等奖4项，技术发明一等奖1项、二等奖1项，科学技术进步奖特等奖2项、一等奖16项、二等奖26项、三等奖43项。

（徐后伟）

【科技成果评奖申报】 2021年，新疆油田公司获自治区科技奖励16项，其中科技进步一等奖3项、二等奖7项、三等奖6项。获中石油集团公司科技奖励10项，其中基础研究奖一等奖1项，技术发明奖一等奖1项，科技进步奖一等奖4项、二等奖2项、三等奖

2 项。获中国石油和化学工业联合会 9 项，其中一等奖 3 项、二等奖 2 项、三等奖 4 项。

（徐后伟）

【科技成果推广转化】 2021 年，新疆油田公司梳理已成熟技术，推进成果转化创效，全年申报并获得中石油集团公司对外成果转化创效奖励 3.5 万元；共计 45 项具有自主知识产权技术被列入中国石油对外技术许可清单中（其中鼓励许可 36 项），完成 8 项鼓励清单技术实施许可论证审核，获得中石油集团公司自主创新产品 2 件。

（徐后伟）

科技管理

【科技创新发展规划编制】 2021 年 3 月 15 日，《克拉玛依市“十四五”科技创新发展规划》（简称《规划》）通过专家评审，10 月 5 日经市人民政府第 51 次常务会议审议通过，11 月 10 日正式印发。《规划》结合国家创新体系建设、创新型城市建设等要求，明确“十四五”期间全市科技发展指导思想、主要原则，明确 2025—2035 年实现“北疆区域科技创新中心、西北地区科技创新高地、‘丝绸之路经济带’沿线国家和地区有影响力的科技创新城市”发展目标。从完善创新基地和平台建设、强化重点领域科技攻关、强化企业创新主体地位、深化科技体制机制改革等四个方面，安排部署 20 项具体任务，明确 125 项产业技术研究攻关方向。

（廖琦）

【区域科技创新中心建设方案编制】 2021 年 2 月，科技部印发《关于加强科技创新促进新时代西部大开发形成新格局的实施意见》，明确提出“加快提升克拉玛依、德阳等区域特色地级市创新能力，探索差异化的创新发展路径，构建各具特色的区域创新高地，打造创新驱动新旧动能转换的动力系统”。6 月，国务院印发《西部大开发“十四五”实施方案》指出：“加快提升克拉玛依区域特色地级市创新能力，探索差异化的创新发展路径，构建具有特色的区域科技创新中心”。为统筹区域科技创新中心建设工作，明确建设目标、建设内容和重点任务，在自治区科技厅支持、协调下，11 月，克拉玛依市科技局委托科技部下属中国科技信息研究所，着手启动《克拉玛依市区域科技创新中心建设方案》编制工作。

（唐斌）

【创新城市工作实施方案制定】 2021 年，克拉玛依市推进科技创新城市建设。3 月，市科技局牵头起草《克拉玛依市建设科技创新城市工作实施方案》；11 月，形成初稿。《克拉玛依市建设科技创新城市工作实施方案》明确科技创新城市发展目标，提出 26 项重点任务，细化 66 条工作清单，形成《克拉玛依市建设科技创新城市工作领导小组》《克拉玛依市建设科技创新城市工作目标清单》《克拉玛依市建设科技创新城市工作政策清单》《克拉玛依市建设科技创新城市工作重点项目清单》等系列清单。

（唐斌）

【完善科技政策体系】 2021 年，克拉玛依市出台《克拉玛依市“科技小巨人”企业备案管理办法（试行）》《克拉玛依市星创天地备案管理办法（试行）》，完善科技政策体系。

（景毅　廖琦）

【科技项目管理】 2021 年 5 月，克拉玛依市科技局委托克拉玛依市白碱滩区生产力促进中心，邀请相关技术、财务专家 13 人次，组成检查组，先后对 41 项在研市科技计划项目实施情况进行检查。项目实施情况被评为“优秀”的 6 项，“良好”的 13 项，“一般”的 22 项，无差评项目，优良率占到总项目数的 46%。截至年末，验收市级科技计划项目 53 项，其中 10 项为后补助项目。

（廖琦）

【科技特派员】 2021年，市科技局组织克拉玛依区、乌尔禾区科技局开展科技特派员备案工作，共备案科技特派员48名，其中自然人科技特派员36名，法人科技特派员12名，全市乡村实现科技特派员100%全覆盖。

（廖琦）

【奖励兑现】 2021年，克拉玛依市依据《关于印发〈进一步深化创新驱动发展的若干措施〉的通知》，对第七届新疆创新创业大赛暨第五届克拉玛依创新创业大赛8家获奖企业兑现奖励180万元，对中国石油新疆油田分公司“新疆页岩油勘探开发重点实验室”兑现奖励100万元，对新疆金牛能源物联网科技股份有限公司承担的自治区重点研发专项奖励兑现10万元。为55家高新技术企业争取资金1650万元（兑现870万元）。为克拉玛依绿成农业开发有限责任公司承担的自治区科技重大专项、新疆路睿通公路工程技术有限公司承担的自治区重点研发专项争取资金750万元。对科能防腐技术有限责任公司等19家单位兑现2019年度自治区科学技术奖项目配套奖励66万元；对红山油田公司等20家单位兑现2020年度自治区科学技术奖项目配套奖励76万元。

（景毅 陈捷）

【组织参加科技展】 2021年，克拉玛依市组织科技企业参加第二十四届中国北京国际科技产业博览会，搭建企业交流合作平台。共有8家企业、20人参加展会，推荐项目6项。

（景毅）

【科技中介服务机构备案】 2021年，克拉玛依市开展科技中介服务机构备案工作，新增3家科技中介服务机构。截至年末，全市完成备案科技中介服务机构达到13家。

（陈捷）

【技术合同登记】 2021年，克拉玛依市技术合同成交额大幅增长，全年技术合同登记共126份，技术合同金额总计29864.56万元，技术交易额总计28598.10万元，登记数量较上年同比增长80%，技术合同金额较上年同比上升124.07%，技术交易额较上年同比上升117.05%。

（陈捷）

【科技培训】 2021年5月，克拉玛依市通过沪克科技合作平台，市科技局与上海科技管理干部学院共同组织举办“2021年克拉玛依科技企业创新管理人才培训班”，相关部门负责人和高新技术企业高管共计30名学员参加此次培训。

（陈捷）

【科技人才培养】 2021年，克拉玛依做好科技人才培养推荐、创新人才团队培育、深化赋予科研人员自主权机制改革，提升科技人才服务管理水平。全年共有12人入选自治区“天山青年”计划项目，37个项目获评2021年度自治区自然科学基金项目。

（陈捷）

【外国专家服务】 2021年，克拉玛依共审核报批外国人来华工作许可5人，均获得自治区科技厅审批通过。

（涂新）

科研单位

新疆油田公司勘探开发研究院

【科技项目】 2021年，新疆油田公司勘探开发研究院承担科技项目16项，课题72项；其中包括国家级课（专）题2项、集团（股份）公司重大专项及攻关项目1项、勘探与生产分公司科技项目9项。

（雷玲）

【油气勘探主要成果】 2021年，新疆油田公司勘探开发研究院取得8项重大勘探成果：①南缘中段天然气获重大突破，下组合大气区展现壮丽前景；②盆1井西百吨井集群式涌现，凹陷级高效新场面初步形成；③阜康凹陷二叠系获持续发现，亿吨级石油接替区快速落实；④玛北碱湖非常规获整体突破，千米页岩展现规模接替态势；⑤沙湾二叠系勘探顺利，多层系规模储量区初步形成，展现油气并举新场面；⑥红车地区浅层勘探持续推进，百万吨高效产能区初步落实；⑦彩探 1H 煤岩储层首获高产气流，发现盆地天然气勘探全新领域；⑧东道海子凹陷二叠系 P_2p 非常规油气勘探领域初现。

（雷玲）

【油藏评价主要成果】 2021 年，新疆油田公司勘探开发研究院取得 5 个新发现和 7 个新进展。5 个新发现：①夏子街鼻隆夏 202 井风城组滚动勘探获突破，展现亿吨级规模领域；②金龙 2 井区东西两翼连获新发现，展现亿吨级储量接替区；③玛南风城组三段滚动勘探获突破，展现规模新场面；④八区二叠系佳木河组滚动勘探终获突破；⑤玛北斜坡区玛 7 井区百口泉组二段滚动勘探获突破，开拓了玛北斜坡区百口泉组规模新领域。7 个新进展：①玛湖 1 井区再增亿吨储量，乌二段整装探明；②克 83 区块二叠系上乌尔禾组落实探明储量 1000 万吨；③玛西斜坡区百口泉组二段滚动勘探进展顺利，亿吨级储量规模初步展现；④玛湖 23 井区乌尔禾组油藏获进展，有望开辟建产新区块；⑤精雕优质储层展布，玛湖 28 井区乌一段油藏评价获新进展；⑥玛东斜坡区三叠系百口泉组探明区外围滚动扩边取得新进展；⑦红车断裂带滚动勘探获新进展，落实石炭系浅层高效石油地质储量 1000 万吨。

（雷玲）

【油气开发主要成果】 2021 年，新疆油田公司勘探开发研究院在 15 个原油产能建设区块部署开发井 298 口，设计建产能 239.06 万吨，实施开发井 257 口，建成产能 204.09 万吨。天然气产能建设方面，在中佳 2、前哨 2、滴西 121 等 3 个区块部署水平井 4 口，进尺 2.06 万米，设计产能 1.06 亿立方米。

原油新区产能建设 5 个突破：①玛 18 南部开发方案优化顺利推进，首口试验井日产破百吨；②玛湖中深层油藏开发取得突破，开发建产全面提速；③克 83 砾岩油藏试验水平井取得明显效果，助力玛南上乌尔禾组亿吨级规模储量的有效动用；④玛南深层风城组首口试验水平井投产初见成效，规模建产蓄势待发；⑤吉木萨尔页岩油下甜点体积开发示范平台试验效果显著，支撑吉木萨尔页岩油开发方案编制。

天然气新区产能建设三个进展：①天然气开发新领域试验水平提产效果良好，获总经理嘉奖；②储层预测及甜点识别技术进一步完善，建立一体化高效开发新模式；③储气库周期注、采气量实现双超，二期调整工程超额完成建设任务指标。

（雷玲）

【重大开发试验】 2021 年，新疆油田公司勘探开发研究院针对四类油藏开发模式，开展 13 项重大开发试验，重点攻关不同类型油藏开发中后期进一步大幅度提高采收率技术。中高渗油藏化学驱开发试验：①七东 1 区聚合物驱扩大试验；②七中区二元复合驱扩大试验；③七东 1 三元复合驱试验。低渗透油藏气驱开发试验：①玛湖地区特低渗油藏大幅度提高采收率试验；②新疆低渗透砾岩油藏 CO_2 驱油与埋存先导试验；③八区下乌尔禾组特低渗砾岩油藏注气重力驱试验；④石南 21 井区头屯河组油藏氮气泡沫驱试注试验；⑤九 6 区齐古组油藏 CO_2 复合汽驱重大开发试验。稠油油藏火驱开发试验：①浅层稠油火驱工业化有效开发试验；②红山嘴油田烟道气驱油提高采收率试验；③重 18 超稠油水平井火驱辅助重力泄油先导试验。超稠油油藏 SAGD（蒸汽辅助重力驱油）开发试验：①浅层超稠油 III 类油藏 SAGD 开发试验；②九 8 区齐古组超稠油油藏转驱泄复合试验。

（雷玲）

【学术成果及专利】 2021 年，新疆油田公司勘探开发研究院共登记软件著作权 17 件，发表核心期刊论文 98 篇，其中 SCI/EI 论文 18 篇，出版专著 7 部。申请发明专利 23 项，授权发明专利 7 项，获得国家发明专利银奖 1 项，集团公司发明专利金奖 1 项。获省部级科技成果奖 10 项，其中一等奖 4 项。

（雷玲）

新疆油田公司工程技术研究院

【概况】 2021 年，新疆油田公司工程技术研究院工承担国家油气重大专项 1 项，课（专）题；集团（股份）公司重大项目 17 个课（专）题。科技项目完成率 92.75%，优良率 76.81%；编制 2021 年钻井、采油、地质方案 286 项，钻井设计 822 项，方案符合率大于 95%；制定《致密油、页岩油、SAGD 标准化定型图三年工作计划》，完成标准化定型图 29 套。承办“南缘深层天然气勘探开发工程技术论坛”和“纳米驱油技术研讨会暨纳米化学重点实验室第二次工作会议”；建成新疆油田远程技术决策中心（RDC）；接管《新疆石油天然气》期刊并召开第二届编委会。全年开展钻井、采油气、地面工程方案系统优化和单井差异化设计 3 类 17 项控投、降本措施，编制工程技术方案 300 余项、设计 1800 余项，一次通过率、符合率达 95% 以上，完成节约产能建设投资 6.78 亿元，完成率 103.4%。

（魏秀丽　傅晓宁　张鹏）

【成果专利】 2021 年，新疆油田公司工程技术研究院申报省部级奖励 12 项、获省部级奖励 7 项，其中一等奖 4 项、二等奖 2 项，获油田公司级 20 项，其中一等奖 5 项、二等奖 7 项；工程技术研究院 2021 年共申报发明专利 68 件，获授权专利 31 项（发明专利 22 件）；获得软件著作权 14 项，出版专著 1 本。获 2021 年中国石油和化学工业联合会成果奖 4 项：《准噶尔盆地高效防塌水基钻井液技术》获科技进步奖二等奖、《资源化利用高硼高盐及热采水压裂液技术》获科技进步奖三等奖、《超浅层强非均质超稠油高效开发关键技术及工业化应用》（参与）和《坳陷古地貌控油理论技术创新与准噶尔盆地特大型地层油藏发现（参与）获科技进步奖一等奖；获 2021 年集团公司成果奖 3 项：《准噶尔盆地油田采出水资源化利用关键技术与工业化推广应用》获科技进步一等奖、《稠油污泥处理与资源化成套技术及应用》（参与）获一等奖、《双水平井 SAGD 微压裂启动关键技术及应用》（主要）获集团公司技术发明奖二等奖。

（魏秀丽　傅晓宁　张鹏）

【机构建设】 2021 年 3 月，新疆油田公司工程技术研究院

新疆油田公司《准噶尔盆地油田采出水资源化利用关键技术与工业化推广应用》成果荣获2021年度中石油集团公司科技进步一等奖

（裘新农　摄）

按照推动南缘百亿立方米大气区建设要求，成立采气工艺研究所，补齐工程技术链条；9月，新疆油田远程技术决策中心（RDC）建成投用，可实时监测钻井业务数字化和钻井动态、优化钻井实时参数。

（魏秀丽　傅晓宁　张鹏）

【二氧化碳捕集利用封存技术】 2021年，新疆油田公司工程技术研究院在八区530开展二氧化碳混相驱先导实验，实施12口井二氧化碳撬装注入实验，累计注入二氧化碳9.3万吨，日产油27.5吨。6月，在北京通过国家重大专项大型油气田及煤层气开发课题4“新疆低渗砂砾岩油藏二氧化碳驱油与埋存关键技术研究2016ZX05016-004”项目验收。

（魏秀丽　傅晓宁　张鹏）

【新能源研究】 2021年，新疆油田公司工程技术研究院编制完成油田公司新能源业务发展中长期规划3项，在吉7井区5号平台建成8千瓦微型光伏电站（18块445Wp单晶硅光伏组件），采用自发自用、余电上网模式，为站区生活提供电力。12月25日，完成并网建设，日发电量超50千瓦时，年发电量1.2万千瓦时，年可减排8吨二氧化碳。

（魏秀丽　傅晓宁　张鹏）

【南缘优快钻完井及配套技术攻关】 2021年，新疆油田公司工程技术研究院初步形成以深井身结构设计、抗高温高密度井筒工作液、窄密度窗口精细控压和全井筒提速为主体复杂超深井安全快速钻完井技术。天安1井420天实现8140米安全完钻、突破盆地深度，成为新疆油田首口8000米超深井；呼6井创新应用“垂钻+螺杆协同提速”和“垂钻+随钻扩眼器高效扩眼”技术，实现7280米井深197天高效完钻、刷新南缘速度、同比呼探1井缩短304天。

（魏秀丽　傅晓宁　张鹏）

【深井超深井安全试油技术】 2021年，新疆油田公司工程技术研究院对准噶尔盆地主要地质类型开展试井解释研究，完成呼探1、高泉6、GHW001、乐探1、呼6井等重点探井安全高效试油，完善定型南缘中段高压气井“两阀一封”主体试油工艺。创新设计双RD循环阀+RTTS封隔器的射孔测试联作工艺，乐探1井测试地层压力155.4兆帕，创中石油最高测试压力纪录。

（魏秀丽　傅晓宁　张鹏）

【金龙2高效示范区建设】 2021年，新疆油田公司工程技术研究院围绕“钻井提速、压裂提效、地面提质”3个方面，攻关高效钻井提速、大井从工厂化作业、立体井网井间协同压裂、高凝油全生命周期密闭集输等6项关键技术。钻井综合提速23.7%，钻井成本降低11.1%；采收率由16%提升至20%；实现全流程密闭集输，全过程数字化移交。

（魏秀丽　傅晓宁　张鹏）

【致密砾岩体积压裂2.0提产技术】 2021年，新疆油田公司工程技术研究院深化砾岩非均衡起裂机理，开展裂缝特征及扩展规律研究，优化完善砾岩致密油水平井体积压裂工艺。首次引进鹰眼测试技术，搭建全尺寸炮眼冲平台，精确指导暂堵方案参数优化，试验井暂堵成功率达到60%以上。研发基于井底压力的暂堵有效性实时评估软件，实时评价和指导暂堵方案调整，暂堵有效率由31%提升至68%，暂堵费用降低33.3%。

（魏秀丽　傅晓宁　张鹏）

【攻关非常规油藏大平台整体压裂技术攻关】 2021年，新疆油田公司工程技术研究院完善“簇—段—井—平台”整体压裂设计流程，形成子母井协同补能压裂工艺，配套人工干预应力场技术，建立套变风险分级预测机制，实现压前预测与工程防控有机结合。指导实施大平台压裂19个75口井，保障非常规油藏高效建产，吉木萨尔58号平台8口井实施压裂，平均单井压裂投资1700余万元，较前期平均投资降幅30%以上。

（魏秀丽 傅晓宁 张鹏）

【耐高温加重压裂液技术攻关】 2021年，新疆油田公司工程技术研究院形成3套加重压裂液体系，加重密度最高1.45克/立方厘米，耐温最高200摄氏度；形成南缘高温高压环空控压加砂压裂工艺。应用2井次，实现垂深6537米、施工压力129兆帕的超深井安全加砂改造，推动南缘下组合勘探进程。

（魏秀丽 傅晓宁 张鹏）

【清水压裂工艺技术攻关】 2021年，新疆油田公司工程技术研究院开展清水携砂运移规律研究，研发井口压裂预测软件，摩阻计算精度提升27%；形成清水加砂泵注工艺，现场应用21井次，平均日产油15.2吨，节约费用385万元，有效支撑西北缘石炭系效益开发。

（魏秀丽 傅晓宁 张鹏）

【稠油火驱工业化高黏点火技术研究】 2021年，新疆油田公司工程技术研究院建立高粘原油点火参数、点火成功判断标准，全年完成点火21井次，一次性点火成功率均为100%；研制火驱生产高气液比复合气锚防气举升工具，现场试验8口井，泵效提高15%；首次研发火驱开发工况高温化学封堵体系，现场试验2口井，产液温度恢复正常，为提高火线波及效率提供支撑。

（魏秀丽 傅晓宁 张鹏）

【机械采油系统整体提效降耗关键技术研究】 2021年，新疆油田公司工程技术研究院在采油一厂、陆梁油田推广应用油藏—井筒—地面一体化设计方法154口井，累计推广应用652口井，措施井平均单井日产液增加2.51吨，系统效率提高9.08%，吨液耗电由10.69千瓦时/吨降低至8.17千瓦时/吨，节能率23.5%。同时在各采油厂推广应用稀、稠油一体化管柱技术211井次，累计推广应用1377井次，稀油井有效缓解偏磨、杆断、腐蚀、砂卡等工况，稠油井垢卡率明显降低，通过应用等径杆，偏磨工况得到有效治理，平均检泵周期延长100天以上。

（魏秀丽 傅晓宁 张鹏）

【自主工艺技术推广】 2021年，新疆油田公司工程技术研究院ZJHW201井自主裸眼滑套分压工具实现深度（5900米）、级数（19级）双突破，日产气70.5万立方米。攻关桥塞分压管外光纤监测技术，JLHW2039井创光纤部署国内最长纪录。

（魏秀丽 傅晓宁 张鹏）

【南缘深层天然气勘探开发工程技术论坛】 2021年4月17—18日，新疆油田公司工程技术研究院组织召开南缘深层天然气勘探开发工程技术论

4月18日，“南缘深层天然气勘探开发工程技术论坛”在新疆油田公司工程技术研究院召开 （闵勇 摄）

坛，论坛设钻井、试油与储层改造、采气与井下作业、地面与安环4个分会场，特邀中国工程院院士罗平亚、孙金声，中国石油勘探开发研究院、中国石化石油工程技术研究院等8家中石油、中石化研究单位，中国石油塔里木油田分公司、中国石化西北油田分公司等5家中石油、中石化油田分公司，中国石油西部钻探工程有限公司、中石化中原石油工程有限公司等5家中石油、中石化钻探公司与工程公司，中国石油大学（北京）等4所高校，斯伦贝谢公司等10家国际国内油服公司代表参加。

（魏秀丽　傅晓宁　张鹏）

新疆油田公司实验检测研究院

【概况】2021年，新疆油田公司实验检测研究院主要业务涵盖地质实验、提高采收率、开发实验、采油工艺实验、环境监测、节能监测、计量监督检测、油化剂产品监督检验、设备设施完整性检验检测、实验数据信息（质量标准化）等10大业务领域，具备49个专业276个项目1289个参数的检测能力，有4个省部级科技研究平台，5个公司级重点实验室和1个自治区专家工作站，是自然资源部委托的新疆油田公司实物地质档案保管单位。承担油田公司级及以上重大科研项目47项，获省部级成果6项（包含一等奖1项），油田公司成果7项（包含一等奖2项）；授权专利9件（包含发明专利3件），取得软件著作权4项，出版专著2部。获评自治区10家节能低碳服务单位、“十三五”全国石油和化工行业节能优秀服务单位，连续10年实现零污染、零事故、零伤亡、无新增职业病，连续6年获自治区“量值比对优秀实验室”和“量值比对先进单位”称号。

（李红）

【重大科研攻关项目】2021年，新疆油田公司实验检测研究院“玛湖凹陷风城组喷发—沉积环境研究及玛页1井铁柱子建立”项目，阐明风城组不同岩性成因机制，评价风城组烃源岩质量并建立四性关系，为风城组页岩油资源落实提供关键技术支撑。“八区530井区J1b4+5油藏二元驱油体系优化与跟踪研究”项目，建立驱油用疏水缔合水溶性聚合物技术规范，建立产出液检测方法，研发出过程调剖体系，形成个性化段塞设计方案。“压裂井井口装置安全评估及优化设计关键技术研究”项目，创新性将压裂工况下压裂井口数模物模分析与现场壁厚腐蚀实时在线监测有机结合，建立一套压裂井井口装置安全评估方法，提出压裂井口装置从选型设计到检测评价一体化意见。

（李红　周波）

【科研创新成果】2021年，新疆油田公司实验检测研究院新建页岩油生烃—成储模式、碱类矿物结垢成因分析、水溶气成因天然气判识等7项实验技

9月12日，新疆油田公司实验检测研究院科研人员在夏云1井密闭取心现场深夜进行岩心选样
（实验检测研究院　供图）

术，有效支撑玛湖风城组页岩油、南缘天然气等重点领域油气资源发现和三级储量申报。以克拉玛依本地产环烷基石油磺酸盐KPS为基础，研发形成化学驱驱油体系，支撑化学驱技术在新疆油田推广；研发形成适应新疆油田不同油藏类型调剖调驱配方系列，实现西北缘三类主要砾岩油藏、新疆腹部砂岩油藏全覆盖应用；筛选形成采油用微生物菌种库，研发形成发酵扩培、定向激活配方体系，实现西北缘砾岩油藏、腹部边底水砂岩油藏现场成功应用；研发形成玛湖致密砾岩、页岩油压裂驱油剂，现场试验成功应用；研制形成水处理剂、次生硫化氢治理剂、储层保护剂，得到推广应用；建立准噶尔盆地低渗油藏CO_2驱油与埋存潜力评价筛选标准，明确气驱重点区块关键方案参数。落实“双碳”战略部署，组建新能源业务支撑团队，统筹制定新能源业务发展规划，开展锅炉掺烧生物质等技术研究。

（李红　周波）

【核心业务支撑】 2021年，新疆油田公司实验检测研究院重点探井快速评价、PVT相态分析、密闭取心等实验分析118井次，年度提交重点井样品分析9.08万样次，提交重点井研究报告115份。工程技术与质检方面完成现场压裂液监督检测128井次、支撑剂检测1487批次、完成油化剂产品入库、认证、监督检验共计2149批次，产品质量监督抽检计划完成率100%。大力攻关环保、节能、计量、高风险井口及管道与站场完整性等检测技术，新建VOCs排放量监测、机泵电网节能量核算、移动式储罐附件检测评价等技术方法，完成环境监督监测6366样次20566个参数。开展耗能监督抽检735台次，计量器具检定或校准1.4万台（件），机械产品质量检验6.2万件（批次）。参加各类实验室比对、测量比对、能力验证，其中61个参数获得比对满意结果。

（李红　杨龙）

【重点实验室建设】 2021年，新疆油田公司实验检测研究院联合中石油大庆油田、中石化勘探开发研究院重组并申报页岩油国家级重点实验室，两家国家级重点实验室均已向国务院国有资产监督管理委员会报告。自治区新疆砾岩油藏实验室“十三五”综合考核评估获“优秀”类实验室；集团公司砾岩油气藏勘探开发重点实验室一期建设顺利实施，实验室年度学术委员会会议在北京召开；自治区新疆页岩油勘探开发重点实验室按计划建设，自治区油气田环保节能工程研究中心通过市发改委预验收。牵头举办第五届砾岩实验技术、非常规地质力学、提高采收率工程技术等高水平学术会议，聚焦敏感性砾岩储层保护、非常规油气效益开发等现场关注问题开展研讨；组织实验室媒体开放日，《人民日报》《科技日报》等多家媒体到访,在《中国石油报》整版发布砾岩油藏实验室建设成果。

（李红　周波）

西部钻探工程技术研究院

【概况】 2021年，西部钻探工程技术研究院投入科研经费8441.2万元，其中集团公司项目投入科研经费5238.2万元，占62.1%；共开展科研项目42项，其中结转26项（集团公司级10项、中油油服级8项、西部钻探公司级16项），新开项目9项（中油油服级3项、西部钻探公司级4项，院自筹2项）；科研项目计划完成率达到95%以上；重点科技项目取得突破性进展。

（王立东）

【国家及集团公司重点项目】 2021年，西部钻探工程技术研究院先后承担完成9项国家级及集团公司级重点项目。

准噶尔南缘和玛湖等重点地区优快钻完井技术集成与试验　该项目为股份公司项目。2021年，先后开展南缘完井超高密度水泥浆配方体系优化研究，采集南缘井注水泥浆施工参数，优选水泥外加剂配方，通过专业软件优化水泥浆颗粒级匹配，设计出高温高密度水泥浆体系，解决了高密度水泥浆体系在大温差、高温环境下稳定性难以控制，水泥浆与驱油隔离液、油基钻井液相容性差等多项技术难题。配套隔离液对白油基泥浆清洗效率达到93%，柴油基泥浆清洗效率96%以上；在乐探1井、呼6井成功应用。开展高控压能力的精细控压钻井自动节流控制系统、抗油胶芯等关键技术研究及配套，形成适用于准噶尔南缘精细控压钻井配套工艺技术；成功应用于高101、高102、高泉5井、呼探1井、乐探1井等深井、超深井。其中呼探1井创南缘区块精细控压钻井技术最长井段应用记录，降低复杂时率87%，节约复杂处理时间64天;完成呼探1井、乐探1井精细控压固井试验，其中呼探1井固井质量合格率100%，优质率达73%。

复杂超深井安全优快钻完井技术集成与试验　该项目为集团公司重大现场试验项目。2021年，先后开展随钻多参数地质风险识别方法研究，解决了超深井钻井优化、钻井风险防控面临的地质情况不清、地层压力监测精度低、钻井风险预测监测难的技术难题。研究成果在乐探1井、呼6井、康探5井成功应用；开展精细控压自动节流控制系统升级改造，实现同样执行功率条件下节流控制能力16兆帕、控压精度0.2兆帕的技术指标。开展高温高压PMWD测量及传输技术研究，形成了抗温175℃、抗压150兆帕的PMWD仪器，成功进行2井次现场试验，为高温高压井筒压力精细控制提供有效技术支撑；优化超高温高效封堵油基钻井液体系，现场试验2井次，具有良好的高温稳定性、流变性，滤失量≤5毫升，满足复杂地层、高温高压地层钻探。

钻完井工程设计与优化决策一体化软件（SmartDrilling）研发　该项目为集团公司级项目。2021年，先后开展“丛式井轨道优化设计”“钻井工程设计模块一体化协同设计模块”功能现场测试技术研究，形成软件测试报告2份，解决了软件功能性缺陷与兼容性差的技术难题，助力软件功能与兼容性提升。

陆相中高成熟度页岩油勘探开发关键技术研究与应用课题5：页岩油优快钻完井关键技术研究与应用　该项目为股份公司项目。2021年，先后开展全维冲击器提速工具的设计与优化，形成复合冲击最佳破岩能量分配等关键核心技术，现场试验8井次，平均提速30%以上；开展旋转冲击钻井工具轴向冲击组件与轴承结构优化研究，现场试验3井次，平均提速30%以上；开展岩屑床清除工具结构设计及水力学仿真模拟分析研究，在JHW60-13井成功试验2井次，趟钻进尺725米,摩阻系数0.3，起钻无挂卡，有效提高井眼清洁程度。

陆相中高成熟度页岩油勘探开发关键技术研究与应用课题9：吉木萨尔凹陷页岩油勘探开发示范工程　该项目为股份公司项目。2021年，先后开展机械液动耦合工具冲击结构的优化，页岩油区域地层适应性研究。在JHW60-14、JHW61-13井开展2井次现场试验，较邻井提速11%。

吉木萨尔页岩油国家级示范区水平井效益开发关键工程技术集成与试验　该项目为集团公司级项目。2021年，先后开展水平井地质精细设计技术与提采前置开发优化技术研究及试验，开展室内三维精细刻画50口井、100千米、声波压力测井评价40井次、随钻地层压力评价10井次，解决了水平井地质设计误差大、钻井复杂多，压裂效率低难题。试验后，地层压力预测符合率达96%、钻井复杂事故为零、压裂效率提升10%以上，为水平井准确入靶、钻井提速、开发提效提供关键全局指导；开展随钻甜点定量评价及跟踪导向技术研究及试验。开展气测、岩石热解、XRD、TOC等综合录井技术20余口井、100余次现场试验，解决了随钻甜点评价技术体系不完善、甜点钻遇率偏低问题。形成的甜点定量评价方法助力页岩油下甜点钻遇率达到91%以上，为钻井提速和压裂提效确定导向方向；开展高效降本钻井配套技术研究及试验。开展二开井身结构优化15井次、MSE现场优化2井次、自研国产关键提速设备综合应用10余次，解决了技术集成程度低，关键仪器设备与材料应用成本高，系统工程费用难以控制难题。实现二开井身结构成功率100%、水平井钻井周期较2019年降低50%以上，单井费用较2019年降低30%以上目标；高效降本储层改造技术研究试验，开展页岩油已压井和正压井压后数据分析60井次、可溶桥塞现场试验2井次、低成本暂堵剂、石英砂替代陶粒、石英砂替代陶粒等综合低成本试验应用42口井，解决了水平井压后持续高产难度大，高强度改造与压后产量不匹配的难题。实现压后数据覆盖率100%，砂代陶100%覆盖，每米改造成本较2019年降低12.02%。

钻、测、固、完井全过程精细控压钻井技术推广　该项目为集团公司级项目。2021年，先后开展裂缝性漏失地层井筒钻井液浆柱优化技术研究，创新随钻堵漏与控压融合技术，实现控压作业、堵漏一趟钻工艺；开展极窄压力窗口地层精细控压技术研究，优化形成中部加重和全井加重的重浆帽法，满足起下钻井筒压力控制衔接与精度控制需求。开展裂缝性与极窄压力窗口控压下套管、控压固井技术研究，解决了裂缝性与极窄压力窗口地层固井难题；集成以上技术3项关键核心技术，形成一套裂缝性地层与极窄压力窗口地层全过程控压钻井、完井工艺综合配套技术。形成新疆油田、青海油田精细控压示范与推广试验区，示范与推广29井次，其中新疆油田推广17井次，钻井液漏失量降低76.78%，复杂处理时间降低75.52%，固井质量提高28.13%；青海油田推广12井次，钻井液漏失量降低90.3%，复杂处理时间降低89.5%，固井质量提高24.45%；升级改造精细控压钻井系统2套，实现节控能力17.5兆帕、节流精度0.2兆帕技术指标，满足深井、超深井精细控压节流控制和控制精度需求。完成精细控压钻井决策分析系统模块优化升级，提升精细控压钻井水力学计算精度和能力，为精准指导精细控压钻井作业提供数据支撑。

重大工程关键技术装备研究与应用（二期）课题4：含硫井安全作业关键技术研究与应用　该项目为集团公司级项目。2021年，优化推靠、密封等关键结构，升级控制软件程序，解决可靠性及数据传输干扰等技术难题；开展室内模拟测试等30次测试，现场试验1井次，各项功能得到有效验证，实现产品的初步定型。

塔里木盆地大油气田增储上产关键技术研究与应用课题8：超深井钻井提速提质关键技术研究与应用　该项目为股份公司项目。2021年，根据2020年现场试验情况，针对垂直钻井系统工具，优化完善机械、电子、液压、现场工艺等10余项，设计工装37项、完善室内操作规程4大类8项，在准东实训基地进行2次6串工具模拟井试验，工具的抗振动、抗研磨、工艺技术等得到验证和提升；国产垂直钻井系统在塔里木油田克深8-15井、DN2-H15井进行2井次现场试验，完成现场试验应用指标；开展扭力冲击器工具结构优化改进，增大液压腔容积和冲击锤重量，提高整体强度、安全性及提速性能；现场试验性应用3口井，其中，迪那1-4井较邻井同地层同井段提速72%，大北12-H1井较邻井大北12-5井同井段同层位机械钻速提高39.7%，迪那2-H19井扭矩波动范围小，降“黏滑”

效果明显。

（王立东）

【工程技术分公司（中油油服）统筹项目】 2021年，西部钻探工程技术研究院先后实施8项中石油技术服务公司级重点项目。

南缘深井超深井钻完井研究与集成配套 该项目为中油技服项目。2021年，开展南缘地区地层孔隙压力的综合测井解释方法研究、随钻岩矿数据拟合测井声波曲线方法研究；建立地质力学模型1套，形成随钻模型校正方法。完成现场压力预测5口井，误差5%以内；开展南缘地区地质力学建模方法研究、高泉背斜压力体系研究及井壁稳定性评价、随钻岩矿资料评价井壁失稳研究。完成随钻井壁稳定评价试验3口井，评价符合率100%；形成岩矿地层精细对比技术与井壁失稳监测评价方法，应用呼探1、乐探1等4口井。完成XRD与微钻时录井综合随钻对比应用3口井，地层卡准率100%；形成基于南缘地区难钻地层地质力学和岩石力学建模分析的高效提速工具技术，"一井一策、一段一策"，优选出3种提速工具组合，试验4井次，平均钻井提速31%以上；开展南缘随钻工程分析与优化技术研究与应用，形成区域关键节点随钻分析技术，限产应用3口井，平均事故复杂时率降低21%以上。

钻完井提速提效技术研究——新型设施、工具、工艺配套研究 该项目为中油技服项目。2021年，开展可溶桥塞结构优化设计研究，优化卡瓦、胶筒等关键核心部件，绘制图纸3套99张，成功研制出3种尺寸规格的低成本、适用性强的可溶桥塞产品；现场试验2口井、14层段，可溶桥塞的泵送、入井、坐封、丢手顺利，悬挂、密封、承压、溶解等性能均得到验证，实现产品定型。

救援井磁测距钻井技术研究 该项目为中油技服项目。2021年，开展事故井管柱自身剩磁规律与被动测距算法研究，形成基于管柱自身剩磁规律形成被动式磁测距系统方案，完成被动式磁测距系统机械结构图纸的绘制；开展主动磁测距系统技术调研，查阅算法模型文献，建立基于井地电流注入法实现主动测距的算法模型并开展软件编写。

苏里格高含水气藏柱塞排水采气技术研究与现场应用 该项目为中油技服项目。2021年，搭建出基于浏览器B/S架构开发的智能监控软件平台，实现柱塞井远程集控与智能监控分析，首创套管动液面实时监测与生产动态智能分析技术，并成功应用；开展柱塞井生产动态评价、举升运动模拟技术研究，优化多功能一体化柱塞结构，在苏里格风险合作区首次建立一套柱塞排水采气标准化作业模板。

长庆油田区域水平井精细改造提高单井产量技术推广应用 该项目为中油技服项目。2021年，开展储层裂缝扩展主控因素分析和压裂参数数值模拟分析，形成一套水平井分段分簇压裂设计方法，解决了段簇经验方法划分难题，指导水平井设计28井次，优化段簇间距，节约压裂成本116万元；开展低成本石英砂替代陶粒技术研究，完成49组支撑剂导流能力试验和性能评价，结合储层物性，优化石英砂占比，累计节约压裂成本2472万元；完成46组支撑剂沉降、运移规律试验研究，形成水平井多级支撑剂组合加砂工艺技术，解决了支撑剂铺置效果差等难题，水平井设计全应用，优化确定了各级支撑剂占比，2021年试气无阻流量同比提高15.6%；完成暂堵剂优选和评价，形成一套多裂缝暂堵转向技术，解决了暂堵工艺施工成功率低的难题，现场应用5井次，暂堵成功率90.9%；完成孔眼摩阻计算，形成一套簇内射孔优化方案，基本解决了段内单簇不开启的技术难题。现场应用1井次，结合暂堵工艺验证试验成功率100%。

工程技术企业标准与工程

技术行业成熟成果推广、前瞻性跟踪研究课题1：石油工程技术标准研究和课题2：石油工程技术业务科技成果甄选与数据库建设　该项目为中油技服统筹项目。2021年,完成《井下套管阀作业规程》修订，形成标准报批稿提交至集团公司标准化委员会；根据成果筛选和数据库内容具体要求，初步筛选6项已通过集团公司鉴定且资料、文件、数据完整的成果，进行整理分析，按进度计划形成初步分析报告；通过梳理、择优筛选近10年的科技成果6项，收集整理技术优势、使用／推广情况、应用前景、推广价值等方面资料数据，为成果筛选和最终将筛选成果内容导入数据库打下基础。

低成本压裂支撑剂优选与应用　该项目为中油技服统筹项目。2021年，开展镍铁渣成分分析研究，优化52兆帕、69兆帕两种压力级别的镍铁渣支撑剂配方，确定出不同配方镍铁渣支撑剂造粒试验方法；开展镍铁渣造粒方式与表观特性的影响机理研究，优化镍铁渣打磨整形技术；优选干法粒化生产工艺，矿渣利用率达到70%；开展不同压力级别的镍铁渣支撑剂与地层流体配伍性实验研究，获取配伍性数据，为镍铁渣支撑剂现场应用夯实基础。

苏里格高含水致密砂岩气藏效益开发关键技术研究　该项目为中油技服统筹项目。2021年，开展地质甜点与工程甜点匹配性、段内岩石力学研究，形成致密砂岩气分段分簇段改造及限流压裂2项关键技术，提高地质储量动用程度，减少段间、段内桥塞及暂堵使用数量，现场推广试验15井次，限流压裂76段（243簇）降低压裂成本342.5万元，水平井平均无阻流量75.8万立方米／天（6口井无阻流量达到百万立方米），同比2020年提高39.3%；针对高含水饱和度致密砂岩气藏，开展气水渗流关系研究，确定采气必须排水的开发理念，形成一套适应于高含水饱和度的高速通道压裂技术；通过开展柱塞体结构优化，增加压力感应模块，形成智能化柱塞技术，现场应用4井次，较常规技术排液效率提升15%以上，增产20%。

【技术支撑】 2021年，西部钻探工程技术研究院发挥方案设计优化、技术支撑优势，推动提速工具管理、650示范工程、MSE钻井优化项目快速见效，为公司整体提速提效、降本增效贡献力量。

重点区域支撑　2021年，西部钻探工程技术研究院以“助力水平井综合提速、保障深探井优快钻井”为目标，通过靠前保障和远程支持相结合，完成提速方案编制、模板优化、实钻模拟计算等技术支撑工作800余项，实现对重点井复杂防控和关键工序保障全覆盖，保障打成呼探1、乐探1、碱探1等一批集团公司发现井和重点井，助力玛湖、吉木萨尔同比钻机月速分别提高23.2%、52.66%，机械钻速提高22.02%、76.82%。

提速工具管理　2021年，西部钻探工程技术研究院发挥提速工具引进管理主体平台优势,确定“统一评估、统一引进、统一招标、统一评估、统一组织”五统一原则，强化性价比对标，优化资源配置，提升服务质量、运行效率；明确“自主研发＋引进合作＋集成应用”应用推广模式，促进自研、自有产品迭代升级。全年共组织各类提速服务234井次，保障进尺17.2万米，节约钻井周期超900天，提质增效成效显著。

示范工程建设　2021年，西部钻探工程技术研究院牵头整合内外部资源，形成方案同优、项目合管、成果共享的联合运行机制，“远程＋现场”全方位实时技术支撑方式，“方案优化＋实施总结＋经验固化＋模板推广”的循环提速模式，已完成15口示范井，实施井平均提速30%以上，刷新区块纪录30余项，两度获中油油服贺信表扬。

MSE项目建设　2021年，

西部钻探工程技术研究院创新采用“外方远程指导+项目组现场实施”运行机制，自主开发MSE优快钻井计算分析软件，联合搭建现场实时联动平台系统，确保MSE优快钻井项目快速见效落地。已在玛湖完成5口水平井现场优化实践，创下13项区块提速指标，助力艾湖2井区三开钻井周期同比缩短18.3%，形成可视化、数字化的MSE优快钻井支持手段、工作流程及管理经验，实现公司科学化、数字化钻井的突破。

【技术服务】 2021年，西部钻探工程技术研究院发挥方案优化支撑、特色技术服务优势，强化一体化协同保障，助推钻井提速提效、油气增储上产。全年完成“650”示范井52口，同比增加206%，形成“技术方案优化+现场方案执行+项目经验总结+技术模板更新”循环优化提速模式，23口井同台竞技指标领先，超额完成“三竞赛一工程”目标。MSE优快钻井实施14口、同比增加140%，创区块纪录11项，并以MSE为载体，在青海区域成功实践水平井安全提速技术支撑总包服务。自研扭冲攻克博孜大北巨厚砾石层提速难题，平均机速、趟钻进尺较邻井提升50%、87%，开辟区域“PDC钻头+扭力冲击器+垂钻+减震器”全新提速方式。水平井、小井眼取心在新疆油田MaJ02井、ZJHW201井先后亮相，创7项纪录。推动提速工具管理规范化、配套合理化、评价科学化，形成3个区域5套钻井提速技术序列，服务进尺30.45万米，同比提高86%，平均提速27%，助力钻井节约成本5250万元。整合“空气钻+充气钻+套管钻”技术，成功突入西南浅层页岩气市场，5次刷新区域一开钻井机速、周期纪录。合作区运用水平井清洁高效体积压裂技术，6口井无阻流量破百万立方米、刷新区块纪录；实施措施井591口，维护井数、措施有效率同比提高13.1%、2.2%，增产2.26亿立方米，提高27.1%。紧抓市场回暖时机，合理布局、精准营销，巩固内部市场，开拓外部市场。内部市场寸土不让，坚持“行商”理念，机关、基层、项目联动发力，主动与各油田、钻井方对接交流，开展各层级技术推介300余次，质量回访60余次、顾客满意度超98%，内部市场特色业务占有率超80%，14项达100%。以新技术新工艺为引领，成功突入西南市场，完成精细控压、空气钻井、近钻头工具、井下动力取心、一体化提速项目等近30口井工作量；持续拓展南疆市场，区域外部市场产值占比提高13%，达48%，有效应对南疆内部市场萎缩局面。

（王立东）

【科研成果】 2021年，西部钻探工程技术研究院共获得科技成果奖11项，发表论文45篇，其中SCI发布7篇；申报专利46件，其中发明专利46件，发明专利占比100%，发明专利申报数量同比2020年的38件增长21%；获授权专利21件，其中发明专利5件；参与行业标准修订1项，牵头或参与集团公司标准制定、修订3项，牵头起草并发布公司级标准5项、修订1项，申报2022年集团公司企业标准制定4项、西钻公司企业标准制定3项。2021年底，全院累计获得科技成果322项；申请专利1464件（其中国外专利22件、发明专利183件），有效授权专利430件（其中国外专利9件、发明专利132件）。

（王立东）

科技成果

获新疆维吾尔自治区科技奖项目名表

项目名称	获奖等级	完成单位	主要完成人
《多旋回叠合盆地成矿流体输导体系建模理论及有效性评价技术研究》	新疆维吾尔自治区自然科学奖三等奖	新疆油田分公司	郭文建、吴孔友、何登发、蒋文龙、王韬
《新疆油田含油污泥高效处置关键技术与规模化应用》	新疆维吾尔自治区科技进步奖一等奖	新疆油田分公司、克拉玛依顺通环保科技有限责任公司、安全环保技术研究院	李慧敏、仝坤、王新和、霍进、吴宝成、罗双涵、王国斌、郭强、袁东明、刘光全、谢加才、单朝晖
《砾岩油藏化学复合驱大幅度提高采收率关键技术研究与应用》	新疆维吾尔自治区科技进步奖二等奖	新疆油田分公司、新疆砾岩油藏实验室、西南石油大学	唐可、刘锐、白雷、罗强、李凯、杜代军、韩力、孙鹏超、李婷
《准噶尔盆地复杂火山岩油藏开发关键技术与规模化应用》	新疆维吾尔自治区科技进步奖二等奖	新疆油田分公司、新疆砾岩油藏实验室	栾和鑫、王延杰、徐崇军、王晓光、万青山、王辉、聂小斌 李织宏、陈权生
《中深层稠油注水高效开发关键技术及应用》	新疆维吾尔自治区科技进步奖二等奖	新疆油田分公司	褚艳杰、谢建勇、梁成钢、李文波、叶俊华、徐田录、李建财、吐尔逊江·巴拉提、王伟
《准噶尔盆地油基钻井液关键技术及工业化应用》	新疆维吾尔自治区科技进步奖二等奖	新疆油田分公司、中国石油大学（北京）、克拉玛依金鑫油田环保工程有限公司	石建刚、刘可成、蒋官澄、聂明虎、戎克生、王茂仁、徐新纽、徐生江、姚旭洋
《玛湖砾岩油藏体积压裂水平井提高井筒质量关键技术及规模化应用》	新疆维吾尔自治区科技进步奖二等奖	新疆油田分公司、中国石油大学（北京）、中国石油大学（华东）	吴继伟、宋琳、关志刚、王朝飞、杨洪、席传明、刘伟、许玉强、林志伟
《XZ-MPD-Ⅱ型全过程精细控压钻井系统研制》	新疆维吾尔自治区科技进步奖二等奖	西部钻探工程有限公司、新疆油田分公司	伊明、黄鸿、戴勇、王战卫、辛飞、王维周、姚延许、张茂林、李易兴
《低渗储层压裂井带压排采技术》	新疆维吾尔自治区科技进步奖二等奖	西部钻探工程有限公司、新疆油田分公司	封猛、苏建华、胡广文、陈超峰、唐青隽、丁心鲁、李国亮、徐伟红、张晓文
《环准噶尔盆地储油罐安全与环保关键技术研究与应用》	新疆维吾尔自治区科技进步奖三等奖	新疆油田分公司	李洪福、刘延昌、李媛媛、罗小武、王建平、刘明川、李妍
《准噶尔盆地非常规储层敏感性动静态实验方法研究与应用》	新疆维吾尔自治区科技进步奖三等奖	新疆油田分公司	魏云、寇根、李琼、刘赛、王蓓、王子强、吕道平

获中国石油天然气集团公司科技奖项目名表

项目名称	获奖等级	完成单位	主要完成人
《纳米智能驱油剂研制》	中国石油天然气集团公司基础研究奖一等奖	勘探开发研究院、中石油集团公司纳米化学重点实验室	罗健辉、雷群、吕伟、管保山、王平美、肖沛文、姚斌、邬国栋、王光义、杨占德
《复杂油气井管柱工况模拟试验评价与应用技术》	中国石油天然气集团公司技术发明奖一等奖	新疆油田分公司	韩礼红、杨尚谕、王建军、李东风、李方坡、王航、王蕊、薛承文、王建东、潘志勇
《准噶尔盆地油田采出水资源化利用关键技术与工业化推广应用》	中国石油天然气集团公司科技进步奖一等奖	新疆油田分公司、中国石油工程建设有限公司	张锋、樊玉新、王乙福、黄强、马尧、宫兆波、袁亮、杨萍萍、严忠、薛兴昌、郑帅、梁爱国、胡远远、葛苏鞍、汪洋、陈贤、王扶辉、李晓艳

续表

项目名称	获奖等级	完成单位	主要完成人
《准噶尔盆地沙漠区深层岩性地层油藏高精度地震勘探技术及成效》	中国石油天然气集团公司科技进步奖一等奖	新疆油田分公司、东方地球物理勘探公司	潘龙、范旭、郑鸿明、娄兵、邓勇、王俊怀、王峰、罗勇、马军茂、徐文瑞、蒋立、毛海波、林娟、刘宜文、刘宏杰、钟厚财、谭佳、宋志华
《稠油污泥处理与资源化成套技术及应用》	中国石油天然气集团公司科技进步奖一等奖	安全环保技术研究院、新疆油田分公司、辽河油田分公司	仝坤、王国斌、刘杰、伊其明、刘光全、曾魏、谢加才、李慧敏、袁良秀、吴百春、罗双涵、谢水祥、潘贵和、钟成冬、张明栋、张燕萍、任雯、张全
《中国高含汞气田汞污染控制技术及应用》	中国石油天然气集团公司科技进步奖一等奖	塔里木油田分公司、新疆油田分公司、中国石油工程建设公司	李剑、严启团、蒋余巍、韩中喜、陈彰兵、东静波、荣少杰、王用良、陈亚兵、吴昊、赵建彬、赵琼、李斌、魏西尧、刘百春、张洪杰、葛守国、国建英
《克拉美丽改造型复杂火成岩气藏规模高效稳产工程》	中国石油天然气集团公司科技进步奖二等奖	新疆油田分公司	王彬、冉启全、石新朴、邱恩波、刘念周、池明、杜果、陈超、刘涛、仇鹏、李波、闫利恒
《新疆油田智能化发展理论创新与实践》	中国石油天然气集团公司科技进步奖二等奖	新疆油田分公司	石国伟、曾颖、赵金玲、贾鹿、李清辉、陈仕意、叶铭、石峰、王利君、蒋能记、李国荣、李嗣旭
《准噶尔盆地石炭系火山岩喷发环境识别及油气勘探实践》	中国石油天然气集团公司科技进步奖三等奖	新疆油田分公司	连丽霞、王剑、杨召、孔垂显、陈俊、李二庭、邓泳、雷海艳
《玛湖致密砾岩油藏群效益建产模式研究与应用》	中国石油天然气集团公司科技进步奖三等奖	新疆油田分公司	李晓山、张军、王硕、宋俊强、张蔓、潘虹、李洪、陈程

获中国石油和化学工业联合会科技奖项目名表

项目名称	获奖等级	完成单位	主要完成人
《超浅层强非均质超稠油高效开发关键技术及工业化应用》	中国石油和化学工业联合会科技进步奖一等奖	新疆油田分公司、勘探开发研究院、中国石油工程建设有限公司、中国石油大学（北京）、西南石油大学	孙新革、李秀峦、张烈辉、罗池辉、杨智、王志章、孟祥兵、丁超、张胜飞、杨果、郑爱萍、蒋旭、罗双涵、刘念周、游红娟
《坳陷区古地貌控油理论技术创新与准噶尔盆地特大型地层油藏发现》	中国石油和化学工业联合会科技进步奖一等奖	新疆油田分公司、勘探开发研究院、东方地球物理勘探有限责任公司、南京大学、长江大学、中国石油大学（华东）、中国石油大学（北京）、西南石油大学	霍进、唐勇、雷德文、毛新军、宋永、王建、郭旭光、吴宝成、阿布力米提·依明、邓勇、郭华军、甘仁忠、胡婷婷、费李莹、赵龙
《深层稠油油藏多元流体辅助高压蒸汽驱关键技术及应用》	中国石油和化学工业联合会科技进步奖一等奖	中国石油大学（华东）、胜利油田分公司、中海油田服务股份有限公司、厦门大学、西安交通大学、勘探与生产分公司、辽河油田分公司曙光采油厂、新疆油田分公司、德仕能源科技集团股份有限公司、东营华力石油技术股份有限公司	侯健、杨勇、杜庆军、孙永涛、郊绍献、卜忠宇、刘海湖、沙勇、樊灵、鹿腾、吴光焕、刘月亮、宫汝祥、唐亮、王丽
《准噶尔盆地高效防塌水基钻井液技术》	中国石油和化学工业联合会科技进步奖二等奖	新疆油田分公司、西南石油大学	叶成、戎克生、石建刚、张伟、蒲晓林、赵廷峰、胡开利、徐生江、巩加芹、张楠
《复杂大型储气库注采调峰关键技术研究与实践》	中国石油和化学工业联合会科技进步奖二等奖	新疆油田分公司、勘探开发研究院、西南石油大学、北京大学、中国科学院科技战略咨询研究院	刘国良、霍进、廖伟、丁国生、张烈辉、胥洪成、师永民、胡书勇、邱恩波、张士杰
《海－陆油气区环境遥感监测关键技术研究及应用》	中国石油和化学工业联合会科技进步奖三等奖	勘探开发研究院、勘探与生产分公司、安全环保技术研究院、新疆油田分公司、华北油田分公司	刘杨、黄山红、王占生、王国斌、张楠楠

续表

项目名称	获奖等级	完成单位	主要完成人
《资源化利用高硼高盐及热采水压裂液技术》	中国石油和化学工业联合会科技进步奖三等奖	新疆油田分公司、西南石油大学、四川光亚聚合物化工有限公司	潘竞军、郭拥军、张敬春、邬国栋、董景锋
《天然气深冷凝液高效回收技术创新与应用》	中国石油和化学工业联合会科技进步奖三等奖	新疆油田分公司、勘探开发研究院、四川科比科油气工程有限公司、北京达美盛软件股份有限公司	陈晓明、王传平、冯学章、冉蜀勇、张洪杰
《准噶尔盆地吉木萨尔低流度页岩油有效动用机理》	中国石油和化学工业联合会科技进步奖三等奖	新疆油田分公司、中国石油大学（北京）、勘探开发研究院、中国科学院力学研究所、中国石油大学（华东）	郭慧英、石国新、王子强、吕道平、杨胜来

【获新疆维吾尔自治区科技奖项目】 2021年，新疆油田公司获新疆维吾尔自治区自然科学三等奖1项；获新疆维吾尔自治区科技进步奖10项，其中一等奖1项，二等奖7项，三等奖2项。

（徐后伟）

【获中国石油天然气集团公司科技奖项目】 2021年，新疆油田公司获中石油集团公司基础研究奖一等奖1项；获中石油集团公司技术发明奖一等奖1项；获中石油集团公司科技进步奖8项，其中一等奖4项，二等奖2项，三等奖2项。

（徐后伟）

【获中国石油和化学工业联合会科技奖项目】 2021年，新疆油田公司获中国石油和化学工业联合会科技进步奖9项，其中一等奖3项，二等奖2项，三等奖4项。

（徐后伟）

公共文化服务

【概况】 2021年，克拉玛依市共有文化场馆10个，其中市级文化馆、展览馆、图书馆各1座，市歌舞团1家，区级文化馆、图书馆6座，场馆面积15.2万平方米。有广播电视台1座，所辖中波广播发射台、调频广播发射台各1座。全市有公共文化场地260座（公共文化场馆、文化活动阵地159个），文体设施人均占有面积5.5平方米，公共图书馆图书人均占有量6.5册，其中市图书馆全年接待读者38.17万人次，借阅书刊8.74万册次，办理借阅证2162个，累计办理借阅证73418个。邮政公司全年订阅报纸1794.83万份，杂志52.76万册。全市文化经营单位共有2475家，从业人数2.96万人。

（刘家伊）

【基层文化服务场馆建设】 2021年，克拉玛依市争取上级部门640万元资金支持，推动乌尔禾区文化馆、图书馆建设项目落地实施，填补全市公共文化服务体系区级两馆不健全短板。将打造基层公共文旅空间、提升公共文化品质作为为民办实事举措，推进“社区书房”“文化驿站”项目建设。截至年末，分布于各区5个“文化驿站”、3个“社区书房”陆续建成投用。

（刘家伊）

【图书借阅】 2021年，市图书馆有纸质藏书99.5万册，其中少儿图书13.2万册，《二十四史》古籍1部，特藏文献部收藏《四库全书》《传世藏书》《民国丛书》等书、地方文献1000余册。2021年订阅期报刊539种，民文期报刊97种。镜像数字资源服务包括各类电子图书，电子期刊、报纸，各类音、视频资源总计43TB。线上数字资源服务拥有电子图书12万册，听书资源超过5万小时。以个人借阅、集体借阅等形式服务于读者。全年共接待读者38.17万人次，新增借阅证2162个，书刊文献借阅总量达8.74万册次。

（刘家伊）

【阅读活动】 2021年，市图书馆开展“读好中国书——全民阅读推广活动”，送讲座、送活动、送书籍到社区、企业、学校，先后开展“名家大讲堂”“读书沙龙”“中华经典进基层”“亲子阅读”“雅集中秋——图书馆之夜”“书映百年伟业——献礼‘七一’”“毛泽东诗词回望党史”讲座等。截至年末，共计开展各类阅读活动280场次，总计参与活动12万人次（含线上）。

（刘家伊）

【经典阅读推广】 2021年，市图书馆举办“经典阅读推广”活动，先后举办“经典阅读推广进社区”之中国字系列讲座，“经典阅读推广”线上讲座之

2月14日，市图书馆举办《读书与修养》线上读书讲座活动，400余人次在线聆听　　（彭召勇　摄）

名家大讲堂。特别邀请孔子七十五世孙、福州大学中国文化研究所副所长孔海钦教授，为克拉玛依市民讲解“读书与修养”和“礼仪与尊贵”两个主题内容。

（刘家伊）

【“红色经典·青年阅读”活动】 2021年，市图书馆开展“红色经典·青年阅读”活动，在文献室内设立党建书墙，摆放毛泽东思想、邓小平理论、习近平新时代中国特色社会主义思想及党建党史方面图书近千册。3月9—10日，市委直属机关工委和克拉玛依市图书馆联合举办市直机关青年读书会暨市直机关第二届青年阅读马拉松活动。来自市直机关21名青年党员干部在市图书馆对《中国共产党党史》《习近平新时代中国特色社会主义思想学习问答》等文献进行深度阅读并参与知识答题，做到学有所获。

（刘家伊）

【艺术普及】 2021年，市文化馆整合专业师资资源，专为青少年、中老年开设舞蹈、声乐、西洋乐器、中国传统器乐、中国传统戏曲、“非遗”传承剪纸、书法美术、摄影等各类培训班，共计95个专业门类52个初级班次，全年受益群众3万余人次。其中3—7月，开展2021年第一期公益培训项目，为期三个月（共16个课时），共开设41个专业门类课程，参与培训人数达750人；7—8月，开展第二期公益培训项目，为期二个月，共开设24个专业门类课程，参与培训人数达365人；9—12月开展第三期公益培训班，共开设35个专业课程，参与培训人数达700人。推出手绘风筝、手绘戏曲脸谱、传统团扇制作、手工扎染制作、中国传统油纸伞制作等6项传统文化体验活动，参与人数300多人。

（刘家伊）

【文物展览】 2021年，市文

5月16日，克拉玛依市“5·18”国际博物馆日系列专题展览和教育活动在市文博院拉开帷幕　　（彭召勇　摄）

博院（展览馆）展览陈列中心实施重点项目（黑油山地窖展陈提升项目）1个，举办临时展览6个，制作流动展览3个。截至年末，共接待参观团体703批次，36519人。

【社教活动】 2021年，市文博院（展览馆）招募志愿者讲解员16名，先后开展春节线上直播、"石油知识专家讲座""忙趁春风放纸鸢""石油科普小课堂""品味端午传统，讲述石油故事"、听"老一辈创业者"讲故事等社教活动，惠及全市中小学生。

（刘家伊）

【文艺团队建设】 2021年，市文化馆加强文艺团队建设。截至年末，市文化馆已培养友谊艺术团1支、红柳花舞蹈队1支、乐团类3支（金胡杨民乐团、管弦乐团、管乐团队）、模特类2支（漠之灵模特队、非遗模特队）、合唱团2支（哆来咪合唱团、俄罗斯歌曲合唱团）以及市民京剧团、黄梅戏团，共11个馆办团队。

（刘家伊）

【艺术创作】 2021年，克拉玛依市组织开展书法、美术作品主题创作，共计完成106书法、13幅大型油画，并组织开展书法、美术作品展，有近2万余名市民参观。新创编惠民舞蹈节目7个：《映山红》《石榴红了》《呼唤》《蓝色的风》《黄河》《老张的小石榴》《红梅赞》；创作小品剧本《风声》1部；原创歌曲《一诺百年》《晚安克拉玛依》2首。

（刘家伊）

文物保护和利用

【概况】 2021年，克拉玛依市在册国有博物馆1个，民间博物馆2个；不可移动文物24处，其中全国重点文物保护单位2处。

（刘家伊）

【工业遗产申报】 2021年，克拉玛依市将一号井、老市政府办公楼、黑油山景区、黑油山地窖及克拉玛依博物馆馆藏打包以"克拉玛依油田"名义成功申报第五批国家级工业遗产。通过《克拉玛依日报》、天山网、广播克拉玛依、《克拉玛依日报》微信公众号及抖音账号等宣传已获批国家工业遗产，提升城市影响力。

（彭韬）

【革命文物保护】 2021年，市文体旅游局构建红色文化保护传承体系，实施"红色记忆工程"，以克拉玛依区、独山子区、白碱滩区入选国家第二批革命文物保护利用片区分县名单为契机，申报新疆第一口油井环境整治、新疆第一口油井三防、石油工人俱乐部环境整治、石油工人俱乐部安防、中苏股份公司办公旧址三防、101窑洞房安防、101窑洞房文物保护修缮及院内环境整治等革命文物保护项目。全市9处不可移动文物（新疆第一口油井、克一号井、黑油山地窖、英雄

12月15日，克拉玛依油田入选第五批国家工业遗产。图为入选核心物项黑油山地窖（闵勇　摄）

193 井、101 窑洞、独山子石油工人俱乐部、中苏石油股份公司办公旧址、独山子第一蒸馏釜遗址、中苏石油股份公司独山子职工子弟学校旧址）及 95 件 / 套可移动文物（市文博院 78 件 / 套，独山子区展览（博物）馆 13 件 / 套，独库公路博物馆 4 件 / 套）分别被公布为自治区级首批、第二批革命文物。

（刘家伊）

【文博知识临时展】 2021 年，克拉玛依市共举办临时展览 6 个，其中“图说甲骨文发现史”展览展示甲骨文发现与认知，旨在让观众了解汉字源头和中华优秀传统文化根脉；“伟大开端——中国共产党创建历史图片展”系统、全面地介绍中国共产党创建历史，是克拉玛依市党史学习教育重要活动之一；“追寻克拉玛依记忆——克一号井主题展”再现克拉玛依第一口油井勘探、钻探、开采历史，追寻克拉玛依人初心；“红色百年——全国革命文物图片选粹展”以全国 400 多幅革命文物图片，展示中国共产党领导中国人民进行革命、建设、改革伟大历程。

（刘家伊）

【流动博物馆巡展】 2021 年，市文博院（展览馆）开展流动博物馆巡展活动，展示内容包括“新疆四史”展、“城记”展、“地震、测井科普”展，先后在红星、风华、前进、文明供应小区、第七小学、群艺馆等共 10 个地点巡展 31 场次。辐射克拉玛依区四个街道、学校、部队等，参观人数 11120 人。

（刘家伊）

【文物征集】 2021 年，市文博院（展览馆）开展文物征集工作，在克拉玛依市、乌鲁木齐市、山东省等地共征集音像制品、奖章证书、信封邮票、书籍等文物 326 余件。同时开展口述历史收集工作，收集整理卡依霞 · 可可思汗、吴淑华、梁吉忠、倪寿坤等捐赠者工作经历，补充克拉玛依历史细节。开展文物修复工作，全年修复 1955—1960 年锦旗 10 件。

（刘家伊）

【《城市记忆》栏目】 2021 年，市文博院（展览馆）与克拉玛依日报社共同推出 15 期“城市记忆”栏目，开辟《城市记忆》板块，从文物、文物保护单位、人物访谈、重大事件、城市地标等多角度展示克拉玛依城市历史及“石油人精神”。

（刘家伊）

【克拉玛依民间博物馆授牌】 2021 年 12 月 8 日，克拉玛依市在红色记忆展览馆举行民间博物馆授牌仪式。首批授牌民间博物馆共 12 家。其中克拉玛依区 6 家，分别为克拉玛依市城市记忆博物馆、克拉玛依市紫砂博物馆、克拉玛依红色记忆展览馆、齐国昌红色收藏馆、金丝玉展览馆、克拉玛依军史馆；独山子区 2 家，分别为独山子展览（博物）馆、独库公路博物馆；白碱滩区 2 家，分别为塔林鼎尚展览馆、中兴路街道芙蓉社区居民荣誉陈列室；乌尔禾区 2 家，分别为民俗展览馆、一号龙珠恐龙化石展陈馆。

（刘家伊）

非物质文化遗产保护传承

【概况】 2021 年，全市无新增“非遗”项目和“非遗”传承人。截至年末，全市共有自治区级非物质文化遗产 2 项、市级非物质文化遗产 9 项、区（县）级非物质文化遗产 19 项，共计 31 项；其中自治区级“非遗”传人 2 人、市级“非遗”传人 13 人、区（县）级“非遗”传人 19 人，共计 34 名“非遗”传承人、65 名“非遗”传承学徒。

（刘家伊）

【出台管理办法】 2021 年，克拉玛依市起草《克拉玛依市级“非遗”传承项目及代表性传承人管理办法》，参照国家级“非遗”传承项目及代表性传承人管理办法及自治区级“非遗”传承项目及代表性传承人管理办法，参考本市“非遗”传承人意见建议、根据克拉玛依市实际、适度调整。起草《克拉玛依市级“非遗”传承项目及代表性传承人管理办法》，促进全市非物质文化遗产保护传承规范有序。

（刘家伊）

【“非遗”培训进校园】 2021年，克拉玛依市在全市16所中小学校持续开展剪纸、戏曲等“非遗”项目培训课程进校园，累计开展培训530多课时；10余名“非遗”传承学徒参与培训，参与培训学生近1.06万人次。

（刘家伊）

【“非遗”项目推广】 2021年，克拉玛依市组织全市各级“非遗”项目申报参加“‘非遗’购物节”活动，推广“非遗”项目知名度和直播带货能力；以“文化和自然遗产日”为契机，在全市开展为期一周的“非遗”项目展览展示；开展“新疆是个好地方——第八届天山南北贺新春非物质文化遗产年俗展活动”；报送克拉玛依市非物质文化遗产保护项目剪纸、根雕、新版版画，列入“自治区‘非遗’购物节商品清单”。

（刘家伊）

【“非遗”文化进基层】 2021年，克拉玛依市开展“非遗”文化进基层系列活动。春节前开展“‘非遗’过大年 文化进万家”视频直播家乡年活动，推动“非遗”文化进社区、进军营、进医院、进企业，共计开展书法、剪纸送“福”、送春联、送窗花等9场线上线下活动。持续开展“春节习俗展”“小学生剪纸作品巡展”等展览，推动中华优秀传统文化传承发展和在基层、校园推广、普及。传统节假日期间，开展包括京剧、豫剧、秦腔、黄梅戏在内戏曲专场演出，惠及市民群众。

（刘家伊）

文化润疆活动

【概况】 2021年，市文体旅游局通过开展百日广场暨社区（村）文艺展演、“我们的节日”“我们的中国梦——文化进万家”、传统文化进校园、非遗展示周等一系列文化惠民活动，传播现代文化理念和行为方式，培育和践行社会主义核心价值观。截至年末，全市共举办各类线上线下文化活动440余项，参与活动总人数163万人次；举办展览25场次，参展作品550余幅，取得良好的社会效益。

（刘家伊）

【“新春送祝福，文化润心田”春联送福活动】 2021年2月3—11日，克拉玛依开展文化进基层系列活动暨春节春联送福活动，市文化馆组织文艺小分队深入永升公司、中心医院、风华社区、克区公安分局、克拉玛依市消防救援支队、市公安局交警支队车辆管理所等单位。与一线工作人员一起开展现场写春联、剪纸送祝福活动。

（刘家伊）

1月28日下午，本土艺术家、书法爱好者在碧水花苑社区挥毫泼墨，响应“千副春联送基层”迎新送福系列活动　（闵勇　摄）

【“文化过大年”活动】 2021年春节期间，克拉玛依市为营造就地过年氛围，举办“文化过大年”线上线下三大类40余项活动，有近5万名市民参加线下活动，有100多万人次参与线上活动，让“就地过年”年味更足。

（刘家伊）

【“克拉玛依之春”春季文旅展销活动】 2021年春季，克拉玛依市开展“克拉玛依之春”春季文旅展销活动，以“文化搭台、经贸唱戏”为宗旨，举办大型综合文旅商贸展会，展会销售额实现1.2亿元。

（刘家伊）

【“欢腾‘五一’ 玩嗨油城”系列活动】 2021年“五一”期间，克拉玛依市以“欢腾‘五一’ 玩嗨油城”为主题，共开展6大板块105项活动，有60多万人次参与活动。其中独山子郁金香园、乌尔禾西部乌镇、小拐乡等旅游场所成为网红站点，五一期间共接待游客28.03万人次，实现旅游收入17602.84万元，同比增长117.09%。

（刘家伊）

【“过中秋、庆丰收、迎国庆”活动】 2021年秋季，克拉玛依市以“过中秋、庆丰收、迎国庆”为主题，在全市主要景区、文体场馆、各区文旅系统开展各类传统文化活动共计50余项。中秋、国庆期间吸引游客近92万人次，实现旅游收入4.7亿元。

（刘家伊）

【第二十二届“云端”水节系列活动】 2021年，克拉玛依市依托线上平台传播优势，组织开展第二十二届水节系列线上活动。其中水节线上美食荟活动让市民通过“美团外卖”平台享用排行榜优质商家人气美食和低至5折满减优惠，全市158家餐饮店参与。在直播克拉玛依平台上举办水节大师课，邀请中央音乐学院作曲系教授、音乐艺术博士周娟举办线上直播公开课，超2.5万人次观看直播。举办线上水节钢琴音乐会，邀请旅德双胞胎双钢琴演奏家、德国特罗辛根国立音乐学院在读钢琴演奏博士唐艺菲和唐艺畅在线演绎双钢琴经典曲目，有4.05万人观赏。通过线上征集、全网投票，评选出克拉玛依3处文化地标(黑油山、克拉玛依之歌、百里油区）和3处景区景点（一号井景区、克拉玛依河景区、世界魔鬼城景区）。举办城市T恤和城市海报创意设计大赛，共收到城市T恤设计稿37份、城市形象宣传海报31份，第一名城市T恤设计稿被制成城市卫衣，在10月29日克拉玛依城市66周岁庆典时作为文创礼物向市民发送。

（刘家伊）

【兵地融合文艺演出】 2021年12月17—21日，克拉玛依市引进新疆生产建设兵团歌舞剧团优秀剧目——国家艺术基金项目大型音乐史诗舞台剧《天山》在市群艺馆演出，全市共2000多名市民观看演出。12月18—21日，邀请新疆生产建设兵团歌舞剧团由60多名优秀演出人员组成“文艺轻骑兵”演出小分队，分别在市公安局克拉玛依区分局、白碱滩区分局、新疆第二医学院、中国石油大学（北京）克拉玛依校区、克拉玛依区风华社区、克拉玛依广陆公司等地开展16场“送文艺下基层”慰问演出。演出包含合唱、独唱、集体舞、独舞等节目，受到观众欢迎。

（刘家伊）

【“我们的中国梦——文化进万家”演出活动】 2021年，市歌舞团“石榴籽”文艺小分队以“我们的中国梦——文化进万家”为主题，首次以“双线”（线上线下）模式赴基层开展文艺演出活动，共开展进社区、入军营、走基层、上网络各类惠民演出100场次，惠及各族群众7万余人，创单年历史新高。

（刘家伊）

【克拉玛依市第二届钢琴艺术节】 2021年，市文化馆邀请上海音乐学院社会艺术水平考级专家组共同举办钢琴艺术节，为克拉玛依市音乐爱好者开展全方位音乐考级活动，通过考级选拔出优秀学生，举办不同级别、不同专业音乐会，考级结束后开展著名音乐学院社会艺术水平考级专题学术讲座。同时邀请留学欧美著名音乐学院青年钢琴家与多达50人双管交响乐团共同举办钢琴协奏曲专场音乐会。

（刘家伊）

【原创舞剧《油城往事》公演】 2021年，市歌舞团原创舞剧《油城往事》连续公演14场，各族群众共计48万余人观看。大型原创舞剧《油城往事之开拓者》，在全国17000余个舞台艺术作品中脱颖而出，获得国家艺术基金2020年度（一般项目）资助资金280万元。

（刘家伊）

报　纸

【报纸出版概况】 2021年，克拉玛依市共出版发行《克拉玛依日报》汉文版、维吾尔文版，《新疆石油报》以及《克拉玛依广播电视报》等报纸。其中《克拉玛依日报》汉文版出版249期、维吾尔文版48期，《新疆石油报》66期。

（王紫薇）

【《克拉玛依日报》（汉文版）】 2021年，《克拉玛依日报》全年汉文版出版249期，近4000个版。扎实推进“百年奋斗路 启航新征程”“我为群众办实事”“牢记初心使命　争取更大光荣”，打造“五城一区”“绿水青山”“新开篇、新征程”“五中全会在基层”“基层减负在行动”“文明创建在行动进行时”等各类主题宣传报道；确保城市新闻、城市纵横、聚焦“访惠聚”、日报朋友圈、文明创建在行动、特别报道、准噶尔笔会等专刊高水平运作；经营《美食周刊》《安居周刊》《教育周刊》《时尚周刊》《健康周刊》五大生活周刊（下半年改为4个）；牵头制作《2020，克拉玛依的N个“全疆唯一”》《春节特刊》《红色力量》《特别礼物》《奋进年华》《逆势大发现》等大型主题特刊；重启“日报爱心行动”，为再障患儿筹款近70万元；打造重要文化新闻品牌“城市记忆”，全年成果已在市文化馆通过大型展板形式推出。

（王紫薇）

【《克拉玛依日报》（维吾尔文版）】 2021年，《克拉玛依日报》（维吾尔文版）以转载《新疆日报》重点报道和翻译《克拉玛依日报·汉文版》重要稿件为主，采取周报制，每周一期、8个版，全年共出版48期。

（王紫薇）

【《新疆石油报》】 2021年，《新疆石油报》采取周报制，每周出一期、16个版，全年共出版66期。主要围绕石油石化产业，重点报道新疆油田公

7月2—14日，经过重新编排后的克拉玛依市首部原创舞剧——《油城往事》在市群艺馆上演（市歌舞团　供图）

司、克拉玛依石化公司、西部钻探公司等驻市央企在生产发展改革中的重大事件、重点工程及重要工作。全年以打造“新疆油田具有独特历史传承与品牌的一面旗帜、一个精神家园、一个重要的新闻宣传与舆论引导阵地”为定位，围绕新疆油田春季“四场会战”、党史学习教育、“大干八十天，打赢五场会战”劳动竞赛、准噶尔盆地天然气勘探重大领域与关键技术研讨会、“稳步上产院士行”活动、第十二次党代会等重大活动和重点工作进行了全面、专业、系统的报道，报道形式丰富多样，笔触生动而专业，赢得了企业和读者的高度认可。

（王紫薇）

【《克拉玛依广播电视报》】 2021年，《克拉玛依广播电视报》设本地要闻、影视资讯、人物故事、法律知识、医疗养生、本土文学欣赏、生活安全常识等24个版面，每周四出版（节假日不停刊），全年发行52期，26万份，实现满刊发行。

（汪文忠）

广　播

【广播频率概况】 2021年，克拉玛依市广播电视台五套自办广播频率FM92.6、AM1179、AM882、FM90.7每天分别播出18小时，FM97.1播出20小时。有《克拉玛依新闻》《你早克拉玛依》《百姓热线》《一路畅通》《926快乐吧》《行风热线》《成长如歌》《夜空依然不寂寞》等17档自办节目。广播节目覆盖克拉玛依市区及白碱滩、百口泉、石西等百里油区以及小拐、独山子、奎屯、乌苏、石河子周边县市团场近100千米，收听人数上百万人。全年安全播出32360小时。

（汪文忠）

【《广播克拉玛依新闻》】 2021年，克拉玛依市广播电视台广播《克拉玛依新闻》313期，播出新闻3055条，记者自采2857条，自采率95%。编播《一周要闻》52期。

（汪文忠）

【《百姓热线》】 2021年，克拉玛依市广播电视台广播直播节目《百姓热线》，全年播出235期，接听热线1011部，解决问题近1600人次，问题答复率100%，问题解决率94%。

（汪文忠）

【“来撒来撒”直播平台】 2021年，克拉玛依市广播电视台搭建“来撒来撒”各直播平台，共完成直播200场，直播范围覆盖克拉玛依四个区，在线观看人数合计超过1500万人次，直播带货线上线下订单引流超2000万元。

（汪文忠）

【《你好克拉玛依》】 2021年，《你好克拉玛依》节目全年共制作261期，节目时间为每周一至周五上午9：00—11：00。2021年，早高峰节目组成立“926你好克拉玛依一起听路况”播报群，与克拉玛依机场密切合作推出“空港直播间”板块，及时播报进出港信息。与克拉玛依交警指挥中心合作推出“926第二直播间”板块，工作日早上高峰期时间进行交警指挥中心大屏实时路况播报，突出节目服务性、时效性、真实性。

（汪文忠）

【《百姓热线》】 2021年，《百姓热线》节目是克拉玛依市广播电视台FM92.6综合广播推出民生热线服务类节目，每周一至周四13：00—14：00播出。全年共播出235期，接听热线1011部，回复热线1011部。针对市民和听众反映投诉民生问题，节目组联系各单位负责人解答问题近1600人次，问题反馈率100%，问题解决率94%。《百姓热线》在每周四探索性增加《记者观察》(《百热记者话民生》）节目，以记者视角主持、梳理阶段性热点。

（汪文忠）

【《一路畅通》节目】 2021年,《一路畅通》每周一至周五 15：00—16：00 播出。以午间上班路上交通服务、信息播报为主，音乐话题辅助模式进行，两位女主持以“双子姐妹花”全新组合得到大家认可。《天气我知道》关注实时天气;《叫醒服务》播放叫醒耳朵正能量歌曲;《本地交通资讯——资讯嘎嘣脆》播出通讯员稿件 100 多条;《爱车帮帮忙》和《反向评车》环节，互动各种时下最受关注车型等;《一路嗨歌——你卡拉我OK》午后欢乐开唱板块，收到大家一致好评，年初增设“音乐课代表”，每周准时打卡领唱，节目互动性显著增强。《一路畅通》栏目是重大恶劣天气应急广播，交管部门、车管所最新举措在第一时间以电话连线或者邀请直播间方式，每周一次，全年 52 期。

（汪文忠）

【《926 快乐吧》节目】 2021年,《926 快乐吧——快乐晚高峰》栏目服务于下班高峰时间段，每周一至周五 19：00—20：00 进行直播，栏目以当下热点话题内容为主，全程听友互动、路况发布等进行辅助，栏目风格轻松愉快。2021 年,《926 快乐吧》共播出直播节目 249 期。在新媒体逐步融合的当下,《926 快乐吧》尝试通过拍摄抖音短视频与直播节目相融合的方式进行直播节目的推广，全年共计拍摄发布 158 条。最高单条点赞量 4536 次，共计点赞量 5.2 万次。单条最高播放量 40 万次。栏目新开设《幸运连连看》环节，单天微信最高互动量最高达 200 余条信息以上。

（汪文忠）

【《克广行风热线》】 2021年,《克广行风热线》每周五 13：00—14：00 播出，共播出 29 期。节目通过接听热线方式与市民交流，关注市民反映民生问题，为百姓和政府之间架设沟通桥梁。是最新政策发布及深入解读第一平台，贴近百姓民生，关注百姓“衣食住行”。全年，先后邀请市卫生健康委员会、市发改委、克拉玛依区政府、市住建局、市应急管理局等单位负责人来直播间与听众面对面交流，现场解决民生问题 52 个。

【《夜空依然不寂寞》】 2021年,《夜空依然不寂寞》节目两档子栏目共播出 446 期。上半场《成长如歌》《夜读美文》等子栏目播出时间为每周一至周五晚 21：00—22：00，定期邀请各学校、朗诵协会嘉宾做客直播间，或讲述英雄故事、唱经典红歌，成为未成年人教育一个宣传方式。下半场《我的 FM 最流行》《都市夜归人》播出时间为每周一至周五晚 22：00—23：00，这档节目在晚间营造出浓厚情感与音乐氛围，音乐选择以旋律动听且有较强艺术感染力歌曲为主。直播中通过音乐广播微信公众平台与听众互动，以歌传情，挖掘你我他情感故事，打造情感类音乐互动节目。

（汪文忠）

电 视

【概况】 2021 年，克拉玛依市广播电视台开办有五套自办电视频道，分别是汉语综合频道、维吾尔语综合频道、汉语影视文艺频道、维吾尔语影视文艺频道、教育频道，每个频道平均每天播出 16 小时。开设有《克拉玛依新闻》《相约》《生活零距离》《声声悦耳》《花儿朵朵》《法治中国 30 分》《名师讲堂》《天气预报》等 8 档自办节目。全年安全播出 28520 小时，发射 32360 小时。

（汪文忠）

【《电视克拉玛依新闻》】 2021年，克拉玛依市广播电视台共编发电视《克拉玛依新闻》313 期，播出新闻 2838 条，记者自采 2728 条，自采率 97%。

（汪文忠）

【《声声悦耳》】 2021 年,《声声悦耳》每周一期，每月围绕一个主题，撷取古今中外经典诗歌、小说、美文，取其精美章节，邀请播音员主持人、月度城市领读者朗读，主持人介绍与之相关的历史、文化及人物背景，以言述其情，以志传其声。全年播出52期，每周六在克拉玛依市广播电视台一套首播，每天在一、二、三、四、五套重播，一周播出66次。

（汪文忠）

【《相约》】 2021年，《相约》栏目配合不同时期宣传重点先后推出“学党史　知党史”“克拉玛依市党代会”“致敬中国人民警察”访谈、“鲜花送雷锋　弘扬真善美”“消防安全”“网络电信安全”“消费环境安全”等相关访谈节目。全年共播出52期节目，每周六在克拉玛依市广播电视台一套首播，每天在一、三、五套重播，一周播出42次。

【《名师讲堂》】 2021年，克拉玛依市广播电视台《名师讲堂》栏目组制作《中国节气　中国气节》25期，围绕24节气，紧跟时代主题、传播中华文明、彰显文化自信，体现城市文化氛围。制作《诗经与生活》系列节目48期，通过对《诗经》的深入剖析，将诗经与生活、人生哲理、治国理政、修身养性、家教、礼仪、育子等内容结合起来，有故事、有典故、有音乐，是具有知识性、教育性和欣赏性的系列节目。

（汪文忠）

【《花儿朵朵》】 2021年，《花儿朵朵》策划播出“学党史　感党恩”和“童心向党”“感恩”“创城”“双减”等系列主题节目。栏目每期10分钟，每周六晚上22：00在克拉玛依四频道首播，在克拉玛依电视台一套、二套、三套、四套、五套滚动播出，全年制作播出52期。

（汪文忠）

【《永远跟党走》系列短视频】 2021年，为庆祝中国共产党成立100周年，克拉玛依市广播电视台策划制作百集百名优秀共产党员系列短视频《永远跟党走》，选取老、中、青三代100名克拉玛依各行业优秀党员，通过各党员在生活、工作中表现，展现克拉玛依党员在不同时代、不同岗位上坚守初心、传承使命党员特征。7月1日起，陆续在市广播电视台全媒体播出。

（汪文忠）

【广电品牌活动】 2021年，克拉玛依市广播电视台相继举办百姓春晚特别节目、《“迁”里之外惺惺相“依”宿迁·克拉玛依的先锋情缘》大型融媒体连线直播、“永远跟党走　奋进新时代”克拉玛依市庆祝中国共产党成立100周年诗会、“三联·壹号景东区”2022克拉玛依新春演出季“永远跟党走　放歌新时代”何龙·毛娟2022新年演唱会等10多场大型主题活动。

（汪文忠）

6月12日，由江苏宿迁市广播电视总台、克拉玛依市广播电视台联合推出的《“迁”里之外惺惺相“依”宿迁·克拉玛依的先锋情缘》大型融媒体连线直播活动圆满结束　（汪文忠　摄）

【第八届爱心送考公益活动】 2021年6月3日，克拉玛依市第八届爱心送考公益活动启动，参与爱心送考出租车司机、私家车司机一起在车上贴上醒目爱心送考车标志，“爱心送考”驾驶员代表进行安全送考宣誓。截至2021年，爱心送考公益活动已持续8年，累计有7000多辆爱心车参与送考活动，为上千名考生提供高考接送服务。

（汪文忠）

【“926梦想公益基金”】 克拉玛依市广播电视台依托“926梦想公益基金”，募集和捐助近30万元，开展一系列助学、助残、帮扶等活动，还举办了“鲜花送雷锋”“暖冬行动”等多项公益活动，不仅提高广电媒体公信力、影响力，还进一步提升了城市的文明程度和市民的幸福指数。

（汪文忠）

【《理想照耀中国——庆祝建党百年系列联合融媒直播》】 2021年，克拉玛依市广播电视台受邀参加由全国50家电视台联合推出《理想照耀中国——庆祝建党百年系列联合融媒直播》活动。从3月23日至6月30日共100天，直播聚焦全国100个红色地标和重要纪念地，共同打造100场新媒体直播，立体呈现中国共产党百年奋斗历程。市广播电视台以独库公路博物馆为直播点，讲述数万名筑路官兵栉风沐雪、英勇拼搏最终建成“一日观四季、十里不同天”独库公路奋斗历程。活动全网浏览量1000多万次。

（汪文忠）

新媒体

【克拉玛依网】 2021年，克拉玛依网完成各类新闻信息发布合计26089条，制作《党史学习教育》《文化润疆》《这里是新疆》等网络专题53个。

【“嗨克拉玛依”App新闻客户端】 2021年，“嗨克拉玛依”新闻客户端全年总点击量981273次。客户端装机量达64217次，全年增长用户18641人。制作发布专题300余个，线上直播报道30余次。组织了《全面看“双减”，详解特别开学季》《嗨克拉玛依带你倾听胡洋的音乐与梦想》《水节双钢琴演奏音乐会》等直播活动。进行了全面改版，上线了App视频直播功能。建立的克拉玛依号入驻单位已达15个。

（王紫薇）

【《克拉玛依日报》微信】 2021年，《克拉玛依日报》微信公众平台总关注用户达103580人。全年推送稿件1900余篇，总阅读量超800万次，其中阅读量10万+的稿件6篇，1万以上阅读量的稿件130余篇，此外，成功代营了克拉玛依零距离、白碱滩零距离、文明克拉玛依、克石化、玩转克拉玛依5个代营微信

9月3日，《克拉玛依日报》融媒体邀请教育系统人员举办主题为《全面看“双减”，详解特别开学季》的直播互动活动，权威解读“双减”政策

（郭雪梅　摄）

公众号。

（王紫薇）

【《克拉玛依日报》抖音及视频号】 2021年,《克拉玛依日报》抖音及视频号共发布视频1170条，累积粉丝量超过8.6万。发布的作品《独山子公路惊现雪豹》《克拉玛依进入棉花采摘季》两条视频播放量均超过1000万次。《克拉玛依物业用鼓风机为居民清雪》《克拉玛依姑娘荣获比基尼冠军》等12件作品播放量超过100万次。《克拉玛依日报》快手号发布作品722条，其中有3条播放量超过100万次。视频组还承接拍摄《春节守望》《物供铁军》等商业视频拍摄。

（王紫薇）

【克拉玛依手机台】 2021年，克拉玛依融媒体手机台,有“两微一端一网站”及第三方平台账号共15个平台，形成全媒体矩阵传播格局。全年各手机融媒平台总浏览量7453万+，总粉丝量近百万。各平台共编辑发布快讯、图文消息及视频消息9024条，直播85场，全网点击量达1.1亿次。其中《理想照耀中国——庆祝建党百年“双100”系列融媒报道，走进独库公路博物馆》，全网传播总量超9000万；原创题材快讯消息《千里“樱”缘“疫”线牵》单条浏览量23万+。实现融媒体直播常态化、系统化、全员化，全年直播近200场，总时长超过400小时，“来撒来撒”直播已成为本地最具影响力的直播品牌。

（汪文忠）

影视摄制

【电影放映】 2021年，克拉玛依市有5家电影院，包括克拉玛依区奥斯卡影城、克拉玛依区星缘影城、克拉玛依区美美影城、独山子区美美影城、白碱滩区中影数字影城。全年农村公益电影放映75场，社区放映25场,受众5万多人次。

（龙君）

【动漫文创】 2021年12月，克拉玛依市广播电视台自主原创15集动画系列剧《英雄伴我成长》全媒体播出，动画电影《克拉和玛依历险记》取得龙标（公映许可证）。由市广播电视台创作的新疆本土第一部26集原创动漫连续剧《克拉和玛依》在中央电视台、央视频、学习强国刊播后，又在新疆卫视播出2遍，还入选国际文化交流项目，中央电视台海外节目中心正在进行多语种译制，将在海外10多个国家交流展播。在此基础上，市广播电视台启动《克拉和玛依》动漫IP衍生产品开发。截至年末，动画电影《克拉和玛依历险记》已取得龙标；50集动画短视频《中国字的故事》已完成，正在办理国家广电局扶持项目备案立项。

（汪文忠）

【文创激励项目】 2021年，克拉玛依市首部本土创作26集动画系列剧《克拉和玛依》入选2021年自治区文艺创作激励项目,获得奖励经费15万元。广播剧《新中国的第一口油井》和50集动画短剧《中国字的故事》分别获得2021年自治区文艺创作扶持资金各5万元，这是多年来首次获得自治区文艺创作扶持激励。

（汪文忠）

图书发行

【概况】 2021年，克拉玛依市新华书店图书发行销售8300万元、实现利润400万元,其中：教材教辅销售2882.3万元、一般图书销售4668.7万元（含政策性发行60万元）、多元经营销售749万元。

（单凌云）

【重点征订和发行】 2021年，克拉玛依市新华书店推进主题出版物宣传征订和发行服务，承担北疆四地州党史学习教育和东风工程等主题出版物中转工作，全年完成中转配送图书34.9万册，码洋1054.66万元。

完成市区党史学习教育图书发行25.3万余册，码洋744.9万余元。开展“庆祝中国共产党成立100周年”习近平总书记重要著作、党的创新理论文献、重点主题出版物展示展销活动，落实“永远跟党走”口袋书和建党百年宣传挂图进村入户工程。做好政策类公益性出版物发行，完成配发东风工程、农家书屋及免费教材等免费赠阅出版物2.9万册，码洋71.5万元。

（单凌云）

【教材发行】 2021年，克拉玛依市新华书店应对当地教育改革和“双减”政策新变化，配合教育行政部门和各学校落实回访制度，按期完成教材教辅发行工作。

【文化服务】 2021年，克拉玛依市新华书店推进新时期公共文化服务。8月，完成白碱滩区分店升级改造，门店营业面积近200平方米，设立投影机学习桌，陈列精选图书4000余册，服务基层读者。市新华书店“石油书城”项目筹建工作获批重新启动，截至年末已完成工程监理单位及施工单位招标工作。推进驻点书店定向服务，深化城市书屋项目，做强“馆中店+店中馆”馆店融合模式，细化馆配特色服务，实现互联互通。跟进高校图书馆招投标项目做好配套服务，完成数据处理、分类上架等10项馆配流程，全年中标中小学馆配图书码洋1200万元。参加市、区两级“4·23”全民阅读活动，开展“你选书我买单”馆店联动服务、百种图书进社区便民书市、校园绿书签在行动、护苗学生优惠购、百日广场文化展位等文化惠民活动，拓展公共文化服务领域。全年开展图书流动售书、主题读书活动8次。

（单凌云）

档案工作

市档案馆

【概况】 2021年，克拉玛依全市共有5个档案馆，其中地（市、州、盟）及国家综合档案馆1个，县（区、旗、市）级国家综合档案馆4个。档案馆总建筑面积23071.22平方米，其中档案库房建筑总面积5053.38平方米，馆藏全宗总计573个、697689卷、636987件。

（张静　刘薇）

【档案接收模式创新】 2021年，市档案馆与市档案局进一步明确职能职责，建立体制机制，采取联合工作模式，年初与市档案局沟通并召开专项会议讨论接收进馆相关问题和业务标准，2月底，制定下发《关于做好2020年档案移交进馆工作的通知》《档案移交时间表》，对全年档案接收工作进行安排部署，确定4名工作人员组成档案工作小组，到各立档单位进行档案指导，根据各单位实际情况，讨论具体工作举措，对档案工作规范、归档范围和档案保管期限表、档案移交、档案电子化、档案接收和档案利用等方面提出要求，根据各自工作职责，提出指导意见，制定市档案馆接收工作流程图，明确接收工作任务制定、档案接收工作责任主体、档案检查复核各环节要求。全年对46家单位进行现场指导。

（张静）

【重大活动突发事件档案接收管理】 2021年，市档案馆建成1130条克拉玛依市脱贫攻坚档案专题目录数据库。接收市级86件脱贫攻坚档案实体及数字化幅本。接收疫情防控2020年文书档案3456条，照片1册37张，音频档案825条，视频档案739条档案目录、实体及电子档案以及2667份文件数字化幅本；接收疫情防控档案2021年上半年873份文书档案目录及实物。两项工作按照自治区档案局和市档案局接收要求按时完成。

（张静）

【机关单位档案接收管理】 2021

年，市档案馆完成机关单位各类档案接收工作。全年接收市委办公室、市政府办公室、市审计局等50家单位文书档案15966件，照片921张，会计档案5055卷，专业档案3526卷，公务礼品2件，印章24件进馆，同步将683.867GB电子档案接收进馆。其中计划内48家，国库支付中心和代建中心2家计划外单位全部完成接收。

（张静）

2021年12月28日，市档案馆工作人员接收志愿军老战士张耐夫人汪静霞捐赠的国画作品和照片（吴晓燕　摄）

【机构改革和国有企业退休人员档案接收管理】 2021年，市档案馆接收机构改革和国有企业退休人员档案。完成机构改革单位市道路运输管理局文书956件，会计及专业档案2117卷的接收进馆工作。为服务国有企业退休人员社会化管理工作，继续做好国有企业退休人员人事档案接收工作，接收市客运公司、腾飞粮油等20位退休人员人事档案进馆。

（张静）

【档案征集】 2021年，市档案馆拟定年度征集主题和方向，制定《档案征集工作实施办法》，赴自治区档案馆征集党在新疆关于石油开发和建设档案资料，征集自治区档案馆珍贵历史档案8件。接收克拉玛依市摄影家陈晞无偿捐赠摄影作品1300余幅，作品实行单套制管理，截至年末，照片全部上传至数字档案馆应用平台。

（张静）

【档案信息化建设】 2021年，市档案馆成立档案信息化项目组，全年召开6次项目组专题会议，组织项目组全体人员学习《数字档案馆建设指南》，从网络、硬件、平台、资源建设四个方面查找不足，查找与建设指南不相符合差距的9个方面问题。根据实际情况和问题紧急及难易程度提出整改设计需求。10月8日由代理机构对项目进行招标，11月29日组织专家论证，对项目进行项目验收。局部开放克拉玛依市档案馆数字档案应用平台使用权限，馆内开放10个用户，系统维护方完成服务器迁移工作；完成全年156次平台运行维护及两次数据备份工作。

（张静）

【馆藏全宗规范】 2021年，市档案馆开展馆藏全宗规范工作，2月24日成立馆藏全宗卷规范项目领导小组，3月16日由新疆宏宇公司代理组织开展招投标工作，3月25日项目公司进驻场地，完成办公用房、设施设备准备工作，3月29日项目公司正式进入运行阶段。按照《全宗卷规范》（DA/T 12-2012），历时9个月完成对2021年前接收进馆立档单位，按照全宗（馆藏）介绍类、档案收集类、档案整理类、档案鉴定类、档案保管类、档案统计类、档案利用类、新技术应用类、综合全宗卷九大项标准进行收集、分类、整理、编目，开展规范化、标准化管理工作，提升馆藏档案规范化管理水平。对2021年前接收进馆单位档案完成全宗卷编制及整理、实体档案数量核查整改、纸质档案目录核查整改、各类档案排架规范有序等工作。

（张静）

【馆藏档案统计】 2021 年，市档案馆完成馆藏档案统计，梳理各个全宗单位目录号编制情况，形成《档案目录号编制说明》，建立“档案数量统计表”，包括起止年度、种类、数量、排架长度等内容。据统计，截至 2021 年 12 月，克拉玛依市档案馆馆藏实体数量 31.6 万卷、26.5 万件、14 万盒，全宗卷文件数量 5395 件、1768 盒，整改数量 67 个单位、123 项、3451 盒，数字化扫描文件 664 件、6656 页。

（张静）

【实体档案保管情况摸底】 2021 年，市档案馆对馆藏实物档案保管状况情况进行摸底统计，重点对实物档案的破损情况进行统计，建立目录清单，为开展修复工作做好准备。截至 12 月 24 日，共核查 2507 件，完好 2183 件、破损 344 件。

（张静）

【档案开放鉴定】 2021 年，市档案馆制定开放档案工作计划，建立健全工作机构，成立档案开放鉴定工作审核委员会、馆藏档案开放鉴定领导小组，将市档案局、市委保密办等单位列入审核委员会组成部门，共同开展档案开放鉴定工作。根据“优先选择利用率、开放率高或与民生密切相关的档案”原则，确定 7 家单位进行试点。经过培训与指导，依据《档案法》《各级国家档案馆馆藏档案解密和划分控制使用范围的暂行规定》按照“初审—复审—复核—再审—终审”程序和流程，鉴定档案共计 1600 件，开放档案 112 件（均为本单位发文），划控档案 1488 件（其中本单位发文 680 件、非本单位发文 808 件）。

（张静）

【家庭档案建档】 2021 年，市档案馆落实市委关于党史学习教育“我为群众办实事”工作部署，在克拉玛依区迎宾街道龙尚社区开展“家庭档案建档”活动，了解居民家庭实际情况，知晓建档意向，分析研究居民消费情况和生活需求。根据龙尚社区各族居民需求、兴趣和特色，确定“开展多种宣传形式、甄选家庭特色、实施家庭建档”工作思路，以“六个一”活动（开展一次问卷调查，制作一块家庭档案知识的宣传展板，开展一期家庭档案知识培训，遴选一批建档示范户，进行一轮入户指导，组织一次家庭档案成果展示参观）为抓手，在社区居委会和“访惠聚”工作队协助配合下，先后为 8 户居民建立家庭档案，其中：包括在党 50 年老党员、剪纸爱好者等居民，档案类型涵盖健康类、证件类、照片类、荣誉类、实物类等，并将建档成果制作成展板供社区居民观摩学习，推广家庭档案建档经验。

（张静）

6月25日，市档案馆在龙尚社区居民中开展“家庭档案建档”活动，协助配合居民建立家庭档案 （王梅 摄）

【新增档案复核入库】 2021年，市档案馆新接收市属50家单位档案进馆，完成复查、入库、排架工作。截至12月27日，共计复核文书档案15966件；会计档案5055卷；专业档案3526卷；照片921张；实物26件，其中礼品2件，印章24枚。同时更新完成“2021年档案接收入库统计表”。

（张静）

【专题展览编研】 2021年，市档案馆开展《克拉玛依史志档案见证共产党人的初心使命》《克拉玛依史志档案见证风雨兼程的党代会》专题展览编研，通过大事梳理、图片搜集、分类整理、精挑细选、文字撰写等完成基础工作，通过召集专项工作会议共同协商解决框架结构、主副标题、图片刷选、文字提炼等问题，十数易稿后，6月7日定稿。国际档案日期间，在市政府机关一号楼举办《克拉玛依史志档案见证共产党人的初心使命》专题展览，并协调市辖四区同步举办展览，在克拉玛依零距离开展线上展览，在油田公司机关二号楼、中国石油大学（北京）克拉玛依校区、龙尚社区、小拐乡等地进行巡展。下半年，以中国共产党克拉玛依市第十二次代表大会为时间节点，开展《克拉玛依史志档案见证风雨兼程的党代会》专题展览编研工作，通过资料收集、讨论策划、设计排版，于9月15日定版。9月16日起在政府1号楼、联点龙尚社区、中石油大学（克拉玛依分校）等地进行巡展。专题展览反响较好，昆仑网、中国档案网、克拉玛依日报社、克拉玛依零距离、“方志新疆”公众号等媒体先后发布信息达十余篇。截至年末。完成《克拉玛依史志档案见证共产党人的初心使命》《克拉玛依史志档案见证风雨兼程的党代会》《四面八方支援克拉玛依》等宣传册制作、内容修改、版面调整、清样审核及印制发放工作。

（张静）

【“6·9”国际档案日专题活动】 2021年，市档案馆围绕“档案话百年”主题，制订《“6·9”国际档案日系列宣传活动方案》，开展“六个一”（一次档案学习、一次专题展览、一次普法宣传、一次档案检查、一次主题征文、一次氛围营造）系列宣传活动。组织学习《习近平关于档案工作、历史学习与研究、文化遗产保护重要论述摘编》《中华人民共和国档案法》等；做好《克拉玛依史志档案见证共产党人的初心使命》专题展览“六进”（进机关、进社区、进军营、进学校、进企业、进乡镇）巡展工作；营造“国际档案日”宣传氛围，在机关楼、市档案馆等地悬挂档案宣传横幅，发放《中国精神》《档案见证克拉玛依脱贫攻坚》《克拉玛依史志档案见证抗美援朝最可爱的人》及查档指引等宣传画册；在全市出租车顶灯上播放档案宣传标语；在克拉玛依日报专刊宣传《档案法》解读、查档方式、兰台感言等宣传信息；在“克拉玛依零距离”微信公众号宣传“6·9”国际档案日由来、市档案馆由来、档案查询方式等内容，专题展览连载6篇。

（张静）

【档案利用服务】 截至年末，市档案馆为全市社会各界提供档案借阅利用服务509次6588卷10163件。其中现场查询432次6545卷10117件，电话查询77次43卷46次，对公查询392次6473卷10067件，个人查询117次115卷。档案出、入库登记207人次，总卷数2222卷，总件数4038件。全年为市政府办、市委党校、市委宣传部、市委统战部、市人大、市直机关工委、市退役军人事务局、中石油天然气公司等单位提供档案、年鉴、志书、党史大事记等史料书籍。对外服务满意度达100%。

（张静）

【爱国主义教育基地建设管理】 2021年，市档案馆组织年轻干部组建讲解队伍，开展爱国主义教育基地试讲工作。截至12月底，先后接待爱国主义教育基地参观讲解18场次、180人次，对城市足迹展厅、人物展厅部分内容进行重新设计排版，对爱国主义教育展厅部分展品进行撤展和布局调整。为防止蝴蝶标本滋生病虫，对蝴蝶标本进行冷冻消毒处理。

（张静）

【纸质档案目录室建设】 2021年，市档案馆在对馆藏各全宗目录查漏补缺基础上，重新制作档案目录全宗索引，截至12月底，完成目录室50个全宗单位各档案类型目录核查、整理和装订工作，完成对2021年接收进馆档案目录、2019—2021年档案查阅利用信息登记表等资料装订成册工作。

（张静）

油田公司档案中心

【概况】 截至2021年末，新疆油田公司档案中心累计共有各类纸质档案198.6万卷件，总排架长度49651米，电子档案6399.25GB，实物档案22717件。档案库房建筑总面积1.9万平方米。

（冯军）

【制度建设】 2021年，新疆油田公司档案中心梳理优化全业务类别管理流程，制定《新疆油田公司重点建设项目归档清单》《新疆油田公司物资设备采办归档清单》《新疆油田建设项目招投标部分归档文件清单》《新疆油田公司国家重大科技项目档案归档管理要求》《新疆油田公司人事档案入库标准》《新疆油田油气勘探开发地质资料归档范围》《新疆油田勘探开发档案资源整合工作指南》《油气勘探开发电子文件归档格式要求》《井下作业总结资料归档要求》等一系列规范性文件材料；依托建立中石油地质资料规范化管理示范性项目，制定《地震资料解释成果报告格式要求》《油水井压裂工艺设计格式要求》《岩石中两相流体相对渗透率测定报告格式要求》等41种地质资料归档标准模板。

（冯军）

【档案资源整合】 2021年，新疆油田公司档案中心完成59387口井224.34万卷（件）勘探开发单井类实体档案整合比对、去重、合并整合工作，完成率100%，实现单井档案“单套制”管理。完成7846卷（件）勘探开发综合类实体档案整合工作；完成10588卷（件）科学技术研究类实体档案整合工作；完成公司所属38家单位29065卷人事档案集中统一管理。完成60.23万卷（件）系统电子数据核对工作及著录项补充完善工作。

（冯军）

【地质资料归档工作合规化管理】 2021年，新疆油田公司档案中心制定《新疆油田公司地质资料归档及汇交管理办法》，建立地质资料从形成、归档到汇交全过程协同管控工作机制。开展2020年新井归档工作跟踪催交工作，对2020年完钻探井、各类产能开发井钻井、录井、测井、试油等专业地质资料归档情况开展核查。做好公司各油气生产单位地质资料归档质量审核工作，对归档地质资料的整理规范性、审批完整性、著录准确性、电子文件可用性等严格按照地质资料归档三级质检要求进行审核验收，全年共接收、审核验收116324卷件，电子文件115257件，容量279.42GB，地质资料归档入库合格率达100%。

（冯军）

【地质资料汇（补）交工作】 2021年，新疆油田公司档案中心按照公司地质资料补交工作计划以及公司矿权部门下达汇交工作任务，完成274个矿权地质资料补交工作，完成45个矿权地质资料汇交工作，累计向自然资源部汇（补）交38469口井的3.9万多件成果资料（包括纸质与电子），提交 37.3 万件原始地质资料以及 3.3 万米岩心、62.8 万包岩屑实物地质资料信息数据。

（冯军）

【项目档案检查验收】 2021 年，新疆油田公司档案中心强化公司 2021 年重点建设项目、信息化项目、科研项目、物联网项目归档文件跟踪、指导、检查工作。组织完成“克拉美丽气田增压及深冷提效工程——主体部分及乙烷外输部分”“风城油田吞吐开发区密闭集输改造二期工程”2 个集团公司二类项目及“81 号天然气处理站深冷提效工程”等 5 个油田公司三类重点项目档案预验收及档案专项验收。组织完成“玛河气田增压及深冷提效工程”1 个集团公司二类项目、“二元复合驱工业化扩大试验化学驱联合站建设工程”等 8 个油田公司三类重点项目以及公司所属 6 家单位“新疆油田油气生产物联网实施工程”项目档案开工前交底及项目文档专项检查工作。全年完成档案专项（预）验收项目 8 个，档案交底及专项检查 49 个（其中油气生产物联网实施工程 6 个）。组织开展“十三五”国家重大科技项目“准噶尔盆地致密油开发示范工程”档案检查和档案验收工作，共计完成 887 卷文件材料、1434 个电子文件归档工作，通过国家科技重大项目综合绩效评价。

（冯军）

【归档范围确认】 2021 年，新疆油田公司档案中心在油气勘探开发业务管理部门、地质资料形成单位范围内开展新疆油田公司地质资料归档范围确认工作，确定 125 项具体归档资料名称及归档电子文件格式、份数。针对公司单位（部门）新立、重组、撤并情况发生、机构职能的变化，在全公司范围内开展管理类文件材料归档范围确认与备案审批工作，完成 31 个机关部门管理类文件材料归档范围确认工作，完成 32 家二级单位管理类文件材料归档范围确认与备案审批工作，较之前新增 5% ～ 30% 归档内容。

（冯军）

【档案编研】 2021 年，新疆油田公司档案中心围绕中国共产党建党 100 周年，开展《档案中的油田家谱》专题编研。以新疆油田油气田勘探开发历程为时间轴，挖掘馆藏历史档案资源，甄别核实记载“独山子油田”“克拉玛依油田”“石西油田”等 34 个油田区块及其不同层系勘探发现历程历史档案，于 6 月以展板形式展示新疆油田在准噶尔盆地勘探开发历程。

（冯军）

【档案利用】 2021 年，新疆油田公司档案中心修订《新疆油田公司档案利用管理办法》，细化公司内部用户利用档案审批程序，简化公司勘探开发档案利用审批程序，并对非公司用户利用档案审批程序进行升级管理。全年共提供档案利用服务 632 人次、34565 卷（件），提供利用数量为 2020 年近 4 倍。公司所属各单位全年共提供利用服务 5885 人次、104642 卷件。

（冯军）

体育事业

【概况】 2021 年，克拉玛依市共有 50 类体育场地 1617 个，其中室内场地 930 个，室外场地 687 个。基础大项场地 84 个，球类运动场地 656 个，冰雪运动场地 4 个，体育健身场地 733 个。4 个大型体育场馆，场地面积 173.54 万平方米，人均场地面积 5.48 平方米，场馆从业人员 1237 人，观众席位 51334 个。

（刘家伊）

【大型体育场馆】 2021 年，克拉玛依市共有大型体育馆 75 个，其中驻市企业体育馆 26 个、市政府文体部门所属体育馆 9 个、教育系统 40 个（大学城、中小学校）；健身场地 1077 个，健身步道 5 个，健身路径 350

个。截至年末，全市对外开放体育场馆5个（克拉玛依市体育馆、克拉玛依市海洋之心水世界游泳馆、克拉玛依市羽毛球馆、独山子区体育中心、白碱滩区体育中心），其中3000人以上座席数大型场馆4个，接受中央免费或低收费开放补助资金。

（刘家伊）

【竞技体育】 2021年，克拉玛依市业余体校各个项目共计注册运动员1085人。12月，成立克拉玛依市业余体育学校独山子区分校，将排球、沙排队通过“市队区办”方式成立起来。加强武术散打、拳击、乒乓球、跆拳道等项目在独山子区推广力度。借助社会力量成立克拉玛依市击剑队、羽毛球队、马术队等队伍。年内，业余体校培养输送到国家队的瓦里汗·赛里克获得东京奥运会男子古典式摔跤60公斤级第三名，是中国参加历届奥运会该级别的最好成绩。全年参加全国单项体育竞赛获得金牌8枚、银牌5枚、铜牌1枚。参加2021新疆维吾尔自治区青少年单项体育赛事共获得金牌4枚、银牌6枚、17枚铜牌。克拉玛依市业余体育学校被国家体育总局授予“全国群众体育先进单位”称号。

（刘家伊）

12月4日，白碱滩区体育健身中心举办全民健身冬季健康跑活动，选手正在冲刺终点

（努尔买买提·艾山　摄）

【体育社团】 2021年，克拉玛依市拥有体育总会1个，民政注册成立的单项体育协会21个。

（刘家伊）

【全民健身场地设施建设】 2021年，克拉玛依市完成世纪公园健身步道工程，并于5月27日通过验收。截至年末，全市共有体育场地3915个，场地面积253.35万平方米，建筑面积38.83万平方米。其中克拉玛依区体育场地2233个，场地面积为153.86万平方米；独山子区体育场地893个，场地面积为75.27平方米；白碱滩区体育场地633个，场地面积16.75平方米；乌尔禾区体育场地156个，场地面积7.46万平方米。

（刘家伊）

【全民健身活动】 2021年，克拉玛依市共计建设晨晚练点190个，颁发晨晚练点标志牌、配备社会体育指导员和开展群众活动，调动群众参与健身的极性，施行统一管理；发挥各级体育骨干引导和助推作用，全年共组织开展社会体育指导员培训20多场，参与人数450余人。

（刘家伊）

【国民体质监测】 2021年1月4—8日，根据《全民健身计划纲要》《“健康中国2030”规划纲要》有关规定，按照《第五次国民体质监测工作方案》要求，克拉玛依市文体旅游局在克拉玛依市体育馆开展“2020年国民体质测试项目”，测试结果显示，克拉玛依市男、女性各项数据基本均在正常健康范畴内。

（刘家伊）

【体教融合】 2021 年，克拉玛依市落实健康中国行动中“符合要求的中小学体育与健康课程开课率达到 100%；中小学生每天校内体育活动时间不少于 1 小时”有关规定，建立从幼儿园、小学、初中到高中体育人才培养新体系。全市共建设体育特色学校 28 个，涵盖围棋、网球、足球、轮滑和羽毛球等 8 个体育项目。通过“把学生送进去、把教练请出来”方式，让有体育特长的学生接受更加专业训练，同时为学校开设特色课程提供支撑。截至年末，全市中小学在业余体校参与训练学生 830 余人，教练入校 9 人，覆盖学生近千人。

（刘家伊）

【体育彩票管理】 2021 年，克拉玛依体育彩票总销售量 2.35 余亿元，创收公益金 1410 余万元。

（刘家伊）

综　述

【医疗卫生服务体系建设】 2021年，克拉玛依市出台《克拉玛依市医疗卫生机构布局调整方案》，启动全市自治区级区域医疗中心建设工作，推进中心医院迁建工程，科学谋划全市医疗卫生资源配置，明确优化医疗资源布局和功能定位。完善现代医院管理制度，制定《关于完善克拉玛依市公立医院绩效工资制度实施意见》，落实政府办医责任和公立医院投入政策，开展公立医院精细化管理和综合改革绩效评价。修订县域医共体建设方案，强化各区网格化建设布局和规范化管理，指导医联体注重疾病预防、基层服务能力和双向转诊制度建设，科学谋划"十四五"卫生健康事业发展规划，明确全市卫生健康事业发展远景目标。

（陈薇）

【提升医疗服务能力】 2021年，克拉玛依市推进公立医院升级转型。市中心医院获批1个国家级临床重点学科，成功组建国家级胸痛中心、卒中中心和北疆肿瘤专业联盟，加强中心医院国家级住院医师规范培训基地建设和人才培养；建立日间手术中心，手术量较2020年增长100%。市中西医结合医院完成三级甲等中西医结合医院预评审申请，申报3个中医类自治区重点专科，成立3个专病研究室，启动中医规培基地建设。市第二人民医院探索安宁疗护病区建设，首次为19名患者提供康养照护、心理慰藉等临终关怀服务。

（陈薇）

【信息化便民服务】 2021年，克拉玛依市推进互联网医院建设和互联网诊疗服务，完善"互联网＋医疗健康"服务模式，推进"互联网＋护理服务"试点工作，上线46个护理专科服务，推进全疆首个影像云分级诊疗平台建设。截至12月底，全市互联网医疗服务平台有1584名医务人员在线开展问诊、咨询服务，10万名患者得到线上服务，较上年同期增长140%。先后有12家二级医院和32家一级医疗机构影像数据接入，完成在线诊断6万例。

（陈薇）

【优质服务基层行活动】 2021年，克拉玛依市鼓励专家到基层医疗机构指导工作，帮助基层服务能力和水平提升，开展第6轮全民免费健康体检，做好国家基本公共卫生服务和医疗诊疗服务，成立9支巡回医疗小分队，入户763户次，为1905名行动不便居民入户提供医疗保健服务。全年全市全民健康体检已完成24万人，完成率100%。

（高永福）

【用血安全和保障】 2021年，克拉玛依市重新修订《克拉玛依市无偿献血管理办法》。加大政府和各部门责任力度，鼓励无偿献血者，并将每年6月设立为克拉玛依市“无偿献血宣传月”，制定全市无偿献血年度计划，为全市用血安全提供有力保障。截至年末，完成团体献血指标251人，满足医疗机构临床用血需求。

（高新强）

【医疗人才队伍建设】 2021年，克拉玛依市开展人才引进和培养，完成医疗卫生领域第一届8名领军、拔尖人才考核工作，科学评价高层次人才工作业绩和履职情况；以需求为导向，加大紧缺人才培养，以科技项目带动人才发展，全年卫生领域获批自治区自然科学基金项目立项13项、获批“天山青年计划”项目1项。市中心医院“综合医院数字科教管理系统”获自治区应用技术类科技成果登记，培养一批人才队伍。

（陈薇）

【医疗对口支援】 2021年，克拉玛依市利用上海对口援克机遇，争取帮扶支持，启动10个医疗援疆项目，与上海、南京、苏州、成都等地卫生健康委签订帮扶协议，与上海同济医院、上海国际妇幼和平医院、四川华西医院等建立对口帮扶关系。先后有上海医院管理专家团队、上海对口帮扶医疗专家组、华西医院援疆专家组、江苏疾控中心、成都市卫生监督所等的8批专家来到克拉玛依市帮扶医院、疾控发展，提升医疗卫生服务能力和管理水平。

（王丽峰）

医药卫生体制改革

【现代医院管理制度试点】 2021年，克拉玛依市中心医院作为国家建立完善现代医院管理制度试点医院，按照国家卫生健康委《公立医院章程范本》要求，制定完善医院章程，成立、调整医院管理、医疗质量安全管理等专业委员会42个。组织各类医疗卫生专项工作，对城乡居民基本医疗保险参保人员推行“先诊疗，后付费”和“一站式服务”，优化就医流程；市中心医院成功申建国家级重点专科（妇科），高级卒中中心通过复审，完成产前诊断中心申报前的准备工作，启动创伤中心国家认证申报工作。建立日间手术中心，采取集中管理和分散管理相结合的模式，缓解床位紧张问题，完善日间手术的随访工作机制，截至年末，日间手术中心运行良好，手术量较上年同期增加一倍。制定《关于完善克拉玛依市公立医院绩效工资制度实施意见》，健全激励约束机制，逐步实现公立医院收入分配科学化和规范化，建立符合医疗行业特点和体现公立医院自主权的薪酬制度。

（陈薇）

【申建自治区区域医疗中心】 2021年，克拉玛依市组建分管副市长牵头，市卫健委、市中心医院主要领导参与的区域医疗中心建设工作专班，起草《克拉玛依市中心医院自治区区域医疗中心建设项目规划方案》，与自治区人民医院签订《克拉玛依市人民政府与新疆维吾尔自治区人民医院共建新疆区域医疗中心合作协议》。

（陈薇）

【市中心医院（新院区）建设】 2021年，克拉玛依市加快推进市中心医院（新院区）建设，以高级卒中、胸痛、心衰、房颤和创伤5个国家级中心和1个国家级临床重点学科（妇科）建设为着力点，持续开展国家级住院医师规范化培训基地、3个自治区级重点实验室建设，启动急救中心、心脑血管中心、呼吸危重症中心以及肿瘤中心等重点学科建设和人才培养。

（陈薇）

【市中西医结合医院建设】 2021年，克拉玛依市推进中医学科建设。9月，市中西医结合医院（市人民医院）提请自治区进行三级甲等中西医结合医院预评审工作，新增1个中医类自治区重点专科，累计获批4个中医类自治区重点专科，成立3个专病研究室；启动中医规范化培训基地建设工作，开展师资培训。

（陈薇）

【市康复医院建设】 2021年，克拉玛依市第二人民医院对照三级康复医院标准，开展自查自评，形成自查报告，结合康复医院创建要求，在消化肿瘤科设置安宁疗护病区，为肿瘤疾病患者提供疾病诊疗、康养照护、心理慰藉等临终关怀服务，受益患者共计19人。

（陈薇）

【互联网医院建设】 2021年，克拉玛依市有4家医院获批成为互联网医院。截至年末，克拉玛依互联网医疗服务平台共有814名医生开展问诊、咨询服务，有护士710名、治疗师15人、药师45人开展健康咨询服务，113533名群众注册，较2020年同期提升50%；线上服务总人次较2020年同期提升近140%，达到38565人次。推进“互联网＋护理服务”试点工作，完成线上＋线下完整服务链系统建设，实现从服务申请到患者评价的全周期服务线上记录，截至年末，已上线静脉治疗、伤口造口、中医专科等46个护理专科325名护士。推广无感就医，就诊者可通过互联网平台注册、充值、自主开单，自动生成二维码，通过扫码结算和打印报告。全面推进分时段预约，应疫情防控工作需要，避免人员聚集，利用信息化工具为核酸检测建立分时段预约机制，满足社区和企业的团检及个检需求，关联在“城易服务”和各医院微信公众号上，动态调整号源，实现错峰检测。推广患者使用手机线上充值、自助结算、自助查询费用清单、自助退预交金等，方便了患者，减少了病菌的传播。

（陈薇）

【全疆首个影像云分级诊疗平台建设】 2021年，克拉玛依市推进全疆首个影像云分级诊疗平台建设。截至年末，已先后实现12家二级医院和32家一级医疗机构影像数据的接入。累计接入单位已达44家，完成在线诊断65828例。

（陈薇）

新冠肺炎疫情防控

【概况】 2021年，克拉玛依市坚持常态化防控和局部应急处置有机结合，完善八项监测预警机制，建立医防融合、多部门联动机制，加强应对处置能力建设和流调、消杀等培训演练，做到核酸检测全覆盖，重点人员无遗漏。开展新冠病毒疫苗接种工作，有序推进人群接种。全市常态化开展核酸检测1197万人次，新冠疫苗接种共计100.35万剂次，人群疫苗覆盖率达97.68%，超额完成自治区下达的任务目标任务。

（叶庆）

【疫苗接种监督管理】 2021年，克拉玛依市采用驻点和巡回监督方式，开展多轮新冠感染疫苗监督检查。在新冠感染疫苗接种现场，驻点卫生监督员按照当天日程安排，对疫苗接种数量、人员物资配备情况、接种流程、疫苗储存等环节进行现场指导和监管，并同步检查疫苗接种点现场的扫码测温、场地消杀、个人防护等疫情防控措施，确保新冠感染疫苗接种和疫情防控措施的落实；巡回监督组提前对全市各新冠感染疫苗接种点的布局选址、接种流程、各接种点疫苗出入库、接种台消毒、医疗废物交接管理、接种人员资质等环节逐项进行监督和指导，解决新冠感染疫苗临时接种点布局设施和管理方面存在问题。通过开展多轮次新冠感染疫苗接种专项监督检查行动，全市新冠疫苗接种点均规范设置入口处测温、验码，体温和健康码查验设备，配备验码人员，各疫苗接种点（含临时接种点）设置均符合（预检、告知）、

11月3日，在克拉玛依区绿雅卫生服务站，幼儿在接种新冠病毒疫苗
（崔文娟　摄）

接种、留观先后顺序布局，现场等候、登记、接种、留观区及异常反应处置区5个区域设置合理，各区域有明显标识。接种点工作人员在接种工作完成后能及时进行消毒，工作台都配备有手消毒液，接种产生的针头、棉签等医疗废物能按照《医疗废物管理条例》规定分类处置于专用包装物或容器内。全市新冠肺炎疫苗接种实现全流程规范操作管理。

（白钰）

【疫情防控督导】 2021年，克拉玛依市累计陪同自治区各类督导组对全市开展常态化新冠肺炎疫情防控措施落实情况督导27次。对市、区两级共计18家医疗机构落实新冠肺炎"八项预警机制"措施督导检查，对检查中发现的54处问题梳理"问题清单"，举行反馈会责令相关部门进行整改，并对问题清单所列79项问题整改情况开展"回头看"。对克拉玛依市中心医院、克拉玛依市人民医院、独山子人民医院《二级以上医疗机构院内感染监督指引》标准落实情况开展督导，对督导中发现的院感科专职人员专业和人数不足、个别医务人员手卫生落实不到位等问题，梳理"问题清单"，并完成问题清单整改和"回头看"。全年多次对全市集中医学隔离观察点、核酸采样点、各级各类医疗机构、三站一场等疫情防控措施落实情况进行督导检查，累计检查单位数300余户次；在定点医院、发热门诊和食品冷链、快递物流等重点场所组织开展多次应急演练。

（白钰）

【全市医疗机构新冠肺炎疫情防控措施落实情况专项检查】 2021年，克拉玛依市组织全市卫生监督执法人员完成对医疗机构疫情防控常态化落实情况监督检查工作。全年累计出动执法车辆570余台次，出动执法人员890余人次，检查各类医疗机构630户次。

（白钰）

【公共场所疫情防控监督检查和专项监督】 2021年，克拉玛依市对宾馆、商超、美容美发、沐浴场所、KTV和游泳馆等公共场所疫情防控工作落实情况、自检自查情况、从业人员培训、突发性公共卫生事件应急预案和相关卫生制度落实情况开展督查，累计检查275户次，对检查中发现问题，当场提出整改意见下达监督意见书并对整改情况进行"回头看"。在春节、五一劳动节等旅游旺季来临前，对商超、客运站、宾馆和景点等公共场所开展专项检查，重点检查疫情防控、卫生管理制度、从业人员健康证持证情况、公共卫生用品用具消毒和脏棉织品回收等情况。根据《自治区新冠肺炎疫情常态化防控八项监测预警机制卫生监督检查重点内容》及《疫情防控人员不聚集监督管理预警机制落实情况》要求，督导检查全市公共场所2329户次、沐浴场所157户次，现场开展培训 865 户次，演练 311 户次。

（白钰）

【医疗救治能力建设】 2021 年，克拉玛依市整合医疗卫生资源，分类组建 6 类 42 支 2224 人医疗卫生专业救援梯队，发挥医院哨点作用，优化发热门诊流程和院感管理，启动综合医院发热门诊、传染病专科医院、中心血站、区级疾控中心等基础设施建设，储备防疫物资。按照平急结合要求，组织各区、各医疗卫生机构分层次、分类别开展发热门诊、普通病房、集中医学观察点等各场景应急演练 310 场，参与人员 4500 人次。

（陈薇）

【爱国卫生治理】 2021 年，克拉玛依市推进城乡环境卫生综合整治，建立健全环境卫生管理长效机制，加强公共卫生安全、重大疾病防控等卫生健康知识宣传，倡导养成“一米线”健康距离、勤洗手、戴口罩等卫生习惯。截至年末，全市累计出动环境消毒车辆（设备）4298 台次，参与人员 442967 人，清理卫生死角 217923 个，清运医疗垃圾 597.64 吨，清运生活垃圾 96887.66 吨，发放宣传资料 12210 份，将大健康理念贯穿城市规划、建设、管理全过程。

（赵忠年）

疾病防控

【重大疾病及传染病监测和防控】 2021 年，克拉玛依市开展重大疾病及传染病监测和防控工作。截至年末，全市共报告法定传染病 817 例（15 种），报告发病率为 166.61/10 万，较上年同期（149.34/10 万）上升 11.56%。

（叶庆）

【结核病防治】 2021 年，克拉玛依市依托全民健康体检开展重点人群结核病筛查工作，提高结核病患者发现、诊断和治疗整体质量，实施结核患者“集中隔离治疗”“集中服药 + 营养早餐”防治策略。截至年末，全市发现活动性肺结核病人 102 例，发病率 22.17/10 万，较上年同期（90 例）上升 13.33%，在全疆处于较低水平（全疆平均 75.38/10 万）。患者规范管理率 100%，成功治疗率达 95.77%。

（叶庆）

【艾滋病防治】 2021 年，克拉玛依市加强预防艾滋病宣传教育，对高危人群实施干预和监测。截至年末，全市新发现艾滋病病毒感染者 23 例，存活艾滋病病毒感染者 / 病人 545 例。

（叶庆）

【免疫工作】 2021 年，克拉玛依市做好国家免疫规划工作，继续巩固无脊灰状态，全市计划免疫疫苗接种率均达到 90% 以上。加快公共卫生体系建设，完善各级疾控机构功能定位，加大疾控基础建设，加强人员培训，提升疾控实验室检测水平和流行病学调查与疫情处置能力，开展生物实验室安全培训。

（叶庆）

【推进健康克拉玛依行动】 2021 年，克拉玛依市制定《克拉玛依市健康细胞工程建设实施方案（2021—2025)》《克拉玛依市病媒生物预防控制管理办法》等规范性文件，评审通过 87 个健康细胞单位和 60 个健康细胞家庭。利用营养周、世界无烟日等健康宣传日，动员社会各界力量，普及卫生健康知识，引导群众践行健康强国理念。开展儿童青少年近视防控和超重肥胖防控工作。截至年末，全市居民电子健康档案建档率 89.07%；高血压患者规范化管理率 78.95%；2 型糖尿病患者规范化管理率 73.46%；重性精神障碍患者健康管理率 99.01。

（赵忠年）

【医养结合】 2021 年，克拉玛依市推进医疗机构和养老机构签约，制定《克拉玛依市医养结合机构服务质量提升行动工作计划（2021—2022年）》，全市49个社区居家养老中心（站）与基层医疗卫生机构签约医养服务，签约率100%；发挥专业队伍作用，对孤寡、空巢、困难老人开展心理慰藉关爱行动，提升老龄人健康生活质量。

（曹云丽）

【生育健康】 2021年，克拉玛依市建立健全托育机构行业管理规范，制定《克拉玛依市示范性托育机构建设工作管理办法》《关于促进托育服务健康发展的实施方案》，规范全市16家托育机构备案管理，落实优生优育健康策略，巩固母婴安全五项制度；实施全市高危儿童保健服务分级管理，保健服务质量稳步提升。截至年末，全市未发生孕产妇死亡、婴儿死亡率3.17‰（低于全疆7.86‰及全国5.6‰）、5岁以下儿童死亡率4.23‰（低于全疆16.25‰及全国7.8‰）。全市孕产妇系统管理率87.8%、3岁以下儿童系统管理率85.16%（均达到国家及自治区不低于85%的指标要求）。

（丁昱论）

生育服务

【概况】 2021年，克拉玛依市采取“公开办事程序、简化办证材料、个人信息承诺、送证上门服务”四项便民措施简化相关生育证件、证明手续办理服务，实行政策内一孩、二孩生育自主安排、自行登记。截至年末，已办理生育服务证件1953例（其中一孩1109例、二孩763例、三孩40例，特批41例）。独山子区创新加大微信小程序“红色家园”生育服务证的宣传和完善工作，基本实现“不见面办证”的网络化简便办理流程。

（丁昱论）

【婚孕前免费健康检查】 2021年，全市共为3060名群众提供免费婚前体检服务，按规定完成2021年自治区国免孕优项目室间质控工作。市妇幼保健院为1732名克拉玛依区育龄夫妻提供“国免孕优”体检服务，并开展报告评估及健康宣教。

（石峰）

【生育奖励扶助经费发放】 2021年，克拉玛依市有国家三项计划生育奖励扶助对象581人，兑现奖励扶助资金272.54万元；城镇居民计划生育家庭一次性奖励对象1626人，兑现奖励金786.65万元；计生保健费发放对象8358人，兑现保健费51.44万元。

（丁昱论）

【计划生育特殊家庭帮扶】 2021年，克拉玛依市建立计划生育特殊家庭帮扶联系人制度，全年解决特殊家庭困难问题28人，计划生育特殊家庭医生签约514人。确定市人民医院、第二人民医院和独山子人民医院3家公立医院为计划生育特殊家庭就医绿色通道定点医院，为市计划生育特殊家庭每位家庭成员发放“爱心就医卡”，享受优先就诊、优先交费、优先检查、优先住院、优先取药等优惠政策。市级财政拨付专项资金20万元，通过政府购买服务，为全市计划生育特殊家庭成员帮扶提供资金保障。截至年末，累计开展困难家庭帮扶服务192人次；发放暖心关爱服务360户。

（丁昱论）

【开展计划生育保险】 2021年，克拉玛依市将计生保险工作纳入计划生育重点工作内容，制定全年工作计划，年底对照工作计划运行表进行督导考核。截至年末，为计划生育家庭购置团体医疗保险，购置住院护理、意外伤害等商业保险，共计投入保险经费18.3万余元。

（丁昱论）

【药具业务指导】 2021年，克拉玛依市做好免费避孕药具调拨工作，完成自治区药具管理中心17批次26.32万元药具接收，向市辖4区及医疗机构调拨发放63批次21.90万元药具。常态化开展免费提供避孕药具仓储安全自检自查工作，规范药具质量管理。截至年末，计划生育药具发放和服务网络覆盖市区街道、社区、辖区单位，人工、自助发放网点等共计510个，满足育龄群众生殖健康需求。

（段菲菲）

【托育服务】 2021年，克拉玛依市建立健全托育机构行业管理规范，确保托育服务健康发展。制定起草《克拉玛依市示范性托育机构建设工作管理办法》和《克拉玛依市示范性托育机构评价标准（试行）》，建立标准化托育服务管理体系。制定起草《关于促进托育服务健康发展的实施方案》，为全市托育服务健康发展奠定基础。规范托育机构登记备案管理，落实托育服务保障。截至年末，全市备案管理托育机构已有20家。加强示范性托育机构建设，评选出克拉玛依区融汇启卓托育中心和白碱滩区广佑贝佳托育中心2家市级示范性托育机构。争取上级政策项目支持，发展普惠托育项目，2021年，推荐白碱滩区广佑贝佳托育中心和白碱滩区跃进社区广佑贝佳托育园2家机构申报国家普惠托育项目，争取项目资金140万元。推进母婴设施建设工作，优化托育服务环境，截至年末，全市已在景区、商超、交通枢纽、医院等公共场所配备母婴室35间，全部达到国家标准，共计面积450平方米。

（丁昱论）

妇幼保健

【概况】 2021年，克拉玛依市完善妇幼服务健康体系，分阶段推进市级妇幼保健院标准化建设，督促各区完善区级职能，依法依规推进妇幼工作。审核母婴保健技术服务产前诊断、辅助生殖技术服务项目资料，并向自治区卫生健康委申报相关资质工作。准入3家医疗机构婚前医学检查项目和22名人员执业许可。指导各区完成4家综合医院的母婴保健技术助产、结扎、终止妊娠的准入和94名相关人员执业许可培训。按时完成妇幼保健机构疫情防控风险隐患排查落实情况现场检查。妇幼医疗、保健水平逐步提高，市妇幼保健院启用门诊病历系统，陆续开设高危孕产妇保健门诊等7个专科保健门诊，免费婚前医学检查2536人次。截至年末，全市未发生孕产妇死亡，婴儿死亡率3.20‰、5岁以下儿童死亡率4.02‰。自治区组织首次全疆范围内所有妇幼保健机构绩效考核结果显示，103所二级及以下的妇幼保健机构中，市妇幼保健院排名第51名。

（石峰）

【母婴保健】 2021年，克拉玛依市新生儿访视率91.42%、3岁以下儿童系统管理率91.91%、7岁以下儿童健康管理率96.64%、0～6岁儿童眼保健视力检查率96.47%、孕产妇早孕建册率95.81%、艾滋病病毒检测率98.54%、梅毒检测98.46%、乙肝检测率98.86%、产后访视率96.74%、系统管理率92.2%，均达到国家及自治区相关指标要求。

（石峰）

【高危儿童保健服务】 2021年3月，结合全国儿童保健工作情况及全市医疗保健机构现状，克拉玛依市试点运行高危儿童保健服务分级管理。对每例高危儿童均进行专案管理、喂养指导及干预治疗。情况严重儿童及时转诊至综合医院进一步诊疗，对经过干预转为正常的儿童转诊回社区。

（石峰）

【高危孕产妇管理】 2021年，克拉玛依市加强全市高危孕产妇管理，为孕产妇提供安全、优质的保健服务，按照《关于进一步加强克拉玛依孕产妇保健和医疗工作的通知》工作要求，制定《孕产妇妊娠风险评估与管理实施方案》《危重孕产妇转诊和救治工作方案》等，规范全市孕产妇妊娠风险筛查、评估、分级管理及危重孕产妇转诊和救治工作流程，降低危重症孕产妇和新生儿死亡风险，保障母婴安全。截至年末，跟踪随访克拉玛依区、白碱滩区红色及橙色高危孕产妇17人20余次。

（石峰）

【妇幼卫生监测】2021年，克拉玛依市组织开展妇幼卫生监测培训班1期，全市85名人员参加。对孕产妇死亡、5岁以下儿童死亡进行日常监测，截至年末，共审核5岁以下儿童死亡报告卡9份。组织开展2020年度孕产妇和5岁以下儿童死亡的漏报调查，通过对107例5岁以下儿童死亡线索逐一摸排，分析总结5岁以下儿童死亡原因及发生顺位，为降低新生儿、婴儿和5岁以下儿童死亡发生风险提出科学依据。

（石峰）

【预防艾梅乙母婴传播】2021年，克拉玛依市举办预防艾滋病、梅毒和乙肝母婴传播暨高危孕产妇的识别与管理培训班1期，全市70余名工作人员参加。截至年末，全市共随访艾滋病感染孕产妇2人2次及所生儿童1人2次，随访婚前医学检查发现HIV阳性育龄妇女6人6次，梅毒感染孕产妇及所生儿童22人68次，网报随访表5类38次。全市梅毒感染孕产妇治疗率、梅毒感染孕产妇规范治疗率、乙肝感染孕产妇所生儿童免疫球蛋白注射率等各项均已达到《自治区预防艾滋病梅毒乙肝母婴传播实施方案》要求。

（石峰）

【新生儿疾病筛查】2021年，克拉玛依市新生儿遗传代谢病筛查率96.71%、新生儿听力筛查率95.15%，均达到国家及自治区90%以上目标。2021年克拉玛依市首次被自治区纳入新筛项目实施范围，制定、下发《克拉玛依市新筛项目实施方案》，8月起全市分娩的新生儿可享受遗传代谢病筛查减免部分费用，听力筛查费用全免的优惠政策。全年遗传代谢病筛查累计扫描、审核、邮寄血片2571张，随访可疑阳性、确诊病例710余人次，将专家意见及时反馈给家长并做好登记；听力筛查2677人次，随访初次筛查未通过的16名儿童。6月制定、下发《克拉玛依市新生儿先天性心脏病筛查工作实施方案》，在全市启动新生儿先天性心脏病筛查项目，以尽早发现及干预先天性心脏病儿童。

（石峰）

【重点妇女两癌检查】2021年，克拉玛依市制定《克拉玛依市重点妇女两癌检查工作实施方案》。截至年末，完成1000名重点妇女“两癌”筛查。结果显示：宫颈癌筛查阳性20例，其中确诊宫颈癌1例、原位癌1例、宫颈癌前病变5人；乳腺筛查结果异常39例，其

5月21日，市妇幼保健中心正式启动妇女“两癌”筛查工作。图为工作人员为市民讲解“两癌”筛查政策（张冰　摄）

中确诊乳腺癌 1 例，乳腺纤维瘤 1 人，乳腺良性疾病 4 人，对筛查结果异常者及需要定期复查电话随访 250 余人次。

（石峰）

【妇女门诊保健】 2021 年，克拉玛依市共开展妇女盆底肌功能评估 108 人，盆底肌治疗 510 人次，腹直肌分离评估 92 人，腹直肌修复治疗 480 人次；承担克拉玛依区部分孕产妇妊娠风险评估、分级转诊及黄色孕产妇的常规孕期保健服务，共对 208 名孕妇进行孕产妇妊娠风险评估，产前健康检查 221 人次。

（石峰）

【儿童门诊保健】 2021 年，克拉玛依市为 0 ～ 6 岁儿童提供个性化保健服务，累计服务 2457 人次。其中提供智力测定、注意力检测、听力筛查、视觉评估、视力检查、心理行为评估、黄疸测定、生长发育评价及喂养指导等特色化服务 2132 人次，提供抚触推拿 325 人次。全年共筛查出心理行为异常、语言发育迟缓的儿童 35 例，视力异常儿童 412 例，肥胖儿童 279 例，黄疸儿 51 例，轻中度营养不良、生长迟缓儿童 83 例，贫血儿 20 例，听力异常儿童 5 例，早产儿 64 例，均进行专案管理、喂养指导及干预治疗。情况严重的转诊到综合医院进一步诊疗，对经过干预转为正常的儿童转诊回社区。

（石峰）

【妇幼卫生管理】 2021 年，克拉玛依市按照自治区要求开展 2020 年度妇幼卫生年报线上质量控制工作，对医疗机构、社区卫生服务中心统计上报的数据进行抽样调查，共调查 5 岁以下儿童线索 107 次、15 ～ 49 岁育龄妇女死亡线索 108 人次、孕产妇死亡线索 58 人次、医疗机构出生缺陷线索 118 人次、人群出生缺陷线索 103 人次；共复核 10 家单位，对出现错误的数据现场指导基层机构进行纠正，确保各项数据质量。开展孕产妇危重症及新生儿死亡评审，组织自治区专家及市级专家对 2020—2021 年上半年死亡的 2 例典型新生儿死亡病例、1 例孕产妇危重症病例进行评审，通过评审典型案例，提升妇幼健康服务质量、提高危重症孕产妇及高危儿救治水平和能力。开展妇幼卫生业务指导，先后对全市 4 所医疗机构、7 所托幼机构以及 13 所社区卫生服务中心开展妇幼卫生工作业务。11 月 23—26 日，组织开展 4 所市区两级危重孕产妇新生儿救治中心现场质量控制调查工作。11 月 26 日至 12 月 3 日，组织开展全市年度妇幼卫生业务考核。

（石峰）

老龄健康服务

【概况】 2021 年，克拉玛依市 60 周岁以上老年人 6.84 万人，老龄化程度 13.95%。其中 60 ～ 69 岁老人 3.74 万人，70 ～ 79 周岁老人 1.99 万人，80 ～ 89 周岁老人 1.06 万人，90 ～ 99 周岁老人 527 人，100 岁以上老人 12 人。

（曹云丽）

【家庭医生签约服务】 2021 年，克拉玛依市落实国家基本公共卫生服务项目，加强老年人健康管理，向辖区 65 周岁以上老年人每年提供 1 次生活方式和健康状况评估、体格检查、辅助检查和健康指导等服务。以老年人为重点，做实家庭医生签约服务，自 2018 年制定下发《克拉玛依市家庭医生签约服务团队责任分工指引及运作流程》，明确家庭医生签约服务团队职责分工和签约服务流程以来，市辖 4 区均已制定家庭医生签约服务实施方案，成立家庭医生签约服务团队，共有家庭医生签约服务团队 48 个。截至年末，全市 65 周岁以上老年人健康管理率达 79.3%，签约率达 76.83%。

（曹云丽）

【医养结合】 2021 年，克拉玛依市推进社区层面医养结

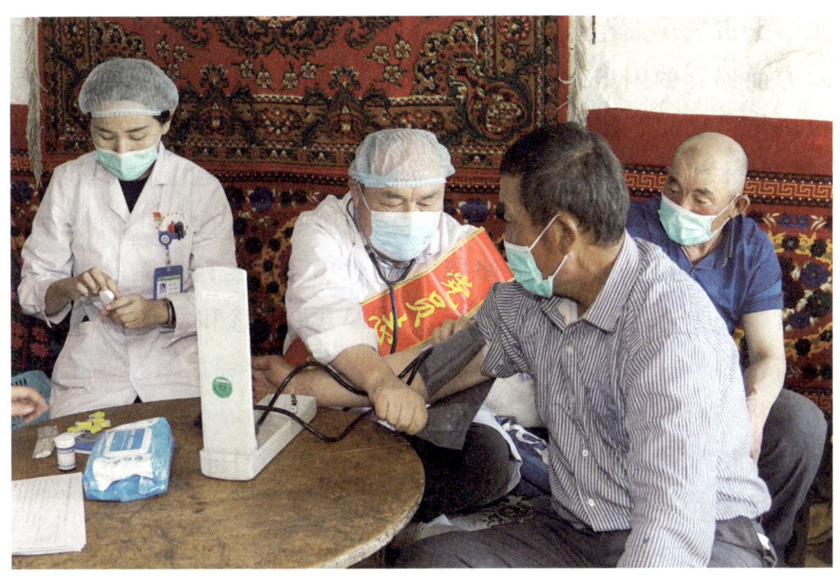

5月21日，小拐乡卫生院家庭医生团队走进牧场，为牧民送医、送药、送健康，提供家庭医生签约服务 （张珏 摄）

合。强化基层养老机构和医疗机构社区服务功能，以社区居委会为平台，居家养老服务中心为老年人提供助餐、助洁、照料服务，社区卫生服务中心为辖区健康老年人提供医疗保健、健康教育服务。市卫健委与市民政局联合下发《关于推进居家和社区养老服务机构与基层医疗卫生机构签约合作的实施意见》，并根据《医疗卫生机构与养老服务机构签约合作服务指南》，指导全市14个社区卫生服务中心、49个社区居家养老中心（站）进行签约，规范签约协议，明确责任和义务；在街道、社区推进医疗机构和养老机构签约工作，签约率100%；依托居家养老服务中心（站点）平台，基层医疗卫生机构定期为社区老年人进行健康体检、健康指导、常见病诊疗和基本医疗服务。开展养医联合体建设，养老机构按照就近、方便原则，与周边医疗卫生机构开展多种形式协议合作，签订医疗服务合作协议，成立养医联合体，建立双向转诊“绿色通道”，建立完善可持续性的医疗服务运行机制。截至年末，全市100%的医疗机构开设了为老年人提供挂号、就医等便利服务的绿色通道，100%的养老机构都能以不同形式为入住老年人提供医疗卫生服务。

（曹云丽）

【安宁疗护服务】 2021年，克拉玛依市克拉玛依区黑油山老年社区开设安宁疗护床位20张；独山子区至信爱老服务中心安宁疗护病房在医院中医肿瘤科基础上，开设床位43张（养老院2张）；白碱滩区广佑颐养老年服务中心开设床位12张；全市共计床位75张。各医养结合机构均已开展安宁疗护工作，覆盖率达100%。市社会组织至善社会工作服务中心“爱的陪伴”临终关怀服务项目申请到自治区财政专项彩票公益金项目300万元，截至年末，已为服务对象建档590份，入户探访老人2441人次；

9月13日，克拉玛依区昆仑路街道居家养老日托中心食堂，小区老年居民在点餐 （闵勇 摄）

开展家庭生命教育小组活动7场，参与136人次；开展志愿者培训48场、648人次。

（曹云丽）

【老年健康教育】 2021年，克拉玛依市培育、推动老年大学、老年协会等各类社会组织，针对老年人开展文化体育、健康教育、心理咨询服务等活动。结合新冠肺炎疫情防控形势，以面授宣传与网络宣传相结合方式，持续开展老年健康教育宣传工作，全年开展宣教活动67场次，受益26904人次，其中网络宣传受益26000人次、面授宣教受益904人次。开展老年人心理关爱项目，作为第二批国家关爱老年人心理服务试点工作市，按照《克拉玛依市关爱老年人心理慰藉服务工作方案》内容，发挥克拉玛依区心理健康咨询协会和各大医院心理医生专业队伍作用，重点对孤寡、空巢、困难老人开展心理慰藉关爱行动，受益老年人2000余人次。

（曹云丽）

【解决老年人运用智能技术困难】 2021年，克拉玛依市贯彻落实《国务院办公厅印发关于切实解决老年人运用智能技术困难实施方案的通知》《关于印发自治区切实解决老年人运用智能技术困难工作方案的通知》，结合市委要求，收集了解全市老年人在运用智能技术方面遇到的困难，并完成克拉玛依市切实解决老年人运用智能技术工作情况报告。全市相关部门、单位对涉及老年人的高频事项和服务场景，坚持传统服务方式与智能服务创新相结合，坚持线上服务与线下渠道相结合，统筹协调，并与相关成员单位配合落实，解决了老年人在信息化发展中运用智能技术的困难。

（曹云丽）

【简化老年人办理优待证程序】 2021年，克拉玛依市克拉玛依区将老年人优待证办理程序由原来的必须由老年人或委托人到社区申请，简化到由社区提前从信息管理平台调取当月满65岁的老年人信息，主动到老人家里收集资料并向区卫健委提出申请。待审批完成后，社区工作人员将制作好的证件送到老人手中。克拉玛依区简化街道审核环节，仅需7～10个工作日即可办理“优惠证”“优待证”。

（曹云丽）

【银龄行动志愿服务】 2021年7月6日至9月6日，第十二期银龄行动在克拉玛依开展。来自上海的2名心血管科、眼科老龄专家志愿者，通过定点援助方式，手把手地传授经验和技术，主要以解决疑难病症、会诊、查房、学术讲座为主，共接待专家门诊患者800余人次，进行科室疑难病例讨论6次，专家会诊20余人次，向全院医师培训心电图知识3次，到独山子区、白碱滩区、乌尔禾区开展义诊和培训。

（曹云丽）

爱国卫生

【健康克拉玛依建设】 2021年4月，克拉玛依市为落实《健康克拉玛依“2030”规划纲要》目标，保障克拉玛依建设健康城市顺利推进，制发《关于推进健康克拉玛依行动的实施意见》，为持续打造健康城市提供政策依据。独山子区专门制定《独山子区卫健委关于推进健康克拉玛依行动的分解方案》，召开专项工作会议，下达任务分解方案，定期督导检查。白碱滩区下发《关于推进健康白碱滩行动的实施意见》及《白碱滩区健康城市建设行动计划和年度目标任务推进大表（2021年—2022年）》，明确17项目标任务、72项具体指标和156项工作措施，为辖区健康城市建设工作奠定基础。乌尔禾区制定《关于推进健康乌尔禾行动的实施意见》和《健康乌尔禾行动任务分解表》，持续推进辖区健康城市建设工作。截至年末，全市30家党政机关、群众组织、社会团体、事业单位结合行业特点开展的健康克拉玛依专项行动，取得初步成效。

（赵忠年）

【健康细胞工程建设】 2021年，克拉玛依市制发《克拉玛依市健康细胞工程建设实施方案（2021—2025）》，市卫生健康委把推进健康细胞工程建设作为2021年重点工作，明确责任人、责任部门和季度推进计划。按照“每三年进行一次复审”的创建要求，2019年已命名的健康细胞工程单位，到2021年已进入复审阶段，2020年申报的健康细胞单位需要验收。截至年末，2019年首批命名的191个健康细胞工程建设示范单位有176个单位通过复审，通过率92%。2020年第二批申报的74家健康细胞工程建设示范单位有63家通过考核验收，通过率85%。组织各区开展2021年健康细胞工程单位申报工作，有87个单位申请创建健康细胞示范单位、有2152个家庭申报健康家庭。截至年末，已完成各区2021年新增健康细胞工程单位验收工作。

（赵忠年）

【城区环境卫生集中清理】 2021年，克拉玛依市、区两级爱卫办组织党政机关干部、企事业单位员工与社区志愿者、社区工作者、社区居民，坚持每周到联点社区（村）开展环境卫生大扫除活动，通过集中治理社区、公共场所环境，有效地切断新冠病毒传播途径。全年组织发动市、区党政机关各部门、人民团体、社会组织、企事业单位共计1867344人次，清扫室内外公共环境851871.38平方米、室内办公场所18773间次，清除乱贴乱画及小广告47722处，清理卫生死角135908处，清除积雪积冰127759.03平方米，清除生活垃圾87165.398吨，清理楼道杂物15197处，消毒21327.3144万平方米，捡拾烟头183690个，劝阻吸烟9272人次，规范乱停放机动车与非机动车辆7940次，宣教654354人次。

（赵忠年）

【开展爱国卫生月活动】 2021年4月，是中国第33个爱国卫生月，克拉玛依市、区爱卫办组织发动各级党政机关、企事业单位、群众组织、社会团体组织开展形式多样的科普宣传活动，引导公众逐步建立“文明健康始于心”理念，累计开展健康讲座、宣传活动270场次，印制健康宣传海报、发放宣传手册、宣传单79479份次，通过媒体宣传健康知识10377次，受益人群212179人次。组织发动广大干部职工和群众开展“绿色出行”“光盘行动”“垃圾分类”“健康乐跑”“春季植树”等环保主题活动。全市各级党政机关、企事业单位累计投入7982人次植树16254颗；累计发动12204人次参与“停开一次私家车”“践行光盘行动”“徒步九龙潭”等低碳活动。发动全市92510人次，清理室内办公场所6702间次、室内卫生死角27264处、居民楼道杂物6672处，清除楼道内小广告6052处，清运各类垃圾3388.26吨，清扫地面851871.38平方米，捡拾烟头59794个，劝阻吸烟4659人次，规范车辆停放5020次。

（赵忠年）

【环境消杀、监测机制建设】 2021年，克拉玛依市加强消杀、监测队伍建设，在全市范围内建立环境消杀、环境监测长效运行机制。截至年末，全市累计环境监测采样1472130份，出动消毒车辆（设备）6424台次，出动清运车辆63620台次，清理卫生死角267019个，清运医疗垃圾874.98吨，清运生活垃圾137146.78吨。

（赵忠年）

【制定《克拉玛依市病媒生物预防控制管理办法》】 2021年3月，克拉玛依市发布《克拉玛依市病媒生物预防控制管理办法（草案）》以下简称《办法》。

4 月，市司法局和市卫生健康委联合组成调研组，赴市辖 4 区 5 个人大立法点召开 5 次座谈会征求辖区党政机关、政府部门、企业代表、社区居民、律师等意见，并对《办法》草案进行修改；5 月初，将修改后的《办法》草案提交市司法局审核；5 月下旬，经征求市人大法工委专家意见后，对《办法》草案再次修改并提交市司法局。6 月，奔赴乌鲁木齐市调研取经，7—9 月再次修改《办法》；10 月，《办法》经市政府常务会审议通过。

（赵忠年）

【健康科普专家推荐】 2021 年，克拉玛依市开展全市健康科普专家推荐工作。按照自治区健康科普专家入选的评审标准，经层层选拔，全市各医疗卫生机构推荐的专家有 30 人合格，并推荐到自治区卫健委。其中市中心医院 17 人、市人民医院 3 人、第二人民医院 6 人、独山子人民医院 1 人、市疾控中心 3 人。9 月，新疆维吾尔自治区卫生健康委员会公布《关于公布自治区卫生健康科普专家库第二批成员名单的通知》，克拉玛依市在心脑血管疾病防治、控烟及呼吸系统疾病防治、骨科疾病防治、消化系统疾病防治、泌尿系统疾病防治、传染病及地方病预防控制、心理健康、中医等 18 个专业领域有 20 名专家“入驻”自治区卫生健康科普专家库。

（赵忠年）

【社会心理服务体系建设】 截至 2021 年 10 月，克拉玛依全市从事社会心理服务的专兼职人员 440 人，比 2020 年同期增长近 6 倍。其中克拉玛依区 101 人、独山子区 48 人、白碱滩区 45 人、乌尔禾区 33 人。市教育系统 147 人、市妇联 11 人、新疆油田公司 55 人。全市各单位结合自身特点打造社会心理服务阵地，截至 2021 年 10 月，全市共建设沙盘室、心理咨询室、心理健康室、服务指导站等 183 个（各区 129 个，市级成员单位 54 个）；其中克拉玛依区 78 个、独山子区 30 个、白碱滩区 20 个、乌尔禾区 1 个、教育系统 46 个、市妇联 5 个、新疆油田公司心理健康（沙盘）室 3 个。截至 2021 年 10 月，全市累计开展心理咨询及心理疏导服务 1127 人次、热线咨询 111 人次，开展心理健康培训及讲座 277 场次，组织团体心理辅导 25 场次、团体沙盘活动 9 场次，送医（入户）疏导随访 1841 人次，累计受益 407670 人次。

（赵忠年）

【社会心理志愿服务】 2021 年，克拉玛依市卫健委组织各区卫生健康委、各医疗机构，在各区、医疗卫生机构持续开展卫生健康行业内的社会心理志愿服务活动。截至年末，全市卫生健康行业已发展 185 名心理服务志愿者。其中各区发展 136 名、各医疗机构发展 49 名。全年共开展志愿服务 863 人次，其中各区开展 617 人次、各医疗机构开展 246 人次；通过开展心理健康讲座、团体心理辅导、心理热线援助、心理健康评估、心理危机干预、抖音线上宣传、有奖问卷调查、入户随访、精神残疾人免费服药与体检等活动，累计服务人群 10102 人次，服务时长 1118 小时。各类心理协会举办心理健康讲座与现场咨询义诊等各类科普宣传活动 17 场次，发放宣传资料 200 份次，受益群众达 1000 人次。

（赵忠年）

【居民健康指标监测】 2021 年，克拉玛依市委托专业服务机构开展居民健康素养监测工作，经监测，2021 年克拉玛依市居民健康素养水平为 26.5%，优于国标（国标 20%）。委托专业服务机构开展居民吸烟率的监测工作，经监测，2021 年克拉玛依市居民吸烟率为 20.72%，低于全国平均水平（26.6%）。

（赵忠年）

卫生监督

【医疗机构传染病防治分类监督】 2021年，克拉玛依市制定下发《2021年全市医疗机构传染病防治分类监督综合评价工作方案》，开展综合监督评价工作。各区卫生监督机构严格按照要求，对辖区内一级医院和未定级医疗机构开展分类分级监督，监督内容为综合管理、预防接种、法定传染病上报、传染病疫情控制等内容，并采用标化分作为医疗机构最终评价结果；截至10月19日，全市已完成49家医疗机构传染病防治分类监督综合评价，已录入国家卫生健康监督信息系统49家。因疫情防控措施不达标，17家医疗机构一直处于停业状态，无法进行传染病防治分类监督综合评价。

（白钰）

【打击非法医疗美容专项行动】 2021年，克拉玛依市根据自治区卫健委《关于印发2021年打击非法医疗美容服务专项整治工作方案的通知》要求，制定下发《克拉玛依市打击非法医疗美容服务专项整治方案》，组织开展打击非法医疗美容专项行动。9月3日，召开严厉打击非法医疗美容专项行动工作部署会议，成立打击非法医疗美容专项行动工作小组，由市卫健委牵头实施，6部门协同配合开展工作。市、区两级卫生监督机构在报纸、街道咨询点公布投诉举报电话，对举报信息及问题线索一查到底。11月9日，起草《2021年克拉玛依市打击非法医疗美容行政处罚案件公示（9—10月）》，在市政府网站上进行公示。截至年末，共开展医疗美容相关知识培训4场次，培训管理相对人400余人；排查医疗机构371户次，生活美容机构511户次，立案处罚4家，其中2起无证医美案件已结案。

（白钰）

9月11日，2021年“全国科普日”系列活动在市科技馆启动。图为市民带着孩子参观传染病防治科普展览 （蒋剑 摄）

【公共场所卫生监督量化分级管理制度】 2021年，克拉玛依市推行公共场所卫生监督量化分级管理制度，每月按照推进进度要求报送为群众办实事台账，截至年末，全市已完成230家住宿场所，828家美容美发场所、67家沐浴场所和4家游泳场馆量化分级工作，量化完成率97.1%。

（白钰）

【“双随机、一公开”监督抽检工作】 2021年，市卫生监督所发放双随机任务32家，监督完成31家，完结率96.88%。完成自治区跨部门派发“双随机、一公开”监督检查任务10起，其中生活饮用水1起、学校4起、养老院5起，任务完成率100%。

（白钰）

【职业危害因素用人单位摸排】 2021年，克拉玛依市组织完成全市疑似职业危害因素用人单位摸排工作。完成对全市疑似职业危害因素用人单位名单所列的1628家单位摸排工作。摸排结果显示，仍在营业的单位数995家（克拉玛依区740家、独山子区72家、白碱滩区153家、乌尔禾区30家）；停业或联系电话错误的单位数共计633家（克拉玛依区371家、独山子区86家、白碱滩区145家、乌尔禾区31家）。

（白钰）

【职业卫生监督巡查和现场带教】 2021年，克拉玛依市利用江苏省和成都市职业卫生专家对口援克契机，邀请成都市职业卫生监督专家对全市12名职业领域卫生监督员和卫生协管人员进行职业卫生监督要点培训；在成都市职业卫生监督专家带领下，采取现场监督带教示范方式，轮流对各区卫生监督员进行现场监督执法带教，提升卫生监督员现场执法识别违法行为能力；协助江苏省对口援克专家，对全市12家用人单位职业卫生情况进行监督检查，对检查中发现问题当场制作《现场笔录》和《卫生监督意见书》，采用派件方式将用人单位存在的违法行为转至有管辖权的各区卫生监督所，督促其进行立案查处。对用人单位和职服机构违反《职业病防治法》规定行为进行立案调查。

（白钰）

【组建职业卫生和传染病防治（感染防控）监督技术专家库】 2021年，克拉玛依市组建市级职业卫生和传染病防治（感染防控)监督技术专家库。根据《中华人民共和国基本医疗卫生与健康促进法》《中华人民共和国职业病防治法》《中华人民共和国传染病防治法》等法律法规规章要求，制定下发《市卫生健康委关于组建市级职业卫生和传染病防治（感染防控）监督技术专家库的通知》，已完成《关于成立市级职业卫生和传染病防治（感染防控）监督技术专家库通知》和专家库名单。

（白钰）

【放射卫生监督】 2021年，克拉玛依市贯彻落实《放射诊疗管理规定》等法律法规，加强医疗机构放射诊疗工作管理，组织卫生执法人员对直管的放射诊疗机构进行监督检查。重点点检查放射诊疗机构“放射诊疗许可证”和“放射工作人员证”持证情况；对新、改、扩建放射诊疗项目预评价和控制效果评价进行审查；对放射防护用品配备、放射工作人员健康检查及档案建立等情况进行监督。对检查中发现的个别新参加工作放射工作人员未办理“放射工作人员证”从事放射诊疗活动等行为，现场下达执法文书予以纠正。

（白钰）

【消毒效果监测采样】 2021年，克拉玛依市开展医疗机构物表、空气和医务人员手卫生消毒效果监测采样工作。先后2次联系第三方检测机构（摩天众创检测服务有限公司）检验人员，完成对克拉玛依市中心医院、克拉玛依市人民医院等33家各级各类医疗机构重点科室（呼吸科治疗室、儿科新生儿科、ICU、发热门诊治疗室、急诊科治疗室、急症科抢救室、产科治疗室、产科胎心监护室等）点位消毒效果监测采样工作，共采集样品1000余份。

（白钰）

【医疗机构院感监督】 2021年，克拉玛依市开展医院感染管理专项监督检查，重点督查全市各级各类医疗机构35家。检查结果显示，大部分医疗机构院内感染防控工作规范有序，建立较为完善传染病疫情管理及院内感染管理、医疗废物处置、消毒隔离及人员防护等各项制度。对检查中发现的个别医疗机构口腔科布局流程不合理、检验科工作人员个人防护措施不落实等问题，下达《现场笔录》和《卫生监督意见书》，并通过现场培训等方式督促问题单位完成整改。

（白钰）

【消毒产品监管】 2021年，克拉玛依市对全市2家药店和

4家超市消毒产品有效期内的产品安全评价报告、生产企业卫生许可证、“全国消毒产品网上备案信息服务平台”备案情况以及标签说明书是否合法合规等内容进行监督检查。共计抽取不同品牌115余种消毒产品，未发现违规产品。对自治区卫生许可的新疆新投康佳股份有限公司及腾飞粮油厂消毒产品生产企业的卫生许可证、消毒产品卫生安全评价报告、厂区环境和疫情防控工作等进行监督检查，下发监督意见书两份。

（白钰）

【生活饮用水监督检查】2021年，克拉玛依市受自治区委托开展涉水产品生产企业卫生监督工作，对新疆建投西部环保有限公司提交的年度卫生许可批件审验材料进行审核。对该水厂厂区周围环境、生产区卫生、生产区布局及生产工艺流程、生产设备卫生、原材料和成品贮存、运输、产品卫生标准、检验室、检验人员要求、产品标识标签等进行现场监督检查。

（白钰）

【学校卫生监督】2021年，克拉玛依市加强对全市学校疫情防控监督工作，对高级中学、第一、第二和第六中学开展饮用水设备设施使用情况、学校公共场所（图书馆、体育场馆、学校教室、学生宿舍）消毒情况、卫生组织管理制度、传染病防与常见病防控、生活环境卫生、公共场所卫生、饮用水卫生、宣传、教育与培训6个方面进行监督检查，对检查中存在对传染病防治重要性认识不足，学校传染病防治领导小组成员组成不完整，未按规定制定传染病管理制度，学生晨检、因病缺课、因病追查与登记工作不扎实，学生饮用水各项卫生管理制度未建立健全，学校直饮水机定期清洗消毒或更换滤芯无记录和提供学生直饮水的学校未按规定每学期进行一次水质检测等下发监督意见书3份并提出整改建议。

（白钰）

【卫生行政许可】2021年，克拉玛依市本级及各区卫生监督机构加强事中事后监管力度，市本级同时督促辖区内各类管理相对人及时换发资质证书，并将许可结果通过诚信系统向社会公开。截至年末，市本级办理卫生行政许可1次：市人民医院的“放射诊疗许可证”续证。

（白钰）

【行政处罚】2021年，克拉玛依市卫生监督所对全市4家医疗卫生机构作出5次处罚，罚款金额合计56000元；没收违法所得1500元。分别为：克拉玛依市友好医院非法实施计划生育手术及未按规定填写病历案，作出警告、没收违法所得1500元、罚款20000元的行政处罚；曼丽医疗美容诊所未按照规定书写病历案，作出警告、罚款人民币10000元的行政处罚；克拉玛依市人民医院医疗废物处理不规范，作出警告、罚款人民币6000元的行政处罚；克拉玛依市中心医院医疗废物处理不规范及未落实疫情防控措施，分别作出警告、罚款人民币15000元，警告、通报批评、罚款人民币5000元行政处罚。

（白钰）

医政管理

【医疗机构行政许可办理】2021年，克拉玛依市规范医疗机构行政许可审批和管理，将8家民营医疗机构移交至区卫生健康行政部门管理。对1家医学检验机构（申基医学检验实验室）进行行政许可。医师首次注册200人，执业地点变更60人，取消备案6人，医师多点执业备案3人；护理首次注册90人，变更注册60人，延续注册165人。办理国家线医师资格证95人，新疆线医师资格证35人。完成2021年度医师资格考试报名提交资料审核工作，共计审核342人，通过 305 人。

（陈薇）

【医疗卫生机构监管】 2021 年，克拉玛依市加大医疗卫生领域信用 + 监管体系建设，出台《克拉玛依市医疗卫生机构传染病防治信用分类监督评价制度（试行）》《克拉玛依市公共场所卫生信用分类监管办法（试行）》，开展医疗机构传染病防治工作监督和信用评价，加强对公共场所、生活饮用水、医疗卫生、学校卫生等检查，注重事前事中事后监管，落实“双随机、一公开”工作机制，对 31 家单位实行“双随机”监督抽检，完成率 96.88%。开展打击非法行医专项整治工作，对全市民营医疗机构、个体诊所和街道社区等场所进行拉网式检查，对游医、黑诊所、超范围行医、无证行医行为、非法医疗广告宣传等违法行为进行严厉打击，保障人民群众健康权益。

（陈薇）

【防范医疗纠纷】 2021 年，克拉玛依市发挥医疗纠纷调解委员会发挥作用，妥善解决纠纷。全年处理“12345”投诉 65 起，办公投诉电话 7 起，现场投诉事件 3 起，自治区转办信访事项 1 件，均已妥善解决。医疗纠纷人民调解覆盖率 100%。全市二级以上公立医院医疗责任保险和医疗风险互助金参保率达 100%。

（陈薇）

【中医药传承发展】 2021 年，克拉玛依市推进中医药发展。在已有 2 个自治区中医重点专科（皮肤风湿免疫科和内分泌代谢科）和 1 个重点培育学科（泌尿外科）的基础上，再行申报 3 个中医类自治区重点专科；成立 3 个专病研究室（银屑病专病研究室、颈腰椎专病研究室、糖尿病肾病研究室）。推进中医特色查房、中医辨证治疗、中医病历推广，中西医结合临床路径管理的病种数由 2 种增至为 12 种。启动中医规范化培训基地建设工作，开展师资培训，举办“西学中培训班”、护理人员中医知识与技能培训班，利用市中西医结合医院龙头作用，开展高年资中医医师、针灸推拿医师、治未病高年资医师师带徒工作。截至年末，全市各医院 22 个临床科室先后开展中医特色治疗项目 69 种，成立“名中医工作室”6 个，开展健康城市之冬病夏治专题系列活动，受益群众达 3 万余人次。

（陈薇）

【家庭医生签约中医药服务建设】 2021 年，克拉玛依市结合中西医融合基本公共卫生服务的经验与家庭医生制度建设推进要求，探索中医资源配置的家庭医生团队均衡提供相应服务的模式，基层医疗卫生机构将具有中医药康复资质的人员编入家庭医生签约服务团队中。例如白碱滩区 15 个家庭医生签约服务团队与市第二人民医院中医专家联合开展家庭医生签约服务；乌尔禾区建立中医药健康管理讲师团，在提供签约服务时发放中医药健康宣传册、开展中医药康复健康指导，宣传传播中医药康复保健知识。

（陈薇）

【卫生应急能力建设】 2021 年，克拉玛依市按照国家、自治区疫情防控最新要求，完善突发公共卫生事件应急预案与发热门诊应急处置预案，针对新冠肺炎疫情防控工作制定 8 项预警机制，定期开展应急演练，全年累积开展演练拉动 310 次，参与人员 4500 人次，其中市级演练 16 次。增强全市急救站点和负压急救车的配置，截至年末，全市已建立急救站点 6 个，常备 8 辆负压急救车。

（陈薇）

医疗卫生机构选介

克拉玛依市中心医院

【概况】 2021 年，克拉玛依市

中心医院门诊113.65万人次，同比增加30.48%；急诊14.3万人次，同比增加39.85%；住院28226人次，同比增加33.73%；住院手术及操作例数37600例，同比增加59.41%；平均住院日7.82天，同比减少1.02天。

（李慧）

【药物临床试验机构（GCP）通过自治区药监局验收】 2021年5月，市中心医院作为第一批备案制药物临床试验机构，通过自治区药监局验收。开展药物临床试验是一所医院医疗水平和科研能力综合体现。GCP备案通过，为中心医院干细胞项目、中核集团项目及医疗器械GCP备案等奠定基础。利于提升医院各专业科室学术水平、专业能力。

（李慧）

【获批“高级卒中中心”】 2021年5月，市中心医院被国家卫生健康委脑卒中防治工程委员会授予“高级卒中中心”称号，获得国家高级卒中中心资质。

（李慧）

【医院妇科获批国家临床重点专科建设项目】 2021年9月，克拉玛依市中心医院妇科成功获批“国家临床重点专科项目”，并获得财政部中央转移支付建设资金。这是新疆历史上唯一获得“国家临床重点专科项目”妇科专业，实现克拉玛依市中心医院发展史上国家临床重点专科零的突破。

（李慧）

【油田公司健康管理项目】 2021年，克拉玛依市中心医院为落实健康克拉玛依建设、改善运营结构，在援疆专家支持和帮助下，与新疆油田公司沟通，组建专家团队，成立联合项目组，探索推进“油田公司全生命周期健康管理”项目，完善油田职工体检咨询、健全油田公司远程急救流程，并与医学研究中心随访工作结合为一体，打造健康管理数据库，全年累计完成流调2.6万人。

（李慧）

【医学研究中心建设】 2021年，克拉玛依市中心医院开展医学研究中心建设。推进信息化进程，加强病例推送及随访，全年推送符合标识规则病例6379例。依据自治区建设要求，与周边医疗机构加强交流合作。通过多途径与自治区高校、自治区著名企业合作，共同打造区域临床研究协同网络，和新疆大学软件学院形成战略伙伴关系，已安排4名研究生进行联合培养。利用上海援建力量和外派交流学习机会，与上海同济大学同济医院、上海交通大学医学院临床医学研究中心等国内顶级综合机构达成合作意向，推动医学研究中心建设。

（李慧）

【学科品质建设】 2021年，克拉玛依市中心医院全年开展新技术、新项目30项。推行主诊组改革，确定20个核心病种，确定20项核心技术，建立23个多学科协作团队（MDT），优化和完善临床教学医院信息系统改造，建成一套科学合理主诊组管理体系。推进妇幼中心建设，推进院外综合信息平台（OH-EMR）建设，启动产前诊断中心申报工作。整合资源，优化日间手术中心建设，全年开展日间手术1767例。启动心外科组建工作，成立心外科组建攻关团队，开展心外科学术沙龙及培训。开展无痛分娩，全年开展223例，平均无痛分娩率达36%。

（李慧）

【推进等级医院复审工作】 2021年，克拉玛依市中心医院推进等级医院复审工作，对照等级医院评审条款，完成等级医院复审平台建设，实现用户自定义条款内容、300多项数据指标、指标数据提取代码及权限等，实现数据可视化集中展示。完善支撑材料，自评A等级条款261条，占全部条款94.6%，基本具备复审迎检能力。

（李慧）

【医疗质量管理】 2021年，克拉玛依市中心医院落实国家卫健委《2021年十大质量安全改进目标》要求，持续追踪改进；推进以“患者安全为核心、员工成长为根本、人人参与为基础”质量体系建设，持续应用品管圈、临床路径等质量管理工具,推进“码上交班”，开发质量积分、任务中心模块，组织全院建立包括医疗、护理、院感、管理等近600个环节数字监管平台，月监管平台使用率达60%以上，累计检查次数超过2万次，发现问题数超过5000个，实现“科科有环节质量监管平台、人人有质量积分”工作目标。

（李慧）

【医疗安全监管】 2021年，克拉玛依市中心医院推进急危重症院级监管体系建设，通过对五大中心监管和急诊体系评价，提升急危重症患者救治质量。修订完善十八项医疗安全与质量核心制度，对死亡前三日未报病危、择期手术停台、特殊死亡及严重并发症等医疗质量管理关键环节监管反馈。建立死亡数据库，实现死亡数据标准化、管理流程标准化、死亡数据上报无纸化、死亡证明电子化，加强死亡病例监管。加强病案首页数据质控，提高首页数据质量，全年完成2.8万余份病案首页质控工作。运用问卷星、医患“码”上通，征集患者意见，对诊疗、护理质量进行针对性改善。鼓励不良事件上报，重点关注医疗、护理不良事件及违反核心点隐患事件的追踪管理。

（李慧）

【医学科研】 2021年，克拉玛依市中心医院开展各级科研项目申报。获批国家自然科学基金项目1项；获批自治区级项目17项，其中自治区科技厅自然科学基金项目立项13项。全年发表论文95篇，其中SCI文章10篇；专利39个；计算机软件著作权7个。

（李慧）

【科技成果转化】 2021年，克拉玛依市中心医院自主研发并拥有自主知识产权的“综合医院数字科教管理系统”获自治区科技成果登记，成为中心医院首个应用技术类科技成果；“医院绩效管理考核方案设计服务”及“绩效考核软件”成功转化至市第二人民医院。

（李慧）

【护理服务】 2021年，克拉玛依市中心医院开展血管通路门诊工作，拓展中长导管在临床应用。开展伤口造口专科服务，全年服务人数3.9万人次。规范静脉血栓栓塞症预防工作，强化特色专科护理及个性化护理，提升优质护理服务。拓展互联网医院服务范围，新增开设静脉治疗、伤口造口、中医专科、儿科专科、产科盆底康复、糖尿病等46个护理专科，线上咨询近千人次。

（李慧）

【医联体建设】 2021年，克拉玛依市中心医院加强医联体建设，持续开展执行主任、执行护士长及医疗小分队工作；规范小拐乡卫生院住院病房建设，协助开通分级诊疗协同平台，不定期安排中医理疗专家下沉指导，协助中医馆建设；推进妇幼门诊工作，邀请上海援疆专家在小拐乡卫生院开展妇幼巡诊活动；响应“乡村振兴战略，助力健康乡村建设”，举办文化润疆“全民营养周”健康义诊进乡村活动，开展第八期“上海医疗援疆专家小拐乡巡回医疗暨优质服务基层”活动。

（李慧）

【对口喀什医疗支援】 2021年，克拉玛依市中心医院第二批医疗队完成对喀什市人民医院和疏附县人民医院阶段性帮扶任务归来，第三批医疗队10名医务人员继续前往喀什开展对口支援。截至年末，骨科指导喀什市人民医院成功开展“腰椎间盘重度脱垂游离椎间孔镜下摘除术”新技术；中心医院接纳8名喀什市人民医院及疏附县人民医院医务人员进修学习。

（李慧）

【远程医疗】 2021年，克拉玛依市中心医院建成覆盖全市及南北疆40余家医疗机构云影像分级诊疗平台，实现平台内基层医疗机构与三级医院医学影像诊断同质化，完成在线诊断病例数与上年同比翻一番；开通与上海妇婴医院妇科、产科、辅助生殖、产前诊断、儿保科、乳腺科、营养科7个医联体远程门诊试运行，促进妇幼中心诊疗水平提升；与早期肺癌诊治管理云中心及各分中心单位合作，开展首例疑难病例线上远程会诊、线下绿色转诊。

（李慧）

【中哈国际医疗项目合作】 2021年，克拉玛依市中心医院帮助、指导哈萨克斯坦国家医学科学中心建设基因实验室，推广、指导哈萨克斯坦国家医学科学中心应用中药开展新冠感染防治工作，“中哈中医联合研究中心建设项目”顺利结题，累计接诊哈国患者超过2500人次，培养哈国医务人员3名。与同济大学附属上海第十人民医院、哈萨克斯坦国家医学科学中心联合主办首届中哈国际医疗交流合作高峰论坛（线上），吸引包括四川大学华西医院、新疆医科大学第一附属医院在内34家疆内外医疗机构，千余名专业技术人员参加。

（李慧）

【打造智慧医院】 2021年，克拉玛依市中心医院推进健康管理平台建设，按照健康克拉玛依总体要求，研发健康管理平台，完成健康问卷系统、个人健康档案、疾病风险评估、健康管理基础平台创建，健康管理团队利用平台开展健康数据收集、健康分析、健康评估等工作。推进智慧管理，全疆率先投用医疗器械唯一标识码（UDI）系统；创建医院决策和管理数据平台，提升管理应用系统性能；研发行风综合信息平台，实现医德医风数字化管理；创建医务人员数字化医疗技术成长档案，提升医务人员综合服务能力；研发综合信息反馈平台，实现院、科、个人三级综合信息展示。增加自助系统，完善预检分诊系统，升级医生助理（PA）系统，优化“互联网+医疗”服务；部署“云医声”平台，医生可通过手机语音书写电子病历，随时掌握患者病情，提升医疗服务效率。

（李慧）

【新医院迁建工程】 2021年，克拉玛依市中心医院成立医学基地（新医院迁建）项目推进前方指挥部。截至年底，医学基地中心医院迁建工程项目总体进度完成88%，其中7号健检楼及8号感染楼已竣工验收。推进规培实训中心、PET（正电子发射计算机断层显像）综合诊疗中心等配套建设项目启动工作。落实备用定点救治医院改造，按照市委要求对感染楼进行改造评估，落实发热门诊项目建设。

（李慧）

【惠民便民举措】 2021年，克拉玛依市中心医院开发普通门诊和门慢特病自助结算程序，推进医院发票无纸化，缓解患者窗口排队压力。为方便老年患者和临时就诊患者预约，在24小时服务区增设自助预约挂号机，恢复现场预约方式，为异地住院患者增设异地平台结算窗口，同时在床位预约基础上增加住院线上开单、短信通知服务，全年累计对948名住院患者提供预约服务。

（李慧）

【医技人才培养】 2021年，克拉玛依市中心医院全年招聘职工119人，其中硕士研究生15人；与3名考上新疆医科大学研究生职工签订全日制培养协议，9人考取新疆医科大学同等学力硕士学位，2人参加少数民族人才特陪项目，1人入选自治区天山英才计划，1人获批2020年自治区高层次引进人才，2人荣获自治区第十一批有突出贡献优秀专家表彰，1人获批国务院政府特殊津贴专家；4名职工进入新疆医科大学研究生导师名录，正式开展统招研究生招生工作，实现克拉玛依市卫生系统国家级博士后科研工作站“零”的突破；用好援疆专家资源，第四批援疆专家完成援助工作，第五批6名援疆专家和1名特聘专家到岗援助。

（李慧）

【首例新生儿脐静脉置管术】 2021年1月17日，克拉玛依市中心医院对一个34周早产、出生体重仅1240克超低出生体重儿，实施脐静脉置管术，将管路通过脐静脉置入患儿下腔静脉，待X线显示导管位置正常后，由新生儿科护理团队进行桥接固定。经脐静脉置管、静脉营养输注及其他多项抢救措施，术后患儿生命体征稳定。这是中心医院首次实施新生儿脐静脉置管术，填补中心医院在该领域空白。

（李慧）

【神经外科内镜下脑内血肿清除微创新手术】 2021年1月，克拉玛依市中心医院对一名术前昏迷高血压脑出血合并脑肿胀患者，应用神经内镜下脑内血肿清除微创新手术，挽回患者生命，在神经外科团队精心救治下，患者两周多时间顺利出院。

（李慧）

【泌尿外科首用鹰眼软镜治疗肾结石】 2021年，克拉玛依市中心医院泌尿外科首用鹰眼电子软镜成功处理2例肾结石，其中一例为复杂肾盏憩室结石，术中用钬激光碎石及网篮取石环环相扣，一气呵成，手术全过程仅用45分钟即圆满完成。

（李慧）

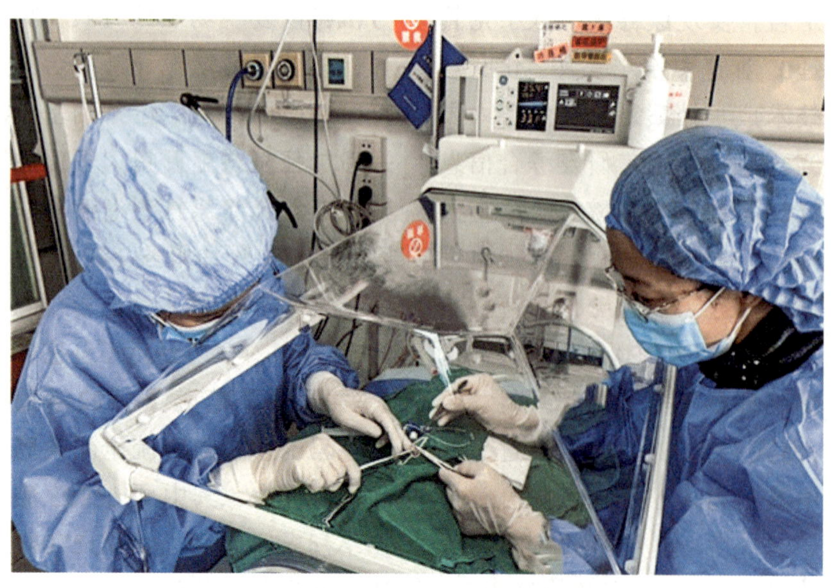

1月17日，市中心医院开展首例新生儿脐静脉置管术

（张珍珠　摄）

【神经外科团队双镜联合顺利开展小脑恶性肿瘤切除术】 2021年1月，克拉玛依市中心医院神经外科团队对一名58岁肺癌术后13年伴脑转移4年女性患者，采取显微镜联合神经内镜下行小脑肿瘤切除术，双镜联合，精准全切小脑肿瘤，并最大程度保护好脑组织。经过长达约6个小时奋战，成功完成手术，挽救患者生命。

（李慧）

【骨科中心成功开展新疆首例脊柱UBE/BESS内镜下融合手术】 2021年4月26日，克拉玛依市中心医院骨科中心为一名59岁腰椎间盘突出症伴椎管狭窄症患者，实施新疆首例脊柱UBE/BESS内镜下腰椎融合手术。患者术后第二天便能下床活动，原有症状术后立即消失。此次手术，填补自治区UBE/BESS技术空白，提高了医院脊柱微创诊疗水平。

（李慧）

【血液肿瘤科成功开展手臂输液港植入新技术】 2021年7月，克拉玛依市中心医院血液肿瘤科为一名67岁长期化疗需频繁静脉输液治疗女性肿瘤患者，实施在B超引导下植入手臂输液港,为她植入新的“化疗神器”。术程患者感觉良好，无任何不适，术后伤口敷料干燥，无渗血渗液，输液通畅，并择期完成化疗。

（李慧）

【医院获批设立国家级博士后科研工作站】 2021年，市中心医院获批设立国家级博士后科研工作站，实现克拉玛依市地方单位设国家级博士后科研工作站零的突破。

（李慧）

【通过国家卫健委医院信息互联互通标准化成熟度四级甲等测评】 2021年，克拉玛依市中心医院信息互联互通标准化成熟度经国家卫健委统计信息中心专家现场评审，通过四级甲等测评。医院信息互联互通标准化成熟度测评是一家医院信息化综合技术水平考核指标，也是三级医院等级评审和公立医院考核重要内容，通过四级甲等测评，标志着医院信息化水平达到全疆前列。

（李慧）

克拉玛依市人民医院（市中医医院）

【概况】 2021年，克拉玛依市人民医院（市中医医院）门诊648028人次，增长4.4%；出院10680人次，增长6.8%；完成门诊、住院手术5809台次，总体增长19.5%；其中三、四级手术1659台次，占住院手术56.8%。胃镜、肠镜检查3168人次，增长77%；病床周转24.76人次，增长0.7%；平均住院日7.93天，下降6.3%；急诊41723人次，下降4%；救治急危重690人次,下降2%；体检43866人次，下降27.4%。医疗总收入2.94亿,增长3.5%。

（鞠紫童）

【医疗、护理质量管理】 2021年，克拉玛依市人民医院（市中医医院）开展医疗质量与安全检查11次，死亡危重病人讨论15次，危重病人监管871人次，纳入临床路径病例8062例。医疗不良事件上报168例。制订《全院护士礼仪规范化培训方案》，举办礼仪培训班，开展了“展礼仪风采，秀天使英姿”展示活动。完成院内糖尿病、重症、精神心理、急诊专科护士培训，46人颁发专科结业证书。

（鞠紫童）

【特色专科建设】 2021年，克拉玛依市人民医院（市中医医院）重点学科建设取得新突破。医院精神康复中心，被自治区卫健委批复为自治区级重点学科。截至年末，医院有4个专业、9个科室被列为自治区级重点学科，克拉玛依市级重点学科2个，院级重点学科12个。内分泌代谢中心成功挂牌国家标准化代谢中心，成为国家标准化代谢中心省级管理中心，也是全疆唯一落户地州级医院的省级管理中心。截至年末，代谢中心入组患者1990人，糖化达标率由8%提升到50%，随访人群从30%提升到65%。

（鞠紫童）

【疫情防控】 2021年，克拉玛依市人民医院（市中医医院）落实院科组三级感控管理，根据专业及职称等要求配备5名专职人员。严格预检分诊制度，梳理完善预检分诊、发热门诊、核酸采集点等布局流程。全年接诊发热病人6137人，做到闭环管理。落实重点人群、重点环节管控，确保医务人员“零感染”。推进PCR核酸实验室能力建设，核酸检测能力达到每日6000管。全年抽调医务人员2288人次，完成26轮次、20余万人次核酸采样检测；抽调医护人员1700余人次，完成88632人次疫苗接种。

（鞠紫童）

【科研教学】2021年，克拉玛依市人民医院（市中医医院）内分泌代谢中心完成国家级重点项目1个，在研国家重点项目1个。内分泌代谢科、妇产科、针灸推拿科3个市级项目通过验收。疼痛科被授予“国家疼痛专业医疗质量控制中心新疆疼痛质量控制中心哨点医院”；妇产科被授予“区级危重孕产妇救治中心”；治未病科（中心）被授予“慢病（亚健康）中医健康管理规范化服务创建单位”称号。全年发表论文80余篇，SCI4篇，出版书籍5部，专利5项，核心期刊15篇。

（鞠紫童）

【三甲中医医院建设】2021年，克拉玛依市人民医院（市中医医院）对照评审专家提出的61条整改意见，完善各项制度建设，建立管理职责147个，岗位规范119个，诊疗规范806项，编印医院制度与岗位职责，下发各临床、医技、职能科室。制定三甲创建工作全年运行大表，明确各科室创建工作目标任务，按照评审条款逐月推进落实。对存在问题及时进行分析解决，多次邀请自治区专家到院指导。坚持每周开展迎评工作督导，每月1次迎评专项检查，落实检查整改问题，从而保证各项工作按照计划顺利推进。编制印发《三级甲等中西医结合医院创建应知应会工作手册》《医疗服务指南手册》和《员工手册》，利用每日行政早交班、下科室、专场应知应会等进行考核，开展了“学科建设课件评比”，对优秀课件进行了表彰奖励，以此来提升创建的氛围。2021年16个临床专业、54个中西医结合病种，优势病种逐年递增。优势病种占住院病人的比例达到66%，中医临床路径数增幅达到5006个，医院中西医结合治疗率达到86.1%，全院已有22个临床科室开展中医特色治疗项目69项。2021年度各学科相继开展腹腔镜下腹膜前腹股沟疝修补技术、治疗子宫出血的宫腔镜技术、闭式引流治疗糖尿病足、胃肠镜下治疗、缺血性卒中血管再通溶栓治疗、疼痛治疗中可视化超声技术、农疗康复、平衡针灸、五行针灸、腹骶四针、醒脑开窍、浮针、枯痔硬化技术等55项中西医类技术，充分发挥了中西医学科优势，促进中西医有机结合。

（鞠紫童）

【人才培养】2021年，克拉玛依市人民医院（市中医医院）全年提拔任用科室主任、副主任8名，护士长2名。面向社会公开招录8名专业技术人才，高校签订就业协议13人，10名合同制护理人员转为事业单位备案制员工，聘用医护人员31人。加大人才引进力度，引进成熟人才8名。发挥援疆专家学科引领和名医工作室“传帮带”作用，援疆专家带教项目7项，“一对一”培养青年骨干14人。举办医疗、护理知识竞赛活动，突出中医中药、中医护理特点。申报国家中医药继教项目1项，自治区级继教项目7项，市级继教项目16项，累计培训1800人次。截至年末，医院有中医类别医师131人，占执业医师62%，达到三甲中西医结合医院核心指标。

（鞠紫童）

【信息化建设】2021年，克拉玛依市人民医院（市中医医院）投入信息化建设资金750万元，成功上线9个信息系统。电子病历四级建设顺利通过自治区审查，同步启动电子病历五级建设工作。通过新医保接口程序改造，11月实现同国家医保平台顺利对接，诊疗服务和刷卡结算基本正常。电子票据首家试点，方便了患者。改造升级居民电子健康卡就诊功能，解决持三代电子医疗保障卡参保人员刷卡结算问题。对医院核心数据进行异地云备份，确保医院网络信息安全稳定。

（鞠紫童）

【援疆专家】2021年，克拉玛依市人民医院（市中医医院）有6位援疆专家从临床管理、科研教学、人才培养、发展规划等方面进行帮扶指导。10月，医院正式加入四川大学华西医院检验医学学科联盟；妇产科申报“自治区自然科学基金项目”；普内科申报自治区“少数民族特培项目”，牵头成立“心衰中心”。康复科与华西中西医结合科联合申报国家级继续医学教育项目“华西—新疆中西医结合治疗消化呼吸系统疾病诊疗技术提高班”。儿科开设新生儿门诊，牵头与妇产科、检验科协作，提升危重新生儿早期识别救治能力。

（鞠紫童）

【门诊服务】 2021年，克拉玛依市人民医院（市中医医院）新增专家、专病门诊18个，全年开展门诊多学科联合诊疗，方便门诊疑难杂症患者就医。推行诊间预约，调整医院公众号模块内容，开通微信住院充值、病历复印预约等功能。全年门诊患者满意度为96.79%，住院病人满意度为97.2%。

（鞠紫童）

克拉玛依市第二人民医院（康复医院）

【概况】 2021年，克拉玛依市第二人民医院（康复医院）门急诊255339人次；出院4238人次；住院手术1222台次；床位使用率50.82%；危重病人421；抢救成功率达93.04%；出诊1272次；平均住院日9.89天；药占比27.9%；远程会诊349例。康复指标：各类康复治疗278733人次；传统康复104748人次；物理因子26321人次；神经康复102882人次；骨伤康复13564人次；盆底康复1898人次；妇产科康复2412人次；儿科康复5021人次；疼痛康复13757人次；听视力康复1461人次；心肺康复5367人次；心理康复4582人次；古北康复站康复1302人次。

（蒋梅香）

【门诊服务】 2021年，克拉玛依市第二人民医院（康复医院）门诊病人预约人数197809人次（现场预约就诊160851人次，“96565”预约7963人次，诊间预约438人次，市民健康热线181人次，微信预约28216人次），双向转诊2人。投放共享手机充电宝、6辆共享轮椅、9张共享陪护床，开展微信、扫码机及手机自助结算等多种形式电子结算方式，开通10个门诊科室诊疗点诊间结算。

（蒋梅香）

【学科建设】 2021年，克拉玛依市第二人民医院（康复医院）组织召开学科建设会议12次，完成23个科室学科建设汇报申请。4月，成立肛肠外科门诊及病区，完成手术63台次；5月，成立安宁疗护病房，接诊患者17人次；5月16日，成立医院城西古北康复站、克拉玛依区残疾人社区康复站，全年承担克拉玛依区400余名残疾人康复治疗；7月，成立治未病门诊，运用中医体质辨

7月24日至7月25日，四川大学华西临床医学院30余位专家到克拉玛依，与市人民医院（市中医医院）共同开展“不忘初心·共谱新篇”医疗援疆系列学术活动 （张晗 摄）

识为患者制定个性化中医药健康保健方案，预防疾病发生发展；同时成立儿童专家门诊，填补医院对儿童哮喘、儿童康复专科门诊空白；10月，成立内镜中心，完善功能布局，优化诊疗流程，提升服务品质，接诊患者860人次；11月，成立老年病门诊及病区，发挥中医、康复、营养等学科优势，延伸老年病服务，提升老年病学科建设；12月，成立中医外治康复中心，打造艾灸、沙疗、纯中药治疗、中医物理治疗、疼痛康复一体化诊疗服务；提升妇科专科技术实力，开展新技术“超导在计划生育手术中的应用”，应用205人次、“LEEP利普刀”治疗宫颈病变50人次；拓展疼痛科新技术、新项目开展，开展PRP富血小板血浆技术、B超引导下疼痛治疗技术、射频、脉冲调节技术获得较好疗效；推进儿童康复中心工作运行，发挥4个功能室作用，对全市26名患儿进行康复治疗，并提供车辆免费接送等优质服务；加强对重症康复早期介入和质控标准，为成立重症康复科打下基础；按照“中国心脏康复及二级预防指南”实践心脏康复，全年完成康复检查治疗7956人次；建立医院康复辅具展示厅及辅具使用指导站，为残疾人辅具使用和评估、发放打下基础；举办中医护理适宜技术培训班，推广中医适宜技术开展；打造MDT（多学科协作团队）管理模式，推行医院肿瘤MDT、院感MDT、康复MDT等多学科综合治疗团队，为患者提供“一站式”服务。

（蒋梅香）

【对外合作】 2021年，克拉玛依市第二人民医院（康复医院）借助疆内外专家资源优势，发挥专家作用，全年开展五官科、外科、骨科、妇产科手术371台；大型义诊5场次。邀请沈阳肛肠专家袁和学到院坐诊、查房、手术，开展手术8台次；邀请上海养志康复医院（上海阳光康复中心）康复专家祁奇团队到院坐诊5天、查房8次、讲课7场次；邀请疆内外五官科专家董晓云、刘亚丽、李林、雍军到院坐诊、查房、手术，共计开展手术265台次；加大与自治区各医院医联体合作运行，与乌鲁木齐市中医医院签订医院医联体合作协议，成立名老中医“王多让工作室”。

（蒋梅香）

【康复护理】 2021年，克拉玛依市第二人民医院（康复医院）根据康复医院发展需要，逐步确立具有康复护理专科特色发展方向。全年开展PICC(经外周静脉穿刺后置入中心静脉导管术)穿刺置管17例，维护约388人次；成功完成3例中线导管在肿瘤晚期患者中的应用；VTE（静脉血栓预防）预防小组为住院患者进行Caprini（卡普里尼）评分表评估共计2902例；伤口造口管理小组上报高危患者99例，其中48例难免压疮，13例压疮院外带入；开展胃十二指肠镜、电子纤维肠镜检查治疗2840例、肠道水疗68例、血液光量子自体血回输治疗1809例、乳腺推拿治疗164例；建立中医护理适宜推进小组，各科室设置中医护理兼职护士，以疼痛康复科为中医护理人员推进试点科室，以点带面推进中医护理适宜技术，组织院内中医护理理论、技能强化学习培训；举办首届中医护理适宜技术培训班，邀请乌鲁木齐中医院邢金玲主任一行来院传授中医护理适宜技术。截至年末，共开展中医护理适宜技术6项。

（蒋梅香）

【三级康复医院建设】 2021年，克拉玛依市第二人民医院（康复医院）按照国家三级康复医院建设标准完成床位、场地、设备、科室及人员设置，各项管理制度、职责和临床诊疗指南及护理技术操作规程等已达到国家三级康复医院建设标准；全年召开创三级康复医院领导小组例会29次，对存在问题进行通报、督促限时整改；成立康复医疗质量与安全管理委员会，制定《三级康复医院评审应知应会手册》，修订各项管理制度和职责及应急预案和流程，组织对制度、职责、流程、应急预案、应知应会培训学习10余次，督导抽查400余人，完成督导整改20余次。截至年末，通过创建自评，已有18条达到A级核心条款，达标率40%；有10条达到B级核心条款，达标率62%；45条达到C级核心条款，达标率100%（按照评审标准，核心条款的完成已达标）。

（蒋梅香）

【科研新技术新项目】 2021年，克拉玛依市第二人民医院（康复医院）对各科室拟申报4项2021年科研立项项目，组织专家审核，确定3项为医院2021年度科研立项项目，其中两申报市级科研立项。医院各科室申报新技术新项目13项，7个项目确定为新技术新项目。

（蒋梅香）

【医院质量安全】 2021年，克拉玛依市第二人民医院（康复医院）修订完善医疗制度、应急预案220个，开展医疗法律法规、18项核心制度等相关法律法规培训40场，对科室医疗质量、运行病例进行检查，全年门诊病例质控240份，住院终末病历质控4390份，缺陷病历份111份；组织病例评比1次；定期开展医疗质量检查，印发《医疗质量简报》12期；组织参与各类应急演练20余次；外出医疗保障130余次；组织召开医疗质量各委员会会议4场次；定期组织开展护理质控督导检查，全年护理部检查质控检查问题18338条，问题数913条，整改898条，整改率98.35%。修订完善18项护理相关制度流程。参与护理行政查房9次，业务查房3次，教学查房3次、不良事件讨论3次、病历讨论3次。加强住院病区全封闭管理和疫情防控各项工作及规范陪护管理。

（蒋梅香）

【医保工作】 2021年，克拉玛依市第二人民医院（康复医院）按照自治区医保262项清单工作要求，开展自检自查5次，查处问题17项；每月定期督导检查，出问题10项；对各类检查查处的问题均进行整改落实。11月12日国家医保平台上线，完成慢病备案2300人次；组织医保法规及政策、国家药品目录培训7场次；完成“药品、耗材、价格”三大目录贯标工作，保障医疗工作正常运行；开展“清零行动”自检自查2次，反馈问题4项，完成书面整改上报；录入国家医保平台医保医师151人、护士183人，均全部赋码。

（蒋梅香）

【医院感染管理】 2021年，克拉玛依市第二人民医院（康复医院）建立完善医院感染防控体系，实现医院、社区感染防控一体化。全年组织医院感染防控理论知识培训42次，开展医院感染防控演练共计228次；督导检查128次，检查存在问题519条，整改完成512条，持续性整改7条。开展卫健委《医院感染监测规范》全部监测项目及医院感染风险评估，医院感染率低于全国感染水平。

（蒋梅香）

【药事管理】 2021年，克拉玛依市第二人民医院（康复医院）加强药品不良反应监测，全年上报药品不良反应81例；完善合理用药监控体系，开展药师处方审核、药物咨询、处方点评等药学工作，共点评处方17107张、抗菌药物处方4500张、住院病历270份、住院静脉用药医嘱审核28747条，共点评出问题347条；与中心医院合作开展建立“区域化审方中心”；开展SPD（药品配送延伸化服务）工作，实现与HIS（医院信息系统）、阳光采购平台信息对接。

（蒋梅香）

【惠民服务】 2021年，克拉玛依市第二人民医院（康复医院）进社区、企事业单位举办健康知识讲座31场次，完成克拉玛依营养学会2021年全民营养周各项活动；开展义诊、康复评估、残疾鉴定等工作40余次。开展门诊导诊、环境卫生等志愿服务232次，服务时长4955.7小时。

（蒋梅香）

【医疗援助】 2021年，克拉玛依市第二人民医院（康复医院）安排3名医务人员前往泽普县维吾尔医院与人民医院开展对口援医工作；接收泽普县学员10人到第二人民医院进修学习，帮助泽普县提升医疗技术实力。

【全民健康体检】 2021年，克拉玛依市第二人民医院（康复医院）为白碱滩及周边15家企事业单位参进行全民健康体检，共计11403人，其中80岁以上老人489人，入户体检覆盖15个社区、101户、106人。

（蒋梅香）

【公共卫生管理】 2021年，克拉玛依市第二人民医院（康复医院）全年网络上报传染病报告卡96张；腹泻病上报32份；运送腹泻标本26次；HIV（艾滋病病毒）院内检测病人数8880/7000人次，阳性1人次；AFP（急性弛缓性麻痹）门诊病人监测255346例，住院病人6985例，发生数为0例；发现活动性肺结核病人18例；5月1日，肠道门诊开诊，接诊腹泻病人1475人次。

（蒋梅香）

独山子人民医院

【概况】 2021年，克拉玛依市独山子人民医院床位编制470张，实际开放床位520张。全年实现医疗业务收入30976.2万元，门诊、住院收入中医疗服务收入6257.9万元，同比持平，健康服务收入5980.6万元，全年出院人次12669人，门急诊就诊量40.2万人次，互联网医院问诊量4520人；完成各类体检6.14万人次。

（张帆）

【疫情防控】 2021年，独山子人民医院全年接诊十大症状患者7759人，其中发热患者2499人；落实病区封闭管理，实行“逢进必检”，严格探视陪护管理。全年医院物表核酸采样5375管43234个点位，其中重点科室物表采样3441管25858个点位，进口器械采样904管8900个点位，进口药品1030管样8476个点位，培养结果全部阴性。全年抽调医护人员1750人次，出动救护车150次，配合上级做好新冠疫苗接种医疗保障工作，全年接种89804人次；抽调机关后勤和医护人员共计1950余人次，参与45轮石化公司、克职院、西宁路街道等全民核酸采集，采集56万人次。

（张帆）

【院感防控】 2021年，独山子人民医院配齐专职院感人员5人，制定《病区缓冲病房消毒隔离制度》等19个制度、应急预案。全年对照自治区疫情防控督导组对其他医院问题反馈484项，以点带面，采取现场督查和视频调取方式，排查院感风险294项，立查整改147项。开展手卫生依从性调查人数1.3万人次，洗手正确率达95%；在全院范围内举办“手卫生创意微视频大赛”，提升全员手卫生意识。

（张帆）

【质量安全管理】 2021年，独山子人民医院强化医疗质量安全管理，规范开展医疗技术，全年共开展9项限制性医疗技术。推进DRG、单病种及临床路径工作，上半年病案入组率99.93%，位列克拉玛依地区4家医院第二；CMI0.7917，位列全疆91家二级综合医院第二十七位。全年51个单病种中独山子人民医院涵盖44种，全年共上报1003例。2021年实施临床路径27个专业，171个病种，入径病人占入院病人71.21%，占出院病人71.15%，临床路径管理率68.83%，均达标。加强医疗事件管理，全年上报危急值845例，非计划再手术1例。严格用血管理，启用临床用血管理系统，确保用血实现闭环。

【业务拓展】 2021年，独山子人民医院组成医院学科体系，完成神经外科、妇产科、儿科、皮肤科病房搬迁，优化门急诊科室布局设置，方便患者就医。开设临床心理科，填补独山子重症精神障碍患者救治空白，实现严重临床心理患者和老年心理障碍患者无需转院在本地区就能享受专业化治疗。

（张帆）

【诊疗中心建设】 2021年，独山子人民医院推动胸痛中心、卒中中心、孕产妇救治中心规范化建设，胸痛中心通过自治区预审、国家专家网审，进入暗访和现场核查阶段。全年完成心血管介入手术786人次，同比增加39.86%；卒中中心各项指标向好，全年完成脑血管介入122例，同比增加6.08%。危重孕产妇救治中心严格执行孕产妇妊娠风险“五色”专案管理，全年分娩413例，同比下降23.2%；产后出血率2.67%，新生儿窒息1.61%，持续保持低水平；授牌为克拉玛依市区级危重孕产妇救治中心；危重新生儿救治中心全年收治各类高危新生儿188例，新生儿窒息13例，复苏成功率100%；授牌为克拉玛依市区级危重新生儿救治中心。标准化代谢性疾病管理中心（MMC）通过国家标准化代谢性疾病管理中心认证，准予揭牌，纳入管理251人。呼吸与危重症医学科规范化建设（PCCM）通过国家认证并授牌运行，全年支气管镜诊疗50例。临床心理、临床营养、颌面、血液、儿保、胸外等弱势专科采取多种方式推进业务启动和进步。日间手术规范开展，全年日间手术30个病种，共919例，占择期手术比34.34%。

（张帆）

【医疗援助】 2021年，独山子人民医院与华西医院骨科、自治区人民医院神经内科、自治区儿童医院、新疆医科大学一附院耳鼻喉、兵团总医院、石河子大学一附院耳鼻喉专家签订医疗合作协议，邀请专家定期到独山子人民医院开展手术、教学查房、疑难病例会诊、专家坐诊、业务讲座等学术活动。同时17个科室23个专业与疆内外上级医院签订49个专科医联体，强化协作专家帮扶，推动专科发展。

（张帆）

【业务培训】 2021年，独山子人民医院通过继续教育、外派学习提高员工业务水平。全年派外培训373人次，其中进修34人，短期培训339人次。加强疫情防控培训，各级各类培训考试348场，24433人次，其中院级及重点部门培训111场，9695人次；组织钉钉“云课堂”考试227场，参加人数13108人次；新冠远程培训10场，参加人数1630人

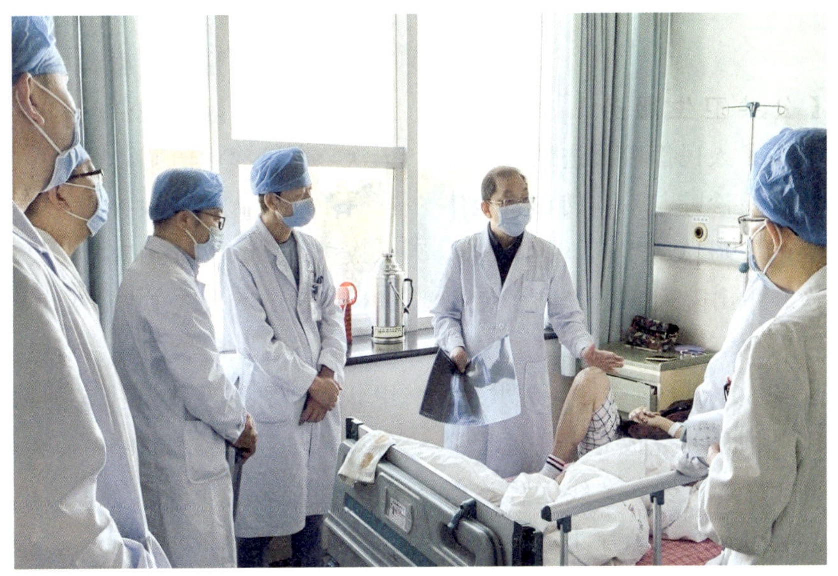

5月26日，四川大学华西医院骨科专家在独山子人民医院完成5例高难度膝关节转换手术（姜苗苗　摄）

次。组织各类院级技能竞赛9场次。完成医护人员“人民好医生”App注册，参加新冠系列培训2240人次。强化不同场景下疫情防控预演练，全年共开展各类应急演练477场次、4293人次参与。

（张帆）

【科研教学】2021年，独山子人民医院完成2018—2019年度院级科研项目、青年科技项目、品管圈44个项目验收评奖，品管圈2项在市级竞赛中获奖；同期组织21项科研开题审核、中期督导工作。申报2022年自治区“青年科技人才一乡村振兴”项目4项。完成独山子区科研结题1项，克拉玛依市级科研结题4项。2021年度发表核心期刊2篇，中华期刊壁报收录1篇，其他医学期刊66篇。

（张帆）

【公共卫生服务】2021年，独山子人民医院推进区域医联体分级诊疗与双向转诊，全年上转996人次，下转1825人次，占出院人数14.74%。专家常态化下沉社区坐诊156人次，服务591人次；实现资源共享，服务同质，完成心电图远程诊断12753人次，X线远程诊断14075人次。医疗小分队下基层入户工作常态化，开展入户慢病管理、医疗管路维护及康复、心理治疗733户，医护人员参与1273人次。

（张帆）

【健康服务】2021年，独山子人民医院成立“对企健康管理项目组”，完成“职业健康达人”评选标准制定，匹配10430名员工评选指标明细，分层赋分及遴选。启动全员“心脑血管猝死风险筛查”项目，完成9466名员工问卷筛查、数据建模，启用“宝石花健康管理平台”，完成体检数据导入、平台模块功能测试、9466名员工在线激活等工作。

（张帆）

克拉玛依市第三人民医院

【概况】2021年，克拉玛依市第三人民医院接诊患者23593人次。其中门急诊接诊20227人次，抢救72人次、院前急救183次，中医科接诊患者2372人次，发热门诊筛查接诊944人次。全年诊疗辅助常规检验、检查13268人，放射检测8553人次（其中CT检查1768人次、DR检查6755人次），腹部常规、泌尿系统、妇科、产科、阑尾、甲状腺、乳腺及皮下浅表肿物等多普勒超声检查7859人次，收治住院患者134人次（其中急危重症28人次）。

（史思宏）

【学科建设】2021年，克拉玛依市第三人民医院优化科室建设，先后成立检验科、药剂科、院感科等专业科室，完成中药、西药房改造。先后开设综合病区、手术室等临床科室，设立病床40张。手术室已具备开展清创缝合术、肌腱吻合术、浅表肿物切除术、四肢骨骨折内固定装置取出术、阑尾切除术等临床手术业务（腹腔镜手术除外），已开展手术数10台次（清创缝合、浅表肿物切除等）。胃肠镜室建设基本完成。完成核酸采集点改造，将医院楼体B区一楼改造成新冠疫苗接种点，自4月投入运行以来，完成全区新冠疫苗接种29716剂次。

（史思宏）

【疫苗接种】2021年，克拉玛依市第三人民医院共接种疫苗32335剂次，其中常规免疫疫苗772剂次，非常规免疫疫苗1651剂次，新冠疫苗接种29716剂次，儿童脊髓灰质炎及麻疹补充疫苗接种196剂次。

（史思宏）

【教育培训】2021年，克拉玛依市第三人民医院组织全院医务人员开展业务理论知识和操作技能培训。通过远程授课、现场讲座、技能比赛、专家授课等多种方式开展教育培训，累计培训134场次，培训人数达7100人次。完成2021年克拉玛依市继续医学教育申报项目培训工作4项，开展疫情防控多脚本演练55场次，演练参与人数825人次，完成年终医护理论知识考核42人，均合格。

（史思宏）

【义诊活动】 2021年，克拉玛依市第三人民医院联合市级各家公立医院先后开展“优质服务基层行”“服务百姓健康行”“家庭医生进万家，签约服务你我他”“送医下乡伴您健康”“中秋服务百姓健康基层行”等大型义诊志愿服务活动7场次，受益群众300余人次。

（史思宏）

【公共卫生服务】 2021年，克拉玛依市第三人民医院完善城乡居民健康档案，乌尔禾区常住居民档案2244份，已建档2426份，建档率达110.4%；动态记录档案1387份，档案使用率61.80%。加强慢性病管理，建立慢性病非传染性疾病专项健康档案287人，并全部纳入管理；其中高血压211人，管理率94.79%，控制率92.89%；糖尿病76人，管理率92.11%，控制率78.95%；并对慢性病人进行分类管理、健康指导。开展健康教育，深入柳园社区和乌尔禾镇开展现场健康咨询活动11次，参与健康咨询活动共计250余人，专题宣传日活动16场，发放宣传资料25种，累计发放3000余份；播放健康教育宣传片23种，播放时长累计达541小时；制作健康教育宣传栏10块；参与个体化健康教育人次累计353人次。做好妇幼保健，持续加强对孕产妇、儿童健康管理工作，做好儿童的“4·2·1”体检（四个月、半年、一岁三个阶段）。2021年孕产妇保健系统管理26人，建卡26人；新生儿管理12人，新建卡12人，体检144次，幼儿园健康体检276人。开设“孕妇小课堂”，促进孕产妇健康教育，提高生育质量，降低出生缺陷率。强化健康监测，全年已完成体检13572人，包括全民健康体检1221人次、职工体检379人，特种体检883人，学生体检1525人，其他体检6789人；包虫病筛查2775人次。开展家庭医生签约服务宣传活动7次，家庭医生团队上门服务420人次，门诊宣传126人次，截至年末，全院管理重点人群635人，已家庭医生签约服务签约635人，签约率100%，一般人群已签约100人，签约率100%。

（史思宏）

4月30日，市第三人民医院医生深入牧区开展“我为群众办实事”实践活动 （第三人民医院 供图）

其他医药机构

【新疆国医堂克拉玛依医院】 2021年，新疆国医堂克拉玛依医院设有科目口腔科、内科、妇科专业、外科、超声诊断专业、临床化学检验专业、临床体液、血液专业、中医科、内科专业、推拿专业、针灸专业、康复医学专业。有执业医师17人、护士24人，全年接诊患者5150人次。

（郝巧云）

【克拉玛依友好医院】 2021年，克拉玛依友好医院有主任医师4人、副主任医师12人，初、中级医务人员60余人。全年门诊接诊患者65123人次，体检1.69万人次，获锦旗11面。

（马千惠）

【克拉玛依深蓝医院】 2021年，克拉玛依深蓝医院是克拉玛依市唯一一家以“医养结合”模式开设的一级综合医院，设内科、外科、中医康复门诊、输液大厅、急诊、临终关怀、超声诊断、医学检验科、放射科等科室。有员工8人，其中主任医师1人、副主任医师1人、药剂师3人、护士3人。实施“医养结合”养老服务模式，为老人提供生活护理、健康检查、疾病诊治、中医康复等医疗康复保健服务；全年接诊患者4971人次。

（武晶）

【克拉玛依顺康康复医院】 2021年，克拉玛依顺康康复医院是一所集医疗、康复、理疗为一体的一级康复医院。设康复医学科、老年病科、中医内科、中医康复医学科、中医推拿科、中医针灸科、中医肛肠科等临床专业科室7个，配备各类中小型仪器20台，有开放病床20张。有员工43人，其中高级职称5人，中级职称4人，初级职称15人，专业技术人员6人。全年接诊4.3万余人次。

（张玲华）

【克拉玛依诚裕慈惠健康管理体检中心】 2021年，克拉玛依诚裕慈惠健康管理体检中心主要开展健康体检、职业体检、妇科体检等。设内科（呼吸内科专业、消化内科专业）、外科，妇科，眼科，耳鼻喉科，口腔科，中医科，职业病科，健康体检科，X线诊断专业、医学检验科（临床体液、血液专业、临床生化检验专业、临床免疫、血清学专业），医学影像科（超声诊断专业、心电诊断专业）。配备各类中小型仪器50台，有员工39人，其中卫生技术人员34人。全年接待体检2万余人次，发现恶性肿瘤患者7人，上报疑似肺结核1人。参加自治区临床检验中心室间质控活动，上报项目全部达标。开展重要阳性结果预警及随访工作，1300人受益；获医疗机构等级评定A级。

（张宁）

【克拉玛依克城医院】 2021年，克拉玛依克城医院设内科（消化内科、呼吸内科、心血管内科）、妇科、儿科、外科（普通外科）、中医科（内科、妇科、针灸、推拿、康复）、医学影像（超声及心电诊断）、医疗美容科（美容外科一级）、医学检验（临床血液、体液、临床生化）、口腔科诊断治疗9个科室，有门诊床位20张。全年门诊接待患者1.9万人次。

（周泽昊）

【克拉玛依汉唐康复医院】 2021年，克拉玛依汉唐康复医院设诊疗科目有康复医学科、运动医学科、中医内科、针灸推拿专业、康复医学专业、医学检验科、医学影像科（超声诊断专业），有床位20张。有员工34人，其中副主任医师1人、主治医师3人、执业药师1人、护士2人、康复治疗技术人员9人；初级技术职称7人、中级技术职称1人、助理医师1人。全年门诊接待患者17977人次，为辖区居民开展院感培训、健康教育37次，提供义诊服务3次。

（龚晓芳）

【克拉玛依仁爱中医医院】 2021年，克拉玛依仁爱中医医院是一所集医疗、预防、保健、康复、理疗为一体的综合性中医医院。设内科、中医科、中医康复医学科、中医推拿科、中医针灸科、妇科、口腔科、口腔CT科、医学影像科、医学检验科等10个临床专业科室，配备各类中小型仪器31台，有开放病床20张。有医务人员30人，其中高级职称5人、中级职称4人、初级职称15人、专业技术人员6人。签订克拉玛依区残疾人精准康复服务协议，全年为残疾人实施精准康复治疗800余人次；先后在向阳北小区、银河小区、园林小区、西月谭小区开展义诊活动，3000余人次受益；全年门诊接待患者9000余人次。

（李春琳）

【克拉玛依希望医院】 2021年，克拉玛依希望医院是集"医疗、保健、预防、康复指导"于一体的一级综合性民营医院。设内科、外科、妇科、口腔科、中医科、理疗科、体检科、检验科、B超室、心电图室、放射影像科等科室。有医护人员52人；成立体检中心，开展入职体检、职工健康体检、从业人员健康证体检、驾驶员考换证体检；全年门诊接待患者5.46万人次。

（李霜霜）

【神州中医医院】 2021年，神州中医医院是以中医为主的一级民营医院。设中医科（内科、针灸科、推拿科、康复医学专业）、妇科、外科、超声医学科、检验科等科室，有床位20张。有员工30人，其中卫生技术人员16人；全年接诊患者9860人次。

（吴秀琴）

【克拉玛依人和中西医结合医院】 2021年，克拉玛依人和中西医结合医院设中医科、中西医结合科、内科、外科、妇科、儿科、口腔科、中医针灸医学影像科、检验科、康复理疗科、医学影像科、检验科及住院部，有床位20张。7月，纳入新疆油田公司医保、克拉玛依市医保定点医疗机构服务。全年接诊患者3000余人次。

（吕梓涵）

【国药集团新疆新特克拉玛依药业有限公司】 2021年，国药集团新疆新特克拉玛依药业有限公司下设零售药店4家，有职工96人，其中各类专业技术人员24人、执业药师15人、从业药师1人。全年首营企业供应商51家，新增客户30家，首营药品625种，中药饮片237个，医疗器械127个，其他类69个，维护基础信息6117条；落实药品验收管理工作，严把药品入库关，完成药品验收任务129597批次，因破损、包装变形等原因拒收药品107批次；开展药品养护管理工作，养护药品48775批次。举办各类员工培训114期8909课时，2123人次参加。实现销售24006万元，利税总额892万元。

（曹龙燕）

【国药控股国大药房新疆新特药业连锁有限责任公司克拉玛依分公司】 2021年，国药控股国大药房新疆新特药业连锁有限责任公司克拉玛依分公司有连锁药店63家，分布在克拉玛依区、白碱滩区、独山子区、乌尔禾区及塔城地区；有员工256人，其中专业技术人员65人、医学专业159人。全年销售额近1亿元，纳税388万元。

（李艳蕾）

城镇居民可支配收入

【居民收入概述】 2021年，克拉玛依市城镇居民人均可支配收入51736元，较上年同期增长10.2%，增速较上年同期加快6.6个百分点。从四项收入看呈全面上涨态势，其中工资性收入37859元，增长10.0%；经营净收入2673元，增长17.8%；财产净收入1453元，增长13.8%；转移净收入9752元，增长8.3%。

（克拉玛依调查队）

2021年克拉玛依市城镇居民人均可支配收入一览表

表10

指标名称	单位	本年（元）	上年（元）	比上年±	增幅（%）
可支配收入	元	51736	46963	4773	10.2
一、工资性收入	元	37859	34408	3451	10.0
二、经营净收入	元	2673	2270	403	17.8
三、财产净收入	元	1453	1276	177	13.8
四、转移净收入	元	9752	9009	743	8.3

【工资性收入加快增长】 2021年，克拉玛依市城镇居民人均工资性收入37859元，同比增长10.0%，增速较上年同期加快6.1个百分点，占可支配收入的比重为73.2%，拉动可支配收入增长7.37个百分点，是保障可支配收入增长的主要动力。克拉玛依作为能源型城市，工资收入是居民收入的主要来源。2021年以来国际油价持续冲高，新疆油田公司加快上产，加之工资性收入政策性调整拉动。吸引投资，完成全年招商引资任务，推动经济转型提升和高质量发展，促就业和岗位开发，稳定就业市场。就业结构持续优化，就业质量不断提升，各项减负稳岗促就业民生政策的落地见效，职业技能提升行动专项资金效能的发挥，高校毕业生稳定就业工作的推进，保障工资性收入稳定增长。最低工资标准提高兜底保障工资性收入增长，消费市场恢复性增长，其他雇员类收入增幅较大。2021年，城镇居民按月发放的工资增长12.5%，不按月发放的奖金津贴过节费等增长49.0%。来自单位的防疫物资保障及与疫情防控相结合的食堂就餐规则的调整等拉动实物福利同比增长26.5%。公积金缴纳政策的调整及部分行业上年收入的下降拉动住房公积金缴存金额下降10.4%。

（克拉玛依调查队）

【经营净收入快速增长】 2021

年，克拉玛依市城镇居民人均经营净收入2673元，同比增长17.8%，占可支配收入的比重为5.2%，拉动可支配收入增长0.86个百分点，增速居四项收入之首，但尚未恢复至疫情前水平。在疫情防控常态化背景下，克拉玛依市政府推动促消费政策落地落实，优化营商环境，鼓励自主创业，积极发展假日经济，不断丰富夜间消费，创新消费模式，发展电子商务，精准布局线上消费新渠道，带动第三产业恢复增长。大力发展旅游业，在国外疫情不断反复，国内零星爆发的背景之下，自治区游、周边游、本地游等成为节假日主流出行方式。克拉玛依以此为契机，大力发展本地旅游业，着力打造文旅品牌，推出“西部乌镇”、影视城、房车基地等，吸引本地及周边游客。“独库公路”更是在抖音爆红，吸引自驾旅游爱好者，促进克拉玛依旅游市场快速升温，带动消费市场复苏。

【财产净收入增长】 2021年，克拉玛依市城镇居民人均财产性收入1456元，同比增长14.1%，占可支配收入的比重为2.8%，拉动可支配收入增长0.38个百分点，财产性收入在可支配收入中的占比最低，但增长潜力巨大。2021年股票市场表现良好，A股市场全年涨幅4.8%，居民红利收入实现稳步增长。精准防控见实效，人员流动恢复，楼市价格稳中有升，房屋虚拟租金同比增长2.2%，房屋出租市场回暖，出租房屋净收入同比增长9倍。同时居民投资理财意识的不断增强，拉动利息净收入增长。

【转移净收入稳定增长】 2021年，克拉玛依市城镇居民人均转移性收入9752元，同比增长8.3%，占可支配收入的比重为18.8%，拉动可支配收入增长1.59个百分点。转移净收入在可支配收入占比位居第二，在拉动可支配收入持续增长中起重要支撑作用。养老保险制度更加完善，老龄补助发放到位。2021年，城镇企业人员养老金第十七次上调，机关事业单位退休人员第六次同步上调，并补发1—6月的本年增长部分，拉动养老金或离退休金同比增长8.9%。失业保险金标准的上调，实现每人每月在现行基础上每档上调206元，拉动其他经常转移收入增长。2021年，克拉玛依市政府加大各项补贴力度，其中城乡低保标准从每人每月500元调整为750元。疫情防控常态化下，为居民免费提供核酸检测及新冠疫苗注射，拉动政策性生活补贴翻倍增长。为外来务工人员及困难群体开展慰问及物资发放，带动实物产品和服务折扣快速增长。

（克拉玛依调查队）

居民消费价格指数

【消费概述】 2021年，克拉玛依市居民消费价格累计同比上涨2.1%，相较2020年同期涨幅扩大0.6个百分点。其中食品价格下降1.0%，非食品价格上涨2.8%；消费品价格上涨1.6%，服务价格上涨2.9%。全年CPI运行平稳，物价继续在合理区间运行。居民消费八大类累计指数呈“六涨二降”态势，其中“六涨”为其他用品和服务价格上涨1.4%，食品烟酒价格上涨0.1%，衣着价格上涨1.1%，居住价格上涨4.3%，交通通信价格上涨5.1%，医疗保健价格上涨5.4%；“二降”为生活用品及服务价格下降0.4%，教育文化和娱乐价格下降2.3%。

（克拉玛依调查队）

【鲜菜价格指数】 2021年，克拉玛依市全年鲜菜价格指数为97.6%，累计下降2.4%。鲜菜价格变动主要原因是1—3月气温偏低，鲜菜以外地调运为主及本地大棚蔬菜补充供应，运输、保鲜成本增加，损耗增加，叠加鲜菜保质期较短，缺乏库存，加之春节过年居民消费需求上升，部分鲜菜价格出现不同程度的上涨；7—9月夏季气温不断上升，气温适合鲜菜生长，鲜菜大量上市，供应过多，部分价格下降，鲜菜主产区正值春、夏换茬期，且高温天气不利于鲜菜的生长，叶菜不易长期保存，容易发黄、坏，且储存成本高等，鲜菜运输和销售过程中各种损耗增加，导致成本费用增加，拉动部分鲜菜价格上涨；10月内地部分鲜菜种植地区受降温降雨影响严重，导致上市量有所减少，农资价格上涨增加生产成本，油价上行异地运输成本增加，并且10月处于夏季鲜菜下市、秋冬菜尚未大量上市的青黄不接时期，导致鲜菜价格大幅上升；11—12月鲜菜供应充足，价格有所回落。

（克拉玛依调查队）

【畜肉类价格指数】 2021年1—12月，克拉玛依市畜肉类价格累计同比下降4.8%。其中，猪肉价格下跌34.1%，影响居CPI下降约0.35个百分点。猪肉价格下跌主要原因：一是生猪稳产保供政策落实，生猪产能不断恢复，养殖企业在价格下跌后抛售肥猪，短期内肥猪出栏量明显增加，供应量大幅增加，价格大幅回落；二是入夏后肉类消费需求季节性偏弱，居民消费重点转向大量上市的新鲜应季瓜果、蔬菜、淡水鱼等，替代性消费凸现；三是政府投放储备猪肉，抑制肉价上涨，2021年元旦、春节、国庆等重大节日前夕克拉玛依市下辖4个区投放政府储备猪肉，价格低于市场价，进一步抑制了猪肉价格持续上涨。2021年牛肉价格累计同比上涨4.0%，羊肉上涨2.7%，牛肉价格均在75元/千克以上，羊肉价格在67元/千克以上。牛、羊肉价格居高不下主要原因是养殖成本有所增加，人员紧缺，人员工资、防疫消杀、玉米苜蓿饲草料等各项成本上涨明显；大多数小型养殖户均因资金不足及养殖周期长、资金回笼慢等原因无法扩大养殖规模，无法享受到政策优惠及补贴。政府于元旦、春节、古尔邦节、国庆节前夕投放储备牛羊肉，对平抑牛羊肉价格取得明显效果。

（克拉玛依调查队）

【鲜瓜果价格指数】 2021年，鲜瓜果价格指数为94.2%，累计下降5.8%。鲜瓜果价格变动原因：鲜果市场供应充足，多种水果如苹果、葡萄、橙子、梨、桃等可供选择的品种繁多，同时夏季和冬季内地应季水果大量上市，物流运输畅通，鲜果价格下跌。

（克拉玛依调查队）

【居住类价格指数】 2021年，居住类价格上涨4.3%。其中私房房租和自有住房价格分别上涨5.0%和4.3%。主要是学校周边学区房受青睐，购房租房多，房源紧张，同时原材料、装修、人工等各类成本上升，房屋买卖多、出租少，租住房源紧张，助推房屋租金上涨。

（克拉玛依调查队）

【交通和通信类价格指数】 2021

2月6日，商户在市九鼎农贸批发市场的水果销售区卸货摆摊

（刘哲　摄）

年，交通通信类价格累计上涨5.1%。本年度疫情防控形势较好，飞机航班恢复到正常水平，飞机票价格同比上涨1.9%；受国际原油价格变动影响，克拉玛依市汽油和柴油价格同比分别上涨18.1%和19.7%，从而拉动交通通信价格总体上涨，成为全年物价上涨的主要因素之一；手机更新换代带动电话机价格同比上涨17.3%；市邮政管理局上调疆内外邮政快递资费，邮递服务价格上涨10.1%。全年国内成品油共25次调整，呈现出“15涨6跌4搁浅”格局，成品油价格涨多跌少，价格始终高位运行。克拉玛依市汽油、柴油价格累计同比分别上涨18.1%和19.7%。

（克拉玛依调查队）

【医疗保健类价格指数】 2021年，克拉玛依市医疗保健类价格同比上涨5.4%。其中医疗服务价格上涨8.0%。医疗服务价格上涨主要是克拉玛依市人民医院（中医医院）升级为三级中西医结合医院，医疗服务价格由二级调整为三级。

（国家统计局克拉玛依调查队）

婚姻殡葬

【婚姻登记】 2021年，克拉玛依市落实《中华人民共和国民法典》有关规定，落实冷静期等有关要求。开展婚姻登记领域信息化提升工作。争取市本级福彩公益金3.6万元为各区婚姻登记处配备高拍仪，于4月按时启用全国婚姻登记信息管理系统。深化婚姻登记领域“放管服”改革，于12月1日起在全市实现婚姻登记“市内通办”，满足群众对婚姻登记便捷化需求。全年办理结婚登记1637对，离婚登记598对。

（于浏艺）

【殡葬服务】 2021年，克拉玛依市全年共处理遗体1992具。开展疫情防控、环境监测工作；火化炉安装完成，已试炉。

（于浏艺）

区划地名

【第二次全国地名普查工作】 2021年，克拉玛依完成第二次全国地名普查数据库完善工作，对问题数据进行修改，并添加2014年以后新增地名。向自治区上报《中华人民共和国标准地名大词典（新疆卷）》克拉玛依词条，指导各区修改完善《中华人民共和国标准地名志》市属词条释文，完善地名词典第二至第八部分编纂工作并向自治区上报。完成第二次地名普查成果转化及“记忆之城”地名文化建设工作。

（于浏艺）

【边界管理】 2021年，克拉玛依市完成全市12条地州界、2条区界巡检工作，维护24块界桩和标志物。组织各区对行政区域界线纠纷隐患进行排查。对2021年度市辖区“平安边界”进行了命名。

（于浏艺）

【行政区划调整】 2021年，克拉玛依市完成克拉玛依区与白碱滩区行政区划调整工作。将高新区位于克拉玛依区的37.46平方千米行政区域调整给白碱滩区管辖，界线由原“金龙大街—克白行政界线”调整为“217国道—金石街—奎北铁路—克白行政界线”，其他界线保持不变。

（于浏艺）

【地名管理】 2021年，克拉玛依市召开七次地名专家论证组会议，对6个居民点和21条道街路名称、16个建筑物、1座桥梁、1处公园进行命名，并对2个地名名称和2条道路名称进行更名处理。完成了《克拉玛依市城区图》《克拉玛依城市地图集》定稿工作。（于浏艺）

社区建设

【社工人才培养】 2021年，克拉玛依全市共有107个社区，有社区工作人员2674名；截至年末共有730人考取全国社会工作者职业水平证书，其中助理社会工作师481人、中级社会工作师249人。

（于浏艺）

【社区减负】 2021年，克拉玛依市推进基层减负增效，构建基层群众性自治组织出具证明工作的规范化制度体系和长效机制。落实社区（村）工作准入制度，严把社区工作事项“入口关”，做到“权随责走、费随事转”。深化自治区“基层一张表”专项改革试点工作。已在全市112个社区（村）推广使用建设基层减负“一张表”信息管理系统，从根本上减轻基层数据“共享难”“重复录”“报表繁”“多头报”等负担。依托“一张表”系统，开发老龄事务、儿童福利等模块，提高社区居民公共服务信息化水平，推动社区回归主责主业，实现减负不减责、减负不减效。克拉玛依市基层减负“一张表”信息管理系统获得国家信息中心举办的全国第一届新型智慧城市创新应用大赛二等奖。

（于浏艺）

【城乡社区（村）治理】 2021年，克拉玛依市规范全市居（村）民委员会建设，规范录入新一届居（村）民委员会信息，为112个居（村）民委员会换发基层群众性自治组织特别法人统一社会信用代码证书。推进社区、社会组织、社会工作者、社区志愿者和社会慈善资源“五社联动”机制建设，完善基层民主协商制度，牵头制定《克拉玛依市推进“五社联动”机制建设工作方案》。推进城乡社区治理，构建基层党组织领导、基层政府主导的多方参与、共同治理的城乡社区治理机制，推动各社区（村）严格落实“四议两公开”决策制，创新楼宇理事会、“民情恳谈会”等议事方式，因地制宜开展群众说事、民情恳谈、百姓议事等活动，实现政府治理和社会调节、居民自治良性互动。

（于浏艺）

【社区（村）“两委”换届选举】 2021年，克拉玛依市完成社区（村）“两委”换届选举工作，选举产生结构优、能力强、素质高、作风好、群众满意新一届社区（村）“两委”班子。此次换届，全市社区直选、户选率达100%，社区（村）党组织党员参选率97.16%，居（村）民委员会选民参选率99.98%，党组织候选人平均得票率达99.76%，居（村）民委员会候选人平均得票率99.50%。本次社区（村）“两委”换届共选举产生1582名社区（村）干部（含专职专选、不占职数467名），党员917人（占班子成员的57.96%），少数民族342人。112个社区（村）村党组织和居（村）民委员会交叉任职295人，交叉任职比例26.5%。全市112个社区（村）整体实现“三升两降”，即新一届“两委”班子成员大专及以上学历占比95.33%，提升16.34%；社区、村“一肩挑”比例100%、80%，分别提升46%、40%；社区、村妇女比例82.31%、62.49%，分别提升24.3%、26.8%；平均年龄36岁，下降2岁；未出现信访案（事）件，下降100%。做到“两全两高”，即宣传教育发动全、选民登记工作覆盖面全、居（村）民参选率高、新一届班子成员得赞成票率高。每个社区（村）“两委”中均有1名35岁以下年轻干部兼任团支部书记，1名妇女干部兼任妇联主席。全市16名选调生按要求全部进入“两委”。从选举结果来看，此次社区（村）“两委”换届选举实现组织意图与群众意愿相统一，为全市社区（村）发展建设提供组织保证和人才支持。

（于浏艺）

【“社工+义工”志愿服务】 2021年，克拉玛依市争取上级资金145万元，支持6个街道（乡镇）开展社会工作服务站试点工作，采取“社工+义工”模式，围绕群众需求和诉求，通过实施专业社会工作服务项目，带动更多社区社会组

11月29日，石油工人社区党群服务中心，克拉玛依区乐龄社会工作服务社的社工陪老人学剪纸　　（李浩然　摄）

织和居民骨干参与到社区服务中来，提升居民参与自治积极性。截至年末，在全国志愿服务信息系统中注册的志愿团体有484个、实名注册志愿者89972人。

（于浏艺）

社会组织管理

【概况】 2021年，克拉玛依市依法登记社会组织共有264家。其中社会团体164家（市本级115家、各区49家）、社会服务机构97家（市本级23家、各区74家）。备案社区社会组织524家，其中克拉玛依区374家、白碱滩区55家，独山子区95家。慈善组织3家：市慈善总会（取得公开募捐资格）、市红十字会（取得公开募捐资格）、市至善社会工作服务中心。成立以市委常委为总召集人，市民政局党组书记为召集人，市委、市政府33家单位为成员的克拉玛依市社会组织管理工作联席会议制度，制定《克拉玛依市社会组织管理联合执法机制实施方案》《克拉玛依市社会组织资金监管机制实施方案》。

（于浏艺）

【公益服务】 2021年，克拉玛依市动员社会组织投身乡村振兴，全年有2家社会组织参与巩固脱贫攻坚和乡村振兴项目2个，累计捐助各类物品、资金总计78.8万元，开展各类活动400场次，受益群众近5万人次。

（于浏艺）

【社会组织年检】 2021年，克拉玛依市对206家社会组织进行2020年度检查，委托第三方会计师事务所对市级10家社会组织开展2020年度财务抽查审计工作。开展“僵尸型”社会组织专项整治行动，对有名无实、名存实亡“僵尸社会组织及时清退”，启动撤销程序，全年行政撤销14家社会组织。

（于浏艺）

【打击非法社会组织】 2021年，克拉玛依市开展打击非法社会组织专项行动，成立以民政局为牵头单位，市委宣传部、政法委、网信办，市教育局、文旅局等16部门为责任单位的打击整治非法社会组织专项行动机制。宣传和普及打击整治非法社会组织相关政策，打击范围、鉴别方法和举报方式，克拉玛依市共收到举办线索3条（其中不属于非法社会组织线索2条），依法取缔非法社会组织1家。

（于浏艺）

【规范行业协会商会收费】 2021年，克拉玛依市开展规范行业协会商会收费工作，全市共有行业协会29家、商会13家。联合市市场监督管理局、市工商联，对全市42家行业协会商会进行实地检查，对18家行业协会商会就费用超过4级、未及时变更住所、法人等问题发布整改通知，并已全部整改完成。开展“我为企业减负担”活动，动员行业协会商会商户减免、降低会费，合计金额161.84万元。

（于浏艺）

【等级评估】 2021年，克拉玛依市开展2021年度社会组织等级评估工作，全年共有20家社会组织参加评估，其中获评AAAA级的6家、AAA级的9家、AA级的3家、A级的2家。

（于浏艺）

【提供社会服务】 2021年，克拉玛依市引导、支持社会组织参与基层治理、提供社会服务。共申报2021年中央财政支持社会组织参与社会服务项目5个、中央集中彩票公益金支持社会工作和志愿服务项目6个，争取到支持资金117万元。

（于浏艺）

【党组织建设】 2021年，克拉玛依市落实社会组织党组织党费返还政策。对13家社会组织2020年7—12月收缴的党费9760.4元进行全额返还。施行党组织设立与社会组织登记注册同步审批，党建工作与社会组织年检同步评价，党组织变更与社会组织换届同步开展。推动党建入章，修订社会组织章程示范文本，支持把党组织建设写入章程。加大党建工作在社会组织等级评估中占比，凡党建工作不合格社会组织，一律不得评定为AAA级以上等级，不得享受政府职能转移和购买服务。实地走访，摸清社会组织党建基本情况，核对基础台账，实行动态管理。推进“两个全覆盖”，巩固党建工作成果。截至年末，市社会组织综合党委有2个党支部，1个单独，1个联合；共有党员13人，其中转正2名预备党员，确定1名入党积极分子。

（于浏艺）

退役军人事务

【概况】 2021年以来，市退役军人事务局深入学习贯彻习近平总书记关于退役军人工作重要论述和批示精神，提高政治站位，强化使命担当，在“稳定工作、体系建设、政治引领、双拥共建、服务保障、宣传引导”六项重点任务上持续用力，确保退役军人工作方向不偏，重心不移，全面做好退役军人思想政治、就业安置、服务保障、教育管理、权益维护等各项工作，全市退役军人事务系统组织管理、工作运行、政策制度体系进一步建立健全，退役军人和其他优抚对象的获得感、幸福感、荣誉感不断增强。

【优待抚恤】 2021年，克拉玛依市为全市重点优抚对象发放抚恤金567.53万元，为优抚对象缴纳城乡居民基本医疗保险费19.11万元，发放义务兵家庭优待金145万元，发放立功受奖奖励金36.88万元。全年累计发放优待抚恤金768.52万元。

（裴延基）

8月1日，家住克拉玛依区银河街道苑泉社区的退役军人翟进发（左一）写下“军旗飘扬　钢铁长城”8个大字，向建军节献上祝福

（仲昊　摄）

【退役士兵安置】2021年上半年，克拉玛依市接收并安置2020年度秋冬季和2021年春季退役士兵、转业士官，支付自谋职业一次性经济补助253万元。2021年下半年，克拉玛依市接收并安置2021年度秋冬季退役士兵，支付自谋职业一次性经济补助332万元。

（裴延基）

【双拥共建】2021年，克拉玛依市协调解决驻市部队子女入学、军属就业等“三后”问题30余个，配合教育部门出台关于现役军人子女入学优待办法。在“七一”建党百年之际开展“老兵永远跟党走”主题活动，发放10.9万元慰问品。“八一”前夕，走访慰问驻市部队和退役军人，发放慰问品。截至年末，克拉玛依市先后五次获“全国双拥模范城”荣誉称号。

（裴延基）

【褒扬纪念】2021年，克拉玛依市为荣立三等功和获得“优秀士兵”“优秀军官”荣誉的现役军人发放奖励金共计36.88万元；采集退役军人及军烈属、现役军人家属信息96人，悬挂光荣牌家庭89户（不含在克拉玛依市异地采集信息、短期居住人员），在“七一”建党百年之际走访慰问高龄退役军人。在全市开展烈士纪念设施管理保护专项行动，做好零散烈士墓及辖区烈士陵园修缮及维护。清明节和国家烈士纪念日期间，全市共有1万多人以不同形式开展缅怀革命先烈活动。

（裴延基）

【退役军人就业创业】2021年，克拉玛依市开展退役军人线上招聘活动6次、线下退役军人专场招聘活动1次，上半年征集13家党政机关、事业单位、驻市央企和国企岗位500余个。组织开展对四类群体就业情况及未就业人员就业需求进行摸底，指导督促各区对退役军人详细信息进行规范性完善，实现精准跟踪服务。组织对退役士兵、自主择业干部开展全员适应性培训。退役军人参加职业技能培训和个性化培训，促进退役军人高质量就业创业。

（裴延基）

【退役军人服务体系建设】2021年，克拉玛依市落实中央关于退役军人服务体系建设要求，全市所有已建服务站点示范达标率100%，提前完成退役军人服务保障体系建设性目标。

（裴延基）

【退役军人权益维护】2021年，克拉玛依市与政法、信访、民政、人社、医保等部门建立互联互通“一点多线”退役军人权益维护机制，优化退役军人诉求处置渠道，维护退役军人合法权益。

（裴延基）

离退休职工管理

市属离退休职工管理

【概况】2021年，市委老干部局服务管理离退休干部职工1597人，其中：党员1131人，离休人员8人，退休人员1589人，女性587人，少数民族411人。年龄在60岁（不含60岁）以下399人，60～69岁人员有776人；70～79岁人员有291人；80岁以上人员有133人。2021年去世离退休干部职工21人，新增75人。

（张晗）

【成立市离退休干部工作领导小组】2021年，克拉玛依市制定印发《关于成立克拉玛依市离退休干部工作领导小组的通知》，成员单位包括市委办公室、市委组织部等15个部门和新疆油田公司、独山子石化公司、克拉玛依石化公司3家中央国有企业，形成党委和政府统一领导，组织部门、老干部工作部门以及人力资源和社会保障、财政、民政、医疗卫生等部门共同参与离退休干部工作管理格局。

（张晗）

【规范离退休干部服务管理】 2021年，克拉玛依市制定印发《关于加强离退休干部服务管理工作的通知》，明确2021年12月31日后退休的处级及以下干部职工由原单位管理，市委老干部局不再接转退休手续。

（张晗）

【推动离退休干部党建融入城市基层党建】 2021年，克拉玛依市制定印发《克拉玛依市推进离退休干部党建融入城市基层党建助力城市基层治理的实施方案》，按照“有利于教育管理服务、有利于参加组织活动、有利于就近发挥作用”原则，探索“一方隶属、多方管理”党建新模式，打造“油城银辉”离退休干部党建品牌，在社区成立“油城银辉”离退休干部临时党支部，发挥离退休干部党组织战斗堡垒作用和离退休党员干部先锋模范作用，推动离退休干部党建融入城市基层党建。

（张晗）

【老干部工作制度建设】 2021年，克拉玛依市先后制定印发《组织离退休干部参观学习制度》《向离退休干部通报情况制度》《干部荣誉退休制度》，落实离退休干部政治待遇、生活待遇。

（张晗）

【党组织建设】 2021年，市委老干部局机关党委下设机关党支部1个，离退休干部党支部21个，光明党总支1个（包括在职党支部1个、离退休干部党支部2个），管理党员干部1157人。全年先后组织离退休干部学习贯彻习近平总书记关于党史学习教育重要论述和最新指示批示精神，举办老干部党务工作者党史学习教育专题培训班1期，开展“读好书·学党史”读书活动、“忆岁月峥嵘·庆建党百年”座谈会、“永远跟党走”主题活动、“光荣在党50年”纪念章颁发仪式、观看红色电影、“党旗映天山”主题党日等活动20余场。

（张晗）

10月8日，克拉玛依抗美援朝老兵观看电影《长津湖》后，情不自禁地讲述起当年抗美援朝出国作战的经历（闵勇 摄）

【亲情化服务】 2021年，市委老干部局全年办理离退休干部职工住院陪护152人次，报销金额19.2万余元；核发19名离退休干部职工丧葬、抚恤金398.6万余元。协助原单位处理老干部后事17起；发放暖气费、物业费330.55万余元。接听来电来访5000余人次，走访入户、送学寄学、生病探望、电话问候1.2万余人次。为70岁以上逢五逢十老人祝寿送生日蛋糕85人。为离退休干部职工订阅报纸报刊50余种，报刊订阅费共计27万余元，做到离退休干部职工全覆盖。

（张晗）

【组建克拉玛依市“五老”人才库】 2021年，市关心下一代工作委员会制定印发《关于组建克拉玛依市“五老”人才库的通知》，经过层层遴选、严格把关，首批将63名曾经在市、区两级党政机关和石油战线勤奋工作，有思想、有境界、有能力，愿意在立德树人方面做出奉献的离退休职工纳入克拉玛依市“五老”人才库。

（宋丽霞）

【推进传承红色基因工程】 2021年，克拉玛依市开展“讲好克拉玛依故事，唱响克拉玛依之歌”传承红色基因系列活动。市关工委联合市委史志办、市政协教科文卫体委员会等单位开展“讲述英模故事，传承红色基因”主题征文活动；录制“传承红色基因，赓续红色血脉——克拉玛依英模人物事迹”视频4部。克拉玛依展览馆、独山子展览馆被自治区关工委命名为“自治区关心下一代党史国史教育”基地。

（宋丽霞）

【关爱下一代】 2021年，克拉玛依市发挥“五老”特长优势，为青少年辅导书法、绘画，教授面塑、篓竹、剪纸等特色教育课程；挖掘“五老”人才，打造一批颇具特色的工作室，如国防教育室、谷刚工作室、古力工作室等，创办“80”对话“80”——白发对话青丝系列栏目。全年开展各类宣讲活动600余场次，受益3万人次；

（宋丽霞）

油田离退休职工管理

【概况】 截至2021年12月底，新疆油田有离退休职工42129人（含乌鲁木齐明园3001人；准东退管中心3080人；克拉玛依职业技术学院218人）。退管中心直接管理服务的离退休职工有35830人，其中百岁老人2名；90～99岁的226人，占比0.6%；80～89岁的4053人，占比11.3%；70～79岁的6717人，占比18.9%；60～69岁的14654人，占比40.8%；60岁以下的10178人，占比28.4%；党员14454人；离休人员57人；新中国成立前参加革命老工人37人；少数民族职工6394人；生活不能自理254人；精神异常242人；工伤、职业病人员2109人；长期异地居住人员2945人。

（纪长春）

【退休人员社会化管理】 2021年，新疆油田公司按照中办国办、中石油集团公司党组下发的关于《国有企业退休人员社会化管理的指导意见》和新疆油田公司党委对国有企业退休人员社会化管理安排部署，完成移交属地政府退休人员35303人、移交退休人员人事档案4.4万卷、移交离退休职工党员组织关系13892人、移交设施设备及专用场所资产2036项、移交社会保障地方管理，规范统筹外费用14项，厘清属地市、区、街道三级退休人员管理服务中心职责，新疆油田公司离退休职工管理中心下属23个退休站、所全部按照政府要求命名挂牌，各站、所日常办公、场所维护维修、视频监控等运行费用由政府承担。

（纪长春）

【离退休服务管理】 2021年，新疆油田公司离退休职工管理中心发放中石油集团公司、新疆油田公司节日慰问金14.06万人次，金额10347.44万元；发放采暖费、物业费3.06万人，金额8631.03万元。对长期居住在成都、重庆的63名离退休人员进行走访慰问，开展生存状况认证；走访慰问住院老干部2390人次，看望重病卧床、生活困难重点人员943人次，处理老干部后事695起，离退休职工服务满意度达到96.8%。

（纪长春）

民族团结

【概况】 2021年，克拉玛依市印发《2021年“民族团结一家亲”和民族团结联谊活动工作要点》等文件。将民族团结工作纳入各区、各部门单位年度绩效考核及各级领导班子绩效考核、干部年度考核。以全市第40个民族团结教育月为载体，结合党史学习教育和“我为群众办实事”实践活动，开展民族团结专题报告会、民族团结小分队慰问演出、“石榴籽·一家亲”民族团结趣味运动会、民族团结知识竞赛、民族团结事迹宣讲报告会等各类活动。全年累计开展各类联谊活动2.2万余场次，各族干部群众参加人数达57万余人次。全市2.23万名干部职工与2.25万名各族群众结对认亲，全年结亲干部帮助各族群众解决实际困难，共办理就医、就学、就业等好事实事2.1万余件，捐款54万余元。延伸拓展油田开发建设“技术对子”“语言对子”“帮扶对子”传统，在机关企事业单位各族干部职工之间、各族群众之间、各族学生之间，广泛开展“结对子·交朋友”活动，结对近6万对。

（张启鹏）

【开展第40个民族团结进步教育月活动】 2021年，克拉玛依市下发《克拉玛依市第40个民族团结进步教育月活动实施方案》，组织各区、各部门、各单位开展民族团结进步宣传活动。先后举办克拉玛依市“石榴籽·一家亲”趣味运动会、民族团结知识竞赛决赛、铸牢中华民族共同体意识讲座、民族团结先进事迹宣讲报告会、文艺小分队进基层、摄影大赛等活动109场次。

（谢静怡）

5月29日，“石榴籽·一家亲”克拉玛依市2021年民族团结趣味运动会在市体育馆举行

（田国建　摄）

【民族团结进步创建】 2021年，克拉玛依市将民族团结进步示范市创建工作纳入年底绩效考核管理，将《新疆维吾尔自治区民族团结进步模范区创建条例》纳入各级党委（党组）理论学习中心组学习，制定印发全年创建工作要点，列出创建短板，定期点评通报。推进“互联网+民族团结”行动，在微信公众号、日报、市政府门户网站开设民族团结工作专栏，设有政策文件、经验交流、教育基地、示范单位、民族团结进步表彰、视频展播、典型模范等7大板块，宣传党的民族政策，传播民族团结正能量。启动2021年市级民族团结进步示范区示范单位和教育基地申报命名工作，19家单位获得市级民族团结进步示范单位命名，2家单位获得市级民族团结进步教育基地命名，白碱滩区、乌尔禾镇等6家单位获得2021年度自治区级民族团结进步示范区示范单位荣誉称号。截至年末，全市创建成功国家级民族团结进步示范区（单位）4个、自治区级7个、市级170个。2021年1月19日，克拉玛依市被国家民委命名为“全国民族团结进步示范市”。

（谢静怡）

【民族团结工作】 2021年，克拉玛依市印发《2021年“民族团结一家亲”和民族团结联谊活动工作要点》《克拉玛依市“民族团结一家亲”和民族团结联谊活动三本台账一个规范》等文。将民族团结工作纳入各区、各部门单位年度绩效考核，纳入各级领导班子绩效考核、干部年度考核，对活动开展情况每季度进行通报。以全市第40个民族团结教育月为载体，结合党史学习教育和“我为群众办实事”实践活动，开展民族团结专题报告会、民族团结小分队慰问演出、“石榴籽·一家亲”民族团结趣味运动会、民族团结知识竞赛、民族团结事迹宣讲报告会等内容丰富、形式多样活动，营造浓厚民族团结社会氛围。全市2.23万名干部职工与2.25万名各族群众结对认亲，确保干部职工走访全覆盖、所有少数民族群众都有干部走访“两个全覆盖”。全年累计开展各类联谊活动2.2万余场次，各族干部群众参加人数达57万人次。全市结亲干部解决各族群众遇到实际困难，捐款54万余元，开展就医、就学、就业等好事实事2.1万余件。延伸拓展油田开发建设“技术对子”“语言对子”“帮扶对子”传统，在机关企事业单位各族干部职工之间、各族群众之间、各族学生之间，广泛开展“结对子·交朋友”活动，结对近6万对。

（张启鹏）

民族、宗教事务管理

【概况】 2021年，克拉玛依市学习贯彻全国宗教工作会议精神，贯彻落实党的宗教信仰自由政策，以社会主义核心价值观为引领，以中华传统文化为浸润，坚持新疆伊斯兰教中国化方向，引导宗教与社会主义社会相适应，改善宗教活动场所基本条件。推进国旗、宪法和法律法规、社会主义核心价值观、中华优秀传统文化“四进”宗教活动场所。营造全市宗教活动场所以“爱党爱国、遵纪守法、民族团结”为主要内容宣传氛围。规范讲经解经工作，督促宗教人士用好经中央统战部审定批准、自治区统一下发《卧尔兹演讲集》，使用国家通用语言共念“一本经”。加强宗教人士教育培训，开展政策法规、中华文化、新疆“四史”和国家通用语言文字学习，提升克拉玛依市伊斯兰教教职人员综合能力和素质。

（张启鹏）

【宗教领域基本情况】 2021年，克拉玛依市有佛教、伊斯兰教、天主教、基督教4个宗教的信教群众，有依法登记的宗教活动场所5处，均为伊斯兰教清真寺；宗教教职人员7人，均为伊斯兰教教职人员；宗教团体1个，为克拉玛依市伊斯兰教协会。

（张启鹏）

【清真食品监管】 2021年，克拉玛依市贯彻落实《新疆维吾尔自治区清真食品管理条例》，加强宣传教育力度，发放宣传资料2000余份，增强各族群众对清真食品知晓率。加强市区联动，强化监督管理，全年开展执法检查40余次，检查食品经营户4000余户次。

（谢静怡）

【少数民族发展资金使用管理】 2021年，克拉玛依市向自治区民委申请2021年度少数民族发展资金，根据自治区财政厅《关于下达中央财政衔接推进乡村振兴补助资金预算的通知》，克拉玛依市获得自治区下拨少数民族发展资金合计510万元。其中316万元用于克拉玛依区小拐乡西蒙塔尔牛特色养殖项目，194万元用于乌尔禾区乌尔禾镇人畜分离项目。截至年末，两区项目资金使用率分别为90%、100%。

（谢静怡）

【民贸民品优惠政策落实】 2021年，克拉玛依市加大民贸民品优惠政策宣传力度，印制《克拉玛依市民贸民品政策解读》宣传册8000册，确保优惠政策落实到位。

（谢静怡）

【民族成分变更】 2021年，克拉玛依市依法办理民族成分变更，推进民族成分变更“最多跑一次”，全年办理民族成分变更登记9件。

（谢静怡）

【宗教活动场所安全保障】 2021年，克拉玛依市制发《2021年宗教领域安全生产和消防工作要点》，全年开展宗教活动场所消防安全检查6次，消除安全隐患20处。制定《克拉玛依市宗教活动场所疫情防控应急预案（试行）》，常态化做好疫情防控。落实宗教活动场所设施配备，改善宗教活动场所基本条件，推进国旗、宪法和法律法规、社会主义核心价值观、中华优秀传统文化“四进”宗教活动场所。

（谢静怡）

【宗教活动管理】 2021年，克拉玛依市完成全市5所清真寺新一届寺管会选举工作，推选出23名寺管会成员。组织宗教人士学习《卧尔兹演讲集》《新疆伊斯兰教教务活动手册》，制定《2021年斋月工作方案》，宗教活动依法、规范、有序。

（谢静怡）

【宗教教职人员教育培养】 2021年，克拉玛依市制定《关于宗教活动场所通过广播电视开展法制学习方案》《克拉玛依市2021年伊斯兰教教职人员培训工作方案》，组织宗教教职人员开展党史、政策法规、国家通用语言文字、中华优秀传统文化等学习，增强教职人员国家意识、公民意识、法治意识。全年开展专题学习81场次、集中学习20余场次、参观红色教育基地3场次，参加培训人员近千余人次。开展升国旗唱国歌和国旗下宣讲96场次，参加人数672人次，组织教职人员“我是中国公民”宣誓活动6场次，参加人数100人次。每月按时足额发放宗教人士生活补贴，落实宗教人士购买“四险一保”和免费体检等保障措施。协调解决2名宗教教职人员就业，定期开展对宗教人士及家庭成员走访慰问送温暖。

（谢静怡）

社会保障

就业创业

【概况】 2021年，克拉玛依市累计发布就业岗位20931个，城镇新增就业2718人，就业困难人员实现就业189人，新增创业938人，创业带动就业1837人，高校毕业生登记就业率98.14%，零就业家庭动态为零；城镇调查失业率控制在4%以内。

（李艳丽）

【高校毕业生就业服务】 2021年，克拉玛依市2021届高校毕业生登记就业率98.14%。组织“志存高远·建功西部”驻市高校双选会，开展“大中城市联合招聘高校毕业生春季专场活动”，建立高校毕业生就业岗位信息交互平台，发布《2021年高校毕业生报到手册》，帮助高校毕业生及时获取就业信息。实施“三支一扶”专项计划，引导高校毕业生到基层一线就业，将“三支一扶”招募规模从历年25人扩大到70人，获批承办全疆400名“三支一扶”人员培训工作。

（李艳丽）

【创业指导服务】 2021年，克拉玛依市建成全市十大民生工程——大学生创业实训孵化基地，打造“实训+孵化”综合性服务平台。独山子小微企业创业孵化基地和克拉玛依电子商务孵化基地通过自治区级创业孵化示范基地实地复评，全市创业服务载体在孵企业达到140余家。举办全市2021年创业创新大赛，获批自治区2021年创业创新大赛承办权，成为赛事举办以来第一个获得承办权的地州人社部门。推荐独山子独库公路文旅创业园参加第三届全国创业就业服务创业劳务品牌和创业型城市展示交流活动。

（李艳丽）

【专项就业服务活动】 2021

全市十大民生工程之一的大学生创业实训孵化基地，为大学生创业提供软硬件创业服务和保障　（徐晨翔　摄）

年，克拉玛依市发布《企业用工服务手册》，搭建企业招聘云平台，健全重点企业用工常态化服务机制，加强与行业主管部门协调对接，设立人社服务专员，主动对接联系企业，定期摸排重点企业员工人数、缺工人数、空岗结构等情况，通过公共就业服务平台发布招聘岗位信息。建立甘肃省30个市县劳务用工信息协作发布机制，将克拉玛依市企业用工计划纳入当地就业服务专项行动，协调21个外部招聘渠道，免费为克拉玛依市企业发布招聘信息。全年完成“就业援助月”“百日千万网络招聘活动”等17项专项就业服务活动，累计为1217家企业发布就业岗位20931个，实现就业3260人。

（李艳丽）

【就业补贴】 2021年，克拉玛依市健全完善覆盖各类群体人社政策保障体系，制定《克拉玛依市促进就业奖补办法》《克拉玛依市关于支持多渠道灵活就业的实施方案》等政策措施，向上级部门“跑办”争取到位资金1.51亿元（较上年增加173.4%）并全部投入使用。落实就业惠民政策，减轻企业及个体工商户用工成本1.1亿元，稳定就业岗位25224人次。

（李艳丽）

【基层就业服务】 2021年，克拉玛依市申报自治区级和国家级“充分就业社区”，克拉玛依市克拉玛依区银河街道通讯社区成为克拉玛依市首个国家级“充分就业社区”。截至年末，克拉玛依市已创建国家级充分就业社区1个，自治区级充分就业社区4个。油建北、碧水花苑、第一社区和远征社区已申报自治区级充分就业社区。

（李艳丽）

10月22日，市第十二届职业技能竞赛中式面点师（馕制作）实操赛场

（崔文娟　摄）

【职业培训】 2021年，克拉玛依市全年开展各类职业培训70588人次，落实职业培训补贴政策，发放职业技能提升培训补贴资金32498人次、2147.964万元，惠及各类企业348家。为全市6家纺织服装企业发放纺织服装专项补贴资金94.0816万元。做好全国乡村振兴职业技能大赛中式面点师（馕制作）表演项目工作，克拉玛依代表队荣获团体三等奖，3名馕师荣获个人三等奖和中式面点师（新疆馕师）技师称号。2021年10月22—24日成功举办克拉玛依市第十二届职业技能竞赛，设置有养老护理员、快递员、保安员、园林绿化工、中式面点师（馕制作）5个竞赛项目。举办两期机关事业单位新招录工作人员初任培训班共314人。在上海主办工匠研修班，共计44名油城工匠和技能专家参加。

（李艳丽）

劳动保障

【劳动监察】 2021年，克拉玛依市建立《人社、住建、税务联合执法、信息共享、联动惩戒的“侧位互补”工作机制》《企业依法用工、“治欠”工作短板发现、执法能力检验的“三源”预警机制》，在乌尔禾区试点运行《接待农民工讨薪工作规范》，完善克拉玛依市根治拖欠农民工工资“防、治、疏”一体化综合治理体系，实现农民工工资连续18年无历史性拖欠。克拉玛依市在自治区2020年度保障农民工工资支付工作实地考核结果为A级，全疆排名第一；自治区指定克拉玛依市代表新疆接受国家实地核查，工作得到国家实地核查组高度认可；市人社局劳动保障监察科被人社部授予“全国人力资源社会保障系统优质服务窗口”和市级“工人先锋号”称号；1人荣获“全国根治拖欠农民工工资工作先进个人”称号。

（李艳丽）

【劳动关系】 2021年，克拉玛依市培育2家金牌劳动人事争议调解组织、7名金牌劳动关系协调员。全市劳动用工备案企业数2916家，职工总数208343人，签订劳动合同204176份，劳动合同签订率98%。全市签订集体合同1094个，涉及企业1973家，涉及职工178065人。已建工会企业集体合同覆盖率达到91%。全市共签订区域性、行业性集体合同21个，涉及企业871家，涉及职工15716人。全市共有67家企业经批准实行综合计算工时工作制和不定时工作制，涉及职工15396人。全市劳务派遣用工单位总数为342家，劳务派遣用工总量为16783人。

（李艳丽）

【工伤认定】 2021年，克拉玛依市受理完成810件工伤认定申请案件办理工作，其中认定企业职工工伤797件，认定公务员工伤13件。

（李艳丽）

【劳动能力鉴定】 2021年，克拉玛依市受理职工工伤、因病提前退休劳动能力鉴定申请567件，辅助器具配置审批2件，停工留薪期确认3件，督导油田社保中心完成工伤劳动能力鉴定评审会4次，共计235人次伤残等级鉴定。

（李艳丽）

【劳动人事争议仲裁】 2021年，克拉玛依市劳动人事争议仲裁机构共受理劳动人事争议案件730起，结案率为98.77%。全市调解组织共处理劳动人事争议案件194起，调解成功率为93.81%，涉案金额164.13万元。全市仲裁机构、调解组织共通过调解的方式处理劳动人事争议案件593起，全市调解成功率为64.18%。全市劳动人事争议仲裁机构依法为劳动者和用人单位挽回经济损失、追回各项费用5780.85万元，其中劳动者2537.57万元，用人单位3243.28万元，维护劳动者合法权益，保障企业正常生产经营。共处理市长热线办转办事项144件，均已答复完毕。

（李艳丽）

住房保障

【住房公积金机构调整】 2021年，住房公积金管理中心撤销了准东管理部，将其业务和人员合并至明园管理部。准东管理部主要负责准东石油基地住房公积金管理，业务逐年大幅减少，工作人员随着自然减员仅剩1名。8月31日，住房公积金管委会审议决定撤并准东管理部。9月30日，准东管理部整体搬迁至明园管理部，实现了准东地区住房公积金业务顺利交接和正常办理。

（崔颖）

【住房公积金缴存支取】 2021年，住房公积金管理中心缴存住房公积金48.02亿元（含年度结息1.64亿元），完成年计划的106.31%，比上年增长12.43%；提取住房公积金40.85亿元，完成年计划的133.5%，比上年增长33.63%，住房公积金提取率85.07%。截至年底，累计缴存住房公积金487.58亿元，累计提取369.21亿元，累计缴存余额118.37亿元。住房公积金累计提取率为

75.72%。住房公积金缴存单位1643个，实际缴存职工人数13.98万人。

（崔颖）

【住房公积金个人贷款发放回收】2021年，住房公积金管理中心发放住房公积金个人贷款17.48亿元，完成年计划的142.93%，比上年增长40.29%，发放贷款户数4643户，回收个人住房公积金贷款13.97亿元，完成年计划的117.3%，比上年增长20.33%。截至年底，累计发放住房公积金个人贷款181.46亿元，累计回收个人贷款106.9亿元，个人贷款余额74.56亿元，个人贷款发放率62.99%。

（崔颖）

【住房公积金增值收益及分配】2021年，住房公积金管理中心实现住房公积金业务收入3.95亿元，完成年计划的106.8%，比上年增长12.06%；业务支出1.93亿元，完成年计划的102.73%，比上年增长11.04%；实现增值收益2.02亿元，完成年计划的111%，比上年增长13.04%。本年提取个人贷款风险准备金零元，提取管理费用1261.18万元，提取廉租住房建设补充资金18901.3万元。本年共上缴财政资金29731.27万元（廉租住房建设补充资金28085.19万元、管理费用1646.08万元）。截至年底，中心累计提取城市廉租住房建设补充资金124625.6万元，累计使用廉租住房建设补充资金124625.6万元（累计上缴财政廉租住房建设补充资金109348.63万元，累计购买及装修廉租房、公租房等使用廉租住房建设补充资金15276.97万元）。累计出售公租房收入15488.50万元，已全额上缴市财政局。

（崔颖）

【“放管服”改革】2021年，住房公积金管理中心开通8项住房公积金“跨省通办”业务，实现住房公积金异地办理。开通住房公积金“四通”服务，即“通缴、通提、通贷、通还”，打通全疆住房公积金服务群众“最后一公里”。推广使用“全国住房公积金”微信小程序，拓宽住房公积金业务办理渠道，提升网办率。截至年底，“手机公积金”App注册用户11.92万人，微信公众号注册量9.17万人，门户网站访问量188.55万次，单位网厅注册数2447个，“12329”热线服务14.4万人次，短信发送459.28万条。住房公积金在85%以上的业务实现网上办理。

（崔颖）

【住房公积金政策调整】2021年，住房公积金管理中心调整多项住房公积金政策。调整住房公积金缴存比例：对单位和个人缴存比例不一致单位进行规范，绝大部分单位采取提高个人缴存比例方式调整，极少数单位采取降低单位缴存比例方式调整。新增既有住宅加装电梯和购买拆迁安置房申请住房公积金支取和贷款的政策，取消为父母、子女购房申请住房公积金提取和贷款的政策。修订《关于印发克拉玛依住房公积金归集、提取、贷款三项实施细则的通知》，强调购买普通自住住房，才能提取住房公积金，购买非普通住房，不能提取住房公积金，购买建筑面积超过144平方米的普通住房，按144平方米申请住房公积金贷款；规定自购房5年内，才可以每年申请提取一次住房公积金，超过5年则不能再提取；规定职工申请贷款，其住房公积金个人账户保留至少三个月的缴存余额，申请住房公积金贷款时限，由原来的2年调整为1年；购买新建商品房，首付款比例不得低于房价20%；购买二手房、拍卖房、房改房首付比例不得低于30%；翻建、大修、建造自住住房贷款首付比例不得低于40%；第二次申请公积金贷款时，贷款利率将上浮10%。

（崔颖）

【住房公积金风险管理】2021

年，住房公积金管理中心针对自治区住建厅对克拉玛依住房公积金贷款逾期管理工作提出意见建议，开展降逾工作，压实委托银行催收责任，强化担保公司履行代偿义务，分类制定催还措施，建立催还台账。截至年底，住房公积金贷款逾期率降至0.14‰，超额完成国家和自治区0.3‰目标要求。

（崔颖）

【住房公积金行政执法】 2021年，住房公积金管理中心下发《行政执法责令整改通知书》1份，对不给职工缴纳公积金或少缴公积金单位立案调查9起，办结7起，为职工补缴公积金19.14万元。对14笔逾期6期以上公积金借款人申请法律仲裁，收回4笔逾期本金52.98万元、逾期利息3.33万元，另外10起仲裁案全部进入司法程序。制定下发《关于防范套取住房公积金有关问题的通知》，规范住房公积金提取政策，防范违规套取住房公积金行为。

（崔颖）

医疗保障

【概况】 2021年，克拉玛依市医疗参保人员36万人，全市评估定点后接入医保结算系统机构21家，其中药店14家、医疗机构7家。

（青松）

【接轨国家信息平台】 2021年，克拉玛依市医疗保障局按照自治区医疗保障局《关于贯彻落实国家医疗保障待遇清单制度的实施意见》，“确定基本保障内涵，厘清待遇支付边界，明确政策调整权限，规范决策制定流程”要求，建立健全医疗保障待遇清单制度，制定克拉玛依市城镇职工基本医疗保险、大病保险、大额医疗补助和公务员医疗补助政策，按期实现与国家信息平台接轨。

（青松）

【医保惠民政策】 2021年，克拉玛依市医疗保障局提升居民医保待遇保障水平。参保人员在社区卫生医疗机构门诊就医和在定点医院急诊或儿科门诊就医的，最高支付限额由每人每年800元调整为900元。组织实施城乡居民“两病”（高血压病、糖尿病）门诊用药保障和健康管理专项行动，制定行动方案,将规范化管理的“两病”人群纳入“两病”保障范围。“两病”患者药品费用，政策范围内支付比例达到50%以上；“两病”门诊报销不设起付线，一个年度内，“两病”患者发生的门诊药品费用，医保基金最高支付限额分别为高血压病700元、糖尿病1000元，同时患“两病”参保人员累计封顶线均为每人1700元。

（青松）

【疫情防控资金保障】 2021年，克拉玛依市保障新冠病毒疫苗及接种费用，制定市新冠病毒疫苗及接种费用保障工作实施方案，及时上解第一批保障费用3443万元，支付疫苗接种费用444.54万元，疫苗费用4169.34万元，其中职工3596.80万元、居民572.54万元。继续执行107类基本常用药品使用权下放至一级医疗机构（社区卫生服务中心）政策；做好家庭医生签约服务费用保障，全年拨付全市11家社区卫生服务中心和两家乡镇卫生院家庭医生签约服务经费112.12万元。

（青松）

【专项检查】 2021年，克拉玛依市医疗保障局开展专项监督检查全覆盖。共检查医疗机构17家，其中公立医院4家，民营医院8家；检查社区卫生服务中心12家，零售药店172家，约谈9人；全年查处违规金额869万元。组织全市5医疗专家和自治区专家组在阿克苏地区3家医疗机构开展飞行检查，共计确认追回违规医保基金2018万元。9月22日，市服务中心作为自治区医保局专家组成员赴上海参加国家医保飞行检查。

（青松）

【医保信息化建设】 2021年，

克拉玛依市贯彻执行15项医疗保障信息业务编码标准，推动医疗保障信息化、标准化融合发展，实施医疗保障骨干网建设，为定点医药机构骨干网接入自治区医疗保障信息系统做准备，保障11月国家医疗保障信息平台上线工作的网络搭建顺利进行。完成医药机构现场评估及定点后的医保结算系统接入工作。截至年末，全市评估定点后接入医保结算系统机构21家，其中药店14家、医疗机构7家。完成市、油田医疗保障业务数据合并、数据清洗、数据迁移、功能测试、操作培训等工作。

（青松）

【药品招采】 2021年，克拉玛依市按照国家、自治区要求，组织辖区内所有公立定点医疗机构15家参与药品集采。开展国家组织的第一、二批（第二个采购周期）、第三至五批、三批次省际联盟药品集中带量采购工作涉及的217个品种406个品规药品，为全市36万参保人员节省医保基金3800余万元。制定出台《克拉玛依市药品集中采购工作中医保资金结余留用管理办法（试行）》，推进集采药品医保资金结余留用政策落实落地，提升医疗机构参与药品集中带量采购和优先使用中选药品，降低药品费用。

（青松）

社会保险

【概况】 2021年，克拉玛依市健全社会保险体系建设，基本养老保险参保率保持在95%以上，206个在建项目、新建项目工伤保险参保率100%；各项社会保险待遇社会化发放率100%；贫困人员代缴城乡居民养老保险费100%，享受城乡居民养老保险待遇100%。截至年末，全市基本养老保险参保人数30.40万人，失业保险参保人数17.60万人，城镇职工基本医疗保险参保人数25.86万人，工伤保险参保人数22.73万人。城乡居民基本医疗保险参保人数10.65万人，城乡居民社会养老保险参保人数0.31万人。离退休人员养老金社会化发放率保持100%。

（李艳丽）

【养老保险】 2021年，克拉玛依市推进全民参保计划，新增登记参保单位500余家，新增参保人数1300人。企业养老保险参保缴费83712人，机关事业单位养老保险参保缴费18751人，城乡居民养老保险参保缴费3146人。企业退休人员养老金待遇实现17年连涨，机关事业单位退休人员养老金待遇实现同步6连涨。全市退休人员人均增资213元/月，增幅4.4%，惠及88337名退休人员，补发1—6月调整增加的养老金共计1.13亿元，调整后克拉玛依市退休人员人均月养老金达5005元。指导企业建立企业年金，审核10家企业“企业年金方案”。审批企业职工退休退职949人，其中正常退休931人，因病提

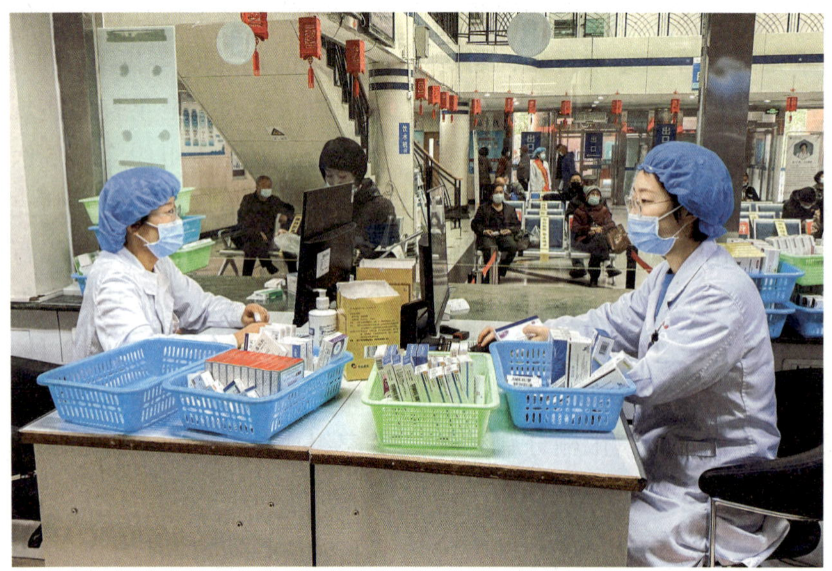

2021年，第五批61种国家集采药落地独山子，惠及广大患者

（独山子石化工人报　供图）

前退休14人，特殊工种提前退休1人，因病提前退职3人。调整克拉玛依市城乡居民养老保险基础养老金，每人每月增加5元，基础养老金月标准达到350元，1098名年满60周岁的城乡居民养老保险待遇享受人员受益，补发增资1.64万元。进一步推进克拉玛依市机关事业单位养老保险制度改革，自治区人力资源和社会保障厅同意克拉玛依市以“2015年12月本人基本工资及职务职级对应的工资标准”封定“老办法待遇计发标准”，克拉玛依市启动执行岗位技能工资退休“中人”退休待遇重算工作，完成“重算”2605人，补发养老金1.04亿元。

（李艳丽）

【社保扶贫】 2021年，克拉玛依市16～59岁由政府代缴居民养老保险低保对象和特困群体共计667人，政府代缴率100%，60周岁以上应享受待遇低保对象和特困群体共计87人，待遇享受率100%。与克拉玛依“油苗公益”签订定向捐赠协议，通过克拉玛依“油苗公益”捐赠善款，为贫困、重残等困难群体养老保险个人账户各注入100元，并建立资助长效机制。

（李艳丽）

【失业保险】 2021年，克拉玛依市失业保险参保缴费111958人，开展“护航行动”和“展翅行动”。推进失业保险从保生活向稳就业功能延伸，落实“稳岗返还”政策，为3704家市属、油属企业，个体工商户等参保单位稳岗返还失业保险费1623.89万元；延续实施“失业补助金”政策至2021年底，为符合条件4719名失业人员发放失业补助金2227.44万元，为483名失业人员发放失业保险金824.84万元，为失业人员代缴医疗保险金455.47万元，保障了失业人员的基本生活，稳住了社会面。落实“职业技能提升补贴”政策，为78家企业1559名在职职工发放技能提升补贴220.1万元，为企业职工主动提升职业技能水平加油助威，职工提升职业技能意愿进一步加强。失业人员失业保险金月标准第十三次上调，由1297元调整至1503元，人均月增资206元，共计为全市697名失业人员补发增资部分失业保险金51.15万元。

（李艳丽）

养老护理员（老人照护员）实操比赛现场，一名护理人员正在用模拟假人进行鼻饲操作（市社保中心　供图）

【工伤保险】 2021年，克拉玛依市工伤保险参保缴费223212人，206个开复工在建项目和新建项目全部参加工伤保险，参保率保持100%。发放工伤保险定期待遇4296人次，1161.36万元；支付一次性工伤待遇等2160人次，10464万元。连续17年调整工伤（亡）职工工伤保险待遇，伤残津贴人均月增资206元，生活护理费人均月增资260元，供养亲属抚恤金人均月增资105元，1452人受益。开展工伤预防宣传和培训工作，以群发短信、开通工伤预防公交宣传专车、出租车顶灯、走进“92.6”广播电台等方式开展宣传工作，组织工伤预防培训班10期。

（李艳丽）

【国有企业退休人员社会化管理】 2021年，克拉玛依市建立国有企业退休人员社会化管理工作联席会议制度，不定期召开业务通报会，为推进全市国有企业退休人员社会化管理工作提供保障。建立市、区、街道与油田退管中心三级融合办公机制。推动退休站更名挂牌，退休站已全部更名为老年活动中心。建立健全国有企业退休人员随退随接工作机制，实现国有企业退休人员接收正常化、程序化和规范化。

（李艳丽）

【落实阶段性降低社保费率政策】 2021年，克拉玛依市落实阶段性降低社保费率政策，继续延长失业保险、工伤保险阶段性降费政策至2022年4月30日，失业保险单位缴费费率继续保持在0.5%，工伤保险费率按照行业基准费率下调20%，全年为5160余家企业单位降费减负1.1亿元，22.3万余名职工直接受益。

（李艳丽）

【社会保险便民化服务】 2021年，克拉玛依市聚焦企业群众操心事、烦心事、揪心事，在“人社服务快办行动”中，推进社会保险“打包一件事”服务，经过流程再造、材料精简，新增“因病提前退休、劳动能力鉴定”打包一件事，打包办理6人次因病提前退休，提供“一窗口、全链条”退休审批服务。

（李艳丽）

社会救助

【概况】 2021年，克拉玛依市有城乡低保463户798人，其中：城市低保459户793人，农村低保4户5人。成立由分管副市长任组长，民政、财政、人社等28个部门组成的克拉玛依市社会救助工作领导小组，印发《克拉玛依市落实〈关于进一步改革完善社会救助制度的实施意见〉实施方案》，统筹推进全市社会救助工作。全年累计向463户798名城乡低保人员、25名孤儿、30名特困人员发放救助资金951.66万元。其中低保资金827.35万元；救助城乡特困人员31人（其中分散供养17人），支出特困人员保障资金89.75万元，孤儿保障资金34.56万元。将173名生活困难的残疾人纳入城乡居民最低生活保障范围，其中重度残疾人78人。

（于浏艺）

【调整低保标准】 自2021年1月1日起，克拉玛依市将城乡低保标准由每人每月500元提高至每人每月750元，月增250元。落实低收入人口动态监测，确保困难群众应救尽救。

（于浏艺）

【低收入人口监测】 2021年，克拉玛依市印发《关于开展低收入人口动态监测工作的通知》，对监测对象、监测方式、救助措施等进行明确。制定《克拉玛依市2021年社会救助专项治理工作方案》，将低收入家庭监测工作纳入年度重点工作任务，强化工作落实和社会救助水平提升。依托自治区社会救助综合信息管理平台建立低收入人口数据库，常态化做好信息维护和更新工作，确保数据库中各类人员信息真实、准确。

（于浏艺）

【流浪乞讨人员救助】 2021年，克拉玛依市民政、公安、卫健等多部门协调联动，依法转送、及时救治、依法安置流浪乞讨人员，确保流浪乞讨人员身份识别及时、医疗救治及时、救助安置及时。全年累计救助流浪乞讨人员48人次，其中流浪未成年人4人次，精神类疾病10人次，无身份信息11人次。救助站内长期滞留人员8人，其中5人长期托养在静宁医院，1人托养在圣桥老年公寓，1人托养在184团幸福之家养老院。派车、派人到塔城、甘肃、济南等地护送受助人员3人次；为受助人员提供乘车凭证11张，合计金额1.4783万元。

（于浏艺）

社会福利

【概况】 2021年，克拉玛依市有老龄人口6.84万人，有养老机构5家，街道综合养老服务中心和日间照料站点67个，共有床位2093张，其中护理型床位1034张，在院643人。有儿童福利院1家，在院儿童25人。全年销售社会福利彩票1.82亿元，为国家筹集社会福利资金5495.01万元，为克拉玛依市筹集社会福利资金1340.82万元。

（于浏艺）

【养老设施建设】 2021年，克拉玛依市利用中央预算内资金撬动配套资金加大养老机构建设，全年新建完成独山子区养护院（二期）工程，新增234张护理型床位；白碱滩区养护院（二期）工程正在建设，预计新增100张护理型床位。整合改造社会闲置资源，提升社区服务能力，共打造2个街道综合养老服务中心和21个社区日间照料站点。截至年末，全市共有街道综合养老服务中心和日间照料站点63个。推进社区食堂建设，满足老年人

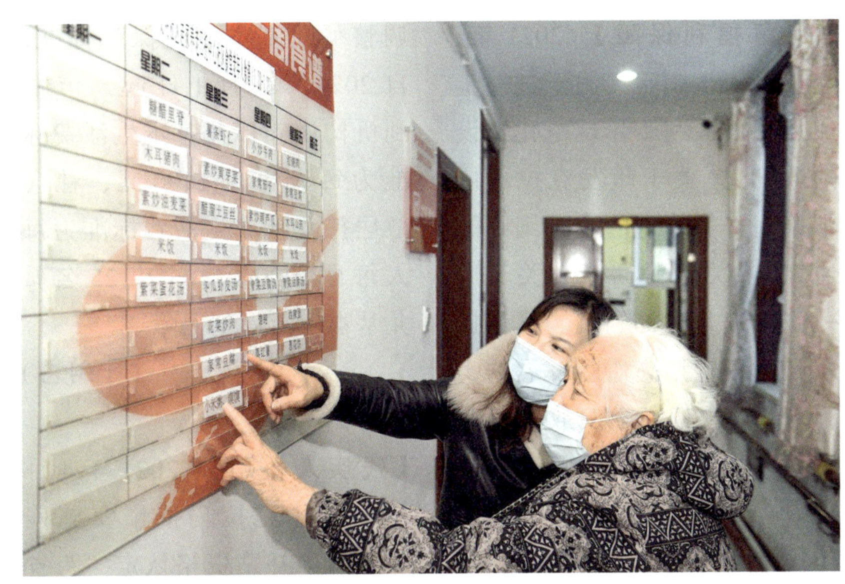

1月26日，克拉玛依区文明供应社区的社区食堂里，工作人员向一位老人介绍当日菜谱（蒋剑　摄）

就餐需求。在全市新增15个助餐点，由原来8个助餐点增加至23个助餐点；新增社区食堂4个，由原来6个社区食堂增至10个；新增1个中央厨房，补齐中央厨房空白，有效解决老年人社区就餐问题。

（于浏艺）

【养老机构等级评定】 2021年，克拉玛依市开展养老机构等级评定工作。制定等级评定办法，成立评定委员会，委托第三方对5家养老机构进行等级评定，全部为三级养老机构。

（于浏艺）

【适老化改造】 2021年，克拉玛依市实施适老化改造工程，改善老年人居住条件。以满足老年人居家养老服务需求为出发点，为全市91户特殊困难老年人家庭进行适老化改造，帮助特殊困难老年人家庭改善居住条件和生活质量，满足老年人居家养老服务需求。

（于浏艺）

【老年人特殊生活补贴发放】 2021年，克拉玛依市印发《关于进一步加强老年人特殊生活补贴发放管理工作的通知》《克拉玛依市70周岁以上老年人特殊生活补贴资格认定市内通办工作方案》，为老年人特殊生活补贴资格认定申请“松绑”，简化办事程序，自10月1日起，对70周岁以上老年人特殊生活补贴资格认定实行市内通办，取消户籍地办理限制。全年为26617名70周岁以上老年人发放生活补贴4528.32万元，为4195名80周岁以上的老年人进行免费体检。

（于浏艺）

【儿童福利保障】 2021年，克拉玛依市制定《关于进一步加强儿童福利工作规范化建设的通知》《关于印发克拉玛依市家庭寄养管理的实施细则的通知》《关于贯彻落实关于进一步推进儿童福利机构优化提质和创新转型高质量发展的实施方案》，对资金发放、家庭寄养评估、机构管理等工作进行完善，加强全市儿童福利工作规范化建设，健全儿童关爱服务体系，提升儿童福利保障水平，维护儿童合法权益。依托民政部门福彩圆梦·孤儿助学工程，为全市7名年满18周岁在读学生申请助学金7万元，保障孤儿就学权益。2次调整孤儿基本生活保障标准，自2021年7月1日起，市福利机构供养孤儿基本生活费标准为每人每月1400元、社会散居孤儿基本生活费标准为每人每月1000元，全市25名孤儿基本生活得到保障。

（于浏艺）

【残疾人补贴】 2021年4月22日起，克拉玛依市实施残疾人两项补贴资格认定"跨省通办"，有效解决残疾人异地申领补贴面临"多地跑""折返跑"等难点堵点问题。自6月1日起，困难残疾人生活补贴标准和重度残疾人护理补贴标准由2020年每人每月100元，提高到每人每月150元；将低收入家庭中符合条件残疾人纳入困难残疾人生活补贴和重度残疾人护理补贴范围。全年共为21名困难残疾人发放生活补贴3.035万元，为2108名重度残疾人发放护理补贴297.18万元。

（于浏艺）

【福利彩票发行】 2021年，克拉玛依市实现销售福利彩票1.82亿元，同比增长700万元，增幅4%，超额完成厅党组下达的1.79亿元销售任务，为国家筹集公益金5495.01万元，其中本市留存1340.82万元。

（于浏艺）

安全生产与应急管理

综 述

【概况】 2021年1—12月份，克拉玛依市共发生生产安全事故95起（含交通事故，不含火灾事故，数据按自然月统计），死亡34人，受伤75人，直接经济损失577.35万元。与2019年同期相比：事故起数减少42起、下降30.66%，死亡人数减少17人、下降33.3%，受伤人数减少44人、下降36.97%，直接经济损失增加269.17万元、上升87.14%。

（徐娟）

【编制“十四五”专项规划】 2021年，克拉玛依市组织开展调研，科学规划安全生产、防灾减灾、应急体系建设规划工作，编制《克拉玛依市应急体系建设“十四五”规划》《克拉玛依市综合防灾减灾“十四五”规划》《克拉玛依市安全生产“十四五”规划》，已通过发改委审查，并经市政府领导审批同意。明确“十四五”规划重点工作方向，梳理了25项重点建设项目。

（徐娟）

【安全发展示范城市创建】 2021年，克拉玛依市被自治区人民政府确定为全疆首批创建国家安全发展示范城市试点市。按照自治区创建要求，推进安全发展示范城市创建工作。截至年末，对标自查得分83.4分，较90分合格还差6.6分。其中失分项主要以资金投入巨大和创建任务客观完成难度大项目为主，共涉及10.4分。

（徐娟）

【北疆区域应急救援中心及安防产业园建设】 2021年，克拉玛依市推进北疆区域应急救援中心及安防产业园项目。建设筹备打造“一中心、四基地”（北疆区域应急救援中心，应急救援物资储备基地、培训基地、研发基地），构建集消

2021年3月12日，自治区北疆区域安全生产应急救援中心在新疆油田公司正式揭牌成立（闵勇　摄）

防、地震、气象、森林草原、城市应急管理、危险化学品应急处置、应急救援物资储备和应急安全培训教育、展示体验于一体的应急救援体系和集孵化、研发于一体的综合性服务安防产业园区。项目整体投资预算5.8亿元，建设面积14.5万平方米，此项目已纳入自治区“十四五”总体规划的重点项目，申请地方政府专项债券2000万元，用于培训基地的建设。截至年末，已完成培训基地项目的备案、用地预审、勘察、初设、概算批复等前期工作，已完成EPC总承包招标，并开工建设。

【安全生产培训】 2021年，克拉玛依市组织全市生产经营单位开展大培训工作，提高全市高危行业企业主要负责人、安全负责人、安全管理人员的安全意识和管理能力，加强企业主要负责人和安全管理人员、特种作业人员“三项岗位”人员培训考核发证监管。全年共审核培训计划729期次8937人，审核考试计划729期次8937人，制证发证681期次6277人。

【安全生产宣传】 2021年，克拉玛依市结合“安全生产月活动”“全国第13个防灾减灾日”活动，利用微信公众号、街头大屏等媒体形式宣传安全生产、防灾减灾知识，全市各级党委政府、相关部门、企事业单位理论学习中心组学习223次，参与12626人次；组织集中学习观看《生命重于泰山——学习习近平总书记关于安全生产重要论述》电视专题片539场，参与18349人次；开展安全生产“大讲堂”“大家谈”“公开课”“微课堂”和在线访谈、基层宣讲315场，参与8054人次。全年共摆放防灾减灾宣传展板378块，制作宣传品54649份，举办宣传活动339次，举办防灾减灾讲座215次，发放宣传材料49157份，开放科技馆、开放科普教育基地24个，开展应急演练501场次，累计受教育100000余人次。

【执法互检互查】 2021年，克拉玛依市组织各区安全生产监督执法大队开展互检互查。制定下发《关于在全市范围内开展安全生产执法检查互检互查的通知》，各区执法大队分别抽调执法业务骨干和专家组成互查互检工作组，对照检查重点，开展检查。通过互检互查，克拉玛依区立案3起，独山子区立案4起，白碱滩区立案3起，乌尔禾区立案3起。

防灾减灾

气　象

【概况】 2021年，克拉玛依地区年平均气温与历年平均值相比略偏高，降水量略偏少，大风日数较历年偏少，日照时数略多于常年。主要灾害性天气有极端低温、强大风、局地暴雨、连续高温、阶段性干旱、寒潮。纵观2021年天气气候条件对克拉玛依社会经济发展

12月20日，克拉玛依市区西北侧戈壁滩，市人工影响天气办公室工作人员操作增雪车发射增雪火箭弹 （闵勇　摄）

造成的利弊情况分析：为正常略不利年景。

（容娜）

【平均气温略偏高】 2021年，克拉玛依地区年平均气温为9.3℃，与历年平均值相比略偏高。市区年极端最高气温39.5℃，出现在7月5日；年极端最低气温-28.1℃，出现在1月5日。克拉玛依区域内极端最高气温为43.4℃，出现在金龙镇；极端最低气温为-36.3℃，出现在小拐乡。

（容娜）

【高温日数略偏多】 2021年，克拉玛依市（中心城区）高温日数（日最高气温≥35℃）为28天，比历年高温日数略偏多1天，比2020年高温日数偏多18天。白碱滩区高温日数59天，乌尔禾高温日数52天，独山子区高温日数18天。

（容娜）

【降水量略偏少】 2021年，克拉玛依地区降水量为107.2毫米，比历年同期降水量略偏少14%，比2020年同期降水量略偏少15.7毫米。后冬（1～2月）降水特偏少，春季降水偏少，夏季降水略偏多，秋季降水特偏少，前冬12月降水特偏少。白碱滩区年降水量为72.8毫米；乌尔禾区年降水量为64.7毫米；独山子区年降水量为225.7毫米。

（容娜）

【大风日数偏少】 2021年，克拉玛依市（中心城区）6级以上大风日数为32天，比历年平均大风日数偏少15天，比2020年大风日数偏少4天。后冬（1～2月）出现大风2天，春季9天，夏季11天，秋季10天，前冬未出现6级以上大风，春季和夏季大风日数较历年同期均为特偏少。白碱滩城区大风日数48天，较2020年偏少4天；乌尔禾城区大风日数34天，较2020年偏多11天；独山子区大风日数3天，较2020年偏少1天。

（容娜）

【入春期偏晚、入冬期偏早】 2021年3月，克拉玛依地区气温较历年同期略偏低0.6℃，克拉玛依区于3月21日开春（5天滑动平均气温≥0℃），开春期与历年平均相比偏晚5天，白碱滩区3月21日开春，乌尔禾区3月21日开春，独山子区3月21日开春。2021年11月，全市气温较历年同期特偏低2.3℃，强冷空气活动较早，克拉玛依区于11月4日入冬，入冬期比历年平均相比偏早9天，白碱滩区、乌尔禾区和独山子区均于11月4日入冬。

全年市区（中心城区）最大积雪深度7厘米，分别出现在1月、3月。无霜期167天。年最大冻土深度135厘米。全年日照总时数为2686.9小时。

（容娜）

【主要气象灾害】 2021年，克拉玛依地区气候较稳定，降水量略偏少，大风日数偏少，极端天气气候事件较少。2021

1月9日凌晨，新疆油田金龙2井区，石油工人在极寒天气中坚守工作岗位

（周建玲　摄）

年出现的灾害性天气有：极端低温、强大风、局地暴雨、连续高温、阶段性干旱、寒潮等。

冬季极端低温、强大风 1月4～8日，受西西伯利亚东移南下强冷空气影响，克拉玛依出现极端低温天气。市区最低气温降至-28.1℃，为近十年1月上旬最低气温极值，区域最低气温普遍在-30℃以下，极端最低气温出现在小拐乡，为-36.3℃。1月22～23日，出现首场强大风天气过程，中心城区瞬间极大风速达到31米/秒，区域最大风力出现在白碱滩九区为40.3米/秒。区域气象监测3号站风力达到11级、4号站达到10级、7号站达到9级，为1972年克拉玛依有气象记录以来1月最强大风。强大风对农业、油田生产、市政设施、建筑行业、交通运输均造成一定影响。

降水时空分布不均，全年阶段性干旱，汛期局地暴雨 2021年，克拉玛依地区全年降水量偏少、时空分布不均。10个月呈现偏少趋势，2个月呈现特偏多趋势。其中7个月降水量较历年同期特偏少、3个月为偏少或略偏少趋势。后冬降水量特偏少，不利于农作物春播春种。汛期强对流性天气频发，共出现3次较明显的强降水天气过程，具有明显的局地性。6月26～27日，克拉玛依市辖区至白碱滩一线出现强降水，最大降水中心位于克拉玛依中心城区，日降水量为22.2毫米，为近15年来6月日降水量极大值。6月累积降水量为47.9毫米，为克拉玛依近30年来历史同期次极值。7月9日傍晚独山子区出现罕见的强对流天气，独山子城区20时出现雷暴大风，瞬间风力24米/秒（蒲氏风力9级），随后短时强降水持续35分钟，累积降水量达33.8毫米（暴雨），狂风骤雨对公共设施、油田生产作业、交通出行均带来不利影响。7月31日23时乌尔禾区百口泉气象监测站出现短时强降水，小时降水量达23.3毫米，日累积降水量27.4毫米，达到暴雨级别。

夏季多持续高温天气过程 2021年，克拉玛依出现3次连续高温天气过程，两次长达11天、1次长达8天。高温天气过程具有强度强、持续时间长的特点。7月出现两次连续高温过程，高温日数多达18天。6月30日～7月11日，最高气温在35℃以上的高温日数为11天，其中达到37℃以上高温日数为9天，中心城区极端高温达39.5℃，区域高达43.4℃。持续高温天气对农业生产、油田野外作业造成一定影响，特别是高温引发的断电对油田生产造成一定影响。

秋末冬初多发寒潮天气 受西西伯利亚强冷空气侵袭，秋末冬初多发寒潮天气过程，分别发生在2月25～26日、11月3～4日、12月8～9日。其中11月3～4日，受强冷空气影响，过程最低气温降幅15℃左右，达到寒潮黄色预警标准。此次过程使中心城区11月上旬最低气温降至-11.0℃，较历年同期特偏低15.6℃，为近40年同期旬最低气温最低值，区域最低气温达到或接近建站以来的历史极值。

（容娜）

【气象防灾减灾】 2021年，克拉玛依市先后印发《克拉玛依市贯彻落实关于推进气象事业高质量发展的意见的实施方案》《关于进一步做好防雷安全工作的通知》《关于克拉玛依市落实既有住宅小区防雷装置检测工作的通知》《关于进一步做好气象灾害风险评估工作的通知》，组织召开克拉玛依区防雷安全生产会议，安排部署辖区防雷安全生产工作并开展专业培训。推进《克拉玛依市大风灾害防御条例》实施，与北京城市气象研究院联合制作完成《克拉玛依市大风灾害风险区划》；市气象灾害防御指挥部组织召开多部门联合会商13次，发布《重要气象信息》20期、气象预警信号141个、气候公报12期；开展了1978年—2020年克拉玛依气象灾害风险普查；为春运、高考、汛期、旅游等专项工作提供气象保障服务；配合自治区人影办开展飞机增雨（雪）作业，开展地面移动式火箭增雨作业，出动增雨作业车辆84车次，发射增雨火箭弹216枚，发挥防雹增雨、抗旱减灾作用。

（谢金涛）

【气象应急】 2021年，克拉玛依市将气象融入政府应急保障体系，建立气象应急协作机制。将气象预报预警信息纳入“城市管理系统”，实现气象信息发布全覆盖。在文体旅游、水利、非煤矿山、危险化学品、校园、电力及石油天然气管道、城市建设、道路交通8个安全专业委员会中，发挥气象服务职能。市气象局参加市自然灾害应急指挥中心24小时轮值，并与市应急管理局、生态环境局、水务局、公安局交警队、消防局等建立联动机制，构建气象灾害应急保障联动体系。春季，市气象局气象应急保障人员携方舱式应急指挥车赴昌吉呼图壁煤矿参与紧急应急救援，克服各种困难在野外坚守整整一个月，完成任务受到自治区气象局通报表扬。

（刘荣）

【气象依法行政】 2021年，市气象局施行气象行政许可和行政处罚信用信息“双公示”；全面推行证明事项告知承诺制，按照“双随机、一公开”监管要求，执法人员规范执法，做好事中事后监管工作。实现全市重点单位、企业气象灾害防御、防雷安全检查全覆盖，与104家雷电防护企业、7家防雷检测机构签订防雷安全责任书；全年联合应急、住建、发改、水利等部门开展专项检查22次，检查企业68家/次；联合应急、住建部门开展“双随机、一公开”专项检查，检查企业35家/次。对石油、石化、危险化学品、人员密集等重点单位开展安全检查244家/次，发现隐患问题585项，并督促企业落实整改；全年办结易燃易爆企业防雷设计审核及竣工验收许可20项。

（谢金涛）

【气象装备保障】 2021年，克拉玛依市北疆分中心计量检定中心承担阿勒泰、塔城、石河子、克拉玛依国家天气站压温湿传感器检定业务。完成垂直观测系统和拟建14个区域气象站选址工作。受乌尔禾政府委托建设乌尔禾通用机场气象观测站。

（刘荣）

地　震

【地震监测】 2021年，克拉玛依市全年完成分析、处理、上报地震事件9870个，分析处理地球物理场事件4个，进行异常落实1次，提交异常核实报告1份，组织站点运维103人次，发送地震信息12600多条，编写震情简报27期，向自治区地震局提供会商意见、会商报告10篇。取得新疆地震局资料评比前三名7项。负责管控克拉玛依市、塔城地区、奎屯市11万平方公里范围内的国家台、区域托管台、预警台和地方台网的监测运维工作，监测站点达到了135个。共完成野外运维85次，排除故障50余次。与新疆地震台组织开展视频会商11次，撰写地震趋势会商报告、会商意见11份，编写异常落实报告3份，地球物理观测数据跟踪分析报告11份，宏观观测报告11份。

（张雷）

【地震预警工程】 2021年，国家地震烈度速报与预警工程项目在克拉玛依市及周边区域共新建、改造各类地震监测站点135个。建成60平方米预警技术运维保障室一处，配备仪器维修工作台和运维设备，部署预警发布服务器和预警发布工作站，在全市范围内架设预警终端28个，预警发布和运维保障条件初步具备。

（张雷）

【防震减灾宣传】 2021年，克拉玛依市地震局利用“5·12”防灾减灾周、安全生产月、唐

5月10日，市第六中学开展防灾减灾宣传教育活动。图为学生们在活动现场领取应急救援包、应急救援手册和防震自救宣传册

（彭召勇　摄）

山地震纪念日、全国科普日、“我为群众办实事—送科普知识进万家”、青少年暑期夏令营等方式，开展防震减灾宣传教育力度，提升公众安全意识。截至年末，全市共开展防灾减灾教育培训700余场次，组织开展各类应急演练900余场次，累计受教育150000余人次。

（张雷）

【地震灾害风险防治】 2021年，克拉玛依市召开市防震减灾工作联席会议，制定印发《关于印发〈2021年克拉玛依市地震灾害防范应对准备工作方案〉的通知》，开展生命线工程、石油石化企业、危险化学品经营管理单位、水库大坝、人员密集场所等地震应急准备及专项检查工作。根据《国务院抗震救灾指挥部办公室关于印发〈建立房屋设施抗震设防信息采集和动态更新机制工作方案〉〈地震易发区房屋设施加固工程评估工作方案〉的通知》，会同市应急管理局制定印发《克拉玛依市建立房屋设施抗震设防信息采集和动态更新机制工作方案》。

做好震情灾情信息以及灾害管理能力统计上报工作，收集汇总独山子区城市总体规划工程地质勘察和断层探测及评价报告、克拉玛依区地震小区规划报告和克拉玛依市重点工程地震安全性评价资料。推进克拉玛依市地震易发区房屋设施加固工程实施。根据《新疆维吾尔自治区地震易发区房屋设施加固工程工作方案》文件要求，会同市应急管理局制定印发《克拉玛依市地震易发区房屋设施加固工程工作方案》。组织开展全国房屋设施抗震设防信息采集系统培训工作。完成克拉玛依市2018年10月至2021年10月新、改、扩建房屋设施抗震设防信息采集、审核和上报工作。

（张雷）

【自然灾害综合风险普查】 2021年，克拉玛依市根据上级要求开展全国第一次自然灾害综合风险普查工作。按照任务分工，做好震情灾情信息以及灾害管理能力统计上报工作，收集汇总独山子区城市总体规划工程地质勘察和断层探测及评价报告、克拉玛依区地震小区规划报告和克拉玛依市重点工程地震安全性评价资料。

【房屋设施加固和抗震信息采集】 2021年，克拉玛依市根据《国务院抗震救灾指挥部办公室关于印发〈建立房屋设施抗震设防信息采集和动态更新机制工作方案〉〈地震易发区房屋设施加固工程评估工作方案〉的通知》，会同市应急管理局制定印发《克拉玛依市建立房屋设施抗震设防信息采集和动态更新机制工作方案》。根据《新疆维吾尔自治区地震易发区房屋设施加固工程工作方案》文件要求，会同市应急管理局制定印发《克拉玛依市地震易发区房屋设施加固工程工作方案》，对全市地震易发区房屋设施实施加固工程。组织开展全国房屋设施抗震设防信息采集系统培训工作；完成全市2018年10月至2021年10月新、改、扩建房屋设施抗震设防信息采集、审核和上报工作。

（张雷）

【开展地震应急准备】 2021年5月24日，克拉玛依市根据自治区防震减灾工作推进会要求，制定印发《关于印发〈2021年克拉玛依市地震灾害防范应对准备工作方案〉的通知》，并下发工作提示，要求全市着眼抗大震抢大险救大灾，根据行业领域特点，开展生命线工程、石油石化企业、危险化学品经营管理单位、水库大坝、人员密集场所等地震应急准备及专项检查工作，及时上报工作进展。

（张雷）

【与高校合作】 2021年12月1日，克拉玛依市地震局与中国石油大学（北京）克拉玛依校区石油学院开展合作意向交流会。双方就人才培养、科研合作、定向招录、实训基地建设、人员招聘就业等方面开展座谈，并达成初步意向。

（张雷）

【《克拉玛依市防震减灾“十四五”规划》编制】 2021年，克拉玛依市按照国家、自治区防震减灾发展要求，对标《自治区防震减灾“十四五”规划》《克拉玛依市国民经济和社会发展第“十四五”规划纲要》和《克拉玛依市综合防灾减灾发展“十四五”规划》,开展《克拉玛依市防震减灾“十四五”规划》编制工作。截至年末,《克拉玛依市防震减灾“十四五”规划》已完成初稿。

（张雷）

安全生产监督管理

【安全生产专项整治三年行动】 2021年，克拉玛依市持续开展安全生产专项整治三年行动。在2020年排查整治基础上，研究制定涉及危化品、危险废物处置、工业园区等功能区、电力及石油天然气管道等17个领域集中攻坚任务清单，细化完善工作措施，分级分类制定具体实施方案，明确攻坚工作要点、责任和时限，形成全过程闭环工作体系。自专项行动开展以来，共排查安全隐患51161项，已整改47642项，整改率93.12%，行政处罚594次，罚款257.92万元，责令停产整顿21家,警示约谈346次。

（徐娟）

【安全生产排查整治】 2021年，克拉玛依市吸取昌吉“4·10”煤矿透水事故教训，在全市范围开展安全生产全覆盖大排查、大整治。特别是湖北十堰燃气爆炸事故发生后，全市各安全生产专业委员会加强对危险程度高、工艺设施复杂、安全隐患整改不到位生产经营单位督导检查，严格管控安全风险，按照清单工作法，梳理完善问题清单和责任清单，逐项对标、逐项销号。截至12月26日，市级各安全生产专业委员会围绕危险化学品、非煤矿山、特种设备、电力及石油天然气管道等11个重点领域，检查企业、场所13684家次，发现一般安全隐患10706项，已整改10599项，挂牌督办重大安全隐患5项，已整改5项，立案查处安全生产违法行为71起，罚款172.4万元，暂扣或吊销证照2家，责令停产停业5家。

（徐娟）

【自治区安全生产督导问题整改】 2021年，克拉玛依市根据自治区安全生产督导检查中提出的201项各类安全生产问题，召开专题部署会，制定整改方案，落实整改措施，以安全生产工作提示单形式将整改方案点对点推送至分管市领导和行业主管部门，逐条逐项明确责任单位、责任人、整改措施和完成时限。截至11月15日，201项问题隐患全部整改完毕。

（徐娟）

【安全生产执法检查】 2021年，克拉玛依市《自治区安全生产严格执法十项措施》和《坚决防范遏制事故安全生产严管严控36条措施》要求，开展危险化学品、非煤矿山、工贸等重点行业领域安全生产执法检查工作。截至年末，市、区两级执法队伍共检查1865次，排查安全隐患2101项，已整改2099项，隐患整改率99.9%，行政处罚119次，收缴罚金200.95万元，联合惩戒失信企业1家。

（徐娟）

【电力和油气管道领域安全生产检查】 2021年，克拉玛依市健全完善企业隐患排查治理整改台账。持续不间断地对各区电力领域、油气管道领域企业进行地毯式、全覆盖安全生产大检查，全年制作现场检查记录89份，下发限期整改通知书35份，专委会累计检查电力及油气管道企业16家，检查覆盖率100%，共发现并整改隐患220处，整改完成率达99%。深化监管行业领域排查整治，有效排查发现重点领域、重点部位、重点环节安全风险隐患，动态更新问题隐患和制度措施“两个清单”。通过国家企业信用信息公示系统（部门协同监管平台—新疆）制定联合计划1个，内部计划1个，检查率100%，公示率100%。开展电力安全生产专项整治集中攻坚任务。全年共检查电力企业49次，发现安全生产一般隐患132项，完成整改132项。

（钟芳）

9月2日，油田公司油气储运公司检查组成员对重点站队开展帮扶互检，提高站队隐患排查能力 （张辰源 摄）

【落实安全生产责任】 2021年，克拉玛依市安委会主要领导与市政府副秘书长以上领导、各区、各部门、各有关企事业单位签订安全生产目标管理责任书127份，将安全生产纳入全市绩效、精神文明、综合治理以及高质量发展等考评体系。在道路交通、危险化学品、非煤矿山、人员密集场所、城市建设、特种设备等11个重点行业领域成立安全生产专业委员会，实行市委、市政府领导双组长工作制，将安全生产与业务工作同安排、同检查、同落实。

（徐娟）

【非煤矿山和工贸企业监管】 2021年，克拉玛依市按照分级分类管理原则和长效机制检查要求，重点对已办理非煤矿山许可证的企业开展安全专项检查，督促企业落实主体责任。针对重要节假日和重点敏感节点，市、区两级应急管理部门以油田技术服务类企业为监管重点，对石油技术服务类企业在反三违、外包工程、防范典型事故等方面开展执法检查工作。全年共对已取得安全生产许可证非煤矿山企业116家开展企业诊断工作，指导督促企业提高本质安全管理水平。

（徐娟）

【推行安全责任险】 2021年，克拉玛依市按照“政府引导、试点先行、市场运作”总体运行原则，制定《克拉玛依市安责险+科技+技术服务实施方案》，扩大保障范围，降低投保费用，优化理赔流程，为企业节约成本30%，提升企业安全生产监管水平。全年共举办8期安责险培训，危险化学品、非煤、建筑及危货运输等高危行业的260家企业负责人及安全管理人员参加了培训。

（徐娟）

油田安全生产管理

【HSE体系管理】 2021年，新疆油田公司按照“一体化、差异化、精准化”要求，对36家二级单位开展审核，对20个机关处室开展追溯审核。推进两级机关和专业化审核，强化“点、线、面、体”审核策划，对审核中发现的严重、典型问题开展重点督办和整改“回头看”，全年问题整改销项率100%。在中石油集团公司QHSE量化审核中得分86.41分，达到B1级。开展审核大数据分析，深度挖掘管理短板，编制体系运行提升方案。开展100余项管理对标，深度分析绩效差距，制定24项管控措施，推动QHSE管理水平提升。

（李志国）

【安全生产责任制】 2021年，新疆油田公司组织梳理评估HSE制度，新制定制度8项、修订12项，提高了制度可操作性。修订完善27个机关部门和36家二级单位“一岗一清单”1.5万份，岗位安全环保职责更加清晰。全年新疆油田公司范围内各二级单位、基层站队、班组层层签订HSE责任书9877份，安全生产责任层层分解落实。

（彭建福）

【风险管控】 2021年，新疆油田公司加强重大风险管控，从源头控制生产风险，各级机关、基层站队从管理活动、作业活动等方面开展危害因素辨识，全年辨识评估厂级风险160项，站队级风险8879项，并制定落实防控措施。公司每季度、各单位每月结合产能建设、生产运行及季节特点开展安全风险研判，动态预警8期，发布风险研判报告69期并督促落实。对呼探1井、乐探1井和冬季天然气保供项目开展专项风险评估，实现重大风险、新增风险全面受控。

（彭建福）

【隐患排查治理】 2021年，新疆油田公司开展安全生产大排查、大整治活动，针对岗位安全生产责任清单执行与考核情况、井控管理责任落实情况、管道和站场完整性管理制度及作业规程执行情况、设备安全运行保障及冬季保温措施落实情况以及危险化学品重大危险源及承包商管理等10个方面28项内容开展大排查大整治，有效防范化解安全风险，提升各单位安全管理水平。开展油库罐区、储气库、有毒有害气体防护、井控4个方面安全生产集中整治，业务直线部门和属地单位对60项整治内容逐条排查，针对查出的隐患严格落实整改措施，持续提升油区

3月1日，应急抢险救援中心员工在生产现场进行修井作业

（牙克地尔·买买提江　摄）

安全水平，确保重点领域安全风险全面受控。

（郭亚冰）

【安全生产三年专项整治】 2021年，新疆油田公司落实《安全生产专项整治三年行动计划实施方案》137项工作任务。组织全员学习贯彻习近平总书记关于安全生产重要论述，营造浓厚安全氛围；完善责任体系，修订完善全员岗位安全环保责任制并严格考核；开展油气勘探开发安全专项整治，修订管理制度12项，开展各类验收4593井次；开展危险化学品专项整治，对16类440项内容开展深度评估，制定“一库一策”专项提升方案；开展消防专项整治组织检查6次，检查重点部位312处，组织开展灭火及疏散演练228次，参加演练2300余人次；开展道路交通专项整治，重点完成辖区4300多千米油田道路现状排查，以车辆在线监控平台为技术手段，对车辆超速、上线率问题严格考核，违章数量大幅降低。

（刘明杰）

【承包商安全管理】 2021年，新疆油田公司严格承包商准入，全年准入承包商264家，业务720项。严格承包商培训，组织培训班251个，培训考核发证1.3万人次。严格承包商全过程监管，开展专项监督检查10余次，对15家外部承包商开展审核，5个行业6家承包商进行经验交流。严格现场管理和HSE业绩评价，针对HSE表现降级8家，约谈4家，停工整顿6家，黄牌警告8家，清退8家，有效管控承包商风险。

（刘明杰）

【危化品管控】 2021年，新疆油田公司严格落实重大危险源包保责任制，明确11家单位59处重大危险源的主要负责人、技术负责人和操作负责人，59处重大危险源监测数据与视频信息纳入国家监测预警系统，保障重大危险源安全风险管控责任归位、落实到位。开展大型油气储存基地安全风险评估，针对王家沟油库、呼图壁储气库、油气储运公司总站、701站等油气库容大、风险高、后果严重的特点，对设备设施和管理逐项评估打分，全面诊断安全风险，并制定专项提升方案。开展11座含硫站场硫化氢风险辨识与评估，制定日常监测与定期检测制度，提出安全对策与防范措施21项，保障工艺系统安全平稳运行。

（郭亚冰）

【违章行为整治】 2021年，新疆油田公司编制《违章行为重点整治清单》，评审完善岗位责任清单，全员签订反违章承诺书，组织反违章讨论5219场，评估操作规程5709项修订557项，将承包商纳入统一管理，各层级主动查改，有效管控习惯性违章。

（彭建福）

【基层HSE基础建设】 2021年，新疆油田公司开展HSE标准化“百千示范工程”建设，从管理标准化、现场标准化、操作标准化三个方面提升基层站队HSE标准化水平，准东采油厂李晓华站等4个基层站队被评为企业级示范站队。发布基层班组HSE自主化创建方案，分级召开典型做法交流会79次，持续对标自评提升，2021年新达标中级班组10个，中级班组累计达标率37.7%。

（彭建福）

【安全培训】 2021年，新疆油田公司印发《习近平总书记关于安全生产重要论述汇编》，宣讲1212场次，2.6万人次观看《生命重于泰山》专题片，开展新《安全生产法》宣贯培训，发布7期《典型事故事件案例汇编》，开展各层级各专业HSE培训1.6万人次。

（彭建福）

【健康企业建设】 2021年，新疆油田公司开展健康企业创建，建立健全员工健康相关制度，完善人员密集场所配备除颤仪、心肺复苏模型等配套设备，对2.9万名在岗员工开展健康普查建档和健康风险评估，完成2.9万人非职业健康体检和4879人职业健康体检，检测职业危害场所1440处，开展医生随访、医疗巡诊等健康干预措施和“三减”活动，形成“六位一体”管理模式，新疆油田公司被认定为中石油集团公司2021年健康企业建设达标企业。

（彭建福）

危险化学品管理

【危化品生产企业监管】 2021年，克拉玛依市共有危险化学品生产经营企业173家，建立健全对19家危险化学品企业装置153处重大危险源监控设施。制定《克拉玛依市安全生产委员会成员单位危险化学品安全生产职责规定》，明确市危化品专委会成员单位责任人和工作职责。制定《克拉玛依市危险化学品安全生产专项整治三年行动实施方案》，细化49条工作任务，对全市危化品生产企业开展风险排查，完成“一企一策”工作。共检查企业1141家次，发现风险隐患1001项，整改完成952项，立案查处11起，罚款31.5万元，责令停产停业3家。对天利高新等4家单位重大隐患和突出问题实施挂牌督办。其中自治区挂牌督办1家（天利高新），市人民政府挂牌督办2家（金源精细、新捷能源），独山子区政府挂牌督办1家(独石化)。

（徐娟）

【危化品领域安全生产专项整治】 2021年，克拉玛依市强化危险化学品领域安全生产风险防控和隐患排查治理。制定《克拉玛依市危险化学品企业专项整治三年行动攻坚项目工作思路》，组织安全生产专业机构按照《危险化学品生产装置和储存设施风险基准》和《危险化学品生产装置和储存设施外部安全防护距离确定方法》等标准规范对危险化学品生产许可、经营许可和使用许可企业开展专项整治，督促市工信局、市发改委、市公安局、市交通运输、市生态环境保护局等成员单位做好危险化学品运输、废弃处置等环节安全监管和整治。

（徐娟）

【化工行业发展规划】 2021年，克拉玛依市对化工行业安全生产“十三五”规划执行情况总结评估，结合“十三五”规划执行情况和自治区及克拉玛依市安全生产形势及经济社会发展需求，研究克拉玛依市“十四五”期间化工行业安全生产基本现状和需要解决重大问题、工作重点，提出“十四五”期间化工行业安全生产主要任务。

（徐娟）

【天然气保供企业安全生产检查】 2021年，克拉玛依市制定《市危化品安全生产专业委员会关于开展天然气保供企业

1月14日夜间，采气一厂克拉美丽采气作业区天然气处理站的一名员工正在装置区巡检 （白祺琪 摄）

今冬明春安全风险防控的工作方案》和责任清单，压实克拉玛依市天然气保供企业安全生产主体责任、政府领导责任和部门监管责任，防范化解安全风险，提升应急抢险能力。对天然气储气库开展专项安全检查和防控工作，防止因事故导致减产、停产，确保今冬明春安全平稳供气。督促两家天然气生产储存企业制定保供方案，开展自检自查自纠工作。召开两次天然气保供专项调度会议，组织专家开展三次安全检查，排查治理7项安全隐患。

（徐娟）

【危化品重大危险源管控】 2021年，克拉玛依市共有18家危险化学品企业装置构成重大危险源155处，其中一级源35处、二级源11处、三级源52处、四级源57处，全市危险化学品储量约850余万方。督促企业按照《危险化学品重大危险源监督管理暂行规定》，落实《危险化学品企业重大危险源安全包保责任制办法（试行）》。对所有重大危险源全部实现在应急管理部门备案。督促企业建立重大危险源档案，一级或者二级重大危险源，具备紧急停车功能，涉及毒性气体、液化气体、剧毒液体一级或者二级重大危险源，配备独立安全仪表系统（SIS）。5月，根据《应急管理部办公厅关于印发〈危险化学品重大危险源企业2021年第一次检查督导工作方案〉的通知》和《自治区危险化学品重大危险源企业2021年第一次地消结合联合检查工作方案》要求，对20家重大危险源企业安全督导工作，对检查中发现问题，按程序下发责令限期整改指令书，除去一项市级挂牌督办隐患未整改完成外，其他所有隐患均已整改完毕。10月11日开始，组建四个专家督导组，对克拉玛依市危化品重大危险源开展2021年第二轮全覆盖督导检查，同时涵盖非重大危险源11个危化品罐区。

（徐娟）

消　防

【概况】 2021年，克拉玛依全市共发生火灾249起，抢险救援171起，社会救助52起，公务执勤373起，共出动消防救援力量9578人次，出动车辆1795辆次。

（向翔）

【防火监督】 2021年，克拉玛依市将消防工作融入疫情防控、安全生产工作统筹推进，完善消防工作考核、重大隐患挂牌督办、火灾事故警示约谈机制。实行公众聚集场所投入使用、营业消防安全检查告知承诺制，提供容缺受理、预约检查、绿色通道等便民服务。

（向翔）

【消防安全专项整治】 2021年，克拉玛依市以“清单式、项目化”推进消防安全专项整治三年行动。截至年末，共完成全市192个居民小区、499家社会单位消防车道划线、立牌和清障工作。

（向翔）

【消防远程监控平台建设】 2021年，克拉玛依市推进“智慧城市”建设，在全区范围内率先完成城市物联网消防远程监控平台建设，186家火灾高危单位和消防安全重点单位接入系统，推广安装智慧型独立感烟报警器5096个，对社会单位设施运行、重点部位管理、日常检查巡查等进行线上动态监管。

（向翔）

【“智慧消防”建设】 2021年，克拉玛依市建立“智慧消防”四级监管模式，创新推行消防信用监管体系，拓展“双随机、一公开”系统功能，研发“贴心城管”App消防模块，实现“一键查处、一键挪车、一键投诉、一键学习”4大服务，为经济社会高质量发展营造良好消防安全环境。

（向翔）

【执勤训练】 2021年，克拉玛依市消防支队主动适应“全灾种、大应急”职能定位，推进练兵工作改革转型，举办第三比训协作区比武竞赛暨第二十一届消防运动会，在“砺剑北疆-2021”地震综合救援实战拉动演练中，比训科目取得团体第二。建立“周三拉动日”机制，创新模块化作战编成，研究6项战术战法，建成远程供水3千米“保障圈”，突破远程供水在西北地区的实践应用。成功处置“5·8”克石化延迟焦化装置泵房火灾、“6·18”邦博石油科技有限公司聚丙烯酰胺火灾。

（向翔）

应急救援

【完善应急预案体系】 2021年，克拉玛依市推进克拉玛依市总体预案、专项预案编修工作。目前，完成全市各级各类应急预案3240件。其中：市级总体应急预案1件，专项应急预案19件，部门预案63件，各区级总体应急预案4件，专项应急预案86件，部门应急预案157件，乡街道应急预案346件，企业应急预案2282件。

（徐娟）

【应急救援队伍建设】 2021年，克拉玛依市强化专业救援力量建设，依托市消防救援支队先后组建市综合应急救援支队、区级综合应急救援大队和交通事故、石油化工等救援分队。截至年末，已经建成由6支综合救援力量、17支专业救援力量和各区企事业单位、街道、社区应急救援联防队和应急志愿者为主辅助救援力量等三部分构成的总计达15000人左右的综合救援力量。

（徐娟）

4月27日，在北疆陆地搜救基地，新疆消防总队第三协作区比训交流活动暨克拉玛依支队第二十一届消防运动会举行 （努尔买买提·艾山 摄）

【应急物资保障】 2021年，克拉玛依市健全救灾物资储备制度体系，联合下发《关于救灾物资储备使用管理联动机制》，明确各涉灾部门责任，统筹规划应急物资储备，完善应急物资台账清单。截至年末，市、区、驻市央企共有物资储备库16个，储存有防（灭）火、防汛抗旱、抗震救灾、抢险救援、救灾救助等应急物资14大类、1680种。

（徐娟）

【电力及石油天然气管道突发事件应急保障】 2021年，克拉玛依市成立市电力及石油天然气管道突发事件应急指挥部，制定油气输送管道保护、电力安全生产应急预案，明确目标任务、工作原则、适用范围、应急处置组织体系与职责，并组织全员参与市安全生产应急指挥部24小时值班值守。截至年末，召开专委会安全生产视频调度会30次，下发会议纪要30份，协调解决各类问题28项，组织成员单位开展联合检查6次。

（钟芳）

【常态化应急演练】 督促指导各区、各有关部门和单位根据工作需要，有计划、有重点地组织开展危险化学品、防汛抗旱、抗震救灾等各类应急预案拉动演练和桌面演练，共开展综合性演练3场，参加演练430人次，其他各类演练45场，参加演练14000人次。

（徐娟）

【应急救援体系建设】 2021年，克拉玛依市推进北疆区域应急救援中心及安防产业园项目建设。筹备打造“一中心、四基地”，构建集消防、地震、气象、森林草原、城市应急管理、危险化学品应急处置、应急救援物资储备和应急安全培训教育、展示体验等于一体的应急救援体系和集孵化、研发于一体的综合性服务安防产业园区。项目整体投资预算约5.8亿元，建设面积14.5万平方米，此项目已纳入自治区“十四五”总体规划重点项目，申请地方政府专项债券2000万元，用于培训基地建设。截至年末，已完成培训基地项目备案、用地预审、勘察、初设、概算批复等前期工作，已完成EPC总承包招标并开工建设。

（徐娟）

6月16日，应急抢险救援中心赶赴独山子参加“砺剑北疆-2021”大型石油化工场所跨区域灭火救援实战拉动演练　　（马龙　摄）

【防灾减灾救灾】 2021年，克拉玛依市制定《2021年克拉玛依市防灾减灾救灾工作要点》，统筹推进全市推进安全知识“五进”、灾害风险隐患排查治理、应急预案修订、基层减灾能力建设等相关工作。全年对各区水库、防风林、公益林管护站开展防汛抗旱、森林草原火灾等方面的风险隐患排查65次，开展森林草原防火工作领导带队检查12次，排查出问题隐患89项，整改完成89项，整改率100%，实现森林草原火灾隐患处置闭环管理。

（徐娟）

【第一次全国自然灾害综合普查工作】 2021年，克拉玛依市推进第一次全国自然灾害综合普查工作。市级统筹推进、各区负责落实，由自治区安科院为主体技术团队统一培训、统一要求，统一标准，形成行政人员统筹协调、谋划推进，技术团队上下衔接、技术保障的分工高效协作格局。共对各区开展实地调研8次，组织推进会2次，形成会议纪要3期，解决困难10个，发布简报10期。累计开展培训30余场，培训人员578余名。

（徐娟）

市辖区

克拉玛依区

【概况】 2021年，克拉玛依区委下设工作机构11个，区委直属及部门所属事业单位24个，其中参照公务员法管理的事业单位2个；区政府设22个工作部门、18个参照公务员法管理事业单位、44个事业单位。下辖小拐乡政府和天山路街道、胜利路街道、银河路街道、昆仑路街道、迎宾街道、古海街道、五五新镇办事处7个街道办事处、67个社区居委会、3个行政村、2个国营牧场。境内还有新疆生产建设兵团第七师一二九团、一三〇团及第八师一三六团。截至年末，有党政机关、事业单位工作人员4217人，其中公务员599人、参照公务员法管理的事业单位工作人员250人、事业单位工作人员3368人。

（汪叶红）

【区划人口】 2021年，克拉玛依区有汉、维吾尔、哈萨克、回、蒙古等39个民族，年末总人口（不含辖区内兵团人口）311864人，其中户籍人口217059人、暂住人口94787人；男性人口151118人，占48.5%，女性人口160746人，占51.5%。在户籍人口中，少数民族52102人，占24.004%，汉族164957人，占75.996%。全年出生1349人，出生率6.5‰，死亡1200人，死亡率5.53‰，人口自然增长率0.97‰。出生人口男、女性别比为1.04∶1。

（汪叶红）

【经济总量】 2021年，克拉玛依区实现生产总值643.83亿元，比上年增长5.7%。其中，第一产业增加值17.52亿元，增长7.0%；第二产业增加值417.46亿元，增长4.8%；第三产业增加值208.85亿元，增长7.0%。三次产业结构比例为2.72∶64.84∶32.44。

（汪叶红）

【财政收入】 2021年，克拉玛依区地方财政收入22.86亿元，比上年下降2.8%。一般公共预算收入20.68亿元，增长3.1%。其中，税收收入下降2.0%，非税收入增长17.1%。全区地方财政支出48.67亿元，增长13.1%。一般公共预算支出34.44亿元，增长7.9%。其中，公共安全支出下降3.5%，教育支出增长3.9%，社会保障和就业支出增长17.0%，卫生健康支出下降2.3%。

（汪叶红）

【居民人均可支配收入】 2021年，克拉玛依区城镇居民人均可支配收入52159元，增长10.1%。农村居民家庭人均纯收入32395元。

（汪叶红）

【农牧业】 2021年，克拉玛依区实现农林牧渔业总产值12.76亿元，其中农业产值7.14亿元、林业1.81亿元、牧业2.9亿元、渔业127万元、农林牧渔业及辅助性活动 8954 万元；比上年增长 11.1%。耕地保有量面积 17124.98 万公顷，农作物总播种面积 1.65 万公顷，其中，粮食种植面积 3088 公顷，棉花种植面积 8815 公顷。主要农产品产量：粮食作物 28553 吨、棉花 19040 吨、油料 59.4 吨、甜菜 945 吨、蔬菜 24697.8 吨、果用瓜 5511 吨、苜蓿 13260.60 吨。主要特色农作物产量：番茄 2239.38 吨，辣椒 3604.47 吨，枸杞 3.50 吨，打瓜子 366.6 吨。水果产量：葡萄 0.3 吨。年末牲畜（猪牛羊）存栏 4.07 万头（只），全年牲畜（猪牛羊）出栏 3.98 万头（只），出栏率 97.7%；肉类（猪、牛、羊、家禽）总产量 1014 吨，减少 296 吨；山羊毛 35 吨，奶类 19722 吨，禽蛋 62 吨，水产品 105 吨。年末农业机械总动力 29072.83 千瓦。

（汪叶红）

【工业】 2021 年，克拉玛依区规模以上地方工业企业 45 家，实现工业增加值 18.36 亿元，比上年增长 3.0%。其中，国有及国有控股企业下降 4.8%，股份制企业增长 3.0%，外商及港澳台投资企业增长 1.8%，私营企业增长 17.9%。分行业看，开采辅助活动增长 22.9%，农副食品加工业下降 40.7%，食品制造业下降 6.2%，纺织服装、服饰业下降 14.8%，石油、煤炭及其他燃料加工业下降 22.4%，化学原料及化学制品制造业下降 5.9%，非金属矿物制品业增长 67.3%，金属制品业增长 2.7%，通用设备制造业增长 36.4%，专用设备制造业下降 7.1%，电气机械和器材制造业下降 14.2%，电力、热力生产和供应业下降 7.1%，燃气生产和供应业下降 19.5%，水的生产和供应业下降 0.5%。

（汪叶红）

【投资和建筑业】 2021 年，克拉玛依区全社会固定资产投资 280.59 万元，其中地方投资增速与上年持平。分三次产业看，第一产业投资比上年增长 14.5%；第二产业投资下降 5.3%；第三产业投资增长 19.0%。房地产开发投资 32.77 亿元，增长 40.6%。房屋施工面积 382.97 万平方米，上升 7.8%，其中，住宅施工面积 257.59 万平方米，上升 1.2%。房屋竣工面积 4.91 万平方米，下降 76.0%。商品房销售面积 41.89 万平方米，上升 64.1%。具有资质等级的总承包和专业承包建筑业企业实现利润 74.74 亿元，增长 12.3%。

（汪叶红）

【国内贸易和市场物价】 2021 年，克拉玛依区社会消费品零售总额 72.42 亿元，比上年增长 18.1%。按消费类型统计，商品零售额 65.35 亿元，增长 18.7%；餐饮收入额 7.07 亿元，增长 12.9%。在限额以上单位商品零售额中：书刊杂志类商品零售额增长 10.0%；粮油、食品增长 31.6、饮料类增长 18.2%、烟酒类增长 27.5%；汽车类零售额增长 24.7%；服装、鞋帽、针纺织品类商品零售额增长 14.4%；家用电器和音像器材类零售额下降 14.3%；金饰珠宝类商品零售额增长 29.8%；文化办公用品类零售额下降 9.5%；中西药品类零售额下降 0.7%。全年居民消费价格同比上涨 2.1%,其中，食品烟酒类上涨 0.1%、居住类上涨 4.3%、教育文化和娱乐类下降 2.3%、衣着类上涨 4.3%、生活用品及服务类下降 0.4%、交通和通信类上涨 5.1%、其他用品和服务类上涨 1.4%、医疗保健类上涨 5.4%。

（汪叶红）

【招商引资】 2021 年 6 月，克拉玛依区成立投资与贸易促进中心，负责建设客商信息库与储备项目库，组织和参与全区各类招商及其项目签约、协议报审、考察、项目落地开工建设等工作。全年落实招商引资项目 344 个，其中新建 277 个、续建 67 个。项目年度计划投资 160.63 亿元，其中新建项目计划投资 114.71 亿元，续建项目计划投资 45.92 亿元。实现到位资金142.99亿元，其中新建项目107.53亿元（含云计算产业园区6.51亿元），续建项目35.46亿元，比上年增长66.64%；区外到位资金116.26亿元，增长187.49%。完工项目217个，其中新建191个、续建26个。落实洽谈项目312个，其中96个项目转为在建项目，转化率31%，实现到位资金42.76亿元。

（汪叶红）

4月23日，克拉玛依区东彩社区的居民在克拉玛依军史馆参观，进行“参观军史展馆，重温党史践初心”活动　（晏飞　摄）

【旅游资源】 2021年，克拉玛依区有景区景点25处，其中A级旅游景区9处，S级滑雪场1处，自治区级风景名胜区1处。国家级景区9个，其中国家AAAA级景区2处（克拉玛依河、黑油山）、国家AAA级景区6处（文化街、克拉玛依展览馆、生态健身公园、科技馆、荒漠绿洲生态园、小拐乡芳香植物园）、国家AA级景区1处（海洋之心综合游泳馆）。省级文物保护单位2处（黑油山地窖、机械制造总公司及物资供应总公司），全国科普教育基地5处（黑油山科普教育基地、科技馆科普教育基地、矿史陈列馆科普教育基地、新疆油田油气储运公司总站科普教育基地、克拉玛依红山油田石油科普馆），爱国主义教育基地5个（克拉玛依一号井、军史馆、黑油山、岩心库、红色记忆展览馆）。宾馆住宿133家，从业人员1182人；旅行社22家，从业人员60人；旅游公司37家，从业人员101人；娱乐场所20家，从业人员330人；网吧13家，从业人员30人。全年累计接待游客450.02万人次，比上年增长21.08%；实现收入26.17亿元，增长43.48%，人均消费581.5元，上升18.44%。

（汪叶红）

【平抑物价】 2021年，克拉玛依区商务局保障辖区节假日期间肉类市场供应，平抑肉类价格，铺设“储备肉”投放点位40家，累计投放牛肉230吨、羊肉380吨、猪肉235吨。设立社区便民直销点位89家，新增平价菜品3种。

（汪叶红）

【教育科技】 2021年，克拉玛依区有普通高等学校3所，在校学生9908人；中等职业教育学校1所，在校学生9193人；初中4所，在校学生5750人；小学15所，在校学生17056人；特殊教育学校1所，在校学生41人，送教上门学生20人；幼儿园29所，在园幼儿9967人。各类教师2329人。全年教育经费投入7.4亿元。全年获得省部级以上科学技术奖2项、科研项目成果10项。

（汪叶红）

【卫生健康】 2021年，克拉玛依区有医疗卫生机构68个，其中民营医疗机构51家、社区卫生服务中心5家、乡卫生院1家、卫生服务站10家、疾病预防控制中心1家；卫生技术人员673人，卫生机构床位305张。

（汪叶红）

【社会保障】 2021年，克拉玛依区就业人员2296人，比上年增长10.7%；实现城镇就业再就业人员1491人，年末城镇登记失业率控制在4.5%以内。参加基本养老保险54215人，其中城镇职工基本养老保险53129人、城乡居民社会养老保险1086人。参加基本医疗保险166562人，其中职工基本医疗保险（生育保险）95624人、城乡居民基本医疗保险70938人。参加工伤保险41953人、失业保险39532人；城镇居民最低生活保障451人，农村居民最低生活保障4人。

（汪叶红）

独山子区

【概况】 2021年，克拉玛依市独山子区委设行政机构12个、直属事业机构5个、事业机构12个；区人大常委会机关设专门委员会5个、工作委员会4个、办公室1个、派出人大街道工作委员会3个；区政府设行政机构23个、直属事业机构6个、事业机构65个，派出机关（构）4个，其中派出机关3个（街道办事处，辖社区居委会19个）、派出机构1个（产业园区管理委员会）；区政协机关设专门委员会7个、办公室及专门委员会工作科各1个；设非独山子区管理工作机构9个。截至年末，区机关有工作人员2018人，其中行政编制人员291人、事业编制人员1699人、政法专项编制人员10人、机关工勤编制人员18人，有中共党员693人。

（黄银凤）

【区划人口】 2021年，克拉玛依市独山子区面积400.35平方千米，其中建设用地59.48（新增6.78平方千米）平方千米；距自治区首府乌鲁木齐市250千米，距克拉玛依市中心城区150千米。截至年底，有人口84985人，其中户籍人口60532人、流动人口24453人，有汉族、维吾尔族、哈萨克族、蒙古族、满族等30个民族；出生人口388人，同比下降47%；死亡注销人口379人，同比增长19.56%；人口自然增长率0.66‰。

（黄银凤）

【经济总量】 2021年，克拉玛依市独山子区完成税收收入90.35亿元，同比增长7.6%。实现地区生产总值236.44亿元，同比增长4.2%；其中：第一产业增加值0.47亿元，同比增长0.3%；第二产业增加值200.28亿元，同比增长4.3%；第三产业增加值35.69亿元，同比增长3.6%。实现工业增加值128.82亿元，同比增长15.4%；实现社会消费品零售总额17.39亿元，同比增长16.4%。

（黄银凤）

【财政收支】 2021年，克拉玛依市独山子区地方财政总收入12.02亿元，同比增长8.3%，其中一般公共预算收入10.9亿元，同比增长8.1%；地方财政支出16.92亿元，同比下降32.5%；一般公共财政预算收入10.90亿元，同比增长8.1%。一般公共财政预算支出14.80亿元，同比下降8.6%。

（黄银凤）

【城镇居民人均可支配收入】 2021年，克拉玛依市独山子区城镇居民人均可支配收入50839元，同比增长12%。

（黄银凤）

【招商引资】 2021年，独山子区成立招商分局3个，去疆外招商9次，接洽企业1400多家，洽谈项目325项，同比分别增长168%、172%；招商引资项目开工127项，实现到位资金26.54亿元，同比增长85%。

（黄银凤）

【项目建设】 2021年，独山子区成立重大项目专班，动态完善区领导、部门和责任人包联项目机制，争取上级资金。梳理“十四五”期间建设项目，编制项目库，制订“六重”（重大项目、重大平台、重大产业、重大改革、重大政策、重点要素）项目清单，通过定期推进、服务保障等机制，高位推动项目落实。普货及一般化学品停车场、劳动力市场及实训基地、污水处理厂改扩建、百盛佳苑住宅楼（四期）、西戈玛酒店等项目建成投用，南环路西段、奎河路等5条道路完成改造，老旧小区改造、南部新区基础设施配套、独石化220千伏输变电工程、潮漫街商业街等项目有序推进。全年，梳理“十四五”建设项目240项，上级资金到位2.2亿元；全区500万元以上投资项目开工（复工）率100%，新建项目开工率100%；储备项目转化为新开工项目35个，转化率83%。

（黄银凤）

【产业园区建设】 2021年，独山子区将城区西侧、北侧工业区进行整合，建成一个以石化产业为基础、以高新技术产业为发展目标的现代化综合产业园区，是一个集高端装备制造，精细化工、新型材料、清洁能源生产于一体的现代绿色低碳示范区，为国家新型石油化工产业基地及国家战略能源储备区。园区规划面积52.2平方千米，依据现有产业布局，以石油化工产业为基础，发展上下游关联产业，构建“一园四区”。将整个园区划分为石油石化产业区（26.2平方千米）、综合物流产业区（13.5平方千米）、高新技术产业区（7.1平方千米）、特色工业旅游区（5.4平方千米）4个功能区。成立产业园区管委会和园区开发公司，编制《独山子产业园区总体规划（2017—2030年）》《独山子产业发展和项目实施规划》《智能物流港可行性研究报告》等，制订园区招商引资计划、考核办法、措施、投资建议等，完善各项招商优惠政策。利用资源、地理优势，整合自治区化工原料，开发精细化学品和化工新材料，延伸石油石化产业链。组建“重大项目专班”，强化沟通联系，以问题为导向逐一解决项目落地过程中遇到的困难。推进产业园区和奎—独经济技术开发区合作共建，推动驻区石油石化企业与地方经济协调发展。区天鼎投资集团成立天盛园区开发管理有限公司，与中铁集团签订共同打造智能物流园基础设施建设项目协议，与市云游物流公司、新疆海润科技有限公司签订厂房租赁协议，海润公司已入驻园区；为金联创网络科技有限公司等招商引资企业完成厂房建设选址，协调周边供水、原材料供应及建设等相关事宜。全年完善、编制、制订规划、可行性研究报告、制度、措施等10多个，为驻区企业解决各类问题15项，入驻新注册企业4家，服务企业22家；推进20万吨/年EVA、3万吨/年双环戊二烯、列民铝业铝镁锰板、金联创高沸点溶剂、海润石油润滑剂等重点项目17个，重点洽谈危化品仓储、特产电工光伏发电、合盛硅业乙烯焦油等项目11个；新开工建设项目6个，到位资金2.19亿元，占全区招商引资的9.13%。

（黄银凤）

【智能物流园建设】 2021年4月1日，独山子区与中铁集团签订战略合作框架协议，明确通过“F+EPC+运营”（融资投资+工程总承包+运营）合作方式打造专业化物流企业，为全区化工企业提供优质危化品运输服务。智能物流园项目分为基础配套设施、商业服务、生产功能三个板块，建设信息中心及三产、汽配汽修、司机之家、货运班车总站、城市配送等基础设施。推动公铁联运项目，为企业提供便捷快速集散运输平台。截至年底，危化品停车场、标准化厂房竣工，引进云游物流等企业入驻园区；园区建设计划总投资30亿元，一期计划投资4.76亿元。

（黄银凤）

【乡村振兴】 2021年6月2日，独山子区乡村振兴局成立，牌子挂在区农业和水务局；12月，成立区委农村工作领导小组暨乡村振兴工作领导小组，落实乡村振兴及区内协作扶贫各项工作，巩固拓展脱贫攻坚成果与乡村振兴有效衔接。投入专项资金，支持对口扶贫地区新疆喀什地区疏勒县建设保鲜库、示范村等民生项目，提升对疏勒县教育、医疗、乡村产业、就业安置等帮扶力度，促进共同富裕。全力推动区绿丰农牧公司转型发展，在相关部门指导、帮助下，区绿丰农牧公司制订放牧羊群扩充五年达产方案，确定以承包铁畜为主要经营模式，通过农业科学院指导、行业专业技术培训、与本地养殖研学基地建立合作、学习其他地州养殖及种植先进经验，科学规划布局，形成舍饲养殖、饲草料种植、放牧+旅游、肉类加工和销售经营格局，确保全区储备肉投放及羊肉供给。全年，投入协作扶贫资金505万元（含区民政局扶贫办使用314.51万元），其中帮助疏勒县实施乡村振兴项目投入资金400万元、与疏勒县人才交流投入各项费用105万元；区绿丰农牧公司投放储备羊肉5200千克，年末羊只存栏6000多只。

（黄银凤）

【文旅产业】 2021年，独山子区以石化工业旅游和独库大本营旅游休闲街区列入自治区“十四五”旅游发展规划为契机，实施文化润疆工程和“旅游兴疆”战略。借助老炼油厂入选第四批国家工业遗产的机会，投资回购老炼油厂装置，打造石油工业遗产文旅基地。建成投用独库夜市餐饮美食街，两湖公园提档升级、独库公路至独山子大峡谷环线道路、红色旅游基础设施、独库公路国际自驾车营地工程基本完工，支持大峡谷建成“冰雪大世界”，推动东湖公园开发冰雪游项目，打造“千眼油泉”、地窝子等特色景点，培育推出“独库礼物”文创产品，注册“独库”相关商标。与新疆喀什市、喀什地区疏勒县签订旅游合作协议，推动旅游协作互联互享；出台《民宿管理办法（试行）》，解决独库大本营滞留游客用水用电问题，提供免费厨房、洗澡、剪发等暖心服务。开展新疆第一口油井、中苏石油股份公司办公旧址等文物保护性修缮工作。举办“重走独库路、老兵再出发”发车仪式、“筑路老兵讲故事”红色旅游、“冰雪节”“温泉冰雪季·亲子嘉年华”等活动。独库公路博物馆被授予全国公路科普教育基地、自治区红色旅游经典景区称号，独山子展览（博物）馆入选自治区关心下一代党史国史教育基地，独山子大峡谷成功创建国家AAAA级景区。全年，投资2000万元回购老炼油厂装置6套，推出“独库礼物”文创产品70种，注册“独库”相关商标18个，举办大型旅游活动10次；接待游客增长181.51%，旅游收入增长246.43%。

（黄银凤）

【科技创新】 2021年，独山

11月19日，游客观赏独山子泥火山上的千眼油泉。油泉内偶尔冒出的天然气形成无数涟漪，好似数千只眼睛，因而得名 （崔文娟 摄）

子区建立健全科技合作、科技服务协同工作机制，落实科技创新“十四五”规划，深化沪克、川克科技交流合作，与上海市普陀区科委建立战略合作关系，天利集团与四川大学签约C5、C9石油树脂质量提升项目。大力支持企业科技创新，积极申报自治区和市级科技计划项目；引导和支持众创空间发展，吸引科技型中小企业入驻，大力培育自治区级“专精特新”中小企业。汇翔激光公司成功认定工信部第五批国家工业设计中心，新疆鑫拓科技公司“球化纳米高纯氧化镁项目”荣获工信部、财政部联合举办的第六届创客中国中小企业创新创业大赛全国总决赛创客组三等奖，驻区企业克拉玛依市先能科创重油开发有限公司“乙烯热解焦油悬浮床加氢解构生产全芳烃馏分油”荣获国际大赛“SCIP+”绿色化学化工创新创业大赛一等奖，独山子石化公司国家级科研项目稀土顺丁橡胶实现规模化生产。全年，兑现科技配套政策资金440万元，申报科技项目7项，其中获得自治区、市级立项2项，认定为高新技术企业6家。

（黄银凤）

【法治政府建设】 2021年，独山子区创新社会治理司法行政实践，整合优势资源，构建政府主导、社会力量参与的“大普法”工作格局。健全落实行政执法“三项制度”（公示制度、全过程记录制度、重大执法决定法治审核制度），制订区政府重大行政决策程序规定，把公众参与、专家论证、风险评估、合法性审查和集体讨论决定作为重大行政决策的必经程序；涉及公众切身利益、需要社会广泛知晓的经济社会发展事项，广泛征求收集公众、专家意见，通过区政府门户网站及时公示；落实重大决策社会稳定风险评估机制；深化政务公开工作，推行证明事项告知承诺制，加强行政规范性文件合法性审查和备案工作，自觉接受各方监督；发挥法律顾问专业优势，融合公共法律服务实体、网络、热线三大平台，深度推进法治“十进”工作，健全公共法律服务体系；完善基层矛盾纠纷排查预警机制，培育行业性、专业性调解组织，深化人民调解工作。组织开展全国模范司法所创建工作，金山路街道司法所创建成功。全年，公开选聘法律顾问2人，评估各类重大行政决策事项5项，准予实施5项；审查政府合同合法性1100多份；受理法律援助案件121件，为受援人挽回损失164万元；成功调解矛盾纠纷549起。

（黄银凤）

【“放管服”改革】 2021年，独山子区梳理高频办理事项和“多窗跑”事项，优化办理流程，缩短办理时限，实施合并收、合并办，使更多事项实现“一件事、一次办”；“我要开小餐馆”“我要买卖二手房”等一批群众常办事项实现“最多跑一次”。依托自治区一体化在线政务服务平台，完善办事指南，实现动态管理，推进同一事项无差别受理、同标准办理。推动政务服务向基层延伸，下放街道社区第二批政务服务事项。投用政务服务“好差评”系统，服务质量接受群众监督。全年，政务服务中心设“一件事、一次办”综合服务窗口2个，进驻政务服务大厅事项93项，办理事项1.6万多件，办理事项时限平均压缩30%以上，738项事项平均压缩时限48%；“好差评”系统收到群众好评2.3万人次，好评率100%；下放街道社区第二批政务服务事项33项。

（黄银凤）

【国企改革】 2021年，独山子区实施国企改革三年行动，委托中国投资咨询公司编制国有企业改革实施方案，坚持政企分开、政资分开、科学管理，增强国有经济竞争力、创新力、抗风险能力。进行区属国有企业重组整合，将天鼎集团公司、城建开发公司、穗丰粮贸公司、金盾保安公司等国有企业股权划转至市级国有资本投资运营公司，形成区属一级国有监管企业，不断优化国资布局。修订国有资产监督管理暂行办法，进行产权登记管理，加强国有资产统一监管。在企业试点设立外部董事，提升董事会科学决策能力。探索企业混合所有制改革，推动国有资本向石油石化企业和物流仓储等重点领域布局。全年，有区属一级国有监管企业6家，任命企业外部董事4家，成立混合所有制企业5家。

（黄银凤）

【城市智慧化管理】 2021年，独山子区运用信息化手段，打造智慧交通、智慧城管、智慧社区，推进智慧城市建设。健全城市管理长效机制，完善城管指挥系统功能，高效处理城市管理问题。加快5G基站建设，实现主城区、景点景区、重点工业应用区域5G网络全覆盖。深化物业体制改革，成立物业服务协会，引导社区居委会、业委会和物业公司在全市率先设立三方监管账户，实施信用评价制度，探索标准化、品质化住宅小区物业管理试点，以示范引领物业服务质量向优。实施城市更新行动，推动老旧小区基础配套设施改造，升级供热一次网和供、排水管线，改造南环路、北京路、南京路、奎河路、阿勒泰路等城区道路。投用物资回收中心，优化废弃物资源化行业管理规范，逐步投用生活垃圾分类设施，加大垃圾分类知识宣传力度，提升市民垃圾分类意识。依法推进“两违”（房屋建筑违法建设和违法违规审批）专项清查整治行动，开展区域市容市貌治理，不断提升市民居住舒适度。实施节约型绿化养护管理措施，改造自动化灌溉设施。引进共享（电）单车，安装电动自行车充电桩，倡导绿色低碳生活。全年处理城市管理问题13.6万件，新建、改建5G基站63座，新增停车位7000个；改造10个老旧小区供水、供暖等管线133.14千米，维修改造屋面93栋，整治拆除危旧房屋等建筑物63处21.9万平方米；绿化节约用水2万方，节水率30%；安装垃圾分类收集设施214组，安装电动自行车充电桩136个。

（黄银凤）

【教育事业】 2021年，独山子区落实学前教育普惠、助学金等教育政策，提档升级第一中学、第二中学标准化考场建设、校园网络改造、学校硬件设施等。严格落实“双减”（减轻义务教育阶段学生作业负担、校外培训负担）政策，专项治理校外培训机构，研发体育艺术类、传统文化类等课程，满足学生特长发展需求，全面实施全学段课后服务；第一小学、第二小学被评为自治区首批中小学美育特色学校，第二小学入选教育部认定第三批全国中小学中华优秀传统文化传承学校。深化与西安市碑林区、常熟市等地交流合作，发挥名师工作室教研支撑作用，完善教师绩效考核、职称评选等制度建设，组织教师参加培训学习，开展教学教研活动，提高教师教研能力和教学水平；加强高中新课程、新教材研究工作，为高考改革打好基础。创建国家义务教育优质均衡发展达标区，推进义务教育“8+”型学校评估活动，中考、高考成绩保持全市前列，第一小学、第七小学、第三中学获得国家级信息化教学实验学校称号。第三批区内初中班学生顺利入学。全年，投入教育经费3.78亿元，其中一中、二中基础设施改造投入960多万元；专项治理校外培训机构25家，学科类机构转型6家，治理转型率100%；研发艺术、文体等类课程230多门，专职教师参与课后服务率100%；参加培训教师1万多人次，开展名师工作室教学教研活动81场次；第三批区内初中班学生入学292人，评估为“8+”型义务教育学校7所，中考上线率80%，高考本科上线率84.6%。

（黄银凤）

【文化体育】 2021年，独山子区实施文化润疆工程，健全公共文化服务体系，完善社区文化驿站、社区书房、晨晚练点、健身步道等项目建设，加强公共文体场馆、文博场馆、图书馆、中苏石油股份公司办公旧址等文物保护单位运营管理，培育一批红色旅游讲解员。建强文艺服务队伍，组建群众艺术团，成立独山子歌舞团，设立市业余体校分校，组队代表自治区参加第十四届全国运动会五人制足球男子乙组比赛，体育中心被命名为自治区全民健身活动示范单位。统筹规划重点文艺创作项目，积极争取自治区、市扶持项目。在人民网、新华网、新疆日报、天山网等国家、自治区级媒体刊播各类信息宣传推介美丽独山子，《大美独山子—游在油城》专题片在央视播出，央视音乐频道拍摄独山子大峡谷，独库公路筑路老兵讲故事活动在新疆新闻联播播出，平安独山子抖音公众号获得全国公安政务排行榜县市区排名第七位、获得自治区公安优秀短视频平台，平安独山子微信公众号获得自治区公安优秀新媒体平台。全年，建设文化驿站、书房的社区4个，建成体育场地和晨晚练点53处；举办全国羽毛球城市巡回赛、“荒野之旅，独库有路”全疆自行车邀请赛、CBA新疆广汇男篮独山子公益行等赛事活动50多场次，举办中华经典诵读、红歌合唱线上赛展播活动800多场次，开展群众性文化活动1000多场次，惠及各族群众30多万人次；获自治区扶持文艺作品3部，获市二十七届“黑宝石”文艺奖作品3项，参评自治区小康记忆工程摄影作品1件；在各级各类媒体刊播各类信息200多条，平安独山子抖音公众号制作播放独库路况视频65条，播放量4136.6万次，点赞55.2万，粉丝50万。

4月10日，独山子区“拥抱春天，放飞梦想”第二届风筝比赛在大峡谷景区举行 （种玉忠　摄）

（黄银凤）

【劳动就业】 2021年，独山子区完善以市场为导向就业机制，落实就业创业等援企稳岗政策，与周边城市联动，拓展招聘信息发布途径。加大公益性岗位开发力度，开展失业率调查工作，做好就业困难群体就业安置，“零就业”家庭动态清零。发挥技工学校作用，探索校企合作办学模式，实施职业技能提升培训。开展南疆转移就业人员转岗增收工作，确保南疆就业人员在独稳定率。第一社区获评第四批自治区星级充分就业社区，企业员工代表克市参加全国首届乡村振兴职业技能大赛，中式面点师（馕制作）表演项目获得铜奖，独库旅游创业园项目成功入选第三届全国创业就业服务优秀展示项目。全年，提供就业岗位3150个，新增就业1542人、创业215人，创业带动就业460人，发放各类就业补贴2503万元；城镇登记失业率低于1.5%，调查失业率低于4%；务工人员转岗545人，稳定就业率99.6%；审批民办职业技能学校2家，挂牌成立技工学校1家，参加职业技能提升培训 1.27 万人次。

（黄银凤）

【社会民生】 2021 年，独山子区推进社会保险标准化建设和“互联网 + 社保”应用，优化服务流程，推广社会保障卡（电子社保卡）在社保领域应用，实现全程电子化服务。以打造区域性养老机构公建民营示范点和社区养老服务示范点为契机，新建、改建街道养老服务中心和社区老年人日间照料站，提高养老机构护理型床位占比，提升养老机构医疗卫生服务覆盖率。实施医保新政，守牢医保基金安全底线。落实残疾人补助、补贴政策，提升残疾人精准康复服务质量。弘扬慈善精神，支持有意愿、有能力企业和社会群体积极参与公益慈善事业。城市低保标准进行动态调整，开展重特大疾病医疗救助、各类困难群体救助等活动。加强退役军人优抚安置工作，足额及时发放抚恤金等补贴。落实“菜篮子”工程补贴政策，守护居民“舌尖上的安全”，抽检食用农产品、餐饮具等，储备米面油等生活物资，投放政府储备肉，保障市场稳定。以优秀成熟社工机构和街道社会事务中心为依托，逐步实现街道社会工作服务站全覆盖。通过以上措施完善社会保障体系，不断提高市民对美好生活的需求。第十一社区成功创建全国示范性老年友好型社区。全年，新建改建街道养老服务中心 3 所、社区老年人日间照料站 9 所，基础养老服务设施覆盖率从 21% 提高至 63%；发放低保金等救助、补助金 1500 万余元，发放养老等保险待遇 2.04 亿元；发放抚恤金等补贴 533 万元，退役军人安置率、满意率 100%；抽检食用农产品、餐饮具等 3300 多批次，合格率 100%；储备米面油等生活物资 600 多吨，投放政府储备肉 251.22 吨；接收慈善捐款 28.46 万元，为环卫工人捐赠“暖心饺”款 13.65 万元，各类慈善捐助支出款项 20.43 万元。

（黄银凤）

【卫生健康】 2021 年，独山子区实施《健康中国 2030 规划纲要》《健康中国行动（2019—2030）》，开展慢病管理、疫苗接种、全民健康体检、家庭医生签约等公共卫生服务。深化医药卫生体制改革，加快推进“三医联动”（医保体制改革、卫生体制改革、药品流通体制改革），促进优质医疗资源均衡布局。建立健全传染病、突发公共卫生事件监测预警机制和保障体系，规范传染病防控，肺结核、艾滋病等传染性疾病管控。完善分级诊疗体系，加强医联体建设，形成小病进社区、大病去医院、康复回社区诊疗服务格局。健全中医药服务体系，提升社区卫生服务中心中医馆服务，邀请和争取专家坐诊，提升基层服务能力和水平。落实新生育政策，发展普惠托育服务体系，推进三岁以下婴幼儿照护服务，构建政府主导、社会参与的多元化托幼服务模式，促进人口长期均衡发展。组建心理健康服务志愿者队伍，强化心理健康服务管理。全年，组建家庭医生服务团队 8 支，家庭医生累计签约 12109 人；基层医疗机构接诊 8.8 万人次，参与全民健康免费体检 4.5 万人，免费接种流感疫苗 5331 人，结核病筛查 37336 人次，组建心理咨询室 19 个，孕产妇婚检率 100%。

（黄银凤）

【新时代文明实践中心成立】 2021 年，独山子区成立新时代文明实践中心，区委书记担任中心负责人，办公室设在区委宣传部。指导街道办成立新时代文明实践所、社区成立新时代文明实践站，形成权责明晰新时代文明实践中心、所、站三级组织机构。将区文化中心（图书馆、科技馆、电影院）、体育中心、独库公路博物馆、展览（博物）馆等公共文化资源纳入中心，依托付剑峰“创意空间”，打造特色文化实践点。整合中心、实践所、实践站、实践点优势资源，制订重大理论和主题常态化宣讲工作实施方案，组织新时代文明实践中心（所、站）工作人员培训，开展新时代文明实践宣传工作。建立区级、街道社区级志愿服务队，配合全区文明创建工作，常态化开展特色志愿服务活动。全年，建立新时代文明实践中心1个、实践所3个、实践站19个、实践点2个；开展宣讲活动1.4万多场次，受众26万多人次；建立区级志愿服务队8支、街道社区级志愿服务队122支，参与志愿服务人员1000多人，开展志愿活动1200多次。

（黄银凤）

【“红领行动”】 2021年，独山子区创新开展“红领行动”，建立“红领团队”进社区包网格、“红领管家”进支部包重点、“红领服务”进网格包事务“三进三包”工作模式。组织各部门（单位）党组织与联点社区网格党支部结对共建，确定共建事项，引导广大党员深入基层、深入群众，解难题、攻难关、送服务、做奉献，形成“红领团队”进社区包网格工作格局。开展社区党组织“提档升级”专项行动，建立区领导社区工作联系点、街道党工委班子成员包联社区、机关党组织向联点社区派出兼职社区副书记、选派党员认领党建工作指导员、党政机关党员每人至少认领1个居民“微心愿”，为居民办1件实事好事工作机制，引导机关“五员”“奔”社区，协力攻克社区建设难关，积极认领“微心愿”、开展“微行动”，为群众办实事好事，形成“红领管家”进支部包重点工作格局。建立社区党员突击队和网格党员志愿服务队，鼓励党员在所居住社区认领联户长、信息员和业委会候选人等，用点滴行动助力社区事务。依托区“红色家园”小程序，社区线上发布网格事务，志愿者线上认领、积分，形成“红领服务”进网格包事务工作格局。全年，与社区签订共驻共建协议部门（单位）94家，确定“红领团队”共建事项167项，承办网格事务256件；党员认领联户长、信息员和业委会候选人等1300多人，开展“红领行动”志愿服务5763场次，收集群众“微心愿”“微诉求”1577条，实现1535个，实现率97.34%；为居民办实事好事12690多件。

（黄银凤）

【文明创建】 2021年，独山子区制订《关于做好克拉玛依市蝉联全国文明城市独山子区迎检工作的通知》，成立文明创建工作领导小组，下设综合协调组、材料工作组、宣传教育组、实地考察组、窗口行业组、测评工作组等，组建全国文明城市创建专班，制订完善文明城市创建长效机制、创建文明单位管理办法、文明城市创建整改攻坚工作方案等，召开文明创建推进会，发布工作提示，进行实地检查，对标测评点位存在的问题督导整改。建立新时代文明实践中心（所、站），打造服务平台，组建志愿服务总队，依托“红色家园”微信小程序，发布发放宣传品、清理小广告、规划机动车停车位、开展爱国卫生运动、认领文明交通劝导岗、捡拾公路边垃圾等志愿服务项目，开展清单式志愿服务。开展学雷锋志愿服务“4个100”评选活动，评选出优秀青少年为市、区级新时代好少年。全年，制作发放宣传品8万多个，召开文明创建推进会19次，每周实施1轮全覆盖检查，下发工作提示10期、通报20期，问题整改销项率100%；组建志愿服务总队8支，发布志愿服务项目1400多个，开展志愿服务活动1000多场次，参与志愿者2.5万多人次，清理小广告6万多个，新增机动车停车位3.3万多个；评选市级新时代好少年4人、区级10人。

（黄银凤）

【民族团结进步示范创建】 2021年，独山子区创建办按照民族团结进步创建进机关、进企业、进街道（乡镇）、进社区（村）、进景区（场馆）、进新兴组织、进学校、进家庭、进军（警）营、进宗教场所示范点建设实施意见，指导全区各单位民族团结进步“十进工程”示范点建设。将民族团结进步创建工作重心下沉到街道、社区、企业、学校、宗教场所等基层单位，推进各单位民族团结进步示范科室、示范车间、示范班级、示范楼栋等创建“细胞工程”建设；定期召开创建工作推进协调会，高位推动创建工作。全区各族群众之间相互结对子、交朋友，形成相互尊重、相互包容、相互欣赏、相互学习、相互帮助的局面。各单位结合主题党日活动，把学习宣传《新疆维吾尔自治区民族团结进步模范区创建条例》纳入党史学习教育内容，整理、完善示范点解说词，常态化开展民族团结进步创建互观互学活动及“民族团结一家亲”和民族团结联谊活动，激发各族群众携手共进正能量，让民族团结的种子植入各族群众心田。召开民族团结进步模范宣讲培训动员会，在全区范围内开展民族团结进步模范先进事迹巡回宣讲活动，通过各级各类媒体宣传民族团结进步创建工作。各单位积极申报民族团结进步示范单位，由区创建办检查验收，精选优秀单位推荐申报市级民族团结进步创建示范单位。截至年底，全区被命名为自治区级民族团结进步示范单位2家，被命名为市级民族团结进步教育基地3个、民族团结进步示范点33个（其中机关单位10家、学校4所、企业5家、街道办3家、社区居委会7家、军警营1家、教育基地3个）、民族团结示范家庭4户，被命名为区级民族团结进步教育基地5个、民族团结进步示范点63个（其中机关单位21家、学校11所、企业4家、社区居委会12家、军警营4家、新兴组织3家、景区1个、宗教活动场所1处、区级教育基地5个）、示范科室23个、示范窗口50个、示范商铺6家。全年，召开创建工作推进协调会3次；开展互观互学活动46场次，参加5000多人次；开展民族团结进步模范先进事迹巡回宣讲活动7场次，参加800多人次；各级各类媒体采用宣传报道102篇；申报市级示范单位14家(其中社区居委会9家、党政机关单位3家、教育基地1个、学校1所)，被命名为市级示范单位5家［区展览（博物）馆、区农业水务局、第六社区居委会、第七社区居委会、第十三社区居委会］，被命名为区级示范单位15家、示范商铺8家、民族团结进步教育基地4个，独山子区和独山子石化公司炼油厂被命名为自治区民族团结进步示范区及示范单位。

（黄银凤）

【生态文明建设】2021年，独山子区加强重点企业环境监管，开展打击固体废物、危险废物非法转移和倾倒专项行动，深化VOCs综合治理，落实奎—独—乌区域大气污染预警和跨区域大气污染联防联控，及时排查整改污染防治问题，实施问题“回头看”，迎接自治区、新疆生产建设兵团第二生态环境保护督查组督察。实施林长制、河（湖）长制，大力开展义务植树活动。独山子石化公司重点环保项目炼油三苯罐区VOCs治理项目投用，空气质量持续提升。全年，$PM_{2.5}$、PM_{10}平均浓度均下降3.4%，空气质量优良率88%，增长1.4%；生活污水处理率95%以上，饮用水水质达标率100%；打造城市景观小品22处，种植各类乔灌木55万株，新增绿地146.6万平方米，全区绿化覆盖率45.08%，人均公园绿地13.3平方米。

（黄银凤）

【安全生产】2021年，独山子区建立安全生产三级指挥调度专用网络，投用应急管理指挥中心，将重点企业视频图像接入自治区指挥中心，消防安全重点单位接入城市物联网消防监控平台，健全安全生产调度监管体系；完善安全生产专家库，推行“专家＋执法＋服务”管理模式。学习贯彻新修订《安全生产法》，汲取“4·10”丰源煤矿透水、“6·13”十堰燃气爆炸等事故教训，开展安全生产专项整治3年行动和大排查、大整治等专项行动，拉网式全覆盖检查企业、单位安全生产工作，查改安全隐患。深化应急管理体系建设，加强应急救援队伍建设，修订完善应急预案，组织开展应急演练，实施南部新区防洪设施改造工程，采购储备应急物资，增强防灾、减灾、救灾能力，未发生较大生产安全事故和自然灾害。高标准通过第一次全国自然灾害综合风险普查核查，准确率位居全市第一。全年，检查企业、单位安全生产工作7.31万家次，查改安全隐患5900多项，服务企业220多家次；视频图像接入自治区指挥中心重点企业28家、接入城市物联网消防监控平台消防安全重点单位55家，建立应急救援队伍27支，修订完善应急预案26个，开展应急演练410多场次，采购储备应急物资16类4797件；发生生产经营性道路交通事故7起，死亡1人，受伤6人，直接经济损失1.6万元。

（黄银凤）

白碱滩区（克拉玛依高新技术产业开发区）

【概况】 2021年，克拉玛依市白碱滩区委下设11个工作部门、6个区委直属事业单位，区政府下设21个工作部门，有2个区政府直属事业单位；区公安分局、市第二人民医院归克拉玛依市主管单位直管；有中兴路街道办事处、三平路街道办事处、金龙镇街道办事处3个派出机构，下辖20个社区居委会。截至年末，全区有职工2075人，其中公务员355人、参照公务员管理的事业单位工作人员119人、事业单位工作人员1596人、机关工勤人员5人。

（王栋梁）

【区划人口】 2021年，白碱滩区（克拉玛依高新区）辖3个街道办事处、20个社区居委会、2个管理委员会。有汉、维吾尔、哈萨克、回、蒙古等31个民族。年末总人口62803人，其中户籍人口39474人，暂住人口23329人。

（王栋梁）

【经济总量】 2021年，白碱滩区（克拉玛依高新区）实现地区生产总值176.8亿元，同比增长6.2%（按可比价计算，下同），其中，第一产业增加值1.3亿元，增长12%；第二产业增加值133.1亿元，下降4.9%；第三产业增加值42.4亿元，增长9.3%。全年累计完成固定资产投资36.88亿元，同比下降29%。

（王栋梁）

【财政收支】 2021年，白碱滩区（克拉玛依高新区）实现财政总收入203527万元，同比下降23.9%；其中公共财政预算收入57252万元，同比下降15.2%；税收收入46364万元，同比增长9.4%；非税收入10888万元，同比下降56.6%。实现财政总支出203527万元，同比下降23.9%；其中，公共财政预算支出159153万元，同比增长4.9%。社会消费品零售总额22.42亿元，同比增长21.3%。

（王栋梁）

【城镇居民收入】 2021年，白碱滩区（克拉玛依高新区）城镇居民家庭人均可支配收入51080元/人，同比增长11.7%。年末辖区居民储蓄存款余额51.3亿元，比年初增长7.4%。

（王栋梁）

【石油石化】 2021年，白碱滩区（克拉玛依高新区）驻区中央企业累计完成总产值438.7亿元（现价），同比增长32.7%

（名义增速）；原油产量287.1万吨，同比增长9.7%；天然气产量122.3亿立方米，同比增长10.9%；钻井进尺155.5万米，同比增长28.9%；原油加工量570.3万吨，同比增长64.0%；润滑油产量32.8万吨，同比增长2.8%；发电量49.6亿千瓦时，同比增长4.7%。

（王栋梁）

【地方工业】 2021年，白碱滩区（克拉玛依高新区）规模以上工业企业累计完成工业总产值347.6亿元，实现增加值131.6亿元，同比增长6.3%，产销率100%，产销衔接较好。

（王栋梁）

【农业】 2021年，白碱滩区（克拉玛依高新区）累计实现农林牧渔服务业总产值26541.1万元，按可比价计算，同比增长17.0%。农作物总播种面积11653亩，其中粮食作物播种面积8220亩。牲畜存栏数为5.02万头（只），牲畜出栏5.77万头（只）。

（王栋梁）

【招商引资】 2021年，白碱滩区（克拉玛依高新区）实现招商引资到位资金79.52亿元，完成全年目标任务（70亿元）的113.60%，较上年同期增长81.30%；洽谈项目232个（目标任务140个），完成

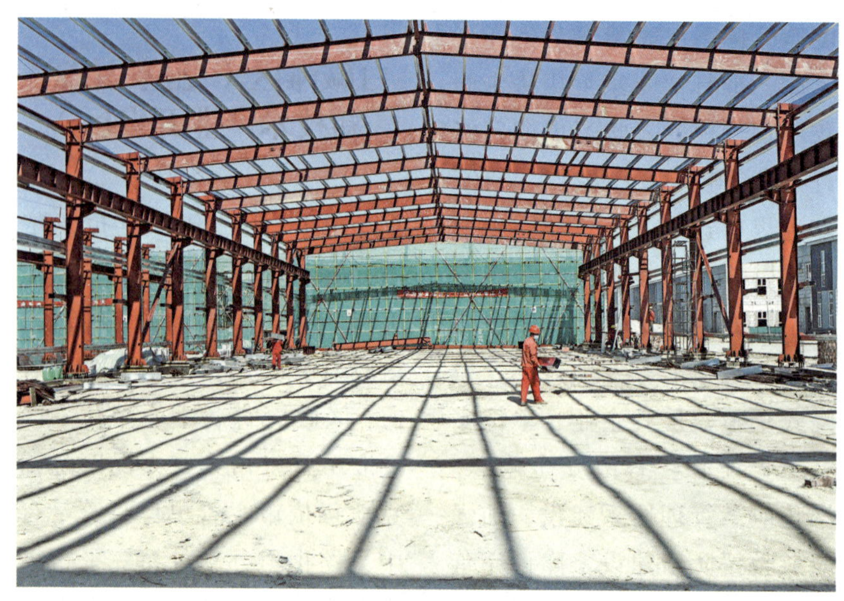

4月12日，白碱滩区（克拉玛依高新区）标准化厂房建设项目在紧张施工中。项目占地6公顷，总投资12500万元，包括13个厂房

（努尔买买提·艾山　摄）

率165.7%；储备项目60个（目标任务50个），完成率120%；签约项目100个（目标任务60个），完成率166.67%；新建开工项目195个，完成率325%，新增亿元以上项目23个，完成率230%，全年促成逸普新材料年产72万吨差别化聚合物新材料项目、富城能源天然气综合利用项目、克拉玛依年产12000吨高性能碳纤维及碳纤维装备制造产业基地项目顺利落地。被市级评为2021年度克拉玛依市招商引资先进集体。

（王栋梁）

【重点产业项目建设】 2021年，白碱滩区（克拉玛依高新区）500万元以上固定资产投资项目共158个，年度计划投资46.09亿元。其中：续建项目44个，年度投资计划9.79亿元；新建项目86个，年度投资计划24.5亿元；储备项目28个，年度投资计划11.8亿元。5000万元以上重大项目45个，年度投资计划33.97亿元，其中重大产业项目33个，总投资125.24亿元，年度计划投资26.74亿元。

（王栋梁）

【科技兴区】 2021年，白碱滩区（克拉玛依高新区）财政列科技支出1448万元，占公共财政预算支出0.91%。深化科技陪伴式服务，培育以科技型企业为核心的创新主体。截至年末辖区高新技术企业达到40家，同比增长14.3%，科技型中小企业达到47家，同比增长17.5%。诞生全市首家科技小巨人企业，实现历史性突

破。协助辖区企业申报自治区级科技计划项目3项，其中重点研发项目1项，人才项目2项，争取自治区级资金380万元。西部黄金（克拉玛依）矿业科技有限责任公司获得自治区科学技术三等奖。新疆胜新复合材料有限公司等5家企业在第六届克拉玛依创新创业大赛上斩获1个一等奖、1个二等奖、3个三等奖，刷新赛事获奖数量记录。促成志卓公司和西南石油大学合作，顺利申报四川省科技厅2021年重点研发项目1项；促成新疆塔林投资（集团）有限责任公司与西南石油大学、成都理工大学等高校达成合作联合申报四川省对口科技援助克拉玛依科技合作项目6项。

（王栋梁）

【城区建设】 2021年，白碱滩区（克拉玛依高新区）城区建设项目共计27项，其中续建21项，新建6项，包含老旧小区改造、三平镇热源改造项目、社区卫生服务中心改扩建等民生工程19项。绿化项目共计7项，其中续建2项，新建5项，开展217国道南侧绿化工程、中央大道延伸段绿化工程、西五街延伸段绿化景观工程等，共计新增绿化面积713亩。

（王栋梁）

【劳动就业】 2021年，白碱滩区（克拉玛依高新区）全年举办49期线上线下专项招聘活动，5期网络直播带岗活动，累计发布就业岗位6789个，实现就业再就业797人。辖区应届高校毕业生就业率96.56%；城镇登记失业率0.15%，“零就业家庭”动态清零；全年开展就业再就业培训9851人次，创业培训57人；全年新增创业330人，带动就业333人。兑现政府各项促就业和培训补贴共计2730.5万元。

（王栋梁）

【社会保障】 2021年，白碱滩区（克拉玛依高新区）社会保障覆盖面不断扩大，养老保险参保人数15200人，失业保险参保13076人，工伤保险参保14364人。全年社保基金征收共计37653万元，基金支出共计14410万元。基本医疗保险参保27531人,同比增加2.4%。医疗保险基金收入17084.19万元，医疗保险基金支出806.13万元。全年开展医疗救助353人次，救助金额19.65万元。

（王栋梁）

【社区建设】 2021年，白碱滩区（克拉玛依高新区）组织开展第七届社区居民委员会和新一届居务监督委员会选举工作，共登记选民30141人，参加选举选民30141人，选民参选率100%。共选举产生居民委员会委员190名，选举产生居务监督委员会委员60名，通过依法选举，实现20个社区党组织书记担任居民委员会主任，20个社区党组织纪检委员担任居务监督委员会主任，实现组织意图和群众意愿的高度统一。组织20个社区依法依规完成第七届居民小组长、居民代表的选举工作，共选举产生居民小组长785名，居民代表1092名。开展居民公约修订工作，共35778户居民签订居民公约协议书。印发《白碱滩区街道社会工作服务站建设试点方案》，在中兴路街道和金龙镇街道建立街道社会工作服务站，并正式运营。组织20个社区开展居民自治章程修订工作，明确“四议两公开”、居民代表大会、议事协商、居务监督等居民自治制度。全年共开展集中准入2次，部门申请准入事项3项，准入社区协助政府事项2项，确定社区工作事项共140项。

（王栋梁）

【文化建设】 2021年，白碱滩区（克拉玛依高新区）围绕“庆祝建党100周年”“热爱伟大祖国，建设美好家园”“我们的中国梦”等主题，开展形式多样的群众文化活动130余场次，服务群众2000余人次。结合党史学习教育，相继创作出配乐朗诵、小品、情景剧、沙画等优秀的舞台艺术作品10余部。协助版画艺术家文祖云完成“百年印记—用版画歌颂中国共产党”主题作品创作，参与新疆广播电视台特别节目《永远铭刻的精神》的录制。7月31日，举办2021年自治区青少年篮球锦标赛，共有来自全疆13个地州的500余名运动员参与。利用全民健身活动周组织开展健身气功八段锦交流大赛及全区职工拔河比赛，参与群众1200人次。全年白碱滩区游客接待人数57.43万人次，实现旅游收入3.47亿元。为正常营业的景区、场馆开启“一部手机游新疆”预约功能，提高游客“要旅游、先预约”的意识，提升景区游玩体验感。先后组织辖区涉旅企业开展“微笑新疆　魅力油城”提升服务质量培训讲座4场次，覆盖人员300余人次，通过培训和宣传带动旅游市场的回升；对辖区文体、旅游行业53家监管企业开展行业监管及行政执法检查工作，每季度完成1次全覆盖行业联合检查，对检查出的隐患问题做到及时整改，查处整改率100%。

（王栋梁）

【基础教育】 2021年，白碱滩区有中学4所，小学5所，幼儿园7所（含民办幼儿园1所、公建企办园1所）。有国家级特色学校1所；自治区级德育示范校3所，依法治校示范校2所；市级德育示范校（达标校）6所，依法治校示范校7所，特色学校文化建设先进单位3家，特色项目学校3所。在校学生10262人，其中小学生3810人，初中生3904人，高中生683人，入托幼儿1865人。全区各类专任教师977人，其中幼儿园专任教师156人，小学专任教师303人，中学专任教师518人。教职工共计1316人，其中教育局机关43人，中学640人，小学339人，幼儿园294人。全区学前三年幼儿入园率达100%，小学适龄儿童入学率和毕业率保持100%，学户巩固率100%，小学生行为规范执行率100%。已形成九年义务教育、高中阶段教育、学前三年教育为一体，以基础教育为主体的教育格局。全年教育事业投入4.3014亿元，落实学前三年免费教育、九年义务教育，全区适龄儿童、少年入学率均达到100%。完成第十中学俱乐部改造项目，新建第十中门卫室及大门，购置智慧黑板110套，学生课桌椅1800余套，微格教室设备1间，学生实验室设备6套，添置图书71000余册，教育教学基础设施不断优化。聚焦课程体系建设、特色课程建设、精品课程打造等重点工作，全面推进区属校园构架好三级课程体系（基础国家课程、特色校本课程、发展精品课程），全力实施“四创”，即创文化品牌、创学校特色、创课程体系、创精品课程。

（王栋梁）

【医疗卫生】 2021年，白碱滩区有二级甲等综合医院1家，社区卫生服务中心4家，个体诊所8家，民营医疗机构1家。全区医疗机构床位数300张，年就诊量329581人次。全年累计开展全民核酸检测31轮，检测182.35万人次，结果均为阴性。开展辖区内高中风险地区和国外进口货物外环境采样工作，共采样并检测标本31265份，结果均为阴性。对辖区内各街道、社区、行管部门、教育行业、医疗机构和健康观察点开展采样、场地布置和消毒消杀培训工作47次。设置2个新冠疫苗集体接种点，投入工作人员318人次，累计接种6.66万人，15.29万剂次。提高全民健康体检服务效率，全年全区应体检人数31578人，完成体检31580人，完成率100%。全年累计接种免疫规划疫苗5922人，累计接种8601剂次非免疫规划疫苗。全年累计对121家公共场所、14家医疗机构、17家学校幼儿园、7家二次供水单位、298家企业、1家餐具消毒机构等监督检查1125家次，开展医疗美容、传染病防治、医疗废物、消毒产品等专项整治行动8次。全年办理公共场所行政许可案件53件，办理行政处罚案件3件，合计罚没0.15万元。医疗机构全年立案4起，合计罚没款项0.33万元。常态化开展爱国卫生运动，巩固国家文明城市、国家卫生城市工作成果，全年累计发动5.01万人次，清理办公室7560间、卫生死角7520处；清理居民区楼道杂物6620件，清除各类乱张贴小广告3460处；清运垃圾1870吨；清扫地面12.8万平方米；捡拾烟头1.70万余个，现场劝阻吸烟4590余人次，整治违停车辆4650余辆。

（王栋梁）

【安全环保】 2021年，白碱滩区（克拉玛依高新区）深入贯彻习近平总书记安全生产重要论述精神，时刻绷紧安全生产这根弦，坚决守住安全底线。结合安全生产大检查长效机制，在安全生产委员会框架下，设立11个由区委、区政府分管领导共同担任主任的安全生产专业委员会，利用月度区委工作例会专题听取安全生产工作汇报，全年召开涉及安全生产的会议共85次，协调解决过路旅游大巴乱停乱放问题、羽毛球馆吸音板掉落问题，组织清理危险化学品企业周边、主城区上风口等重点区域芦苇41处等各类安全生产问题，全区安全生产形势持续平稳。全年累计检查1.9万家次，发现风险隐患2312项，整改完成2084项，下发责令限期整改指令书296份，立案查处92起，结案89起，罚款112.28万元。坚持强化应急体系建设动态管理，统一应急演练流程，提高应急物资使用效率，增强预防和处置各类突发事件的应急物资保障能力，有效应对自然灾害。组织开展野外火源治理和查处违规用火专项行动，共计摸排风险点位44处，扎实开展白碱滩区（克拉玛依高新区）第一次全国自然灾害综合风险普查，充分发挥普查办统筹协调职能，完成应急系统内业626个点位和外业112个点位清查、调查、核查、质检工作。2021年，白碱滩区（克拉玛依高新区）推进生态文明建设，打好污染防治攻坚战，确保环境质量持续改善，切实落实环境保护“党政同责、一岗双责”。根据《2021年环境保护目标责任书》和《污染防治攻坚战实施方案》，认真完成各项指标任务。持续开展执法“大练兵”活动，受理各类信访投诉18件，全部办结并答复；全年查处环境违法行为9起，罚款87.88万元。实施污染防治攻坚战行动：开展饮用水源地专项整治，确保饮用水水源地无排污口，无违法建设项目；开展大气污染防治，通过推进绩效分级差异化管控、开展重污染天气整治、推进白碱滩区冬春季柴油货车污染治理；加强固体废物防治，开展工业固体废物专项执法检查，对辖区危废经营单位、重点危废产生单位开危废标准化考核。分局备案固废产废管理计划86家，审核产废年报69家，覆盖率100%。全年空气质量优良率91.7%，$PM_{2.5}$浓度为23微克/立方米；建成区继续保持无黑臭水体，河流、水库水质均符合III类标准；土壤质量处于清洁（安全）级；区域环境噪声昼间平均值小于60DB（A），道路交通噪声昼间平均值小于70DB（A），均符合环保目标责任制指标要求。

（王栋梁）

【法治建设】 2021年，白碱滩区（克拉玛依高新区）高质量完成《2020年法治政府建设工作报告》，并在政府网站向社会公开。征集2021年政府重大行政决策事项目录，并就重大行政决策落实情况开展法治专项督查，组织开展法治政府专题业务培训等重点工作。常态化开展行政规范性文件清理工作，全年累计开展行政规范性文件专项清理2次。全年共办理行政复议案件5件（含上年度结转1件），其中办结1件，决定不予受理4件。加强优化法治营商环境的法治保障，推行证明事项告知承诺制，公布第一批实行证明事项告知承诺制事项目录，2021 年共受理民商事申请法律援助案件 39 件，其中适用告知承诺制办理的共计 21 件（追索劳动报酬案件 20 件，追索赡养费案件 1 件），适用比例达 53.8%。全面实行行政执法人员持证上岗和资格管理制度，共举办全区行政执法证考试培训班两期，全区各执法单位共计 150 余名行政执法人员参加。普法依法治理工作全面展开，制定本区“八五”普法规划纲要，重点开展民法典学习宣传和“以案释法”工作。认真落实普法责任制年度报告制度。重点抓领导干部“关键少数”学法用法，区委中心组学法和区政府常务会议会前学法常态化开展。重点提升公职人员学法用法能力，组织开展公职人员“法宣在线”网络学法和考试，参加网络学法和考试 2000 余人次。重点加强青少年法治宣传教育，贯彻落实《青少年法治教育大纲》，广泛开展法治宣讲、知识竞赛、模拟法庭等多种形式的校园法治文化活动。进一步完善公共法律服务体系，规范管理白碱滩公共法律服务中心，督促其提升法律服务水平。积极引进律师事务所进驻白碱滩区，为辖区居民和企业提供全面优质高效的法律服务。

（王栋梁）

【城市基层党建】 2021 年，白碱滩区（克拉玛依高新区）围绕市委基层组织建设“211”总体思路及基层治理“1515101”工作体系，着力发挥城市基层党建引领基层社会治理现代化的重要作用。有序推进党建引领基层社会治理和产业发展，全力推动两新组织党建有形有效覆盖。建立联席会议、信息沟通等机制，压实各成员单位责任。结合市域社会治理现代化要求，创新基层社会治理模式，积极探索党建引领下的政治、法治、德治、自治、智治“五治融合”。深化运用“街道吹哨、部门报到”“大工委、大党委”“社区物业党建联建”等机制，加快培养一专多能、一岗全责的“全岗通”社区工作者队伍。开展“一街一特、一社一品”巩固提升行动，围绕基层治理持续做强基层党建品牌。发挥党员先锋作用，落实在职党员“双报到”全覆盖，帮助社区排查安全隐患 1859 件，解决群众困难诉求 909 件，完成百姓微心愿 2200 余个。

（王栋梁）

【平安建设】 2021 年，白碱滩区（克拉玛依高新区）持续巩固“自治区优秀平安县（市、区）”创建成果，着力推进“平安细胞”创建工作，全年共命名平安家庭 17749 家，平安店铺 1745 家，平安单位 212 家。深入开展平安建设宣传，多措并举、扎实开展形式多样的宣传活动，不断提升人民群众的“一感三率”（安全感、知晓率、参与率、满意率）。建设平安志愿者队伍，切实发挥好平安志愿者队伍在建设平安城区、维护社会治安、促进社会和谐中的基础性作用。组织“平安之星”候选人推荐工作，全年向市级推送“平安英雄”5 名，“平安卫士”10 名，其中王延明、郝斌入选全国“平安之星”候选名单。

（王栋梁）

乌尔禾区

【概况】 2021 年，克拉玛依市乌尔禾区委下设个 10 工作部门、5 个区委直属事业单位；区政府下设 21 个工作部门，有 3 个区政府直属事业单位（区机关事务局、区政务服务中心、区第三人民医院）；区公安分局归克拉玛依市主管单位直管；有柳树街街道办 1 个派出机关，下辖 1 个社区居委会（柳园社区居委会）。截至年末，全区在岗在编 459 人，其中公务员 201 人、参照公务员管理的事业单位工作人员 23 人、事业单位工作人员 234 人、机关工勤人员 1 人。

（李淑艳）

【区划人口】 2021 年，乌尔禾区下辖1个乌尔禾镇、1个柳树街街道办事处。截至年底，全区总人口（不含辖区内兵团人口）为7233人，其中户籍人口2488人，暂住人口4745人。在户籍人口中，女性1186人，占比47.7%；人口自然增长率6.93‰。

（李淑艳）

【经济总量】 2021年，乌尔禾区全年实现地区生产总值（GDP）150603万元（现价，下同），较2020年下降8.8%（按不变价计算，下同），两年平均下降0.1%。其中第一产业增加值20798万元，增长9.4%；第二产业增加值57135万元，下降28.8%；第三产业增加值72670万元，增长6.1%。三次产业对经济的贡献率分别为12.7%、-143.4%、30.7%。三次产业结构比例为13.8∶37.9∶48.3。

（李淑艳）

【财政收支】 2021年，乌尔禾区地方财政收入19520万元，增长10.3%。一般公共财政预算收入15948万元，增长14.0%，两年平均下降10.7%。其中税收收入10306万元，增长4.5%；非税收入5642万元，增长36.8%。全年地方财政支出88057万元，较2020年下降46.7%。一般公共财政预算支出81586万元，增长56.5%，两年平均增长11.8%。其中教育、文化旅游体育与传媒、社会保障和就业、城乡社区、交通运输支出分别增长29.9%、64.9%、30.6%、411.4%、3295.2%，卫生健康支出下降9.90%。

（李淑艳）

【农牧民收入】 2021年，乌尔禾区农牧民人均纯收入35806元，增长7.0%。

（李淑艳）

【农业】 2021年，乌尔禾区实现农林牧渔业总产值7697.84万元（现价，下同），按可比价格计算，较2020年增长28.3%，两年平均增长14.7%。其中农业产值2188.42万元，下降15.7%；林业产值905.23万元，增长53.7%；畜牧业产值3612.62万元，增长75.4%；渔业产值991.57万元，增长47.1%。

（李淑艳）

【工业和建筑业】 2021年，乌尔禾区实现规模以上工业企业增加值26019.8万元，按可比价格计算，较2020年下降45.5%，两年平均下降15.7%。按工业门类划分，采矿业增长224.2%；制造业下降49.7%；电力、燃气及水的生产和供应业增长8.3%。全年辖区光伏企业光伏发电量16041万千瓦小时，较2020年同期增长69.1%，两年平均增长43.9%。全年驻区中央石油企业原油产量423.5万吨，较2020年同期增长8.0%；天然气产量82690万立方米，较2020年同期增长39.6%。全年全区规模以上工业企业实现营业收入54602万元，下降34.8%；实现利润总额3717.7万元，下降72.4%。全年实现建筑业增加值6207万元，较2020年下降2.4%。全区有资质建筑业企业完成产值12590.5万元，增长9.6%。竣工产值1104.6万元。全区实现小升规企业6家，其中规模以上工业企业3家，限额以上商业企业1家，有资质建筑业企业2家。

（李淑艳）

【社会用电量】 2021年，乌尔禾区全年全区规模以上工业企业综合能源消费量2333.34吨标准煤，规模以上工业企业用电量1696.6万千瓦时，居民生活用电量857.41万千瓦时。

（李淑艳）

【服务业】 2021年，乌尔禾区批发和零售业增加值1379万元，比2020年增长11.6%；交通运输、仓储和邮政业增加值14194万元，增长20.6%；住宿和餐饮业增加值2235万元，增长9.0%；金融业增加值10491万元，增长8.4%；其他服务业增加值37165万元，下降3.9%。全年规模以上服务业企业营业收入比2020年下降18.5%，利润下降71.8%。年末全区城市公交汽车2辆，城市公交线路2条。全年公路客运量35.62万人次，较2020年增长126.9%。全年邮政行业业务总量完成323.38万元，较2020年增长9.0%。全年电信业务总量2577.46万元，较2020年增长3.4%。年末固定电话用户0.64千户，移动电话用户2.50万户，互联网用户1.06万户，较2020年增长15.2%。

（李淑艳）

【固定资产投资】 2021年，乌尔禾区完成固定资产投资（不含农户）较2020年下降11.4%，两年平均增长69.9%。全年房地产开发完成投资13857万元，较2020年增长1.1%，两年平均增长47.7%。房屋施工面积11.40万平方米，增长21.3%，其中住宅施工面积8.1万平方米，增长32.8%。商品房销售面积1.2万平方米，其中住宅销售面积1.2万平方米。

（李淑艳）

【国内贸易】 2021年，乌尔禾区实现社会消费品零售总额10353.2万元，较2020年增长21.4%，两年平均下降0.5%。按经营地统计，城镇消费品零售额4144.9万元，增长98.9%；乡村消费品零售额6208.3万元，下降3.6%。按消费类型统计，商品零售额7448.3万元，增长23.5%；餐饮消费额2904.9万元，增长16.4%。

（李淑艳）

【金融】 2021年，乌尔禾区辖区内银行业机构3家，金融机构各项人民币存款余额70431.7万元，较年初下降10.2%。其中住户存款余额61736.2万元，增长9.3%。年末辖区内保险业务机构2家。按业务性质分，财产险业务机构2家。全年保险公司各项保费收入857.4万元，较2020年增长23.6%。其中，财产险收入668.0万元，增长20.5%，赔款支出318.9万元，增长30.2%。

（李淑艳）

【乡村振兴】 2021年，乌尔禾区全面实施乡村振兴战略，加快“西部乌镇”建设运营，农村人居环境得到有效整治。全年面向农牧民开展科普培训40余场次，农作物连续11年稳产丰收。培育发展村集体经济，实现经营性收入4230万元，经济组织成员每股分红1100元。乌尔禾镇被评为自治区乡村振兴示范镇，查干草村被评为中国美丽休闲乡村、全国旅游乡村重点村，哈克村被评为全国乡村治理示范村、自治区脱贫攻坚先进集体。

（李淑艳）

【百口泉产业园区基础设施建设项目】 2021年，乌尔禾区持续推进百口泉产业园区基础设施建设项目，建设完成标准化厂房4座，改造老旧房屋33栋，新建污水处理厂1座，生活保障基地道路修缮15千米。

（李淑艳）

【文旅产业】 2021年，乌尔禾区全年旅游业总收入19.47亿元，较2020年增长130.1%。接待游客327.13万人次，增长84.6%。年末拥有国家级A级旅游景区4个，其中国家级AAAAA级旅游景区1个、国家级AAA级旅游景区3个。乌尔禾区提升世界魔鬼城国家AAAAA级景区旅游品质，丰富游客旅游体验，创建自治区级全域旅游示范区。依托世界魔鬼城、白杨河大峡谷等景区景点，打造观光游、乡村体验游、自驾游等旅游新线路5条。《护宝生死恋》《沉香如屑》等影视大作相继在乌尔禾取景拍摄。打造金丝玉饰品、西部乌镇文创产品、世界魔鬼城文创产品等一系列“乌尔禾礼物”20余种。

（李淑艳）

【重点项目】 2021年，乌尔禾区全力推进“西部乌镇”、白杨河旅游基础设施升级改造、百口泉基础设施、乌尔禾通用机场、增量配电网等重点项目建设，全年累计完成项目建设30个，实现固定资产投资30亿元；做好项目储备工作，共储备基础设施、产业发展、民生改善各类项目103个，总投资近407亿元。

（李淑艳）

【招商引资】 2021年，乌尔禾区加大招商引资力度，对接洽谈晶品控股有限公司、天合光能等企业62家（其中市外企业43家，市内企业19家），20家企业完成工商注册；深入开展“千人入千企”活动，提升为企服务能力，协调解决入园企业各类困难诉求80余件。推动百口泉加油加气站、G3014-G217连接线改造项目及机电市场建设等一批重点招商引资项目落户百口泉，地方工业不断做大做强。营造全员招商环境，建立全员招商引资考核机制，压实招商引资任务。洽谈对接上海均和、江苏晶品等意向企业172家，洽谈招商引资项目65个，实现招商引资到位资金30.25亿元，较2020年同期增长79.74%，完成目标任务的144.05%，2021年，乌尔禾区获得市级招商引资先进集体荣誉。

（李淑艳）

【电力体制改革】 2021年，乌尔禾增量配电网“油气风光水火储输”综合能源示范基地规划获得自治区发改委批复，2座110千伏变电站、3座35千伏变电站建设项目稳步推进。引进晶品控股、新疆猛狮科技等企业配套1.5GW光伏指标开展新能源建设工作。深入开展电力负荷企业合作，与为油服务企业签订购售电协议。跑办低电价事宜，并取得阶段性成果，为工业经济发展打下良好基础。

（李淑艳）

【“供给侧”改革】 2021年，乌尔禾区深化农村集体土地产权制度改革和农村供给侧结构性改革。建成扬州街、吧嗒集、八匹马酒吧街等极具特色的功能区和民宿区，全年完成总工程量90%，2021年“西部乌镇”项目分红，372户村民获得收益535万余元，部分农户最高分红达4.5万元，改革红利充分释放，农牧民增收致富探索出新路子。

（李淑艳）

【通航产业建设】 2021年，乌尔禾区建成全疆首个A1类通用机场，并完成校飞。制定出台《乌尔禾通航产业发展实施方案》，招纳专业机场运营管理公司，重点围绕航空培训、短途运输、低空观光旅游等业务与疆内外通航企业洽谈合作、签订合作协议。

（李淑艳）

【“放管服”改革】 2021年，乌尔禾区深化行政审批制度改革，落实“马上就办”服务标准，实行“一窗通办”“一网通办”“一次办结”，最大限度简化审批流程、压缩办理时限，全年新增登记市场主体158家，清理僵尸企业及个体工商户53家，营商环境持续优化，政府行政效能持续提升。全年办理各类服务事项10423项，办结率100%。政务服务大厅实现“24小时政务服务不打烊”，85项高频事项均实现“最多跑一次”。

（李淑艳）

【就业创业】 2021年，乌尔禾区扩大就业容量，提高就业质量，以高校毕业生、就业困难人员等群体为重点，全年实现城镇新增就业179人，比2020年增长188.7%；失业人员再就业52人，应届高校毕业生就业率100%。新增创业12人，创业带动就业237人，应届毕业生100%实现就业，城镇调查失业率控制在4%以内，零就业家庭动态清零。

（李淑艳）

【社会保障】 2021年，乌尔禾区年末全区基本养老保险参保人数0.41万人，失业保险参保人数0.41万人，工伤保险参保人数0.59万人，城镇职工基本医疗保险参保人数0.37万人，生育保险参保人数0.36万人，城乡居民基本医疗保险参保人数0.17万人，城乡居民社会养老保险参保人数0.04万人。基本医疗保险筹资标准提高至1570元，城乡基本养老保险覆盖率实现100%。离退休人员养老金社会化发放率保持100%。

（李淑艳）

【职业技能培训】 2021年，乌尔禾区参加职业技能培训1635人，其中在岗职工培训1577人，就业及创业培训58人（企业新招录岗前培训58人）。职业资格证书取证21人。

（李淑艳）

【科技教育】 2021年，乌尔禾区申报自治区科技项目2项，申报国家科技型中小企业8家，新增高新技术企业1家。截至年末，全区高新技术企业共3家，较2020年增长50.0%。年末全区共有普通中小学1所，幼儿园1所。小学适龄儿童入学率100%，小学生巩固率100%，初中入学率99.7%，初中三年巩固率96.8%，毕业合格率100%。高标准完成中考任务，50余名学生结业毕业；瑞翔幼儿园完成自治区县域学前教育普及普惠评估验收。

（李淑艳）

【文化体育】 2021年，乌尔禾区拥有区级博物馆、纪念馆2座，所辖中波广播发射台、调频广播发射2座。年末全区共有各类体育场地34个，比2020年增长6.3%。其中室内场地6个，室外场地28个。全区经常参加体育锻炼人数0.24万人，比2020年增长14.3%，全年开展全民健身项目5项，比2020年增长66.7%。2021年，组织乌尔禾国际房车营地公园开园仪式、首届海棠花节、5·19中国旅游日启动仪式等众多旅游＋节庆活动、乌尔禾第一届顺通环保杯六人制足球赛、乌尔禾影视城首届花朝节开幕活动、红色经典；永远跟党走2021丝绸之路金色年华全国风采大赛暨中国全明星职业模特冠军赛新疆赛区走进乌尔禾活动、乌尔禾深度自驾游活动、爱永久为梦想加油中国自驾游及营地论坛主题活动、兵地一家青春共进篮球友谊赛等各类旅游文体赛事活动。

（李淑艳）

【卫生健康】 2021年，乌尔禾区有卫生机构（不含兵团）5个，拥有编制床位60张，卫生技术人员64人。其中，医院1个；社区卫生服务中心1个；疾病预防控制中心1个；乡镇卫生院1个，卫生技术人员5人。

【城镇生活】 2021年，乌尔禾区完善城市生态系统，推进生态修复、城市修补，加快绿色生态网格建设。加强城市环境综合整治，开展全民义务植树活动，新增绿化区域11处，城市环境更加优美。运用互联网、大数据、人工智能等手段

5月2日，乌尔禾国际房车露营公园试营业　（闵勇　摄）

3月中旬，乌尔禾区凤翔小区落成，等待村民分批有序入住。这是乌尔禾区创新实施“西部乌镇”项目之一，进一步优化美化村民居住环境 （闵勇 摄）

提升城市精细化管理水平，以龙翔小区、凤翔小区为基础，打造“智慧城市—智慧社区”。完善城市功能建设，完成老旧小区改造任务，市政基础设施优化，群众反映强烈的供暖、供气、供水等热点、难点、痛点问题得到有效解决。

（李淑艳）

【生态环保】 2021年，乌尔禾区耕地面积1136.94公顷，基本农田125.32公顷。全年无受污染耕地，未发生因疑似污染地块或污染地块再开发利用不当且造成不良社会影响的事件，农用、建设用地土壤环境安全得到有效保障。全年水利工程投入资金644万元，新增农田有效灌溉面积1.31亩，新增节水灌溉面积1.2亩。城市建成区持续保持无黑臭水体。全区2个集中式饮用水源水质均达到或优于III类，饮用水水源地水质达标率100%，水环境质量总体改善，饮用水安全保障水平持续提升。全年城市空气环境质量状况良好，空气质量稳定达到国家二级标准，全年优良天数314天，优良率90.2%，比2020年增长2.6%；$PM_{2.5}$平均浓度20微克/立方米，比2020年下降20.0%；PM_{10}平均浓度65微克/立方米，比2020年增长22.6%，污染天数合计34天。声环境质量保持稳定，建成区区域环境噪声平均等效声级49.1分贝；道路交通噪声平均等效声级61.7分贝，均符合国家《声环境质量标准》。全区农村水、电、气、光纤、硬化及亮化道路全覆盖，环境卫生设施健全，垃圾处理率、污水处理率、饮用水卫生合格率均100%。城市供水普及率100%，燃气普及率100%。城市污水处理率95.3%，城市生活垃圾无害化处理率100%。城市绿化覆盖率46.6%。城市人均公园绿地面积94.47平方米。

（李淑艳）

【安全生产】 2021年，乌尔禾区全年发生各类事故174起。其中，各类生产经营性安全事故3起，比2020年增长50.0%。全年各类事故死亡人数3人。其中各类生产经营性安全事故死亡人数1人，比2020年下降50.0%。

（李淑艳）

驻市新疆生产建设兵团团场

新疆生产建设兵团第七师一二九团

【概况】 2021年，新疆生产建设兵团第七师一二九团土地总面积30450公顷。辖连队16个、社区3个。年末常住人口15951人，人口自然增长率8.5‰。年末全社会从业人员10122人，其中在岗农牧一线职工3144人。年末农用地面积22964.7公顷，其中耕地16246.7公顷。建设用地面积1325.55公顷，其中居民点用地面积161.47公顷。造林面积65.3公顷，森林覆盖率8.9%。水利工程供水量0.595亿立方米。国家级野生保护动物有鹅喉羚（俗称“黄羊”）、狗獾、狐狸、黄鼠狼、野兔、野鸡；国家级野生保护植物有罗布麻、梭梭；野生药用植物有大芸、苦艾蒿、甘草、车前子、蒲公英、麻黄草、益母草、马齿苋、罗布麻。主要农特产品有火龙果、柠檬、雨露香梨、富硒小香薯、莲雾、生姜、香菇、朝天椒。“一二九团玖恒农业生态园”为国家AAA级旅游景区。

（魏金荣）

【经济建设】 2021年，新疆生产建设兵团第七师一二九团实现生产总值18.81亿元，比上年增长22.72%，其中，第一产业增加值8.42亿元，增长27.33%；第二产业增加值3.99亿元，增长20.49%；第三产业增加值6.4亿元，增长18.59%。三次产业结构比为44.8∶21.2∶34。人均生产总值117919元，比上年增长13.1%。全社会固定资产投资8.37亿元，比上年增长41.86%。社会消费品零售总额78271万元，比上年增长（-2.47%)。一般公共预算收入44198万元，比上年增加113.06%；一般公共预算支出44198万元，比上年增长113.06%。城镇居民人均可支配收入43078元，比上年增加5.07%；连队居民人均可支配收入30042元，比上年增加9.47%。农林牧渔业总产值180495万元，比上年增长29.59%。农作物播种面积15668.53公顷，比上年增长（-2.04）%。年末牲畜存栏5.87万头（只），增长67%；年内牲畜出栏13.22万头（只），增长175.7%；全团有注册私营建筑企业2家，签订合同额144492.5万元，同比增长34.45%；建筑业企业主营业收入为89351万元，同比增长10.82%。全年客运量15240万人次，客运周转量1563616万人千米。完成批发零售业销售额为131348.4万元，同比增长16.74%；完成消费品零售总额78270.5万元，同比增长15.01%。实现地方入库税收896万元，较上年增收236万元，增长35.75%。

（魏金荣）

【社会事业】 2021年，新疆生产建设兵团第七师一二九团有综合文化活动中心1个，连队综合文化活动室15个、农家书屋15个、书店3个、广播电视台（站)1个、社区业余文艺宣传队6个。年末广播节目综合人口覆盖率100%，电视节目综合人口覆盖率100%。参加基本养老保险4543人，覆盖率95.28%。全年养老金发放1.9亿元，交师五保统筹金5264.49万元，其中，养老统筹3319.61万元，医疗统筹1611.29万元，失业统筹138.33万元，工伤统筹31.14万元，大额统筹164.12万元。全年累计救助低保户家庭1185户次、15546人次，发放救助资金175.563万元，出具救助对象医疗证明介绍信53份；救助特困家庭84户次、85人次，发放特困补助资金20.73万元；累计为471户次、686人次发放临时救助资金92.2044万元。

（魏金荣）

【教育事业】 2021年，新疆生产建设兵团第七师一二九团有九年义务教育学校1所，教职工163人，其中专任教师146人，在校学生1071人；有幼儿园1所，教职工41人，其中专任教师20人、保育员10人，在园幼儿306人。学龄前儿童入学率100%，小学适龄儿童入学率100%，初中适龄人口毛入学率106.02%。

（魏金荣）

【医疗卫生】 2021年，新疆生产建设兵团第七师一二九团医疗卫生机构有一级甲等医院1所，疾病预防控制中心1所，社区卫生服务站3个，卫生技术人员81人。编制床位60张。年内收治患者432人次，治愈好转率95%，其中抢救危重患者34人次，抢救成功率92.9%。完成手术31台，甲级病历合格率为97%。床位利用率12%。

（魏金荣）

【招商引资】 2021年，新疆生产建设兵团第七师一二九团招商引资项目12个，落地投资建设项目12个。项目总投资13.24亿元,到位资金8亿元，其中续建项目4个，新建项目8个。签约项目26个，签约项目总资金225.9亿元。

（魏金荣）

【生态文明建设】 2021年，新疆生产建设兵团第七师一二九团城镇绿地面积153.33公顷，建成区绿化覆盖率51%。制定人居环境整治实施方案，清理整治连队主干线延边沿线27千米，完成庄园林建设面积14公顷。实施职工庭院“三区分离”600余户。清理积存垃圾235吨。造林绿化面积65.33公顷，连队居住区绿化面积13.8公顷，退耕还林补植补造面积380公顷。残膜回收率80%。

（魏金荣）

新疆生产建设兵团第七师一三〇团

【概况】 2021年，新疆生产建设兵团第七师一三〇团农用地面积42095.03公顷，其中耕地面积17679.98公顷、林地面积15071.43公顷、牧草地面积9224.08公顷、园地面积119.54公顷；建设用地面积1927.98公顷，其中居民点及工矿用地面积727.52公顷。造林面积108公顷，森林覆盖率29%。年末有从业人员12880人，其中在岗农牧一线职工4332人。城镇居民人均可支配收入4万元，比上年增长6%；连队居民人均可支配收入2.4万元，比上年增长22%。在岗农业一线职工身份地14440公顷，在岗职工平均工资67000元，比上年增长6.34%。

（余红燕）

【经济建设】 2021年，新疆生产建设兵团第七师一三〇团实现生产总值17.54亿元，比上年增长13%。其中：第一产业增加值10.52亿元,增长8%；第二产业增加值0.18亿元，增长17.2%;第三产业增加值6.84亿元，增长20.2%。三次产业结构比为60：1：39。人均生产总值9.16万元，比上年增长

5月31日，四连职工在辣椒地中耕作业，加强农作物精细化管理

（孟庆忠　摄）

22.8%。全社会固定资产投资6.23亿元，比上年增长7.5%。社会消费品零售总额48947万元，比上年增长9.3%。公共财政预算收入52178万元，较上年增长74.52%；一般公共财政预算支出52178万元，较上年增长74.52%。城镇常住居民人均可支配收入40998元，比上年增长1%；连队常住居民人均可支配收入27441元，比上年增长14%。年内实现地方税收2748.96万元，比上年增加1589.93万元，增长137.18%。

（佘红燕）

【教育事业】2021年，新疆生产建设兵团第七师一三〇团中学为九年一贯制学校。年末，团中学部教职员工89人，其中教师76人，行政1人，教辅人员4人，工勤人员8人；在校学生494人；小学部教职员工98人，其中教师78人，教辅人员3人，工勤人员17人，在校学生857人。截至年末，小学适龄儿童入学率100%，初中适龄人口入学率100%，高中阶段毛入学率100%。

（佘红燕）

【医疗卫生】2021年，新疆生产建设兵团第七师一三〇团卫生系统包括医院1家、社区卫生服务站3个、连队卫生室4个，在岗人员128人，编制床位60张。年内收治门诊患者就诊38619人次，出院人数1185人，床位使用率27.2%，急诊479人次，治愈好转率94.5%。平均住院日4.9天，基础护理、危重患者护理合格率100%。

（佘红燕）

【文化建设】2021年，新疆生产建设兵团一三〇团有团史陈列馆1座、团场综合文化活动中心1个、连队综合文化活动室15个、农家书屋12个、文化大舞台3个、胡杨图书馆1个、书画展厅1个、“胡杨荷韵”文化馆1个，广播电视台（站)1个。年末广播节目综合人口覆盖率95%，电视节目综合人口覆盖率97%，有线电视入户率95%。全年先后开展迎新春文艺汇演；开展“永远跟党走”庆祝纪念建党100周年系列文艺活动；开展“歌声里的红色记忆”合唱比赛、“我心向党·礼赞百年”主题文艺作品创作比赛、“百年党史·红色经典”诵读比赛、宣讲比赛活动、“听党话·感党恩·跟党走”主题宣讲比赛、红色题材影视展播、“庆建党百年·弘扬经典文化”文艺汇演、“颂歌献给党·奋进新时代”全民歌手大赛、“我们的节日”活动、“好邻居节”活动，“庆丰收·感恩党”中国农民丰收节。

（佘红燕）

【社会保障】2021年，新疆生产建设兵团一三〇团参加基本养老保险12800人，覆盖率55.6%；参加基本医疗保险人数16800人（包括生育保险），覆盖率67.7%；参加失业保险4611人，参加工伤保险4644人。享受居民最低生活保障144户180人。社保政策兜底，累计发放各类救助资金269.07万元。开展“政策找人”活动，累积排查24154人，排查户籍人口21197人，排查非户籍常住及流动人员2957人，纳入动态监管救助对象43户、123人,新纳入政策兜底9户13人。

（余红燕）

【项目建设】 2021年，新疆生产建设兵团一三〇团新开工入统固定资产投资项目20个，项目总投资14.8亿元；签约招商引资正式协议17个，项目总投资16.5亿元。为企业办理项目备案证明13个，总投资40691万元。

（余红燕）

【团场综合配套改革】 2021年，新疆生产建设兵团一三〇团完成全团土地确权办证共计652人，其中新招录职工275名，昌恒纺织分流16人，奎屯河管理处移交36人，农科所换地2人，违规退休人员清退2人，西吉县78人，医院分流1人，高标准农田建设重新划地184名，“两委”变动19人，其他人员39人。鼓励合作社发展“龙头企业＋合作社＋职工＋订单”生产经营模式，发展棉花种植、农产品销售、果蔬深加工、冷链等产业。截至年末，全团共有各类合作社59家，其中种植业合作社43家、畜牧养殖合作社8家、林果业合作社6家、农机服务合作社1家、水产养殖合作社1家，注销关闭5家。合作社已经注册“六连红珍珠葡萄”“绿之源”“庆民丰”“戈壁鲜”4个商标。

（余红燕）

【生态文明建设】 2021年，新疆生产建设兵团一三〇团植树造林47.2公顷，全年完成异地造林61.7公顷，人工更新99公顷。11500公顷国家级重点公益林巡护范围达100%；完成农药、农田残膜综合治理、畜禽粪便无害化处置，规模养殖场粪污干湿分离和化粪池建设完成率100%，农田地表残膜拾净率90%以上。

（余红燕）

【招商引资】 2021年，新疆生产建设兵团一三〇团招商引资完成实物量投资4.91亿元，完成全年目标任务4亿元的123%，年度新签约招商引资项目合作协议17个，项目总投资16.48亿元，已落地开工5个，其他项目正在办理审批手续。年度新签约意向项目12个，项目总投资34.69亿元。

（余红燕）

新疆生产建设兵团第七师一三七团

【概况】 2021年，新疆生产建设兵团第七师一三七团土地总面积59032.58公顷。辖连队11个、社区2个、企业134家、行政事业单位10家、个体工商户905家、社会组织20家。年末总人口7778人，其中少数民族人口287人，人口自然增长−2‰。年末农用地面积53734.13公顷。其中，耕地面积2133.78公顷、林地面积5213.42公顷、牧草地面积46356.44公顷、园地面积30.49公顷。建设用地面积1163.12公顷，其中居民点及工矿用地面积370.51公顷。造林面积8公顷，森林覆盖率8.83%。境内有白杨河，年径流量1.09亿立方米；有艾里克湖、大双湖、小双湖等湖泊；在阿吾斯奇有调节水库3座，总库容0.5亿立方米；水利工程供水量2.95亿立方米。国家级野生保护动植物有狐狸、黄羊、胡杨、梭梭，野生药用植物有甘草、大芸、枸杞、红景天；主要农特产品有白兰瓜、牛羊肉、草鱼。重要矿产资源有煤炭、天然沥青、盐。主要旅游景区有魔鬼城（AAAAA）、大秦帝国影视城（AAAA）、阿吾斯奇红色基地（AAA)。年末从业人员5737人，其中在岗职工1201人（在岗农牧一线职工966人）。有离退休人员2465人。城镇居民人均可支配收入43078元，增速5.1%；人均消费支出23075元，增速23.7%。连队职工人均可支配收入30042元，增速9.5%；人均消费支出29474元，增速17.8%。在岗农业一线职工身份地981人，划出身份地2688.51公顷。

（薛富有）

【经济建设】 2021年，新疆生产建设兵团第七师一三七团实现生产总值61990万元，比上年增长12.7%。其中，第一产业增加值25017万元，增长9.3%；第二产业增加值2890万元，增长33.4%；第三产业增加值34083万元，增长13.4%；三次产业结构为40.36：4.66：54.98。人均生产总值79699元，增长14.25%。全社会固定资产投资20433万元，增长178%。社会消费品零售总额32321.9万元，增长15.39%。全口径税收入库6628.05万元，比上年减少1355.76万元，下降16.98%。全年完成农林牧渔业总产值55093万元，其中种植业总产值30071万元、林业总产值415万元、畜牧业总产值23620万元。农作物种植总面积1803.47公顷，其中高新节水灌溉面积956.67公顷；种植棉花612.93公顷，总产籽棉5521.4吨；种植玉米337.13公顷，总产4200吨；种植蔬菜651.67公顷（含复播），总产63506吨。年内牲畜出栏7.49万头只，减少8.23%；年末牲畜存栏7.16万头只，增加11.49%；肉类总产1144吨。年末农业机械总动力12447千瓦，农业机械化率89%。第二产业生产总值2890万元，主要工业产品煤炭产量56.3万吨。第三产业生产总值34083万元，其中：农业服务业446万元，批发和零售业3521万元，交通运输仓储业8627万元，住宿和餐饮业2679万元，金融业2765万元，房地产业506万元，营利性服务业1493万元，非营利性服务业14047万元。

（薛富有）

【税收入库】 2021年，新疆生产建设兵团第七师一三七团全口径税收收入6628.05万元，较上年同期减少1355.76万元，增长16.98%。其中：地方税收收入3843.95万元，较上年同期减少736.49万元，下降16.08%；随税征收的非税收入180.17万元，较上年同期增加6.61万元，增长3.81%。

（薛富有）

【招商引资】 2021年，新疆生产建设兵团第七师一三七团制定《一三七团2021年招商引资工作实施方案》，确定现代农业、油田服务、风电光伏等新能源产业、文化旅游业、现代服务业为招商工作重点，全年签订招商引资项目协议书或意向书9个，投资总额2.38亿元，实现到位资金1.5亿元。

（薛富有）

【固定资产投资】 2021年，新疆生产建设兵团第七师一三七团完成全社会固定资产投资20433万元，增长178%。年内实施政府类投资项目19个（新建项目17个，续建项目2个），招商引资项目9个。政府类投资项目总投资9664.8万元；其中，争取上级资金3921万元，团场税收返还资金筹集5743.8万元；招商引资项目总投资10768.2万元。

（薛富有）

【教育事业】 2021年，新疆生产建设兵团第七师一三七团有九年制中学1所，幼儿园1所，教职工117人，专任教师92人。在校中小学生582人，学前幼儿158人。学龄前儿童入学率100%。小学适龄儿童入学率100%。初中适龄人口入学率100%。高中阶段毛入学率88%。加强教育设施建设，统筹资金600万元，对幼儿园进行升级改造，增设沙土池、戏水池等活动区域；申请中央预算资金300万元，新建阿吾斯奇幼儿园。

（薛富有）

【医疗卫生】 2021年，新疆生产建设兵团第七师一三七团有二级乙等医院1所，疾病预防控制中心1所，连队卫生室1个，社区卫生服务站1个，卫生技术人员59人，编制床位30张，建立居民健康电子档案8456人次，建档率100%。完成65岁以上老年人体检891人、中小学生体检577人、全民体检5609人。全年开展各类卫生日宣传活动28场次、知识讲座35场次，受益人群6094人次。由淮安市投入援建资金581万元，完成一三七团医院综合楼室外基础设施配套项目建设，达到搬迁入住标准。

（薛富有）

【社会保障】 2021年，新疆生产建设兵团第七师一三七团参加基本养老保险人数4522人（职工1201人、个体640人、居民2681人）。参加基本医疗保险人数6083人（职工1201人、居民4882人）。参加失业保险人数1133人，参加工伤保险人数1201人，参加生育保险人数1201人。享受居民最低生活保障人数135人。年内完成全民体检7077人，妇女“两癌”检查770人；新增就业96人，开展技能培训2期，参加培训学员256人，发放灵活就业补贴资金153.51万元；发放各类社会救助金158.82万元，救助困难群众2011人次，确保困难群众基本生活有保障。

（薛富有）

【文化建设】 2021年，新疆生产建设兵团第七师一三七团有军垦文化展示馆1座，团场综合文化活动中心1个，社区综合文化活动中心1个、活动室1个，连队综合文化活动室8个，农家书屋11个，广播电视站1个。年末广播节目综合人口覆盖率100%。电视节目综合人口覆盖率100%。数字电视入户率15%，网络电视入户率85%。《一三七团志（1994～2015）》《一三七团年鉴（2020）》出版发行。阿吾斯奇军垦文化展示馆接待参观者5327人次。

（薛富有）

【团场综合配套改革】 2021年，新疆生产建设兵团第七师一三七团印发《一三七团进一步深化团场综合配套改革任务分工方案》，整合金边南路社区和金边北路社区行政服务中心，在金边北路社区设置养老、医疗、就业、物业服务等16个服务窗口。有序承接第七师胡杨河市下放行政职权81项，行政事业单位19名工作人员取得行政执法资格证，通过兵团政务服务管理系统完成事项清单录入。

（薛富有）

【生态文明建设】 2021年，新疆生产建设兵团第七师一三七团实施人居环境整治项目8个，完成团内建设项目环境报批和审批5项。11个连队中有7个连队生活污水处理纳入集中处理。完成团部锅炉房环保设施配套建设，提升脱硫能力；对2个垃圾废品收购站进行清理，恢复场地环境；协助师（市）环监支队完成“12369”环保举报管理平台举报案件调查1次。做好残膜污染治理，平均每亩残膜残留量将至4.11公斤，健全病死畜禽无害化处理机制，规模粪污处理设备配套率达到100%；建立完善河（湖）长制体系，修复白杨河水毁河渠2000米。

（薛富有）

【乡村振兴】 2021年，新疆生产建设兵团第七师一三七团制定《一三七团促进农业高质量发展奖励办法》，扶持和培育新型农业经营主体提质升级，推动产业振兴，引进新疆绿蔬园生态农业科技有限责任公司进驻团场，依托净菜加工项目和蔬菜预冷、冷链物流建设项目，构建“公司+基地+合作社+职工”经营模式；扶持千里行旅游合作社与企业合作，建成游客接待中心，打造“吃住游摘”精品旅游线路。按照“建设一连、成就一连、整体改造、整连推进”人居环境整治原则，投资2100万元，对一连、三连、六连、七连等4个连队进行整体提升改造，建设抗震安居房52套，建设水冲式公厕6座，实现人畜分离34家，新增绿化林11.3公顷、新植林木917棵，拆除危旧住房166处，清理垃圾、农业废弃物6000立方米。

（薛富有）

【兵地融合发展】 2021年，新疆生产建设兵团第七师一三七团坚持“优势互补、资源共享、边疆同守、共同发展”原则，与乌尔禾区就规划编制、人大换届、城镇建设、生态共管、安全生产、疫情防控、文教卫生、维护稳定等多方面沟通联系、建立联防联控工作机制。全年与乌尔禾区就相关工作相互致函30余份，选举产生人大代表14人，政协委员4人。与乌尔禾区共同制定《〈兵地融合促教育、交流交融同发展〉友好学校合作交流方案》，签订《兵地友好学校交流合作协议书》。

（薛富有）

新疆生产建设兵团第八师一三六团

【概况】 2021年，新疆生产建设兵团第八师一三六团土地总面积19408.97公顷。有13个连队、2个社区。年末总人口10968人，其中离退休人员133人。年末全社会从业人员4527人，其中在岗农牧一线职工3003人。年末团场农用地面积15060.62公顷，其中耕地面积12590.58公顷、林地面积2310.26公顷、园地面积76.78公顷，建设用地面积482.66公顷，其中居民点及工矿用地面积355.92公顷。造林面积32610.2亩，森林覆盖率12%。境内有玛纳斯河，年径流量13.41亿立方米；国家级野生保护动植物有黄羊、野山鸡等，野生药用植物有肉苁蓉、苦豆子、艾草；主要农特产品有樱桃、苜蓿、无花果、桑葚、杏子、桃、圣女果。2021年，136团4连（村）获中华人民共和国司法部、民政部联合颁发的全国民主法治示范村（社区）牌匾、136团社会事务办王阳阳荣获全国“农村留守儿童关爱保护和困境儿童保障工作先进个人”。

（王新华）

【经济建设】 2021年，136团实现生产总值78561万元。比上年增长15.4%。其中，第一产业增加值48933万元，增长4.8%；第二产业增加值6963万元，增长4291.5%（其中工业3538万元，增长2131.6%，建筑业3425万元。）；第三产业增加值22665万元，增长5.3%。三次产业结构比例为62.3∶8.9∶28.8。人均生产总值7.16万元，增长40.7%。全社会固定资产投资128875.48万元，增长28.27%。社会消费品零售总额2365万元，增长17.3%。一般公共预算收入23899万元，增长7.96%。

（王新华）

【民生保障】 2021年，一三六团有学校1所、幼儿园1所，医院1家，养老院1家，个体工商户536户，在岗农业一线职工身份地155500亩。连队居民人均可支配收入29421.8元，增加3111.8元。截至年末，全团参加各类保险12162人，其中：职工参保3110人，灵活就业人员参保1036人，居民参保3910人。

（王新华）

荣誉名表

省部级先进个人名表

姓名	荣誉称号	单位	颁奖单位	表彰时间
徐　杨	全国五一劳动奖章	新疆石油工程有限公司油建分公司管道事业部	中华全国总工会	2021 年 4 月
何　青	全国维护妇女儿童权益先进个人	独山子区人民法院	全国妇联	2021 年 12 月
张福宝（土家族）	新疆维吾尔自治区脱贫攻坚先进个人	克拉玛依市民政局	中共新疆维吾尔自治区委员会、新疆维吾尔自治区人民政府于	2021 年 5 月
刘卫东	新疆维吾尔自治区脱贫攻坚先进个人	克拉玛依市公共就业服务中心	中共新疆维吾尔自治区委员会、新疆维吾尔自治区人民政府	2021 年 5 月
马晓丽（女）	新疆维吾尔自治区脱贫攻坚先进个人	克拉玛依区民政局	中共新疆维吾尔自治区委员会、新疆维吾尔自治区人民政府	2021 年 5 月
李梅芳（女）	新疆维吾尔自治区脱贫攻坚先进个人	白碱滩区民政局	中共新疆维吾尔自治区委员会、新疆维吾尔自治区人民政府	2021 年 5 月
王小玲（女）	新疆维吾尔自治区脱贫攻坚先进个人	白碱滩区民政局	中共新疆维吾尔自治区委员会、新疆维吾尔自治区人民政府	2021 年 5 月
庄雅淇（女）	新疆维吾尔自治区脱贫攻坚先进个人	白碱滩区远征幼儿园	中共新疆维吾尔自治区委员会、新疆维吾尔自治区人民政府	2021 年 5 月
艾合买江·芒力克（维吾尔族）	新疆维吾尔自治区脱贫攻坚先进个人	新疆油田公司	中共新疆维吾尔自治区委员会、新疆维吾尔自治区人民政府	2021 年 5 月
也塔红·阿不都古（维吾尔族）	新疆维吾尔自治区脱贫攻坚先进个人	新疆油田公司	中共新疆维吾尔自治区委员会、新疆维吾尔自治区人民政府	2021 年 5 月
卡德尔·哈米提（维吾尔族）	新疆维吾尔自治区脱贫攻坚先进个人	新疆油田公司	中共新疆维吾尔自治区委员会、新疆维吾尔自治区人民政府	2021 年 5 月
牛春革	新疆维吾尔自治区脱贫攻坚先进个人	克拉玛依石化公司科技处	中共新疆维吾尔自治区委员会、新疆维吾尔自治区人民政府	2021 年 5 月
刘少华	新疆维吾尔自治区脱贫攻坚先进个人	克拉玛依职业技术学院	中共新疆维吾尔自治区委员会、新疆维吾尔自治区人民政府	2021 年 5 月

续表

姓名	荣誉称号	单位	颁奖单位	表彰时间
丁　燕（女）	新疆维吾尔自治区优秀共产党员	克拉玛依区银河路街道佳福社区	中共新疆维吾尔自治区委员会	2021 年 7 月
王　强	新疆维吾尔自治区优秀共产党员	克拉玛依市公安局高新技术产业开发区分局	中共新疆维吾尔自治区委员会	2021 年 7 月
党晓玲（女，蒙古族）	新疆维吾尔自治区优秀共产党员	克拉玛依市人民医院（中西医结合医院）中医科	中共新疆维吾尔自治区委员会	2021 年 7 月
李宗徽	新疆维吾尔自治区优秀共产党员	独山子区西宁路街道第十二社区	中共新疆维吾尔自治区委员会	2021 年 7 月
骆　萍（女）	新疆维吾尔自治区优秀共产党员	白碱滩区（克拉玛依高新区）城市管理局	中共新疆维吾尔自治区委员会	2021 年 7 月
麦麦提江·吐尔孙江（维吾尔族）	新疆维吾尔自治区优秀共产党员	独山子石化公司热电厂	中共新疆维吾尔自治区委员会	2021 年 7 月
李文英（女）	新疆维吾尔自治区优秀共产党员	新疆融汇城市生态环境服务公司	中共新疆维吾尔自治区委员会	2021 年 7 月
艾白布·阿不力米提（维吾尔族）	新疆维吾尔自治区优秀共产党员	新疆油田应急抢险救援中心研究所	中共新疆维吾尔自治区委员会	2021 年 7 月
帕尔哈娜·亚森（女，维吾尔族）	新疆维吾尔自治区优秀共产党员	独山子区金山路街道办事处党群服务中心	中共新疆维吾尔自治区委员会	2021 年 7 月
李　平	新疆维吾尔自治区优秀共产党员	克拉玛依石化公司炼油第二联合车间	中共新疆维吾尔自治区委员会	2021 年 7 月
能　源	新疆维吾尔自治区优秀共产党员	中国石油大学（北京）克拉玛依校区石油学院地质系	中共新疆维吾尔自治区委员会	2021 年 7 月
岳素君（女）	新疆维吾尔自治区优秀共产党员	克拉玛依区乐龄社工服务社	中共新疆维吾尔自治区委员会	2021 年 7 月
肖　刚	新疆维吾尔自治区优秀共产党员	新疆油田公司油气储运分公司	中共新疆维吾尔自治区委员会	2021 年 7 月
艾合太木·吾马尔（维吾尔族）	新疆维吾尔自治区优秀党务工作者	白碱滩区（克拉玛依高新区）金龙镇街道油龙社区	中共新疆维吾尔自治区委员会	2021 年 7 月
王世贵	新疆维吾尔自治区优秀党务工作者	克拉玛依区城市网格化综合管理中心	中共新疆维吾尔自治区委员会	2021 年 7 月
丁红梅（女）	新疆维吾尔自治区优秀党务工作者	克拉玛依市公安局独山子区分局	中共新疆维吾尔自治区委员会	2021 年 7 月
王全红（女）	新疆维吾尔自治区优秀党务工作者	克拉玛依区天山路街道油南红光社区	中共新疆维吾尔自治区委员会	2021 年 7 月
艾拉提·穆沙（维吾尔族）	新疆维吾尔自治区优秀党务工作者	克拉玛依区市场监管所	中共新疆维吾尔自治区委员会	2021 年 7 月
杜新民	新疆维吾尔自治区优秀党务工作者	新疆油田公司重油开发公司采油作业五区	中共新疆维吾尔自治区委员会	2021 年 7 月
诺尔登·马木提（维吾尔族）	新疆维吾尔自治区优秀党务工作者	克拉玛依市司法局政治处	中共新疆维吾尔自治区委员会	2021 年 7 月
庞　涛	新疆维吾尔自治区优秀党务工作者	新疆金牛能源物联网科技公司	中共新疆维吾尔自治区委员会	2021 年 7 月
肖　见	新疆维吾尔自治区优秀党务工作者	克拉玛依市富城能源集团公司城投油砂矿勘探公司	中共新疆维吾尔自治区委员会	2021 年 7 月

省部级以上先进集体荣誉名表

获奖单位	荣誉称号	颁奖单位	表彰时间
克拉玛依区胜利路街道长征社区党委	全国先进基层党组织	中共中央	2021 年 6 月
克拉玛依石化公司炼油化工研究院原油评价与化验中心	全国巾帼建功先进集体	全国妇联	2021 年 3 月
新疆油田公司风城油田作业区风城采油二站张玉华班组	全国巾帼文明岗	全国妇联	2021 年 3 月
新疆油田公司风城油田作业区	全国五一劳动奖状	中华全国总工会	2021 年 4 月
新疆油田公司重油开发公司采油作业五区采油六班	全国工人先锋号	中华全国总工会	2021 年 4 月
克拉玛依市金鑫科技有限公司机械加工车间	全国工人先锋号	中华全国总工会	2021 年 4 月
克拉玛依市公安局	全国维护妇女儿童权益先进集体	全国妇联	2021 年 12 月
克拉玛依市市场监督管理局（知识产权局）	全国知识产权系统先进集体	人力资源社会保障部 国家知识产权局	2021 年 12 月
克拉玛依市三为物业服务公司	新疆维吾尔自治区脱贫攻坚先进集体	中共新疆维吾尔自治区委员会、新疆维吾尔自治区人民政府	2021 年 5 月
乌尔禾区人力资源和社会保障局	新疆维吾尔自治区脱贫攻坚先进集体	中共新疆维吾尔自治区委员会、新疆维吾尔自治区人民政府	2021 年 5 月
克拉玛依区人力资源和社会保障局	新疆维吾尔自治区脱贫攻坚先进集体	中共新疆维吾尔自治区委员会、新疆维吾尔自治区人民政府	2021 年 5 月
克拉玛依石化公司人事处（党委组织部）	新疆维吾尔自治区脱贫攻坚先进集体	中共新疆维吾尔自治区委员会、新疆维吾尔自治区人民政府	2021 年 5 月
独山子石化公司扶贫办公室	新疆维吾尔自治区脱贫攻坚先进集体	中共新疆维吾尔自治区委员会、新疆维吾尔自治区人民政府	2021 年 5 月
克拉玛依区迎宾街道党工委	新疆维吾尔自治区先进基层党组织	中共新疆维吾尔自治区委员会	2021 年 7 月
独山子区金山路街道第二社区党委	新疆维吾尔自治区先进基层党组织	中共新疆维吾尔自治区委员会	2021 年 7 月
乌尔禾区乌尔禾镇哈克村党支部	新疆维吾尔自治区先进基层党组织	中共新疆维吾尔自治区委员会	2021 年 7 月
克拉玛依市公安局克拉玛依区分局机关第二党支部	新疆维吾尔自治区先进基层党组织	中共新疆维吾尔自治区委员会	2021 年 7 月
白碱滩区（克拉玛依高新区）中兴路街道北坡社区党委	新疆维吾尔自治区先进基层党组织	中共新疆维吾尔自治区委员会	2021 年 7 月
克拉玛依市公安局第一党支部	新疆维吾尔自治区先进基层党组织	中共新疆维吾尔自治区委员会	2021 年 7 月
克拉玛依区疾病预防控制中心党支部	新疆维吾尔自治区先进基层党组织	中共新疆维吾尔自治区委员会	2021 年 7 月
克拉玛依市中心医院血液肿瘤科、介入科党支部	新疆维吾尔自治区先进基层党组织	中共新疆维吾尔自治区委员会	2021 年 7 月
新疆油田公司勘探开发研究院党委	新疆维吾尔自治区先进基层党组织	中共新疆维吾尔自治区委员会	2021 年 7 月
克拉玛依市热力有限责任公司南泉供热总站党支部	新疆维吾尔自治区先进基层党组织	中共新疆维吾尔自治区委员会	2021 年 7 月
克拉玛依市第一中学党委	新疆维吾尔自治区先进基层党组织	中共新疆维吾尔自治区委员会	2021 年 7 月
克拉玛依市三达新技术股份有限公司党支部	新疆维吾尔自治区先进基层党组织	中共新疆维吾尔自治区委员会	2021 年 7 月
独山子区人力资源和社会保障局党支部	新疆维吾尔自治区先进基层党组织	中共新疆维吾尔自治区委员会	2021 年 7 月

逝世人物简介

杨志明

男，汉族，四川蓬溪人，1938年5月出生，1958年1月参加工作，1995年11月加入中国共产党。

历任中国人民解放军某部战士，新疆石油管理局采油三厂二大队指导员、机关工会主席、副厂长。1997年6月退休。2021年1月2日在克拉玛依逝世。

闫本泰

男，汉族，山东益都人，1926年3月出生，1947年7月参加革命，1949年10月加入中国共产党。

历任山东益都县独立营战士，中国人民解放军某部战士、副指导员，新疆石油管理局油建公司党委副书记、副处级调研员。1986年10月离休。2021年1月6日在克拉玛依逝世。

谷德炎

男，汉族，上海市人，1935年9月21日出生，1955年9月参加工作，1956年5月加入中国共产党。

历任上海市银行学校学员，新疆银行干校辅导员，新疆财贸学校秘书，克拉玛依人民银行人秘股副股长，克拉玛依市商业局党办秘书，新疆石油管理局克拉玛依市革委会市政组办公室副主任，克拉玛依市第一中学教导员，克拉玛依市体委副主任，新疆石油管理局油建公司党委副书记，克拉玛依区人大常委会副主任。1993年10月退休。2021年1月15日在克拉玛依逝世。

王韩保

男，汉族，甘肃武威人，1932年3月出生，1949年7月参加革命，1980年7月加入中国共产党。

历任中国人民解放军某部战士，新疆石油管理局钻井处司钻、队长，新疆石油管理局采油三厂修复总站队长、车间主任，新疆石油管理局第二机械厂车间主任、管理员。1989年11月离休，享受副县（处）级干部政治生活待遇。2021年2月7日在克拉玛依逝世。

杨志清

男，汉族，内蒙古包头人，1928年2月出生，1948年2月参加革命，1949年2月加入中国共产党。

历任中国人民解放军、志愿军某部战士、排长，新疆石油管理局克拉玛依矿务局工程公司生活科管理员，新疆石油管理局油建公司办公室主任。1988年3月离休，享受副县（处）级干部政治生活待遇。2021年2月16日在克拉玛依逝世。

刘富善

男，汉族，陕西生华阴人。1937年10月出生，1956年3月参加工作，1962年1月加入中国共产党。

历任中国人民解放军新疆军区某部战士、营房助理员、装备股股长、营房处副处长，新疆石油管理局钻井处基建指挥部党支部书记，新疆石油管理局钻井处生活服务公司党委副书记。1993年9月退休，享受副县（处）级干部政治生活待遇。2021年3月9日在克拉玛依去世。

袁文太

男，汉族，山东荣成人，1930年10月出生，1948年12月参加革命，1949年5月加入中国共产党。

历任新疆石油管理局塔里木矿务局指导员，新疆石油管理局克拉玛依矿务局注水队工会副主席，新疆石油管理局采油一厂党委副书记，新疆石油管理局机械厂党委书记。1990年11月离休。2021年3月16日在克拉玛依去世。

王坤生

男，汉族，内蒙古包头人，1940年9月出生，1963年9月参加工作，1983年11月加入中国共产党。

历任新疆石油管理局克拉玛依电厂生产技术科技术员、副主任工程师、电厂副厂长、厂长。1998年月退休。2021

年 3 月 22 日在克拉玛依逝世。

王学仙

男，汉族，山东莱州人，1928 年 2 月出生，1945 年 8 月参加革命，1947 年 5 月加入中国共产党。

历任山东掖县独立营战士，山东西海军区通信连班长，中国人民解放军某部通讯员、班长，新疆石油管理局汽修厂指导员。1987 年 3 月离休，享受副县（处）级干部政治生活待遇。2021 年 3 月 24 日在克拉玛依逝世。

任建国

男，汉族，甘肃静宁人，1959 年 12 月出生，1978 年 11 月参加工作，1985 年 3 月加入中国共产党。

历任新疆石油管理局供应处材料工、团委副书记、团委书记、生活服务公司经理兼教导员、党政办公室主任兼宣传科科长、工会主席，新疆石油管理局物资供应总公司工会主席，新疆油田公司试油公司党委副书记、纪委书记、工会主席，西部钻探试油公司党委副书记、纪委书记、工会主席，西部钻探党委巡察组副组长。2019 年 12 月退休。2021 年 4 月 9 日在克拉玛依逝世。

孙晋文

男，汉族，河北威县人，1932 年 12 月出生，1958 年 9 月参加工作，1978 年 12 月加入中国共产党。

历任新疆石油学院教师、教务科副科长、副院长、院长。1993 年 1 月退休。2021 年 4 月 9 日在克拉玛依逝世。

沙力甫汉·斯拉木汗

男，哈萨克族，新疆吉木乃人，1941 年 6 月出生，1962 年 10 月参加工作，1980 年 11 月加入中国共产党。

历任新疆石油管理局采油一厂采油工，新疆石油管理局汽修厂工人，新疆石油管理局运输处培训队教员、运输处七队司机、教育科干事、工会副主席、公司技术科副科长、工会主席。2000 年 3 月退休。2021 年 4 月 10 日在克拉玛依逝世。

刘玉国

男，汉族，山东青岛人，1924 年 12 月出生，1947 年 10 月参加革命，1948 年 9 月加入中国共产党。

历任中国人民志愿军某部班长、排长，新疆石油管理局钻井处人事科主任，新疆石油管理局油建公司协理员。1984 年 11 月 15 日离休，享受副县（处）级干部政治生活待遇。2021 年 5 月 16 日在克拉玛依去世。

庞志忠

男，汉族，新疆乌鲁木齐人，1940 年 8 月出生，1957 年 9 月参加工作，1959 年 11 月加入中国共产党。

历任新疆石油管理局钻井处干事，新疆石油管理局输油处科长、纪委书记，新疆石油管理局广播电视局党委书记。1998 年 8 月退休。2021 年 5 月 20 日在克拉玛依逝世。

李风忠

男，汉族，河北省徐水市人，1939 年 7 月出生，1956 年 1 月参加工作，1959 年 11 月加入中国共产党。

曾任新疆克拉玛依市直机关党委副书记。1998 年 4 月退休。2021 年 5 月 21 日在克拉玛依逝世。

克力木·克赛塔尔

男，哈萨克族，新疆托里人，1929 年 12 月出生，1948 年 11 月 1 日参加革命，1953 年 9 月 22 日加入中国共产党。

历任人民解放军驻和丰县某部战士，驻伊犁某部文教、秘书、学员，博尔塔拉县土改工作组组长，温泉县团委科员、副书记，博尔塔拉蒙古自治州团委地委文教，自治区党校学员，新疆石油学校团委副书记，新疆石油管理局油建二处团委副书记，油建二处三大队副大队长，钻井处社教，油建二处防腐车间副主任、支部书记，克拉玛依炼油厂政治处党办副组长、副主任。1988 年 1 月离休，享受副县（处）级待遇。2021 年 5 月 23 日在克拉玛依逝世。

赵满魁

男，汉族，河北永年人，1927 年 3 月出生，1947 年 12 月参加革命，1949 年 1 月加入中国共产党。

历任中国人民解放军、志愿军某部战士、班长、排长、连长，新疆石油管理局采油一厂指导员，新疆石油管理局供应处机械站工作。1998 年 8 月离休，享受副县（处）级干部政治生活待遇。2021 年 5 月 28 日在克拉玛依逝世。

苏力堂・买买提

男，维吾尔族，新疆库车人，1938 年 9 月出生，1956 年 3 月参加工作，1976 年 3 月加入中国共产党。

历任新疆石油管理局克拉玛依矿务局钻浅大队钻工、科员，新疆石油管理局局机关生活管理处副处长，新疆石油管理局供水处副处长。1993 年 10 月退休，享受副县（处）级干部政治生活待遇。2021 年 5 月 29 日在克拉玛依逝世。

康建军

男，汉族，山西省岢岚市人，1952 年 8 月出生，1970 年 6 月参加工作，1984 年 12 月加入中国共产党。

曾任新疆克拉玛依市自然资源局（市城乡规划局）局长。2012 年 8 月退休。2021 年 5 月 31 日在克拉玛依逝世。

杨德民

男，汉族，山东莒南人，1926 年 3 月出生，1945 年 11 月参加革命，1981 年 11 月加入中国共产党。

历任山东青岛地下党工作人员，军校学员，新疆石油管理局报社编辑、组长、副社长，印刷厂副厂长、厂长，钻井处管子站副站长。1986 年 8 月离休，享受副县（处）级干部政治生活待遇。2021 年 6 月 1 日在克拉玛依逝世。

商鸿鹏

男，汉族，辽宁铁岭人，1937 年 9 月出生，1961 年 8 月参加工作，1971 年 3 月加入中国共产党。

历任辽宁盘山畜牧技术员，辽宁盘山县广播站编辑，新疆生产建设兵团 136 团干部，克拉玛依市政务办纪委副书记，新疆石油管理局纪委正处级干部。1997 年 9 月退休。2021 年 6 月 1 日在成都市逝世。

赛迈尔・赛迈提

男，维吾尔族，新疆喀什市人，1942 年 3 月出生，1967 年 7 月参加工作，1984 年 2 月加入中国共产党。

曾任新疆克拉玛依市克拉玛依区副区长。2005 年 3 月退休。2021 年 6 月 1 日在克拉玛依逝世。

赵忠福

男，汉族，山东济阳人，1935 年 1 月出生，1955 年 3 月参加工作，1959 年 8 月加入中国共产党。

历任中国人民解放军某部战士、班长，新疆石油管理局运输处五队司机、行政科采购员、生活科副科长、农副科科长，新疆石油管理局运输处副处长。1993 年 10 月退休。2021 年 6 月 18 日在克拉玛依逝世。

盛德久

男，汉族，山东平西人，1929 年 11 月出生，1947 年 2 月参加革命，1949 年 10 月加入中国共产党。

历任山东平西独立营卫生所学员，华东军区卫生员，第四军医大学学员，原南京军区 21 速成中学学员、中国人民志愿军某部军医，新疆石油管理局职工总医院口腔科主管技师。1989 年 11 月离休，享受副县（处）级干部政治生活待遇。2021 年 6 月 29 日在克拉玛依逝世。

齐应锡

男，汉族，陕西周至人，1935 年 12 月出生，1956 年 4 月参加工作，1980 年 1 月加入中国共产党。

历任新疆石油管理局钻井处技术员，新疆石油管理局井下作业处、总调度处、钻探处工程师、副主任工程师、副处长，新疆石油管理局安全环保处副处长。1995 年 1 月退休，享受正县（处）级干部政治生活待遇。2021 年 7 月 8 日在克拉玛依逝世。

袁克勇

男，汉族，甘肃张掖人，1939 年 12 月出生，1963 年 8 月参加工作，1975 年 1 月加入中国共产党。

历任新疆石油管理局克拉玛依炼油厂修理部员工、动力车间工程师、基建办公室主任工程师、副厂长（正处级）。1999年12月退休。2021年7月20日在克拉玛依逝世。

玉素甫·牙克夫

男，维吾尔族，新疆吐鲁番人，1938年8月出生，1955年3月参加工作，1958年4月加入中国共产党。

历任新疆石油管理局独山子机械厂修理工，新疆石油管理局机械厂技术员，新疆石油管理局机械厂政治处副主任、党委副书记，新疆石油管理局党委组织部副部长、局纪委副书记（正处级）。1998年5月退休。2021年8月12日在克拉玛依逝世。

张田

男，汉族，河南浚县人，1919年9月出生，1947年3月参加革命，1949年10月加入中国共产党。

历任中国人民解放军石油工程第一师通讯员、副班长、班长、副排长、副连长，玉门油矿白杨河二号井、六号井副队长、队长，新疆石油管理局独山子钻井处技师，新疆石油管理局克拉玛依钻井处修理部队长，新疆石油管理局采油二厂供修部指导员、科研队指导员、节能办副主任。1983年2月离休，享受副地（局）级干部政治生活待遇。2021年8月20日在克拉玛依逝世。

骆崇禄

男，汉族，陕西泾阳人，1932年10月出生，1950年10月参加工作，1955年8月加入中国共产党。

历任燃料工业部石油管理总局翻译室翻译，中苏石油公司地调处翻译室翻译，新疆石油管理局监察室干事，新疆石油管理局机关党委秘书，新疆石油管理局革委会组织处科长，新疆石油管理局油建公司机关副书记、工会主席、副处长，新疆石油管理局油建公司副处级调研员。1992年9月退休。2021年8月23日在克拉玛依逝世。

马正帮

男，汉族，山西运城人，1930年1月出生，1945年5月参加革命，1947年7月加入中国共产党。

历任中国人民解放军某部战士、班长、副排长玉门石油管理局地调处中队长，新疆石油管理局塔里木勘探处、克拉玛依矿务局浅钻大队、新疆石油管理局一厂注水站副大队长、站长，新疆石油管理局采油一厂汽车队、修井队政治指导员、副区队长。1985年4月离休，享受副县（处）级干部政治生活待遇。2021年8月24日在克拉玛依去世。

张建华

男，汉族，河南温县人，1934年10月出生，1957年9月参加工作，1981年9月加入中国共产党。

历任水电部北京勘测设计院技术员，水电部贵州省普定工程局设计处技术员，水电部东北勘测设计院水文组技术员，新疆石油管理局规划设计院院长。1993年9月退休。2021年8月30日在克拉玛依逝世。

张泽汉

男，汉族，山东寿光人，1949年1月出生，1968年10月参加工作，1976年10月加入中国共产党。

历任山东寿光县城公社广播站广播员，山东莱阳农学院机械系学生，山东寿光县委秘书，新疆石油管理局供应处总工程师。1993年9月退休。2021年9月5日在克拉玛依逝世。

彭运武

男，汉族，湖南茱亭人，1944年2月出生，1963年7月参加工作，1968年8月加入中国共产党。

历任湖南衡阳建湘机械厂工段统计员，铁道兵第七师机械营文书、副排长，新疆石油管理局运输公司四连五队司机，新疆石油管理局小汽车服务公司副队长、教导员。1998年8月退休，享受副县（处）级干部政治生活待遇。2021年9月16日在克拉玛依逝世。

范振鹏

男，汉族，四川忠县人，1929年4月出生，1949年7

月参加革命，1980年1月加入中国共产党。

历任四川忠县二区双和乡征粮、剿匪工作组组长，忠县二区区政府地方粮库副主任，重庆农学院干训班、四川重庆大学钻井专业学员，新疆矿业学校教师，新疆石油学校高级讲师。1989年6月离休，享受副县（处）级干部政治生活待遇。2021年9月20日在克拉玛依逝世。

阿不都热合曼·扎依提

男，维吾尔族，新疆呼图壁人，1936年5月出生，1954年3月参加工作，1956年10月加入中国共产党。

历任新疆石油管理局地调处地质工，新疆石油管理局独山子矿务局储油工，新疆石油管理局采油二厂四队副队长、劳资科科员，新疆石油管理局劳资处工人管理科科长，新疆石油管理局劳动服务公司副经理，新疆石油管理局多种经营处副处长。1996年6月退休。2021年9月24日在克拉玛依逝世。

阎孔忠

男，汉族，河南郾城人，1932年9月出生，1949年4月参加革命，1951年2月加入中国共产党。

历任中国人民解放军、志愿军某部战士、班长、排长，新疆石油管理局阜康钢铁厂库房股长，新疆石油管理局水电厂、供水处修理部主任，新疆石油管理局供水处主任、副处长、工会主席。1992年9月离休。2021年10月4日在克拉玛依逝世。

李保孚

男，汉族，山东阳谷县人，1926年8月出生，1945年10月参加革命，1945年11月加入中国共产党。

历任地方工作教员、联合村指导员、民兵指导员，中国人民解放军某部指导员，石油工程第一师三团政治处保卫科科长，玉门石油管理局运输处副科长、科长、处长，青海石油管理局运输公司副经理，新疆石油管理局司机培训队大队长，独山子矿务局党委组织部副部长、部长，独山子炼油厂党委副书记、副厂长、政治部主任，依奇克里克油矿党委书记，新疆石油管理局运输处党委书记，新疆石油管理局克拉玛依市党委副书记。1988年9月离休。2021年10月10日在在河北逝世。

谢同进

男，汉族，江苏淮阴人，1932年2月出生，1947年1月参加革命，1949年8月加入中国共产党。

历任新疆石油管理局第一钻井处钻井队队长、党支部书记、总支委员，新疆石油管理局采油三厂修井队队长，新疆石油管理局采油三厂农业队队长、修井大队队长、生产科工程师、标准科工程师。1992年3月离休，享受副县（处）级干部政治生活待遇。2021年10月21日在克拉玛依逝世。

牟海清

男，汉族，内蒙古巴林左人，1930年10月出生，1945年11月参加革命，1952年12月加入中国共产党。

历任中国人民解放军某部连长，广东高级法院警卫员，广州市公安局五处、六处（老改局）、第二大队军械员、军械保管员、中队长、司法管教组长，克拉玛依市商业局副局长，新疆石油管理局生活服务总公司生活办公室主任，1990年10月离休，享受副县（处）级干部政治生活待遇。2021年10月23日在克拉玛依逝世。

邵慈文

女，汉族，浙江宁波人，1936年11月出生，1956年4月参加工作，1960年4月加入中国共产党。

历任新疆石油管理局地调处资料员，新疆石油管理局维修公司试验室技术员、主任，新疆石油管理局油建公司组干科科长、纪委书记。1991年11月退休。2021年11月13日在克拉玛依逝世。

陈继堂

男，汉族，河南高城人，1935年7月出生，1951年1月参加工作，1959年3月加入中国共产党。

历任中国人民志愿军某部战士、汽车司机，青海石油管理局运输公司司机、地调处车队司机，新疆石油管理局独山子矿务局运输大队干事，新疆石油管理局报社记者，新疆石油管理局党委宣传部干事，新疆石油管理局运输处政治部主任，新疆石油管理局运输处党委副书记，新疆石油管理局克拉玛依市党委史志办公室总编辑，新疆石油管理局矿史展览馆馆长。1995 年 8 月退休。2021 年 11 月 21 日在克拉玛依逝世。

刘洪伦

男，汉族，河南省扶沟县人，1947 年 9 月出生，1969 年 2 月参加工作，1984 年 10 月加入中国共产党。

曾任新疆克拉玛依市教育局助理调研员。2007 年 9 月退休，享受副县（处）级干部政治生活待遇。2021 年 11 月 24 日在克拉玛依逝世。

卞开式

男，汉族，江苏丰县人，1927 年 2 月出生，1949 年 9 月参加革命。

历任中国人民志愿军某部统计员、班长，新疆生产建设兵团某部排长、连长，新疆石油管理局油建公司车间主任、调度员。1983 年 5 月离休，享受副县（处）级干部政治生活待遇。2021 年 12 月 26 日在克拉玛依去世。

公报·决议·决定

克拉玛依市2021年国民经济和社会发展统计公报

（克拉玛依市统计局2022年3月28日发布）

2021年，在自治区党委的坚强领导下，市委、市人民政府团结带领全市各族人民，实现了我市经济总量的历史性突破，地区生产总值首次迈上“千亿”大关。一年来，全市上下以习近平新时代中国特色社会主义思想为指导，深入贯彻党的十九大和十九届历次全会精神，完整准确贯彻新时代党的治疆方略，坚持稳中求进工作总基调，立足新发展阶段、贯彻新发展理念、融入新发展格局，扎实做好“六稳”工作，全面落实“六保”任务，推动全市经济和社会高质量发展。全年全市经济持续恢复，主要宏观指标位于合理区间，民生保障有力，各项社会事业全面发展，实现了“十四五”平稳开局。

一、综合

根据地区生产总值统一核算结果，全年实现地区生产总值（GDP）1072.1亿元（现价，下同），较上年增长5.2%（按不变价计算，下同）。其中：第一产业增加值21.4亿元，增长7.4%；第二产业增加值756.4亿元，增长4.3%；第三产业增加值294.3亿元，增长6.9%。第一产业增加值占地区生产总值比重为2.0%，第二产业增加值比重为70.6%，第三产业增加值比重为27.4%。

全年实现“小升规”企业124家，其中：规模以上工业企业14家，限额以上商业企业50家，规模以上服务业企业31家，有资质的建筑业企业27家，房地产开发经营业法人单位2家。

全年城镇新增就业2718人，城镇就业困难人员实现就业189人。新增创业938人，创业带动就业1837人，“零就业家庭”动态为零，城镇调查失业率控制在4%以内。

据国家统计局克拉玛依调查队资料显示，全年居民消费价格指数（CPI）比上年上涨2.1%。其中，医疗保健类、交通和通信类、居住类、其他用品及服务类、衣着类、食品烟酒类分别上涨5.4%、5.1%、4.3%、1.4%、1.1%和0.1%；生活用品及服务类和教育文化和娱乐类分别下降0.4和2.3%。

工业生产者出厂价格（PPI）增长19.4%。工业生产者购进价格增长15.0%。

全年全社会用电量93.2亿千瓦时，较上年增长12.2%。其中，全行业用电89.9亿千瓦时，增长13.0%；城乡居民生活用电3.3亿千瓦时，下降6.0%。

2021 年全社会用电量及变动情况

指标	绝对数（亿千瓦时）	比上年增长（%）
全社会用电量	93.2	12.2
全行业用电	89.9	13.0
第一产业	0.3	27.0
第二产业	83.2	13.6
# 工业	82.9	13.4
# 制造业	51.0	18.7
第三产业	6.4	4.9
城乡居民生活用电	3.3	-6.0

二、农业

全年实现农林牧渔业总产值 17.9 亿元（现价，下同），按可比价格计算，较上年增长 11.0%。其中，种植业产值 7.57 亿元，增长 7.6%；林业产值 2.64 亿元，下降 16.0%；畜牧业产值 6.13 亿元，增长 25.7%；渔业产值 0.11 亿元，增长 39.2%；农林牧渔服务业产值 1.47 亿元，增长 15.5%。

全年粮食播种面积 6.39 万亩，比上年增长 79.5%，其中：玉米面积 6.31 万亩、比上年增长 81.9%。棉花面积 13.22 万亩、比上年下降 33.0%。

2021 年主要农畜产品产量及牲畜存出栏情况

产品名称	单位	产量	比上年增长（%）	产品名称	单位	产量	比上年增长（%）
粮食	吨	39611.14	85.1	水产品	吨	904.97	35.7
其中：玉米	吨	39307.00	86.3	牲畜存栏头数	万头	12.03	0.6
水稻	吨	303.14	1.0	其中：牛	万头	1.36	20.3
棉花	吨	19040.7	23.0	猪	万头	5.92	12.3
蔬菜	吨	25997.00	37.8	羊	万只	4.75	-14.4
瓜果	吨	6128.00	23.7	牲畜出栏头数	万头	13.85	50.2
肉类	吨	8256.00	25.8	其中：牛	万头	0.64	83.2
禽蛋	吨	2441.00	49.7	猪	万头	7.50	47.5
牛奶	吨	19946.00	14.5	羊	万只	5.71	50.8

三、工业和建筑业

全年实现规模以上工业增加值 702.6 亿元，按可比价格计算，较上年增长 5.0%。分工业门类划分，采矿业增长 5.8%，制造业增长 4.1%，电力、热力、燃气及水的生产和供应业增长 4.5%；按隶属关系划分，中央石油石化企业工业增加值增长 5.7%，地方工业增加值下降 0.8%；按企业规模划分，大型企业工业增加值增长 6.1%、中型企业增长 10.3%、小型企业下降 13.1%、微型企业增长 10.8%。

2021 年规模以上工业主要产品产量及增速

产品名称	单位	产量	比上年增长（%）	产品名称	单位	产量	比上年增长（%）
天然原油	万吨	1370.0	3.8	四大类产品产量	万吨	731.2	8.0
天然气	亿立方米	42.6	17.3	其中：汽油	万吨	228.2	14.7
原油加工量	万吨	1299.6	3.3	煤油	万吨	46.5	23.5
乙　烯	万吨	140.8	-0.1	柴油	万吨	422.3	4.1
石油沥青	万吨	93.5	2.0	润滑油	万吨	34.1	-2.2
液化石油气	万吨	29.1	6.0	聚丙烯树脂	万吨	70.8	-2.1

在支柱行业中，石油和天然气开采业增加值比上年增长1.2%；开采辅助性活动增加值比上年增长20.6%；石油、煤炭及其他燃料加工业增加值比上年增长7.8%；化学原料和化学制品制造业增加值比上年下降2.3%；电力、热力生产和供应业增加值比上年增长5.6%。

工业产品销售率为100.1%。其中，重工业产品销售率为100.1%。

全市规模以上工业企业实现营业收入1801.6亿元，增长28.6%，其中：实现利润总额75.5亿元，同比减亏88.9亿元；税金总额246.0亿元，增长28.1%；亏损企业亏损额11.9亿元，下降78.2%。

全年实现建筑业增加值39.8亿元，较上年增长4.2%。全市有资质建筑业企业完成产值123.0亿元，增长14.7%。竣工产值73.4亿元，下降15.6%。

四、服务业

全年批发和零售业增加值13.5亿元，较上年增长6.9%；交通运输、仓储和邮政业增加值12.9亿元，增长18.6%；住宿和餐饮业增加值5.1亿元，增长8.6%；房地产业增加值25.8亿元，增长12.9%；其他服务业增加值114.6亿元，增长3.2%。全年规模以上服务业企业营业收入76.08亿元，较上年增长6.0%；利润总额1.62亿元，增长3.9倍。

全年货物运输量2282.32万吨，较上年增长136.15%。旅客运输量166.99万人，增长17.0%。

2021 年各种运输方式完成货物周转量及其增长速度

指　标	单　位	绝对数	比上年增长（%）
货物运输量	万吨	2282.32	136.15
铁路	万吨	354.06	-9.47
公路货运周转量	万吨	1928.2	235.16
民航	万吨	0.05917	-6.86
旅客运输量	万人	166.99	17.0
铁路	万人	116.98	22.24
公路客运周转量	万人	9.62	-14.11
民航	万人	40.39	12.76

年末，民用汽车保有量16.53万辆（包括三轮汽车和低速货车），比上年末增长5.4%。其中：私人汽车保有量13.63万辆，增长6.3%。年末全市城市公交汽车485辆，城市公交线路37条。全年铁路客运量116.98万人次，较上年增长22.24%；民航客运量

40.39万人次，增长12.76%；公路客运（周转）量9.62万人次，下降14.11%。全年铁路货运量354.06万吨，较上年下降9.47%；民航货运量0.05917万吨，下降6.86%；公路货运量1928.2万吨，增长235.16%。

全年邮政行业业务总量完成13230.76万元，较上年增长16.67%；邮政行业业务收入（不包括邮政储蓄银行直接营业收入）完成15289.07万元，增长11.46%。全市备案登记快递企业及分支机构60家，全年快递服务企业业务量完成212.35万件，增长26.13%。快递业务投递量1876.34万件，增长27.06%。全年快递业务收入7914.56万元，增长26.91%。

全年电信业务收入64821.1万元，较上年增长4.6%。固定电话用户8.9万户。移动电话用户65.9万户，其中：3G用户3.5万户，4G用户40.4万户，5G用户17.7万户。互联网用户23.6万户。全年信息传输、软件和信息技术服务业/互联网和相关服务业营业收入9.14亿元，比上年增长5.9%。

五、国内贸易

全年实现社会消费品零售总额113.3亿元，较上年增长18.5%，扣除价格因素，实际增长16.1%。按经营地统计，城镇消费品零售额112.6亿元，增长18.5%；乡村消费品零售额0.6亿元，增长16.9%。按消费类型统计，商品零售额103.3亿元，增长19.1%；餐饮收入额10.0亿元，增长12.4%。

说明：2020年自治区统计局根据四经普数据，对2019年的社零总额基数进行修订。2017、2018年的新口径社零总额根据当年增速进行推算。

从销售商品分类看，在限额以上批发和零售业商品零售额中，金银珠宝类增长39.9%，石油及制品类增长38.0%，粮油、食品、饮料、烟酒类零售额增长25.4%，汽车类增长24.5%，服装、鞋帽、针纺织品类增长13.8%，书报杂志类增长10.0%，文化办公用品类增长5.9%，化妆品类增长3.7%，通讯器材类增长2.7%；中西药品类下降0.9%，日用品类下降12.1%，家用电器和音像器材类下降14.9%。

六、固定资产投资及房地产

全年固定资产完成投资较上年增长0.4%。其中，中央石油石化项目投资下降1.1%；地方项目投资增长2.3%。其中：第一产业投资下降3.3%；第二产业投资下降4.2%；第三产业投资增长9.3%。重点行业中，工业投资增长0.1%。

2021年分行业固定资产投资（不含农户）增长速度

行　业	比上年增长（%）	行　业	比上年增长（%）
总　计	0.4	金融业	--
农、林、牧、渔业	2.9	房地产业	44.0
采矿业	6.0	租赁和商务服务业	102.7
制造业	2.9	科学研究和技术服务业	152.6
电力、热力、燃气及水生产和供应业	-42.4	水利、环境和公共设施管理业	-42.8
建筑业	--	居民服务、修理和其他服务业	-63.9
批发和零售业	112.2	教育	-31.8
交通运输、仓储和邮政业	113.2	卫生和社会工作	-55.8
住宿和餐饮业	54.6	文化、体育和娱乐业	-87.8
信息传输、软件和信息技术服务业	32.9	公共管理、社会保障和社会组织	33.5

全年房地产开发完成投资36.0亿元，较上年增长42.0%，其中：住宅投资增长48.4%；办公楼投资增长179.4%；商业营业用房投资增长49.5%。房屋施工面积408.3万平方米，增长11.1%，其中：住宅施工面积277.4万平方米，增长5.6%。房屋竣工面积12.8万平方米，下降37.2%，其中：住宅竣工面积9.4万平方米，下降50.5%。商品房销售面积47.8万平方米，增长83.9%，其中：住宅销售面积39.9万平方米，增长73.4%。

七、对外经济和旅游

全年外贸进出口额3.19亿美元，较上年增长62.3%，其中，出口2.65亿美元，增长60.1%；进口0.53亿美元，增长74.5%。

全年招商引资项目760个，其中往年结转项目141个，新建项目619个，到位资金280.79亿元，比上年增长76.03%。

全年旅游业总收入71.35亿元，较上年增长94.18%。接待游客1120.48万人次，增长61.11%。入境旅游人数395人次，其中，外国人366人次；香港、澳门和台湾同胞29人次。

年末全市旅游企业101家，其中，旅行社36家、星级饭店5家（五星级1家、三星级4家）、景区景点43家、“农家乐”13家、滑雪场4家。旅游业直接从业人员18405人。拥有国家级A级旅游景区18个，其中，国家级5A级旅游景区1个、国家级4A级旅游景区3个、国家级3A级旅游景区14个、国家级2A级旅游景区1个。

八、财政、金融、保险

全年一般公共财政预算收入89.1亿元，增长12.4%。其中：税收收入67.9亿元，增长23.4%；一般公共财政预算支出115.8亿元，增长4.0%。

年末辖区内银行业机构8家，金融机构各项人民币存款余额1637.05亿元，较年初增加30.98亿元，增长1.93%。其中：境内存款余额1575.4亿元，增长4.16%，含住户存款余额521.39亿元，增长11.54%；境外存款余额61.65亿元，下降34.14%；非金融企业存款余额410.76亿元，下降21.45%。金融机构各项人民币贷款余额881.51亿元，较年初增加43.6亿元，增长5.20%。其中：住户贷款287.19亿元，增长68.64%；非金融企业及机关团体贷款580.82亿元，下降11.68%。

年末辖区内保险业务机构16家。按业务性质分，财产险业务机构10家，寿险业务机构6家。全年保险公司各项保费收入39.0亿元，较上年增长24.7%。其中，财产险收入20.1亿元，增长54.4%，赔款支出6.1亿元，增长17.9%；寿险收入18.96亿元，增长3.7%，赔款支出3.0亿元，下降3.7%。

年末辖区内证券公司营业部7家，证券交易额887.3亿元。取得经营许可证的融资性担保机构3家，注册资本共计5.98亿元，全年担保业务发生额6.97亿元，较上年增长100.3%，年末融资担保责任余额7.44亿元，增长109.08%。小额贷款公司5家，注册资本共计7.08亿元，全年发放贷款6.2亿元，增长19.23%，年末贷款余额8.6亿元，增长1.8%。

九、居民收入消费和社会保障

全年全市城镇居民人均可支配收入51736元，增长10.2%，其中：工资性收入37859元，增长10.0%；经营净收入2673元，增长17.8%；财产净收入1453元，增长13.8%；转移净收入9752元，增长8.3%；农民人均可支配收入34043元，增长8.5%。

全市城镇居民人均消费性支出36208元，增长7.8%。城镇居民家庭恩格尔系数为29.8%

2021 年城镇居民人均消费性支出额

主要指标	支出额（元）	主要指标	支出额（元）
人均消费性支出	36208	5. 交通通信	6020
1. 食品烟酒	10780	6. 教育文化娱乐	3546
2. 衣着	2685	7. 医疗保健	3249
3. 居住	5691	8. 其他用品和服务	1624
4. 生活用品及服务	2614		

年末全市基本养老保险参保人数 30.40 万人，失业保险参保人数 17.60 万人，城镇职工基本医疗保险参保人数 25.86 万人，工伤保险参保人数 22.73 万人。城乡居民基本医疗保险参保人数 10.65 万人，城乡居民社会养老保险参保人数 0.31 万人。离退休人员养老金社会化发放率保持 100%。

全年累计向 798 名城乡低保人员、25 名孤儿、30 名特困人员发放救助资金 951.66 万元。各项救助资金均按月、足额发放，困难群众基本生活有所保障。其中低保资金 827.35 万元；特困人员保障资金 89.75 万元，孤儿保障资金 34.56 万元。将 173 名生活困难的残疾人纳入城乡居民最低生活保障范围，其中重度残疾人 78 人。

年末全市共有养老机构 5 家，街道综合养老服务中心和日间照料站点 67 个，共有床位 2093 张，其中护理型床位 1034 张，在院 643 人。全年销售社会福利彩票 1.82 亿元，为国家筹集社会福利资金 5495.01 万元，为我市筹集社会福利资金 1340.82 万元。

2021 年，城乡低保标准是每人每月 750 元。

十、教育和科学技术

年末全市共有普通高等学校（含职业院校）3 所，高级中学 3 所，普通中学 17 所，普通小学 27 所，幼儿园 49 所，特殊教育学校 1 所。

2021 年师生分布情况

单位：人

指标名称	招生	在校生	毕业生	教职工	
					专任教师
高等学校	2617	9473	1409	677	418
职业学校	4296	11206	2235	513	340
普通中学（含高级中学）	8122	24510	7819	3217	2676
小学	5242	29508	3994	2183	1887
幼儿园	5019	15261	5322	1915	1090
特殊教育	18	60	18	17	15

小学生入学率、巩固率 100%；初中入学率 100%，巩固率 100%，毕业合格率 98% 以上。

在全市中小学中，有自治区级示范高中 3 所，市级示范学校 19 所，规范化学校 20 所，自治区级德育示范学校 15 所，市级德育示范学校 46 所。在全市 49 所幼儿园中，普惠性幼儿园 44 所。其中：自治区级示范性幼儿园 4 所，市级示范性幼儿园 9 所，规范化幼儿园 8 所；在全市中小学幼儿园中，有市级特色学校（幼儿园）

44 所。

中国石油大学（北京）克拉玛依校区 2021 年录取学生 1663 人。目前，校区在校学生 4675 人。

年末全市科技型中小企业达到 100 家，较上年增长 16.3%；高新技术企业共 83 家，较上年增长 15.3%，占全疆比重 8.7%。全市共有自治区级重点实验室 5 家，自治区级临床医学研究中心 1 家，自治区级工程技术研究中心 14 家；共有众创空间 3 家（其中国家级 2 家）、科技企业孵化器 4 家（其中自治区级 2 家）、市级星创天地 2 家。截至年底，授权专利 1006 件，其中，发明专利授权 52 件，有效发明专利 481 件。申请商标 1348 件，注册 912 件，目前拥有有效注册商标 4699 件。

2021 年 5 月公布的“第二十二届中国专利奖”获奖名单中，我市推荐的“一种利用核磁共振测井资料连续定量评价储集层孔隙结构的方法”和“一种石油磺酸盐的制备方法”分别获得银奖和优秀奖。

2021 年，克拉玛依市 20 项科技成果荣获 2020 年度自治区科学技术奖。其中自治区技术发明奖 2 项，占自治区技术发明奖获奖总数的 50%；自治区科技进步奖 18 项，占自治区科技进步奖获奖总数的 15%。

十一、文化、卫生健康和体育

年末全市拥有市级文化馆、展览馆、图书馆各 1 座，市歌舞团 1 家。广播电视台 1 座，所辖中波广播发射台、调频广播发射台各 1 座。市图书馆全年接待读者 38.17 万人次，借阅书刊 8.74 万册次，办理借阅证 2162 个，累计办理借阅证 73418 个。

邮政公司全年订阅报纸 1794.83 万份，杂志 52.76 万册。

年末全市共有在营业医疗卫生机构（不含兵团）106 个，拥有编制床位 1997 张，卫生技术人员 4520 人。其中，医院（含民营）21 个；基层医疗卫生机构 26 个；社区卫生服务中心（站）21 个；专业公共卫生机构 13 个；疾病预防控制中心 5 个。乡镇卫生院 2 个，卫生技术人员 14 人。新增卫生服务中心 1 个。

年末全市共有 50 类体育场地 1617 个，其中，室内场地 930 个，室外场地 687 个。基础大项场地 84 个，球类运动场地 656 个，冰雪运动场地 4 个，体育健身场地 733 个。4 个大型体育场馆，场地面积 173.54 万平方米，人均场地面积 5.48 平方米，场馆从业人员 1237 人，观众席位 51334 个。

全年共参加自治区 6 个项目的年度比赛，参赛运动员 81 人，共获得金牌 5 枚、银牌 6 枚、铜牌 18 枚、第四名 6 个、第五名 16 个、第六名 6 个、第七名 7 个、第八名 1 个，体育道德风尚运动员 16 人。

十二、资源、环境和应急管理

全年城市空气环境质量状况良好。2021 年，克拉玛依市环境空气质量稳定达到国家二级标准，全年优良天数 332 天，优良率 91.0%，空气质量在全疆排名第三。$PM_{2.5}$ 平均浓度 23 微克 / 立方米，较上年下降 11.5%；PM_{10} 平均浓度 48 微克 / 立方米，下降 11.1%；污染天数合计 33 天，较上年减少 9 天。

水环境质量全面达标。2021 年，我市重点河流、水库各断面（点位）水质均达到相应考核目标，河流、水库水质均达到或优于Ⅲ类，水质达标率 100%，城市建成区持续保持无黑臭水体。全市 6 个集中式饮用水源水质均达到或优于Ⅲ类，饮用水水源地水质达标率 100%，水环境质量总体改善，饮用水安全保障水平持续提升。

声环境质量保持稳定。全市建成区区域环境噪声平均等效声级为 50.9 分贝，道路交通噪声平均等效声级为 63.9 分贝，均符合国家《声环境质量标准》。

土壤质量保持清洁（安全）级，农村环境质量保持良好。2021 年，我市无受污染耕地，未发生因疑似污染地块或污染地块再开发利用不当且造成不良社会影响的事件，农用、建设用地土壤环境安全得到有效保障。

辐射环境质量保持安全。2021年，全市核技术利用活动安全可靠，未发生辐射事件或事故，辐射环境质量始终保持天然本底水平。

全市农村水、电、气、光纤、硬化及亮化道路全覆盖，环境卫生设施基本健全，垃圾处理率、污水处理率、饮用水卫生合格率均达100%。

城市道路完好率97%，亮灯率99%。城市供水普及率100%，燃气普及率100%。城市生活垃圾无害化处理率100%，城市污水处理率95%。绿化覆盖率43%，人均公园绿地面积13.75平方米。

全年发生各类事故95起（不含火灾事故统计），同比下降7.8%；死亡34人，增长9.7%；受伤75人，下降12.8%。其中：发生生产经营性事故29起，死亡15人。

2021年，全市亿元GDP死亡率为0.014人/亿元，同比增长12.9%；道路交通万车死亡率为1.6112人/万车，同比下降8.2%。

注：

本文数据均为初步统计数，初步数据因四舍五入的原因，存在着分项与合计不等的情况，正式数据以《克拉玛依市国民经济和社会发展统计资料—2022》为准。

2.地区生产总值（GDP）、三次产业增加值及各行业增加值指标绝对数按现价计算，增长速度按不变价格计算。

3.三次产业划分按照《国家统计局关于印发（三次产业划分规定）的通知》国统字〔2012〕08号规定的标准。

4.小升规：是指调查对象达到规模以上/限额以上企业标准并纳入国家联网直报平台的单位。

5.本文中部分数据资料来源于相关部门，具体如下：交通数据来源于市交通运输局，邮电数据来源于市邮政管理局、市邮政分公司，进出口数据来源于市商务局，财政数据来源于市财政局，金融数据来源于财政、银行、保险、证券等部门，教育数据来源于市教育局，科学技术数据来源于市科学技术局、市市场监督管理局，旅游、文化、体育数据来源于市文化体育广播电视和旅游局、市广播电视台，卫生数据来源于市卫生健康委员会、市医疗保障局，人民生活数据来源于国家统计局克拉玛依调查队、市农业农村局，劳动就业数据来源于市人力资源和社会保障局，生活保障数据来源于市民政局、市残联、国家税务总局克拉玛依市税务局，环保数据来源于市生态环境局，城建数据来源于市住房和城乡建设局，安全生产数据来源于市应急管理局。

克拉玛依市人民代表大会常务委员会关于在全市公民中开展第八个五年法治宣传教育的决议

（2021年8月30日克拉玛依市第十四届人民代表大会常务委员会第三十七次会议通过）

2016年至2020年，全市第七个五年法治宣传教育的决议顺利实施，在推动实现社会稳定和长治久安总目标中发挥了重要作用。为深入贯彻落实习近平法治思想和中央全面依法治国决策部署，更好地服务“十四五”时期克拉玛依经济社会发展，建设团结和谐、繁荣富裕、文明进步、安居乐业、生态良好的新时代克拉玛依提供法治保障，现就2021年至2025年在全市开展第八个五年法治宣传教育作决议如下：

一、坚持以习近平法治思想引领全民普法工作

坚持习近平新时代中国特色社会主义思想，全面贯彻落实习近平法治思想，将习近平法治思想列为行政学院、干部学院的必修课，融入学校教育，充分运用各类手段、阵

地、平台，广泛开展学习宣传，推动习近平法治思想入脑入心、走深走实，引导全社会坚定不移走中国特色社会主义法治道路。

大力弘扬社会主义法治精神，在全社会牢固树立宪法法律至上、法律面前人人平等、权由法定、权依法使等基本法治观念。深入持久开展宪法学习宣传“十二进”“国家宪法日”“宪法宣传周”“宪法法律宣传月”等活动，阐释好宪法精神。深入宣传民法典，让民法典深入人心，引导公民正确行使权利、积极履行义务。深入宣传党内法规，促进党内法规学习宣传常态化、制度化。

二、增强法治宣传教育针对性实效性

明确目标导向和问题导向。认真对照习近平法治思想、新发展理念、“十四五”规划，紧紧围绕新时代党的治疆方略，深入分析矛盾纠纷案件类别、信访投诉与社会热点、社会治理短板、普法实际效果，找准问题弱项，强化工作举措，推动普法工作守正创新、提质增效。

抓好重点对象法治宣传教育。落实公民终身法治教育制度，把法治教育纳入干部教育、国民教育、社会教育等体系，提升全社会的法治素养。重点抓好“关键少数”，推动国家工作人员学法用法述法考法的制度化规范化，建立领导干部应知应会法律法规清单制度，让尊法学法守法用法成为自觉行为和必备素质。加强青少年法治教育，落实《青少年法治教育大纲》，构建学校、家庭、社会“三位一体”教育格局，配好法治兼职教师队伍，健全青少年参与法治实践机制。加强基层群众法治教育，根据妇女、残疾人、老年人、退役军人及企业员工等社会群体的不同需求，结合“访惠聚”驻村、“民族团结一家亲”和民族团结工作，有针对性开展有关法律法规的宣传教育，促进社会和谐有序。

抓实重点领域法治宣传教育。结合新疆特别是克拉玛依实际，突出宣传与维护社会稳定和社会治理现代化密切相关的法律法规。以铸牢中华民族共同体意识为主线，深入宣传加强民族团结进步创建、国家通用语言文字等方面法律法规的宣传教育。坚持新疆伊斯兰教中国化方向，加强宗教事务管理、去极端化等方面法律法规的宣传教育。围绕“十四五”时期克拉玛依经济社会发展的重点领域，加强安全生产、生态环境、劳动保障、金融、互联网、应急管理等方面的法治宣传教育，提升全社会的风险防控能力。加强经济发展、科技创新、激发市场活力、数字化改革等方面的法治宣传教育，助力打造市场化、法治化、国际化营商环境。

加强地方性法规和政府规章宣传教育。要把我市制定出台的地方性法规和政府规章纳入普法内容，通过制度规范、村规民约、管理规约、目标考核等方式，推动地方性法规落地落实落细，走进群众心里，解决实际问题。

三、积极推进法治宣传教育机制创新

健全完善实时普法机制，完善以案普法、以案释法、以案示警机制，将普法深度融入立法、执法、司法和法律服务全过程。健全普及法律知识、行业知识相结合的“双普”机制，打造一批具有社会影响力的“普法”矩阵。

健全完善媒体公益普法制度，广播电视、报纸期刊、互联网等大众传媒要自觉承担公益普法责任，把法治宣传教育作为日常形势宣传、成就宣传、主题宣传、典型宣传、热点引导和舆论监督的重要内容，全面实施“法治宣传教育全屏计划”。

健全完善智慧普法机制。以数字化改革为牵引，结合数字法治系统建设，开发普法应用场景，探索构建数字化普法体系。注重自媒体、融媒体等信息技术的综合运用，创新智能化、分众化、及时化的普法形式，推动普法从传统向“数智”转变。

完善社会力量参与普法机制。发挥社会力量参与普法工作的积极作用，完善政府购买、社会投入、公益赞助等相结合的社会普法机制。

四、加强社会主义法治文化建设

根据克拉玛依实际和文化润疆的现实需求，探索、培育和丰富法治元素的文化载体，加强基层法治文化阵地建设，实现区“五个一”、街道（乡镇）“四个一”、社区（村）“三个一”的法治文化阵地全覆盖；各部门、行业要至少建成一个有特色的精品法治文化阵地。统筹运用新时代文明实践中心（所、站）、社区（村）文体活动中心、社区（农家）书屋等载体，为基层群众搭建有效学法平台。

推进普法产品创新，加大法治文化作品创作力度，推出一批法治精品栏目节目，鼓励群众自发组织、自编自演，开展形式多样、内容丰富的群众性法治宣传教育活动，进一步丰富普法产品集群，促进普法由单向式传播向互动式传播转变。推动法治文化与地方文化、民俗文化、石油工业文化融合，广泛开展具有克拉玛依特色的群众性普法活动。

五、着力推进普法与依法治理融合

深化法治社区（村）建设。实施社区（村）“法律明白人”培养工程，完善和落实“一社区（村）一法律顾问”制度，开展“民主法治示范社区（村）”创建，加强动态管理，发挥示范引领作用；开展面向家庭的普法主题实践活动，培育社区（村）学法用法示范户，大力培育基层法治建设最佳实践典型，不断增强基层治理效能。

健全党组织领导的自治、法治、德治相结合的城乡基层治理体系，坚持和发展新时代“枫桥经验”，完善社会矛盾纠纷多元预防调处化解综合机制，推动形成办事依法、遇事找法、解决问题用法、化解矛盾靠法的法治环境。

提升行业治理法治化水平，重点深化法治进学校、法治进企业、法治进网络、法治进景区、法治进宗教场所活动。引导和支持各行业依法制定规约、章程，实现行业自我约束、自我管理。依法开展校园欺凌、校园贷、性侵害、毒品、诈骗、非法传教、网络沉迷等专项治理，推进“依法治校示范校”创建。加强网络从业人员法治教育和网络安全教育，深入开展“防范打击治理电信网络新型违法犯罪”等专项行动，强化未成年人上网保护。

六、完善法治宣传教育保障和监督机制

全市各级人民政府要将法治宣传教育工作纳入法治政府建设总体部署，落实好法治宣传教育第八个五年规划，强化组织领导，统筹协调，落实经费保障，健全评估指标体系和奖惩制度，做好中期评估和终期检查。

全市各级国家机关要严格落实“谁主管谁负责、谁执法谁普法、谁服务谁普法”责任制，实行普法责任清单制度，促进各社会团体、企业事业单位以及其他组织履行普法责任。

全市各级人民代表大会及其常务委员会、人大街道工作委员会、乡镇人大主席团要充分运用执法检查、听取和审议工作报告，以及代表视察、专题调研等形式，加强对法治宣传教育第八个五年规划实施情况的监督检查，确保本决议得到有效贯彻落实。

克拉玛依市人民代表大会常务委员会关于加强检察公益诉讼工作的决定

（2021年8月30日克拉玛依市第十四届人民代表大会常务委员会第三十七次会议通过）

为了贯彻落实党中央关于建立检察机关提起公益诉讼制度的决策部署和自治区党委、市委的要求，进一步加强我市检察公益诉讼工作，充分发挥检察机关法律监督职能，维护

社会公平正义，根据《中华人民共和国各级人民代表大会常务委员会监督法》《中华人民共和国民事诉讼法》《中华人民共和国行政诉讼法》《中华人民共和国人民检察院组织法》等法律规定，结合本市实际，作出如下决定：

一、充分认识检察公益诉讼工作的重要意义

检察机关要深入贯彻习近平新时代中国特色社会主义思想，坚决落实新时代党的治疆方略特别是社会稳定和长治久安总目标，始终坚持党的绝对领导，坚持以人民为中心，精准有效开展检察公益诉讼工作。各级国家机关、企事业单位、社会团体、其他组织和公民，应当充分认识检察公益诉讼工作对于完善公益保护体系、推进依法行政、促进法治政府和法治社会建设的重要意义，支持和配合检察机关依法开展公益诉讼工作。

二、积极发挥检察公益诉讼制度功能作用

检察机关应当依法履行公益诉讼检察职责，充分运用诉前检察建议、提起诉讼、支持起诉等方式，全面深入开展公益诉讼工作。持续聚焦丝绸之路北疆经济带核心区建设、经济高质量发展和人民群众关注的切身利益问题，服务克拉玛依发展大局，依法办理生态环境和资源保护、食品药品安全、国有财产保护、国有土地使用权出让、英雄烈士权益保护、未成年人保护、军人地位和权益保障、安全生产等领域公益诉讼案件；探索办理网络侵害、妇女和老年人及残疾人权益保护、扶贫、公民个人信息保护、石油工业遗产保护等领域，以及我市地方性法规涉及公共利益领域公益诉讼案件。

三、提起民事公益诉讼前应当依法公告

检察机关发现社会公共利益受到损害，需要提起民事公益诉讼的，应当依法公告，告知符合法律规定的机关、组织等适格主体提起民事公益诉讼。

公告期满，适格主体不提起诉讼或者无适格主体的，检察机关可以提起民事公益诉讼；适格主体提起民事公益诉讼的，检察机关可以支持起诉。

侵权行为人自行纠正违法行为，采取补救措施，或者承诺整改的，检察机关可以就民事责任的承担与侵权行为人进行磋商。经磋商达成协议的，可以向审判机关申请司法确认；经磋商未达成协议的，检察机关应当及时提起民事公益诉讼。

四、提起行政公益诉讼前应当依法提出检察建议

检察机关办理行政公益诉讼案件中，应当及时向被监督的行政机关发出检察建议，督促其依法履行职责。对涉及社会影响大、群众关注度高、违法情形具有典型性的事项，检察建议书可以报送同级党委、人大、纪检监察机关，也可以抄送被建议单位的上级机关。

被监督的行政机关应当在规定期限内依法履行职责并书面回复检察机关，提交落实检察建议的相关证据材料；逾期不回复的，或者整改落实情况不符合要求的，检察机关应当依法提起行政公益诉讼；无正当理由不落实检察建议的，检察机关可以将相关责任人不依法履职的线索及证据材料移送监察机关。检察机关发现行业性、普遍性问题，或者社会治理工作存在明显的隐患和管理漏洞的，应当向同级人民政府、有关单位和部门提出工作建议。

五、检察机关办理公益诉讼案件依法行使调查权

检察机关办理公益诉讼案件可以依法采取以下调查方式收集证据，核实情况：查阅、调取、复制有关执法、诉讼卷宗材料；询问行政机关工作人员、违法行为人、行政相对人、利害关系人、证人等；向有关单位和个人收集书证、物证、视听资料、电子数据等证据；查询有关单位和个人的存款、汇款、债券、股票、基金份额、不动产等财产；咨询专业人员、有关部门或者行业协会等对专

门问题的意见；委托鉴定、评估、审计、检验、检测、翻译；勘验物证、现场。

六、行政机关及社会组织应当支持和配合检察公益诉讼工作

行政机关应当与检察机关建立行政执法与公益诉讼工作衔接、损害修复工作沟通会商、重大情况通报和案件线索移送等机制；自觉接受监督，支持和配合检察机关开展公益诉讼工作，认真做好检察建议的落实和反馈；依法向检察机关开放相关行政执法信息、数据库及专家库，实现信息共享。相关社会组织，应当积极履行公共利益保护职责，在检察机关支持下，开展信息沟通和公益诉讼案件线索交流，实现多元主体共同维护公共利益的工作格局。

七、审判机关应当与检察机关建立办理公益诉讼案件协调机制

审判机关与检察机关应当就公益诉讼案件相关程序、案件管辖、证据规则以及执行等问题建立协调机制，加强沟通，形成共识，推进公益诉讼规范化开展。审判机关对检察机关提起的公益诉讼案件应当及时立案、公正审判，提升案件审判质效；对检察机关提出的财产保全、证据保全建议，应当及时采取保全措施；探索实施补植复绿、增殖放流、替代性修复等恢复性司法措施；对需要组织生态修复等协助执行事项的，应当及时通知相关行政机关予以协助；对被告不履行生效判决、裁定的，应当及时启动强制执行程序；对不履行相关义务的被执行人、协助执行人，依法追究责任。

八、营造共同推进公益诉讼工作的良好社会氛围

鼓励和支持有关单位、组织和个人依法向检察机关举报公益诉讼案件线索；检察机关应当依法保护举报人有关信息，并对案件线索被采用的举报人予以奖励。司法行政部门应当将公益诉讼工作纳入普法宣传教育范围。司法机关应当通过定期通报公益诉讼工作情况、发布典型案例、以案释法等形式宣传公益诉讼工作。文化广播新闻出版部门、新闻媒体应当加强对公益诉讼工作的宣传，提高检察机关公益诉讼工作的社会知晓度，增强全社会共同维护国家利益和社会公共利益的意识，积极营造保护公益的良好社会氛围。

九、加强对公益诉讼工作的考核和经费保障

市、区人民政府应当加强对行政部门及有关组织开展公益诉讼工作的支持力度，将公益诉讼工作作为法治政府建设的重要内容，明确工作要求，纳入各单位和部门的考核指标。同时，要切实加强对公益诉讼工作的财政支持，将公益诉讼经费纳入本级财政预算，确保公益诉讼的办案经费和开展鉴定评估、损害赔偿、公益修复等工作的必要经费；探索建立公益诉讼赔偿金管理使用机制，确保赔偿资金用于公益赔偿、修复、保护等。

十、强化检察公益诉讼工作的支持和监督

检察机关要求有关单位和个人提供涉及公益诉讼案件证据材料的，有关单位和个人应当积极配合，妨碍调查核实的，应当依法依规处理。对不履行或者消极履行协助调查义务的，由检察机关建议有关单位或者其上级机关在两个月内作出处理，并反馈处理结果；以暴力、威胁或者其他方法干扰、阻碍，或者以暴力、威胁、限制人身自由、抢夺破坏调查设备、聚众围攻等方式干扰、阻碍检察人员依法办理公益诉讼案件的，由公安机关依法及时作出治安处理；构成犯罪的，依法追究刑事责任。

监察机关应当加强与检察机关工作衔接，建立公益诉讼案件办案监督协作机制，落实案件线索双向移送制度。对行政机关及其工作人员不落实检察建议、妨碍检察机关调查取证，情节严重，导致国家利益和社会公共利益受到损害的，监察机关应当依法依规处理相关责任单位或者责任人员。

人大及其常委会通过听取和审议专项工作报告、开展执法检查、组织调研和视察等方式，监督和支持“一府一委两院”依法履行推进检察公益诉讼工作的职责，加强对检察机关提出的维护国家利益和社会公共利益监督事项办理的监督；畅通人大代表和人民群众反映公益诉讼案件线索的渠道，充分发挥人大代表和人民群众在推进公益保护中的积极作用。人大常委会应当将支持和配合公益诉讼工作情况，作为任免国家机关工作人员、评议相关工作、评议国家机关工作人员履职情况的重要参考依据。

本决定自公布之日起施行。

条例·办法·规定

克拉玛依市养犬管理条例

（2017年10月31日克拉玛依市第十四届人民代表大会常务委员会第六次会议通过；2017年11月29日新疆维吾尔自治区第十二届人民代表大会常务委员会第三十三次会议批准；2021年10月28日克拉玛依市第十四届人民代表大会常务委员会第三十九次会议修订；2021年11月27日新疆维吾尔自治区第十三届人民代表大会常务委员会第三十次会议批准）

第一章 总 则

第一条 为规范养犬行为，保障公民人身安全和健康，营造美好生活环境，促进文明城市建设，维护社会公共秩序，根据有关法律、法规的规定，结合本市实际，制定本条例。

第二条 本市行政区域内的养犬行为以及相关管理活动，适用本条例。

军事机关、公安机关、应急管理部门、科研机构，以及成品油、危险品存储单位等因特定工作需要饲养犬只的，按照有关规定执行。

第三条 本市养犬管理实行政府部门监管、养犬人自律、社会各方参与相结合的原则。

第四条 市、区人民政府应当加强对养犬管理工作的领导，建立由住房和城乡建设（城市管理）、公安、农业农村、卫生健康、市场监管、财政等部门参加的养犬管理协调和保障机制，解决养犬管理工作中的重大问题，保障本级养犬管理工作所需经费。

乡（镇）人民政府和街道办事处应当协助开展养犬管理工作，配合做好犬只狂犬病免疫、养犬登记、流浪犬控制及处置、养犬管理电子档案等。

第五条 市住房和城乡建设部门主管本市养犬管理工作，组织实施本条例。区城市管理部门负责本行政区域内的犬只登记、收容，流浪犬治理等工作。

公安机关负责捕杀狂犬，依法处理放任犬只恐吓他人、驱使犬只伤害他人、犬只扰民等违法养犬行为，协助做好流浪犬治理工作。

农业农村部门负责犬只免疫、检疫、疫病防治，以及犬只诊疗监管、指导死亡犬只无害化处理；犬只电子身份标识植入与监管。

市场监管部门负责犬只经营主体设立、变更和注销登记，对犬只经营活动实施监督管理。

发展和改革、财政、卫生健康等部门按照各自职责，共同做好养犬管理工作。

第六条 居（村）民委员会、业主委员会、物业服务企业应当配合做好犬只信息登记、养犬知识宣传等工作；对违法养犬行为予以制止，并向区城市管理或者其他负有养犬管理职责的部门报告；调解因养犬引起的纠纷。

第七条 各级人民政府、住房和城乡建设（城市管理）、公安、农业农村、卫生健康、市场监管等部门应当经常性开展依法养犬、科学养犬、文明养犬的宣传活动，并定期组织养犬人进行养犬知识培训。

广播、电视、报刊、网站等媒体应当加强养犬知识宣传，引导养犬人文明养犬。

第八条 各级人民政府支

持和引导社会组织、专业机构及个人依法从事犬只收容、救助等活动。

提倡养犬人对饲养的犬只实施绝育措施。

第九条　任何单位和个人有权对不文明养犬行为进行劝阻；不听劝阻的，可以通过“12345”市民服务热线进行举报、投诉。

区城市管理、农业农村、公安等部门应当建立投诉举报处理协作机制，公布受理举报、投诉的电话、电子邮箱等，及时处理举报、投诉。对不属于本部门职权范围的举报、投诉，应当及时移送有关部门处理，并将处理情况告知举报、投诉人。

第二章　养犬管理规范

第十条　个人饲养犬只的，应当具有完全民事行为能力，有本市常住户口或者居住本市的合法证明，在本市有固定住所。个人办理养犬登记应当提供下列材料：

（一）个人身份证明、户口簿或者居住证；

（二）不动产权属证明或者房屋租赁合同；

（三）犬只狂犬病免疫证明；

（四）饲养导盲犬、扶助犬的，应当提交残疾人证明等材料。

单位饲养犬只的，应当具有独立场所，配备犬笼、犬舍、围墙等安全防护设施，安排专人饲养和管理犬只。单位办理养犬登记应当提供下列材料：

（一）统一社会信用代码凭证；

（二）单位法定代表人或者主要负责人、犬只专门管理人的身份证明；

（三）犬只狂犬病免疫证明；

（四）单位饲养场所、安全防护设施的图片及说明。

第十一条　本市行政区域内可以饲养小型犬、中型犬和大型犬，禁止饲养烈性犬。

个人饲养犬只每户不超过两只，其中中型犬或大型犬每户限养一只。单位因护院需要饲养犬只的，每个独立办公场所限养两只；因护院情况特殊，需增加养犬数量的，应当书面说明。

犬只繁殖幼犬的，养犬人应当自幼犬出生之日起三个月内，将超过限养数量的犬只转送、转让他人或送交犬只收容机构。

烈性犬名录由市农业农村部门会同市住房和城乡建设部门确定，报市人民政府批准后向社会公布。

第十二条　本市实行犬只狂犬病强制免疫制度。区农业农村部门应当公布辖区内动物疫病预防控制机构或者依法确定的动物诊疗机构作为狂犬病免疫点。

养犬人应当携带犬龄满三个月的犬只到狂犬病免疫点接种狂犬病疫苗，取得犬只狂犬病免疫证明。犬只在接种狂犬病疫苗时，应当植入电子身份标识。免疫有效期满前三十日内，养犬人应当对犬只再次进行免疫。

犬只狂犬病免疫证明应当有犬只照片，并载明养犬人姓名或者名称、联系方式、养犬地点、犬只品种及出生日期等信息；电子身份标识载明的信息应当与免疫证明内容一致。

第十三条　本市实行养犬登记制度。养犬人应当自取得犬只狂犬病免疫证明之日起十五日内，携带犬只及免疫证明到区城市管理部门确定的登记点办理养犬登记手续。

区城市管理部门应当对养犬条件进行审核，对符合本条例第十条、第十一条规定条件的，予以登记，核发养犬登记证和犬牌；对不符合条件的，不予登记，并书面说明理由。养犬登记证、犬牌载明的信息应当与电子身份标识内容一致。

区城市管理部门应当与农业农村部门在同一地点设立联合办公场所，为犬只免疫和养犬登记提供便民服务。

第十四条　养犬登记证有效期为一年。期满前三十日内，养犬人应当凭有效的犬只狂犬病免疫证明到原登记机构办理养犬延续登记手续。

养犬登记证、犬只电子身份标识、犬牌毁损或者灭失的，养犬人应当自毁损、灭失之日起十五日内申请补发或者重新植入。

饲养的犬只死亡、失踪的，养犬人应当到原登记机构办理注销手续。

第十五条 本市实行养犬核查制度。区城市管理部门联合区农业农村、乡（镇）人民政府、街道办事处及公安便民警务站、社区（村）警务室、居（村）民委员会等部门和组织，每两年对辖区内饲养犬只情况开展一次核查工作，了解犬只的登记、免疫和变动等情况。

第十六条 区人民政府应当建立由区城市管理、公安、农业农村、住房和城乡建设、市场监管等部门参加的联合执法队伍，采取集中或分散的方式，开展养犬执法日常巡查，及时发现和查处违法养犬行为；定期治理辖区内的流浪犬，对捕获的流浪犬只，应当送交犬只收容机构。

公安便民警务站、社区（村）警务室的警务人员在日常巡逻时，发现不文明养犬行为的，应当予以制止，对养犬人进行批评教育，并记录有关情况。对违反本条例规定应当受到处罚的养犬行为，应当及时移交相关部门处理。

环境卫生保洁人员在开展清洁工作中发现携犬人未清除犬粪的，有权要求其立即清除；对拒不清除的，报告区城市管理部门依法处理。

第十七条 市住房和城乡建设部门应当建立全市统一的养犬管理服务信息系统，为犬只免疫、养犬登记等管理工作提供便利。

区城市管理、公安、农业农村和乡（镇）人民政府、街道办事处，应当建立养犬管理电子档案并录入养犬管理服务信息系统，实现信息互联互通。电子档案应当记载下列信息：

（一）养犬人姓名或者名称、地址和联系方式；

（二）犬只品种、主要体貌特征和相片、饲养场所；

（三）犬只免疫、养犬登记及延续登记等情况；

（四）犬只扰民、伤人情况；

（五）养犬人因违规养犬受到的行政处罚情况；

（六）其他事项。

第三章 养犬行为规范

第十八条 养犬人是养犬的责任主体，应当依法文明养犬，不得有下列行为：

（一）放任犬只自行出户；

（二）放任犬只打闹、狂吠等干扰他人正常生产生活；

（三）放任、驱使犬只恐吓、伤害他人；

（四）在集体宿舍饲养犬只；

（五）在住宅小区的楼道、房顶等公用区域及住宅楼地下室饲养犬只；

（六）放任犬只随地便溺污染环境卫生；

（七）随意抛弃犬只尸体污染环境卫生；

（八）遗弃、虐待犬只；

（九）组织、参与利用犬只进行赌博活动；

（十）伪造、变造养犬管理相关证件；

（十一）法律、法规禁止的其他行为。

第十九条 养犬人或者养犬关系人携带犬只外出，应当遵守下列规定：

（一）为犬只佩戴犬牌；

（二）用长度2米以下犬绳（链）牵领犬只，其中牵领中型犬、大型犬的绳（链）长度不得超过1米；

（三）采取收紧犬绳、贴身携带等有效措施，主动避让他人，防止扰民伤人；

（四）携带清洁工具及时清除犬只粪便、呕吐物；

（五）其他不得妨碍他人的行为。

第二十条 下列区域禁止携带犬只进入：

（一）机关、团体、企事业单位的办公场所；

（二）学校、幼儿园及其他少年儿童活动场所；

（三）医院、诊所等医疗场所，但动物诊疗机构除外；

（四）金融、通讯、集贸

市场、商场（超市）、饭店、宾馆等经营场所；

（五）体育场（馆）、科技馆、博物馆、展览馆、影剧院、图书馆等文体活动场所；

（六）国家A级景区、公园、广场等公共休闲场所；

（七）公共交通工具和候车室、候机室；

（八）文物保护单位、养老机构及宗教活动场所；

（九）区人民政府划定的其他公共场所。

盲人携带导盲犬、残疾人携带扶助犬的，以及出租车驾驶人同意养犬人或者养犬关系人携带犬只搭乘的，不受前款规定限制。

禁止犬只进入的场所，应当设置明显的禁入标志。

第四章　犬只收容与经营

第二十一条　区人民政府根据需要依法设立犬只收容机构或者通过购买服务方式收容犬只。

区城市管理部门和农业农村部门应当加强犬只收容机构监管，合理控制收容犬只数量，防止滋生犬类传染疾病。

第二十二条　犬只收容机构负责接收丢失、流浪、弃养、没收或者送交的犬只，对收容的犬只实行分类圈养，并采取绝育等措施控制收容犬只数量；对病死犬、病害犬进行无害化处理。

犬只收容机构对有电子身份标识的犬只，应当及时通知养犬人领回。养犬人领回犬只的，应当承担犬只在收容机构期间产生的费用；养犬人接到领回通知之日起满一个月未领回犬只的，视为遗弃。

养犬人可以将不符合登记条件或者放弃饲养的犬只送交犬只收容机构。

鼓励个人和单位领养健康的犬只。

第二十三条　开办犬只诊疗机构，应当取得动物诊疗许可证，并办理营业执照，依法开展动物诊疗活动。

犬只销售者应当依照本条例规定对销售的犬只进行狂犬病免疫。

从事犬只养殖、销售、寄养、托管、训练、美容、诊疗等活动的经营者，应当采取有效措施预防、制止犬只扰民或者破坏公共场所环境卫生。

犬只寄养、托管、美容的经营场所，应当设立独立出入口，不得与同一建筑物的其他用户共用通道。

禁止在住宅小区、商住楼内或占用道路、桥梁等公共场所从事犬只销售、养殖、训练、展览、表演等活动。

第二十四条　区人民政府可以设置专门的犬只交易市场。区城市管理部门对犬只交易市场应当进行规范管理，及时发现和查处违法交易犬只的行为。

第二十五条　犬只禁入场所经营者或管理者，对携带犬只进入禁入场所的人员应当进行制止、劝阻；制止、劝阻无效的，应当向区城市管理或者其他负有养犬管理职责的部门报告，并有权拒绝提供服务。

第五章　法律责任

第二十六条　养犬人或养犬关系人、犬只销售者未按规定为犬只进行狂犬病免疫接种的，由区农业农村部门责令限期改正，可以处二百元以上一千元以下罚款；逾期不改正的，处一千元以上五千元以下罚款，由区农业农村部门依法委托动物诊疗机构代为处理犬只，所需费用由违法行为人承担。

第二十七条　养犬人及养犬关系人、犬只经营者或者收容机构违反本条例规定，有下列行为之一的，由区城市管理部门予以处罚：

（一）不进行养犬登记或延续登记的，给予警告，责令限期改正；逾期不改正的，按每只犬处一千元罚款，并没收犬只。

（二）养犬登记证、犬牌、犬只电子身份标识毁损或者灭失，未申请补发或者重新植入的，以及未办理犬只信息变更、注销手续的，责令限期改正；逾期不改正的，按每只犬处二百元罚款。

（三）放任犬只自行出户的，按每只犬处五十元以上二百元以下罚款。

（四）在集体宿舍或者住宅小区的楼道、房顶等公用区域，以及住宅楼地下室饲养犬只的，给予警告，责令限期改正；逾期不改正的，按每只犬处二百元以上五百元以下罚款，可以并处没收犬只。

（五）虐待犬只的，责令改正，按每只犬处二百元以上五百元以下罚款；拒不改正的，没收犬只。

（六）遗弃犬只的，责令改正；拒不改正的，按每只犬处二千元罚款，并没收犬只。

（七）携带犬只外出，有未佩戴犬牌、未用犬绳（链）牵领犬只、未及时清理犬粪或呕吐物等情形之一的，责令改正；拒不改正的，按每只犬处五十元以上五百元以下罚款。

（八）携带犬只进入犬只禁入区域的，责令改正；拒不改正的，按每只犬处二百元以上五百元以下罚款。

（九）饲养犬只超过限养数量的，责令限期改正；逾期不改正的，没收超养犬只，并对个人每超养一只处一千元罚款，对单位每超养一只处二千元罚款。

（十）违反本条例规定饲养烈性犬只的，责令限期改正，并对个人处每只一千元罚款，对单位处每只两千元罚款；逾期不改正的，没收犬只。

（十一）从事犬只销售、寄养、托管、训练、美容、诊疗等活动的经营者，未采取有效措施预防和制止犬只扰民或者破坏公共场所环境卫生的，以及犬只寄养、托管、美容的经营场所未设立独立出入口的，责令改正，给予警告；拒不改正的，处五百元以上一千元以下罚款。

（十二）犬只经营者在住宅小区、商住楼内或占用道路、桥梁等公共场所从事犬只销售、养殖、训练、展览、表演等活动的，责令改正，给予警告；拒不改正的，处二千元罚款。

第二十八条 违反本条例规定，应当承担法律责任的其他行为，依照有关法律、法规的规定执行。

第二十九条 有关行政管理部门及其工作人员违反本条例规定，玩忽职守、滥用职权、徇私舞弊的，由其主管部门或者监察机关依法处理；构成犯罪的，依法追究刑事责任。

第六章 附 则

第三十条 本条例中的养犬人是指饲养犬只的个人或者单位，养犬关系人是指养犬登记证记载的养犬人以外的携犬外出人员。

本条例所称小型犬是指犬成年时身高（犬只站立时前足到肩部最高点的距离）在四十厘米（含本数）以下的犬只，中型犬是指犬成年时身高在四十厘米（不含本数）至六十厘米（含本数）的犬只，大型犬是指犬成年时身高在六十厘米（不含本数）以上的犬只。

在农村院落和牧场饲养的犬只进入城区的，应当按照本条例关于犬只外出、犬只禁入区域的规定执行。

第三十一条 本条例自2022年4月1日起施行。

克拉玛依市区人民代表大会常务委员会街道工作委员会工作条例

（2021年6月24日克拉玛依市第十四届人民代表大会常务委员会第三十六次会议通过；2021年7月28日新疆维吾尔自治区第十三届人民代表大会常务委员会第二十七次会议批准）

第一条 为了加强和规范区人民代表大会常务委员会街道工作委员会（以下简称人大街道工委）工作，根据《中华人民共和国地方各级人民代表大会和地方各级人民政府组织法》《中华人民共和国全国人民代表大会和地方各级人民代表大会代表法》等法律，结合本市实际，制定本条例。

第二条 人大街道工委

是区人民代表大会常务委员会（以下简称区人大常委会）在街道依法设立的工作机构，在区人大常委会和中国共产党街道委员会领导下开展工作。

第三条　人大街道工委应当履行下列职责：

（一）宣传贯彻宪法、法律、法规和人民代表大会及其常务委员会的决议、决定；

（二）联系本辖区内人大代表，走访代表及其所在单位，协助代表解决履职中遇到的问题和困难，记录代表履职情况；

（三）为本辖区内人大代表出席人民代表大会会议、参加闭会期间代表活动提供服务保障，指导代表提出议案、建议、批评和意见；

（四）组织本辖区内人大代表，围绕辖区内经济社会发展、社会稳定和关系人民群众切身利益、社会普遍关注的重大问题，以及落实民生实事等工作情况，开展视察和专题调研；

（五）组织本辖区内区人大代表，开展联系选民、定期向原选区选民报告履职情况等活动；

（六）听取和反映本辖区内人大代表、人民群众对各方面工作提出的建议、批评和意见，并协调和督促有关单位办理；

（七）负责本辖区内人大代表活动场所的规范化建设和管理；

（八）依法开展其他工作。

第四条　人大街道工委组织本辖区内人大代表做好区人大常委会交办的下列工作：

（一）听取街道办事处和区其他国家机关派驻街道工作机构的专项工作报告；

（二）听取街道办事处预算编制和预算执行情况的工作报告；

（三）对法律、法规在本辖区内的实施情况进行执法检查；

（四）对街道办事处和区其他国家机关派驻街道工作机构的工作进行评议；

（五）承担本辖区内区人大代表的选举、罢免、补选等有关工作；

（六）其他交办的工作。

第五条　人大街道工委应当协助开展下列立法工作：

（一）收集地方立法项目建议；

（二）收集法律、法规草案的修改意见建议；

（三）配合开展地方立法调研、立法听证、立法后评估等工作；

（四）收集法律、法规实施中的问题和意见建议；

（五）其他立法相关工作。

第六条　人大街道工委设主任一人，可以设副主任一人、委员三至五人；主任、副主任中应当有一名专职人员。主任、副主任、委员由区人大常委会主任会议提名，常委会任免；主任、副主任、委员中应当有一定比例的区人大代表，其中主任应当是区人大代表。

人大街道工委主任、副主任和委员不得担任行政机关、监察机关、审判机关和检察机关的职务。

人大街道工委应当配备专职工作人员。

第七条　人大街道工委主任负责召集并主持人大街道工委会议，处理人大街道工委的日常工作。人大街道工委副主任协助主任工作。

第八条　人大街道工委每季度至少召开一次会议；会议应当有过半数的组成人员出席。主任因故不能召集会议的，可以委托副主任或者委员召集。

人大街道工委年度工作计划、代表活动计划等重要事项，应当经人大街道工委会议讨论通过。会议讨论通过有关事项，应当经全体组成人员的过半数同意。

第九条　人大街道工委举行会议时，根据会议议题和工作需要，可以通知街道办事处和区国家机关派驻街道的工作机构负责人列席，也可以邀请本辖区内的人大代表列席。

第十条　人大街道工委根据工作需要可以在街道及辖区内的社区、企业、工业园区等建立人大代表联络站（点）；

联络站（点）协助人大街道工委开展相关工作。

第十一条 人大街道工委组织人大代表在执法检查、视察、专题调研、联系选民和人民群众等活动中收集的意见、建议，应当分类处理。属于本街道职权范围内的，交由街道办事处或者本辖区内有关单位研究处理；不属于本街道职权范围内的，应当向区人大常委会报告并按照有关规定办理。

街道办事处或者本辖区内有关单位，应当将研究处理情况书面报送人大街道工委，由人大街道工委报告区人大常委会，并向代表反馈。

第十二条 人大街道工委应当加强制度建设，建立健全议事规则、交办工作完成情况报告、代表活动、代表向选民报告履职情况等工作制度，推动人大街道工委工作的制度化和规范化。

第十三条 区人大常委会应当根据年度工作计划，结合街道实际情况，对人大街道工委的工作作出统筹安排，研究解决人大街道工委工作的重要问题，推动人大街道工委工作依法有序开展。

人大街道工委应当定期向区人大常委会报告工作。区人大常委会每年年初听取人大街道工委关于上一年度工作情况和本年度工作计划的报告。

区人民代表大会专门委员会、人大常委会办事机构和工作机构，应当加强对人大街道工委的工作协调，共同推进相关工作。

人大街道工委主任或者副主任列席区人大常委会会议，参加有关活动。

第十四条 人大街道工委应当与街道办事处和区国家机关派驻街道的工作机构建立工作联系机制和工作通报制度，依法开展监督工作。

街道办事处和区国家机关派驻街道工作机构召开重要会议，应当邀请人大街道工委主任或者副主任参加，听取其意见和建议。

第十五条 人大街道工委的工作受本辖区内的人大代表和人民群众的监督。

第十六条 人大街道工委工作经费，应当纳入街道办事处专项工作经费，列入区本级年度财政预算。

街道辖区内的区人大代表活动经费，由区人大常委会下拨，专款专用。

本条例自2021年9月1日起施行。

克拉玛依市“科技小巨人”企业备案管理办法（试行）

第一章 总则

第一条 根据我市科技型企业梯队培育机制发展要求，为促进科技中小企业健康持续发展，选树一批创新能力强、市场前景好的标杆企业，成为具有行业影响力的“科技小巨人”企业，不断为我市经济高质量发展提供新动能，特制定本办法。

第二条 “科技小巨人”企业是指从事符合国家和本市产业发展方向的高新技术领域产品开发、生产、经营和技术（工程）服务的科技型企业。其应有：较完善的企业创新体系、创新机制及与之相适应的科研投入；自主知识产权的品牌产品；一定的经济规模和良好成长性，其特征为创新型、规模型与示范性。

第三条 市科技行政主管部门负责“科技小巨人”企业的备案、监管、奖励等工作。各区（园区）科技行政主管部门负责本辖区“科技小巨人”企业备案的组织申请、审核推荐工作。

第二章 申请条件

第四条 申请“科技小巨人”企业应具备以下条件：

（一）企业为国家高新技术企业，且在有效期内。

（二）企业上年度营业收入在1亿元以上；软件或科技服务类企业上年度营业收入放宽至6000万元以上。

（三）企业具有较好的成长性，近三年主营业务收入或净利润平均增长率不低于

15%。

（四）企业近三个会计年度的研究开发费用（R&D）占销售收入总额的比例每年不低于4%。

（五）企业管理制度健全，技术、经营管理团队稳定，信用状况良好，企业通过第三方信用服务机构（在市信用管理机构备案认可的）出具的企业综合信用评价报告，信用评价等级为C级以上（不含C级）。

第三章　申请、备案流程

第五条　市科技行政主管部门每年向社会公开发布一次“科技小巨人”企业备案申请通知。

第六条　企业对照《克拉玛依市“科技小巨人”企业备案指标评价表》条件进行自评价，自评得分高于60分的企业可以申请，并准备以下书面申请材料，报送至企业注册地所属辖区（园区）科技行政主管部门：

1.《克拉玛依市“科技小巨人”企业备案申请书》；

2.证明企业依法成立的营业执照等相关注册登记证件的复印件；

3.有效期内的高新技术企业证书复印件；

4.第三方信用服务机构（在市信用管理机构备案认可）出具的企业综合信用评价报告，信用评价等级为C级以上（不含C级）；

5.经具有资质的中介机构出具的企业近三个会计年度的财务会计报告（包括会计报表、会计报表附注和财务情况说明书）及研究开发费用专项审计报告，并附研究开发活动说明材料；

6.企业职工和科技人员情况说明材料，包括在职、兼职和临时聘用人员人数、人员学历结构、科技人员名单及其工作岗位等；在职人员需要提供近三个月的社保缴费证明；

7.企业研发机构、研发计划及与之相适应的知识产权保护、人才培养（含引进）、创新激励等运作机制和较完善的规范化管理制度，有较强的知识产权风险控制机制和健全的规章制度等相关证明材料；

8.其他与科技创新相关的资质、荣誉、奖励、业绩成果等相关证明材料。

第七条　各区（园区）科技行政主管部门应当会同各区相关行政管理部门对申请企业进行形式审核，将符合条件的企业书面推荐至市科技行政主管部门。

第八条　市科技行政主管部门依据指标评价体系，组织专家对各区（园区）推荐的企业进行评审，必要时开展现场考察。市科技行政主管部门根据专家评审意见以及我市科技发展规划、科技经费投入等进行综合评估，确认认定结果，向社会发布公示，公示期为5个工作日。公示期间有异议的，应当以书面形式实名向市科技行政主管部门提出。

第九条　获得“科技小巨人”备案的企业，市科技行政主管部门以文件的形式予以备案，备案有效期三年。

第四章　奖励、管理与责任

第十条　首次获得克拉玛依市“科技小巨人”备案的企业，给予一次性奖励资金30万元；再次获得备案的给予一次性奖励资金5万元。所需奖励资金从市级财政安排的科技专项经费中列支。

对同一年度获得高新技术企业和“科技小巨人”资质的企业，按照“科技小巨人”企业奖励标准进行奖励。

第十一条　市科技行政主管部门围绕“科技小巨人”企业发展的创新需求，在科技金融、成果转化技术转移、协同创新、人才培养等方面，搭建科技创新服务平台。

第十二条　各区（园区）科技行政主管部门会同相关部门，负责本辖区内“科技小巨人”企业的日常管理，协助解决企业遇到的困难与问题。

第十三条　企业获得克拉玛依市“科技小巨人”备案后，连续两次未报发展年报或备案期间有重大失信行为的，取消备案资质，且三年内不得再次申请备案。

第十四条 企业应当对申请过程中所提供材料的真实性、合法性、有效性负责，存在弄虚作假行为的，取消申请资格；已经获得克拉玛依市“科技小巨人”备案的，取消资质，并收回已拨付的奖励资金，三年内不得再次申请“科技小巨人”企业备案。

第十五条 获得克拉玛依市“科技小巨人”备案的企业，如有破产、注销行为，取消备案。

第五章 附则

第十六条 本办法由市科技行政主管部门负责解释。

第十七条 本办法自2021年2月8日起施行。

克拉玛依市人民政府规章制定程序规定

（2016年11月8日克拉玛依市人民政府令第1号公布 2021年3月24日克拉玛依市人民政府令第2号修订）

第一章 总 则

第一条 根据《中华人民共和国立法法》、国务院《规章制定程序条例》和《新疆维吾尔自治区人民政府行政立法工作规定》等有关法律、法规、规章，结合实际，制定本规定。

第二条 本规定所称规章，是指市人民政府根据法律、法规和本规定就城乡建设与管理、环境保护、历史文化保护等方面事项制定的，普遍适用于行政管理工作，并以市人民政府令发布实施的规范性文件。

第三条 规章的立项和起草、审查和审阅、决定和公布、解释和备案，适用本规定。

第四条 制定规章应当以习近平新时代中国特色社会主义思想和习近平法治思想为指导，遵循下列原则：

（一）坚持党的领导，贯彻落实党的路线方针政策和决策部署；

（二）符合法定权限和程序；

（三）符合国家、自治区有关政策；

（四）符合改革创新、精简效能及权责一致的原则；

（五）符合公开公平要求，切实保障公民、法人和其他组织的合法权益；

（六）符合本市实际，体现地方特色，具有针对性和可执行性。

第五条 市人民政府组织领导规章的制定工作，编制年度规章制定计划，建立立法咨询专家库和基层立法联系点。

市司法行政部门负责规章工作的组织协调和督促指导，拟定并组织实施年度规章制定计划，审查规章送审稿，监督检查规章的执行情况。

市政府各部门按照各自职责做好起草规章草案的工作，并提供必要的人员和经费保障。

第六条 规章制定工作所需经费，应列入财政预算予以保障。

第二章 立项和起草

第七条 市政府各部门于每年11月底前提出本部门下一年度需要提请制定规章的建议项目，报送市司法行政部门。

市司法行政部门根据需要，向全社会公开征集制定规章的项目。

第八条 市司法行政部门根据建议项目和征集的项目，编制年度规章制定计划，经市政府党组会议通过后，报请市委审定，以市人民政府办公室名义印发。

年度规章制定计划应当明确立法项目名称、起草单位以及报送市人民政府审查时限等内容。

第九条 规章制定计划需要调整的，由有关部门会同市司法行政部门提出书面建议，报市政府批准。

第十条 列入年度规章制定计划的项目，应由市政府各部门按照业务分工和职责范围负责起草；内容涉及几个部门的，以主管部门为主，相关部门配合进行起草。

对重要的规章，必要时可由市司法行政部门起草或者组织有关部门共同起草；对专业性较强的规章，可以吸收有关专家参与起草工作，或者委托有关教学科研单位、社会组织、律师事务所、专家等第三方起草。

第十一条　起草单位应当深入调查研究，总结实践经验，采取多种形式广泛听取有关单位、组织和公民的意见，必要时可邀请有关组织或者专家参加调研论证。

除依法需要保密的外，起草单位应当将规章草案稿通过市政府网站、报纸等媒体向社会公开征求意见，征求意见的期限一般不少于30日。

第十二条　起草的规章直接涉及公民、法人或者其他组织切身利益，或者有关单位、组织或者公民对起草的规章有重大意见分歧的，起草部门应当举行听证会。

起草与市场主体生产经营活动密切相关的规章草案时，应当进行公平竞争审查，并听取企业和行业协会商会意见。

第十三条　起草的规章涉及其他部门职责或者与其他部门关系紧密的，起草部门应当充分征求其他部门的意见。起草部门与其他部门有不同意见的，应当充分协商；不能达成一致意见的，起草部门在报送审查时应当予以说明。

第十四条　规章草案应当经起草部门集体研究讨论通过后，形成规章送审稿；送审稿应当由起草部门主要负责人签署；内容涉及几个部门的规章送审稿，应当由相关部门的主要负责人共同签署。

第十五条　起草部门应当将规章送审稿及其说明和其他有关材料，报市司法行政部门审查。

规章送审稿的说明应当对制定规章的必要性、起草过程、规定的主要内容、有关方面的意见等做出说明。

有关材料主要包括汇总的意见、听证会笔录、调研报告等有关立法资料等。

第三章　审查和审阅

第十六条　市司法行政部门对规章送审稿从以下方面进行审查：

（一）是否符合本规定第四条确定的原则；

（二）是否妥善处理有关方面的意见；

（三）是否符合立法技术规范；

（四）需要审查的其他内容。

第十七条　规章送审稿经审查后，市司法行政部门按照下列规定办理：

（一）对符合起草要求的，组织进行修改，并将规章修改稿和审核说明及时报市政府分管负责人先行审阅；

（二）对不符合起草要求的，提出处理意见，退回起草部门重新起草或者修改。

第十八条　市司法行政部门应当将规章修改稿及其说明征求市政府有关部门、各区人民政府以及有关组织、专家的意见，还可以在媒体上向社会公开征求意见，期限一般不少于30日。必要时，还应当征求市委有关部门，市人大常委会、政协有关工作机构，纪委监委，人民法院、人民检察院等单位的意见。

市司法行政部门应当组织调研，召开座谈会、论证会听取各方面意见，并根据公开征集的意见，对规章修改稿进行修改，形成规章草案，提请市政府常务会议审议。

市政府常务会议首次审议未通过的规章草案，由市司法行政部门组织研究修改，可以再次提请审议。

第四章　决定和公布

第十九条　规章草案由市政府常务会议或者全体会议审议。会议审议时，由起草部门主要负责人撰写起草说明，市司法行政部门负责人作草案审核情况说明。

第二十条　规章草案审议通过后，由市长签署市人民政府令予以公布。

市人民政府令应当载明制定机关、序号、规章名称、通过日期、施行日期、市长署名及公布日期。

第二十一条 规章公布后应当在市政府网站和中国政府法制信息网以及《克拉玛依日报》上刊载。由市政府发布公告的规章文本为标准文本。

规章应当自公布之日起30日后施行；但是公布后不立即施行将有碍规章实施的，可以自公布之日起施行。

第五章 解释和备案

第二十二条 规章解释权属于市人民政府。

规章的规定需要进一步明确具体含义，或者制定后出现新情况需要明确适用规章依据的，由规章实施部门提出意见并经市司法行政部门审查或者由市司法行政部门直接提出意见，报请市政府批准后公布；规章实施中的具体应用问题，由市政府有关主管部门在职权范围内负责解释。

规章的解释与规章具有同等效力。

第二十三条 规章应当自公布之日起30日内，由市司法行政部门依法报国务院、自治区人民代表大会常务委员会、自治区人民政府、市人民代表大会常务委员会备案。

第二十四条 规章公布后，有关部门和市司法行政部门应当定期检查执行情况。规章公布一年后的第一个季度，有关部门应当向市政府书面报告实施情况。

第二十五条 规章实施后因不适应社会、经济发展形势或与新公布的法律、法规或者其他上位法的规定不一致，以及其他原因需要修改、废止的，由实施规章的主管部门提出修改或者废止的建议，经市司法行政部门审查后，报市政府常务会议审议决定。

规章被修改、废止的，应当按规定备案并向社会公布。

第二十六条 市司法行政部门可以组织实施部门对拟修改、废止的规章进行立法后评估，并把评估结果作为修改或者废止的重要参考。

第六章 附则

第二十七条 市司法行政部门可以根据本规定制定相关工作规范。

第二十八条 本规定自公布之日起施行。

索引

#

A

B

C

D

E

F

G

H

J

K

L

M

N

P

Q

R

S

T

W

X

Y

Z